ଆତ୍ମଜୀବନୀ

(ସାହିତ୍ୟ ଏକାଡେମୀ ପୁରସ୍କାର ପ୍ରାପ୍ତ)
ଆତ୍ମଜୀବନୀ

ପଣ୍ଡିତ ନୀଳକଣ୍ଠ ଦାସ

BLACK EAGLE BOOKS
Dublin, USA | Bhubaneswar, India

BLACK EAGLE BOOKS

USA address:
7464 Wisdom Lane
Dublin, OH 43016

India address:
E/312, Trident Galaxy, Kalinga Nagar,
Bhubaneswar-751003, Odisha, India

E-mail: info@blackeaglebooks.org
Website: www.blackeaglebooks.org

First International Edition Published by
BLACK EAGLE BOOKS, 2023

ATMAJEEBANEE
by **Pandit Neelakantha Das**

Copyright © **Black Eagle Books**

All rights reserved. No part of this publication may be reproduced, stored in a retrieval system, or transmitted, in any form or by any means, electronic, mechanical, photocopying, recording or otherwise without the prior permission of the publisher.

Cover & Interior Design: S.S. Printers, Cuttack

ISBN- 978-1-64560-188-3 (Paperback)

Printed in the United States of America

ନବ ସଂସ୍କରଣ ପାଇଁ ପଦେ

ପଣ୍ଡିତଜୀଙ୍କର ତିରୋଧାନର ପ୍ରାୟ ବତିଶ ବର୍ଷ ପରେ ତାଙ୍କର ଆତ୍ମଜୀବନୀଟି ନବ ପଞ୍ଚମ ସଂସ୍କରଣ ହେବାକୁ ଯାଉଛି। ଅବଶ୍ୟ ଦୁଇଥର ତାଙ୍କ ଗ୍ରନ୍ଥାବଳୀରେ ସନ୍ନିବେଶିତ ହୋଇଥିଲା। ପଣ୍ଡିତଜୀଙ୍କ ଜୀବନକାଳ ଭିତରେ ଏ ବହିଟି ଆଦୃତ ହୋଇ କେନ୍ଦ୍ର ସାହିତ୍ୟ ଏକାଡେମୀ ପୁରସ୍କାର ମଧ୍ୟ ପ୍ରାପ୍ତ ହୋଇଥିଲା। ଏ ମଧ୍ୟରେ ବହୁ ଗବେଷକ ଓ ଲେଖକ ଲେଖିକା ଏହାର ବିଷୟବସ୍ତୁକୁ ଆଧାର କରି ବହୁ ପ୍ରବନ୍ଧ ନିବନ୍ଧ ଲେଖିଛନ୍ତି ଓ ଲେଖୁଛନ୍ତି। ପଣ୍ଡିତଜୀଙ୍କ କୃତି ଉପରେ କେତେ ଗବେଷକ ନାନା ବିଶ୍ୱବିଦ୍ୟାଳୟରୁ ସର୍ବୋଚ୍ଚ ଉପାଧି ମଧ୍ୟ ଲାଭ କଲେଣି।

ପଣ୍ଡିତଜୀ ନିଜର ଆତ୍ମଜୀବନୀ ଲେଖିବାକୁ ଅନିଚ୍ଛୁକ ଥିବାର ଏ ବହିରେ ଦର୍ଶାଇଛନ୍ତି। ଏ ପୁସ୍ତକର ପ୍ରକାଶନର ପ୍ରାୟ ତିରିଶ ବର୍ଷ ପୂର୍ବରୁ ତାଙ୍କର ଗୁଣଗ୍ରାହୀ ଶିଷ୍ୟମାନେ ତାଙ୍କ ଆତ୍ମଚରିତ ଲେଖାଇବାର ଉଦ୍ୟମ କରି ଆସିଚନ୍ତି। ସେମାନଙ୍କ ମନ ରକ୍ଷା କରିବାକୁ ପଣ୍ଡିତଜୀ ବହୁବାର ନିଜ ଜୀବନରୁ କିଛି କିଛି କହିବାର ଆରମ୍ଭ କରିଛନ୍ତି। ସେଥିରୁ କିଛି ଲେଖାଯିବା ପରେ ପଣ୍ଡିତଜୀଙ୍କ କର୍ମବହୁଳ ଜୀବନ ଯୋଗୁ ସେସବୁ ଅଧା ଲେଖାରେ ରହିଯାଇ ଥରକୁ ଥର କୀଟଭକ୍ଷ ହୋଇଛନ୍ତି।

ଶେଷରେ ସ୍ୱର୍ଗତ ଅଧ୍ୟାପକ ଡକ୍ଟର କୁଞ୍ଜବିହାରୀ ଦାଶଙ୍କ ଆପ୍ରାଣ ଚେଷ୍ଟାରେ ଓ ସାହିତ୍ୟସେବୀ ପୂର୍ବତନ ପ୍ରକାଶକ ଶ୍ରୀ ଅନନ୍ତ ମିଶ୍ରଙ୍କ ଉଦ୍ୟମରେ ପଣ୍ଡିତଜୀଙ୍କ ଶେଷ ଜୀବନରେ ତାଙ୍କ ଆତ୍ମଜୀବନୀଟି ଲେଖା ହୋଇ ପ୍ରକାଶିତ ହୋଇପାରିଛି। ପଣ୍ଡିତଜୀ ତାଙ୍କର ସ୍ମୃତିପେଡ଼ି ଖୋଲି ଯେତେବେଳେ ଯାହା ମନେ ପଡ଼ିଥିଲା ଆଗପଛ ନ ରଖି ଡାକି ଯାଇଛନ୍ତି। ସେ ଡାକିବା ସଙ୍ଗେ ସଙ୍ଗେ ଲେଖାଗୁଡ଼ିକ ପ୍ରକାଶିତ ହେବାକୁ ଛାପାଖାନାକୁ ଚାଲିଯାଉଥିଲା। ତେଣୁ ବିଷୟଗୁଡ଼ିକ ସଜାଇବା ପାଇଁ ତାଙ୍କୁ ସମୟ ମିଳି ନ ଥିଲା।

ତେଣୁ ପର ସଂସ୍କରଣରେ ବିଷୟଗୁଡ଼ିକ ଯଥା ସମ୍ଭବ ସଜାଇଦେବା ପାଇଁ ମୁଁ ଉଦ୍ୟମ କରିଛି। ଲେଖକଙ୍କର ଲେଖାକୁ ବଦଳା ବଦଳି କରିବା ସମ୍ଭବ ନୁହେଁ କିମ୍ବା ଜଣକ ଆତ୍ମଜୀବନୀ ବର୍ଣ୍ଣନାରେ ହାତ ଦେବାର କାହାର ଅଧିକାର ନାହିଁ। ପଣ୍ଡିତଜୀଙ୍କ ଲେଖାରେ କେତେକ ପୁନୋରୁକ୍ତି ରହିଛି, କିନ୍ତୁ ସେଗୁଡ଼ିକ ସୁଖପାଠ୍ୟ ଓ ଉପାଦେୟ ତେଣୁ ସେଥିରୁ ମଧ୍ୟ କିଛି ବାଦ ନ ଦେଇ ସେଗୁଡ଼ିକ ଅବିକଳ ଭାବରେ ନୂତନ ପୁସ୍ତକରେ ରଖାଯାଇଛି।

ସେ ଆତ୍ମଜୀବନୀ ଲେଖିଲାବେଳେ ଜୀବନର ବହୁ ବିଶିଷ୍ଟ ଘଟଣା ଛାଡ଼ି ଯାଇଛନ୍ତି। ସେ ସମ୍ବନ୍ଧରେ କେତେକ ବିଷୟ ଏହାପୂର୍ବରୁ ମୁଁ "ମୋ ନନାଙ୍କ ଦେଶ" ବହିରେ ସନ୍ନିବେଶିତ କରିଛି। ଆଉ ଅନେକ ବିଷୟ ଅପ୍ରକାଶିତ ଓ ଗବେଷଣାର ବସ୍ତୁ ହୋଇ ରହିଛି।

ଥରକୁ ଥର ଲେଖା ଯାଇଥିବା ଅପ୍ରକାଶିତ ଆତ୍ମଜୀବନୀ ସଂଗ୍ରହ କରି ସେଥିରୁ ମିଳିଥିବା ଏକ ଉପାଦେୟ ଲେଖାର "ମୋ ଜୀବନ ଦର୍ଶନ" ବିଷୟଟି ମୁଁ ଏ ନୂତନ ସଂସ୍କରଣରେ ପରିଶିଷ୍ଟରେ ସଂଯୋଗ କରିଛି। ବହିଟି ଛପା ଯିବାବେଳେ ଏପଟ ସେପଟ ହୋଇଥିବା ବା ଛାଡ଼ିଯାଇଥିବା ଲେଖା ଦେଇ କେତେକ ବିଷୟ ସଂପୂର୍ଣ୍ଣ କରିବାକୁ ଚେଷ୍ଟା କରିଛି। ଜୀବନୀଟି ପୂର୍ଣ୍ଣାଙ୍ଗ କରିବାକୁ ଆତ୍ମଜୀବନୀ ସହିତ ତାଙ୍କ ଜୀବନୀପଞ୍ଜି, ଶ୍ରଦ୍ଧାଞ୍ଜଳି ଓ ଶତବାର୍ଷିକୀ ତିନିଗୋଟି ବିଷୟ ଉପସଂହାରରେ ସନ୍ନିବେଶିତ ହୋଇଛି।

ପଣ୍ଡିତଜୀ ଥିଲେ, ଯୁକ୍ତିବାଦୀ, ଆଜନ୍ମ ବିପ୍ଳବୀ ଓ ସଂସ୍କାରବାଦୀ ମହାମନୀଷୀ, "ମୋ ଜୀବନ ଦର୍ଶନ" ଲେଖାରେ ସେ ଲେଖିଛନ୍ତି "(ସ୍କୁଲ ଛାତ୍ରାବସ୍ଥାରେ)" ସେତେବେଳେ ଭବିଷ୍ୟତରେ ଆଦର ଓ ବିଶ୍ୱାସ ତହିଁସଂଗେ ଭାରତ ଓ ସେହି ସୂତ୍ରରେ ମାନବ ସେବାର- ମାର୍ଗ।" ମାତ୍ର ନବମ ଶ୍ରେଣୀରେ ପାଠ ପଢ଼ିଲାବେଳେ ୧୯୦୨ ଖ୍ରୀଷ୍ଟାବ୍ଦରେ ଓଡ଼ିଶାର ଦୁର୍ଗତିରେ ତାଙ୍କର ହୃଦୟ ଏପରି ଆନ୍ଦୋଳିତ ଥିଲା ଯେ ଗ୍ରୀଷ୍ମାବକାଶରେ ତାଙ୍କର ଶ୍ରେଣୀ ସଙ୍ଗୀ ପ୍ରଚାରକ ଅନନ୍ତ ଓ କଲେଜ ଛାତ୍ର ଆଚାର୍ଯ୍ୟ ହରିହର ଓ ଗୋପବନ୍ଧୁଙ୍କ ସଂଗେ ଉତ୍କଳର ସର୍ବାଙ୍ଗୀନ ଉନ୍ନତି ଉଦ୍ଦେଶ୍ୟରେ ପ୍ରାଣୋତ୍ସର୍ଗ କରିବା ପାଇଁ ଶପଥ ନେଇଥିଲେ। ୧୯୦୪ରେ ଉତ୍କଳ ଗୌରବ ମଧୁସୂଦନଙ୍କ ସ୍ୱଦେଶୀ ବ୍ୟବହାର ପ୍ରତିଜ୍ଞା ପତ୍ରରେ ସ୍ୱାକ୍ଷର କରିଥିଲେ। ବଙ୍ଗଭଙ୍ଗ ବୈପ୍ଳବିକ ଆନ୍ଦୋଳନରେ ସକ୍ରିୟ ଅଂଶଗ୍ରହଣ କରିଥିଲେ। ନୀଳକଣ୍ଠଙ୍କର ଜନସେବା, ସାହିତ୍ୟସେବା, ସମାଜ ସଂସ୍କାର, ଦେଶ ମିଶ୍ରଣ କାର୍ଯ୍ୟ, ଶିକ୍ଷକତା, ସାମ୍ବାଦିକତା, ରାଜନୀତି, ଧର୍ମ ଧାରଣା ସବୁରି ମୂଳରେ ଥିଲା ଅଖଣ୍ଡ ଦେଶପ୍ରୀତି ଓ ଦେଶକୁ ଉନ୍ନତ କରିବାର, ମହାନ ନିଃସ୍ୱାର୍ଥପର ଆଦର୍ଶ।

ସେହି ଆଦର୍ଶ ହିଁ ତାଙ୍କୁ ପିଲାଦିନୁ ନିର୍ଲିପ୍ତ କର୍ମଯୋଗୀ କରି ଗଢ଼ିଥିଲା। ତାଙ୍କୁ ଲକ୍ଷ୍ୟକରି ଦେଶପ୍ରାଣ ବ୍ୟାସକବି ଫକୀରମୋହନ ଲେଖିଥିଲେ, 'ସଦାଶିବ ନୀଳକଣ୍ଠ ସତତ ସନ୍ନ୍ୟାସୀ। ଗୁରୁ ଗୋପବନ୍ଧୁ ଓ ନିଜର ପିତା ଆନନ୍ଦ ଦାସଙ୍କ ବାଧ୍ୟବାଧକତାରେ ନୀଳକଣ୍ଠ ପିତାଙ୍କ କୁଳ ରକ୍ଷା ପାଇଁ ୧୯୦୫ ମସିହାରେ ସ୍କୁଲ ଛାତ୍ର ଥିବା ଅବସ୍ଥାରେ ବିବାହ କରିଥିଲେ। କିନ୍ତୁ ସେଥିପାଇଁ ତାଙ୍କ କର୍ମବହୁଳ ଜୀବନକୁ ଶିଥିଳ କରି ନ ଥିଲେ କିମ୍ବା ନିଜ ଆଦର୍ଶରୁ କଦାପି ପଦଚ୍ୟୁତ ହୋଇ ନ ଥିଲେ।

୧୯୨୧ - ୨୩ ମସିହାର ସ୍ୱାଧୀନତା ସଂଗ୍ରାମ ଭିତରେ ତାଙ୍କର ଦୁଇଟି କନ୍ୟା ଉପଯୁକ୍ତ ଚିକିତ୍ସା ଅଭାବରୁ ବାଲ୍ୟାବସ୍ଥାରେ ମୃତ୍ୟୁମୁଖରେ ପଡ଼ିଥିଲେ। ସେ ସମ୍ବଲପୁର କଂଗ୍ରେସ ସଭାରେ ଉଦ୍‌ବୋଧନ ଦେଉଥିବା ସମୟରେ ପ୍ରଥମ କନ୍ୟା 'ଭାରତୀ'ର ମୃତ୍ୟୁ ଖବର ଶୁଣିବାକୁ ପାଇ ମଧ୍ୟ ଅବିଚଳିତ ରହି ତାଙ୍କର ଭାଷଣ ଚାଲୁ ରଖିଥିଲେ। ଜନତା ସେଥିରେ ଅଭିଭୂତ ହୋଇ, ଶତ ଶତ ଛାତ୍ର ଓ କର୍ମଚାରୀ ନିଜର ସ୍ୱାର୍ଥ ଭୁଲି ସ୍କୁଲ କଚେରୀ ଛାଡ଼ି ଅସହଯୋଗ ଆନ୍ଦୋଳନ ପାଇଁ ଜୀବନ ଉତ୍ସର୍ଗ କରିଥିଲେ। ୧୯୨୩ରେ ପୂର୍ବଘଟଣାର ବର୍ଷଖଣ୍ଡେ ପରେ ସେ ବନ୍ଦୀ ଅବସ୍ଥାରେ ପୁରୀ ଜେଲ୍‌ରୁ ରେଳଗାଡ଼ିରେ ହଜାରିବାଗ ଜେଲ୍‌କୁ ନିଆ ହେଉଥିବା ବେଳେ ସତ୍ୟବାଦୀ ଷ୍ଟେସନରେ ଆଚାର୍ଯ୍ୟ ହରିହରଙ୍କଠାରୁ ତାଙ୍କ ଦ୍ୱିତୀୟ କନ୍ୟା 'ବାସନ୍ତି'ର ମୃତ୍ୟୁ ଖବର ପାଇଥିଲେ। ସେଥିରେ ମଧ୍ୟ ତାଙ୍କ ଦେଶ ଭାବନା କ୍ଷଣକ ପାଇଁ ହେଲେ ବନ୍ଦ ହୋଇ ନ ଥିଲା। "ଯିଏ ଯେତେଦିନୁ ଆସିଥାଏ ସିଏ ସେତିକି ଦିନ ରହି ଚାଲିଥାଏ, ହଁ ଆଉ କଅଣ କରନ୍ତ" କହି ହରିହରଙ୍କୁ ବିଦାୟ ଦେଇଥିଲେ। ତାଙ୍କର ଅବିଚଳିତ ଭାବ ଦେଖି ତାଙ୍କୁ ପହରାଦେଇ ସାଙ୍ଗରେ ନେଉଥିବା ପୋଲିସ ଅଫିସର ଶ୍ରୀ ହାଥ ଏପରି ତନ୍ମୟ ହୋଇ ଯାଇଥିଲେ ଯେ ସେ ତାଙ୍କୁ ଜଣେ ବନ୍ଦୀ ବୋଲି ଭାବିପାରି ନ ଥିଲେ। ନୀଳକଣ୍ଠ କଲିକତାରେ ଓହ୍ଲାଇ ହଜାରୀବାଗ ଗାଡ଼ି ଧରିବା ପର୍ଯ୍ୟନ୍ତ ସକାଳୁ ସନ୍ଧ୍ୟାଯାଏ ମୁକ୍ତ ବିହଙ୍ଗମ ପରି କଲିକତା ସହରରେ ବୁଲି ଦଳ ଦଳ ଲୋକଙ୍କୁ ଭେଟି ତାଙ୍କୁ ସଂଗ୍ରାମ ବାର୍ତ୍ତା ପ୍ରଚାର କରି ପାରିଥିଲେ। ପଣ୍ଡିତଜୀ ଏହି ଆତ୍ମଜୀବନୀରେ ଲେଖିଛନ୍ତି, "ମୁଁ ଯେପରି ମୋର କନ୍ୟା ମୃତ୍ୟୁର ଦୁଃଖକୁ ପରିସ୍ଥିତିର ପରିହାସ ଭିତରେ ଭୁଲିଯିବା ପାଇଁ ଚେଷ୍ଟା କରୁଥିଲି।" କର୍ତ୍ତବ୍ୟ ସାମନାରେ ସେ ସମସ୍ତ ଭାବପ୍ରବଣତାକୁ ପଛରେ ପକାଇ ସଂସାର ଜଞ୍ଜାଳ ଭାବନାରୁ ନିଜକୁ ଊର୍ଦ୍ଧ୍ୱରେ ରଖି ଦେଶ କାର୍ଯ୍ୟ କରି ଯାଉଥିଲେ।

ଏ ପୁସ୍ତକରେ ସେ ନିଜର ଘରସଂସାର ବା ସନ୍ତାନ ସନ୍ତତିଙ୍କ ବିଷୟ କିଛି ଉଲ୍ଲେଖ କରି ନାହାନ୍ତି, ନିଜର ଅନୁଗତ କର୍ମୀମାନଙ୍କ ସମ୍ବନ୍ଧରେ ମଧ୍ୟ

ବିଶେଷ କିଛି ଲେଖିପାରି ନାହାନ୍ତି। ସେ ନିଜେ ଯେପରି କର୍ମରତ ଥିଲେ, କର୍ମୀ ଓ ନିଜ ବଂଶର ଲୋକଙ୍କଠାରୁ ସେହିପରି ନିଃସ୍ୱାର୍ଥ କର୍ମପ୍ରବଣତା ହିଁ ଆଶା କରୁଥିଲେ।

ମୋର ପରମାରାଧ୍ୟା ବୋଉ ଶ୍ରୀମତୀ ରାଧାମଣୀ ଦେବୀ ଓ ଆମ ଦୁଇଭାଇଙ୍କୁ ସେ କର୍ମୀ ଭାବରେ ହିଁ ଦେଖୁଥିଲେ। ତାଙ୍କର ଅନୁଗତ ସେବକ ଅନ୍ୟ କର୍ମୀ ଓ ଆମ ଭିତରେ କୌଣସି ପ୍ରଭେଦ ବାରୁ ନ ଥିଲେ। ନିଜ ପିଲାପିଲିଙ୍କଠାରେ ଆସକ୍ତି ନ ରଖି "ଯେ ଯେଝା କଥା ବୁଝିବେ" ବୋଲି ସ୍ଥିର କରି ସେ ନିଜର ଦେଶକାର୍ଯ୍ୟ କରି ଯାଉଥିଲେ।

ମୋର ପୂଜ୍ୟ ଜ୍ୟେଷ୍ଠଭ୍ରାତା ଶ୍ରୀ ଅଶୋକ ଦାସଙ୍କ ଜନ୍ମ ୧୯୧୨ ମସିହାରେ। ସେ ୧୯୮୬ ମସିହା ମେ ୧୧ ତାରିଖରେ ସ୍ୱର୍ଗାରୋହଣ କଲେ। ସେ ପିଲାଦିନୁ ସ୍ୱାଧୀନତା ସଂଗ୍ରାମ ସହିତ ଓତଃପ୍ରୋତ ଭାବରେ ଜଡ଼ିତ ଥିଲେ। ସେ ପାଠପଢ଼ା ଆରମ୍ଭ କରିଥିଲେ ସତ୍ୟବାଦୀ ଜାତୀୟ ବିଦ୍ୟାଳୟରେ, ପରେ ପଣ୍ଡିତ ଗୋଦାବରୀଶ ମିଶ୍ର ତାଙ୍କୁ ସଙ୍ଗରେ ନେଇ ସିଂହଭୂମି ଚକ୍ରଧରପୁର ଜାତୀୟ ବିଦ୍ୟାଳୟରେ ଶିକ୍ଷା ଦେବାର ବ୍ୟବସ୍ଥା କରିଥିଲେ। ସେଠାରୁ ସେ ଗ୍ରାମକୁ ଫେରି ଅପାଠୁଆ ହୋଇ ବୁଲୁଥିବାବେଳେ ଆମ ମଉସା (ସତ୍ୟବାଦୀ ସ୍କୁଲର ପୂର୍ବତନ ଛାତ୍ର) ଶ୍ରୀ ଚନ୍ଦ୍ରଶେଖର ମିଶ୍ର ତାଙ୍କୁ କଟକ ଆଣି ପ୍ରାକ୍‌ଟିସିଙ୍ଗ ମାଇନର ସ୍କୁଲରେ ନାମ ଲେଖାଇ ଦେଇଥିଲେ। ସେଠାରୁ ପାଶ କରି କଲେଜିଏଟ ସ୍କୁଲରେ ଉପର କ୍ଲାସରେ ପଢ଼ିଲେ। ସେହି ସମୟରେ ତତ୍କାଳୀନ ଗୋରା ଡାଇରେକ୍ଟରଙ୍କ ସାମନାରେ ଏକ ସ୍କାଉଟ ରାଲି ଚାଲିଥିଲାବେଳେ ଅଶୋକ ବାବୁ ସ୍କାଉଟ ଥାଇ Down Down Union Jacck up up National Flag କହି ନିଜ ପକେଟରୁ କାଢ଼ି ଜାତୀୟ ପତାକା ଉଡ଼ାଇବା ଫଳରେ ସେ ସ୍କୁଲ ଛାଡ଼ିଥିଲେ। ୧୯୩୨ ଆନ୍ଦୋଳନରେ କାରାବରଣ କରି ସେ ହଜାରୀବାଗ୍ ଜେଲକୁ ପଠାଯାଇ ପିତାଙ୍କ ସଂଗେ କିଛିଦିନ କାରାଗାର ଭୋଗ କରିଥିଲେ। ପରବର୍ତ୍ତୀ ଜୀବନରେ ବିପ୍ଳବୀ ଅଶୋକଙ୍କୁ ବହୁବାର କାରାବରଣ କରିବାକୁ ପଡ଼ିଥିଲା। ନେତାଜୀ ସୁଭାଷ ବୋଷଙ୍କ ଜଣେ ଘନିଷ୍ଠ ସହକର୍ମୀ ଭାବରେ ନେତାଜୀ ଭାରତରୁ ଗୋପନରେ ଚାଲିଯିବା ପରେ ଅଶୋକଙ୍କୁ ବନ୍ଦୀ କରାଯାଇ କାରାଗାରରେ ସେଲ ବା ଏକ କ୍ଷୁଦ୍ର କୋଠରିରେ ରଖି ତାଙ୍କୁ ଯୁଦ୍ଧବନ୍ଦୀ ଭାବରେ ବିଚାର କରାଯିବା ପାଇଁ ମସୁଧା ଚାଲିଥିଲା। ସେ ସବୁ ସତ୍ତ୍ୱେ ମଧ୍ୟ ସୁବିଧା ପାଇଲେ ସେ ବିଦ୍ୟାଧ୍ୟୟନ କରୁଥିଲେ। ଶେଷରେ ଓକିଲାତି ପାଶ୍ କରି ଜଣେ ବିଖ୍ୟାତ, ସ୍ୱାଧୀନଚେତା ଆଇନଜ୍ଞ ଭାବରେ ନାମ ଅର୍ଜନ କରି ପାରିଥିଲେ ଓ ପରେ ସ୍ୱାଧୀନତା

ପରେ ଓଡ଼ିଶା ସରକାରଙ୍କର ଆଡ଼ଭୋକେଟ ଜେନେରାଲ ଭାବରେ ବହୁ ବୈପ୍ଲବାତ୍ମକ ପରିବର୍ତ୍ତନ ଆଣି ପାରିଥିଲେ।

ମୋ ନିଜର ଅବସ୍ଥା ମଧ୍ୟ ତତୋଧିକ ଥିଲା। ମୋର ଜନ୍ମ ସ୍ୱାଧୀନତା ସଙ୍ଗ୍ରାମର ଅସହଯୋଗ ଆନ୍ଦୋଳନରେ ଆରମ୍ଭ ବେଳେ, ୧୯୨୧ ମସିହାରେ ମୋର ମନେ ଅଛି, ୧୯୩୧-୩୨ ଲୁଣମରା ଆନ୍ଦୋଳନ ସମୟରେ ପିତା ନୀଳକଣ୍ଠ ମାତା ରାଧାମଣୀ ଓ ବଡ଼ ଭାଇ ଅଶୋକ କାରାଗାରରେ ଥିଲାବେଳେ ମୁଁ ଅଜାଙ୍କ ଘରେ ବୀରପୁରୁଷୋତ୍ତମପୁର ଗ୍ରାମରେ ରହୁଥିଲି।

ସେ ଗ୍ରାମର ଶ୍ରୀ ନାରାୟଣ ମିଶ୍ର ଓ ଅନ୍ୟ କଂଗ୍ରେସ କର୍ମୀମାନେ ବିଭିନ୍ନ ସ୍ଥାନରେ କଂଗ୍ରେସ ସଭା କଲାବେଳେ ମୋତେ ଶଗଡ଼ରେ ବା କାନ୍ଧରେ ନେଇ ସଭା ମଝିରେ ଏକ ଟେବୁଲ ଉପରେ ଠିଆ କରାଇ ମୋ ହାତରେ ଅସ୍ତରଙ୍ଗଠାରେ ମରା ହେଉଥିବା ଲୁଣପୁଡ଼ିଆ ସବୁ ନିଲାମ କରାଉଥିଲେ। ସେଥିରୁ ଆଦାୟ ଅର୍ଥ ଲୁଣ ମାରୁଥିବା ସତ୍ୟାଗ୍ରହୀମାନଙ୍କ ଖର୍ଚ୍ଚ ପାଇଁ ପଠା ଯାଉଥିଲା।

ମୋଟ ଉପରେ ଆମ ଭଳି ତାଙ୍କ ସନ୍ତାନମାନଙ୍କ ଜୀବନ ଗଡ୍ଡ଼ାଳିକା ପ୍ରବାହରେ ଗଡ଼ି ଚାଲିଥିଲା। ସେଥିପ୍ରତି ପୈତୃକ ପରିଚାଳନା ବା କଟକଣା କିଛି ନ ଥିଲା। ଆମେ କେତେବେଳେ ସ୍କୁଲରେ ପଢୁଥିଲୁ, କେତେବେଳେ ବା ଜାତୀୟ ଆନ୍ଦୋଳନ ବା ଛାତ୍ର ଆନ୍ଦୋଳନରେ ଯୋଗଦେଇ ସ୍କୁଲ କଲେଜ ଛାଡ଼ି କାରାବରଣ କରୁଥିଲୁ ସେ ସବୁରେ ପଣ୍ଡିତଜୀ ଆଦୌ ବିଚଳିତ ହେଉ ନ ଥିଲେ। ସେ ବେଳେ ବେଳେ କେବଳ ଆମ କର୍ମ ଚେତନାକୁ ଚେତାଇ ଦେଇ ଆମର ଜୀବନ ପ୍ରବାହକୁ ସ୍ୱାଭାବିକ ଗତିରେ ପ୍ରବାହିତ ହେବାକୁ ଛାଡ଼ି ଦେଉଥିଲେ।

ଦୃଷ୍ଟାନ୍ତ ସ୍ୱରୂପ-ମୁଁ କଟକ କଲିଜିଏଟ ସ୍କୁଲ ଛାତ୍ରାବାସରେ ରହି ୯ମ ୧୦ମ ଶ୍ରେଣୀରେ ପାଠ ପଢୁଥିବାବେଳେ ତାଙ୍କର କେତେକ ରାଜନୈତିକ କାର୍ଯ୍ୟ କରିଦେବା ପାଇଁ ଦିଲ୍ଲୀରୁ ନିର୍ଦ୍ଦେଶ ଦେଇ ସେ ମୋତେ ଖଣ୍ଡିଏ ପତ୍ର ଲେଖିଥିଲେ। ନିକଟରେ ମୋର ପରୀକ୍ଷା ଥିବା କଥା ଦର୍ଶାଇ ମୁଁ ତାଙ୍କ ନିର୍ଦ୍ଦେଶକୁ ଆଡ଼େଇ ଦେଇଥିବାରୁ ସେ ମୋତେ ତା.୨୭-୧୧-୧୯୩୮ରେ ଦିଲ୍ଲୀରୁ ଲେଖିଥିଲେ-

ବାପା ବିକ୍ରମ,

ପରୀକ୍ଷା କେବେ ହେବ ଲେଖିବୁ, ପରୀକ୍ଷାରେ କିପରି କଲୁ ବୋଲି ତୋର ଧାରଣା ? କିନ୍ତୁ ହେଲା ନ ହେଲାରେ ବିଶେଷ ଚିନ୍ତିତ ହେବୁ ନାହିଁ। ମନୁଷ୍ୟ କର୍ମ କରିବ, ମାତ୍ର କର୍ମର ଫଳ ମନୁଷ୍ୟ ହାତରେ ନାଇଁ। ଏଇ ଭାବରେ ସବୁ କାର୍ଯ୍ୟରେ ଲାଗିବା ହିଁ ମନୁଷ୍ୟତା, ତା’ ନ ହେଲେ ଚିତ୍ତ ଚଞ୍ଚଳ ହୋଇ

ମନୁଷ୍ୟତା ଭ୍ରଷ୍ଟ ହୁଏ । ପୂର୍ବେ ଯୋଗୀମାନେ ଏଇ ସାଧନା କରୁଥିଲେ । ପ୍ରତ୍ୟେକ ମନୁଷ୍ୟ କର୍ମଜଞ୍ଜାଳ ଭିତରେ ସର୍ବଦା କର୍ମ ତତ୍ପର ହୋଇ ଏଇପରି ଯୋଗୀ ହେବା ଉଚିତ ।

ଶୁଭାକାଂକ୍ଷୀ ନୀଳକଣ୍ଠ ଦାସ

ସ୍କୁଲରେ ପଢୁଥିବା ପିଲା ପୁଅଟି ପାଖକୁ ଏପରି ନିରୁତା ଚିଠିଟିଏ ଲେଖିବା କେବଳ ଜଣେ ନିର୍ଲିପ୍ତ ଯୋଗୀ ପକ୍ଷରେ ହିଁ ସମ୍ଭବ । ଏଥିରେ କଅଁଳେଇ କରି କୁଶଳ ସମାଚାର ପଚାରି ବୁଝିବା କି ଆଶୀର୍ବାଦ ଦେଇ ପଦେ ଲେଖିବାର ଅବଧାରଣା ମଧ୍ୟ ନାହିଁ । 'ନନା' ସ୍ଥାନରେ ମଧ୍ୟ ପୂର୍ବ ଦସ୍ତଖତଟିଏ ରହିଛି ।

ମେଡ଼ିକାଲ କଲେଜରୁ ପାଶ୍ କରି, ମୋର ଆସନ୍ନ ପ୍ରସବା ସହଧର୍ମିଣୀକୁ ବୋଉ ପାଖରେ ଛାଡ଼ି ଉଚ୍ଚଶିକ୍ଷା ପାଇଁ ମୁଁ ଆମେରିକା ଯାଇଥିଲି । ସେଠାରୁ ନନାଙ୍କ ସହିତ ପତ୍ରାଳାପ ଭିତରେ ମୋ ସ୍ତ୍ରୀ ଓ ପିଲାଙ୍କ ଖବର ଜାଣିବାକୁ ପଦେ ଅଧେ ଲେଖି ଦେଇଥିଲି । ତାର ଉତ୍ତରରେ ସେ ଆମେରିକାରୁ ମୋ ନିକଟକୁ ଯେଉଁ ପତ୍ର ଲେଖିଥିଲେ ତାର କେତେକ ଅଂଶ ଉଦ୍ଧାର କରୁଛି-

ଜଗନ୍ନାଥେ ଭଲ କରନ୍ତୁ   ନବଭାରତ ଅଫିସ୍

କଟକ-୨ ତା.୩-୧-୧୯୫୩

ବାପା ବିକ୍ରମ,

... ପିଲା କଥା କି ବୋହୂ କଥା, ରୋଗ କଥା କି ଟୀକା କଥା ମୁଁ କିଛି ଜାଣେ ନାହିଁ । ଡିସେମ୍ବର ୧୦ କି ୧୧ ସରିକି ମୁଁ ଏଇଠି ପିଲାକୁ ଦେଖିଥିଲି । .....

ପିଲାଟାକୁ ଦେଖିଲେ ଟିକିଏ କିମିତି ଲାଗୁଚି । ଏଇଟା ଜୀବନ ଭାବ । 'ଅଶୋକ' ଜନ୍ମ ହେଲାପରେ, ତାକୁ ଦେଖି ମୋର ଏଇପରି ଗୋଟାଏ ମମତାର ଅଯଥା ଆକର୍ଷଣ ମୁଁ ଅନୁଭବ କରିଥିଲି ଓ ବିସ୍ମିତ ପୁଣି କ୍ଷୁଭିତ ହୋଇ ଦାସ ଆପଣଙ୍କୁ (ଗୋପବନ୍ଧୁଙ୍କୁ) କହିଥିଲି । ମୋର ଏପରି ଭାବ କାହିଁକି ହେଉଛି, ଏଇଟା ତ ଆସକ୍ତି । ମୋର ତ ଏଥିରେ କର୍ତ୍ତବ୍ୟ ଜ୍ଞାନ ଶିଥିଳ ହୋଇଯିବ ନାହିଁ । ସେ ଟିକିଏ ହସିଦେଇ କହିଥିଲେ ସେଉଟା ସ୍ୱାଭାବିକ ଏତେ ଭୟ କରିବାର କିଛି କାରଣ ନାହିଁ ।

ଠିକ୍ ଲେଖୁଚୁ, ଯେଝା କଥା ସିଏ ବୁଝିବେ । ତୋଭଳି ଯୁବକର ହୁଏତ ଖୁସି ହେବା ପାଇଁ ସମସ୍ତେ ଭଲଅଛନ୍ତି ବୋଲି ଜାଣିବା ଦରକାର । କିନ୍ତୁ ଅତନ୍ଦ୍ରିତ ଭାବରେ ଆଦର୍ଶ ଲାଭ ପାଇଁ ଚାହିଁ ବସିଥିବା ଆମଭଳି ବୃଦ୍ଧ ପକ୍ଷରେ ସେଇଟା ବାସନା ନୁହେଁ କି ?

ଆଉ ଏ ଦର୍ଶନ ଏ ତୋ ପାଇଁ ନୁହେଁ ଏ ମୋର ଅତର୍କିତ ଆତ୍ମପ୍ରକାଶ x x

ଶୁଭାକାଂକ୍ଷୀ
ନୀଳକଣ୍ଠ ଦାସ

ନିଜ ପିଲାଙ୍କୁ ସ୍ନେହ କରିବା ବା ତାଙ୍କର ଭଲମନ୍ଦ ବୁଝିବାକୁ ସିଏ ମମତାର ଅଯଥା ଆକର୍ଷଣ ବୋଲି ଉପେକ୍ଷା କରୁଥିଲେ, ତେଣୁ ପଣ୍ଡିତଜୀ ଜଣେ ସାଧାରଣ ପିତା, ଗୃହସ୍ଥ ବା ନେତା ନ ଥିଲେ। ତାଙ୍କ ଜୀବନର ପ୍ରତ୍ୟେକ ଘଟଣା ଦେଶ ଗଠନର ଇତିହାସ ସହିତ ଓତଃପ୍ରୋତ ଭାବେ ଜଡ଼ିତ।

ଏ ଆତ୍ମଜୀବନୀରେ ତାଙ୍କ ବିରାଟ ଜୀବନର ସବୁ ଘଟଣା ପ୍ରକାଶିତ ହୋଇଥିବା ଆଶା କରିବା ଉଚିତ ନୁହେଁ। ତାଙ୍କ ଜୀବନର ଗୂଢ଼ ଓ ବଳିଷ୍ଠ ଆଦର୍ଶ ଏ ପୁସ୍ତକରେ ଛତ୍ରେ ଛତ୍ରେ ଜୀବନ୍ତ ହୋଇ ରହିଛି। ଏ ଜାତି ପାଇଁ ଏହା ତାଙ୍କର ଆଉ ଗୋଟିଏ ଗୀତାର ଭାଷ୍ୟ। ସରଳ ସୁନ୍ଦର ଭାଷାର ଚାତୁରୀରେ ଏହା କେବଳ ପାଠକଙ୍କର ମନମୁଗ୍ଧ କରି କାର୍ଯ୍ୟ ସମ୍ପନ୍ନ କରୁନାହିଁ, ସେଥିକୁ ଛତ୍ରେ ଛତ୍ରେ ଦେଶ ସଂସ୍କୃତି ଓ ଜାତୀୟତାବୋଧର ସ୍ୱଚ୍ଛ ସଲୀଳ ଝରୁଛି।

ଦେଶର ଏ ଘଡ଼ିସନ୍ଧିବେଳେ ଯେତେବେଳେ ସ୍ୱାର୍ଥ ଓ ବିଳାସର ଦୃଢ଼ ଆକ୍ରମଣରେ ଭାରତର ସଂସ୍କୃତି କ୍ଷତ ବିକ୍ଷତ ହେବାକୁ ବସିଛି ସେତେବେଳେ ଏହିଭଳି ଦେଶପ୍ରେମୀ ମହାପୁରୁଷମାନଙ୍କର ଜୀବନୀ ଆଲୋଚନା ନିଶ୍ଚୟ ଏ ଜାତିକୁ ଦିଗ୍‌ଦର୍ଶନ ଦେବ। ଏ ପୁସ୍ତକ ନିଜ କଥା କହି ନିଜର ମୂଲ୍ୟ ଜଣାଇ ଆସିଛି ଓ ଆଦୃତ ହୋଇଛି। ଏହା ଉପରେ ଅଧିକା କହିବାର ପ୍ରୟୋଜନ ନାହିଁ।

ଡାକ୍ତର ବିକ୍ରମ ଦାସ
ସଙ୍କଳକ

ମର୍ତ୍ତ୍ୟ ଦେବତା

ପଣ୍ଡିତ ନୀଳକଣ୍ଠଙ୍କ ଜୀବନୀ ଉପରେ 'ଦୈନିକ ସମାଜ'ର ୧.୨.୨୦୦୩ ସଂଖ୍ୟାର 'ଦିନ ଥିଲା' ସ୍ତମ୍ଭରେ ମନ୍ତବ୍ୟ।

ମଣିଷ ନା ଦେବତା

ସରକାରୀ ଚାକିରି ନ କରି ଦେଶ ପାଇଁ କିଛି କରିବା ଏବଂ ଜନ୍ମବେଳେ ଦେଖିଥିବା ଦେଶକୁ ଆହୁରି ଭଲ ଦେଖି ମରିବାକୁ ସେ ସ୍କୁଲ ଜୀବନରୁ ଗୋପବନ୍ଧୁ ଓ ହରିହରଙ୍କ ସହିତ ଶପଥ କରିଥିଲେ। ପିଲାଦିନୁ ହଇଜା ରୋଗୀଙ୍କର ସେବା କଲେ। ଶବଦାହ ଦଳ ଗଢ଼ିଲେ। ବଢ଼ି, ମରୁଡ଼ି ବେଳେ ନିରାଶ୍ରୟଙ୍କ ପାଖରେ ପହଞ୍ଚିଲେ।

ମଧୁବାବୁ ଆଖି ମୁଦିବା ପୂର୍ବରୁ କହିଗଲେ- 'ସେ ଓଡ଼ିଶାର ସବୁ ବୁଝିବ।' ୧୯୨୦ ମସିହା, ସେ ଲାଟ ସାହେବଙ୍କୁ ସଙ୍ଗରେ ନେଇ ପୁରୀ ଜିଲ୍ଲା ଦୁର୍ଭିକ୍ଷ ଅଞ୍ଚଳ ଦେଖାଇଦେଲେ। ଲୋକଙ୍କ ପାଇଁ ଯାହା କରିବା କଥା ତାହା କରାଯାଇ ନାହିଁ ବୋଲି ଇଂରେଜ ସରକାରଙ୍କ ହୃଦ୍‌ବୋଧ ହେଲା। ଗୋପବନ୍ଧୁଙ୍କ ପରିକଳ୍ପିତ ସତ୍ୟବାଦୀ ବନ୍ୟ ବିଦ୍ୟାଳୟକୁ ସେ ହିଁ ରୂପ ଦେଇଥିଲେ। ପିଲାଙ୍କ ଭିତରୁ ଜାତିଭେଦ ଉଠାଇ ଦେବାରୁ ଶାସନୀ ବ୍ରାହ୍ମଣମାନେ ତାଙ୍କୁ ଏକ ଘରିକିଆ କଲେ। ସେ ନିଜେ ନିଶ ରଖିଥିବାରୁ ସେମାନେ ତାର ବିରୋଧ କଲେ।

ସେମାନେ ଭାବିଲେ ସେହି ପାଠଶାଳା ହିଁ ସବୁ ଅନର୍ଥର ମୂଳ। ସେଥିରେ ନିଆଁ ଲଗାଇ ଦେଲେ। ସେ କିନ୍ତୁ ସେଥିରେ ଦବିଲେ ନାହିଁ। ପିଲାଙ୍କୁ ନିଜ ଗୋଡ଼ରେ ଛିଡ଼ା କରାଇ ଭଲ ମଣିଷ ଗଢ଼ିବାରେ ସେ ଲାଗିଥିଲେ। ଖୁବ୍ କମ୍‌ରେ ଯେତିକିରେ ଚଳି ହେବ ସେତିକି ନେଇ ତାଙ୍କ ସମେତ ଶିକ୍ଷକମାନେ ଦାୟିତ୍ୱ ତୁଲାଉଥିଲେ। ଗୁରୁ ଛାତ୍ରମାନଙ୍କ ଭିତରେ ସମ୍ପର୍କ ଥିଲା ନିବିଡ଼।

ସେ ଗୋପବନ୍ଧୁଙ୍କ ସାଙ୍ଗରେ ଅସହଯୋଗ ଆନ୍ଦୋଳନରେ ଯୋଗ ଦେଲେ। ସମ୍ବଲପୁରଠାରେ ଜାତୀୟ ପାଠଶାଳା ବସାଇଲେ। ୧୯୨୩ ମସିହାରେ ପୁଲିସ ତାଙ୍କୁ

ହଜାରିବାଗ ଜେଲକୁ ନେଉଥାଏ। ସତ୍ୟବାଦୀ ଷ୍ଟେସନ୍‌ରେ ତାଙ୍କୁ ହରିହର କହିଲେ, 'ତୋ ଝିଅ ମରିଗଲା'। ସେ ପଚାରିଲେ, 'ଔଷଧପତ୍ର...'। ହରିହର କହିଲେ- 'ହଁ, ଯାହା ସୁବିଧା ଥିଲା।' 'ହଉ ଆଉ କ'ଣ କରନ୍ତ ?'

ଏତିକି କହି ପୁଲିସମାନଙ୍କ ସହିତ କଥାବାର୍ତ୍ତା କଲେ। ପୁଲିସବାବୁ ତାଙ୍କ ମୁହଁକୁ ଜଳ ଜଳ କରି ଚାହିଁ କହିଲେ-"ତୁମେ ମଣିଷ ନା ଦେବତା। ଦେଶ ପାଇଁ ଛାତିକୁ ପଥର କରିଦେଇଛ।"

ରାଜନୀତି କହିଲେ ସେ ବୁଝୁଥିଲେ, ଲୋକଙ୍କ ସେବା। ଶଗଡ଼ରେ ବସି ଦୂରଦୂରାନ୍ତରକୁ ଯାଇ ଲୋକଙ୍କୁ ଭେଟୁଥିଲେ। ଦଳର ଦଳାଦଳି ଭିତରେ ସେ ପଶିଲେ ନାହିଁ। ଜଗନ୍ନାଥଙ୍କୁ ନେଇ ବ୍ୟବସାୟ ଓ ସାକ୍ଷୀଗୋପାଳଙ୍କ ଉପରେ ପ୍ରଚଳିତ କାହାଣୀର ସେ ବିରୋଧ କରିଥିଲେ।

ଗୋଦାବରୀଶ ଓ ତାଙ୍କ ଚେଷ୍ଟାରେ ୧୯୪୩ରେ ଉତ୍କଳ ବିଶ୍ୱବିଦ୍ୟାଳୟ ପ୍ରତିଷ୍ଠିତ ହେଲା।

ଠାକୁରଙ୍କ ପାଇଁ ଥିବା କଦଳୀ ଖାଇ ମା'ଙ୍କୁ ବୁଝାଇଦେଇଥିଲେ-"ତୋ ପାଇଁ ଥିବା କଦଳୀ ଖାଇଥିଲେ ତୁ କ'ଣ ରାଗିଥାନ୍ତୁ ? ଠାକୁରାଣୀ ତ ଆମ ମା'।"

କିଏ ରାତିରେ ଆସି ତାଙ୍କୁ ନ ପାଇବ, ତେଣୁ ସେ ପିଣ୍ଡାରେ ଶୋଉଥିଲେ। ସେ ହାଁଜୀ କରିବା ଲୋକ ନ ଥିଲେ। ଅନେକ କାବ୍ୟ କବିତା ଲେଖିଥିଲେ। ଗୀତା, ଭାଗବତ, ଉପନିଷଦ ପଢୁଥିଲେ। ପଦ୍ମଭୂଷଣ ଓ D.Lit ଉପାଧି ପାଇଥିଲେ। ଇଂରେଜ ସରକାରଙ୍କ ନାଇଟ ଉପାଧିକୁ ସେ ପ୍ରତ୍ୟାଖ୍ୟାନ କରିଥିଲେ। ବଡ଼ଲାଟ ଲର୍ଡ ଇରଉଇନ୍‌ଙ୍କୁ ସେ ସାକ୍ଷାତ ଦେଇ ନ ଥିଲେ।

ବୟାଅଶୀ ବର୍ଷ ବୟସରେ ସେ ଆଖି ବୁଜିଦେଲେ। ପାଖରେ ଥିବା ତାଙ୍କ ହରି ଭାଇନା କାନ୍ଦୁ କାନ୍ଦୁ କହିଲେ-"ମୋ ପାଇଁ ତୋ ପାଖରେ ଖଣ୍ଡେ ଜାଗା ରଖିଥିବୁରେ କଣ୍ଠ।"

ସେହି ମଣିଷ ପରି ମଣିଷ ଥିଲେ ପଣ୍ଡିତ ନୀଳକଣ୍ଠ ଦାସ। ମର୍ତ୍ତ୍ୟ ଦେବତା।

ସୂଚୀ

	ବିଷୟ	ପୃଷ୍ଠା
୧।	ନିଜକଥା	୨୧
୨।	ମୋ ଜନ୍ମକଥା	୨୧
୩।	ମୋ ପିଲାଦିନର କେତୋଟି ଘଟଣା	୨୪
୪।	କିରୋସିନି	୨୬
୫।	ଚାହାଳି	୨୬
୬।	ମଧ -ଓଡ଼ିଆ ସ୍କୁଲ	୨୯
୭।	କାକୁଡ଼ି ଚୋରି	୩୧
୮।	ପଣ୍ଡିତଙ୍କ ନାସଦାନୀ	୩୨
୯।	ସ୍କୁଲ ଓ ସରକାରୀ ସାହାଯ୍ୟ	୩୨
୧୦।	ପୁରୀରେ ମୋର ପାଠପଢ଼ା	୩୨
୧୧।	୧୮୯୯ର ସମାଜ	୩୪
୧୨।	ନିଦ୍ରା ପ୍ରତିରୋଧ	୩୫
୧୩।	ପୁରୀଜିଲା ସ୍କୁଲ	୩୬
୧୪।	ରଥଯାତ୍ରା ଓ ହଇଜା-୧୮୯୯	୩୯
୧୫।	କେତେଜଣ ପରିଚିତ ବ୍ୟକ୍ତି	୪୦
୧୬।	ସାହିତ୍ୟ ଯୁଦ୍ଧ	୪୧
୧୭।	ଗୋପବନ୍ଧୁ ଦାସ ଓ ଇନ୍ଦ୍ରଧନୁ	୪୨
୧୮।	ହରି ଭାଇନା	୪୩
୧୯।	ନୈଷ୍ଠିକ ପରିବାର	୪୩
୨୦।	ଭାର୍ଗବୀ ନଦୀକୂଳରେ ଆମର ପ୍ରତିଜ୍ଞା	୪୫
୨୧।	ପୁରୀ ସମୁଦ୍ରକୂଳ	୪୫
୨୨।	ନୋଳିଆର ଜାହାଜ ପୋଢୁଅ	୪୬
୨୩।	ଜଳବାୟୁ ପରିବର୍ତ୍ତନ	୪୬
୨୪।	କୋବି	୪୭
୨୫।	ରେଭେନ୍ସା କଲେଜ ଓ କଲିଜିଏଟ୍	୪୮
୨୬।	ଅରବିନ୍ଦ ବାବୁ	୪୯

୨୭।	ସ୍କୁଲବୋର୍ଡିଂ	୫୦
୨୮।	ମଧୁବାବୁ	୫୨
୨୯।	ପ୍ରଥମ ଉକ୍ରଳ ସମ୍ମିଳନୀ	୫୪
୩୦।	କଲିଜିଏଟ୍ ବୋର୍ଡିଂ ଓ ଗୋପବନ୍ଧୁବାବୁ	୫୫
୩୧।	ବଙ୍ଗାଳୀ ସଂସ୍କୃତି	୫୭
୩୨।	ବଙ୍ଗାଳୀଙ୍କ ବୈରଭାବ	୫୭
୩୩।	ତାରାଚିହ୍ନ	୫୮
୩୪।	ହଲୱାର୍ଡ ସାହେବ	୫୮
୩୫।	ଓଡ଼ିଆଙ୍କ ଦୁର୍ଗତି	୫୯
୩୬।	ବ୍ରହ୍ମପୁର ଓ ନିରାମିଷାଶୀ ଓଡ଼ିଆ	୬୦
୩୭।	କର୍ତ୍ତବ୍ୟବୋଧିନୀ	୬୦
୩୮।	ଓଡ଼ିଆ ସାହିତ୍ୟରଥୀଙ୍କ ଓଡ଼ିଆ ପ୍ରୀତି	୬୧
୩୯।	ମୁକୁର	୬୨
୪୦।	ମଧୁବାରିଷର	୬୩
୪୧।	ଗୋପବନ୍ଧୁଙ୍କ ରାଜନୀତି	୬୪
୪୨।	ମୋର ରୋଗୀସେବା	୬୫
୪୩।	ରୋଗୀସେବା-(୧୯୧୨)	୬୭
୪୪।	ପୁରୀ ପ୍ରତ୍ୟାବର୍ତ୍ତନ	୬୮
୪୫।	ଚନ୍ଦ୍ରମୋହନ ବାବୁ	୬୮
୪୬।	ଧର୍ମବିଶ୍ୱାସ	୭୧
୪୭।	ଚୂଡ଼ାଖୁଆ ବଳିଆ	୭୩
୪୮।	ପାଦ୍ରୀଙ୍କ ଧର୍ମପ୍ରଚାର	୭୩
୪୯।	ଗଞ୍ଜାକୁ ଯାତ୍ରା	୭୬
୫୦।	ରଏଚର ସାହେବ	୭୭
୫୧।	ବ୍ରାହ୍ମଣ ସମିତି (ପୁରୀ)	୭୮
୫୨।	ସ୍ୱର୍ଗତ ରାମଚନ୍ଦ୍ର ଦାସ	୭୯
୫୩।	ସ୍ୱର୍ଗତ ଚନ୍ଦ୍ରଶେଖର ସାମନ୍ତ ଓ ମୋର ପ୍ରଥମ ପ୍ରକାଶିତ ଲେଖା	୮୧
୫୪।	ବିଭା ହେବି ନାଇଁ	୮୪

୫୫।	ଗୋପବନ୍ଧୁଙ୍କ ପୁତ୍ରର ମୃତ୍ୟୁ ଓ ମୋ ଉପରେ ତାର ପ୍ରଭାବ	୮୪
୫୬।	ମୋର ସଂକଳ୍ପ	୮୫
୫୭।	ବିବାହ ପ୍ରସଙ୍ଗ	୮୫
୫୮।	ଗୋପବନ୍ଧୁଙ୍କ ନିର୍ଦ୍ଦେଶ ଓ ମୋର ବିବାହ ଅନୁଷ୍ଠାନ	୮୭
୫୯।	ସ୍ୱର୍ଗତ ଯମେଶ୍ୱର ମିଶ୍ର	୮୮
୬୦।	ଗୋଦାବରୀଶ ପୁରୀସ୍କୁଲ ଛାତ୍ର	୮୮
୬୧।	ମଧୁବାବୁଙ୍କ ପୁରୀ ଆଗମନ ଓ ପ୍ରଚାର ସଭା	୮୯
୬୨।	ସ୍ୱଦେଶୀ ପ୍ରତିଜ୍ଞା ପତ୍ର	୮୯
୬୩।	ନଗେନ୍ଦ୍ରନାଥ ରକ୍ଷିତ	୯୦
୬୪।	ପୂଜା ଛୁଟି	୯୧
୬୫।	ବିବାହ ବଜାର ଓ କଳଙ୍କିତ ସମାଜ	୯୧
୬୬।	ଇତିହାସର ପ୍ରଚ୍ଛଦପଟ ଓ ବ୍ରାହ୍ମଣ ଶାସନ	୯୩
୬୭।	ମୋର ପିତାମହ ଓ ପୈତୃକଜାତି	୯୫
୬୮।	ଢୋଲ ମାହାପାତ୍ରେ ଓ ମାଟିଆ ମିଶ୍ର	୯୬
୬୯।	ଦୁର୍ବ, ଦେବତା ଓ ଭିଙ୍ଗାରି	୯୭
୭୦।	ସ୍ୱଦେଶୀ ପ୍ରଚାର	୯୭
୭୧।	ସତ୍ୟବାଦୀର ପରିକଳ୍ପନା	୧୦୦
୭୨।	ସ୍ଥାନବିଚାର	୧୦୨
୭୩।	ସତ୍ୟବାଦୀ ବିଦ୍ୟାଳୟର ଆରମ୍ଭ	୧୦୩
୭୪।	ସତ୍ୟବାଦୀ ବିଦ୍ୟାଳୟରେ ମୋର ଯୋଗଦାନ	୧୦୪
୭୫।	ସତ୍ୟବାଦୀର ଅସ୍ତସୃଷ୍ଟିରେ ଦୁଇଟି ଉଜ୍ଜ୍ୱଳ ରେଖା	୧୦୪
୭୬।	ରାମଚନ୍ଦ୍ର ରଥ	୧୦୪
୭୭।	ନିଶି ଆନ୍ଦୋଳନ	୧୦୬
୭୮।	ରକ୍ଷଣଶୀଳଙ୍କ କର୍ମ	୧୦୭
୭୯।	ତଥାପି ଭାବରାଜ୍ୟରେ ମୃତ୍ୟୁ ନାଇଁ	୧୦୭
୮୦।	ସତ୍ୟବାଦୀ ବିଦ୍ୟାଳୟର ଆରମ୍ଭ	୧୦୮
୮୧।	ସମାଜର ପ୍ରତିକ୍ରିୟା	୧୧୦
୮୨।	ଜୋଙ୍କ ଶ୍ଳୋକ ଆବୃତ୍ତି	୧୧୧

୮୩।	ସତ୍ୟବାଦୀ ବିଦ୍ୟାଳୟ ଘରପୋଡ଼ି	୧୧୨
୮୪।	ଘରପୋଡ଼ି ପରେ	୧୧୩
୮୫।	ଗୁରୁକୁଳ ନିୟମାବଳୀ	୧୧୩
୮୬।	ସତ୍ୟବାଦୀ ବିଦ୍ୟାଳୟରେ ଗଣତନ୍ତ୍ର ପରୀକ୍ଷା ଓ ବିକାଶ	୧୧୪
୮୭।	ନୂତନ ପରିକଳ୍ପନା	୧୧୫
୮୮।	ମୁଁ ପ୍ରଧାନ ଶିକ୍ଷକ ଥିବାବେଳର କେତୋଟି କଥା	୧୧୭
୮୯।	କୋଣାର୍କ ପର୍ଯ୍ୟଟନ	୧୧୮
୯୦।	ଛାତ୍ରମାନଙ୍କ ଆଲୋଚନା ସଭା	୧୨୦
୯୧।	ସ୍କୁଲର ବାର୍ଷିକ ସମ୍ମିଳନୀ	୧୨୨
୯୨।	ବେଠିପ୍ରଥା	୧୨୨
୯୩।	ନୀଳମାଧବ ଦର୍ଶନ	୧୨୪
୯୪।	ଉତ୍କଳ ସମ୍ମିଳନୀ ଓ ସତ୍ୟବାଦୀର ସ୍ୱେଚ୍ଛାସେବକ	୧୨୫
୯୫।	ଗୋଦାବରୀଶଙ୍କ ସ୍କୁଲ ଭାର ନେବା ଓ ପ୍ରକ୍ସ ସାହେବଙ୍କ ସ୍କୁଲ ଦେଖା	୧୨୭
୯୬।	ଆମ ରାଜନୀତି ସତ୍ୟବାଦୀର ଇତିକଥା	୧୨୮
୯୭।	ରଂଜିତ ଅସିଧାରେ	୧୩୧
୯୮।	ମୋର କାବ୍ୟ ଲେଖା	୧୩୩
୯୯।	କୋଣାର୍କରେ ମୁଖଶାଳା	୧୩୫
୧୦୦।	ଉଭାର ଦୁର୍ଭିକ୍ଷ (୧୯୧୯-୨୦)	୧୩୫
୧୦୧।	ସୁତନ	୧୩୭
୧୦୨।	"ଓଡ଼ିଆ ଓ ତୁଳନାତ୍ମକ ଭାଷାତତ୍ତ୍ୱ"	୧୩୮
୧୦୩।	ସ୍ୱରାଜ୍ୟ ଭାୟା ଅଲବତ୍ ହୋଗା	୧୩୯
୧୦୪।	ସମ୍ବଲପୁର ଜାତୀୟ ସ୍କୁଲ	୧୪୦
୧୦୫।	ସେବା	୧୪୧
୧୦୬।	ଲିପି ସଂସ୍କାର	୧୪୨
୧୦୭।	ଶ୍ରୀ ବେନୁଗୋପାଳ ଆଚାରୀ	୧୪୩
୧୦୮।	ଭାକ୍ତିକ ମିଥ୍ୟା	୧୪୫
୧୦୯।	ଗୋ-ମାହାତ୍ମ୍ୟ	୧୪୭

११०।	ଗାନ୍ଧିଙ୍କ ଉତ୍କଳ ଭ୍ରମଣ (୧୯୨୩)	୧୪୭
१११।	ଉତ୍କଳମଣି ଉପାଧି	୧୪୯
११२।	ହିନ୍ଦୁମହାସଭା	୧୫୦
११३।	ସ୍ୱତନ୍ତ୍ର ଓଡ଼ିଶା ପ୍ରସ୍ତାବ (୧୯୨୧)	୧୫୧
११४।	ଓଡ଼ିଶା ସ୍ୱତନ୍ତ୍ର ପ୍ରଦେଶ ହେବାକଥା	୧୫୨
११५।	ରେଲୱେରେ ଲୁହାଜିନିଷ କ୍ରୟ ଓ ଟାଟାରୁ ଗୋରା କର୍ମଚାରୀଙ୍କୁ ବହିଷ୍କାର	୧୫୫
११६।	ଅନୁଗୁଳ ହସ୍ତମୁଦି ମାହାଲ	୧୫୭
११७।	ଗୋପବନ୍ଧୁବାବୁଙ୍କ ଅନ୍ତିମ ଜୀବନ (୧୯୨୧-୨୮)	୧୫୭
११८।	ଜେଲ ଜୀବନ (୧୯୨୩, ୧୯୩୨, ୧୯୩୩)	୧୫୮
११९।	ଓଡ଼ିଶା ରାଜନୀତିରେ ମୋର ଭାଗ (୧ମ ପର୍ଯ୍ୟାୟ)	୧୭୧
१२०।	ପୁରୀ କଂଗ୍ରେସ	୧୭୩
१२१।	ଇନ୍‌ହେରେଣ୍ଟ ପାଓ୍ୱର (୧୯୩୨)	୧୭୭
१२२।	କୁଳବୃଦ୍ଧ ମଧୁବାବୁଙ୍କ ମୃତ୍ୟୁ	୧୭୮
१२३।	ସତ୍ୟବାଦୀ ପ୍ରେସ୍	୧୭୯
१२४।	ନବଭାରତ (୧୯୩୩)	୧୭୧
१२५।	ମୋର ସାହିତ୍ୟ ସାଧନ (୧୯୩୯-୧୯୪୦)	୧୭୪
१२६।	ମୋର ରାଜନୈତିକ ଜୀବନ (୨ୟ ପର୍ଯ୍ୟାୟ)	୧୭୪
१२७।	ମନ୍ତ୍ରୀମଣ୍ଡଳ	୧୭୭
१२८।	ପ୍ରଥମ ନିର୍ବାଚନ (୧୯୩୭)	୧୭୮
१२९।	ଉତ୍କଳ ବିଶ୍ୱବିଦ୍ୟାଳୟ	୧୮୦
१३०।	ସୁଭାଷ ବୋସ	୧୮୧
१३१।	କେତେକ ସହକର୍ମୀ	୧୮୨
१३२।	ଗୋପବନ୍ଧୁଙ୍କ ପରେ କଂଗ୍ରେସ	୧୮୩
१३३।	ସ୍ୱର୍ଗତ ରାଜେନ୍ଦ୍ର ବାବୁ	୧୮୪
१३४।	ବିଭିନ୍ନ ସଭାସମିତିରେ ବକ୍ତୃତା ଦାନ	୧୮୫
१३५।	ଉତ୍କଳ ବିଶ୍ୱବିଦ୍ୟାଳୟରେ ପରୀକ୍ଷକ	୧୮୫
१३६।	ଓଡ଼ିଶା ବିଧାନ ସଭା ଓ ତହିଁରେ ମୋର ସ୍ଥାନ	୧୮୬
१३७।	ବହୁମାନ ଓ ଉପାଧି ଲାଭ	୧୮୭

୧୩୮। ଶ୍ରୀ ବିଜୟାନନ୍ଦ ପଟ୍ଟନାୟକ ୧୮୭
୧୩୯। ଶ୍ରୀମତୀ ରାଧାମଣି ଦେବୀ ୧୮୮

ପରିଶିଷ୍ଟ (ସ୍ମୃତିଚାରଣ)

(୧) ମୋ ଜୀବନ ଦର୍ଶନ ୧୮୯
(୨) ଅଧ୍ୟକ୍ଷ ବି. ଭି. ଗୁପ୍ତଙ୍କ ସ୍ମୃତି (୨-କ) ୧୯୪
,, ,, (୨-ଖ) ୧୯୮
,, ,, (୨-ଗ) ୨୦୦
,, ,, (୨-ଘ) ୨୦୧
(୩) ନିଶୁଆ ନୀଳକଣ୍ଠ ଦାସ ୨୦୩
(୪) ଧରଣୀଧର ଭୂୟାଁ ୨୦୭
(୫) ୧୯୨୧ରେ ସମ୍ବଲପୁରରେ ନଅମାସ ୨୦୮
(୬) ମନସ୍ୱୀ ରାମଚନ୍ଦ୍ର ୨୧୪
(୭) ସ୍ୱର୍ଗତ ପ୍ରଚାରକ ଅନନ୍ତ ମିଶ୍ର ୨୧୬
(୮) ସ୍ୱର୍ଗତ କୃପାସିନ୍ଧୁ ମିଶ୍ର ୨୨୨
(୯) ଗୋଦାବରୀଶ ସ୍ମରଣେ ୨୨୬
(୧୦) ସ୍ୱର୍ଗତ ପଣ୍ଡିତ ଲିଙ୍ଗରାଜ ମିଶ୍ର ୨୩୭
(୧୧) ଉତ୍କଳମଣି ପଣ୍ଡିତ ଗୋପବନ୍ଧୁ ଦାସ ୨୪୧
(୧୨) ଟିକିଏ ବ୍ରଜସୁନ୍ଦର ସ୍ମୃତି ୨୪୬

ଉପସଂହାର

(୧) ନୀଳକଣ୍ଠ ବଂଶାବଳୀ ୨୫୧
(୨) ନୀଳକଣ୍ଠଙ୍କ ଜୀବନ ପଂଜି ୨୫୩
(୩) ଶ୍ରଦ୍ଧାଞ୍ଜଳି ୨୫୯
(୪) ଲୋତକାଞ୍ଜଳି ୨୬୦
(୫) ସ୍ମୃତିରକ୍ଷା ଓ ଶତବାର୍ଷିକୀ ୨୬୨

ଆତ୍ମଜୀବନୀ

୧। ନିଜକଥା

ମତେ ନିଜ ଜୀବନକଥା କହିବାକୁ ଅନୁରୋଧ କରାଯାଉଚି; କିନ୍ତୁ ଧାରାବାହିକ ଭାବେ ସେ କଥା କହିପାରିବା ଭଳି ମୋ ପାଖରେ କିଛି ସାମଗ୍ରୀ ନାଇ। ଯେତିକି କଥା ମନେପଡ଼ିବ ତା'ଭିତରୁ କିଛି କହିବି; କିନ୍ତୁ ଦୁଃଖର କଥା ଘଟଣାଗୁଡ଼ିକ ସେତେ ମୋର ମନେ ରହେ ନାଇ। ଭୁଲିଯିବା ମୋର କେବଳ ସ୍ୱଭାବ ନୁହେଁ ବରଂ ତା' ମୋର ଗୋଟିଏ ସାଧନା। ଘଟଣା ଭୁଲି ନ ଗଲେ ସ୍ମୃତିରେ ପରିସ୍ଥିତି ବେଳେ ବେଳେ ଅସହ୍ୟ ହୁଏ। ଏ କଥା ଜାଣି ମୁଁ ଭୁଲିବାକୁ ଚେଷ୍ଟା କରେ। ସେଥିରେ ମୁଁ କୃତକାର୍ଯ୍ୟ ହୋଇଚି; ଲାଭ ବି ପାଇଚି। ବେଳେ ବେଳେ ଅନ୍ୟମାନେ ବିଗତ ଘଟଣାସବୁ ମୋର ମନେପକାଇ ଦିଅନ୍ତି। ମୁଁ ବିସ୍ମିତ ହୁଏ। ବେଳେ ବେଳେ ବି ବୁଝିପାରେ ସେପରି ଭୁଲି ଯାଇଥିବାରୁ ମୋର କିଛି ହୋଇନାଇ-ବରଂ ମଙ୍ଗଳ ହୋଇଚି। ବୋଧହୁଏ, ଏଇକଥା ବୁଝିପାରି ଆମର ପୂର୍ବ-ସୂରୀମାନେ ସ୍ମୃତିରକ୍ଷାର ବିରୋଧୀ ଥିଲେ। ଇତିହାସର ସ୍ୱାଭାବିକ ଓ ଚିରନ୍ତନ ବିକାଶକୁ ସେମାନେ ପସନ୍ଦ କରୁଥିଲେ। ଏ ଦେଶରେ କେତେ କୀର୍ତ୍ତି ଅଛି। କାହିଁରେ କାହାରି ସ୍ମୃତି ଫଳକ ନାଇ। କିନ୍ତୁ ସଭ୍ୟତା ଓ ସାହିତ୍ୟ ବିକାଶରେ ସମସ୍ତେ ସାହାଯ୍ୟ କରିଚନ୍ତି। ସଭ୍ୟତାର ଏଇପରି ବିକାଶ ଭାରତର ରୀତି-ଏହା ଭାରତୀୟ।

ତଥାପି ଯାହା ଯେତେବେଳେ ମନେ ପଡୁଚି କହିବି। ଭଲମନ୍ଦର ବିଚାର ନକରି କହିବି। ଶୃଙ୍ଖଳିତ ଭାବରେ କିଛି କହିପାରିବି ନାଇ। ତଥାପି ଚେଷ୍ଟା କରିବି।

୨। ମୋର ଜନ୍ମକଥା

ପୁତ୍ରକାମୀ ହୋଇ ପୁଅ ପାଇବା ଭାରତର ଗୋଟିଏ ବିଶେଷ ସାଧନା। ମୋର ପିତାଙ୍କର ଜନ୍ମ ୧୮୩୯ ଖ୍ରୀ.ଅ.ରେ। ମାତାଙ୍କର ଜନ୍ମ ୧୮୪୮। ମୋର ଜନ୍ମ ୧୮୮୪ ଅଗଷ୍ଟ ୫ତାରିଖ (ଭାଦ୍ରବ ଶୁକ୍ଳ ଚତୁର୍ଦ୍ଦଶୀ ଗହ୍ମାପୂର୍ଣ୍ଣମୀ ପୂର୍ବଦିନ)। ମୋର ଜନ୍ମ ହେଉଚି

ଅଷ୍ଟମଗର୍ଭ। ଏକପ୍ରକାର ପିତାମାତାଙ୍କର ପରିଣତ ବୟସରେ। ମୁଁ ତାଙ୍କର ଏକମାତ୍ର ପୁତ୍ର। ସେମାନେ ପୁଅ ପାଇବା ପାଇଁ କଠିନ ସାଧନା ଓ ଦେବୋପାସନା କରିଥିଲେ। ସେ ଦେବତାଙ୍କ ନାମ ନୀଳକଣ୍ଠ। ସେଥିପାଇଁ ମୋର ନାମ ନୀଳକଣ୍ଠ ରଖିଥିଲେ। ନନା ମୋର ପିଲାଦିନୁ କଡ଼ା। ପିତାଙ୍କର ଏକାନ୍ତ ଇଚ୍ଛା ମୁଁ କିପରି ଭଲ ମନୁଷ୍ୟ ହେବି। ପାଠପଢ଼ି ପଣ୍ଡିତ ହେବି। ଆମ ଘର ପୂର୍ବରୁ ଥିଲା ବଡ଼ ପଣ୍ଡିତ ଘର। ମୁକୁନ୍ଦ ଦାସେ ବୋଲି ପୂର୍ବେ ବଂଶରେ ଜଣେ ବଡ଼ ରକମର ପୌରାଣିକ ପଣ୍ଡିତ ଥିଲେ।

ନନା ପିଲାଦିନୁ ପିତୃହୀନ। ସେ କହନ୍ତି ୧୧କ କଡ଼ାଗଣ୍ଡା ପର୍ଯ୍ୟନ୍ତ ସେ ପାଠ ପଢ଼ିଥିଲେ। ସେତିକିବେଳେ ବାପାଙ୍କ(ପିତାମହ) କରଜରେ ଜମିବାଡ଼ି ସବୁ ନିଲାମ ହୋଇ ଯାଇଥିଲା। ପିତାମହ ଥିଲେ ପ୍ରଥମ ଇଂରେଜ ଅମଳରେ ତହସିଲ୍‌ଦାର। ସେତେବେଳେ ରାଜକର୍ମଚାରୀମାନେ ବୁଲି ବୁଲି ମଫସଲରେ ଲୋକ ବାଛି ତହସିଲଦାର କରିଦେଇ ଆସୁଥିଲେ। ମରହଟ୍ଟା ଅମଳରେ ଲୋକେ ନିୟମିତ ସମୟରେ ଖଜଣା ଦେବା କଥା ଜାଣି ନ ଥିଲେ। ସେଥିପାଇଁ ଆମ ବାପା (ପିତାମହ) ଆଗରୁ କରଜ କରି ଖଜଣାଟଙ୍କା ଦାଖଲ କରି ଦେଉଥିଲେ ପରେ ଆଦାୟ କରି କରଜ ଭରିଣାକୁ ମହାଜନକୁ ଦେଉଥିଲେ। ହଠାତ୍ ୧୮୪୮ରେ ୨୮ ବର୍ଷ ବୟସରେ ହଇଜାରେ ତାଙ୍କର କାଳ ହୋଇଗଲା। ସେ ବର୍ଷର କରଜ ସୁଝା ହୋଇ ନ ଥିଲା। ନନା, କକେଇ ଦୁହେଁ ଅତି ପିଲା ହୋଇଥିଲେ। ମା'(ଜେଜେମା) ସେତେବେଳକୁ ପିଲାବୋହୂ। ଦୁଇ ଚାରିବର୍ଷ ଭିତରେ ସବୁ ସଂପତ୍ତି ନିଲାମ ହୋଇଗଲା। ନିଃସ୍ୱ ପରିବାରକୁ ମା' କିପରି ସମ୍ଭାଳିଥିଲେ ତା' କେବଳ ଅନୁମାନ କରାଯାଇ ପାରେ। ୧୯୦୬ ପର୍ଯ୍ୟନ୍ତ ମା' ବଞ୍ଚିଥିଲେ। ସେତେବେଳକୁ ଅବସ୍ଥା ସେତେ ଖରାପ ନ ଥାଏ; ତଥାପି ଅଭ୍ୟାସ ହେତୁରୁ ରାତିଦିନ ମା' ସବୁବେଳେ ସୂତା କାଟୁଥିବାର ମୁଁ ଦେଖିଚି। ସେତିକି ନୁହେଁ ଆମ ମା' ବରାବର ପେଜ ଖାଆନ୍ତି। ଅନ୍ତତଃ ସକାଳୁ ଥରେ ଖାଆନ୍ତି। ଯେତେ ମନାକଲେ ଶୁଣନ୍ତି ନାଇ। ବୋଧହୁଏ, ଅଭ୍ୟାସ ଛାଡ଼ି ପାରି ନ ଥିଲେ।

ନନା ପାରିଗଲାରୁ ଧନୀଘରେ ବିଭା ହେଲେ। ସେତେବେଳେ ହିସାବରେ ଜାତି ବିକିଲେ। ସେଥିପାଇଁ ଜ୍ଞାତି ଭାଇମାନେ ବଡ଼ ଘୃଣା କରୁଥିଲେ ଓ ନନାଙ୍କ ସଂଗେ ବହୁଦିନ ଖାଇବା ପିଇବା ଆଦି ସାମାଜିକ ସଂପର୍କ ବନ୍ଦ କରି ଦେଇଥିଲେ। ତଥାପି ବଂଶ ସ୍ମୃତିରେ ଜାଗ୍ରତ ରହି ନନା ଅତି ଦାରିଦ୍ର୍ୟର ପ୍ରତିକାର କରିବା ପାଇଁ ସବୁବେଳେ ବ୍ୟସ୍ତ ଥାନ୍ତି। ସେତେବେଳେ ଆମ ଶାସନମାନଙ୍କରେ ବ୍ରାହ୍ମଣେ ନିଜେ ଚାଷ କାର୍ଯ୍ୟ କରୁ ନ ଥିଲେ କିମ୍ବା ସାକ୍ଷାତ ଭାବରେ କରାଉ ନ ଥିଲେ। ପୂର୍ବେ ରାଜାମାନେ ଶାସନ ବସାଇଲା ବେଳେ ଭୂମିଦାନ ଦେଇ ସେହି ଭୂମି ଚାଷ କରି

ବ୍ରାହ୍ମଣମାନଙ୍କୁ ଭାଗ ଦେବାପାଇଁ ବିଲ ମଧ୍ୟରେ ସ୍ଥାନେ ସ୍ଥାନେ ଚଷାଙ୍କ ଗାଁମାନ ବସାଇ ଦେଇଥିଲେ। ଏଇପରି ପ୍ରତ୍ୟେକ ଦାନଭାଗ ଥିଲା ପ୍ରାୟ ୨୦ ଏକର। ପ୍ରାୟ ୧୭ ଏକର ଧାନ ଜମି ଓ ୩ ଏକର ବଗିଚା। ଏଇପରି ଆମ ଗାଁ ଶ୍ରୀରାମଚନ୍ଦ୍ରପୁର ୧୦୮ ଭାଗରେ ଦାନ ଦିଆଯାଇଥିଲା। ପ୍ରତ୍ୟେକ ଲୋକଙ୍କୁ ଘରତୋଳି 'ବିପୁଳ ଭାଗ' ଦିଆଯାଇଥିଲା। ସେଥିପାଇଁ ୧୨ ପଡ଼ା ବା ୧୨ଟି ଚଷା ଗାଁ ରଖା ହୋଇଥିଲା।

ମାତ୍ର ଆମ ନନା ନିଜେ ଲୋକବାକ ସଙ୍ଗ୍ରହ କରି ସାକ୍ଷାତ ଭାବରେ ଚାଷ ଆରମ୍ଭ କଲେ। ପାଖରେ ନିଜର ଜମି ନ ଥିଲା-ଚାଷକୁ ଜମି ବି ମିଳିବାର ନ ଥିଲା। ସେଥିପାଇଁ ସେ ପୁରୀପାଖ ସରହଦ୍ଦରେ ଖରାଦିନେ ଥରେ ଦାଲୁଅ ପକାଇବାକୁ ଯାଉଥିଲେ। ଦାଲୁଅ ଚାଷରେ ଆଗ ପାଣି ବୁହାଇ ଶୁଖାଇବାକୁ ହୁଏ। ସେଥିପାଇଁ ଦିନେ ଗାଁ ଦାଣ୍ଡରେ ଆଗେ ଆଗେ ମୂଲିଆଙ୍କ ହାତରେ ଗୋଟିଏ ଜନ୍ତ ଧରାଇ ନନା ଦାଲୁଅ ପାଟକୁ ଯାଉଚନ୍ତି, ଗ୍ରାମର ଜଣେ ସମ୍ମାନିତ ବୃଦ୍ଧ ଟିକିଏ ରହସ୍ୟ କରି ଡାକିକରି କହିଲେ, "କି ହେ, ଏ କ'ଣ ମୁକୁନ୍ଦ ଦାସଙ୍କ ପୁରାଣପୋଥି ବାହାରିଲା ପରା?" ନନା କହୁଥିଲେ, ସେଦିନ ସେ ସଂଗେ ସଂଗେ ସେଇଠାରୁ ଫେରିଆସିଲେ। ରାତିରେ ବହୁତ କାନ୍ଦିଲେ। ନିଜେ ପାଠ ପଢ଼ିବାକୁ ଆଉ କାଳ ନ ଥିଲା। ମହାପ୍ରଭୁଙ୍କୁ ଡାକି କହିଲେ, "ମହାପ୍ରଭୁ। ମୋତେ ଏପରି ଗୋଟିଏ ପୁଅ ଦିଅ, ଯେ କି ପାଠପଢ଼ି ବଂଶର ମର୍ଯ୍ୟାଦା ରଖିବ।" ସେଇ ଦିନଠାରୁ ଥରକୁଥର ଝିଅ ଜନ୍ମ ହେଲେ ମଧ୍ୟ ସେ ପୁତ୍ରକାମୀ ହୋଇ ବରାବର ଦେବତାଙ୍କୁ ଭଜୁଥାନ୍ତି।

ମୋତେ ସେତେବେଳେ ମାତ୍ର ପାଞ୍ଚବର୍ଷ ପୂରିଯାଇଚି। ସେ କାଳର ରୀତି ଅନୁସାରେ ନନା ପ୍ରତିଦିନ ସନ୍ଧ୍ୟାପୂର୍ବରୁ ଟିକିଏ ଭାଙ୍ଗ ଘୋଟି ପିଉଥିଲେ। ଦିନେ ମୁଁ ଯାଇ ପାଖରେ ବସି କହିଲି, "ନନା ମୁଁ ପିଇବି।" ସେ ଆପେ ପିଇସାରି ଖାଲି କୁଣ୍ଡିଟା ଧୋଇ ମୋତେ ଟିକିଏ ପିଇବାକୁ ଦେଲେ। ରାଗ ରାଗ ଲାଗିଲା, ମୁଁ ପିଇଦେଇ ଭାରି ଖୁସିହେଲି। ତହିଁ ଆରଦିନ ଠିକ୍‌ବେଳକୁ ପୁଣି ଯାଇ ବସିଲି। କହିଲି, "ନନା ମୁଁ ଖାଇବି।" ଆଜି ମଧ୍ୟ ମୋର ସେ ଚିତ୍ର ମନେ ପଡୁଚି। ନନା ଟିକିଏ ଚିନ୍ତିତ ହୋଇ ବସିଗଲେ। ତଳସହାଲା ଘରୁ ବୋଉକୁ ଡାକିଲେ। ବୋଉ ଆସିଲାରୁ କୁଣ୍ଡି ବାଡ଼ି ଗଞ୍ଜେଇ ମସଲାଥିବା ବଟୁଆ ସବୁ ତାକୁ ଦେଇ କହିଲେ, "ତୁ ୟାକୁ ନେ, ଫିଙ୍ଗିଦେ, ନଇଲେ ଯାହା କର, ମୁଁ ଆଉ ଭାଙ୍ଗ ଖାଇଲେ ପୁଅ ପାଇବି ନାଇ। ଏ ଭାଙ୍ଗଡ଼ି ହୋଇଯିବ।" ଏ ପ୍ରାୟ ନନାଙ୍କ ତେପନ ବରଷ ବେଳର କଥା। ସେ ଅଣାନବେ ବରଷରେ ୧୯୨୮ରେ ମଲେ; ମାତ୍ର ସେଇଦିନଠାରୁ ସେ ଭାଙ୍ଗ ଆଉ କେବେ ସ୍ପର୍ଶ କରିନାହାନ୍ତି।

ତାଙ୍କ ଉତ୍ତର ବୟସର ଆଉ ଗୋଟିଏ କଥା ମଧ୍ୟ ଏଠାରେ କହେଁ। ବାଆସ୍ତରି ବର୍ଷରେ ତାଙ୍କର ଭୀଷଣ କଫକାଶ ଓ ଜ୍ୱର ହେଲା। ମୁଁ କଲିକତାରେ ଏମ୍. ଏ. ପଢୁଥାଏ। ମୋ ପାଖକୁ ଖବର ଗଲା। ମୁଁ ଚ୍ୟବନପ୍ରାସ, ମକରଧ୍ୱଜ ପ୍ରଭୃତି ଔଷଧ ଘେନି ଆସି ଘରେ ପହଞ୍ଚିଲି। ଦେଖିଲି ନନାଙ୍କ ଅବସ୍ଥା ଅତି ଖରାପ, ଜ୍ୱର ବରାବର ଅଛି। ସେ କାଶି କାଶି ରାତିରେ ଆଦୌ ଶୋଇ ପାରୁ ନାହାନ୍ତି। ମୋ ମନେହେଲା ସେ ନିଶ୍ଚୟ ମରିଯିବେ। ମୁଁ ଔଷଧ ସବୁ ଆଣି ତାଙ୍କ ଆଗେ ଅନୁପାନ ଓ ଔଷଧ ଖାଇବାର ବ୍ୟବସ୍ଥା କରି ବସିଲି। ସେତିକିବେଳେ ସେ ବହୁ କଷ୍ଟରେ କହିଲେ, "ସେସବୁ ଔଷଧ କଥା ଥାଉ। ଗୋଟିଏ କଥା ଶୁଣୁ, ତତେ କହିବି ବୋଲି ଚାହିଁ ବସିଥିଲି।" ଏହା କହି ଗୋଟିଏ ଶୁଖିଲା ପତ୍ରରେ ମୋଡ଼ା ହୋଇ ରହିଥିବା ଅଫିମ ଟିକିଏ କାଢ଼ି ମୋ ଆଗେ ଥୋଇଲେ। କହିଲେ, "ଆର୍ତ (ପଣ୍ଡିତ ଆର୍ତତ୍ରାଣ ଦାସ-ତାଙ୍କର ବୟସ୍କ ପୁତୁରା) କଣ୍ଟ ମିଶ୍ରେ (ଆମ ପଡ଼ିଶା ଘର-ତାଙ୍କର ଜଣେ ଯୌବନର ସାଙ୍ଗ-ସେ ଥିଲେ ନିଜେ ଅଫିମା) ଦିହେଁ ମୋତେ ବହୁତ ବଳାଇଲେ। କହିଲେ ଅଫିମ ଖାଅ। କାଶ ବନ୍ଦ ହୋଇଯିବ, ନିଦ ଲାଗିବ। ଚାରି ପଇସାର ଅଫିମ ଆଣିଦେଲେ। ସେଦିନ ରାତିରେ ଟିକିଏ ଖାଇ ନିଶା ଥିବାତକ କାଶ ଟିକିଏ ବନ୍ଦ ହେଲା। ନିଦ ଲାଗିଲା। ନିଶା ଛାଡ଼ିଲାରୁ ପୁଣି ଯେଉଁ କଥାକୁ ସେଇ କଥା। ବିଚାରିଲି ବରାବର ଖାଇଲେ ହୁଏତ ଟିକିଏ ଉଶ୍ୱାସ ଲାଗିବ। ପୁଣି ବିଚାରିଲି ପୁଅ ପାରିଗଲାଣି। ମୋତେ ୭୨ ବର୍ଷ ହେଲାଣି। ମନୁଷ୍ୟ ଆଉ କେତେକାଳ ବା ବଞ୍ଚେ। ମଲାବେଳକୁ ବିଷଗୁଡ଼ାକ ଖାଇ କଳଙ୍କ ରଖିଯିବି। ତୋ ପାଇଁ ୟାକୁ ରଖିଚି। ତୁ ୟାକୁ ନେଇ ଆଗ ଫିଙ୍ଗିଦେ। ତା'ପରେ ଔଷଧ କଥା ବୁଝିବୁ।" ମୋର ସେତେବେଳେ ମନରେ ଯାହା ହେଲା କହିବା ଦରକାର ନାହିଁ। ମୁଁ ଆଗ ଅଫିମ ନେଇ ଫିଙ୍ଗିଦେଲି, ତା'ପରେ ଔଷଧ ବ୍ୟବସ୍ଥା କଲି। ସେଥିରେ ତାଙ୍କର ଆରୋଗ୍ୟ ହୋଇଗଲା।

୩। ମୋ ପିଲାଦିନର କେତୋଟି ଘଟଣା

ସେକାଳେ ପିଲାଦିନେ ମରିଯିବା ହିଁ ଥିଲା ପ୍ରାୟ ସାଧାରଣ କଥା। ଚିକିତ୍ସାର ବିଶେଷ ବ୍ୟବସ୍ଥା ନ ଥିଲା। ପିଲାଏ ପ୍ରାୟ କୃମି ରୋଗରେ ବେଶି ମରୁଥିଲେ। ଗାଁ'କୁ ଗାଁ ବଇଦ ଥାନ୍ତି; କିନ୍ତୁ ସମସ୍ତେ ବଇଦ ଡାକନ୍ତି ନାଇ। ଜାଣିବା ବଇଦ ବି କ୍ରମେ ସରି ଆସୁଥିଲେ; କିନ୍ତୁ ଆମ ଘରକୁ ନନା ତାଙ୍କୁ ବରାବର ଡାକନ୍ତି। ସେ ବି ପାଠ ଜାଣୁଥିଲେ। ରୋଗ ଭଲ କରୁଥିଲେ। ତାଙ୍କ ନାଁ ଭଗୀ କରେ। ଶିଶୁ ରୋଗୀମାନଙ୍କ ପ୍ରତି ତାଙ୍କ ପରି ଆଦର କରିବା ଲୋକ ମୁଁ ଅଳ୍ପ ଦେଖିଚି। ସେ ଅନୁପାନରେ ବ୍ୟବସ୍ଥା ଦିଅନ୍ତି। ବଟିକା

ଦିଅନ୍ତି। ମୋ ବୋଉ ଭାରି ସାବଧାନ। ସବୁବେଳେ ବୁଝେ ବହୁତ କରି ଅନୁପାନ ଦେଲେ ରୋଗ ଛାଡ଼ି ପଳାଇବ। ଏଠାରେ ଛ'ମାଣ ଆଠଗୁଣ୍ଠରୁ ରାମଚନ୍ଦ୍ର ମଙ୍ଗରାଜଙ୍କ ଶେଷ ଚିକିତ୍ସାରେ ଫକୀରମୋହନ ଲେଖିଥିବା କଥାଟି ଏବେ ମୋ ମନେ ପଡ଼ିଯାଉଚି। "ଅନୁପାନ ବିଶେଷେଣ କରୋତି ବିବିଧାନ୍ ଗୁଣାନ୍"; ରାମଚନ୍ଦ୍ର ମଙ୍ଗରାଜଙ୍କ ବଇଦ ମୁହଁରେ କବି ଏହାର ଅର୍ଥ କରାଇଚନ୍ତି, ଅନୁପାନ ବିଶେଷ କରିଦେଲେ ବିଧା ମାଇଲାପରି ଗୁଣ ହୁଏ। ମୋ ମନେହୁଏ ମୋରି ବୋଉଭଳି ଲୋକକଙ୍କ ମତ କବି ଫକୀରମୋହନ ଜାଣି ଏପରି ଅର୍ଥ କରିଥିଲେ।

ଥରେ ମନେ ଅଛି ମୋର ଭାରି କଫ ହୋଇଥାଏ। ଭଗୀ କରେ ବଟିକାଟିଏ ଦେଇ ଅନୁପାନର ବ୍ୟବସ୍ଥା କଲେ, "ଅସରପା ସିଝାଇ ସେଇ ପାଣିରୁ ଟିକକରେ ଏ ବଟିକାଟି ଦେବ।" ଅବଶ୍ୟ ଏଇ ଅସରପାରୁ ଏବେ ବାହାରିଚି Blata Orientalis। ବିଶେଷତଃ ହୋମିଓପାଥିରେ ଏହା କଫ ଓ ଗୋଟିଏ ପ୍ରକାର ଶ୍ୱାସର ଅବ୍ୟର୍ଥ ଔଷଧ ବୋଲି ଶୁଣାଯାଏ। ଏଲୋପାଥିରେ ହୁଏତ ସେଇଆ ହୋଇଥିବ; ତେଣୁ ଭଗୀ କରଙ୍କ ଏ ବ୍ୟବସ୍ଥାଟାର ଅର୍ଥ ମୁଁ ଏବେ ବୁଝିପାରୁଚି, କିନ୍ତୁ ବୋଉ ଯାହା କଲା ସେ ବଡ଼ ବିଚିତ୍ର। ମୁଁ ଛୋଟ ତିନି ଚାରିବର୍ଷର ପିଲାଟିଏ, ବୋଉ ପାଖେ ପାଖେ ଥାଏ। ସବୁ ଦେଖୁଚି। ବୋଉ ଭଗୀ କରଙ୍କ କଥା ଶୁଣି ଚାଲିଗଲା ହାଣ୍ଡିଶାଳ 'ତେଙ୍ଗଡ଼ା' ପାଖକୁ। ଶହ ଶହ କାହିଁକି, ହଜାର ହଜାର ଅସରପାଙ୍କ ସେନା ସେଠାରେ ସଜାଡ଼ି ହୋଇ ଥାଆନ୍ତି ବୋଲି କହିଲେ ଚଳେ। ସେହିଠାରୁ ଉଘାଡ୍ (ସଂଘା) ପର୍ଯ୍ୟନ୍ତ ସେହି ସେନାଙ୍କ ସଜ୍ଜିତ ଶ୍ରେଣୀ ଭିତରେ ବୋଉ ଛିଡ଼ା ହୋଇଗଲା– 'ତେଙ୍ଗଡ଼ା'ରୁ ଆର ଘରକୁ ହାଣ୍ଡି କାଢ଼ିଦେଇ ଗୋଟାଏ ଛାଞ୍ଚୁଣିରେ ଥରକେ ପ୍ରାୟ ଦଶଗଣ୍ଡା ହେବ ଅନାୟାସରେ ହତ୍ୟା କଲା। ତାକୁ ଗୋଟାଏ ବାଉଁଶିଆରେ ଆଣି ଆଟିକାରେ ବସାଇ ସିଝାଇ ଦେଲା। ତା' ଉତ୍ତାରୁ ଗୋଟିଏ ବଡ଼ ଥାଳିଆରେ ତାକୁ କାଢ଼ି ଚକଟିକରି ଛାଣିଦେଲା। ଚକଟିକରି ଛାଣିବା ପୂର୍ବରୁ ବହୁ ଚେଷ୍ଟା କରି ବହୁତ କଅଁଳେଇ ସଅଁଳେଇ ମୋତେ ପଢ଼ିଶାଘରେ ଛାଡ଼ିଦେଇ ଅଇଲା। ତା'ପରେ ସେଇ ପାଣିରୁ ପ୍ରାୟ ଅଧ ଗିନାଏ ହେବ ବାହାର କରି ବଟିକାକୁ ଘୋରି ସେଥିରେ ପକାଇ ମହୁ ପିପ୍‌ପଳି ପରୀକ୍ଷ କରିଦେଲା। ତା'ପରେ ମୋତେ ଆଣି ପିଇବାକୁ ଦେଲା। ମୁଁ ନାଇ କରିବାରୁ ସେ ବୋଧହୁଏ ବିଶ୍ୱାସ ଜନ୍ମାଇ ଦେଇଥିଲା, ଏ ପାଣି ସେ ଅସରପା ପାଣି ନୁହେଁ। ପରେ ମୁଁ ବୁଝିପାରିଲି ସେଇ ଅସରପା ପାଣିରେ ମୋତେ ଔଷଧ ଦିଆ ହୋଇଥିଲା। ଏଇପରି କେତେଦିନ ଚାଲିଥିବ ମୋ ମନେ ନାଇ।

ଆଉ ଥରେ ସେଇ ଭଗୀ କରଙ୍କ କଥାରେ ଜିଆନାଡ଼ ସିଝାଇ ବୋଉ ମୋତେ ସେଇପରି ଔଷଧ ଦେବାର ମୋର ମନେ ଅଛି। ସେଥର ବୋଧହୁଏ କୁରୁମୀ ରୋଗ।

କୌଣସିମତେ ରୋଗ ଭଲ ନ ହେବାର ଦେଖି ଭଗୀ କରେ ଆସି ନନାଙ୍କୁ କହିଲେ, "ଗଗନବାବୁ ଏବେ ପୁରୀକି ଡାକ୍ତର ହୋଇ ଆସିଚନ୍ତି। ଦୋକାନ କରିଚନ୍ତି (ପରେ ଜାଣିଲି ସେ ସେକାଳେ କଟକ ଡାକ୍ତରୀ ସ୍କୁଲରୁ ପଢ଼ିକରି ଯାଇଥିଲେ, ପାଶ୍ କରିଥିଲେ କି ନାଇ କହି ପାରୁନାଇ)। ସେ ପୁଡ଼ାକୁ ଟଙ୍କା ଲେଖାଏଁ ନେଇ କ'ଣ ଗୋଟାଏ ଡାକ୍ତରୀ ଧଳାଚୂନା ଦେଉଚନ୍ତି। ସେଥିରେ ସବୁ କାଚୂଟୀ (Roundworms) ପଡ଼ିଯାଉଚି। ନନା ଏହା ଶୁଣି କୁଆଡ଼ୁ ଟଙ୍କାଟାଏ ସଂଗ୍ରହ କରି ଦୌଡ଼ିଲେ ପୁରୀ। ସେତେବେଳକୁ ମୋତେ ଛଅବର୍ଷ ଚାଲିଥାଏ। ମନେଅଛି, ସେଇଦିନ ସନ୍ଧ୍ୟାବେଳକୁ ନନା ଚାରିପାନ ଔଷଧ ଘେନି ଫେରି ଆସିଲେ। ତହିଁ ଆରଦିନ ସକାଳୁ ପାନେ ଖାଇଦେବା ପରେ ପେଟରୁ ପ୍ରାୟ କୋଡ଼ିଏଟା କାଚୂଟୀ ପଡ଼ିଗଲେ। ମୋର ଜର ଛାଡ଼ିଗଲା। ମୁଁ ଭଲ ହୋଇଗଲି। ବହୁପରେ ଜାଣିଲି ସେ ନୂଆ ଔଷଧଟି ହେଉଚି କାଲୋମେଲ (Chalomel) ମିଶା ସାଣ୍ଟୋନାଇନ (Santonine)।

୪। କିରୋସିନି

ପିଲାଦିନ କଥା କହୁଥିଲି। ଆମେ ସବୁ ଚାହାଳିରେ ରାତି ପଢ଼ା କରୁଥିଲୁ। ୩/୪ ଜଣ ଏକାଠି ବସି ପଢୁ। ହପ୍ତାକେ ତେଲ ପାଇଁ ପଇସାଟିଏ ଲେଖାଏଁ ଦେଉ। ଶୁଣାଗଲା କିରୋସିନି ବୋଲି ଗୋଟାଏ ଜିନିଷ କ'ଣ ଆସିଚି। ସେ ଭାରି ଦୁର୍ଗନ୍ଧ ହେଲେ କଣ ହେବ, ବଡ଼ ଶସ୍ତା। ପଇସାକର କିଣିଲେ ସାତଦିନ ଚଳିଯିବ। ନାହାକେ (ଅବଧାନେ) କହିଲେ ଆମେ କିରୋସିନି ଆଣିବା।

ଆମର ତ କିଛି ଦିଅଙ୍କ ଘର ନାଇ। ଗୃହସ୍ଥର ଦିଅଙ୍କ ଘରେ ଏବେ ବି ଡିବିରେ କିରୋସିନି ଜଳେ ନାଇ (ଲଣ୍ଠନ ସେତେବେଳେ ଦେଖା ନ ଥିଲା)। ମନେଅଛି, ଦିନେ ନାହାକେ ଗୋଟିଏ କଳାବୋତଲରେ କିରୋସିନି ଆଣି ଥୋଇଦେଲେ। ସେ ବୋତଲର ଠିପି ହୋଇଥାଏ ଗୋଟିଏ ପତ୍ର କାହାଳି। ନାହାକେ ନଥିଲାବେଳେ ଆମେ ଯାଇ ପତ୍ର କାଢ଼ି ସମସ୍ତେ କିରୋସିନି ଶୁଂଘିଲୁ। କିଏ ଶୁଂଘିଦେଇ ପାଟି କରି ପଳାଇଲା। କାହାକୁ ବାନ୍ତି ମାଡ଼ିଲା। ମୋର କିନ୍ତୁ କିଛି ହୋଇ ନ ଥିଲା।

୫। ଚାହାଳି

ଚାହାଳିରେ ପଢ଼ିବା ଏବେ ଆଉ ନାଇ, କିନ୍ତୁ ସେ ଗୋଟିଏ ସ୍ୱତନ୍ତ୍ର ପଢ଼ିବା ଓ ପଢ଼ାଇବା ରୀତି। ବଡ଼ି ସକାଳୁ ରାତି ନ ପାଉଣୁ ପିଲାଏ ଉଠି ସଂଗେ ସଂଗେ ଯାଇ ଚାହାଳିରେ ପହଞ୍ଚିବେ। ବାଦଉଦିଆ ଲାଗିଥାଏ, କିଏ ଶୂନ ହେବ ଆଉ କିଏ ଆଗରୁ

ପହଞ୍ଚିବ। ଚାହାଳି ସକାଳଓଳି ଛୁଟୀ ହେବା ବେଳକୁ ସମସ୍ତେ ଛିଡ଼ା ହୁଅନ୍ତି, ଆଗ ପଛ ଆସିବା ଅନୁସାରେ ଧାଡ଼ିକରି, ନାହାକେ ଯେ ସଭା ଆଗ ଆସିଥାଏ, ତା'ହାତେ ବେତକୁ ଟିକିଏ ଗେଞ୍ଜିଲା ପରି ଛୁଆଁଇ ଦିଅନ୍ତି। ସେ ହେଲା ଶୂନ। ତା'ପରେ ଏକକୁ ବାଡ଼ିଏ, ଦୁଇକୁ ଦି'ବାଡ଼ି ଏଇକ୍ରମରେ କ୍ରମେ ସଂଖ୍ୟା ଯେପରି ବଢୁଥାଏ, ବାଡ଼େଇବାର ତୀବ୍ରତା ମଧ୍ୟ ସେଇପରି ବଢ଼ି ଚାଲିଥାଏ। ପିଲାଏ ଦୁଇହାତର ପାପୁଲି ଯୋଡ଼ିକରି ଦେଖାଇଥାନ୍ତି। କ୍ରମେ ଶେଷଆଡ଼କୁ ପିଲାଙ୍କର ଅବସ୍ଥା କହିଲେ ନ'ସରେ। ଉପରଓଳି ପିଲାଏ ଖାଇପିଇ ସାରି ପୁଣି ଆସନ୍ତି, ସନ୍ଧ୍ୟାକୁ ପୁଣି ସେହିପରି ଶୂନ ଏକ ଦିଆହୁଏ। ଏଇ ହେଲା ଉପସ୍ଥାନର ନିୟମ। ସେଥିରେ ସମୟାନୁବର୍ତ୍ତିତା ଜଣାଯାଏ।

ସକାଳ ଓଳିଯାକ ପିଲାଏ ଖଡ଼ିଧରି ପଢ଼ନ୍ତି ଅ-ଆ, ପ୍ରଭୃତି ଅକ୍ଷର ଆବୃତ୍ତି କରିବାଠାରୁ ପର୍ବତିଆ ହରିଗୁଣ ଓ ପର୍ବତିଆ ହରଣ ଗୁଣାଣ ଓ ଶୋଧି ଓଡ଼ାଙ୍କ ପର୍ଯ୍ୟନ୍ତ। ସମସ୍ତେ ମୂଳରୁ ଥରେ ଆବୃତ୍ତି କରି ଯାଆନ୍ତି। ଆବୃତ୍ତି କଲାବେଳେ ଲେଖୁଥାନ୍ତି ଓ ପାଟି କରୁଥାନ୍ତି। ମନେଅଛି ସକାଳୁ ନାହାକେ ପିଲାଏ ପାଠ ଆବୃତ୍ତି ଆରମ୍ଭ କରିବାରେ ନିଜର ନିତ୍ୟକର୍ମ କରିବା ପାଇଁ ବଡ଼ପୋଖରୀ ଆଡ଼କୁ ଚାଲିଯାଆନ୍ତି। ପିଲାଏ ଆପଣା ଭିତରେ ବିଚାର କରି ବଡ଼ ଚାଟକୁ ନାହାକେ ଆସିବା ବାଟକୁ ଚାହିଁ ରହିବା ପାଇଁ ଜଗାଇ ଦେଇ ନିଶ୍ଚିନ୍ତରେ ଖେଳ କୌତୁକ ଲଗାଇ ଦିଅନ୍ତି। ବଡ଼ଚାଟେ ନାହାକେ ଆସୁଛନ୍ତି ବୋଲି ଜଣାଇଦେଲେ ସମସ୍ତେ ନିଜ ନିଜ ଖନ୍ଦା ବା ଖଡ଼ିଗାରରେ ଚିହ୍ନିତ ନିଜ ନିଜ ପଢ଼ାସ୍ଥାନରେ ଯାଇ ପାଠ ଆବୃତ୍ତି କରି ବସନ୍ତି। ନାହାକଙ୍କର କିନ୍ତୁ କାମ ହେଉଚି, ସେ ଆସି ପହଞ୍ଚି ଗଲାମାତ୍ରେ, କିରେ କ'ଣ ପାଟି ଶୁଭୁନାହିଁକି, ବୋଲି ଆଗ କିଛି ବାଛବିଚାର ନକରି ସମସ୍ତଙ୍କ ପିଚାରେ କସିକରି ବାଡ଼ିଏ ଲେଖାଏଁ ପିଟିଦେଇ ଯାଆନ୍ତି। ପିଲାମାନେ ଉଚ୍ଚ କାନ୍ଦରୋଳ ସଂଗେ ନିଜର ଆବୃତ୍ତିକୁ ମିଶାଇ ଯେ କାଣ୍ଡ କରନ୍ତି, ତାହା ବର୍ଣ୍ଣନାରେ କହି ହେବ ନାଇ, ଖାଲି ବଡ଼ଚାଟେ ସେ ବାଡ଼ିକ ପାଆନ୍ତି ନାଇ। ବଡ଼ଚାଟ ହେଉଚି ସେହି ଜଣକ ଯାହାର ପଢ଼ା ସବୁଠାରୁ ବେଶି, ଆଉ ଯେ ନାହାକେ ଅନୁପସ୍ଥିତ ଥିଲାବେଳେ, ବା ଅନୁପସ୍ଥିତ ଥିଲାଦିନ, କାମ ଚଳାଇନିଏ- ପିଲାଙ୍କ ନୂଆପାଠ 'ସନ୍ଥ' ଦିଏ ଓ ପିଲାଙ୍କଠାରୁ ପୁରୁଣା ପାଠ ଆଦାୟ କରେ।

ଚାହାଳିର ସାଧାରଣ ନିୟମ ହେଉଛି, କୌଣସି ନୂଆ ବିଷୟ ଆରମ୍ଭ ହେଲାବେଳେ ଅର୍ଥାତ୍ ଅକ୍ଷର ପରିଚୟ, ସତର ଫଳା, ବନା, ପଣକିଆ, କଡ଼ାଗଣ୍ଡା, ପାହି ପଣକିଆ, ଗୁଣ୍ଠ, ବିଶ୍ୱା, ଫେଡ଼ାମିଶା, ହରିଗୁଣ, ଶୋଧି, ଓଡ଼ାଙ୍କ ପ୍ରଭୃତି ଆରମ୍ଭ ହେଲାବେଳେ ନାହାକେ ନିଜେ ପିଲାକୁ ଯେତେବେଳେ ସନ୍ଥ ଦିଅନ୍ତି, ସେତେବେଳେ ପିଲାଟି ନିଜଘରୁ ଚାଉଳ ସଂଗେ ଦୁବ, ବରକୋଳି ପତ୍ର, ହଳଦୀଗୁଣ୍ଡା, ପ୍ରଭୃତି ପୂଜା

ସାମଗ୍ରୀ ଘେନିକରି ଆସେ। ନାହାକେ ସରସ୍ୱତୀଙ୍କୁ ପୂଜା କରନ୍ତି ଓ ଚାଉଳତକ ରଖନ୍ତି। ଥିଲାବାଲା ଘର ପିଲାହେଲେ ଚାଉଳ ସଂଗେ ପଇସା ଗୋଟାଏ ଦିଇଟା କେବେ କେବେ ଥାଏ। ଆଉ ସବୁବେଳେ ଆଗରୁ ପଢ଼ିଥିବା ପିଲାଏ ନୂଆପାଠ ଦେବା କାମ ଚଳାଇ ନିଅନ୍ତି। ଏହିପରି ଚାହାଳିରେ ନାହାକେ ଜଣେ ହେଲେ ମଧ୍ୟ ତଳକୁତଳ ପିଲାମାନେ ନିଜେ ଶିକ୍ଷକ ଓ ଛାତ୍ରର କାମ କରୁଥାନ୍ତି।

ସେତେବେଳେ ପିଲାଏ ବଡ଼ କମ ଲୁଗା ପିନ୍ଧୁଥିଲେ। ପ୍ରାୟ ସମସ୍ତେ 'କୌପୁନୀ' (କୌପିନ) ମାରିଥାନ୍ତି। ଅବଶ୍ୟ ଏହା ପିଟାରେ ସୁବିଧାରେ ବେତମାଡ଼ ବାଜିବା ପାଇଁ ନା ଲୁଗାର ଅଭାବ ହେତୁରୁ, ତା ମୁଁ ଏବେ କହିପାରୁ ନାଇ। ଆମ ନାହାକେ ଦରମା ପାଉଥିଲେ ପିଲା ଗୋଟିକେ ମାସକୁ ଚାରିଅଣା। ତା'ଛଡ଼ା ପିଲାମାନଙ୍କ ଘରେ ସେ ପାଳି କରି ଖାଉଥିଲେ। ଆମର ବ୍ରାହ୍ମଣ ଗାଁ ନାହାକେ କରଣ ଥିବାରୁ ସେ ସମସ୍ତଙ୍କ ଘରେ ଭାତ ଖାଉଥିଲେ ଓ ନିଜର ବାସନ ମଧ୍ୟ ମାଜୁଥିଲେ। ତାଙ୍କପାଇଁ ଆମଘରେ ଅଲଗା ବାସନ ଥାଏ ଓ ପିଲାର କାମ ହେଉଚି ସେ ନାହାକଙ୍କୁ ତେଲ ଦବାଠୁ ଗାଧୋଇବାଠାରୁ ନାହାକେ ଖାଇସାରି ଯିବାପର୍ଯ୍ୟନ୍ତ ବରାବର ଭକ୍ତପରି ଛିଡ଼ା ହୋଇଥିବ ଓ ତାଙ୍କର ସବୁ ବୋଲ ଶୁଣିବ। ଏଇ ତାଲିମ ରୀତିରେ ମୋତେ ଛଅବର୍ଷ ପୂରିବାଠାରୁ ବ୭/୬ ମାସ ହେବା ଯାଏ ଥିଲି। ଅନ୍ୟ ପିଲାଏ ଖୁବ୍ ବେଶି ସମୟ ଏଇ ତାଲିମରେ ରହୁଥିଲେ।

ମୋ ମନେଅଛି ମୁଁ ହାଇସ୍କୁଲର ତୃତୀୟ ଶ୍ରେଣୀ (ଏବର ନବମ ଶ୍ରେଣୀ)ରେ ପଢୁଥିବା ବେଳେ ମୋର ମଧ୍ୟ ଜଣେ ଚାହାଳି ସହପାଠୀ ସେହି ଚାହାଳିରେ ପଢ଼ା ଶେଷ କରି ନ ଥିଲେ। ସେତେବେଳକୁ ତାଳପତ୍ରରେ ଲେଖିଥିବା ଧରଣୀଧରଙ୍କ ଅଙ୍କପୁସ୍ତକ ଶେଷ କରି ଲୀଳାବତୀ ଧରିଥିଲେ, ଖୁବ୍ ଚଞ୍ଚଳ ସୁନ୍ଦର ତାଳପତ୍ର ଅକ୍ଷର ଲେଖି ପାରୁଥିଲେ। ମୁଁ ତାଳପତ୍ର ଲେଖା ଚାହାଳିରେ ଆରମ୍ଭ କରିଥିଲି ମାତ୍ର। ସେଇ ବନ୍ଧୁଟି ବାହାଦୁରି କରି ମୋତେ ଆସି କେତେ ଅଙ୍କ ପଚାରିଥିଲେ ଓ ବହୁତ ତାଳପତ୍ର ଲେଖାର ମାହାତ୍ମ୍ୟ ମୋ ଆଗରେ ଗାନ କରିଥିଲେ, କହୁଥିଲେ କାଗଜ ପାଣି ଲାଗିଲେ ଗଲା। ତାଳପତ୍ର ଚିରସ୍ଥାୟୀ। ତାଳପତ୍ରରେ ସରସ୍ୱତୀ ରହନ୍ତି। ଖଣ୍ଡେ ଖାଲି ତାଳପତ୍ର ଓଜନ କର। ସେଥିରେ ଲେଖନରେ ଅକ୍ଷର ଲେଖିସାରି ଓଜନ କର, ଦେଖିବ ଓଜନ ବଢ଼ିଯାଇଚି। ଲେଖାରେ ପତ୍ର ଖୋଳା ହେଲା, ଓଜନ ବଢ଼ିଲା କିପରି ? ଓଜନ ବଢ଼ିବାର କାରଣ ହେଉଚି, ସେଥିରେ ସରସ୍ୱତୀ ବସିଗଲେ। ମୁଁ ଅବଶ୍ୟ ନିଜେ ଏହା ପରୀକ୍ଷା କରିନାଇ। ହୁଏତ ସରସ୍ୱତୀଙ୍କୁ ତାଳପତ୍ରରେ ବସାଇ ବିଶା-ଚକଡ଼ିରେ ଥୋଇବା ମୋ ପରି ଭକ୍ତ ପସନ୍ଦ କରି ନ ଥିଲା। ସେଇପରି ତାଙ୍କ ପଚାରିବା ଅଙ୍କକୁ

ଯେତେବେଳେ ଭଗ୍ନାଂଶ ଲଗାଇ କଷିଥିଲି, ସେତେବେଳେ ସେ ଆଦୌ ବୁଝି ନ ପାରିବାରୁ ତାକୁ ପସନ୍ଦ ମଧ କରି ନ ଥିଲେ। କହୁଥିଲେ କଡ଼ା, କ୍ରାନ୍ତି, ଦାଢ଼, ବିଦାଢ଼ ଏସବୁ ଥାଉ ଥାଉ ଗୋଟିଏ ଅଙ୍କ ମୁଣ୍ଡ ଉପରେ ଆଉ ଗୋଟିଏ ଅଙ୍କ ଲେଖିବ କିଆଁ ? ସରସ୍ୱତୀଙ୍କର ଏ ଅପମାନ ମଧ ତାଙ୍କୁ ସୁଖ ଲାଗୁ ନ ଥିଲା।

୬। ମଧ ଓଡ଼ିଆ ସ୍କୁଲ

ସେ କଥା ଯା ହେଉ ମୁଁ ଚାହାଳିରେ ତାଲିମ ହେବା ପରେ ଗ୍ରାମର ମଧ୍ୟ-ଓଡ଼ିଆ ସ୍କୁଲରେ ଭର୍ତ୍ତିହେଲି-ଅବଶ୍ୟ ଚାହାଳିରେ ସେ କାଳର 'ଖ' ପରୀକ୍ଷା 'କ' ପରୀକ୍ଷା ଓ ଦ୍ୱିତୀୟ ପରୀକ୍ଷା (ଏବର ନିମ୍ନ ପ୍ରାଇମେରୀ ପରୀକ୍ଷା)ରେ ପାସ୍ କରିଥିଲି। ସେତେବେଳେ ଅବଧାନମାନେ ପିଲା ପାଶ୍ କଲେ ପୁରସ୍କାର ପାଉଥିଲେ। ମନେ ହେଉଛି ଆମ ଅବଧାନେ ମୋ ପାଇଁ ମୁଁ 'ଖ' ପରୀକ୍ଷା ପାଶ୍ କଲାବେଳେ ୨ଟଙ୍କା, 'କ' ପରୀକ୍ଷା ପାଶ୍ କଲାବେଳେ ୩ଟଙ୍କା ଓ ଦ୍ୱିତୀୟ ବା ନିମ୍ନ ପ୍ରାଇମେରୀ ପରୀକ୍ଷା ପାଶ୍ କଲାବେଳେ ୫ଟଙ୍କା ସରକାରରୁ ପାଇଥିଲେ। ସରକାର ଦରମା ଦେଇ ସେ କାଳେ ପ୍ରାଇମେରୀ ସ୍କୁଲ ବସାଉ ନ ଥିଲେ, କିନ୍ତୁ ଦ୍ୱିତୀୟ ପରୀକ୍ଷାରେ ମାସକୁ ୨ଟଙ୍କା ଲେଖାଏଁ ଦୁଇବର୍ଷ ପର୍ଯ୍ୟନ୍ତ ସରକାରୀ ବୃତ୍ତି ମିଳୁଥିଲା। ମୁଁ ସେ ବୃତ୍ତି ପାଇ ନ ଥିଲି। ଉପଯୋଗିତା ପାଇଁ ବୃତ୍ତି ଛଡ଼ା ସେତେବେଳେ ଗୋଟିଏ ଜିଲାକେ କେତୋଟି ଅନୁଗ୍ରହୀ ବୃତ୍ତି ମଧ ମିଳୁଥିଲା। ବ୍ରାହ୍ମଣ, କରଣ ପ୍ରଭୃତଙ୍କ ପ୍ରାୟ ତାହା ମିଳୁ ନ ଥିଲା। ମନେ ହେଉଚି, ଏବର ହରିଜନ ସେବାର ମଂଜି ଇଂରେଜମାନେ ସେଇକାଳୁ ପୋତିଥିଲେ।

ଆଉରି ଗୋଟିଏ କଥା ମନେଅଛି। ଜଣଙ୍କ ପୁଅ ଅନୁଗ୍ରହୀ ବୃତ୍ତି ପାଇବାର ଡେପୁଟି ଇନିସପେକ୍ଟରଙ୍କ ଅଫିସରୁ ଶୁଣାଗଲା। ଡେପୁଟି ଇନ୍ସପେକ୍ଟର ଆମ ଗାଁକୁ ମଧ୍ୟ ଓଡ଼ିଆ ସ୍କୁଲ ଦେଖିବାକୁ ଆସିଥିଲେ। ପିଲାର ବାପଟି ଆସି ଦେଖାକରି ଅତି ବିନୀତ ଭାବରେ ବାବାଙ୍କୁ ଜଣାଇଲା, "ବାବୁ, ମୋ ପୁଅ ବୃତ୍ତିଖଣ୍ଡି ମୋ ଘରପାଖେ ଦବ।" କାହିଁକି ନା ତା' ଘର ଆମ ଗାଁଠାରୁ ପ୍ରାୟ ଦୁଇକୋଶ ଦୂରରେ। ସେ ଶୁଣିଥିଲା ପୁଅ ଆମ ଗାଁ ମଧ-ଓଡ଼ିଆ ସ୍କୁଲକୁ ଆସିଲେ ବୃତ୍ତି ପାଇବ।

ତା'ପରେ ଗ୍ରାମର ମଧ-ଓଡ଼ିଆ ସ୍କୁଲରେ ମୋର ଶିକ୍ଷା ଚାଲିଲା। ଏଇ ମଧ-ଓଡ଼ିଆ ସ୍କୁଲର ଗୋଟିଏ ସ୍ମରଣୀୟ ଇତିହାସ ଅଛି। ଆମ ଗ୍ୟାନ୍ତି କକେଇ ହେଉଚନ୍ତି ପୁରୀର ବିଖ୍ୟାତ ପଣ୍ଡିତ ହରିହର ଦାସ। ସେ ନବ୍ୟନ୍ୟାୟ ଓ ଦର୍ଶନାଦିରେ ବିଚକ୍ଷଣ ପଣ୍ଡିତ ଥିଲେ। ମାତୃଭାଷା ପରି ସଂସ୍କୃତ ଓ ହିନ୍ଦି କହି ପାରୁଥିଲେ, ସେକାଳେ ଆମ ଆଡ଼େ ନୈଷ୍ଠିକମାନେ ଜାତିଯିବା ଭୟରେ କାଗଜ ଛୁଇଁଲେ ଗାଧଉଥିଲେ। ସେଇ

ସମାଜରେ ଜନ୍ମି ବଢ଼ି ମଧ୍ୟ ହରିହରଙ୍କର ମନସ୍ୱିତା ଓ ଦୂରଦର୍ଶିତା ବଡ଼ ବିସ୍ମୟକର ଥିଲା। ସେ ସେକାଳର ଜିଲା କଲେକ୍ଟର ବିମ୍‌ସ ପ୍ରଭୃତି ସାହେବମାନଙ୍କୁ ଓଡ଼ିଆ ଓ ସଂସ୍କୃତ ପଢ଼ାଇ ତାଙ୍କଠାରୁ ଇଂରେଜୀ ଓ ଗ୍ରୀକ୍ ପଢୁଥିଲେ। ସେକାଳେ ସଂସ୍କୃତକୁ ଘେନି ଆର୍ଯ୍ୟଭାଷା, ବିଜ୍ଞାନ, ଇଉରୋପୀୟ ପଣ୍ଡିତମାନଙ୍କ ଭିତରେ ଖୁବ୍ ଚର୍ଚ୍ଚା ହେଉଥିଲା; କିନ୍ତୁ ହରିହରଙ୍କର ବିଶେଷତ୍ୱ ଥିଲା ସମାଜର ସଂସ୍କାର ଓ ସମାଜରେ ଶିକ୍ଷାର ପ୍ରଚାର। ଏବେ ପୁରୀର ଯେଉଁ ସଂସ୍କୃତ କଲେଜ ଓଡ଼ିଶା ସଂସ୍କୃତ ଆସୋସିଏସନର ମୂଳଭିତ୍ତି, ସେଇଟି ସେ ପ୍ରତିଷ୍ଠା କରିଥିଲେ ଓ ତାକୁ ଗୋଟିଏ ସର୍ବ ବିଦ୍ୟାପୀଠ ବିଶ୍ୱବିଦ୍ୟାଳୟ କରିବାର କଳ୍ପନା ମଧ୍ୟ କରିଥିଲେ। ମାତ୍ରକ ୩୧ ବର୍ଷ ୬ ମାସରେ ତାଙ୍କର ପରଲୋକ ହୋଇଥିଲା। କିନ୍ତୁ ଏ ମଧ୍ୟରେ ସେ କଲେକ୍ଟର ଓ ସେକାଳ ବଙ୍ଗଦେଶ ଶିକ୍ଷା ବିଭାଗ ଇନ୍‌ସପେକ୍ଟର ବିମଲି ସାହେବଙ୍କୁ ଧରି ଗ୍ରାମମାନଙ୍କରେ ମଧ୍ୟ-ଓଡ଼ିଆ ସ୍କୁଲମାନ ବସାଇଥିଲେ। ସେ ମଧ୍ୟରେ ଆମ ଗ୍ରାମର ସ୍କୁଲ ହେଉଚି ପ୍ରଥମ। କାରଣ, ଆମ ଗାଁ ତାଙ୍କ ନିଜ ଗାଁ। ଲୋକଙ୍କ କୁସଂସ୍କାର ଛଡ଼ାଇବାରେ ସେ ଯାହା କରିଥିଲେ ତାହା ଏବେ ଶୁଣିଲେ କାହାଣୀ ପରି ଲାଗେ। ସେତେବେଳେ ପୁଣି ଶିକ୍ଷକଙ୍କୁ ତାଲିମ କରିବାର ବା ଶିକ୍ଷକ ବାଛିବାର କୌଣସି ଉପାୟ ନ ଥିଲା।

ମଫସଲରେ ସେକାଳେ ବହୁତ ସଂସ୍କୃତ ପଣ୍ଡିତ ଥିଲେ। ଏଇ ପଣ୍ଡିତମାନଙ୍କ ଭିତରୁ ବାଛି ସେ ମଧ୍ୟ-ଓଡ଼ିଆ ସ୍କୁଲମାନଙ୍କରେ ଶିକ୍ଷକ ରଖୁଥିଲେ। ମୁଁ ଭର୍ତ୍ତି ହେଲାବେଳକୁ ସେଇ ହରିହର ଦାସ ରଖାଇଥିବାର, ବୃଦ୍ଧ ପଣ୍ଡିତ ଲୋକନାଥ ଦାସ ଆମ ଗାଁ ମଧ୍ୟ-ଓଡ଼ିଆ ସ୍କୁଲର ଶିକ୍ଷକ ଥିଲେ। ସେ ସେତେବେଳକୁ ବୁଢ଼ା ହୋଇଯାଇଥିଲେ। ତାଙ୍କର ଗୋଟିଏ ବୋଲି ଦାନ୍ତ ନ ଥିଲା। ସେକାଳ ପଣ୍ଡିତମାନଙ୍କ ପରି ସେ ଭାରି ନାଶ ଶୁଂଘୁଥିଲେ। ସେ ଖାଇପିଇ ଚୌକିରେ ବସି ଆଗରେ ଟେବୁଲ ଉପରେ ଗୋଡ଼ରଖି ଆଗ ଘଣ୍ଟାଏ ଦୁଇ ଘଣ୍ଟା ଶୋଇ ପଡ଼ନ୍ତି। ଏ ମଧ୍ୟରେ କୌଣସି ଛାତ୍ରର ଦରକାର ହେଲେ ସେ ତାଙ୍କୁ ଉଠାଏ। ତା' ନହେଲେ ପ୍ରାୟ ଦୁଇଟା ବେଳକୁ ସେ ନିଜେ ଉଠନ୍ତି। ଅଙ୍କ, ଜ୍ୟାମିତି ବା କ୍ଷେତ୍ରତତ୍ତ୍ୱ ସେ କେବେ ପଢ଼ି ନ ଥିଲେ; କିନ୍ତୁ ମୋତେ ସେ ଅଙ୍କ ଓ କ୍ଷେତ୍ରତତ୍ତ୍ୱର ପ୍ରତିଜ୍ଞାସବୁ ବୁଝାଇ ଦେବାର ଏବେ ମୋ ମନେଅଛି। ସେ ଯେପରି ସୁନ୍ଦର ସରଳ ଓ ହୃଦୟଗ୍ରାହୀ କରି ତା'ସବୁ ବୁଝାଉଥିଲେ ତା' ଏବେ ମନେ ପଡ଼ିଲେ ବିସ୍ମୟ ଲାଗେ। ବିଶେଷରେ ତାଙ୍କର ସୁନ୍ଦର ହାତଲେଖା ଅକ୍ଷର ଓ ବୃତ୍ତ ରେଖାସବୁ ଏବେ ମଧ୍ୟ ମୋ ମନେ ପଡ଼ିଯାଉଚି। ସେ, ଏବେ ମଧ୍ୟ ତା' ମୋ ସିଲେଟରେ ଲେଖି ଦେଲାପରି ଲାଗୁଚି।

ମନେଅଛି, ମୁଁ ଥିଲି ସହପାଠୀଙ୍କ ଭିତରେ ସଭାସାନ। ବଡ଼ମାନେ ମୋତେ ବେଳେ ବେଳେ 'ଏକୁଟିଆ' କରନ୍ତି। ପଚାରିଲେ ପାଠ କହି ଦିଅନ୍ତି ନାଇ। ମୋ ପାଖରେ ସବୁ ବହି ନ ଥାଏ। ସେମାନଙ୍କ ପାଖରେ ବହି ଥିଲେ ସେମାନେ ଦିଅନ୍ତି ନାଇ। ମୁଁ ଯାଇ ତାଙ୍କୁ ନିଦରୁ ଉଠାଇ ତାଙ୍କ ପାଖରେ କାନ୍ଦି କାନ୍ଦି ଆପତ୍ତି କଲି। ସେ ଉଠି ମୋତେ ଟିକିଏ ଚାହିଁଲେ, ତା'ପରେ ବଡ଼ମାନଙ୍କ ଆଡ଼କୁ ଚାହିଁ କହିଲେ, 'ଆରେ ଆଜି ତମେ ତାକୁ ଏକୁଟିଆ କରୁଚ, ପାଣିପଣା ପ୍ରାନ୍ତରେ ବୁଝିବ। ତମେ ସବୁ ତା ଗାମୁଛା ବୋହିଲେ ତ ଦିନସରିବ ନାଇ।' କାହିଁକି କ'ଣ ଦେଖି କ'ଣ ବୁଝି ସେ ଏପରି କହିଥିଲେ ତା' ମୁଁ କହିପାରିବି ନାଇ। କିନ୍ତୁ ଗ୍ରାମର ଲୋକେ ସେ ଏଇପରି କେତେ ଆଉ ଆଉ କଥା କହିବାର ମନେ ରଖିଚନ୍ତି, ସେ ସବୁ ଭବିଷ୍ୟତ ବାଣୀ ପରି ସେସବୁ କଥାର ଫଳ ଫଳିଚି। ଜଗତର ଅନୁଭବରୁ ଏପରି ଶିକ୍ଷା ପାଇବା ଓ ସେଥିରେ ବିଚକ୍ଷଣ ହେବା ସେକାଳେ ସେ ଲୋକଙ୍କର ହୁଏତ ଥିଲା। ହୁଏତ ବନ୍ଧାଗତ ଶିକ୍ଷାରେ ଏସବୁ ବିଚକ୍ଷଣତା ଆସେ ନାଇ।

୭। କାକୁଡ଼ି ଚୋରି

ଆହୁରି ମଧ୍ୟ ମନେଅଛି, ଛାତ୍ରମାନଙ୍କ ପ୍ରତି ତାଙ୍କର ବ୍ୟବହାର ଓ ଆନ୍ତରିକ ହୃଦ୍ୟତା। ଦିନକର ଗୋଟିଏ ଘଟଣା କହୁଚି। ଆମ ସ୍କୁଲପାଖେ ଗୋଟିଏ ବୁଢ଼ୀ ବ୍ରାହ୍ମଣୀର ଉପର ସାହାଲା ଘରଟି ମେଲା ଡିହ ଥାଏ। ସେହି ମେଲା ଡିହରେ ବୁଢ଼ୀଟି ବହୁତ ଯତ୍ନକରି ଜହ୍ନି କାକୁଡ଼ି ଲଗାଇଥାଏ। ବହୁତ କଷି କାକୁଡ଼ି ଫଳିଥାଏ। ବୁଢ଼ୀଟି ଭାରି କଳିକତୁରୀ। ପିଲାଏ ପଣ୍ଡିତେ ଶୋଇଥିବା ବେଳେ ଯାଇ ସେ ବାଡ଼ିରୁ କାକୁଡ଼ି ତୋଳିଲେ। ବୁଢ଼ୀ ଭାରି ଗାଳିଦେଲା। ଆସି ପଣ୍ଡିତଙ୍କୁ ଉଠାଇ ତାଙ୍କ ଆଗେ ଗୁହାରି କଲା। ପିଲାମାନେ ଟିକିଏ ଡରିଯାଇ କାକୁଡ଼ିଯାକ ଲୁଚାଇ ଦେଇଥିଲେ। ପଣ୍ଡିତେ ସବୁକଥା ଶୁଣି ବୁଢ଼ୀକୁ ଅଧିକ ଗାଳିଦେଇ କହିଲେ, "ତୋର ତ ପିଲା ନାହାନ୍ତି। ପିଲାଙ୍କର ମନ ହେଲା, କାକୁଡ଼ି ଦି'ଟା ତୋଳି କରି ଖାଇଲେ, ଏଇଥିପାଇଁ ତାଙ୍କୁ ଗାଳି ଦେଉଛୁ।" ତା'ପରେ ପିଲାଙ୍କୁ ଚାହିଁ କହିଲେ, "କାହିଁରେ ପିଲେ କାକୁଡ଼ି କାହିଁ? ଆଣ ଖାଇବା।" ଅବଶ୍ୟ କାକୁଡ଼ି ଖାଇବାକୁ ତାଙ୍କର ଦାନ୍ତ ନ ଥିଲା। ପିଲାଏ କାକୁଡ଼ିଯାକ ଆଣି ଥୋଇଲେ। ପଣ୍ଡିତେ କହିଲେ, "ଯାରେ ଯାକୁ କାଟିକରି ଲୁଣମଡ଼େଇ ଖାଇବ।" ବୁଢ଼ୀକୁ କହିଲେ, "ଆଲୋ ପନିଖି ଆଣ, ଲୁଣ ଆଣ।" ଏଡ଼େ କଳିକତୁରୀ ହୋଇ ମଧ୍ୟ ବୁଢ଼ୀ କିଛି ନ କହି ଘରକୁ ଯାଇ ଲୁଣ ଓ ପନିଖି ଘେନି ଆସିଲା। ନିଜେ କାଟିକରି ପିଲାଙ୍କୁ କାକୁଡ଼ି ଦେଲା। କାକୁଡ଼ିଖିଆ ସରିଲା ପରେ ପଢ଼ାପଢ଼ି ଆରମ୍ଭ ହେଲା। ଏ କି' ବ୍ୟକ୍ତିତ୍ୱ, କି ହୃଦୟବତ୍ତା ତା' କିଏ କହିବ?

୮। ପଣ୍ଡିତଙ୍କ ନାସଦାନି

ଆଉଦିନେ ପଣ୍ଡିତେ ଶୋଇଥିଲା ବେଳେ ପିଲାଏ ତାଙ୍କ ଦାନିରୁ ନାସ ଚୋରିକରି ଶୁଂଘିଲେ। ପଣ୍ଡିତଙ୍କ ହଠାତ୍ ନିଦ ଭାଜିଗଲା। ପଣ୍ଡିତେ ଜାଣିପାରି ହଠାତ୍ କହିଲେ, "ନିଅ ନିଅ, ନାଶ ଶୁଂଘିବ, ନାକ ସଫା ହୋଇଯିବ।" ସେଦିନ ଯେତେ ପିଲା ଥିଲେ ସମସ୍ତଙ୍କୁ ପଣ୍ଡିତେ ନାସ ଦେଲେ। କିନ୍ତୁ ଆଶ୍ଚର୍ଯ୍ୟ କଥା, ପିଲାଏ ତା'ପରେ ଆଉ ତାଙ୍କ ଦାନିରେ ହାତ ଦେଇ ନାହାନ୍ତି କି ନାସ ଶୁଂଘି ନାହାନ୍ତି।

୯। ସ୍କୁଲ ଓ ସରକାରୀ ସାହାଯ୍ୟ

ସେକାଳେ ଗ୍ରାମର ମଧ୍ୟ-ଓଡ଼ିଆ ସ୍କୁଲଗୁଡ଼ିକ ଥାଏ ନାମକୁ ସରକାରଙ୍କ ସାହାଯ୍ୟ ପ୍ରାପ୍ତ ସ୍କୁଲ। ଶିକ୍ଷକ ଥାନ୍ତି ଦି'ଜଣ। ସରକାରରୁ ମିଳେ ମାସକୁ ପନ୍ଦରଟଙ୍କା। ଗ୍ରାମ-କମିଟିର ସେକ୍ରେଟେରୀ ଆଉ ପନ୍ଦରଟଙ୍କା ଦେବେ ବୋଲି ଧରା ଯାଇଥାଏ। ସେଥିରେ ପ୍ରଥମ ଶିକ୍ଷକ (ହେଡ୍ ପଣ୍ଡିତ) ପାଇବେ ମାସକୁ ପନ୍ଦରଟଙ୍କା, ସେକେଣ୍ଡ ପଣ୍ଡିତ ପାଇବେ ଦଶ ଟଙ୍କା; ବାକି ପାଞ୍ଚଟଙ୍କା ଭିତରୁ ଗୋଟିଏ ଦପ୍ତରୀ ରହିବ ଓ ସ୍କୁଲର କାଗଜ, କାଳି, କଲମ, ପ୍ରଭୃତି କିଣାହେବ; କିନ୍ତୁ ଯଥାର୍ଥରେ ପନ୍ଦରଟଙ୍କା ମିଳେ। ତାକୁ ଦୁଇ ଶିକ୍ଷକ ଦଶ ଓ ପାଞ୍ଚଟଙ୍କା କରି ବାଣ୍ଟି ନିଅନ୍ତି। ଗାଁରେ ଆଉ କେହି ଚାନ୍ଦା ଦିଅନ୍ତି ନାଇ କି ଦପ୍ତରୀ ନ ଥାଏ।

୧୦। ପୁରୀରେ ମୋର ପାଠପଢ଼ା

ଏ ମଧ୍ୟରେ ସେ ପଣ୍ଡିତେ ଗଲେ। ଅନ୍ୟ ନର୍ମାଲ ଟ୍ରେନିଂ (Normal Training) ପାଶ୍ କରିବା ପଣ୍ଡିତ ଆସିଗଲେ। ମୋତେ ଦଶବର୍ଷ ପଶିଲା ବେଳକୁ ମୁଁ ଯାଇ ପ୍ରଥମ ଶ୍ରେଣୀ (ଏବର ମାଇନର କ୍ଲାସ-କେବଳ ଇଂରେଜୀ ଛଡ଼ା)ରେ ପହଞ୍ଚିଲି। ପଣ୍ଡିତେ ବୃତ୍ତି ପାଇବା ଭଳି ଫଳ ଦେଖାଇବା ପାଇଁ ଭଲ ପଢୁଥିବା ପିଲାଙ୍କ ଭିତରୁ ରଖି ରଖି ଗୋଟିଏ ଗୋଟିଏ ପଠାଉଥାନ୍ତି। ବୃତ୍ତି ନ ପାଇଲେ ପୁରୀରେ ରଖାଇ ପଢ଼ାଇବା ପାଇଁ ଆମ ନନାଙ୍କର ବି ଅବସ୍ଥା ନ ଥାଏ। ମୁଁ କିପରି ବୃତ୍ତି ପାଇବି ସେ ମଧ ପଣ୍ଡିତଙ୍କ କଥାରେ ମତ ଦେଉଥାନ୍ତି। କେତେ ଝିଅରେ ଗୋଟିଏ ପୁଅ। ବୋଉ ମଧ ପିଲାଟାକୁ ପାଖରୁ ଛାଡ଼ିବାକୁ ନାରାଜ; ଅତଏବ ବର୍ଷ ପରେ ବର୍ଷ ମୋତେ ନ ପଠାଇ ରଖାଗଲା। ମୁଁ ଚାରିବର୍ଷ ପରେ ପରୀକ୍ଷା ଦେଲି, ବୃତ୍ତି ପାଇଲି।

ଅବଶ୍ୟ ବୃତ୍ତି ପାଇବି ବୋଲି ମୁଁ ଜାଣି ନ ଥିଲି। ଅନ୍ୟ କେହି ବା କିପରି ଜାଣିବେ। ମୁଁ ଦିନେ ଲୁଚିକରି ଚାଲି ଚାଲି ପୁରୀରେ ଯାଇ ପହଞ୍ଚିଲି। ପରୀକ୍ଷା ଦେବାକୁ

ଗଲାବେଳେ ପୁରୀ ଜିଲା ସ୍କୁଲ ଛାତ୍ରାବାସରେ ମୁଁ ସବୁ ଦେଖାଦେଖି କରିଥିଲି । ସେଠା ଲୋକଙ୍କ ସଂଗେ ମୋର ପରିଚୟ ହୋଇଥିଲା । ସେତେବେଳେ ଏବର ସଂସ୍କୃତ କଲେଜଟି ସଂସ୍କୃତ ସ୍କୁଲ ଥିଲା । ସଂସ୍କୃତ ସ୍କୁଲର ଛାତ୍ରମାନେ ପୁରୀ ଜିଲାସ୍କୁଲ ବୋର୍ଡିଂରେ ମଧ୍ୟ ରହୁଥିଲେ । ସେଇ ଛାତ୍ରଙ୍କ ଭିତରେ ସେତେବେଳେ ଥିଲେ, ପରେ ମହାମହୋପାଧ୍ୟାୟ ହୋଇଥିବା ପଣ୍ଡିତ ଜଗନ୍ନାଥ ମିଶ୍ର । ସେ ନବ୍ୟ-ନ୍ୟାୟରେ ଉପାଧି ପାଇବା ପାଇଁ ପଢୁଥାନ୍ତି । ସେ ଥିଲେ ମୋ କକେଇଙ୍କ ଜ୍ୱାଇଁ-ମୋର ଭଗ୍ନୀପତି । ମୁଁ ଚାଲି ଚାଲି ପୁରୀ ଯାଇ ସେଇ ବୋର୍ଡିଂରେ ପହଞ୍ଚିଲି । ଜଗନ୍ନାଥ ମିଶ୍ରଙ୍କ ଠାରୁ ପଇସାଟିଏ ଉଧାର କରି ଖଣ୍ଡିଏ ପୋଷ୍ଟକାର୍ଡ କିଣି ନନାଙ୍କୁ ଚିଠି ଲେଖିଦେଲି । ମୁଁ ବୃତ୍ତି ପାଏଁ ନ ପାଏଁ ମୁଁ ଏଠି ରହି ପଢ଼ିବି-ମୋତେ ଚାଉଳ ଓ ଟଙ୍କା ପଠାଅ ।

ନନାଙ୍କର ଚିନ୍ତା ପଡ଼ିଗଲା ଏତେ ଟଙ୍କା ଖର୍ଚ୍ଚ କରିବେ କୁଆଡୁ । ଏ ୧୮୯୯ ଖ୍ରୀ:ଅ:ର କଥା । ଖର୍ଚ୍ଚ ସେତେବେଳେ କ'ଣ ପଡୁଥିଲା, ସେକଥା ଏଠି ଟିକିଏ କହେଁ । ଅବଶ୍ୟ ଆଗରୁ କହିଦିଏଁ । ପରେ ମୋ ବୃତ୍ତି ପାଇବାର ଖବର ମଧ୍ୟ ଉତ୍କଳ-ଦୀପିକାରେ ବାହାରି ଗଲା । ପାଶ୍ କରିଥିବା ଲୋକଙ୍କ ଭିତରେ ସବା ଉପରେ ମୋ ନାମଟି ଛପା ହେବାର ଦେଖି ମୋ ମନରେ ସେଦିନ କି ଆନନ୍ଦ ହୋଇଥିଲା, ତା' ଆଜି କହିହେବ ନାହିଁ । ତା' ସଂଗେ ପୁଣି ଆନନ୍ଦ, ମାସକୁ ଚାରିଟଙ୍କା ଲେଖାଏଁ ବୃତ୍ତି ପାଇବି । ଆଉ ଚିନ୍ତା ନାହିଁ ।

ତେବେ ଖର୍ଚ୍ଚର କଥା କହୁଥିଲି । ଆମ୍ଭେମାନେ ନିଜେ ପାଳିକରି ମାସକୁ ମାସ ଜଣେ ଜଣେ ମେସ୍ କଥା ବୁଝୁଥିଲୁ । ପ୍ରାୟ ଗୋଟିଏ ପୁଝାରୀ ଥାଏ । ନହେଲେ କେବେ ହାତରେ ପାଳିକରି ରାନ୍ଧୁ । ଖର୍ଚ୍ଚ ପଡ଼େ ଚାଉଳ ସହିତ ମାସକୁ ଦେଢ଼ଟଙ୍କା । ଚାଉଳ ଥାଏ ଟଙ୍କାରେ କଟକି ୧୬ ସେରଠାରୁ ୧୮ ସେର । ମାଛ ବଜାରରେ ବଡ଼ ବଡ଼ ବିଛାବାଳିଆ, ଚିଲିକା ବା ସମୁଦ୍ରର ଚିଙ୍ଗୁଡ଼ି ସାଧାରଣତଃ ପଇସାକୁ ଦଶଟା କି ପନ୍ଦରଟା । ଦଶଟାରେ ପ୍ରାୟ ଅଧ ସେରରୁ ବେଶି ହେବ । ବାଇଗଣ ଓଜନ ହୋଇ ବିକ୍ରି ହେଉ ନ ଥିଲା । ବଜାରରେ ସଡ଼କ ପାଖେ ବାଡ଼ିବାଲାମାନେ ଭାଗ ବସାଇଥାନ୍ତି । ପଇସାକୁ ଭାଗେ । ସେ ପ୍ରାୟ ଅଧସେର ହେବ । ଆମେ ଖାଉ ଖାଲି ଭାତ ଓ ଡାଲି । ଡାଲିରେ କେବେ କେବେ ବାଇଗଣ ପଡ଼ିଥାଏ । ଯେଉଁଦିନ ମାଛ ଆସେ ସେଦିନ ଆଉ ଡାଲି କି ବାଇଗଣ ଦରକାର ହୁଏ ନାହିଁ । ମନେଅଛି, ଥରେ ହିସାବରେ ମାସକୁ ଜଣକେ ଟଙ୍କାଏ ନ'ଅଣା ପଡ଼ିଯିବାରୁ ଆମ ଭିତରେ ଗୋଟିଏ ବଡ଼ ଆନ୍ଦୋଳନ ପଡ଼ି ଯାଇଥିଲା ଓ ଆମ ସେ ମାସ ମେନେଜର ବଡ଼ ନିନ୍ଦିତ ଓ ଲଜ୍ଜିତ ହୋଇଥିଲେ ।

୧୧। ୧୮୯୯ର ସମାଜ

ଆଉ ଗୋଟିଏ କୌତୁକ କଥା କହେଁ। ସେତେବେଳେ ସମାଜ ବଡ଼ ରକ୍ଷଣଶୀଳ ଥିଲା। ସବୁ ବ୍ରାହ୍ମଣେ ସବୁ ବ୍ରାହ୍ମଣଙ୍କ ହାତେ ଖାଉ ନ ଥିଲେ। ଫେର ସମାନସ୍କନ୍ଧ ବ୍ରାହ୍ମଣ ଖୋଜି ପୁଝାରୀ ରଖିବା କାଠିକର ପାଠ। ଆମ ହଷ୍ଟେଲର ସେତେବେଳେ ସୁପରିନ୍‌ଟେଣ୍ଡେଣ୍ଟ୍ ଥିଲେ ପୁରୀ ଜିଲ୍ଲାସ୍କୁଲର ସେକେଣ୍ଡ ପଣ୍ଡିତ ବୀରହରେକୃଷ୍ଣପୁରର ଗୁଆଡିରିଆ ସାଆନ୍ତ ପଣ୍ଡିତ ଶ୍ରୀ ଲୋକନାଥ ମହାପାତ୍ର। ତାଙ୍କ ପିତା ଅଭାବରେ ପଡ଼ି ଟିକିଏ କମ୍ ଜାତିରେ ବିଭା ହୋଇଥିଲେ। ସେଥିପାଇଁ ପୁଣି ସେ ନିଜ ଜାତିକୁ ନିର୍ମଳ ରଖିବାରେ ଭାରି ସାବଧାନ। ସେ ସାମନ୍ତ ଭଟ୍ଟମିଶ୍ର ବ୍ରାହ୍ମଣ ଛଡ଼ା ଆଉ କାହାକୁ ନିଜ ମେସ୍‌ରେ ରଖୁ ନ ଥିଲେ କିମ୍ବା ପୁଝାରୀ କରି ବି ରଖୁ ନ ଥିଲେ। କାରଣ ସେ ଆଉ କାହାରି ସଂଗେ ଏକ ପଂକ୍ତିରେ ଖାଇବେ ନାଇଁ, କାହାରି ହାତରେ ଖାଇବା ତ ଦୂରର କଥା। ଅବଶ୍ୟ ମନେଅଛି, କେତେଦିନ ପରେ ଆମ ଘରୁ ଘରକୁଟା ଚାଉଳ ଆସିବାର ଦେଖି ମୋତେ ନିଜ ମେସ୍‌ରେ ରହିବାକୁ ପଣ୍ଡିତେ ଅନୁମତି ଦେଇଥିଲେ। କାରଣ ସେତେବେଳେ ପୁରୀଜିଲ୍ଲା ସ୍କୁଲ ବୋର୍ଡିଂରେ ସବୁ ଗରିବ ବୃତ୍ତିଭୋଗୀ ପିଲା ଥାନ୍ତି। ସେମାନେ କିଣା ଚାଉଳ ଖାଉଥିଲେ। ପଣ୍ଡିତଙ୍କର ବି ଦରମା ସେତେବେଳେ ମାସକୁ କୋଡ଼ିଏ ଟଙ୍କା। ସେଥିରେ ସେ ମେସ୍ ଖର୍ଚ୍ଚାଦି ଦେବେ ଓ ଗାଁରେ କୁଟୁମ୍ବ ସମ୍ଭାଳିବେ, ତେଣୁ ତାଙ୍କ ମେସ୍‌ରେ ଖାଇବା ମୋ ପକ୍ଷରେ ବଡ଼ କଷ୍ଟକର ହେଲା। ମୁଁ ପୁଣି ବୈଦିକ ବ୍ରାହ୍ମଣଙ୍କ ମେସ୍‌କୁ ଚାଲି ଆସିଲି, ତଥାପି ସେ ମେସ୍‌ରେ ମଧ୍ୟ ଛୋଟ ବ୍ରାହ୍ମଣ ବା ଅବ୍ରାହ୍ମଣ ନ ଥିଲେ। କ୍ରମେ ଅବଶ୍ୟ ପରେ ପୁଝାରୀ ଖୋଜିବାରେ ଏ ରୀତି ଟିକିଏ ଶିଥିଳ ହୋଇ ଯାଇଥିଲା। ମାସେ ଦି'ମାସରେ ଜଣେ ପୁଝାରୀ ଚାଲିଯାଆନ୍ତି, ଆଉ ଜଣେ ଆସନ୍ତି। ପୁଝାରୀକୁ ଚାକର ଭଳି ବ୍ୟବହାର କରିବା ଏକପ୍ରକାର ନିଷିଦ୍ଧ ଥିଲା। ଅବଶ୍ୟ ସେତେବେଳେ ଆମର ଚାକର କେହି ନ ଥିଲେ। ବହୁତ ଖୋଜି ଖୋଜି ଜଣେ ପୁଝାରୀ ଆଣିଥିଲୁ-ସେ ହେଉଚନ୍ତି ଭାକରସା ଗ୍ରାମର ସ୍ୱର୍ଗତ ଡେପୁଟି ମାଧବ ମିଶ୍ରଙ୍କ ଲେଖାରେ କକେଇ। ସେ କହୁଥିଲେ ମାଧବ ମିଶ୍ର ଛାତ୍ର ଥିଲାବେଳେ ସେ ତାଙ୍କ ପାଖରେ ବହୁଦିନ ପୁଝାରୀ ଓ ଅଭିଭାବକ ହୋଇଥିଲେ। ସେ ପୁଝାରୀ ହୋଇ ମଧ୍ୟ ଆମକୁ ଅଭିଭାବକ ଭଳି କଠୋର ଶାସନ କରୁଥିଲେ। ଆମେ ନ ପଢ଼ି ସଅଳ ଶୋଇ ପଡ଼ିଲେ କିମ୍ବା ଦିଅଁ ଦେଖିବାକୁ, ଝୁଲଣ ଦେଖିବାକୁ କିମ୍ବା ବଜାରକୁ ଗଲେ ତାଙ୍କର ଭାରି କଡ଼ା ନଜର ଥାଏ। ସବୁବେଳେ କହୁଥାନ୍ତି ଆମ ମାଧବ ଏହିପରି ଚଳୁଥିଲା, ଏଇପରି ପଢୁଥିଲା। ସେ ଆଜି ପାଶ୍ କରିଚି। କେଡ଼େ ବଡ଼ ଚାକିରି କରିଚି (ସେତେବେଳେ ମାଧବ ମିଶ୍ର ପୁରୀରେ ସଦର

କାନଗୋଇ ଥାନ୍ତି)। ତମେଗୁଡ଼ାକ କିଛି ହେବନାଇଁ। ଭଲକରି ମନଦେଇ ପଢ଼, ମଣିଷ ହେବ।

ଏସବୁ କଲେ ମଧ୍ୟ ତାଙ୍କର ବରାବର ଅଭ୍ୟାସ ଥିଲା ଡାଲି ବା ମାଛତିଅଣ ସନ୍ଧ୍ୟାବେଳକୁ ରାନ୍ଧିସାରି ଭାତ ହାଣ୍ଡିରେ ଚାଉଳ ପକାଇଦେଇ ସେ ଚୁଲିମୁଣ୍ଡେ ଶୋଇ ପଡ଼ନ୍ତି। ଆମେ ପ୍ରାୟ ରାତି ୧୧ଟା ବେଳକୁ ଯାଇ ଡାକୁ। ସେ ଧଡ଼ପଡ଼ ହୋଇ ଉଠି ଭାତହାଣ୍ଡି ମୁହଁରେ ଥାଳିଟାଏ ଦେଇ ପେଜ ଗାଳିଦେଇ ତା'ପରେ ଥାଳି କାଢ଼ି ଅଣକରେ ଆମ ଥାଳିରେ ସବୁଭାତ ବାଢ଼ି ଦିଅନ୍ତି। ଅବଶ୍ୟ ଆମ ଥାଳି ଗିନାସବୁ ଧାଡ଼ିକରି ସଜାଡ଼ି ପକାଇ ରଖିଥାନ୍ତି। ଦିନେ ରାତି ପ୍ରାୟ ୧୧ଟା ବେଳେ ଆମେ ସମସ୍ତେ ରୋଷେଇ ଘରେ ଯାଇ ପହଞ୍ଚି ତାଙ୍କୁ ଉଠାଇଲୁ। ସେ ନିଦ ମଳ ମଳ ହୋଇ ଉଠି ଯଥାରୀତିରେ ଭାତହାଣ୍ଡି ମୁହଁରେ ଥାଳିଦେଇ ଆଉ ଗୋଟିଏ ଆଟିକାକୁ ଗାଳିଦେଲେ। ତା'ପରେ ଅଣକଟି ନେଇ ଭାତ ବାଢ଼ିବାପାଇଁ ହାଣ୍ଡି ଭିତରେ ଠକ ଠକ କରି ଚାହିଁ ଛିଡ଼ା ହୋଇଗଲେ। ଆମେ ବିସ୍ମିତ ହୋଇ ପଚାରିବାରେ ଅତି କରୁଣ ସ୍ୱରରେ କହିଲେ, "ଚାଉଳ ପକାଇବାକୁ ମନେ ନାଇଁ।" ଆମେ କରୁ କ'ଣ ? ନିରାଶ ହୋଇ ଚୁଡ଼ା ଭଜାଖାଇ ସେ ରାତି କଟାଇ ଦେଲୁ। ପୁଝାରୀ ମିଶ୍ରଙ୍କର ସେ କରୁଣ ଦୃଶ୍ୟ ଓ ଆମର ସେ ନିରାଶ ଅବସ୍ଥା କାଲିପରି ଏବେ ମନେ ପଡ଼ିଯାଉଚି। ସେ ଭୁଲିବାର ଜିନିଷ ନୁହେଁ।

୧୨। ନିଦ୍ରା ପ୍ରତିରୋଧ

ଲଣ୍ଠନ ସେତେବେଳେ ଦେଖା ନ ଥିଲା। ସମସ୍ତେ ଡିବି ଜାଳି ପଢୁଥିଲୁ। ପରୀକ୍ଷାବେଳ, ରାତିରେ ନିଦ ଲାଗିଯାଉଚି। ପଢ଼ାସାଙ୍ଗ ବଳଭଦ୍ରପୁର ଜଗନ୍ନାଥ ମହାପାତ୍ରେ (ସେ ହେଡ଼ମାଷ୍ଟର ପଦରୁ ପେନସନ ପ୍ରାପ୍ତ ଏବେ ମୃତ) ଦିନେ ମତାଇ ଦେଲେ ଟିକିଏ ଅଫିମ ଆଣି ତାକୁ ଜାରିକରି ଖାଇଦେଲେ ରାତିରେ ଆଉ ନିଦ ଲାଗିବ ନାଇଁ, ପଢ଼ିବାରେ ଭାରି ମନ ଲାଗିବ। ସେ ସେଇଆ କରୁଥିଲେ। ମୋର ମଧ୍ୟ ମନ ହୋଇଗଲା। ଅଧଲାକର ଅଫିମ ଆଣି ସେଥିରୁ ଟିକିଏ ଖଣ୍ଡେ ଦିଆସିଲି କାଠିର ପଛପଟେ ଲଗାଇ ତାକୁ ଡିବିଶିଖାରେ ଦେଖାଇ ଜାରିଦେଲି। ପାଖରେ ବସି ସେ ବତଉଥାନ୍ତି। ଅଫିମଟିକ ଭଡ଼ ଭଡ଼ ହୋଇ ଫୁଟିଗଲା। ଡିବିଶିଖାର କଳା ତା'ଉପରେ ବୋଳି ହୋଇଗଲା। ତାକୁ ସେଇ ଦିଆସିଲି କାଠିରୁ ପାଟିରେ ପୂରାଇ ଦିଆସିଲି କାଠିଟି କାଢ଼ି ଆଣି ଚୋବାଇଲି। ମୁସ୍‌ମୁସ୍ ଲାଗିଲା; କିନ୍ତୁ ସେ ପିତା ଓ କିରୋସିନି କଳାର ଗନ୍ଧ ଆଜି ମଧ୍ୟ ମନେପଡୁଚି। ଅଧଲାକର ଚୁଡ଼ାଭଜା ଆଗରୁ ଆଣିଥିଲି। ପିତା

ଛଡ଼ାଇବା ପାଇଁ ତାକୁ ଚୋବାଇ ଦେଲି। କି ଦୁର୍ଗତି; ପଢ଼ା ତ ସେ ରାତି ହେଲା ନାଇଁ। ଏଇପରି ଡାକ୍ତର ଡାକିବାର ରୀତି ଥିଲେ ଓ ଡାକ୍ତର ମିଳୁଥିଲେ ସେ ରାତି ଡାକ୍ତର ଡକା ହୋଇଥାନ୍ତା।

୧୩। ପୁରୀ ଜିଲ୍ଲାସ୍କୁଲ

ମୁଁ ମଧ୍ୟ-ଓଡ଼ିଆ ପାଶ୍ କରି ପୁରୀ ଜିଲ୍ଲାସ୍କୁଲରେ ଯାଇ ସବାତଳ ଶ୍ରେଣୀରେ ଭର୍ତ୍ତି ହେଲି କେବଳ ଇଂରାଜୀ ପଢ଼ିବାପାଇଁ। ଡବଲ ପ୍ରମୋଶନ ପାଇ ଦ୍ୱିତୀୟ ବର୍ଷ ଶେଷକୁ ଯାଇ ପହଞ୍ଚିଲି ଫୋର୍ଥକ୍ଲାସ (ଆଜିକାଲିର 8th class)ରେ। ତା' ତଳକ୍ଲାସରୁ ଯେଉଁମାନେ ଉଠି ମୋ ସଂଗେ ପଢ଼ିଲେ, ସେମାନେ ସେଇ ତଳ କ୍ଲାସରୁ ସଂସ୍କୃତ ପଢ଼ା ଆରମ୍ଭ କରି ସାରିଥିଲେ। ଉପକ୍ରମଣିକା (ଈଶ୍ୱରଚନ୍ଦ୍ର ବିଦ୍ୟାସାଗରଙ୍କ ଉପକ୍ରମଣିକା ପୁସ୍ତକର ଓଡ଼ିଆ ଅନୁବାଦ) ବୋଲି ସେ କାଳର ଖଣ୍ଡିଏ ସଂସ୍କୃତ ବ୍ୟାକରଣ ସେମାନେ ପଢ଼ି ସାରିଥିଲେ। ତା'ଛଡ଼ା କଲେଜିଏଟ ସ୍କୁଲର ଭୂତପୂର୍ବ ସଂସ୍କୃତ ପଣ୍ଡିତ ବିଶ୍ୱନାଥ ରଥ କାବ୍ୟତୀର୍ଥ ସେଇ ତଳକ୍ଲାସରୁ ଆସି ଆମ ସଂଗେ ପଢୁଥିଲେ। ମନେଅଛି, ମୁଁ ଟିକିଏ ଭୀତ ଓ ଚିନ୍ତିତ ହୋଇପଡ଼ିଲି, ସଂସ୍କୃତରେ ଓଡ଼ିଆ ଅକ୍ଷରରେ ସଂସ୍କୃତ ପଢ଼ିବା ଭଳି ପୁସ୍ତକ କିଛି ନଥିଲା। ଦେବନାଗରୀ ଅକ୍ଷର ସଂଗେ ମୋର ପରିଚୟ ନଥିଲା। ପିଲାଦିନେ ବଙ୍ଗଳା ମାନେବହି ପଢ଼ିବାରେ ବଙ୍ଗାକ୍ଷର ସଂଗେ କେତେକ ପରିଚୟ ଥିଲା। ତା' ମଧ୍ୟ ମୁଁ ଲେଖି ଜାଣି ନଥିଲି; ଏବେ ବି ଜାଣେ ନାଇଁ। ସେଇ ବଙ୍ଗାକ୍ଷରରେ ପ୍ରାୟ ସବୁ ଦରକାରୀ ସଂସ୍କୃତ ବହି, ବିଶେଷରେ ବିଦ୍ୟାସାଗରଙ୍କ ବ୍ୟାକରଣ କୌମୁଦୀ ମିଳୁଥିଲା। ମୁଁ ବଙ୍ଗାକ୍ଷର ଭଲକରି ଚିହ୍ନିବା ପାଇଁ ଆଗ ବଙ୍ଗଳା ସାହିତ୍ୟ ପଢ଼ିବା ଆରମ୍ଭ କଲି।

ସେତେବେଳେ କଲିକତା ବସୁମତୀ ଖବର କାଗଜର ଉପହାର ରୂପେ ଭଲ ଭଲ ବଙ୍ଗଳା ବହି ସଂଗେ ସଂସ୍କୃତ ପୁସ୍ତକ ସବୁ ମିଳୁଥିଲା। ମୁଁ ସେଇ ସବୁରୁ କେତେକ ସଂଗ୍ରହ କଲି। ଆଗ ପଢ଼ିଥିଲି ମନେଅଛି; ମାଇକେଲ ମଧୁସୂଦନ ଗ୍ରନ୍ଥାବଳୀ ଓ ବଙ୍କିମ ଚଟୋପାଧ୍ୟାୟଙ୍କ କେତେକ ଉପନ୍ୟାସ। ବୋଧହୁଏ ବସୁମତୀ ପ୍ରେସରୁ ମାସିକ ଉପନ୍ୟାସ ସବୁ ବାହାରୁଥିଲା। ମୋ ମନେଅଛି, ସେଇସବୁ ଉପନ୍ୟାସରୁ ଅନ୍ତତଃ ଖଣ୍ଡେ ପଢ଼ିବାର। ସେଇ ଉପନ୍ୟାସ ଖଣ୍ଡିକର ନାମ ହେଉଚି "ମହୀମମୟୀ"। ପରେ ଜାଣିଲି ଏହା ହେଗାଡ଼ (Haggard) ସାହେବଙ୍କର 'ସି' (She) ବୋଲି ଖଣ୍ଡିଏ ଇଂରେଜ ଉପନ୍ୟାସର ଅନୁବାଦ।

ପ୍ରାୟ ମାସକ ଭିତରେ ବ୍ୟାକରଣ କୌମୁଦୀ ଏକପ୍ରକାର ପଢ଼ି ଚଳନ୍ତମାଫିକ ଶବ୍ଦରୂପ, ଧାତୁରୂପ ଆୟତ କଲି। ସନ୍ଧି, ତଦ୍ଧିତ, କୃଦନ୍ତ ପ୍ରଭୃତି ଆୟତ୍ତ କରିବାକୁ

ମତେ ସେତେ କଷ୍ଟ ପଡ଼ି ନଥିଲା । ଏ ସଂପର୍କରେ ଆଜିମଧ୍ୟ ମୋର ଗ୍ରାମବାସୀ ମଧ୍ୟ -ଓଡ଼ିଆ ସ୍କୁଲର ପଣ୍ଡିତ ସ୍ୱର୍ଗତ ମଧୁସୂଦନ ମିଶ୍ର ସ୍ମରଣୀୟ । ଲୋକେ ଜାଣିପାରିବା ପାଇଁ କହି ଦେଉଚି ସେ ହେଉଚନ୍ତି ସ୍ୱନାମପ୍ରସିଦ୍ଧ ପ୍ରଚାରକ ଅନନ୍ତ ମିଶ୍ରଙ୍କର ପାଞ୍ଚଭାଇଙ୍କ ଭିତରେ ସବା ବଡ଼ଭାଇ । ସେତେବେଳେ ମଧ୍ୟ-ଓଡ଼ିଆ ସ୍କୁଲରେ ସାହିତ୍ୟ ରୂପେ ମଧୁବାବୁଙ୍କ ପ୍ରବନ୍ଧମାଳା ଓ ରାଧାନାଥ ବାବୁଙ୍କ କବିତାକଳାପ ସଂଗେ ନିମାଇ ବଲ୍ଲଭ ବିଦ୍ୟାସାଗରଙ୍କ ସର୍ବସାର ବ୍ୟାକରଣ ପୁସ୍ତକଟି ସଂସ୍କୃତରୁ ବିଶେଷତ ସଂସ୍କୃତ ସାରସ୍ୱତ ସିଦ୍ଧାନ୍ତ ଚନ୍ଦ୍ରିକାରୁ ଓଡ଼ିଆ କରାହୋଇଥିଲା କହିଲେ ଚଳେ । ଏ ହିସାବରେ ଏହାପରେ ପ୍ରକାଶ ପାଇଥିବା ରାଧାନାଥ ବାବୁଙ୍କ ବ୍ୟାକରଣ ପ୍ରବେଶଠାରୁ ଆହୁରି ବେଶି ସଂସ୍କୃତର ନିକଟବର୍ତ୍ତୀ ଥିଲା ମୋର ଚାରି ବରଷ ମଧ୍ୟ-ଓଡ଼ିଆ ଶ୍ରେଣୀରେ ରହିବା ସମୟରେ ମୋତେ ଏହି ବ୍ୟାକରଣର ସୂକ୍ଷ୍ମାତିସୂକ୍ଷ୍ମ ସୂତ୍ର ପ୍ରୟୋଗାଦି ଧରି ଅଙ୍କ ଓ ଓଡ଼ିଆ ସାହିତ୍ୟଟି ଭଲକରି ପଢ଼ାଇଥିଲେ । ପ୍ରସଙ୍ଗତଃ କହିଦିଏ ସେ ମୋତେ ଯାହା ପାଟୀଗଣିତ ପଢ଼ାଇଥିଲେ ସେଥିରେ ମତେ ଏଫ୍:ଏ ପାସ୍ କରିବା ପର୍ଯ୍ୟନ୍ତ ବା ଆଉ କେବେ ପାଟୀଗଣିତ (Arithmetic) ଛୁଇଁବାକୁ ପଡ଼ି ନାଇଁ ।

ଅତଏବ ସଂସ୍କୃତ ବ୍ୟାକରଣରେ ତଦ୍ଧିତ, କୃଦନ୍ତ ପଢ଼ିବାରେ ମୋତେ କେବଳ ଶବ୍ଦର ଲିଙ୍ଗ ନିର୍ଣ୍ଣୟ କରିବା ଛଡ଼ା ଆଉ କିଛି ବିଶେଷ କରିବାକୁ ହୋଇ ନଥିଲା । ମାସେ ବ୍ୟାକରଣ ପଢ଼ିବା ପରେ ସେଇ ବସୁମତୀର ଉପହାର ଗ୍ରନ୍ଥ ମଧ୍ୟରେ ଥିବା କାଳିଦାସ ଗ୍ରନ୍ଥାବଳୀରୁ ବତ୍ରିଶ ସିଂହାସନ ବା 'ଦ୍ୱାତ୍ରିଂଶ ପୁତ୍ତଳିକା' ପୁସ୍ତକଟି ଅଳ୍ପଦିନ ଭିତରେ ପଢ଼ିଦେଲି । ତା'ପରେ ପଢ଼ିଲି 'କୁମାର ସମ୍ଭବ' । ସେଥିପାଇଁ ପାଖ ସଂସ୍କୃତ ସ୍କୁଲ ଲାଇବ୍ରେରୀରୁ ଜୀବାନନ୍ଦ ବିଦ୍ୟାସାଗରଙ୍କ ପ୍ରକାଶିତ ସଟୀକ ନାଗରାକ୍ଷରରେ ମୁଦ୍ରିତ ପୁସ୍ତକଟି ମାଗି ଆଣିଥିଲି । ଏଣେ ସ୍କୁଲରେ ହିତୋପଦେଶ ପଢ଼ା ଚାଲିଥାଏ । ସେଥିରେ ମୋତେ ବିଶେଷ ମନ ଦେବାକୁ ହୋଇ ନଥିଲା । ଆମ ପଣ୍ଡିତ ମହାଶୟ ସ୍ୱର୍ଗତ ମହାମହୋପାଧ୍ୟାୟ ସଦାଶିବ ମିଶ୍ର ମୋର ଏ ଚେଷ୍ଟା ସବୁ ଲକ୍ଷ୍ୟ କରି ହିତୋପଦେଶ ପଢ଼ିଲେ ନ ପଢ଼ିଲେ ମୋତେ କିଛି କହୁ ନଥିଲେ । ସେ ମୋତେ ଭାରି ସୁଖ ପାଉଥିଲେ ଓ ଆଦର ବି କରୁଥିଲେ । ଦୁଇତିନି ମାସ ପରେ ମୁଁ ସଂସ୍କୃତରେ ଶ୍ଳୋକ ଲେଖା ଆରମ୍ଭ କରିଦେଲି । ପଣ୍ଡିତ ମହାଶୟ କ୍ଳାସରେ ସଂସ୍କୃତ ପଢ଼ାଇଲାବେଳେ ମୁଁ କେବେ କେବେ ବସି ଶ୍ଳୋକ ଲେଖିଥାଏଁ ।

କାଲିପରି ମନେ ଅଛି, ଦିନେ ପଣ୍ଡିତ ମହାଶୟ ବୁଲି ବୁଲି ପଢ଼ାଉ ପଢ଼ାଉ ମୋ ଖାତାରେ ତାଙ୍କ ଦୃଷ୍ଟି ପଡ଼ିଗଲା । "ୟେ କ'ଣ ହେଉଚି" ବୋଲି ଖାତାଟା ମୋ ପାଖରୁ ଛଡ଼ାଇ ନେଇ ଚୌକିରେ ବସି ପଢ଼ିଲେ; ଦେଖିଲେ ଗୋଟିଏ ଶ୍ଳୋକ ଲେଖା

ହେଉଚି। ମୋତେ ଡାକିଲେ। ପଢ଼ି ବୁଝାଇବାକୁ କହିଲେ। ମୁଁ ମହାଦେବଙ୍କୁ ବର୍ଣ୍ଣନା କରି ଗୋଟିଏ ଶ୍ଳୋକ ଲେଖିଥିଲି। ତହିଁରୁ ଗୋଟିଏ ଧାଡ଼ି ମନେ ଅଛି। କାହିଁକି ନା ପଣ୍ଡିତ ମହାଶୟ ସେଇ ଧାଡ଼ିଟିରେ ମୋର ଦୋଷ ଦେଖାଇଥିଲେ। ସେ ଆଉ ଭୁଲିବାର ନୁହେଁ। ସେ ଧାଡ଼ିଟି ହେଉଚି,

"ଅବଟାବସିତୈର୍ଭୁ ଜଂଗମୈଃ
ସ୍ୱତନୋଃ ସୁଂଦରତା ପ୍ରବର୍ଦ୍ଧିତା।"

ପଣ୍ଡିତ ମହାଶୟ ମୋତେ ଅର୍ଥ କରିବାକୁ କହିଲେ। ମୁଁ ଅର୍ଥ କରିଦେଲି, 'ଅବଟୌ କି ଅବଟୁ ଅର୍ଥାତ୍ ବେକରେ, ଅସିତ ବୋଇଲେ କଳା ଭୁଜଙ୍ଗମ କି ସର୍ପଥିବା ହେତୁରୁ (ଯାହାଙ୍କର) ସ୍ୱତନୋଃ କି ନିଜ ଶରୀରର ସୁନ୍ଦରତା ପ୍ରବର୍ଦ୍ଧିତା କି ବିଶେଷରେ ବଢ଼ିଚି।' ପଣ୍ଡିତ ମହାଶୟ କହିଲେ, 'ଅବଟୁ ବୋଇଲେ ବେକ, ଏ ଅର୍ଥ ଡିକ୍‌ସନାରିରେ ଅଛି ସତ କିନ୍ତୁ ଏପରି ଅପ୍ରଚଳିତ ଶବ୍ଦ ଲେଖାରେ ପ୍ରୟୋଗ କରିବା ଗୋଟାଏ ଦୋଷ। ଏହାକୁ ଆଳଙ୍କାରିକମାନେ ଅପ୍ରଯୁକ୍ତତା ଦୋଷ ବୋଲି କହନ୍ତି।'

ତୃତୀୟ ଶ୍ରେଣୀ (ଏବର 9th class)କୁ ଉଠିବା ସଂଗେ ସଂଗେ ମୋର ହେଲା ଭୀଷଣ ମେଲେରିଆ। ସେତେବେଳେ ପୁରୀରେ ମେଲେରିଆ ନୂଆ। ବଙ୍ଗ ଦେଶରୁ ମେଲେରିଆ ରୋଗୀମାନେ ରେଳ ନଥିବାରୁ ପୂର୍ବେ ପୁରୀକୁ ଆସିପାରୁ ନଥିଲେ। କଲିକତାକୁ ପୂରାପୂରି ରେଳ ଲାଗିଲା ୧୯୦୦ ବା ୧୯୦୧ରେ। ୧୮୯୯ରେ କେବଳ ମହାନଦୀ, କାଠଯୋଡ଼ି ବନ୍ଧ ଛଡ଼ା କଲିକତାକୁ ରାସ୍ତା ହୋଇ ଯାଇଥିଲା ଓ ମହାନଦୀ କାଠଯୋଡ଼ି ପାରି କରିଦେବା ପାଇଁ ରେଳ କଂପାନୀ ବ୍ୟବସ୍ଥା କରି ଦେଇଥିଲେ। ଲକ୍ଷ ଲକ୍ଷ ଯାତ୍ରୀ ସେ ବର୍ଷ ରଥଯାତ୍ରାରେ ବଙ୍ଗଳାରୁ ଆସିଗଲେ; କିନ୍ତୁ ପୁରୀରେ ତାଙ୍କୁ ରଥଯାତ୍ରା ପରେ ହଠାତ୍ ଫେରାଇ ନେବାର ଉପାୟ ନଥିଲା। ପୁରୀରେ ମଧ୍ୟ ମ୍ୟୁନିସିପାଲିଟି ବୋଲି ଯାହା ଥିଲା ସେ କିଛି ନୁହେଁ କହିଲେ ଚଳେ। ସେ ଏଥିପାଇଁ ଆଦୌ ପ୍ରସ୍ତୁତ ନଥିଲେ।

ସରକାରଙ୍କର ସେକାଳ ଗୋରା କଲେକ୍ଟରମାନେ ରାଜ୍ୟ ଶାସନରେ ଖୁବ୍ ନିପୁଣ ଥିଲେ। ଦୁର୍ଭିକ୍ଷ ବା ମଡ଼କ ପଡ଼ିଗଲେ ବା ବଢ଼ି ମରୁଡ଼ି ହେଲେ ତାଙ୍କ ଜିଲାଲୋକେ କେବେ ଅନାହାରରେ ବା ବୁଡ଼ିକରି ମରୁ ନଥିଲେ। ସେ ତଳ ଡେପୁଟି ପ୍ରଭୃତିଙ୍କ ଦ୍ୱାରା ସୁନ୍ଦର ରିପୋର୍ଟ କରାଇ ପାରୁଥିଲେ ଯେ, "ବଢ଼ିରେ ଲୋକଙ୍କ ଘର ବାଡ଼ି ଧୋଇ ହୋଇ ସଫା ହୋଇଯାଇଛି। ସାପ ମୂଷାଦିଙ୍କ ସଂଗେ ରୋଗର ବୀଜସବୁ ସଫା ହୋଇଯାଇଚି। ବିଲରେ ପଟୁ ପଡ଼ି ଲୋକଙ୍କର ବଡ଼ ଉପକାର କରିଚି। ଧାନ ନହେଲେ ବା ମରୁଡ଼ି ହେଲେ ମଧ୍ୟ ଧୋଇ ବିଲରେ ଧାନ ବା ମରିଯାଇଥିବା ବିଲରେ ରବିଫସଲ ଦଶଗୁଣ ହୁଏ। ଧୋଇରେ ମଧ୍ୟ ବିଲରେ ଗୋଟାଏ ଗୋଟାଏ ଧାନ ରହି ଯାଇଥିଲେ

ସେ ଫସଲ କାଟେ କିଏ ? ଏ ଦେଶ ଲୋକେ କହନ୍ତି, 'ଧୋଇଗଲେ ବିଲ କୋଣକ ମାଣେ।' ମଡ଼କ ପଡ଼ିଛି ବୋଲି କହିଲେ ଡେପୁଟି ବଦଳି ହୋଇ ଯାଆନ୍ତି। ଚୌକିଦାର ଥିଲେ ବରଖାସ୍ତ ହୁଏ। ସତ ନକହିବା ପାଇଁ ଭଲ ଭଲ ଲୋକଙ୍କୁ ଅଣାଯାଏ ଓ ନିଯୁକ୍ତି କରାଯାଏ। ଧୋଇ ମରୁଡ଼ି ମଡ଼କ ପରି କୌଣସି ଦୁର୍ଘଟଣା ଦେଖି ବା କଳନା କରି ସେକାଳ ସରକାର ବ୍ୟବସ୍ଥା କରିବାର ମୋର କେବେ ମନେ ହେଉନାହିଁ।

୧୪। ରଥଯାତ୍ରା ଓ ହଇଜା-୧୮୯୯

ସେ ବର୍ଷ ରଥଯାତ୍ରାରେ ପୁରୀରେ ଯେପରି ହଇଜା ହୋଇଥିଲା ତା' ଏବେ କେହି କଳନା କରିପାରିବେ ନାହିଁ। ପୁରୀ ବଡ଼ଦାଣ୍ଡରେ ଶତ ଶତ ସଂଖ୍ୟାରେ ମଡ଼ା ପଡ଼ିଥାନ୍ତି। ଲୋକେ ବ୍ୟାକୁଳ ହୋଇ ପାଣି ମାଗୁ ମାଗୁ ତାଙ୍କୁ ମ୍ୟୁନିସିପାଲିଟିରେ ନିଯୁକ୍ତ ଥିବା ହାଡ଼ି ଡୋଲାରେ ଭର୍ତ୍ତିକରି ସମୁଦ୍ରକୂଳ ବାଲିଆଡ଼କୁ ବୋହି ନିଅନ୍ତି। ସମୁଦ୍ରକୂଳ ବାଲିରେ ଗୋଟାଏ ବଡ଼ ଟୋପ ଖୋଳା ହୋଇଥାଏ। ସେଥିରେ ବାଡ଼ି ମୁର୍ଦ୍ଦାର ବୋଲି ହାଡ଼ିମାନେ ମୁମୂର୍ଷ ସହିତ ମୁର୍ଦ୍ଦାରଙ୍କୁ ପିଙ୍ଗି ଦିଅନ୍ତି। ମୁଁ ଜାଣେ ଦେଖିଥିବା ଲୋକେ ଏବେ ବଞ୍ଚିଥିଲେ ବି କହିବେ ସେଇ ବାଲିଟୋପ ଭିତରୁ ପରେ ଲୋକେ ବଞ୍ଚିକରି ଉଠି ଆସୁଥିଲେ। ସହରର ଘରେ ଘରେ ବାଡ଼ି ମୁର୍ଦ୍ଦାର ଶୋଇଲେ। ମଫସଲରେ ଗାଁକୁ ଗାଁ ରୋଗ ବ୍ୟାପିଗଲା। ଜଗନ୍ନାଥ ସଡ଼କରେ ଶଗଡ଼ ଚଳାଇବା କଷ୍ଟ ହେଲା। ଆମ ସ୍କୁଲ ସେଥିପାଇଁ ପନ୍ଦର ଦିନ ଛୁଟି ହୋଇଗଲା। ମୁଁ ପିଲା। ମୋର ଜଣେ ସଂପର୍କୀୟ ଭାଇ ଥାନ୍ତି ବୋର୍ଡିଂରେ ଆମର ରାନ୍ଧୁଣିଆ। ସ୍କୁଲ ଛୁଟି ହୋଇଯିବାରୁ ସେ ମୋତେ ସାଙ୍ଗରେ ଘେନି ଜଗନ୍ନାଥ ସଡ଼କ ବାଟେ ଗାଁକୁ ଆସିଲେ, ଝିପିଝିପି ବର୍ଷା ବରାବର ହେଉଥାଏ। ସେ ତାଙ୍କ ମୁଣ୍ଡ ଛତାଟି ମୋ ମୁଣ୍ଡ ଉପରେ ଦେଇ ମୋତେ ପାଖେ ପାଖେ ରଖି ଚାଲୁଥାନ୍ତି। ମୁର୍ଦ୍ଦାର ଦେଖିଲେ ଛତାଟି ଆଢୁଆଳ କରି ଦିଅନ୍ତି। କିନ୍ତୁ ସଡ଼କର ଶଗଡ଼ସରି ମଝିରେ ଓ ଶଗଡ଼ ସରିକୁ ଲାଗି ମୁର୍ଦ୍ଦାର ପଡ଼ିଚନ୍ତି। ଛତା ଆଢୁଆଳରେ ମୋ ଦୃଷ୍ଟିରୁ ସେ ବର୍ତ୍ତୁଚନ୍ତି କେତେକେ। ମୁଁ ଯେଉଁ ମୁର୍ଦ୍ଦାରଙ୍କୁ ଦେଖେ ତାଙ୍କୁ ଗଣି ଗଣି ବାଟ ଚାଲୁଥାଏ। ହାଟ ଦାମୋଦରପୁରଠାରୁ ଆମେ ବିଲକୁ ଗଡ଼ିଲୁ। ଏଇ ଛଅ ମାଇଲ ଭିତରେ ମୁଁ ଗଣିଥିଲି ୩୯ଟି ମୁର୍ଦ୍ଦାର। ସେମାନେ ସମସ୍ତେ ଶଗଡ଼ ସରି ଭିତରେ ବା ପାଖରେ ପଡ଼ିଥିଲେ। ସଡ଼କ ନୟନଯୋଡ଼ିରେ ଆଉ କେତେ ପଡ଼ିଥିଲେ ମୁଁ ଜାଣେନାହିଁ। ଭୀଷଣ ଗନ୍ଧ ହେଉଥାଏ। ଠାଏ ଦେଖିଚି ବିଲୁଆମାନେ ଗୋଟିଏ ମୁର୍ଦ୍ଦାର ମାଂସକୁ ଭିଡ଼ି ଖାଉଥାନ୍ତି ଓ କଳି କରୁଥାନ୍ତି। ରକ୍ତହୀନ ସେ ଧଳାମାଂସ ଭିଡ଼ିବା ବିକଟ ଓ ବୀଭତ୍ସ ଦୃଶ୍ୟ ଆଜି ମୋ ମନେ ପଡ଼ିଯାଉଚି।

ଏଇ କାରଣରୁ ବଙ୍ଗାଳୀମାନେ ବର୍ଷେ ଖଣ୍ଡେ ହୁଏତ ସେତେ ପୁରୀ ଆସୁ ନଥିଲେ। ତାପରେ ମେଲେରିଆ ଓ ଯକ୍ଷ୍ମାରୋଗୀମାନେ ପୁରୀକୁ ସ୍ୱାସ୍ଥ୍ୟନିବାସର ସ୍ଥାନ କଲେ। ସେଇ ମେଲେରିଆ ମୋତେ ଧରିଥିଲା। ନବମ ଶ୍ରେଣୀର ବର୍ଷକଯାକ ମୁଁ କିଛି ପଢ଼ିନାଇଁ। ଖାଲି ସେକାଳର ବିଜୟାବଟିକା ଓ ଡି. ଗୁପ୍ତ (D. Gupta) ଖାଇବା ମୋର ଥିଲା କାମ। ପେଟରେ ବଡ଼ ପ୍ଳିହା, ଚାଲିଲାବେଳେ ଶରୀର ବୋଇଲେ ଖାଲି ପେଟଟା ଦିଶୁଥାଏ। ଷାଣ୍ମାସିକ ପରୀକ୍ଷା ହେବାବେଳକୁ ଛଟପଟ ହୋଇ ଘରୁ ଯାଇ ବହି କିଣି ମାତ୍ରକ ୧୬ଦିନ ରହି ପରୀକ୍ଷାଟା ଦେଇ ପକାଇଥିଲି। ପରୀକ୍ଷା ଦେଲାବେଳେ ଆଗରୁ ବେଞ୍ଚ ଉପରେ ବିଜୟାବଟିକା ଓ D. Gupta ରଖି ଖାଉଥିବାର ମୋ ମନେ ଅଛି। ସେ ବର୍ଷ ବାର୍ଷିକ ପରୀକ୍ଷା ଦେଇନାଇଁ; କିନ୍ତୁ ପ୍ରମୋଶନ ପାଇଲି। ସ୍ୱାସ୍ଥ୍ୟ ସୁଧାରିବା ପାଇଁ କଟକ ଆସି କଲେଜିଏଟ୍ ସ୍କୁଲରେ ଭର୍ତ୍ତି ହେଲି।

୧୫। କେତେଜଣ ପରିଚିତ ବ୍ୟକ୍ତି

ପୁରୀ ଜିଲା ସ୍କୁଲରେ ପଢ଼ିଲା ବେଳେ ଥରେ ଅଧେ ବୋର୍ଡିଂରେ ଗୋପବନ୍ଧୁ ଦାସଙ୍କୁ ଦେଖିଥିଲି ମୁଁ ଯେଉଁବର୍ଷ ପୁରୀଜିଲା ସ୍କୁଲରେ ଭର୍ତ୍ତି ହେଲି ସେଇ ବର୍ଷ ସେ ସେଇ ସ୍କୁଲରୁ ପାଶ୍ କରି କଟକ କଲେଜକୁ ଆସିଥିଲେ। ସେ ପୁରୀଜିଲା ସ୍କୁଲରେ ପଢ଼ିବାବେଳେ ତାଙ୍କର ଭାରି ନାଁ ଥିଲା। ତାଙ୍କର ସହପାଠୀ ଥିଲେ ମୋର ଜ୍ଞାତି ବଡ଼ଭାଇ ସ୍ୱର୍ଗତ ଗୋପୀନାଥ ଦାସ ଓ ପେନସନ ପ୍ରାପ୍ତ ରାୟ ବାହାଦୁର ସ୍ୱର୍ଗତ ବୈଦନାଥ ମିଶ୍ର। ଏମାନେ ଉଦୀୟମାନ ଭଲଛାତ୍ର ଥିଲେ ବୋଲି ଏମାନଙ୍କର ନାମ ଥିଲା। ପୁଣି ସେ ଅଞ୍ଚଳର ଲୋକଙ୍କ ଭିତରେ ଏନ୍‌ଟ୍ରାନ୍ସ ପାଶ୍ କରିବା ଗୋଟାଏ ବଡ଼ କଥା ଥିଲା। ବଙ୍ଗାଳୀ ଡେପୁଟୀ ଓକିଲଙ୍କ ପିଲା ଛଡ଼ା ଅନ୍ୟମାନେ ପ୍ରାୟ ବେଶି ଏନ୍‌ଟ୍ରାନ୍ସ ପାଶ୍ କରୁ ନଥିଲେ କି ଏନ୍‌ଟ୍ରାନ୍ସ ପାଶ୍ ଯାଏ ଯାଉ ନଥିଲେ।

ହେଡ଼ମାଷ୍ଟର ଓ ଅନ୍ୟାନ୍ୟ ଶିକ୍ଷକମାନଙ୍କ ମଧ୍ୟରୁ ଅନେକ ହେଉଥିଲେ ବଙ୍ଗାଳୀ। ମୋ ମନେ ଅଛି, ୧୯୦୪ରେ ପୁରୀର ମୁକ୍ତାର ଦେଶପ୍ରାଣ ସ୍ୱର୍ଗତ ରାମଚନ୍ଦ୍ର ଦାସ ସମସ୍ତ ଓଡ଼ିଆବାସୀ ଅଞ୍ଚଳରୁ ଗଣି ଗଣି ଓଡ଼ିଆ ବି.ଏ.ମାନଙ୍କର ନାମ ସେକାଳ 'ଉତ୍କଳ ଦୀପିକା'ରେ ଛପାଇଥିଲେ। ସଂଖ୍ୟାଟି ମୋର ମନେ ନାଇଁ; କିନ୍ତୁ ଶହ ପୂରି ନଥିଲା। ମଧୁବାବୁ ଓକିଲ ଓ ସ୍ୱର୍ଗତ ଅଭିରାମ ଭଞ୍ଜଙ୍କୁ ମିଶାଇ ସେତେବେଳେ ଓଡ଼ିଆ ଏମ୍.ଏ. ଥିଲେ ବୋଧହୁଏ ପାଞ୍ଚଜଣ। ଠିକ୍ ମନେ ହେଉନାଇଁ, ହୁଏତ ଅନ୍ୟ ତିନିଜଣ ହେଉଚନ୍ତି, ସମ୍ବଲପୁରର ରାମନାରାୟଣ ମିଶ୍ର ଓ ଖରସୁଆଁର ଯୁଗଳ କିଶୋର ତ୍ରିପାଠି ଏବଂ ସମ୍ଭବତଃ ମଧୁବାବୁଙ୍କ ଭାଇ ଶ୍ରୀ ଗୋପାଳ ବଲ୍ଲଭ ଦାସ।

୧୬। ସାହିତ୍ୟ ଯୁଦ୍ଧ

ଗୋପବନ୍ଧୁ ଦାସ ଲେଖକ ହିସାବରେ ମଧ୍ୟ ପରିଚିତ ହୋଇ ଉଠୁଥିଲେ। ସେତେବେଳେ ଓଡ଼ିଶାରେ ଗୋଟିଏ ସାହିତ୍ୟ ଯୁଦ୍ଧ ଲାଗିଥାଏ। ରାଧାନାଥ ରାୟ ଆଗେ ବଙ୍ଗଳାରେ ମାଇକେଲ ମଧୁସୂଦନଙ୍କୁ ଅନୁକରଣ କରି କବିତାମାନ ଲେଖିଥିଲେ। ପରେ ଓଡ଼ିଆରେ ଲେଖା ଆରମ୍ଭ କଲେ। ନୂଆ ଛନ୍ଦ ଓ ନୂଆ ଶୈଳୀ ସବୁ ବଙ୍ଗଳାରୁ ଅନୁକରଣ କରି ଓଡ଼ିଆରେ ଭର୍ତ୍ତି କଲେ। ସେତେବେଳେ ସେ ଥିଲେ ସ୍କୁଲ ଇନିସ୍‌ପେକ୍ଟର। ସେଇ ସୂତ୍ରରେ ସେ ନିଜ କବିତା ସାହିତ୍ୟ ପ୍ରଚାର ବି କରିବାରେ ଲାଗିଲେ, କେବଳ ପାଠ୍ୟ ପୁସ୍ତକ ରୂପେ ନୁହେଁ; ଅନ୍ୟଥା ମଧ୍ୟ। ମୋ ମନେଅଛି, ଥରେ ରାଧାନାଥ ବାବୁ ଇନିସ୍‌ପେକ୍ଟର ପରିଦର୍ଶନରେ ସତ୍ୟବାଦୀ ଯାଇଥିଲେ। ପଣ୍ଡିତେ ଆମକୁ ସବୁ ସାଂଗେ ଧରି ସତ୍ୟବାଦୀ ଡାକବଙ୍ଗଳାକୁ ଆସିଲେ। ସେଇ ମୋର ରାଧାନାଥବାବୁଙ୍କୁ ପ୍ରଥମ ଦେଖା। ଆମର ପରୀକ୍ଷା ସରିଲା ପରେ ରାଧାନାଥବାବୁଙ୍କ ସାଙ୍ଗରେ ଆସିଥିବା ଜଣେ ଇନିସ୍‌ପେକ୍ଟିଂ ପଣ୍ଡିତ ସାଂଗେ ସାଂଗେ କିଛିଦୂର ଆସି ତାଙ୍କୁ କହିଲେ, "କିଓ ତମେ ରାଧାନାଥବାବୁଙ୍କ 'ମହାଯାତ୍ରା' କାବ୍ୟଟା ପଢ଼ିଚ? ଏବେ ଛପା ହୋଇଚି। ବାବୁ ଲେଖିଚନ୍ତି। ଭାରି ଭଲ ନୂଆ ଲେଖା। କିଣି କରି ପଢ଼ିବ। ଆଉ ସମସ୍ତଙ୍କୁ ପଢ଼ିବାକୁ କହିବ। ତାଙ୍କ ବହି ଯେ ପଢ଼େ ତାକୁ ବାବୁ ଭାରି ସୁଖ ପାନ୍ତି।"

ଅନ୍ୟାନ୍ୟ କାରଣ ମଧ୍ୟରେ, ଏଇସବୁ କାରଣରୁ କଟକରେ ଦଳେ ପ୍ରତିଷ୍ଠିତ ସାହିତ୍ୟିକ ବଡ଼ କ୍ଷୁବ୍ଧ ହୋଇ ଉଠିଲେ। ତେଣେ ରାଧାନାଥବାବୁଙ୍କ ପଟେ ରହିଲେ ବାମଣ୍ଡାର ସେକାଳର ସାହିତ୍ୟିକ ରାଜା ଶ୍ରୀ ବାସୁଦେବ ସୁଢ଼ଳଦେବ। ଯୋଡ଼ିଏ କାଗଜ ବାହାରିଲା। ଗୋଟିଏ କଟକରୁ 'ଇନ୍ଦ୍ରଧନୁ'। ଆରଟି ତା'ର ପ୍ରତିବାଦୀ ବାମଣ୍ଡା ରାଜଧାନୀ ଦେବଗଡ଼ରୁ 'ବିଜୁଳି'। ମୁଁ ପିଲାଦିନେ କେବେ କାହାଘରେ ପଢ଼ିଥିବା ଖଣ୍ଡେ 'ଇନ୍ଦ୍ରଧନୁ' ବା 'ବିଜୁଳି' ଦେଖିଚି। ଇନ୍ଦ୍ରଧନୁର ପ୍ରଧାନ ଶରବ୍ୟ ଥିଲା ଭାଷା ଓ ସାହିତ୍ୟରେ ବଙ୍ଗଳାର ଆକ୍ରମଣ। ସ୍ୱର୍ଗତ ଗୋପାଳ ବଲ୍ଲଭ ଦାସ, ଗୌରୀଶଙ୍କର ରାୟ, ରାମଶଙ୍କର ରାୟ, ବନମାଳୀ ସିଂହ ପ୍ରଭୃତି ଇନ୍ଦ୍ରଧନୁ ପକ୍ଷରେ ମୁଖ୍ୟ ଥିଲେ। ଇନ୍ଦ୍ରଧନୁରେ ଚଟଣି ବୋଲି ବଡ଼ ସୁନ୍ଦର ଅଙ୍ଗା ସବୁ ବାହାରୁଥିଲା। ସେଇଥିରୁ ଗୋଟିଏ ମନେଅଛି। ସେଥିରୁ ଜଣାପଡ଼ିବ ବିଜୁଳିପକ୍ଷୀୟ ଆଘାତଟା କେଉଁଠାରେ ବାଜୁଥିଲା। ସେ ଚଟଣିଟି ହେଉଛି ଏଇ-ଜଣେ ବଙ୍ଗାଳୀ ଦାରୋଗା ଜଣେ ଓଡ଼ିଆ ଚୌକିଦାରକୁ ପଚାରିଲେ, "ତୋମାର ବାଡ଼ି କୋଥାଏ।" ଚୌକିଦାର କାଖତଳୁ ଠେଙ୍ଗାଟି କାଢ଼ି, ହାତରେ ଟେକି ଦେଖାଇଦେଲା। ଦାରୋଗା ଆଉ କିଛି ନକହି ଏକାବେଳକେ ଦୌଡ଼ି ଚମ୍ପଟ। ଦାରୋଗା ସେଇଦିନଠାରୁ ଠିକ୍ କରିନେଲେ-ଓଡ଼ିଆଙ୍କୁ ବାସସ୍ଥାନ ପଚାରିଲେ ସେମାନେ ମାରିବାକୁ ଉଠନ୍ତି।

୧୭। ଗୋପବନ୍ଧୁ ଦାସ ଓ ଇନ୍ଦ୍ରଧନୁ

ଗୋପବନ୍ଧୁ ଦାସ ପୁରୀ ଜିଲ୍ଲା ସ୍କୁଲରେ ତଳ କ୍ଲାସରେ ପଢ଼ିବାଦିନୁ 'ଇନ୍ଦ୍ରଧନୁ'ର ପକ୍ଷ। ଫୋର୍ଥକ୍ଲାସ (8th)ରେ ଥିଲାବେଳେ ସେ 'ଇନ୍ଦ୍ରଧନୁ'ରେ ଗୋଟିଏ କବିତା ଲେଖିଥିଲେ। ସେଥିରୁ ଗୋଟିଏ ଧାଡ଼ି ମାତ୍ର ମୋର ମନେ ପଡୁଚି। ରାଧାନାଥବାବୁ ଦେଖିବାକୁ ବଡ଼ ଧଡ଼ିଆ ଥିଲେ। ଗୋପବନ୍ଧୁଙ୍କ କବିତାରେ ଥିଲା;

"ଧଡ଼ିଆ ପଣ୍ଡିତ୍ୟ-ମନ୍ୟ,
ବାଉରିସାହିରେ ଶୃଗାଳକେଶରୀ ପରି ହେଉଥାନ୍ତି ଗଣ୍ୟ।"

ରାଧାନାଥବାବୁ ଥିଲେ ଇନିସ୍‌ପେକ୍ଟର। ସେ ଜାଣିପାରିଲେ ଏ ଲେଖକଟି ପୁରୀ ଜିଲ୍ଲା ସ୍କୁଲର ଗୋଟିଏ ପିଲା। ସଂଗେ ସଂଗେ ଇନ୍‌କ୍ୱାରୀ ଚାଲିଲା। ରାଧାନାଥବାବୁ ଯାଇ ପହଞ୍ଚିଲେ। ଗୋପବନ୍ଧୁ ଦାସଙ୍କର ସ୍କୁଲରୁ ବହିଷ୍କାର ଦଣ୍ଡ ଠିକ୍ ହୋଇଗଲା। ସ୍କୁଲର ହେଡ଼ମାଷ୍ଟରଙ୍କ ସହିତ ଅନ୍ୟାନ୍ୟ କେତେକ ଭଦ୍ରଲୋକ ବ୍ୟସ୍ତ ଓ ଚିନ୍ତିତ ହୋଇପଡ଼ିଲେ। ପୁରୀର ସ୍ୱର୍ଗତ ଦିବ୍ୟସିଂହ ମିଶ୍ର, ବି.ଏ. ସେତେବେଳେ ନୂଆ ହୋଇ ପୁରୀ ଜିଲ୍ଲାସ୍କୁଲରେ ମାଷ୍ଟରୀ କରୁଥାନ୍ତି। ସେ ଉଦ୍ୟମ କରି ବହୁ ଭଦ୍ରଲୋକଙ୍କୁ ଆଣି ରାଧାନାଥ ବାବୁଙ୍କ ପାଖରେ ପହଞ୍ଚାଇଲେ। ଶୁଣିଚି ଶିକ୍ଷା ବିଭାଗର ଅଧିନାୟକ ରୂପେ ରାଧାନାଥବାବୁ ମତ ଦେଇଥିଲେ, "ସେ ମୋ ବିରୁଦ୍ଧରେ ଲେଖିଲା, କି ଆଉ କାହା ବିରୁଦ୍ଧରେ ଲେଖିଲା ପଡ଼ିନାଇଁ; କିନ୍ତୁ ଯେ ଆଜିଠୁ ଏପରି ଲେଖିପାରେ ସେ ଭବିଷ୍ୟତରେ ହେବ କ'ଣ? ତାକୁ ଆଉ ବେଶି ଶିକ୍ଷାଦେଲେ ସେ ସମାଜର କି ଅନିଷ୍ଟ ନ' କରିପାରେ? ଶେଷକୁ ସମସ୍ତେ ପ୍ରମାଣ କରିବାକୁ ଚାହିଁଲେ ପିଲାଟା ହୁଏତ ନିଜେ ଲେଖିନାଇଁ, ଆଉ କିଏ ଲେଖି ଦେଇଚି କିମ୍ବା ସେ ହୁଏତ ଅନ୍ୟ କାହା ପ୍ରେରଣାରେ ଲେଖିଚି। ତାକୁ ଦଣ୍ଡ ନଦେଇ ଏଥର ପଢ଼ିବାର ସୁବିଧା ଦିଅନ୍ତୁ। ଆଉ ତା'ର ଚରିତ୍ର ଏପରି ଦେଖାଗଲେ ପରେ ଯାହାହେବ କରାଯିବ। ବହୁକଷ୍ଟରେ ଶେଷକୁ ଦଶଟଙ୍କା ଜୋରିମାନା ଦେଇ ସେ ବର୍ଷର ପ୍ରାଇଜ୍ ହରାଇ ଗୋପବନ୍ଧୁ ଦାସେ ସେ ଘାତି ଖସିଗଲେ। ଏଇଟା ଖୁବ୍ ସମ୍ଭବ ୧୮୯୫ ବା ୧୮୯୬ ଖ୍ରୀ:ଅ:ର କଥା। ସେତେବେଳକୁ ଗୋପବନ୍ଧୁ ସେକାଳର 6th class ବା ଡବଲ ପ୍ରମୋଶନ ପାଇ 4th classରେ ଥାନ୍ତି।

ଯାହାହେଉ, ଏଇ ଶିକ୍ଷା ଫଳରେ ସେ ପରେ ସମାଜର ଅମଙ୍ଗଳ କରିବା କାର୍ଯ୍ୟରୁ କ୍ଷାନ୍ତ ହୋଇଥିଲେ କି ନା' ସେକଥା କିଏ କହିବ। କିନ୍ତୁ ସେଇଦିନଠାରୁ ଛାତ୍ରମହଲରେ ଗୋପବନ୍ଧୁ ଦାସଙ୍କର ଖୁବ୍ ନାମ ହୋଇଯାଇଥିଲା ଓ ପ୍ରଥମଥର ପୁରୀଜିଲ୍ଲା ସ୍କୁଲ ବୋର୍ଡିଂରେ ଗୋପବନ୍ଧୁଙ୍କୁ ଦେଖିବାର ମୋ ମନେଅଛି। ଟିକିଏ ଟିକିଏ

ଦାଢ଼ି ଉଠିଥାଏ। ତା' ସେତେବେଳେ ବି କାଟୁ ନ'ଆନ୍ତି। ସେଦିନ ହୋଇଥାଏ ଏକାଦଶୀ। ସେ ବୋର୍ଡିଂରେ ଗୋଟିଏ ଘରେ ଗାଧୋଇ ସାରି ଓଦା ଗାମୁଛାଟିଏ ପିନ୍ଧି ତଳେ ଟେକି ହୋଇ ବସି ଗୋଟିଏ ଥାଳିରେ ଧୁଆ ଚୁଡ଼ା ସଂଗେ ଗୁଡ଼ ମିଶାଇ ଏକାଦଶୀ କରୁଥାନ୍ତି। ଆମେ ସବୁ ପିଲାଯାକ ଗୋପବନ୍ଧୁ ଦାସ ଆସିଚନ୍ତି ବୋଲି ଶୁଣି ଦୂର ଆଢୁଆଳରୁ ଲୁଚି ଲୁଚି ଦେଖୁଥାଉ। କଲେଜରେ ସେତେବେଳେ ସେ ପ୍ରଥମ ବର୍ଷୀୟ ଶ୍ରେଣୀରେ ପଢୁଆନ୍ତି।

୧୮। ହରିଭାଇନା

କହୁଥିଲି ଗୋପବନ୍ଧୁ ଦାସଙ୍କ କଥା। ବି.ଏ. ପଢୁଥାନ୍ତି କିମ୍ବା ବି.ଏ. ପାସ୍‌କରି ଓକିଲାତି ପଢୁଆନ୍ତି ଠିକ୍ ମନେପଡୁ ନାଇଁ, କିନ୍ତୁ ବୋର୍ଡିଂରେ ଥାନ୍ତି। ତାଙ୍କ ସଂଗେ ଥାନ୍ତି ଆମର ହରିଭାଇନା—(ଏବର ଆଚାର୍ଯ୍ୟ ହରିହର ଦାସ)। ହରିହର ଦାସ ହେଉଚନ୍ତି ଆମ ଗ୍ରାମର ମୋର ଜ୍ଞାତି ବଡ଼ଭାଇ, ମୋରି ଏକା ସେ ଥିଲେ ହରିଭାଇନା। ପରେ ସମସ୍ତେ ତାଙ୍କୁ ହରିଭାଇନା ବୋଲି ଡାକିଲେ। ସେ ଏଫ୍.ଏ. ପଢୁଥାନ୍ତି। ଏଥି ପୂର୍ବରୁ ହରିଭାଇନା କଟକ ଆସିବା ପରେ ଗୋପବନ୍ଧୁ ଦାସଙ୍କ ସଂଗେ ତାଙ୍କର ଖୁବ୍ ପରିଚୟ ଓ ଘନିଷ୍ଠତା ହୋଇଥିଲା। ହରିଭାଇନା ତାଙ୍କ କଥା ଆମ ଆଗେ ଖୁବ୍ କହୁଥିଲେ। ଗୋପବନ୍ଧୁ ଦାସଙ୍କ ଘର 'ସୁଆଣ୍ଡ' ଆମ ଗ୍ରାମକୁ ପ୍ରାୟ ପାଞ୍ଚ ମାଇଲ ଦୂରରେ ଭାର୍ଗବୀ ଉପରେ- ବଳପୁର ଆରପାଖେ। ଥରେ ଆମକୁ ଘେନି ସେ ଗୋପବନ୍ଧୁ ଦାସେ ଛୁଟିରେ ଗ୍ରାମରେ ଥିବାବେଳେ ତାଙ୍କ ଗ୍ରାମକୁ ଯାଇଥିଲେ। ସଙ୍ଗରେ ଥିଲେ ଅନନ୍ତ ମିଶ୍ର। ସେ ସେତେବେଳେ ପୁରୀ ଜିଲ୍ଲାସ୍କୁଲର ଛାତ୍ର। ଅନନ୍ତ ମିଶ୍ର (ପ୍ରଚାରକ ଅନନ୍ତ ମିଶ୍ର) ସେ ମଧ୍ୟ ଆମରି ଗାଁର ହରିଭାଇନାଙ୍କ ସାନଶଳା। ସେଇଦିନ ଗୋପବନ୍ଧୁ 'ଦାସଙ୍କ' (ପରେ ତାଙ୍କୁ ଆମେ ଡାକୁଥିଲୁ ଦାସେ ଆପଣେ) ସଂଗେ ଭଲ ପରିଚୟ। ସେ ଘଟଣା ମୋ ପକ୍ଷରେ ସ୍ମରଣୀୟ।

୧୯। ନୈଷ୍ଠିକ ପରିବାର

ଦେଖିଲୁ ଛୁଟିରେ ସେ ଘରେ ନାହାନ୍ତି। ସେ ସେତେବେଳେ ସପତ୍ନୀକ। ଗୋଟିଏ ପୁଅ ଆଉ ଗୋଟିଏ ଝିଅ ବୋଧହୁଏ ହୋଇଥାଏ, କିନ୍ତୁ ସେ ନିଜ ଘରେ ରହୁ ନଥାନ୍ତି। ପରବର୍ତ୍ତୀ ଘଟଣା ଯଥା ସ୍ଥାନରେ କହିବି। ଏବେ କହିଦିଏଁ; ଦାସ ଆପଣଙ୍କ ପରି ହିନ୍ଦୁ ଗୃହସ୍ଥର ଦାମ୍ପତ୍ୟନିଷ୍ଠା ଓ ତହିଁ ସଂଗେ ଅତି ସୁସଂଯତ ଓ ସମୀଚୀନ ଯୌନନିଷ୍ଠା ମୁଁ ଆଉ ଦେଖିଚି ବୋଲି ମନେ ହେଉ ନାଇ। ସକାଳୁ

ପ୍ରାୟ ଦିନ ପହରକ ସରିକି ତାଙ୍କ ଘରଠାରେ ପହଞ୍ଚିଲୁ। ଶୁଣିଲୁ ସେ ଗାଁମୁଣ୍ଡ ଠାକୁରାଣୀ ଜାଗେଶ୍ୱରୀଙ୍କ ପାଖେ 'ସପ୍ତା' ବା 'ସପ୍ତାଙ୍ଗ'ରେ ବସିଚନ୍ତି। ସପ୍ତା ଅନୁଷ୍ଠାନଟି ହେଉଚି ସାତଦିନ ହବିଷ କରି ବାହାରେ ରହି ସମସ୍ତ ଜଗନ୍ନାଥ ଦାସଙ୍କ ବାରସ୍କନ୍ଦଯାକ ଭାଗବତଟି ଥରେ ଆବୃତ୍ତି କରିବା। ଯାଇ ଦେଖିଲୁ, ସୌମ୍ୟ ବପୁ, ଉଜ୍ଜ୍ୱଳ ଚକ୍ଷୁ, ଗୋପବନ୍ଧୁ ପ୍ରାତଃସ୍ନାନ ସାରି ମଠାପିନ୍ଧି ପିଢ଼ାରେ ବସି ଆଗରେ ପୋଥି ଆସନରେ ତାଳପତ୍ର ଭାଗବତ ପୋଥିଟି ଥୋଇ ସେଥିରୁ ଖେଦାଟିଏ କାଢ଼ି ହାତରେ ଧରି ଦେବୀଙ୍କ ଆଗେ 'ରଜୁ ପୃଷ୍ଠକଟିଗ୍ରୀବ' ହୋଇ ସୁନ୍ଦର ସ୍ୱରଝଙ୍କାରରେ ଭାଗବତ ପଢୁଚନ୍ତି। ପାଖରେ ଦୁଇଚାରି ଜଣ ଶ୍ରୋତା ଅଛନ୍ତି ଓ ସେବକଟି ବି ସ୍ନାନପ୍ରକାର ସାରି ଚିତାଚୈତନ କରି ବସିଚି। ଚୁଡ଼ାଘଷା ବାଲଭୋଗ ହୋଇଥିଲା; ସେଥିରୁ ବାକି ଥିଲା। ଆମେ ସ୍ନାନନିତ୍ୟକର୍ମାଦି ସାରି ସେଇଥିରୁ ପ୍ରସାଦ ପାଇଲୁ।

ପ୍ରାୟ ବେଳ ଦୁଇଘଡ଼ି ଥାଇ ଭାଗବତ ପଢ଼ାସରିଲା। ଉଆଭାତ ସେବକ ରାନ୍ଧି ବେତାରେ ବାଢ଼ିଥିଲା। ପାତ୍ରମାନଙ୍କରେ ବି ଡାଲି ଓ ତରକାରି ଥିଲା। ସବୁ ସେଇ ଭାଗବତଙ୍କୁ ଭୋଗ ଦିଆଗଲା। ଦାସେ ଆପଣେ କଦଳୀପତ୍ର ଖଣ୍ଡିଏ ପକାଇ ହବିଷରେ ବସିଲେ। ଆମେ ଓ ଆଉ ଯେ ଥିଲେ ସମସ୍ତେ ଖଣ୍ଡିଏ ଖଣ୍ଡିଏ କଦଳୀପତ୍ର ପକାଇ ସାଙ୍ଗରେ ବସିଲୁ। ସେଦିନର ଅନୁଭୂତି ମୋର ନୂଆ। ଆମେ ଶାସନୀ ବ୍ରାହ୍ମଣ। ଗୋପବନ୍ଧୁ ବାବୁ ଶାସନୀ ନଥିଲେ। ସେ କାଳର ରୀତି ଅନୁସାରେ ସେ ଆମଠାରୁ ଛୋଟ ବ୍ରାହ୍ମଣ, ଆମର ତାଙ୍କ ଘରେ ଖାଇବାର ନୁହେଁ। ପୁଣି ସେବକରନ୍ଧା ଭାତ, ତା'ପୁଣି ବେତାରୁ ଆଞ୍ଜୁଳାରେ ପରଷା ହେବ, ସେବକ ପରଷିବ। ବିନା ଚଳୁରେ ଖାଇବାକୁ ହେବ। ଏଥିରେ ମୁଁ ଓ ହୁଏତ ମୋର ସଙ୍ଗୀ ଦୁହେଁ ଏକାବେଳକେ ଅନଭ୍ୟସ୍ତ। ପୁଣି ଓଡ଼ିଆ ଜଗନ୍ନାଥ ଦାସଙ୍କ ଭାଗବତକୁ ଭୋଗ ଦିଆହେଉଚି। ସେ ତ ଆମର ଅସ୍ପୃଶ୍ୟ। ଜଗନ୍ନାଥ ଦାସ ଶାସନୀ ଥିଲେ। ଓଡ଼ିଆରେ ଭାଗବତ ଲେଖିଥିଲେ ବୋଲି ସେ କପିଳେଶ୍ୱରପୁର ଶାସନଟି ପୁରୀଶାସନ ଭିତରେ ଅସ୍ପୃଶ୍ୟ ଓ ଅପାଂକ୍ତେୟ ହୋଇଥିଲା। ଶାସନମାନଙ୍କରେ ଓଡ଼ିଆ ଭାଗବତ କେହି ପଢୁ ନଥିଲେ। ଏବେ ବି ହୁଏତ ସାଧାରଣ ସ୍ଥାନରେ ସଂସ୍କୃତ ପୁରାଣପାଠ ହେଲାପରି ଜଗନ୍ନାଥ ଦାସଙ୍କ ଭାଗବତ ପାଠ ଶାସନରେ ହୋଇ ନାଇଁ। ସେଦିନ ଆମେ ଚଳୁ ନକରି ସମସ୍ତେ ସେ ଭାତ ତିଅଣ ଖାଇଲୁ କିନ୍ତୁ ମୋର ମନେଅଛି, ଅଧାଖିଆ ପର୍ଯ୍ୟନ୍ତ ମୋ ପେଟକୁ ଭାତ ଯାଉ ନଥାଏ।

୨୦। ଭାର୍ଗବୀ ନଦୀକୂଳରେ ଆମର ପ୍ରତିଜ୍ଞା

ଦେବୀମନ୍ଦିରକୁ ଲାଗିଚି ଭାର୍ଗବୀ ନଦୀର ବନ୍ଧ। ବନ୍ଧ ତଳକୁ ପାଣି। ପାଣିପରେ ନଈଭିତର ବାଲି। ସେଇ ବାଲି ଭିତରେ ଖରାଦିନେ ହୁଏ ବଳପୁର ମୌଜାର ଶ୍ମଶାନ। ସେଦିନ ସନ୍ଧ୍ୟାବେଳକୁ ଜହ୍ନ ପଡ଼ିଗଲା। ଆକାଶ ପରିଷ୍କାର। କଳାଭ୍ରମର ପରି ପାଣିଧାରଟି ପରେ ରୂପାଗୁଣ୍ଡ ବିଛା ବୁଣା ହେଲାପରି ବାଲି ଦାଉ ଦାଉ ଦିଶୁଚି। ସେତେବେଳେ ସେ ଅଞ୍ଚଳରେ ଭାରି ବାଡ଼ି (ହଇଜା) ପଡ଼ିଥାଏ। ବଳପୁରରେ ବେଶି ଲାଗିଥାଏ। ଲୋକେ ମୁର୍ଦ୍ଦାର ପୋଡ଼ିପାରୁ ନଥାନ୍ତି। କେହି କେହି ଶ୍ମଶାନରେ ଦରପୋଡ଼ା କରି ଛାଡ଼ିଯାନ୍ତି। ଅତି ଗରିବ ଲୋକେ ହୁଏତ ମୁର୍ଦ୍ଦାର ମୁହଁରେ ନିଆଁ ଦେଇ ଘରକୁ ଚାଲିଯାନ୍ତି। ଦୁର୍ଭିକ୍ଷ ବା ମଡ଼କ ପଡ଼ିଲେ ଅନେକ ଗ୍ରାମରେ ଏଇପରି ହୁଏ। ସେଦିନ ନଈବନ୍ଧ ଉପର ବରଗଛମୂଳ ତିଳତଣ୍ଡୁଳିତ ଛାଇରେ ଗୋପବନ୍ଧୁ ଦାସଙ୍କୁ ଘେନି ଆମେ ଚାରିଜଣଯାକ ଖଡ଼ିଏ ଦୋପଟା ଚାଞ୍ଚ ପକାଇ ସନ୍ଧ୍ୟାପରେ ସେଇ ବରଗଛମୂଳେ ବସିଲୁ। ଆରପାଖେ ବିଲୁଆ ସବୁ କଳିକରି ଦରପୋଡ଼ା ମଡ଼ା ଓଟାରୁଥାନ୍ତି। ମୁର୍ଦ୍ଦାରଙ୍କ କୋକେଇ (Coffin)ର କନାକତରା ସବୁ ପଡ଼ିବାର ଦିଶୁଥାଏ। ଆମର ଗପ ଚାଲିଲା। ଗୋପବନ୍ଧୁ ଦାସଙ୍କ ପରି ଗଳ୍ପକରି ଭୁଲାଇବା ଲୋକ ବଡ଼ କମ୍ ଅଛନ୍ତି। ବିଶେଷରେ ଆମେ ପିଲା। ସେ ରାତି ଗଳ୍ପର ଚିତ୍ରସବୁ ପ୍ରାଣରେ ଆଙ୍କି ହୋଇଗଲା। ଚନ୍ଦ୍ର ବୁଡ଼ିଗଲେ। ରାତି ବି ସକାଳ ହୋଇ ଆସିଲା। ଆମେ ତନ୍ମୟ। ଶେଷକୁ ଠିକ୍ ହେଲା, "ଆମେ ପାଠପଢ଼ି ସରକାରୀ ଚାକିରି କରିବା ନାହିଁ। ଦେଶ ପାଇଁ କିଛି କରିବା। ଜନ୍ମବେଳେ ଦେଶକୁ ଯାହା ଦେଖିଥାଇଁ ତା'ଠାରୁ ଉନ୍ନତ ଦେଖି ମରିବା।"

୨୧। ପୁରୀ ସମୁଦ୍ରକୂଳ

ମୁଁ ପୁରୀଜିଲ୍ଲା ସ୍କୁଲରେ ୧୮୯୯ରେ ପଶିଲି। ସେଇବର୍ଷ କଲିକତାରୁ ପୁରୀକୁ ରେଳ ଆସିଲା। ତା'ପରେ ବଙ୍ଗାଳୀ ଆସିଲେ ସ୍ୱାସ୍ଥ୍ୟ ପରିବର୍ତ୍ତନ ପାଇଁ। ଏଠାରେ ସମୁଦ୍ରକୂଳେ ଘରଭଡ଼ା କରି ସେମାନେ ରହିଲେ ଓ କେହି କେହି ବି ଘର ତିଆରି କଲେ, ସମୁଦ୍ରକୂଳ ବାଲିରେ। ମୋର ମନେଅଛି, ଏବେ ପୋଷ୍ଟଅଫିସ୍ ଆଗରେ ଥିବା ସେକାଳ ଓକିଲ, ରାୟ ହରିବଲ୍ଲଭ ବୋଷ ବାହାଦୂରଙ୍କର 'ଶଶୀ ନିକେତନ' ନାମକ ଘରଟି ମାତ୍ରକ ଥିଲା। ଏବର ସଂସ୍କୃତ କଲେଜଟି ଥିଲା ପୁରୀଜିଲ୍ଲା ସ୍କୁଲ। ସେଇ ପୁରୀ ଜିଲ୍ଲା ସ୍କୁଲର ବାରଣ୍ଡାରେ ଛିଡ଼ା ହୋଇ ଆମ୍ଭେମାନେ ଖେଳଛୁଟିବେଳେ ଓ ଅନ୍ୟାନ୍ୟ ଖାଲିସମୟରେ ପୂରା ସମୁଦ୍ରର ଦୃଶ୍ୟଟି ଦେଖୁ। ବାଟରେ କେତେଗୁଡ଼ିଏ ଛୋଟ ଛୋଟ ଝାଉଁଗଛ ଲଗା ହୋଇଥାଏ। ଆଉ ଘର ନଥାଏ; ତେଣେ ଥାଏ

ଦିଗବାରଣ ଖମ୍ବ। ତା' ପାଖରେ ବାୟୁବେଗ କଷିବାର ଯନ୍ତଟି ଥାଏ ଗୋଟିଏ ଘର। କେତେଦିନ ପରେ ସେଇ ବାଟର ଡାହାଣ ପାଖକୁ ତିନିଟି ଦୋ'ମହଲା କୋଠା ହୋଇଥିଲା। ସେ ଘର ତିନିଟି ଏବେ ଅନ୍ୟଘର ଧାଡ଼ିରେ ରହିଯାଇଚି କିମ୍ବା ଲୋପପାଇଚି ବା ନୂତନ ହୋଇଚି ମୁଁ କହିପାରିବି ନାଇଁ। ସବୁ ଭାସି ଭାସି ଟିକିଏ ଦୂର ସମୁଦ୍ରରେ ଯିବାର ମୁଁ କେତେଥର ଦେଖିଚି। ଗଙ୍ଗାସାଗର ମେଳାରେ ଏବେ ଯାତ୍ରୀ ଘେନି ଜାହାଜ ଆସେ। ସେତେବେଳେ ବି ସେହି ସମୟରେ ଗୋଟିଏ ଜଳଜାହାଜ ଆସୁଥିଲା।

୨୨। ନୋଳିଆର ଜାହାଜ ପୋଡୁଅ

ମୋ ମନେଅଛି, ଆମେ ସବୁ ପୁରୀ ଜିଲ୍ଲାସ୍କୁଲରେ ପଢୁଥିବା ତଳଶ୍ରେଣୀ ପିଲାମାନେ ନୋଳିଆଙ୍କ ପୋଡୁଅରେ ଥରେ ସେଇ ଜାହାଜକୁ ଯାଇ ବୁଲିକରି ଦେଖିଚୁ। ଆଃ ! ସେ ପୋଡୁଅଯାତ୍ରା ମୁଁ ବର୍ଣ୍ଣନା କରିପାରିବି ନାଇଁ। ଏବେ ବୋଧହୁଏ, ଛାତ୍ର ଓ ଯୁବକମାନେ ପୋଡୁଅରେ ବୁଲନ୍ତି ଓ ପୋଡୁଅମାନଙ୍କରୁ ଜାହାଜରେ ଉଠନ୍ତି; କିନ୍ତୁ ଏ ଯୁଗରେ କଳ ଓ ସହାୟକ ଯାନର ସଂଖ୍ୟା ବହୁତ ବଢ଼ିଗଲାଣି। ଆମବେଳେ ଲହରୀ ଉପରେ ଯେତେବେଳେ ପୋଡୁଅ ଉଠୁଥାଏ ପଡୁଥାଏ ଓ ତହିଁରେ ପୁଣି ପାଣି ପଶୁଥାଏ ଏବଂ ନୋଳିଆମାନେ ତାହା ଉଝାଳୁଆନ୍ତି, ସେଥିରେ ଶିଶୁ ଓ ବାଳକମାନଙ୍କର ଯେ ଜୀବନ ସଂଶୟ ଓ ତହିଁ ସଂଗେ ହାସ୍ୟରୋଳ ଉଠୁଥାଏ, ତାହା ବର୍ଣ୍ଣନା କରି କହିପାରିବି ନାଇଁ। ଯେଉଁଦିନ ସେହିପରି ଗୋଟିଏ ପୋଡୁଅରୁ ଜାହାଜ ଉପରୁ ପଡ଼ିଥିବା ଦଉଡ଼ି ନିଶୁଣି ଧରି ଜାହାଜ ଉପରକୁ ଉଠିଥିଲି, ସେ ଜୀବନ-ମରଣ ସନ୍ଧିସ୍ଥଳରେ ଭୟ, ଉନ୍ମାଦନା, ଆନନ୍ଦର ବର୍ଣ୍ଣନା ମୁଁ କିପରି ଦେବି ଜାଣିପାରୁ ନାଇଁ।

୨୩। ଜଳବାୟୁ ପରିବର୍ତ୍ତନ

ଯାହାହେଉ କଲିକତା ଆଡୁ ଯାତ୍ରୀ ଓ ବାୟୁ ପରିବର୍ତ୍ତକମାନଙ୍କ ସଂଗେ ପରେ ଆସିଥିଲା ଯକ୍ଷ୍ମା; କିନ୍ତୁ ସେତେବେଳେ ଯକ୍ଷ୍ମା ଆସିବାର ଜଣା ନଥିଲା, ଆସିଥିଲା ଘୋର ମ୍ୟାଲେରିଆ। ମୁଁ ଭୀଷଣ ମ୍ୟାଲେରିଆରେ ପଡ଼ିଥିଲି-ଏହା କହିଚି। ସେଥିପାଇଁ ମୁଁ ଯେଉଁଦିନ କଟକ ଗଲି, ସେ ବିଷୟର ସ୍ମୃତିଟି ଆଜି ମଧ୍ୟ ଜୀବିତ। ମୋ ସଂଗେ ପଢୁଥିଲେ କାବ୍ୟତୀର୍ଥ ପଣ୍ଡିତ ବିଶ୍ୱନାଥ ରଥ। ସଂସ୍କୃତରେ ମୁଁ ମନେ ମନେ ତାଙ୍କ ସଂଗେ ପ୍ରତିଯୋଗିତା କରୁଥିଲି। ମନେଅଛି, ଅକୃତକାର୍ଯ୍ୟ ମଧ୍ୟ ହୋଇ ନଥିଲି। ମୁଁ କଟକ ଦେଖି ନଥିଲି। ସମସ୍ତେ କହିଲେ, ବାୟୁ ପରିବର୍ତ୍ତନ କରିବାକୁ

ମୁଁ ଅନ୍ତତଃ ବର୍ଷେ କଟକ ଯିବି। ସଙ୍ଗୀ ମୋର ହେଲେ ବିଶ୍ୱନାଥ ରଥ। ତାଙ୍କର ସେଇଦିନ କଟକ ଯିବାର ଥିଲା। ରାତ୍ରିରେ କଟକ ଷ୍ଟେସନରେ ପହଞ୍ଚି ଆମେ ଯେଉଁ ବସାକୁ ଯାଇଥିଲୁ, ସେ ବସାଟି ହେଉଚି ଚାନ୍ଦନୀଚୌକ ଏବର 'ଦାସଲେନ'ର ଉତ୍ତର ମୁଣ୍ଡରେ ଥିବା ନିମାପଡ଼ା ମଧୁସୂଦନ ଦାସଙ୍କ ଚାଳଘର ବସାଟି। ମଧୁସୂଦନ ଦାସ ସେତେବେଳକୁ କଟକରେ ଚାକିରି କରୁଥାନ୍ତି। କ'ଣ ଚାକିରି ଠିକ୍ ମନେ ହେଉ ନାଇଁ।

୨୪। କୋବି

ତହିଁଆରଦିନ ସକାଳେ ତାଙ୍କ ଘରେ ଖାଇବାକୁ ହେଲା। ଗୋଟିଏ ତରକାରି ଦେଖି ମୁଁ ଖାଇବାକୁ ଟିକିଏ ଶଙ୍କା କରୁଥିଲି। ବିଶ୍ୱନାଥ ରଥ କହିଲେ, "ଖା, ସେ କୋବି ତରକାରି।" ମତେ ଆକାଶରୁ ଖସିପଡ଼ିଲା ପରି ଲାଗିଲା। ପୁରୀରେ କୋବି କେବେ ମୁଁ ଦେଖି ନଥିଲି। ମୋତେ ଛଅବର୍ଷ ହେବାବେଳେ ଥରେ ଅତ୍ୟନ୍ତ କୃମିଜ୍ୱରରେ ମୁଁ ଆକ୍ରାନ୍ତ ଥିଲି। ସେତିକିବେଳେ ଭିଙ୍ଗାରପୁରର ଜମିଦାର କୁଳମଣି ଦାସ ଏଇ ସତ୍ୟବାଦୀ ପାଖରେ ଥିବା ତାଙ୍କର ନିଜ ସଦାନନ୍ଦପୁର ଜମିଦାରୀକୁ ଆସିଥିଲେ। ଆମ ନନା ତାଙ୍କର ଅତି ଆଦରଣୀୟ ବନ୍ଧୁ ଥିଲେ। ସେ ଖଣ୍ଡେ ଛୋଟ କାତି କତୁରୀ ସଂଗେ କଟକରୁ ବା କୁଆଡୁ ଆଣିଥିବା ଗୋଟିଏ କୋବି ନନାଙ୍କ ପାଇଁ ପଠାଇ ଦେଇଥିଲେ। ଏହା ଫୁଲକୋବି। ମୁଁ ସେଇ ରୁଗ୍ଣ ଅବସ୍ଥାରେ, ନନା ଆସି ବୋଉକୁ କୁଳମଣି ଦାସେ କୋବି ପଠାଇଥିବା କଥା କହିବାର ଶୁଣିଲି। ଜାଣେ ନାଇଁ କେବଳ ଅନ୍ୟମାଇପେ ତାହା ଖାଉଥିଲେ କି ଅନ୍ୟମାନେ ତାହା ଖାଉଥିଲେ। ଆଜି କଟକରେ ମଧୁସୂଦନ ଦାସଙ୍କ ବସାରେ କୋବି ଖାଇଲି। ଜାଣିଲି ଭଲଲୋକ କୋବି ଖାଆନ୍ତି, ତେବେ ବ୍ରାହ୍ମଣ ଖାଆନ୍ତି କି ନା? କାଇଁକି ନା ବ୍ରାହ୍ମଣଙ୍କ ରକ୍ଷଣଶୀଳତା ବିଦ୍ୟା ଓ ଚିନ୍ତାହୀନତା ସଂଗେ ମିଶି ଅତି ଅଦ୍ଭୁତ ଭାବରେ ବିକାଶ ପାଇଥିଲା। କୋବିଟା ଯଥାର୍ଥରେ କି ଜିନିଷ, ବିଲାତିଆଳୁଟା ବା କ'ଣ ଏହା ଆମ ଗ୍ରାମରେ ଅନେକ ଲୋକ ଅନେକ ଦିନଯାଏ ଶୁଣିବାକୁ ମଧ୍ୟ ପାଇ ନଥିଲେ। ଏବେ ମଧ୍ୟ ଆମର ପିତୃଶ୍ରାଦ୍ଧାଦି ନିମିତ୍ତ ଭୋଜିରେ କୋବି ଓ ପିଆଜ ଦିଆଯାଏ ନାଇଁ। ଅନେକ ବୃଦ୍ଧ ଆଳୁ ଓ କୋବି ନ ଖାଇ ମରିଚନ୍ତି। ଏବେ ମଧ୍ୟ ବିଧବାମାନଙ୍କ ମଧ୍ୟରେ ଆଳୁ ଖାଇଲେ ମଧ୍ୟ ଅନେକ କୋବି ନଖାଇବା ଲୋକ ଅଛନ୍ତି। ସେମାନେ ପିଆଜ ତ ଛୁଅନ୍ତି ନାଇଁ।

୨୫। ରେଭେନ୍‌ସା କଲେଜ ଓ କଲେଜିଏଟ୍

ସେତେବେଳେ କଟକ ରେଭେନ୍‌ସା କଲେଜ ଓ କଲେଜିଏଟ୍ ହଷ୍ଟେଲ ପାଇଁ ଗୋଟିଏ ବୋର୍ଡିଂଘର ଥିଲା, ତାହା ଏବର କଲେଜିଏଟ୍ ସ୍କୁଲ ବୋର୍ଡିଂ। ସେଇ ବୋର୍ଡିଂରେ କଟକ ସର୍ଭେସ୍କୁଲ ପିଲାମାନେ ବି ରହୁଥିଲେ। ସେଇ ହଷ୍ଟେଲର ପଶ୍ଚିମ ପଟକୁ ସର୍ଭେସ୍କୁଲଟି ଥାଏ। ମୁଁ ଆସି କଲେଜିଏଟ୍ ସ୍କୁଲରେ ନାଁ ଲେଖାଇ ସେଇ ହଷ୍ଟେଲରେ ରହିଲି। ସେତେବେଳେ ହଷ୍ଟେଲରେ ଓଡ଼ିଆ ପିଲା ବେଶି ନଥାନ୍ତି। ଖାଲି ବଙ୍ଗାଳୀ ଥାନ୍ତି; କଲେଜର ପ୍ରିନ୍‌ସିପାଲ ବଙ୍ଗାଳୀ। ପ୍ରଫେସରମାନେ ପ୍ରାୟ ବଙ୍ଗାଳୀ। କଲେଜିଏଟ୍ ସ୍କୁଲରେ ବି ସେଇଆ। ସର୍ଭେସ୍କୁଲରେ ମଧ୍ୟ ସେଇଆ। ବୋର୍ଡିଂର ଅଧ୍ୟକ୍ଷ ଥାନ୍ତି ପ୍ରିନ୍‌ସିପାଲ୍ ବି: ଭି: ଗୁପ୍ତା ବୋର୍ଡିଂର ସୁପରିନ୍‌ଷ୍ଟେଣ୍ଡେଣ୍ଟଥିଲେ କଲେଜିଏଟ୍ ସ୍କୁଲର ଆସିଷ୍ଟାଣ୍ଟ ହେ: ମା: ସୁରେଶଚନ୍ଦ୍ର ଗୁପ୍ତା ମାଷ୍ଟରମାନେ କିନ୍ତୁ ଓଡ଼ିଆ ପିଲାଙ୍କ ପ୍ରତି କୌଣସି ଦୁର୍ବ୍ୟବହାର ବା ତାରତମ୍ୟ ବ୍ୟବହାର କରିବା ମୁଁ ଜାଣି ନାଇଁ, କିନ୍ତୁ ବଙ୍ଗାଳୀ ଛାତ୍ରମାନଙ୍କ ଅହଙ୍କାର ଓ ଓଡ଼ିଆ ଛାତ୍ରୀଙ୍କ ପ୍ରତି ତାଚ୍ଛଲ୍ୟ ମୁଁ ମର୍ମେ ମର୍ମେ ଅନୁଭବ କରିଚି। ଏଇ ଛାତ୍ରମାନଙ୍କ ସଂଗେ ଶିକ୍ଷକ ଓ ପ୍ରଫେସରମାନଙ୍କର ବ୍ୟବହାର ଓ ଚାଲିଚଳନରେ ସଂପର୍କ ବେଶି ଥିବାର କଥା, ତଥାପି ଶିକ୍ଷକମାନଙ୍କର ସଦାଚାର ଓ ହୃଦ୍ୟତା ମୁଁ ଖୁବ୍ ଅନୁଭବ କରିଚି।

ଏଇ ଶିକ୍ଷକମାନଙ୍କ ଭିତରେ ଜଣେ ସେତେବେଳେ ଥିଲେ ଅରବିନ୍ଦ ପ୍ରକାଶ ଘୋଷ। ତାଙ୍କ ନାମ ବଙ୍ଗଳାର ଅନେକ ଜାଣନ୍ତି। ସେ ଅତ୍ୟନ୍ତ ଚରିତ୍ରବାନ୍, ନିଷ୍ପାପର ଓ ସ୍ୱଦେଶପ୍ରାଣ ଥିଲେ। ଅଳ୍ପଦିନ ପରେ ବଙ୍ଗବିଭାଗ ବେଳେ କଲିକତାରେ ଯେତେବେଳେ ଜାତୀୟ ଶିକ୍ଷାର ପ୍ରଥମ ପ୍ରତିଷ୍ଠାନ ବସିଲା, ସେତେବେଳେ ଚାକିରି ଛାଡ଼ିଦେଇ ନିଜର ଓ ନିଜ ଦୁସ୍ଥ ପରିବାର ଭରଣ ପୋଷଣ ପ୍ରତି ଭ୍ରୂକ୍ଷେପ ନକରି ସେଇ ଅନୁଷ୍ଠାନରେ ଶିକ୍ଷକରୂପେ ଯୋଗଦେଇଥିଲେ ସେ ଭଲ ଏମ୍.ଏ. ପାସ୍ କରିଥିଲେ। ବଡ଼ ସୁଯୋଗ୍ୟ ଓ ସୁପଣ୍ଡିତ ଲୋକ ଥିଲେ। ଛାତ୍ରମାନଙ୍କ ପ୍ରତି ତାଙ୍କର ପୁତ୍ରତୁଲ୍ୟ ସମାନ ବ୍ୟବହାର ମୁଁ ଭୁଲିପାରି ନାଇଁ। ପରୀକ୍ଷାବେଳେ ସମସ୍ତେ ନମ୍ବର ବୁଝିବାକୁ ଯାଆନ୍ତି। ମୁଁ ଟିକିଏ ସେ ସବୁ ବିଷୟରେ ଲାଜକୁଳା ଥିଲି। ଦିନେ ସେ ମୋତେ ଡାକି କହିଥିଲେ, "ବାପା, ତମେ କାହିଁକି ନମ୍ବର ବୁଝିବାକୁ ଆସୁ ନାହଁ?" ସେ କଥାଟା ଏପରି କହିଥିଲେ, ମୁଁ ସେତିକିରେ ଯେପରିକି କିଣା ହୋଇଯାଇଥଲି। ତା'ପରେ ବେଳେ ବେଳେ ମୁଁ ତାଙ୍କ ପାଖକୁ ଯାଏ। ମନୁଷ୍ୟର ଚରିତ୍ର ଗଠନ କରିବାରେ ଏପରି ସୁଦକ୍ଷ ଶିକ୍ଷକ ମୁଁ ବଡ଼ କମ୍ ଦେଖିଚି।

ଦିନେ ଗୋଟିଏ କୌତୁକ ଘଟଣା ଘଟିଥିଲା। ମୁଁ କହେଁ। ମୋହିନୀମୋହନ ଚୌଧୁରୀ ବୋଲି ଜଣେ ଆମର ସେତେବେଳେ ଥିଲେ ହେଡ୍‌ମାଷ୍ଟର। ସେ ଅତି

ଉଦାରଚେତା, ହୃଦୟବାନ୍ ବ୍ୟକ୍ତି। ସେ ଆମକୁ ଗଣିତ ପଢ଼ାଉଥିଲେ। ଜ୍ୟାମିତିର ବୃତ୍ତଚିତ୍ର ଆଙ୍କିବାରେ ଏପରି କମ୍ ଲୋକ ଦେଖିଚି। ସେ ଅରବିନ୍ଦ ବାବୁଙ୍କ ଘରକୁ ବରାବର ଯାଆନ୍ତି। ଅରବିନ୍ଦ ବାବୁ ପରିବା କିଣିଆଣି ଥୋଇଦେଲେ। ବଙ୍ଗାଳୀ ଶିକ୍ଷକ ଓ ପ୍ରଫେସରମାନେ ଦୈନିକ ବଜାର କରିବାଟା ପ୍ରାୟ ନିଜେ କରନ୍ତି। ଅରବିନ୍ଦ ବାବୁ କହିଲେ, "ଏ ବାଇଗଣଗୁଡ଼ାକ ମୁଁ କିଣିଜାଣୁ ନାଇଁ। ଖାଲି ମଂଜିଆ ପଡୁଚି। ଖାଇ ହେଉ ନାଇଁ।" ବୃଦ୍ଧ ମୋହିନୀବାବୁ ସାଧାରଣ କଥାବାର୍ତ୍ତାରେ ମଧ୍ୟ କିପରି ରସିକତା କରି ଜାଣିଥିଲେ କହିଦିଏଁ। "ଆପଣ ଏଇ ନୀଳକଣ୍ଠ ବସିଚି, ପଚାରୁ ନାହାଁନ୍ତି। ଓଡ଼ିଶା ଯେ ଭଗବାନଙ୍କ ଭୂମି, ଏଠି କ'ଣ ବଜାରରେ ବାଇଗଣ ବିକ୍ରି ହୁଏ। ମଣିଷ ଖାଇବା ପାଇଁ। ଏ ଖାଲି ଭଗବାନଙ୍କ ମହିମା କୀର୍ତ୍ତନ କରିବା ପାଇଁ ବଜାରକୁ ଆସେ। ଭଗବାନ ଗୋଟିଏ ଛୋଟ ବାଇଗଣ ଭିତରେ କେତେ ବୃକ୍ଷବୀଜ ରଖିପାରନ୍ତି, ଏହାଇ ଦେଖିବାର କଥା। ଆପଣଙ୍କର ବାଛିବାରେ ଭୁଲ ନାଇଁ।"

୨୬। ଅରବିନ୍ଦ ବାବୁ

ପରେ ଜାତୀୟ ବିଦ୍ୟାଳୟ କଲିକତାରୁ ଭାଙ୍ଗିଗଲା ଅରବିନ୍ଦ ବାବୁ ଏକ ପ୍ରକାର ଅନାହାରରେ ରହି ମରିବାଦିନ ପର୍ଯ୍ୟନ୍ତ ନିଜେ ବିଦ୍ୟାଳୟ ଧରି କଲିକତାର ବିଦ୍ୟାସାଗର ଲେନ୍‌ରେ ଆଉ କେତେକ ସହଯୋଗୀଙ୍କ ସଂଗେ, ବସିଥିବାର ମୁଁ ଦେଖିଚି। ତାଙ୍କ ଅନାହାର କ୍ଲିଷ୍ଟ ରୁକ୍ଷ, ତେଜସ୍ୱୀ ବପୁ ମୋର ଏବେ ମନେପଡୁଚି। ତାଙ୍କର ସହଯୋଗୀଙ୍କ ମଧରେ ଜଣେ ହେଉଚନ୍ତି ସ୍ୱର୍ଗତ ଶ୍ୟାମସୁନ୍ଦର ଚକ୍ରବର୍ତ୍ତୀ। ସେ ସୁବକ୍ତା ଓ ସୁଲେଖକ ଥିଲେ। ଜାଣିବା ଲୋକେ ମନେ ରଖିଥିଲେ କଲିକତାରେ 'The Servant' ନାମକ ଇଂରେଜୀ ଦୈନିକର ସେ ଥିଲେ ସଂପାଦକ। ସେତେବେଳକୁ ଅରବିନ୍ଦ ବାବୁ ନଥିଲେ। ଅରବିନ୍ଦ ବାବୁଙ୍କର ଜୀବନରେ ନୀତିମତ୍ତା କଥା ଘେନି ଗୋଟିଏ ଘଟଣା କହେଁ। ଦିନେ ଗୋଟିଏ ଦେବାଳୟରେ ସେ ଦର୍ଶନ କରିବାକୁ ଗଲେ। ସେଦିନ ଦେବତାମାନଙ୍କର ଗୋଟିଏ ପର୍ବଦିନ। ସେବାୟତମାନେ ନିୟମ କରିଥିଲେ ଗୋଟିଏ ପଇସା ଦେଲେ ଯାତ୍ରୀ ଦର୍ଶନ କରିବାକୁ ଯିବେ। ଅରବିନ୍ଦ କହିଲେ, "ଦେବାଳୟରେ ଏ କି ବିଧି। ଆଚ୍ଛା ଯଦି କାହାପାଖେ ପଇସା ନଥାଏ, ଅଥଚ ସେ ଦର୍ଶନ କରିବାକୁ ଆସେ, କ'ଣ ହେବ?" ସେବାୟତମାନେ କହିଲେ, "ସେପରି ଲୋକଙ୍କୁ ଆମେ ଛାଡ଼ିଦେବୁ।"

ଦରିଦ୍ର ଅରବିନ୍ଦ ସେତେବେଳେ ନିଜ ଜାତୀୟ ବିଦ୍ୟାଳୟରେ କାମ କରୁଥାନ୍ତି। ବହୁ କଷ୍ଟରେ ଫେରିବାର ରେଳଖର୍ଚ୍ଚଟି ତାଙ୍କ ପାଖେ ଥାଏ। ସେ ଟଙ୍କାକରୁ ବେଶି

ନୁହେଁ। ସଂଗେ ସଂଗେ ଫେରଗଣ୍ଠିରୁ (ସେ କୁରୁତା ପିନ୍ଧୁ ନଥିଲେ) ସେତକ ପଇସା କାଢ଼ି ସେଇଠାରେ ଦରିଦ୍ରମାନଙ୍କୁ ବାଣ୍ଟିଦେଲେ। ସେବାୟତ ବିସ୍ମିତ ହୋଇଗଲେ। ତା'ପରେ ପଇସା ନଦେଇ ସେ ମନ୍ଦିରକୁ ଗଲେ ଓ ସମସ୍ତ ରାସ୍ତା ଚାଲି ଚାଲି ଫେରିଲେ। ଏଇପରି ବହୁ ଲୋକଙ୍କ ଚରିତ୍ରର ଦୃଢ଼ତା ଓ ନିଷ୍ଠା ଉପରେ ସେକାଳେ ବଙ୍ଗଦେଶର ଜାତୀୟତା ପ୍ରତିଷ୍ଠିତ ହୋଇଥିଲା।

୨୭। ସ୍କୁଲ ବୋର୍ଡିଂ

ସେଇ ଦାସ ଆପଣଙ୍କ ସଂଗେ ଏବେ ବୋର୍ଡିଂରେ ରହିବାର ସୁବିଧା ମିଳିଲା। ସେତେବେଳକୁ ସମ୍ବଲପୁରର ତ୍ରିବିକ୍ରମ ପୁଝାରୀ ଓ ତାଙ୍କ ଭାଇ ସ୍ୱର୍ଗତ ଡାକ୍ତର ସନାତନ ପୁଝାରୀ ଦୁହେଁ କଲେଜରେ ବି.ଏ. ଓ ଏଫ୍.ଏ. ପଢୁଥାନ୍ତି। ଗୋପବନ୍ଧୁ ଦାସଙ୍କ ସଂଗେ ସମ୍ବଲପୁରର ଶ୍ରୀ ବାଲୁକେଶ୍ୱର ମିଶ୍ର ଓକିଲାତି ପଢୁଥାନ୍ତି। ଦାସେ ଆପଣଙ୍କ ସଂଗେ ସେମାନଙ୍କର ବିଶେଷ ସୌହାର୍ଦ୍ଦ୍ୟ ଥାଏ। ସମସ୍ତେ ପ୍ରତିଦିନ ବସି ଆଳାପ କରୁ। ଗୀତାପଢ଼ା ଖୁବ୍ ଚାଲେ। ମୁଁ ସେତେବେଳେ ବଡ଼ ନୈଷ୍ଠିକ ଥିଲି। ଅତି ପ୍ରତ୍ୟୁଷରୁ କାଠଯୋଡ଼ିରେ ସ୍ନାନ ସାରି ମଠା ପିନ୍ଧି ତନ୍ମୟ ହୋଇ ଗୀତା ପଢ଼େ। କେତେଦିନ ମଧ୍ୟରେ ଗୀତା ଶେଷକରି ଉପନିଷଦ ଆରମ୍ଭ କରିଦେଲି। ସେତେବେଳେ ସୀତାନାଥ ତତ୍ତ୍ୱଭୂଷଣଙ୍କ ସଂସ୍କୃତଟୀକା ଓ ଇଂରେଜୀ ଅର୍ଥ ଥିବା ଉପନିଷଦ ତିନିଖଣ୍ଡି କିଣିଥିଲି ଓ ପଢୁଥିଲି।

ମନ୍ମଥ ବାବୁ ବୋଲି କଲେଜିଏଟ୍ ସ୍କୁଲରେ ଆମର ଡ୍ରଇଂ ମାଷ୍ଟର ଥାନ୍ତି। ତାଙ୍କ ହାତ ଡ୍ରଇଁ ବଡ଼ ସୁନ୍ଦର। ଅବଶ୍ୟ ମଡେଲ ଡ୍ରଇଁ ନୁହେଁ- ଫ୍ରିହ୍ୟାଣ୍ଡ ଡ୍ରଇଁ। ଆମର ପାଠ୍ୟ ଥାଏ ଡ୍ରଇଁରେ ପାସ୍‌କଲେ ନାମ ପାଖରେ ଗୋଟାଏ ତାରାଚିହ୍ନ ମିଳୁଥାଏ। ମୋର ସହପାଠୀ ଥିଲେ ରମେଶଚନ୍ଦ୍ର ମଜୁମଦାର (ଏବେ ବଙ୍ଗଳାରେ ପ୍ରସିଦ୍ଧ Dr. R. C. Mazumdar), ସୁଶୀଳ କୁମାର ଦେ (ଢାକା ବିଶ୍ୱବିଦ୍ୟାଳୟର ପେନ୍‌ସନ୍‌ପ୍ରାପ୍ତ ଐତିହାସିକ Dr. S. K. De) ଓ ହିନ୍ଦୋଳର ସ୍ୱର୍ଗତ ଯମେଶ୍ୱର ମିଶ୍ର (ପେନ୍‌ସନ୍‌ପ୍ରାପ୍ତ ସ୍କୁଲ ସବ୍‌ଇନିସପେକ୍ଟର, ଗଣେଶ୍ୱର ମିଶ୍ରଙ୍କ ସାନଭାଇ ଏବେ ସେ ମରିଗଲେଣି)। ଏମାନେ ଥିଲେ ବଡ଼ ଭଲ ଛାତ୍ର। ଡ୍ରଇଁ ମଧ୍ୟ ବଡ଼ ଭଲ କରିପାରୁଥିଲେ। ମୋର କିନ୍ତୁ ଡ୍ରଇଁରେ ଆଗରୁ ହାତ ଭଲ ନଥିଲା। ଥରେ ମନେ ଅଛି, ପୁରୀ ଜିଲ୍ଲାସ୍କୁଲର ଡ୍ରଇଁ ପଣ୍ଡିତ ସ୍ୱର୍ଗତ ପରମାନନ୍ଦ ମିଶ୍ର ଆମକୁ ସବୁ ଗୋଟିଏ ଘୋଡ଼ା ଆଙ୍କିବାକୁ ଦେଇଥିଲେ। ମୋ ଚିତ୍ରଟି ଦେଖି ସେ କହିଲେ, "ଏ କ'ଣ ବିଲୁଆ ପିଲା ? ତଳେ ଘୋଡ଼ା ବୋଲି ଲେଖିଦେଲୁ ନାଇଁ। କିଏ ଚିହ୍ନିବ ?" ତଥାପି ପିଲାଦିନ ପଢ଼ାରେ ମୁଁ ବଡ଼ ଜିଦିଖୋର ଥିଲି।

ପ୍ରଥମେ ମୁଁ ଇତିହାସରେ ବଡ଼ ଅପଟୁ ଥିଲି। ବର୍ଷ ତାରିଖ ସବୁ ମୋର ଆଦୌ ମନେ ରହୁ ନଥିଲା। କୌଣସି ମାଷ୍ଟର ନାଁ ମୋ ମନେ ହେଉ ନାହିଁ। ମୋତେ କହିଥିଲେ, "ତୋ ହାତେ ଇତିହାସ ହେବ ନାହିଁ। ତେବେ କ'ଣ ତୋ ପାଇଁ ଇତିହାସ ଆଉ କିଏ ପଢ଼ିବ ?" ସେ କଥାଟି ମୋ ମନକୁ ଭାରି ଲାଗିଥିଲା। କ୍ରମେ ଗୀତାରୁ ଶିଖିଲି, 'କର୍ତ୍ତବ୍ୟ'। ମୋର କର୍ତ୍ତବ୍ୟ ମୋତେ କରିବାକୁ ହେବ। ପଢ଼ା ଭିତରେ ଇତିହାସ ଅଛି। ମୋ ହାତେ ହବ ନାହିଁ କହିଲେ କ'ଣ ହେବ। ମୋତେ ପଢ଼ିବାକୁ ହେବ, ମନେ ରଖିବାକୁ ହେବ। ଏହା ମୋର କର୍ତ୍ତବ୍ୟ। ସେଇଦିନଠାରୁ ମନେ ଅଛି, ଆମର ପଢ଼ାହେଉଥିବା ଅଧରଚନ୍ଦ୍ର ମୁଖରଜୀଙ୍କ 'ଭାରତ ଇତିହାସ' (History of India)ର ପ୍ରତ୍ୟେକ ଘଟଣା ସନ ତାରିଖ ସହିତ ମୁଁ ବାରମ୍ବାର ପଢ଼ି ମନେ ରଖିଥିଲି। ତା' ମୋର ଏପରି ଅଭ୍ୟାସ ଅଛି ଯେ, ଏବେ ମଧ୍ୟ ଇତିହାସର ଘଟଣା ଓ ସନ ତାରିଖ ମୋର ଖୁବ୍ ମନେ ରହେ। ଏବେ ସେଇ ନିଷ୍ଠାରେ ଡ୍ରଇଁରେ ଲାଗିଗଲି। ପ୍ରତି ଶନିବାର ଦେଢ଼ଟାରେ ସ୍କୁଲଛୁଟି ହେଲା ପରେ ମୁଁ ସନ୍ଧ୍ୟା ଛଅଟାରେ ଡ୍ରଇଁ କରେ। ଶେଷରେ ପରୀକ୍ଷାରେ ଡ୍ରଇଁ ପାଇଁ ମୁଁ ତାରାଚିହ୍ନ ପାଇଥିଲି। ସେ ଯାହାହେଉ, ମୁଁ ଡ୍ରଇଁରେ କ'ଣ କରିଥିଲି, ସେ କଥା ପାଇଁ ଏହା କହୁ ନାହିଁ। ଗୋଟିଏ ଶନିବାରରେ ସକାଳୁ ମୋର ଖାଇବାରେ ରୁଚି ହେଲା ନାହିଁ। ଦି'ଗୁଣ୍ଡା ଖାଇଚି ଦାସେ ଆପଣଙ୍କୁ କହିବାରେ ସେ କହିଲେ, "ଆଉ ଖାଅ ନାହିଁ।" ମୁଁ ଦେଢ଼ଟା-ବେଳେ ସ୍କୁଲରୁ ଆସିଲି। ଖୁବ୍ ଗୋଟାଏ ବଡ଼ ଝାଡ଼ା ହୋଇଗଲା। ଦାସେ ଆପଣେ, ହରିଭାଇନା, ବାଲୁଂକେଶ୍ୱର, ସନାତନଙ୍କ ସହିତ ନଈକୂଳକୁ ବୁଲିଯିବାକୁ ମୋତେ ଡାକିବାକୁ ଆସିଲେ। ମୁଁ ଡ୍ରଇଁ କରୁଥିଲି। ଗୋଟାଏ ବଡ଼ ଝାଡ଼ା ହୋଇଗଲା, ମୋତେ ଦୁର୍ବଳ ଲାଗୁଚି କହିବାରୁ ଦାସେ ଆପଣେ ଉତ୍ସାହ ଦେଇ କହିଲେ, "ସକାଳେ ଖାଇବାକୁ ମନ ହେଉ ନଥିଲା, ଏବେ ପେଟଟା ତମ୍ବାତାର ପରି ସଫା ହୋଇଗଲା। ଆଉ କିଛି ଭାବ ନାହିଁ। ତମେ ତେବେ ବୁଲିବାକୁ ନଆସ।"

ସେମାନେ ଚାଲିଗଲେ। ମୁଁ ଡ୍ରଇଁରେ ମନଦେଲି। ଏ ମଧ୍ୟରେ ଥରକୁ ଥର ଘନ ଘନ ପ୍ରାୟ ଚାରି ପାଞ୍ଚ ଥର ଝାଡ଼ା ହୋଇଗଲା। ମୁଁ କିନ୍ତୁ ଡ୍ରଇଁ କରୁଥାଏ। ସନ୍ଧ୍ୟାକୁ ଦାସେ ଆପଣେ, ହରିଭାଇନା ଦୁହେଁ ଫେରିଆସି ମୋ ପାଖରେ ପହଞ୍ଚିଲେ। ହରିଭାଇନା ହଠାତ୍ କହିଲେ, "କିରେ ତୁ ଏମିତି କଳାକାଠ ପରି କିଆଁ ଦିଶୁଛୁ ?" ଜଣାପଡ଼ିଲା ମୋର ହଇଜା ହେଉଚି। ଡାକ୍ତର ଥା'ନ୍ତି ଆନନ୍ଦଲାଲ ମିତ୍ର। ତାଙ୍କଠାକୁ ଖବର ଦିଆଗଲା। ବୋଡିଂରେ ଚହଳ ପଡ଼ିଗଲା। କ୍ରମେ ମୁଁ ଆଉ ଉଠିପାରିଲି ନାହିଁ। ଆଜି ସେ କଥା କହି ହେଉ ନାହିଁ। ଦାସେ ଆପଣେ ମୁଣ୍ଡ ଉପରେ ବସି କାନ୍ଦୁଥାନ୍ତି।

ହରିଭାଇନା ନିଜ କୋଡ଼ରେ ଗୋଡ଼ଦିଓଟି ଧରି ଆଉଁସୁଥାନ୍ତି । ଟେକିକରି ନେଇ ବାହାରେ ଝାଡ଼ା କରାଉଥାନ୍ତି, ପରିଷ୍କାର କରାଉଥାନ୍ତି, କ୍ରମେ ଅବସ୍ଥା ଖରାପ ହେଲା । ସ୍ୱର ବସିଗଲା । ବହୁ କଷ୍ଟରେ ଦାସେ ଆପଣଙ୍କୁ କହିଲି, "ଗୀତା ପଢ଼ନ୍ତୁ ।" ସେ ଦ୍ୱିତୀୟ ଅଧ୍ୟାୟରୁ "ଅଶୌଚ୍ୟାନନ୍ୱ ଶୋଚସ୍ତଂ" ବୋଲି ଆରମ୍ଭ କଲେ; କିନ୍ତୁ କାନ୍ଦରେ ଗଦ୍ ଗଦ୍ ହୋଇ ଆଉ ପଢ଼ିପାରିଲେ ନାହିଁ । ସେ ରାତି ସେ ଦୁହେଁ ଖାଇ ନଥାନ୍ତି କି ଶୋଇ ନଥାନ୍ତି । ସକାଳ ହୋଇଗଲା । ତ୍ରିବିକ୍ରମ ବାବୁ ଓ ବାଲୁଙ୍କେଶ୍ୱର ଦୁହେଁ ଦେଖିବାକୁ ଆସିଲେ । ତ୍ରିବିକ୍ରମ ବାବୁ ପଚାରିଲେ, "ମୁଁ କିଏ ଚିହ୍ନିପାରୁଚ ?" ମୋ ମନେ ପଡୁଚି ତାଙ୍କ ମୁହଁଟା ଜାଲୁଜାଲୁଆ ହୋଇ ମୋତେ ଗୋଟାଏ ବେତାପରି ଦିଶୁଥାଏ । ମୁଁ ଚିହ୍ନିପାରିଲି ନାହିଁ । ଦେହରେ ପ୍ରଚୁର ଝାଳ ବୋହୁଚି । ହାତଗୋଡ଼ ରହିଆସିଲାଣି । ଦାସେ ଆପଣେ ଆଉ ସମ୍ଭାଳିପାରିଲେ ନାହିଁ । ଭୋ ଭୋ ପିଲାଙ୍କ ପରି କାନ୍ଦିଲେ । ହରିଭାଇନା ମଧ୍ୟ ସମ୍ଭାଳି ନପାରି ସେଥିରେ ଯୋଗଦେଲେ । ମୋର କିନ୍ତୁ ଜ୍ଞାନ ନ ଥାଏ । ମୁଁ ମରିବାକୁ ପ୍ରସ୍ତୁତ ହୋଇ ଗୀତାର 'ବାସାଂଶି ଜୀର୍ଣ୍ଣାନି' ଶ୍ଳୋକଟି ମନେ ମନେ ସ୍ମରଣ କରୁଥାଏ । ଏତିକିବେଳେ ଆନନ୍ଦ ବାବୁ ଆସି ପହଞ୍ଚିଗଲେ । ଜାଣିବାମାତ୍ରେ ମୋ ଦେହରୁ ଝାଳ ଶୁଖିଗଲା । ମୋତେ ପରିଷ୍କାର ଦିଶିଲା । ପରେ ଜାଣିଲି ସବୁ ରୋଗରେ ଏଇପରି ଜୀବନ ସଂଶୟର ସମୟ ଆସିଲାବେଳେ ହଠାତ୍ ସ୍ୟାଡ଼ିକି ବା ଯାଡ଼ିକି ହୋଇଯାଏ । ହରି ଭାଇନା ଛାତିରେ ମୋତେ ଧରି ଗୋଟିଏ ଅନ୍ୟ ଏକୁଟିଆ ଘରକୁ ଘେନିଗଲେ । ମୁଁ କ୍ରମେ ଆରୋଗ୍ୟ ଆଡ଼କୁ ଗଲି । ସାତଦିନ ପରେ ଭାତ ଖାଇଥିଲି । ଏ ୧୯୦୩ ଖ୍ରୀ:ଅ:ର କଥା ।

୨୮ । ମଧୁବାବୁ

ସେଇବର୍ଷ ହେଉଚି ଉତ୍କଳ ସମ୍ମିଳନୀର ଆରମ୍ଭ; କଟକରେ ଇଦ୍‌ଗା ପଡ଼ିଆରେ ପ୍ରଥମ ଅଧିବେଶନ । ଏ ଉତ୍କଳ ସମ୍ମିଳନୀ କାହିଁକି କିପରି ଆରମ୍ଭ ହେଲା ସେ ବିଷୟରେ ଯାହା ଜାଣିଥିଲି ତହିଁରୁ ଯାହା ମନେଅଛି ତାକୁଇ ଧରି କହିଦିଏ । ଗଂଜାମ ଥିଲା ମାନ୍ଦ୍ରାଜରେ । ସମ୍ବଲପୁର ଥିଲା ମଧ୍ୟପ୍ରଦେଶରେ ଓ ମେଦିନୀପୁର, ସିଂହଭୂମି ପ୍ରଭୃତି ଓଡ଼ିଶା ପରି ବଙ୍ଗପ୍ରଦେଶରେ ଥିଲେ ମଧ ଓଡ଼ିଶା ଯେ ଗୋଟିଏ ସ୍ୱତନ୍ତ୍ର କମିଶନରଙ୍କ ବିଭାଗ (Orissa Division) ହୋଇଥିଲା, ସେଥିରେ ନଥିଲା । ତେଣୁ ମେଦିନୀପୁର, ସିଂହଭୂମିର ଓଡ଼ିଆମାନେ ଓଡ଼ିଶାକୁ ଆସିବାକୁ ସେତେ ବ୍ୟାକୁଳ ହୋଇ ନଥାନ୍ତେ; କିନ୍ତୁ ମେଦିନୀପୁର ଓ ଧଳଭୂମରେ ଭାଷାଟା ବଙ୍ଗଳା ଓ ଛୋଟନାଗପୁର ସଂଗେ ସିଂହଭୂମି ଭାଷା ହିନ୍ଦୀ ହୋଇଯିବାରୁ ସେ ଅଞ୍ଚଳରେ ଯାହା କିଛି ଚାଞ୍ଚଲ୍ୟ ଉପୁଜିଥାଏ; ମାତ୍ର

ଗଂଜାମ, ସମ୍ବଲପୁର କଥା ଅଲଗା। ବିଶେଷରେ ଇଂରେଜମାନଙ୍କ ଅଧିକାର ଠିକ୍ ପୂର୍ବରୁ ଓ ଠିକ୍ ପରେ ଓଡ଼ିଆ ସାହିତ୍ୟର ଯଥାର୍ଥ ସ୍ଥାନ ଥିଲା ଗଂଜାମ। ସେମାନେ ଓଡ଼ିଶାକୁ ଆସିବାକୁ ଭାରି ଛଟପଟ ହେଉଥିଲେ। ବିଶେଷରେ ତେଲିଙ୍ଗା ଭାଷାର ଓଡ଼ିଆ ଭାଷା ସଂଗେ କୌଣସି ସଂପର୍କ ନଥିବାରୁ ଓ ମାନ୍ଦ୍ରାଜ ସରକାର ଅଧୀନରେ ସବୁ କର୍ମଚାରୀ ତେଲଙ୍ଗା ତାମିଲ ହେଉଥିବାରୁ, ପୁଣି ସ୍କୁଲ କଚେରିରେ ଓଡ଼ିଆଭାଷୀ ନଚଳି ତେଲିଙ୍ଗା ଭାଷା ଚଳୁଥିବାରୁ ସେଠାଲୋକେ ଭାରି ବ୍ୟସ୍ତ ହେଉଥିଲେ। ଜୟପୁରର ମଧ୍ୟ କେହି କେହି ସେଥିରେ ଯୋଗ ଦେଉଥିଲେ। ୧୯୦୨ ସମସ୍ତ ଓଡ଼ିଆଭାଷୀ ଅଞ୍ଚଳରୁ ଲୋକଙ୍କୁ ନିମନ୍ତ୍ରଣ କରି ସେମାନେ ଗୋଟାଏ ସମ୍ମିଳନୀ ସଭା ଡାକିଲେ। ଗୋପବନ୍ଧୁ ଦାସେ ସେ ସଭାକୁ ଯାଇଥିଲେ।

ସେତିକିବେଳକୁ ସେଇ ସଂପର୍କରେ ଆଉ ଗୋଟାଏ ବଡ଼ ଘଟଣା ଘଟିଲା। ସେ ବର୍ଷ ଭାରତ ଜାତୀୟ କଂଗ୍ରେସର ବଙ୍ଗପ୍ରାଦେଶିକ ଅଧିବେଶନ ଯେତେଦୂର ମନେହେଉଚି ବର୍ଦ୍ଧମାନ ସହରରେ ବସିବାର ଥିଲା। ମଧୁବାବୁ (ସ୍ୱର୍ଗତ ସୁନାମଧନ୍ୟ ମଧୁସୂଦନ ଦାସ) ସେତେବେଳକୁ କଲିକତା ହାଇକୋର୍ଟ ଛାଡ଼ି କଟକରେ ଆସି ଓକିଲାତି ଆରମ୍ଭ କରିସାରିଥାନ୍ତି। ସେ କଂଗ୍ରେସରେ ଥିଲେ, ସେତେବେଳେ ଏକମାତ୍ର ଓଡ଼ିଆ। ଓଡ଼ିଶା ସେତେବେଳେ ବଙ୍ଗପ୍ରଦେଶରେ ଥିବାରୁ କଂଗ୍ରେସର ପ୍ରାଦେଶିକ ସମ୍ମିଳନୀରେ ତାଙ୍କର ବିଶିଷ୍ଟ ସ୍ଥାନ ଥିଲା। ସେ ବିଚାରିଥିଲେ ଓଡ଼ିଆ ଦେଶମିଶ୍ରଣ କାର୍ଯ୍ୟ କଂଗ୍ରେସଦ୍ୱାରା କରାଇନେବେ। ସେ ଜାଣି ନଥିଲେ ବଙ୍ଗାଳୀ ମୁଖ୍ୟମାନଙ୍କ ପ୍ରାଦେଶିକତାର ପ୍ରଭାବ। ଓଡ଼ିଆ ଗୋଟିଏ ସ୍ୱତନ୍ତ୍ର ଭାଷା ନୁହେଁ, ଏହା ବୋଲି ସେମାନେ ପୂର୍ବେ ଗୋଟାଏ ଆନ୍ଦୋଳନ ଆରମ୍ଭ କରିଥିଲେ, ମାତ୍ର ସେକାଳ ବଙ୍ଗସରକାର ତାହା କରାଇଦେଇ ନଥିଲେ। କିନ୍ତୁ ବଙ୍ଗାଳୀ ମୁଖ୍ୟମାନଙ୍କର ସେ ଚେଷ୍ଟା ବନ୍ଦ ହୋଇ ନଥାଏ। ଏପରିକି ସେତେବେଳେ ଦେଶୀଭାଷା ଶିକ୍ଷାବିଭାଗ ବା କଲେଜରେ ପଢ଼ାଯାଉ ନଥିଲେ ମଧ୍ୟ ବି.ଏ. ପରୀକ୍ଷାରେ ବଙ୍ଗଳାରେ ଗୋଟାଏ ଦିନ ପରୀକ୍ଷା ହେଉଥିଲା। ସେଥିରେ ପାସ୍‌କଲେ ଛାତ୍ରକୁ ଗେଜେଟରେ ଗୋଟାଏ ତାରାଚିହ୍ନ ପୁରସ୍କାର ମିଳୁଥିଲା। କିନ୍ତୁ ଏ ପରୀକ୍ଷାରେ ଓଡ଼ିଆରେ ପ୍ରଶ୍ନ ହେଉ ବୋଲି ଯେତେ ଚେଷ୍ଟା ହେଲେ ମଧ୍ୟ ବିଶ୍ୱବିଦ୍ୟାଳୟରେ ଥିବା ବଙ୍ଗାଳୀ ମୁଖ୍ୟମାନେ ବରାବର ଅଗ୍ରାହ୍ୟ କରୁଥାନ୍ତି। ୧୮୯୯ ମସିହାରେ ଗୋପବନ୍ଧୁ ଦାସେ କଲେଜକୁ ଆଦି 'କର୍ତ୍ତବ୍ୟବୋଧିନୀ' ବୋଲି ଗୋଟିଏ ସଭା କରି ଏଇ ଚେଷ୍ଟା ଭୀଷଣ ଭାବରେ ଚଳାଇଥିଲେ। ଶେଷକୁ ବଙ୍ଗର ଗୋରାଲାଟ୍ ବିଶ୍ୱବିଦ୍ୟାଳୟର ରେକ୍‌ଟର ଭାବରେ ୧୯୦୨ରେ ବଙ୍ଗାଳୀ ମୁଖ୍ୟଙ୍କ କଥା ନଶୁଣି ଏହା କରାଇ ଦେଇଥାନ୍ତି। ତା'ରି ଅଳ୍ପଦିନ ପରେ ବର୍ଦ୍ଧମାନରେ ପ୍ରାଦେଶିକ ସମ୍ମିଳନୀ।

ମଧୁବାବୁ ସେଥିରେ ସବୁ ଓଡ଼ିଆଭାଷୀ ଦେଶକୁ ଏକାଠି କରାଯାଉ ବୋଲି ପ୍ରସ୍ତାବ ଦେଲେ। ବୋଧହୁଏ ବିଚାରିଥିଲେ ଏଡ଼େ ଯୁକ୍ତିଯୁକ୍ତ କଥାଟାରେ କାହାରି ଆପତ୍ତି ହେବ ନାହିଁ ଓ ସୁରେନ୍ଦ୍ରନାଥ ବେନରଜୀ ବରଂ ସମବେଦନା ପ୍ରକାଶ କରିବେ, କିନ୍ତୁ ଫଳରେ ଦେଖିଲେ ବରାବର ବିପରୀତ। ମଧୁ ବାବୁଙ୍କର ଏକ ପ୍ରସ୍ତାବ ଘେନି ସୁରେନ୍ଦ୍ରନାଥ ବେନରଜୀ ପ୍ରଭୃତି ବଙ୍ଗାଳୀ ମୁଖ୍ୟମାନେ ବଡ଼ ଚାଞ୍ଚଲ୍ୟ ପ୍ରକାଶ କଲେ। ମଧୁବାବୁ ଦେଖିଲେ ଏ ପ୍ରସ୍ତାବ ପକାଇ ନ'ଦେବା ପାଇଁ ସେମାନେ କୃତପ୍ରତିଜ୍ଞ। ଶେଷକୁ ମଧୁବାବୁଙ୍କୁ ବିଷୟ ନିର୍ବାଚନ ସଭା ଛାଡ଼ି ଆସିବାକୁ ହେଲା। ତହିଁ ପରବର୍ଷ କଟକକୁ ସେଇ ସମ୍ମିଳନୀ ଡାକିବା ପାଇଁ ମଧୁବାବୁ, ସୁରନ୍ଦ୍ରନାଥ ବେନରଜୀ ପ୍ରଭୃତିଙ୍କ ସଂଗେ ବିଚାର କରି ଠିକ୍ କରିଥିଲେ। ଏବେ ମଧୁବାବୁ ଜଣାଇଦେଲେ ସେ ଆଉ କଟକକୁ ଡାକିବେ ନାହିଁ କି କଂଗ୍ରେସରେ ଯୋଗଦେବେ ନାହିଁ। ସେଇଦିନଠାରୁ ମଧୁବାବୁ ଆଉ କଂଗ୍ରେସକୁ ମୁହାଁଇ ନାହାନ୍ତି।

୨୯। ପ୍ରଥମ ଉତ୍କଳ ସମ୍ମିଳନୀ

ହୁଏତ ସେତିକିବେଳକୁ ମଧୁବାବୁ ନିଜେ କାର୍ଯ୍ୟ କରିବା ପାଇଁ ପ୍ରେରଣା ପାଇଲେ ଗଂଜାମରୁ। ସେ ଯାହାହେଉ ୧୯୦୩ ଡିସମ୍ବର ମାସରେ ମଧୁବାବୁ ନିଜେ ସମସ୍ତ କଳ୍ପନା ଯୋଜନା କରି ବୋଧହୁଏ ସମସ୍ତ ଖର୍ଚ୍ଚାଦିର ଭାର ନିଜେ ନେଇ କଟକକୁ ଉତ୍କଳ ସମ୍ମିଳନୀର ପ୍ରଥମ ଅବେଶନ ଡାକିଲେ। ଅନ୍ୟାନ୍ୟ ଦେଶୋନ୍ନତିର ଯୋଜନା ସଂଗେ ଏଇ ଅନୁଷ୍ଠାନର ମୁଖ୍ୟ କର୍ତ୍ତବ୍ୟ ହେଲା ଓଡ଼ିଆ ଦେଶମିଶ୍ରଣ। ସେକାଳେ ଯେକୌଣସି ରାଜନୈତିକ ଅନୁଷ୍ଠାନରେ ସରକାରଙ୍କୁ ଆବେଦନ ନିବେଦନ ଛଡ଼ା ଆଉ କିଛି ବେଶି କରାଯାଉ ନଥିଲା। ସେପରି ରାଜନୀତି ପାଇଁ ମଧ ସରକାର ବିଶେଷ ଆପତ୍ତି କରୁ ନଥିଲେ। ବିଶେଷରେ ପୁଣି ମଧୁବାବୁ ବୁଝିପାରିଥିଲେ ବଙ୍ଗାଳୀନେତାମାନେ ଓଡ଼ିଆ ଦେଶମିଶ୍ରଣ କରାଇ ଦେବାରେ ଯଥାସାଧ୍ୟ ବାଧା ଦେବେ। ମାନ୍ଦ୍ରାଜ, ମଧ୍ୟପ୍ରଦେଶ ପ୍ରଭୃତିଙ୍କର ସେଇପରି ସ୍ୱାର୍ଥ ଥିବାରୁ ସେମାନେ ଉଣା ଅଧିକେ ବଙ୍ଗାଳୀଙ୍କ ସଂଗେ ଯୋଗଦେବେ। ଏ ପରିସ୍ଥିତିରେ ଉଦ୍ଦେଶ୍ୟ ହେଲା ସରକାରଙ୍କୁ ଧରି ଓଡ଼ିଆଦେଶ ମିଶ୍ରଣ କରାଇନେବା। ମୋ ମନେଅଛି, ବର୍ଷକୁ ବର୍ଷ ବହୁକାଳଯାଏଁ ସମ୍ମିଳନୀରେ ପ୍ରଥମରୁ ପ୍ରବଳ ପ୍ରତାପ ସପ୍ତମ ଏଡ୍‌ୱାର୍ଡ ଓ ପଞ୍ଚମଜର୍ଜଙ୍କ ଠାରୁ ସବ୍‌ଡିଭିଜନାଲ ମାଜିଷ୍ଟ୍ରେଟଙ୍କ ପର୍ଯ୍ୟନ୍ତ ସମସ୍ତଙ୍କୁ ଜଣ ଜଣ କରି ଅଭିବାଦନ ଓ ଆନୁଗତ୍ୟ ଜଣାଇ ପ୍ରସ୍ତାବମାନ କରିବାକୁ ହୁଏ। ତା'ପରେ ଓଡ଼ିଆଦେଶ ମିଶ୍ରଣ ଓ ଓଡ଼ିଆ ଦେଶର ଅନ୍ୟାନ୍ୟ କଲ୍ୟାଣସବୁ କଳ୍ପନା ଯୋଜନା କରି ପ୍ରସ୍ତାବମାନ ହୁଏ। ଗଡ଼ଜାତର ଲୋକେ ଓ ରାଜାମାନେ ସମ୍ମିଳନୀରେ

ଖୁବ୍ ଯୋଗ ଦେଉଥାନ୍ତି। ପ୍ରଥମ ସମ୍ମିଳନୀରେ ସଭାପତି ହୋଇଥିଲେ ମୟୂରଭଂଜର ସୁନାମଧନ୍ୟ ମହାରାଜା ରାମଚନ୍ଦ୍ର ଭଂଜ। ମୁଁ ଥିଲି ସେ ସମ୍ମିଳନୀରେ ମାତ୍ରକ ଜଣେ ଦର୍ଶକ। ମହାରାଜା ସଭାପତି ରୂପେ ନିଜର ଭାଷଣ ପଢ଼ିବା ମୋର ଏବେ ମନେ ପଡ଼ିଯାଉଚି। ସମସ୍ତେ ମଧୁବାବୁଙ୍କ କଳ୍ପିତ ଗୋଲାପୀ କନା ଓଡ଼ିଆ ପଗଡ଼ି ମୁଣ୍ଡରେ ଦେଇ ବସିଥାନ୍ତି। ମଞ୍ଚ ଉପରେ ସମ୍ବଲପୁରର ରାମନାରାୟଣ ମିଶ୍ର, ଏମ୍.ଏ.ବି.ଏଲ୍. ସିଂହଭୂମିର ଯୁଗଳକିଶୋର ତ୍ରିପାଠୀ, ଏମ୍.ଏ. ବାଲେଶ୍ୱରର ଫକୀରମୋହନ ସେନାପତି, କଟକର ଗୌରୀଶଙ୍କର ରାୟ, କନିକାରାଜା ରାଜେନ୍ଦ୍ରନାରାୟଣ ଭଂଜଦେବ, ଗଂଜାମର କେତେକ ଜମିଦାରଙ୍କ ସଂଗେ ସ୍ୱର୍ଗତ ହରିହର ପଣ୍ଡା ପ୍ରଭୃତିଙ୍କୁ ଦେଖିବାର ଚିତ୍ର ଆଜି ମଧ ଆଖି ଆଗରେ ନାଚିଯାଉଚି। ତା'ରି ଭିତରେ ମଧୁବାବୁଙ୍କର ଚଞ୍ଚଳ ଗମନା ଗମନ ଓ ଟେବୁଲ ପାଖେ ରାମଚନ୍ଦ୍ର ଭଂଜଙ୍କ ସୌମ୍ୟବପୁ ଓ ମାର୍ଜିତ ସୁଗମ୍ଭୀର ଓ ସୁଲଳିତ କଣ୍ଠଧ୍ୱନି, ସେ କିଶୋର ବୟସରେ ମୋତେ କିପରି ଭାବାନ୍ୱିତ କରିଥିଲା ତା' କହିପାରିବି ନାହିଁ। ଅନୁଭବର ସେ ସ୍ମୃତିକୁ ଆଜି କାହାରି ଅନୁମାନରେ ଜାଗ୍ରତ କରିବା ମୋ ପକ୍ଷରେ ସମ୍ଭବ ନୁହେଁ। ଏଣେ ଘର ଭିତରେ ବାଲୁଙ୍କେଶ୍ୱର ମିଶ୍ରଙ୍କୁ ସଂଗେ ଧରି ନବଯୁବକ ଗୋପବନ୍ଧୁଙ୍କର ଉତ୍ସାହଦୀପ୍ତ ନବଶ୍ମଶ୍ରୁ ବିମଣ୍ଡିତ ସେ ସାଧୁ ସୁରମ୍ୟ ପ୍ରଭାବକ ମୁଖମଣ୍ଡଳ ମଧ ମୋର ଆଜି ଜୀବନ୍ତ ସ୍ମୃତି ପରି ଆଗରେ ଭାସିଯାଉଚି। ସେତେବେଳେ କଟକରେ କି ଉତ୍ସାହ, କି ଚଞ୍ଚଳତା ? ଜାତୀୟ ଜୀବନର ସେ ନବଶ୍ଲେଷ ଆଜି ମୋର ମନରେ ପ୍ରାଚୀନ ହେଲେ ମଧ ଜୀର୍ଣ୍ଣ ହୋଇ ନାହିଁ। ଜୀବନରେ ତାହାହିଁ ଯେପରି କି ମୋର ଏଇ ପ୍ରଥମ ଦୀକ୍ଷା।

୩୦। କଲେଜିଏଟ୍ ବୋଡିଂ ଓ ଗୋପବନ୍ଧୁ ବାବୁ

ବଡ଼ ସନ୍ତର୍ପଣରେ ମୋ ବ୍ରାହ୍ମଣତ୍ୱରେ କେତେ ବାଧାପଡ଼ିଲା, ବ୍ରାହ୍ମଣତ୍ୱ ଆଉ ରହିଲା କି ନାହିଁ ଏସବୁ ବିଷୟରେ ନାନା ସନ୍ଦେହ ବିଚାର ମଧରେ ସେଇଦିନ କଲେଜିଏଟ୍ ବୋଡିଂରେ ମୁଁ ପହଞ୍ଚି ଗୋପବନ୍ଧୁ ଦାସଙ୍କ ପାଖେ ରହିଲି। ଗୋପବନ୍ଧୁ ଦାସଙ୍କ ପାଖେ ରହି ବିଦ୍ୟା ସଂଗେ ସଂଗେ ସ୍ୱଷ୍ଟଭାବରେ ରାଜନୀତିର ଅଭ୍ୟାସ କ୍ରମେ ବିକାଶ ପାଇଲା। ଗୋପବନ୍ଧୁ ଦାସଙ୍କ ସାହଚର୍ଯ୍ୟରେ ଏହା ଯେ ହେବାର କଥା ସେ କଥା ବୁଝାଇବା ଦରକାର ନାହିଁ। ବିଶେଷରେ ସେତେବେଳେ ହରିଭାଇନା (ଏବର ଆଚାର୍ଯ୍ୟ ହରିହର ଦାସ) ମଧ ସେ ବୋଡିଂରେ ଥାନ୍ତି। ସବୁ କାର୍ଯ୍ୟରେ ତାଙ୍କର ଅତି ନୈଷ୍ଠିକ ଆଚରଣ ଓ ସାଧୁତାରେ ମୁଁ ପୂର୍ବରୁ ଅଭ୍ୟସ୍ତ ନଥିଲି ନୁହେଁ; କିନ୍ତୁ ଏଠାରେ ଆମ ଚଳଣିରେ ସେସବୁ ସୁନ୍ଦର ଭାବରେ କ୍ରମେ ଫୁଟିଉଠିଥିଲା।

୩୧। ବଙ୍ଗାଳୀ ସଂସ୍କୃତି

ସେତେବେଳେ ଓଡ଼ିଶାରେ ପ୍ରଧାନ ରାଜନୀତି ଥିଲା, ଉପାନ୍ତ ଓଡ଼ିଆଭୂମି ସବୁ କିପରି ଓଡ଼ିଶାରେ ମିଶିବ। ଏହା ୧୯୧୧ ଜନଗଣନାର ପୂର୍ବର କଥା; ତଥାପି ୧୯୦୧ ସାଲରୁ ମେଦିନୀପୁରର ଓଡ଼ିଆ କୈବର୍ତ୍ତମାନେ ନିଜକୁ ମାହିଷ୍ୟ ବୋଲି କହି ବଙ୍ଗାଳୀ ହୋଇଥିଲେ। ଓଡ଼ିଶାର ରାଜାମାନେ ମଧ୍ୟ ତାଙ୍କ ପିଛା ଧରିଥିଲେ। ଏମାନେ ମୃତକ ଶୁଦ୍ଧିକ୍ରିୟାରେ ଓଡ଼ିଆ ସ୍ମୃତି ଅନୁସାରେ ନିଜର ୧୨ଦିନ ମାତ୍ର ଅଶୌଚ ଓ କ୍ରିୟା ଛାଡ଼ି ବଙ୍ଗଳାସ୍ମିତି ଅନୁସାରେ ମୃତକ ଶୁଦ୍ଧିକ୍ରିୟାକୁ ଏକମାସ କରିଥିଲେ। ୧୯୦୧ ଖ୍ରୀଷ୍ଟାବ୍ଦର ସେନସସ୍ ବେଳେ କୈବର୍ତ୍ତମାନେ ନିଜକୁ ମାହିଷ୍ୟ କହି ଏଇ ୩୦ଦିନକୁ ୧୫ଦିନ କରିବା ପାଇଁ ଲଢ଼ିଥିଲେ। ମୋଟକଥା ଓଡ଼ିଆ ସଂସ୍କୃତି ଛାଡ଼ି ନିଜର ସଂସ୍କୃତିକୁ ବଙ୍ଗାଳୀ କରିବା ପାଇଁ ଏମାନଙ୍କର ଘୋର ଚେଷ୍ଟା କ୍ରମେ ପ୍ରକାଶ ପାଇଲା। ପୂର୍ବରୁ ଏକଥାରେ ବଙ୍ଗାଳୀମାନଙ୍କର କିପରି ପ୍ରଯତ୍ନ ଓ ପ୍ରଚେଷ୍ଟା ପ୍ରକାଶ ପାଇଥିଲା, ତାହାର ସ୍ପଷ୍ଟ ଆଭାସ ସ୍ୱର୍ଗତ ଫକୀରମୋହନ ସେନାପତିଙ୍କ ଜୀବନୀରୁ ମିଳିବ। ବଙ୍ଗାଳୀ ସବଇନିସ୍‌ପେକ୍ଟର ପର୍ଯ୍ୟନ୍ତ ଶିକ୍ଷାବିଭାଗରେ ସେତେବେଳେ 'ଖ' ପରୀକ୍ଷା, 'କ' ପରୀକ୍ଷା ଓ ୨ୟ ପରୀକ୍ଷା (ଯଥାକ୍ରମେ ଏବର ପ୍ରଥମ, ଦ୍ୱିତୀୟ ଓ ତୃତୀୟ ଶ୍ରେଣୀ ପରୀକ୍ଷା)ମାନଙ୍କ ପାଇଁ ପିଲାମାନଙ୍କୁ ଘରୋଇ ଭାବରେ ତିଆରି କରୁଥିବା ଓ ସରକାରରୁ ସେଥିପାଇଁ ପୁରସ୍କାର ପାଉଥିବା ଶିକ୍ଷକମାନଙ୍କୁ ଯେପରି ଓଡ଼ିଆ ପାଠ ପଢ଼ାଇଲେ, ସରକାର ଧରି ଜେଲ ଦେବ ବୋଲି ଧମକାଇ, ପ୍ରଚାରକରି ଦଖିଣୀ ବା ଓଡ଼ିଆ ଅବଧାନମାନଙ୍କୁ ବହୁସଂଖ୍ୟାରେ ତଡ଼ି ଦେଇଥିଲେ, ସେକଥା ଫକୀରମୋହନ ବାବୁ କହିଚନ୍ତି। ଏଇ ଫଳରେ ୧୯୦୧ ସାଲର ଓଡ଼ିଆ ଗଣତିରେ ଅନାଶଙ୍କିତ ଭାବରେ ମେଦିନୀପୁରର ଓଡ଼ିଆ ଅଞ୍ଚଳରେ ଓଡ଼ିଆର ସଂଖ୍ୟା ଯେପରି ଶତକଡ଼ା ୮୦/ ୯୦ ପରିମାଣରେ କମି ଯାଇଥିଲା, ତାହା ଗୋପବନ୍ଧୁ ବାବୁଙ୍କୁ ବଡ଼ ବାଧିଥିଲା।

୩୨। ବଙ୍ଗାଳୀଙ୍କ ବୈରଭାବ

ପୁଣି ଆଉ ଗୋଟିଏ କଥା, କଲିକତାର ବଙ୍ଗାଳୀମାନେ ବିଶେଷରେ ଇଂରେଜ ଶାସକମାନଙ୍କ ପାଖେ ପ୍ରତିପତ୍ତି ପାଇଥିବା ବଙ୍ଗାଳୀ ପଣ୍ଡିତମାନେ ଓଡ଼ିଶାର ଚିହ୍ନବର୍ଣ୍ଣ ଲୋପ କରିବା ପାଇଁ ମୂଳରୁ ବରାବର ଉଦ୍ୟମ କରି ଆସୁଥିଲେ। ବଙ୍ଗ ନବାବଙ୍କ ଓଡ଼ିଶା ଥିଲା ରୂପନାରାୟଣ ନଦୀଠାରୁ ସବୁର୍ଣ୍ଣରେଖା ନଦୀ ପର୍ଯ୍ୟନ୍ତ। କ୍ଲାଇବ ସାହେବ ସମ୍ରାଟ ସାହାଆଲାମଙ୍କଠାରୁ ଯେଉଁ ବଙ୍ଗ-ବିହାର-ଓଡ଼ିଶାର ଦେଓ୍ୱାନୀ ନେଇଥିଲେ, ସେଥିମଧ୍ୟରେ ଏଇଖଣ୍ଡିକ ଥିଲା ନବାବଙ୍କ ଓଡ଼ିଶା। ଏହା ୧୭୬୫ ଖ୍ରୀ:ଅ:ର କଥା।

ସେତେବେଳକୁ ଓଡ଼ିଶାର ଦକ୍ଷିଣଖଣ୍ଡକ ବଙ୍ଗ ନବାବ ନାଗପୁରର ମରହଟ୍ଟା ଭୋଁସଲଙ୍କୁ ୧୭୫୧ ଖ୍ରୀ. ଅ.ରୁ ଦେଇ ସାରିଥିଲେ। ପୁରୀ, କଟକ, ବାଲେଶ୍ୱର ଏ ଦକ୍ଷିଣଖଣ୍ଡକ ୧୮୦୩ ସାଲ ପର୍ଯ୍ୟନ୍ତ ନାଗପୁର ଭୋଁସାଲଙ୍କ ହାତରେ ଥିଲା ଓ ସେଇ ବରଷ ମରହଟ୍ଟାମାନେ ଏହାକୁ ଇଂରେଜଙ୍କ ହାତରେ ଛାଡ଼ି ଦେଇଥିଲେ। ସେଇଦିନଠାରୁ ମଧ୍ୟ ମେଦିନୀପୁର ସଂଗେ ପୁରୀ, କଟକ ଓ ବାଲେଶ୍ୱରକୁ ବଙ୍ଗଦେଶରେ ସାକ୍ଷାତ ଅଂଶ କରିବାରେ ବଙ୍ଗାଳୀମାନେ ଲାଗି ଯାଇଥିଲେ। ୧୮୭୦ ବେଳକୁ ଏ ଉଦ୍ୟମ ସ୍ପଷ୍ଟ ଆକାର ଧାରଣ କରିଥିଲା ଓ ବାଲେଶ୍ୱରର ଜିଲ୍ଲାସ୍କୁଲ ହେଡ଼ ପଣ୍ଡିତ "ଓଡ଼ିଆ ସ୍ୱତନ୍ତ୍ର ଭାଷା ନୟେ" ବୋଲି ଖଣ୍ଡିଏ ପୁସ୍ତିକା ଛପାଇ ପ୍ରଚାର କରିଥିଲେ। କଲିକତାର ପ୍ରତ୍ନତତ୍ତ୍ୱବିତ ପଣ୍ଡିତବର ରାଜା ରାଜେନ୍ଦ୍ରଲାଲ ମିତ୍ରଙ୍କ ପର୍ଯ୍ୟନ୍ତ ଲୋକେ ମଧ୍ୟ ଏଇ ମତ ସ୍ପଷ୍ଟ ସମର୍ଥନ କରିଥିଲେ।

ଏ ମତର ଖଣ୍ଡନ ମଣ୍ଡନ କରିବା ପାଇଁ ଓଡ଼ିଶାର ଏତେ ଶକ୍ତି ନଥିଲା। ତା'ର ପ୍ରଧାନ କାରଣ ହେଉଚି, ବଙ୍ଗଳାର ପ୍ରତାପରୁଦ୍ରଙ୍କ ଠାରୁ, ବିଶେଷତଃ ପରାଧୀନ ଓଡ଼ିଶାରେ ଗୌଡ଼ୀୟ ବୈଷ୍ଣବ ଧର୍ମ ଅର୍ଥାତ୍ ସେଇ ଧର୍ମର ଅତି ମଧୁର ଯୌନରସର ଆସ୍ୱାଦନ ସଂଗେ ଓଡ଼ିଶାର ଅନେକ ଶିଷ୍ଟଙ୍କ ମଧ୍ୟରେ ଧର୍ମଭାଷା ନାମରେ କୃଷ୍ଣଦାସ କବିରାଜଙ୍କ ଚୈତନ୍ୟ ଚରିତାମୃତ ପ୍ରଭୃତି ବଙ୍ଗଭାଷାର ପରିପ୍ରଚାର। କେବଳ ସେତିକି ନୁହେଁ, ସେଇ ସୂତ୍ରରେ ଓଡ଼ିଆଙ୍କ ଭିତରେ ପ୍ରାୟ ଗଲା ୩୦୦ବର୍ଷ ଧରି ଏଇ ଧର୍ମର କୀର୍ତ୍ତି ଓ ବିଭୂତି ପ୍ରଚାର କରି ଦୀନକୃଷ୍ଣ ଦାସଙ୍କ 'ରସକଲ୍ଲୋଳ' ଠାରୁ ଅଭିମନ୍ୟୁ ସାମନ୍ତ ସିଂହାରଙ୍କ 'ବିଦଗ୍ଧ ଚିନ୍ତାମଣି' ଓ ଅନ୍ୟାନ୍ୟ କାବ୍ୟ ପର୍ଯ୍ୟନ୍ତ ଲେଖା ହୋଇ ଯାଇଥିଲା।

କୌଣସିମତେ କେତେକ ସ୍ଥାନୀୟ ଇଂରେଜଙ୍କ ପ୍ରଭାବରେ, ମନେହୁଏ ବିଶେଷରେ ସେତେବେଳର ଜନ୍ ବିମ୍‌ସ୍‌ଙ୍କ ପରି ଜିଲ୍ଲାମାଜିଷ୍ଟ୍ରେଟ ଓ ବିଭାଗୀୟ କମିଶନରଙ୍କ ବ୍ୟକ୍ତିତ୍ୱ ବଳରେ ଓଡ଼ିଆ ସ୍ୱତନ୍ତ୍ର ଭାଷାରୂପେ ପ୍ରାଇମେରୀ ସ୍କୁଲମାନଙ୍କରେ ସ୍ଥାନ ପାଇ ଯାଇଥିଲେ ମଧ୍ୟ ହାଇସ୍କୁଲମାନଙ୍କରେ ଓ କଲେଜରେ ତାହାର ଆଦୌ ଆଦର ନଥିଲା। ଏକେ, ହାଇସ୍କୁଲ, କଲେଜମାନଙ୍କରେ ଓଡ଼ିଆ ଭାଷାର ଆଦୌ ସ୍ଥାନ ନଥିଲା। କେତେକାଳ ପରେ; ଅର୍ଥାତ୍ ୧୯୦୦ ଖ୍ରୀ:ଅ: ବେଳକୁ କେବଳ ଏନ୍‌ଟ୍ରାନ୍ସ (ଏ କାଳର ମାଟ୍ରିକ୍ୟୁଲେସନ୍) ପରୀକ୍ଷାରେ ଗୋଟିଏ ଓଡ଼ିଆ ପାରାଗ୍ରାଫ୍ ଇଂରେଜରେ ଅନୁବାଦ କରିବାପାଇଁ ପ୍ରଶ୍ନରେ ଦିଆଯାଉଥିଲା। ତାହା ପୁଣି ବଙ୍ଗଳାର ଅନୁକରଣରେ। ପ୍ରଥମେ ପ୍ରଥମେ ଏଇ ଓଡ଼ିଆ ଭାଷା ଥିଲା ବଙ୍ଗଳାର ଅନୁବାଦ।

୩୩। ତାରାଚିହ୍ନ

ତେଣେ କଲିକତା ବିଶ୍ୱବିଦ୍ୟାଳୟ ଯଥାସାଧ୍ୟ ବଙ୍ଗଳାକୁ ଉପରକୁ ଉପରକୁ ଶ୍ରେଣୀମାନଙ୍କରେ ଭର୍ତ୍ତି କରିବାରେ ଲାଗିଥିଲେ। ଏଇ ଶତାବ୍ଦୀର ପ୍ରଥମରେ କିମ୍ବା ହୋଇପାରେ ୧୮୯୮/୯୯ଖ୍ରୀ.ଅ.ରେ, କଥାହେଲା ବି.ଏ. ପରୀକ୍ଷାର ପ୍ରଶ୍ନରେ ବଙ୍ଗଳା ସାଧାରଣ ଜ୍ଞାନ ଘେନି ଗୋଟିଏ ପ୍ରବନ୍ଧ ଲେଖିବାର ପ୍ରଶ୍ନ ପଡ଼ିବ। ସେଥିରେ ପାସ୍ କଲେ ଗେଜେଟରେ ପାସ୍ କରିଥିବା ଛାତ୍ରର ନାମ ପାଖରେ ଗୋଟିଏ ତାରାଚିହ୍ନ ଦିଆଯିବ।

କିନ୍ତୁ ଏ ତାରାଚିହ୍ନର ପ୍ରଶ୍ନଟି ଓଡ଼ିଆରେ ହେବବୋଲି ବ୍ୟବସ୍ଥା ନଥିଲା। ଓଡ଼ିଶାର ସେତେବେଳର ଏକମାତ୍ର କଲେଜ କଟକର ରେଭେନ୍‌ସା କଲେଜ। ସେଥିରେ ଓଡ଼ିଆଛାତ୍ର ପ୍ରାୟ ନଥାନ୍ତି କହିଲେ ଚଳେ। ହଷ୍ଟେଲ ବା ବୋର୍ଡିଂ ହାଉସ୍‌ରେ ପ୍ରାୟ ସମସ୍ତେ ବଙ୍ଗାଳୀଛାତ୍ର ଥାନ୍ତି। ଏଇ ବଙ୍ଗାଳୀ ଛାତ୍ରମାନେ ଅନେକ ସମୟରେ ଦୂରଦୂରାନ୍ତରେ ଥିବା ବଙ୍ଗଳାର ଅନ୍ୟାନ୍ୟ କଲେଜମାନଙ୍କରୁ କିଏ ଖର୍ଚ୍ଚର ଅଳ୍ପତା ପାଇଁ, କିଏ ସ୍ୱାସ୍ଥ୍ୟ ପରିବର୍ତ୍ତନ ପାଇଁ ଓ ଅଧିକାଂଶ କଟକରେ ଥିବା ବଙ୍ଗାଳୀ ଶିକ୍ଷକ ଓ ଅଧ୍ୟାପକମାନଙ୍କ ଭାଇ, ବନ୍ଧୁ, କୁଟୁମ୍ବ ପରିଚୟର ଆତ୍ମୀୟତା ପ୍ରଭୃତି ହିସାବରେ କଟକକୁ ଆସୁଥାନ୍ତି। ସେତିକିବେଳକୁ ପ୍ରାୟ ୧୯୦୦ ଖ୍ରୀ.ଅ.ରେ ଗୋପବନ୍ଧୁ ଦାସ କଟକ ବୋର୍ଡିଂରେ ଆସି ସ୍ଥାନ ପାଇଲେ। ସେତେବେଳେ ପୁଣି ଯେଉଁ ପ୍ରିନ୍‌ସିପାଲ୍‌ମାନେ ଥାନ୍ତି, ସେମାନେ କଲିକତାରୁ ଆସନ୍ତି। ତାଙ୍କର ଓଡ଼ିଆଙ୍କ ସଂଗେ ମିଶିବାର ବିଶେଷ କୌଣସି ଘଟଣା ଘଟେ ନାଇଁ। ଗୋଟିଏ ଉଦାହରଣ କଥା ଏଠାରେ କହୁଚି। ହଲଓ୍ୱାର୍ଡ ସାହେବ ସେତେବେଳେ ପ୍ରିନ୍‌ସିପାଲ ଥିଲେ। ଓଡ଼ିଶାରେ ତାଙ୍କ ସାହେବୀ କାଇଦା ଖୁବ୍ ବଢ଼ି ଯାଇଥିଲା। ସେ ଇଂରେଜୀ ଭାଷାରେ ବଡ଼ ପ୍ରବୀଣ ଥିଲେ ବୋଲି ତାଙ୍କର ଏବେ ମଧ୍ୟ ନାମ ଅଛି। ମୋ ଜାଣିବାରେ କଟକର ହାରାଧନ ଘୋଷ ଓ ବୈଦନାଥ ଘୋଷାଲ ଏଇ ଦୁଇଜଣ ଗ୍ରାଜୁଏଟ୍ ହଲଓ୍ୱାର୍ଡ ସାହେବଙ୍କ ସାକ୍ଷାତ ଛାତ୍ର ଓ ସେଇ ହେତୁରୁ ଇଂରେଜୀରେ ଅତ୍ୟନ୍ତ ଜାଣିବାର ବୋଲି କଟକରେ ସେକାଳେ ପ୍ରସିଦ୍ଧ ଥିଲେ।

୩୪। ହଲଓ୍ୱାର୍ଡ ସାହେବ

ଇଂରେଜ ରାଜନୀତି ଓ ପରିଧାନ ବେଶ ପ୍ରଭୃତି ପ୍ରତି ହଲଓ୍ୱାର୍ଡ ସାହେବଙ୍କ ଅତ୍ୟନ୍ତ ଦୃଷ୍ଟି ଥାଏ। ଓଡ଼ିଆଙ୍କ ପରିଚ୍ଛଦ ତାଙ୍କର ବଡ଼ ଚକ୍ଷୁଶୂଳ ଥିଲା। ଧୋତି ଚଦରକୁ ସେ ଅତି ଅସଭ୍ୟ ପରିଧାନ ବୋଲି ମନେ କରୁଥିଲେ। ତାଙ୍କ ସମୟରେ ପୁରୀ, ବାଲେଶ୍ୱର, କଟକର ମଧ୍ୟ ଏନ୍‌ଟ୍ରାନ୍‌ସ ପରୀକ୍ଷା ହେଉଥିଲା ରେଭେନ୍‌ସା କଲେଜରେ।

ଦୂରଦୂରାନ୍ତର ପିଲାମାନେ ମଧ୍ୟ ଏନ୍‌ଟ୍ରାନ୍‌ସ ପରୀକ୍ଷା ଦେବାକୁ ଆସିଲେ, ଅନେକ କଟକରେ ସେଇଦିନ ଜୀବନରେ ପ୍ରଥମେ କୁରୁତା ତିଆରି କରାଉଥିଲେ ଓ ଜୋତା କିଣି ମାଡୁଥିଲେ। ଅବଶ୍ୟ ସେ ଜୋତା ସେତେବେଳର ଟଙ୍କିକିଆ ଜୋତା। ତାକୁ ପିନ୍ଧି ତା' ଦାଉରେ ହୋଇଥିବା ଗୋଇଠି ଆଙ୍ଗୁଠିର ଫୋଟକା ଉପରେ ତାକୁ ପୁଣି ମାଡ଼ି ପରୀକ୍ଷା ଘର ଭିତରକୁ ଯିବା ଆସିବା ଅନେକଙ୍କ ପକ୍ଷରେ ବଡ଼ ଦୁସାଧ୍ୟ ଥିବାର ମୋ ମନେଅଛି। ସେପରି ଜୋତା, କୁରୁତା ନଥିଲେ, ହଲୱାର୍ଡ ସାହେବ କାହାରିକୁ ପରୀକ୍ଷା ହଲ୍‌ଭିତରକୁ ପଶିବାକୁ ଦେଉ ନଥିଲେ। ଏପରି ଜଣେ ଛାତ୍ର ପରୀକ୍ଷା ନ'ଦେଇ ରହିଯାଇଥିବାର ମୁଁ ଜାଣେ ତାଙ୍କ ନାମଟି ଏବେ ମନେ ହେଉନାହିଁ।

୩୫। ଓଡ଼ିଆଙ୍କ ଦୁର୍ଗତି

ଏହି ସାହେବଙ୍କ ପରେ ଜଣେ ଜଣେ ବଙ୍ଗାଳୀ ମଧ୍ୟ ରେଭେନ୍‌ସା କଲେଜକୁ ପ୍ରିନ୍‌ସିପାଲ ହୋଇ ଆସୁଥିଲେ ଓ ଅନ୍ୟାନ୍ୟ ବଙ୍ଗାଳୀ ପ୍ରଫେସର ଓ ମାଷ୍ଟରମାନେ ମଧ୍ୟ କଟକ କଲେଜ ଓ ସ୍କୁଲକୁ ଆସୁଥିଲେ। ଓଡ଼ିଆ ଜୀବନ ଓ ଚଳଣି ସଙ୍ଗେ ତାଙ୍କର ମଧ୍ୟ କିପରି ସଂପର୍କ ଥିଲା, ତା'ର ମଧ୍ୟ ଗୋଟିଏ ଉଦାହରଣ ଦେଉଚି। ଏତେବେଳର ପ୍ରିନ୍‌ସିପାଲ ହେଉଥିଲେ ବୋଧହୁଏ ସ୍ୱର୍ଗତ ନୀଳକଣ୍ଠ ମଜୁମଦାର।

ସେତେବେଳକୁ ଗୋପବନ୍ଧୁ ଦାସ ହଷ୍ଟେଲରେ ଥାନ୍ତି ଓ ବାହାରରୁ ପିଲାଏ ପରୀକ୍ଷା ଦେବାକୁ ଆସିଲେ, ସେମାନେ ଆତ୍ମୀୟସ୍ୱଜନ ଦେଖି ତାଙ୍କ ପାଖେ କଲେଜ ବା କଲିଜିଏଟ ବୋର୍ଡିଂରେ ରହନ୍ତି। ଥରେ ଏଇପରି ପୁରୀ ଜିଲ୍ଲାସ୍କୁଲରୁ ଦୁଇଜଣ ଛାତ୍ର ଆସି ଗୋପବନ୍ଧୁ ବାବୁଙ୍କ ପାଖରେ ରହିବାକୁ ଲୋଡ଼ିଲେ। ତାଙ୍କ ମଧ୍ୟରୁ ଜଣଙ୍କ ନାମ କୃଷ୍ଣଚନ୍ଦ୍ର ମିଶ୍ର। ସେ ହେଉଚନ୍ତି ବ୍ରାହ୍ମଣ ଓ ଗୋପବନ୍ଧୁ ଦାସ ମଧ୍ୟ ବ୍ରାହ୍ମଣ। ଅନ୍ୟ ଜଣଙ୍କର ନାମ ଥିଲା କାଳୀଚରଣ ଦାସ। ସେ ହେଉଚନ୍ତି କରଣ। ଗୋପବନ୍ଧୁ ଦାସ ଦୁହେଁ ରହିବା ପାଇଁ ପ୍ରିନ୍‌ସପାଲଙ୍କ ପାଖରେ ଦରଖାସ୍ତ କରିଦେଲେ। ପ୍ରିନ୍‌ସପାଲ ସାହେବ ଲେଖିଦେଲେ, କାଳୀଚରଣ ଦାସ ଗୋପବନ୍ଧୁ ଦାସଙ୍କ ଆତ୍ମୀୟ ବୋଲି ମନେ ହେଉଚି; କିନ୍ତୁ କୃଷ୍ଣଚନ୍ଦ୍ର ମିଶ୍ର କିପରି ହେବେ? ଏ ତ ମିଶ୍ର। ଗୋପବନ୍ଧୁ ଦାସ ହେଲେ ଦାସ। ଅତଏବ ସେ ରହିପାରିବେ ନାହିଁ; କେବଳ କାଳୀଚରଣ ଦାସ ଗୋପବନ୍ଧୁ ଦାସଙ୍କ ପାଖରେ ରହିବେ। ଓଡ଼ିଆମାନେ ଏଇପରି ଦୁର୍ଗତିରେ ଥିଲେ।

ବହୁକାଳରୁ ଓଡ଼ିଆର ପ୍ରଦେଶ ବୋଲି କିଛି ନ'ଥିଲା। ରାଜଧାନୀ ବୋଲି ମଧ୍ୟ କିଛି ନଥିଲା। ସେଇ ଅନୁସାରେ ଭାଷାର ଏ ଦୁର୍ଗତି।

୩୬। ବ୍ରହ୍ମପୁର ଓ ନିରାମିଷାଶୀ ଓଡ଼ିଆ

ଏ ସମ୍ବନ୍ଧରେ ଆଉ ଗୋଟିଏ ଦଖିଣୀ କଥା କହେ। ମୁଁ ଏମ୍. ଏ. ପାସ୍ କରି ସତ୍ୟବାଦୀ ସ୍କୁଲ କରି ତହିଁରେ ହେଡ଼ମାଷ୍ଟର ହେବା ପର୍ଯ୍ୟନ୍ତ ଗଂଜାମରେ ଏତେ ଓଡ଼ିଆ ଅଛନ୍ତି ବୋଲି ଜାଣି ନ ଥିଲି। ୧୯୧୧ ମସିହାରେ ବ୍ରହ୍ମପୁରରେ 'ଉତ୍କଳ ସମ୍ମିଳନୀ'ର ଅଧିବେଶନ ହୋଇଥିଲା। ସେତିକିବେଳେ ସେଠାରେ ବହୁସଂଖ୍ୟାରେ ଓଡ଼ିଆ ଦେଖି ମୁଁ ଆଶ୍ଚର୍ଯ୍ୟ ହୋଇ ଯାଇଥିଲି। ପୁଣି ଓଡ଼ିଆ ଶିଷ୍ଟ ଲୋକମାନେ ପ୍ରାୟ ସମସ୍ତେ କହନ୍ତି ସେମାନେ ନିରାମିଷାଶୀ। ଏ କଥାର ଅର୍ଥ ମୁଁ ସେତେବେଳେ ବୁଝି ନ'ଥିଲି। ପରେ ଜାଣିଲି ନିରାମିଷାଶୀ ନ'କହିଲେ ଓଡ଼ିଆଙ୍କୁ ବ୍ରହ୍ମପୁର ସହରରେ ଭଡ଼ାଘର ପର୍ଯ୍ୟନ୍ତ ମିଳୁ ନଥିଲା। ତେଲେଙ୍ଗାଙ୍କ ଭିତରେ କର୍ମଚାରୀ ଓ ଶିଷ୍ଟମାନେ ପ୍ରାୟ ବ୍ରାହ୍ମଣ, ସେମାନେ ପରଂପରାରେ ନିରାମିଷାଶୀ। ଓଡ଼ିଆମାନେ ଆମିଷ ଖାଆନ୍ତି ବୋଲି... ଜାଣିଲେ, ତାଙ୍କର ଅତ୍ୟନ୍ତ ଘୃଣା ଓ ଅନାସ୍ଥା ହେଉଥିଲା; ତେଣୁ ଓଡ଼ିଆମାନେ ଅନେକ ମଫସଲରେ, ଘରେ ଆମିଷ ଖାଇଲେ ମଧ୍ୟ ବ୍ରହ୍ମପୁର ପରି ସହରରେ ନିଜେ ପୂରା ନିରାମିଷାଶୀ ବୋଲି କହୁଥିଲେ ଓ ବେଳେ ବେଳେ ଦେଖାଇ ହେଉଥିଲେ।

୩୭। କର୍ତ୍ତବ୍ୟବୋଧିନୀ

ଏଇ ପରିସ୍ଥିତିରେ ଯେତେବେଳେ ବି.ଏ. ପରୀକ୍ଷାରେ ବଙ୍ଗଳା ପ୍ରବନ୍ଧବିଷୟକ ସ୍ୱତନ୍ତ୍ର ପ୍ରଶ୍ନଟି ଦିଆଯିବାର ବିଶ୍ୱବିଦ୍ୟାଳୟ ସ୍ଥିର କଲେ, ସେତିକିବେଳେ ପ୍ରଥମେ ଏକପ୍ରକାର ସେଇ ଉଦ୍ଦେଶ୍ୟରେ କଟକରେ 'କର୍ତ୍ତବ୍ୟବୋଧିନୀ' ବୋଲି ଗୋଟିଏ ସଭା ବା ସମାଜ ଗୋପବନ୍ଧୁ ଦାସ ପ୍ରତିଷ୍ଠା କରିଥିଲେ। ଏଥିରେ ମେମ୍ବର ଥିଲେ କଲେଜ ପଢୁଆ ତିନିଜଣ। ଜଣେ ତ... ଗୋପବନ୍ଧୁ ଦାସ। ଆଉଜଣେ ହେଉଛନ୍ତି ରିଟାୟାର୍ଡ ସ୍କୁଲ ଡିଷ୍ଟ୍ରିକ୍ଟ ଇନିସ୍‌ପେକ୍ଟର ସ୍ୱର୍ଗତ ଶ୍ରୀ ଲୋକନାଥ ପଟ୍ଟନାୟକ। ଆଉ ଜଣେ ସ୍ୱର୍ଗତ ବ୍ରଜସୁନ୍ଦର ଦାସ। ବ୍ରଜସୁନ୍ଦର ଦାସ ବାହାରେ କଟକରେ ନିଜ ଘରେ ଥାନ୍ତି। ଲୋକନାଥ ପଟ୍ଟନାୟକ ଥାନ୍ତି ସହରରେ। ବୋଡିଂରେ ଥାଆନ୍ତି ଏକା ଗୋପବନ୍ଧୁ ଦାସ। କଟକ ସହରରେ ଏଇ ସମାଜ ଲୋକଙ୍କ ଭିତରେ ବିଶେଷ ବ୍ୟାପ୍ତ ହୋଇଥିଲା। ଏଇ ସମାଜ ସମସ୍ତ ଓଡ଼ିଆଙ୍କ ନାମରେ ବିଶ୍ୱବିଦ୍ୟାଳୟରେ ଆବେଦନ କରିଥିଲେ; କିନ୍ତୁ ସେତେବେଳର ବିଶ୍ୱବିଦ୍ୟାଳୟ ବଙ୍ଗାଳୀ କର୍ତ୍ତା ଓ ମୁଖ୍ୟମାନେ ଏ କଥାରେ କର୍ଣ୍ଣପାତ କରି ନ ଥିଲେ; ବରଂ ମତ ଦେଇଥିଲେ ଓଡ଼ିଆରେ ପ୍ରବନ୍ଧ ପ୍ରଶ୍ନ ହେବନାଇଁ। ଏ ମଧ୍ୟରେ କି ଘଟଣା ଘଟିଥିଲା, ମୋର ମନେନାଇଁ; କିନ୍ତୁ କଥାଟି ମନେଅଛି,

ସେତେବେଳେ ସାର ଜନ୍ ଉଡ୍‌ବର୍ଣ୍ଣ ସାହେବ ଥିଲେ ବଙ୍ଗଦେଶର ଛୋଟଲାଟ। ଛୋଟଲାଟ ଥିଲେ ସେତେବେଳେ କଲିକତା ବିଶ୍ୱବିଦ୍ୟାଳୟର ରେକ୍‌ଟର। ସେଇ ରେକ୍‌ଟର ଏ କଥା ସାକ୍ଷାତ ଭାବରେ ହାତକୁ ନେଇ ଓଡ଼ିଆରେ ବି.ଏ. ପରୀକ୍ଷାରେ ସ୍ୱତନ୍ତ୍ର ପ୍ରଶ୍ନ ହେବା କଥାଟି ବିଶ୍ୱବିଦ୍ୟାଳୟର ସିଦ୍ଧାନ୍ତରେ ପରିଣତ କରିଥିଲେ।

୩୮। ଓଡ଼ିଆ ସାହିତ୍ୟରଥୀଙ୍କ ଓଡ଼ିଆ ପ୍ରୀତି

ଏ ସମ୍ବନ୍ଧରେ ଓଡ଼ିଆ ପଣ୍ଡିତ ବୋଲାଉଥିବା ସୁଧୀମାନଙ୍କ କଥା ଟିକିଏ କହିଦିଏ। ଅନେକ ଜାଣିଥିବେ ରାଧାନାଥ ରାୟ ଓ ମଧୁସୂଦନ ରାଓ ଦୁହେଁ କଲିକତା ବିଶ୍ୱବିଦ୍ୟାଳୟର ଓଡ଼ିଆରେ ପ୍ରାଶ୍ନିକ ଥିଲେ। ଏଇମାନେ ମଧ ଖାତା ଦେଖି ନମ୍ବର ଦେଉଥିଲେ। ଏ ଦୁହେଁଯାକ ସେତେବେଳେ ଏଫ୍. ଏ. (ଏବର ଆଇ. ଏ.) ପାସ୍ କରିଥିଲେ। ଏଥିପାଇଁ ଯେ କେହି କଲିକତା ବିଶ୍ୱବିଦ୍ୟାଳୟର କ୍ୟାଲେଣ୍ଡର ଦେଖିପାରନ୍ତି; କିନ୍ତୁ ଏ ଦୁହେଁ ଅନ୍ୟଭାବରେ ହେଉ ନ ହେଉ ପ୍ରାଶ୍ନିକ ଭାବରେ ବିଶ୍ୱବିଦ୍ୟାଳୟରେ ନିଜକୁ ଏମ୍. ଏ. ବୋଲି ପରିଚୟ ଦେଉଥିଲେ; ତେଣୁ ଏଇ ଯେଉଁ ନୂତନ ଓଡ଼ିଆ ପରୀକ୍ଷାଟି ବି.ଏ.ରେ ଦେବାର ହେଲା, ସେଥିରେ ସେକାଳର ମଧୁସୂଦନ ରାଓ ପ୍ରାଶ୍ନିକ ଓ ପରୀକ୍ଷକ ହେଲେ। ଶ୍ରୀ ବ୍ରଜସୁନ୍ଦର ଦାସ କଲିକତାରେ ପ୍ରେସିଡନସି କଲେଜରୁ ସେଇବର୍ଷ ବି.ଏ. ପାସ୍ କରିଥିଲେ। ସେଇବର୍ଷ ଓଡ଼ିଶାରେ ଲୋକନାଥ ବାବୁ ଓ ଗୋପବନ୍ଧୁ ବାବୁ ବି.ଏ. ପରୀକ୍ଷା ଦେଉଥିଲେ। (ବୋଧହୁଏ ଏ ବର୍ଷ ୧୯୦୨ କିମ୍ବା ୧୯୦୩ ଖ୍ରୀଷ୍ଟାବ୍ଦ ହେବ।) ଏଇ ସମୟରେ ପରୀକ୍ଷା ଆସିଲା। ଏ ପରୀକ୍ଷା ଓଡ଼ିଶାରେ ପ୍ରଥମ। ଦୁହେଁ ଏ ପରୀକ୍ଷା ଦେଲେ। ପରେ ଜଣାପଡ଼ିଲା ଏ ଦୁହେଁଯାକ ସେଥିରେ ଅକୃତକାର୍ଯ୍ୟ ହୋଇଥିଲେ। ଗୋପବନ୍ଧୁ ବାବୁ ଓ ଲୋକନାଥ ବାବୁ ସେତେବେଳକୁ ଓଡ଼ିଶାରେ ବିଶେଷତଃ କଟକରେ ସୁପରିଚିତ ଓଡ଼ିଆ ସାହିତ୍ୟିକ ଥିଲେ। ବିଶେଷରେ ଗୋପବନ୍ଧୁ ବାବୁ 'କର୍ତ୍ତବ୍ୟବୋଧିନୀ' ସଭାକରି ସେଥିରେ ଓଡ଼ିଆ ସାହିତ୍ୟ ଚର୍ଚ୍ଚାର ଖୁବ୍ ବିଦ୍ୟା ଫୁଟାଇ ଥିଲେ। କେହି ଆଶଙ୍କା କରି ନଥିଲେ ବି.ଏ.ର ଏଇ ନୂଆ ପରୀକ୍ଷାଟିରେ ଗୋପବନ୍ଧୁ ବାବୁ ତଥା ଲୋକନାଥ ବାବୁ ଫେଲ ହୋଇଯିବେ। ନିଜେ ତଥା ଲୋକନାଥ ବାବୁ ଏଥିରେ ପାସ୍ କରି ବିଶ୍ୱବିଦ୍ୟାଳୟରେ ଉଚ୍ଚ ଓଡ଼ିଆ ସାହିତ୍ୟିକ ବୋଲି ପରିଚିତ ହେବାର ଆଶା ପୋଷଣ କରିଥିଲେ। ଏମାନେ ଫେଲ ହେବାରେ ଲୋକେ ବିସ୍ମିତ ହୋଇଗଲେ।

ତେଣୁ ଏ ସଂପର୍କରେ କେତେଜଣ ବିଶିଷ୍ଟ ବ୍ୟକ୍ତି ମଧୁବାବୁ ଯାଇ ପଚାରିଥିଲେ, "ଆପଣ ଓଡ଼ିଆଙ୍କର ଏ କି ଅନ୍ୟାୟ କଲେ ? ବଙ୍ଗାଳୀ ଯାହା ଓଡ଼ିଆଗୁଡ଼ାକ ଅସଭ୍ୟ

ଅପଦାର୍ଥ ବୋଲି କହୁଥିଲେ, ସେକଥା ତେବେ ସତ୍ୟ ? ଏହା ପୁଣି ଆପଣ ନିଜ କାର୍ଯ୍ୟରେ ପ୍ରମାଣ କଲେ ?" ମଧୁରାଓ କହିଥିଲେ, "ଲୋକନାଥ ପଟ୍ଟନାୟକଙ୍କ ଖାତାରେ ଅତି ଅଶ୍ଳୀଳ କଥା ଲେଖାଅଛି।" ବୋଧହୁଏ ସେ ଖାତାଟି କାଢ଼ି ଦେଖାଇ ଦେଇଥିଲେ। ସେଥିରେ କଞ୍ଚା ଖାଣ୍ଟି ଓଡ଼ିଆର ଉଦାହରଣ ଭିତରେ ଲୋକନାଥବାବୁ କୃଷ୍ଣସିଂହଙ୍କ ମହାଭାରତ ଭିତରୁ ଉଦ୍ଧାର କରିଥିଲେ।

"ସଭାରେ ବସି ଅଛନ୍ତି କର୍ପୂରମାଳିଆ,
ଗାଡ଼ିଟା ମାନ ତାଙ୍କର ଯେସନେ ଓଳିଆ।"

ସେତିକିରେ ତ ତାଙ୍କର ଦଫା ରଫା। ତା'ପରେ ଗୋପବନ୍ଧୁ ବାବୁଙ୍କ ପ୍ରଶ୍ନ ଉଠିଲା। ସେ ଖାତା ବି ହୁଏତ ବାହାରିଲା। ସେଥିରେ ମଧୁବାବୁଠାରୁ ଉତ୍ତର ମିଳିଥିଲା, "ଏ ପ୍ରଶ୍ନରେ ଶତକଡ଼ା ପଚାଶରେ ପାସ୍ ବୋଲି ମୁଁ ଜାଣି ନଥିଲି। ମୁଁ ଜାଣିଥିଲି ଶତକଡ଼ା ୩୬। ସେଥିପାଇଁ ମୁଁ ୩୬ ନମ୍ବର ଦେଇଥିଲି।" ମୋଟକଥା ଲୋକେ ବୁଝିଲେ ବଙ୍ଗାଳୀଭାଷା ଓ ସାହିତ୍ୟକୁ ଅନୁକରଣ କରି ବଙ୍ଗାଳୀ ସାହିତ୍ୟିକଙ୍କ ସଂଗେ ନିଜକୁ ସମକକ୍ଷ ବୋଲି ଦେଖାଇବାର ଯେ ପ୍ରବୃତ୍ତି ଏ ପରୀକ୍ଷକମାନଙ୍କର ଥିଲା, ଏପରି ନମ୍ବରଦେବା ତାହାରି ଫଳ। ଓଡ଼ିଆ ସ୍ୱତନ୍ତ୍ର ଭାଷାରୂପେ ଏତେଶୀଘ୍ର ପରିଚିତ ହେଉ ଏହା ଏମାନଙ୍କର ଇଚ୍ଛା ନ'ଥିଲା ବୋଲି ସେତେବେଳର ଅନେକ ବୁଝିଥିବା କଥା ମୋ ମନେ ଅଛି।

୩୯। ମୁକୁର

ଗୋପବନ୍ଧୁ ବାବୁଙ୍କର ସେଇଦିନଠାରୁ ଏ ଦଳର ଓଡ଼ିଆଭାଷା ଓ ଓଡ଼ିଆ ଲେଖକମାନଙ୍କ ପ୍ରତି ଅତ୍ୟତ ଅଶ୍ରଦ୍ଧା ଥିଲା। ମୋର ମନେଅଛି, ଏଇ ସୂତ୍ରରେ ବ୍ରଜସୁନ୍ଦରବାବୁଙ୍କ ସଂପାଦକତ୍ୱର 'ମୁକୁର' ନାମକ ମାସିକପତ୍ର ପରେ ପ୍ରକାଶିତ ହୋଇଥିଲା। ଏଇ ଘଟଣା ସଂଗେ ଆଉ ଅନେକ କଥା ମୋ ମନେଅଛି। ଏଇ ୧୯୦୩ ଖ୍ରୀ:ଅ:ରେ ଓ ତା'ପରେ ମୁଁ ଗୋପବନ୍ଧୁ ବାବୁଙ୍କ ସାହଚର୍ଯ୍ୟରେ ଥିବାକାଳରେ ଓଡ଼ିଶାରେ ତତ୍କାଳୀନ ସାହିତ୍ୟ ଓ ସାହିତ୍ୟରଥୀମାନଙ୍କ ସମ୍ବନ୍ଧରେ ବହୁତ କଥା ଶୁଣିଚି ଓ ଜାଣିଚି। ସେକଥାରୁ କିଛି କିଛି ନକହିଲେ ପ୍ରଦେଶମାନଙ୍କରେ ଖଣ୍ଡ ବିଖଣ୍ଡିତ ଓ ବିଶେଷରେ ସେଇ କାରଣରୁ ଅନୁକରଣ ଓ ପରମୁଖାପେକ୍ଷିତାରେ ଜର୍ଜରିତ ସେକାଳରେ ନିର୍ଧନ ଓ ଆଶ୍ରୟହୀନ ଓଡ଼ିଶାର ଅନେକ କଥା ଅଜଣା ରହିଯିବ; କିନ୍ତୁ ଏଠି କହିବା ବୋଧହୁଏ ସମସ୍ତେ ଠିକ୍ ମନେ କରିବେ ନାହିଁ।

୪୦। ମଧୁ ବାରିଷ୍ଟର

ସ୍ୱର୍ଗତ ମଧୁସୂଦନ ଦାସ ଥିଲେ ଓଡ଼ିଶାର ମୁଖ୍ୟତମବ୍ୟକ୍ତି। ତାଙ୍କ ସମ୍ବନ୍ଧରେ କଥା ଅଛି, ସେ ଓଡ଼ିଶାରୁ ଗୋବିନ୍ଦ ଦାସ ନାମରେ ଏନ୍‌ଟ୍ରାନ୍‌ସ ପାସ୍ କରି ଗୋଟିଏ କିରାଣୀ ଚାକିରି କରୁଥିଲେ। ସେଠାରୁ କୌଣସିପ୍ରକାରେ ଯାଇ କଲିକତାରେ ଖ୍ରୀଷ୍ଟିୟାନ ମିଶନାରୀମାନଙ୍କ ପ୍ରଭାବରେ ପଡ଼ି ସେ ନିଜ ନାମକୁ ମଧୁସୂଦନ ଦାସ ନାମରେ ପରିଣତ କରି ସେଠାରୁ ଆଉ ଥରେ ଏନ୍‌ଟ୍ରାନ୍‌ସ ପରୀକ୍ଷାଦେଇ କ୍ରମେ ଏମ୍.ଏ. ଓ ବି.ଏଲ୍. ପର୍ଯ୍ୟନ୍ତ ପାସ୍ କରିଥିଲେ। ସେ ପ୍ରଥମେ କଲିକତାରେ ଓକିଲାତି କରି ସେଠାରୁ ବହୁତ ଟଙ୍କା ରୋଜଗାର କରି କଟକରେ ଓକିଲାତି କରିବା ପାଇଁ ଆସି ସେଠାରେ ବସତି ସ୍ଥାପନ କରିଥିଲେ। ସେ ଅତ୍ୟନ୍ତ ମତିମାନ୍ ଓ ବୁଦ୍ଧିମାନ୍ ବ୍ୟକ୍ତିଥିଲେ। ଓକିଲାତିରେ ତାଙ୍କର ଅସାଧାରଣ ଦକ୍ଷତା କଥା ଓଡ଼ିଶାରେ ପ୍ରାୟ ଘରେ ଘରେ ଜାଣନ୍ତି। ଓଡ଼ିଶାରେ ତାଙ୍କୁ କହୁଥିଲେ 'ମଧୁବାରିଷ୍ଟର'। ଏଇ ହିସାବରେ ସେ ଭାରତ ଜାତୀୟ କଂଗ୍ରେସରେ ଥିଲେ ଜଣେ ବଡ଼ପଣ୍ଡା। ସେତେବେଳେ କଂଗ୍ରେସ ନେତାମାନେ ଭିନ୍ନ ଜିଲା ପ୍ରାନ୍ତରୁ ଏଭଳି ଲୋକଙ୍କୁ ବାଛି କଂଗ୍ରେସକୁ ପୁଷ୍ଟ କରୁଥିଲେ। ଏଇ ମଧୁବାବୁଙ୍କର ମଧ୍ୟ ଓଡ଼ିଶା ସଂଗେ ଓଡ଼ିଆଭାଷୀ ସ୍ଥାନମାନଙ୍କୁ ଏକ କରି ଓଡ଼ିଶା ନାମରେ ବଙ୍ଗଳାରେ ରଖିବା ପାଇଁ ଖୁବ୍ ପ୍ରଯତ୍ନ ଆଉରି ଆଗରୁ ପ୍ରକାଶ ପାଇଥିଲା। ଗୋପବନ୍ଧୁ ଦାସ ଏ କ୍ଷେତ୍ରରେ ମଧୁବାବୁଙ୍କର ଏଇ ନୀତିରେ ବହୁ ପରିମାଣରେ ପ୍ରଭାବିତ ହୋଇଥିଲେ ବୋଲି ମନେହୁଏ। ଯଥାର୍ଥରେ ମଧୁବାବୁ ହେଉଚନ୍ତି, ପୁଣି ଏଇ ଓଡ଼ିଆ ଆନ୍ଦୋଳନର ମୁଖ୍ୟକର୍ତ୍ତା।

୧୯୦୨ ଖ୍ରୀ:ଅ:ରେ ହେବ, ବଙ୍ଗଦେଶରେ ହେଉଥାଏ ପ୍ରାଦେଶିକ ସମ୍ମିଳନୀ। (ବୋଧହୁଏ ଏହା ହେଉଥିଲା ବର୍ଧମାନରେ କିମ୍ବା ମୁର୍ଶିଦାବାଦରେ) ସ୍ଥାନଟି ଠିକ୍ ମନେ ହେଉ ନାଇଁ। ମଧୁବାବୁ ବଡ଼ ଉତ୍ସାହରେ ଲାଗିଲେ ଓଡ଼ିଆଭାଷୀମାନେ ସ୍ୱତନ୍ତ୍ର ଓ ଓଡ଼ିଆଭାଷୀ ଏକ। ଏଇଭାବରେ ଗୋଟିଏ ପ୍ରସ୍ତାବ ଏଇ ବଂଶୀୟ କଂଗ୍ରେସ ସମ୍ମିଳନୀରେ ଧାର୍ଯ୍ୟ କରାଇନେବେ। ବହୁ ଉତ୍ସାହରେ ସେ ଏ ପ୍ରସ୍ତାବଟି ବିଷୟ ନିର୍ବାଚନ କମିଟିରେ ଦେଲେ। ସେଇଠାରେ ବଙ୍ଗାଳୀମାନଙ୍କ ଭିତରେ ଘୋର ଅନିଚ୍ଛା ପ୍ରକଟିତ ହେଲା। ସ୍ୱର୍ଗତ ସାର୍ ସୁରେନ୍ଦ୍ର ନାଥ ବାନାର୍ଜୀଙ୍କ ପର୍ଯ୍ୟନ୍ତ ଏଥିରେ ମଧୁବାବୁଙ୍କ ବିରୋଧରେ ହେଲେ ବଡ଼ପଣ୍ଡା। ଏ ପ୍ରସ୍ତାବଟି ଗୃହୀତ ହୋଇପାରିଲା ନାଇଁ। ମଧୁବାବୁ ସଂଗେ ସଂଗେ ସେ କଂଗ୍ରେସରୁ ବିଦାୟ ନେଲେ। ସେଇଦିନ ଠାରୁ କଂଗ୍ରେସ ଅନୁଷ୍ଠାନ ପ୍ରତି ମଧୁବାବୁ ମରିବାଯାଏ ଆଉ ମୁହଁ ଫେରାଇ ନାହାନ୍ତି। ଏହା ପୂର୍ବରୁ ପ୍ରସଙ୍ଗତରରେ କୁହାଯାଇଛି, ମଧୁବାବୁଙ୍କର ସେଇଦିନଠାରୁ ହେଲା 'ଉତ୍କଳ ସମ୍ମିଳନୀ'। ବହୁ ଅତନ୍ଦ୍ରିତ

ଯତ୍ନ ପରେ ମରିବା ପୂର୍ବରୁ ସେ ଜାଣିଥିଲେ ବମ୍ବେର ସିନ୍ଧୁ ପ୍ରଦେଶ ପରି ବିହାର ଓଡ଼ିଶା ଗୋଟିଏ ସ୍ୱତନ୍ତ୍ର ପ୍ରଦେଶ ହେବାକୁ ଯାଉଚି। କୋରାପୁଟ ଓ ପାରଳାଖେମୁଣ୍ଡି ଓଡ଼ିଶାକୁ ଆସିବା କଥା ସେ ଜାଣି ନ'ଥିଲେ; ମାତ୍ର ମୃତ୍ୟୁଶଯ୍ୟାରେ ମତେ କହିଥିଲେ, "ଏ ଦୁଇଟିଯାକ ମଧ୍ୟ ଆସୁଚି, ସେଥିରେ କୌଣସି ସନ୍ଦେହ ନାହିଁ।'

୪୧। ଗୋପବନ୍ଧୁଙ୍କ ରାଜନୀତି

ଏଇ ପରିସ୍ଥିତିମାନଙ୍କ ଭିତରେ ବିକାଶ ପାଉଥିଲା ଗୋପବନ୍ଧୁ ବାବୁଙ୍କ ରାଜନୀତି। ଓଡ଼ିଆଭାଷୀଙ୍କ ଦେଶ ଓ ଉପାନ୍ତ ଓଡ଼ିଆଭୂମିର ଓଡ଼ିଶା ସଂଗେ ମିଶ୍ରଣ ପ୍ରଭୃତି ଏଇ ରାଜନୀତିର ପୁଣ୍ୟପୀଠରୂପେ ଗୋପବନ୍ଧୁ ବାବୁଙ୍କଠାରେ ପ୍ରକାଶ ପାଇଥିଲା। ଏତିକିବେଳକୁ ଘଟିଲା ଆଉ ଏକ ଘଟଣା।

ମଧୁବାବୁ ଆସି ବ୍ରହ୍ମପୁରରେ ଗଂଜାମିମାନଙ୍କୁ ମୁଖ୍ୟଭାବରେ ଧରି ଗୋଟିଏ ଉତ୍କଳ ସମ୍ମିଳନୀ ଆରମ୍ଭ କଲେ। ଏହା ସେଇ ୧୯୦୨ ଖ୍ରୀ:ଅ: କିମ୍ବା ୧୯୦୩ ଖ୍ରୀ:ଅ: ପ୍ରାରମ୍ଭରେ ହେବ। ଏଇଠାରେ ଖଣ୍ଡ ବିଖଣ୍ଡିତ ଓଡ଼ିଆପ୍ରାଣ ପ୍ରଥମେ ସମ୍ମିଳିତ ଭାବରେ ପୂର୍ଣ୍ଣତା ପାଇବାକୁ ପ୍ରଚେଷ୍ଟା ସ୍ପଷ୍ଟ ଭାବରେ ଆରମ୍ଭ କଲା। ଗୋପବନ୍ଧୁବାବୁ ମଧ୍ୟ ପୂର୍ଣ୍ଣପ୍ରାଣରେ ଏଥିରେ ଯୋଗ ଦେଲେ। ମଧୁବାବୁ ଥିଲେ ନେତା। ସେ ଥିଲେ ବୟସରେ ବଡ଼ ଓ ପ୍ରବୀଣ। ଯେତେହେଲେ ଲୋକେ ତାଙ୍କୁ ଟିକିଏ ଦୂରରୁ ଦେଖୁଥିଲେ, ବିଶେଷରେ ଯୁବକ ଲୋକେ। ଗଂଜାମର ସେତେବେଳେ ଏ ଉଦ୍‌ବୋଧନ ଭିତରେ କେହି ବୃଦ୍ଧ ବା ପ୍ରବୀଣ ସେପରି ଜଣାଶୁଣା ନଥିଲେ। ବୟସ୍କ ଓ ପ୍ରବୀଣଙ୍କ ଭିତରେ ସେତେବେଳେ ଥିଲେ ସ୍ୱର୍ଗତ ନରସିଂହ ଦାସ। ତାଙ୍କ ତଳକୁ ଆସ୍କାର ଓକିଲ ହରିହର ପଣ୍ଡା। ଏ ଦୁହେଁ ଯୁବକ ଦଳରେ ଗଣା ହେଲାଭଳି ଲୋକ, ତେଣୁ ଯୁବକ ଗୋପବନ୍ଧୁଙ୍କ ପ୍ରଭାବ ଗଂଜାମର ବହୁତ କୃତୀଙ୍କ ଭିତରେ ସାକ୍ଷାତଭାବରେ ଖୁବ୍ ପଡ଼ିଥିଲା। ଗୋପବନ୍ଧୁବାବୁ ମଧ୍ୟ ଅତ୍ୟନ୍ତ ସଦାଳାପୀ ଓ ସୁବକ୍ତା ଥିଲେ। ମଧୁବାବୁ ମଧ୍ୟ ସୁବକ୍ତା ଥିଲେ; କିନ୍ତୁ ତାଙ୍କ ବକ୍ତୃତାରେ ଭୂୟୋଦର୍ଶନର ବିଶାଳତା ଥିଲେ ମଧ ତାହା ଯୁବକମାନଙ୍କ ପ୍ରତି ପ୍ରଚ୍ଛନ୍ନ ବା ସାକ୍ଷାତ ଉପଦେଶ ପରି। ସେ ହିସାବରେ ଗୋପବନ୍ଧୁବାବୁଙ୍କ କଥା ସ୍ୱାଦ୍ୟ ମଧୁର ଓ ବିଶେଷ ହୃଦୟଗ୍ରାହୀ। ପୁଣି ଗୋପବନ୍ଧୁବାବୁଙ୍କ ଆଳାପ ଓ ଚଳଣିରେ ତଥା ବକ୍ତୃତାରେ ସରସତା (Humour) ପୂରି ରହିଥିଲା। ତାଙ୍କର ଏଇ ହୃଦ୍ୟଚଳଣି ହେତୁ ସେ ଅତ୍ୟନ୍ତ ଲୋକପ୍ରିୟ ହୋଇ ଉଠିଲେ ଓ ଗଂଜାମରେ ତାଙ୍କର ସ୍ଥାନ ଏକପ୍ରକାର ଅତି ଅଭେଦ୍ୟ ଭାବରେ ପ୍ରତିଷ୍ଠିତ ହେବାର ଆରମ୍ଭ ହେଲା।

୪୨। ମୋର ରୋଗୀ ସେବା

ଏଇଠାରେ ଗୋଟିଏ କଥା କହିଦେବା ମନେ କରୁଚି। ସେ ହେଉଚି ରୋଗୀ ସେବା। ଏହି ରୋଗୀସେବା କଟକରେ ମୁଁ ମାଟ୍ରିକ୍ୟୁଲେସନ୍ ୨ୟ ଶ୍ରେଣୀରେ ପଢ଼ିବାଦିନୁ ଆରମ୍ଭ କରିଥିଲି। କଟକରେ ସେତେବେଳେ ସାଧାରଣ ଓଡ଼ିଆ ଓ ଓଡ଼ିଆ ଭଦ୍ରଲୋକଙ୍କ ରହିବାର ଅବସ୍ଥା ବଡ଼ ଭଲ ନଥିଲା। ଓଡ଼ିଆ ଲୋକେ ପୁଝାରୀ ହୋଇ କାମ କରୁଥିଲେ। ସେତିକିବେଳେ ତାଙ୍କୁ ନାନା ରୋଗ, ଏପରିକି ହଇଜା ପରି ରୋଗ ବରାବର ଧରୁଥିଲା। ଲୋକେ ଟୋପାଏ ପାଣି ନପାଇ ମରୁଥିଲେ। ମଲାପରେ ତାଙ୍କୁ କେହି ପୋଡ଼ିବାକୁ ନଥିଲା। ଏସବୁ ଦେଖି ଗୋପବନ୍ଧୁବାବୁ ଆମମାନଙ୍କୁ ସଂଗେ ଧରି (ହରିଭାଇନା, ପ୍ରଚାରକ ଅନନ୍ତ ମିଶ୍ର ଓ ମୋତେ) ଗୋଟିଏ ଦଳ କରିଥିଲେ। ଆମେ ଖବର ପ୍ରଚାର କରି ଦେଇଥିଲୁ- ସହରରେ ଯାହାର ଯେଉଁଠି ପୁଝାରୀ କିମ୍ବା ଆତ୍ମୀୟମାନଙ୍କ ମଧ୍ୟରେ ଏହିପରି ଦୁର୍ଗତି ଘଟିବ ସେ ଆମକୁ ଖବର ଦେଲେ ଆମେ ଯାଇ ପହଞ୍ଚିବୁ। ଏହିପରି ଅନେକ ଲୋକ ଆମକୁ ଖବର ଦିଅନ୍ତି। ଆମେ ଯାଇ ସାଧାରଣତଃ ହଇଜା ରୋଗୀଙ୍କ ଘରେ ପହଞ୍ଚୁ।

ହଇଜାରେ ସେତେବେଳେ ଔଷଧ ବା ଚିକିତ୍ସା ବଡ଼ କମ୍ ଥାଏ। ରୋଗୀ ପ୍ରାୟ ମରିଯାନ୍ତି। ଏପରିକି ଅନେକ ମୁର୍ଦାର ମଧ୍ୟ ଘରେ ପଡ଼ିଥାନ୍ତି। ଆମେ ଯାଇ ତାଙ୍କୁ ଶ୍ମଶାନକୁ ନେଉ। ସେ ମଧ୍ୟରୁ ଅଧିକାଂଶ ହଇଜାରେ ମରିଥାନ୍ତି।

ସମସ୍ତ ସହରରେ ଆମର ଏଇ ସେବା କରିବା କଥା ଖୁବ୍ ପ୍ରଚାର ହୋଇଗଲା। ମନେଅଛି, ଆମ ଟ୍ରେନିଂ କଲେଜ ହଷ୍ଟେଲ (କାଠଯୋଡ଼ିକୂଳ ଛାତ୍ରାବାସ) ଆଗରେ ଲଣ୍ଡା ଦେଉଳ ବୋଲି ଗୋଟିଏ ଦେବାଳୟ ଥାଏ। କେତେଗୁଡ଼ିଏ ଛାତ୍ର ସେଠାରେ ବସା କରି ରହୁଥାନ୍ତି। ନେତ୍ରାନନ୍ଦ ବୋଲି ଜଣେ ଛାତ୍ର ଥରକର କଲେରାରେ ପଡ଼ିଲା। ମୁଁ ତା' ଭାଇ ବୋଡିଂରେ ମୋ ଖାଦ୍ୟ ପ୍ରଭୃତି ଖାଇବାକୁ ଛାଡ଼ିଦେଇ ସେଠାରେ ରହିଲି। ବୋଡିଂ ପରିଚାଳକ ସୁରେଶ ଗୁପ୍ତଙ୍କ ପାଖକୁ ଖବର ଚାଲିଗଲା। ସେ ବଡ଼ ବିରକ୍ତ ହୋଇ ପ୍ରିନ୍ସିପାଲ ବି: ଭି: ଗୁପ୍ତଙ୍କୁ ଜଣାଇଲେ। ବି: ଭି; ଗୁପ୍ତ ମୋତେ ଡକାଇ ପଠାଇଲେ। ମୁଁ ଜଣେ ବୃତ୍ତିଭୋଗୀ ଛାତ୍ର। ସେତେବେଳକୁ ମୁଁ ସକାଳୁ ଗାଧୋଇସାରି କିଛି ନଖାଇ ଖଣ୍ଡେ ମଠା ପିନ୍ଧି ରୋଗୀ ସେବା କରୁଥାଏ। ମୋର ଯେତେ ପୁରୁଣା ଚାଦର ଥିଲା ତାକୁ ଚିରି ଚିରି ରୋଗୀ ଶେଯରେ ପକାଇ ସାରିଥିଲି। ହାତ ପଟାସ୍ ପରମାଙ୍ଗାନେଟ୍ ପାଣିରେ ରଙ୍ଗ ହୋଇଥାଏ। ମୁଁ ସଂଗେ ସଂଗେ ପ୍ରିନ୍ସିପାଲଙ୍କ ପାଖୁ ଦୋ'ତାଲାକୁ ଚାଲିଆସି କହିଲି, "ଆପଣ ମୋତେ ଅନୁଗ୍ରହ କରି ଟିକିଏ ଛାଡ଼ିଦିଅନ୍ତୁ। ସେ ରୋଗୀ ପାଖେ ଆଉ କେହି ନାହିଁ।"

ମତେ ବି: ଭି: ଗୁପ୍ତ ନିରେଖି ଚାହିଁଲେ। କ'ଣ ମନକୁ ପାଇଲା, ତା'ପରେ କହିଲେ- "ହଉ ଯାଅ।" ତା'ପରେ ସୁପରିନ୍‌ଟେଣ୍ଡେଣ୍ଟ୍‌ଙ୍କୁ ଡାକି କହିଲେ- "ତାକୁ ଦଶଟୋପା ସଲ୍‌ଫ୍ୟୁରିକ୍ ଏସିଡ୍ ପିଆଇଦିଅ।" ସେ ଆସି ମୋତେ ଡାକି ପିଆଇଦେଲେ। ସେ ରୋଗୀଟି ସନ୍ଧ୍ୟାବେଳକୁ ମରିଗଲା। ସେ ଥିଲା କଟକ ଟ୍ରେନିଂ ସ୍କୁଲ ସଂଗେ ସଂଲଗ୍ନ ମଡେଲ ସ୍କୁଲ ଛାତ୍ର।

ଶ୍ରୀ ଚନ୍ଦ୍ରମୋହନ ମହାରଣା ଥିଲେ ଟ୍ରେନିଂ ସ୍କୁଲର ହେଡ୍‌ମାଷ୍ଟର ଓ ଅଧ୍ୟକ୍ଷ। ମୁଁ ଯାଇ ତାଙ୍କୁ ଡାକିଲି। ସେ ଆସିଲେ। ଆମ ସଂଗେ ଶବକୁ ନେଇ ଖାନନଗର ଗଲେ। ପାଣି ବଢ଼ିଆସୁଥିବାରୁ ଆମେ ମଡ଼ା ମୁହଁରେ ଟିକିଏ ନିଆଁ ଜାଳିଦେଇ ନଈ ଭିତରକୁ ଫିଙ୍ଗିଦେଲୁ। ଏହା ମୋର ସ୍ପଷ୍ଟ ମନେ ଅଛି।

୪୩। ରୋଗୀସେବା ୧୯୧୨

ସତ୍ୟବାଦୀ ସ୍କୁଲରେ ଆସି ଯୋଗଦେଲା ବେଳକୁ ଗୋପବନ୍ଧୁ ବାବୁଙ୍କର ବାରିପଦାରେ ଗୋଟିଏ ହୋମିଓପ୍ୟାଥି ଔଷଧ ରଖିବାର ସୁନ୍ଦର ବାକ୍ସ ଥିଲା। ତାଙ୍କଠାରୁ ମୁଁ ସେ ବାକ୍ସଟି ନେଇ ପାଖରେ ରଖି ହୋମିଓପ୍ୟାଥି ଚିକିତ୍ସା ଆରମ୍ଭ କରିଦେଲି। ସେତିକିବେଳେ ଅକସ୍ମାତ୍ ସ୍କୁଲ ଘରପୋଡ଼ି (ଫେବୃୟାରୀ ୧୨ତାରିଖ ୧୯୧୨)ର ପରେ ପରେ ପୁରୀ ଜଗନ୍ନାଥଙ୍କର ନବକଳେବର ହେଲା। ପୁରୀକୁ ରେଲ୍ ହେବା ପରେ ଏହା ପ୍ରଥମ ନବକଳେବର ଯାତ୍ରା। ସେଥିରେ ବହୁତ ଯାତ୍ରୀ ଆସି ପହଞ୍ଚିଲେ। ସେ ଯାତ୍ରୀମାନଙ୍କୁ ସହରରୁ ବାହାର କରିବାକୁ ପୁରୀ ମ୍ୟୁନିସିପାଲଟି ବଡ଼ କମ୍ ସମର୍ଥ ହୋଇଥିଲେ। ଭାରି ହଇଜା ହେଲା ପୁରୀର ଯାତ୍ରୀମାନେ ଓ ତା'ପରେ ପାଖଆଖ ଗ୍ରାମମାନଙ୍କରେ ଭାରି ହଇଜା ଲାଗିଲା। ଏପରି ବାଡ଼ି ସତ୍ୟବାଦୀ ଅଞ୍ଚଳରେ ଆଉ କେବେ ପଡ଼ିଥିବାର ମନେ ହେଉନାଇଁ। ସେତିକିବେଳେ ହରିଭାଇନା ପର୍ଯ୍ୟନ୍ତ ନଥାନ୍ତି। ସେ ଥାନ୍ତି କଟକ ଏକାଡେମୀ ସ୍କୁଲର ମାଷ୍ଟର। ମୁଁ ଛୋଟ ଛୋଟ ଛାତ୍ରମାନଙ୍କୁ ନେଇ ହୋମିଓପ୍ୟାଥି ଚିକିତ୍ସାରେ ଲାଗିଗଲି। କାଳେ ଲୋକ ରାତି ଅଧରେ ଆସି ମୋତେ ଖୋଜିଲେ ନପାଇବେ, ସେଥିପାଇଁ ମୁଁ ସେତେବେଳର ବୋର୍ଡିଂ ବାରଣ୍ଡାରେ ଖଟ ପକାଇ ଶୋଉଥିଲି। ସ୍ୱର୍ଗତ ଶ୍ରୀ ରାମଚନ୍ଦ୍ର ରଥେ ବରାବର ମୋ ସାଙ୍ଗରେ ଥାନ୍ତି; ଦରକାର ହେଲେ ପିଲାମାନଙ୍କୁ ବୋର୍ଡିଂରୁ ଧରି ମୁଁ ଗ୍ରାମମାନଙ୍କୁ ଯାଏ।

ସେକାଳେ ହଇଜାକୁ ଭାରି ଡର ଥିଲା। ପିଲାମାନେ ଭାରି ଭୟ କରୁଥାନ୍ତି। ମୁଁ ଗାଆଁରେ ରୋଗୀ ଦେଖିବାକୁ ଯାଇ କୂଅରୁ ହାତରେ ପାଣି ପର୍ଯ୍ୟନ୍ତ କାଢ଼ି ଆଣେ। ସେତେବେଳେ ମୁଁ ହିସାବ ରଖୁଥିଲି ପ୍ରଥମ ମାସରେ ୧୧୮ଜଣ ରୋଗୀ ଚିକିତ୍ସା

କରିଥିଲି। ସେଥିରୁ ୧୯ଜଣ ମାତ୍ର ମରିଥିଲେ। ହୋମିଓପ୍ୟାଥି ଛଡ଼ା ଅନ୍ୟ ଚିକିତ୍ସା ପ୍ରାୟ ସେତେବେଳେ ନଥିଲା। ସାଲାଇନ୍ ଇନ୍‌ଜେକ୍ସନ୍ ଶିରାରେ ଦେବା ତା'ରି ଅଳ୍ପଦିନ ପରେ ବାହାରିଥିଲା; କିନ୍ତୁ ମୁଁ ହୋମିଓପ୍ୟାଥିରେ ଭାରତର ତଥା ଆମେରିକାର ବହୁତ ଚିକିତ୍ସା ଗ୍ରନ୍ଥ କିଣିଥିଲି। ପ୍ରଧାନ ଗ୍ରନ୍ଥ ହେଉଚି କଲିକତାର "salzar's three lectures on cholera"। ସେ ଗ୍ରନ୍ଥଟି ଏବେ ବି ହୁଏତ ସତ୍ୟବାଦୀର ପୁସ୍ତକାଗାରରେ ଅଛି। ଏହି ରୋଗୀ ସେବା ଘେନି ମୋର ବିଶେଷ ନାମ ହୋଇଗଲା। ଗୋଟିଏ କଥା ମନେଅଛି- ମୁଁ ଗ୍ରାମରେ ପ୍ରାୟ ଏକାବେଳକେ କୋଡ଼ିଏ ଜଣରୁ ବେଶୀ ରୋଗୀ ଚିକିତ୍ସା କରୁଥିଲି। ତାଙ୍କୁ ଘରୁ ବାଲି ପର୍ଯ୍ୟନ୍ତ ତିଆରି କରିନେଇ ଖାଇବାକୁ ଦିଏ। ଗୋପବନ୍ଧୁ ବାବୁ ମଧ୍ୟେ ମଧ୍ୟେ ବାରିପଦା ବା କଟକରୁ ଆସି ମୋତେ ଉତ୍ସାହ ଦେଉଥାନ୍ତି।

୧୯୧୨ରେ ମୁଁ ପ୍ରଥମେ ସତ୍ୟବାଦୀ ସ୍କୁଲରେ ଶିକ୍ଷକ ଥିଲାବେଳେ ପୁରୀର ନବକଳେବର ସମୟରେ ଭୀଷଣ ହଇଜା ହୋଇଥିବା କଥା ଆଗରୁ କହିଚି। ସେତେବେଳେ ପିଲା ଓ ଛାତ୍ରମାନଙ୍କୁ ନେଇ ମୁଁ ରୋଗୀମାନଙ୍କ ସେବାରେ ଲାଗି ପଡ଼ିଥିଲି। ଆମ ନିଜ ଗ୍ରାମରେ ଦିନେ ଅନେକଗୁଡ଼ାଏ ରୋଗୀ ପଡ଼ିବାର ଦେଖାଗଲା। ଭାରି ବର୍ଷା ମଝିରେ ମଝିରେ ହେଉଥାଏ। ମୁଁ ଦିନେ ଦୁଇଦିନ ଯାଇ ଗ୍ରାମରେ ରହିଲି। ଚିକିତ୍ସା ବରାବର ଚାଲିଥାଏ। ଲୋକଙ୍କର ଅବସ୍ଥା ଓ ସୁବିଧା ନଥିବାରୁ ମୁଁ ନିଜଘରେ ବାର୍ଲି ତିଆରି କରି ତାକୁ ନେଇ ରୋଗୀମାନଙ୍କୁ ତାଙ୍କ ଘରେ ଦେଉଥାଏ। କିଛି ସମୟପରେ ବୋଉ ବିରକ୍ତ ହୋଇ ମତେ କହିଲା, "ଆମର ଏତେ ରୋଗୀମାନଙ୍କୁ ନେଇ ବାର୍ଲି ଖାଇବାକୁ ଦେବାରେ କ'ଣ ଅଛି ? ତାଙ୍କୁ ଔଷଧ ଦେବା ହେଉଚି ଆମ କାମ, ଏସବୁ କ'ଣ ?"

ନନା ନଥିଲେ। ବାହାରୁ ଆସି ଶୁଣି କହିଲେ- "ଆଚ୍ଛା, ତୁ ତ ଯା କହି ପୁଅକୁ ମନା କରୁଚୁ। କାଲି ଯଦି ଏ ଦୁଷ୍କାଳରେ ଆମଘରେ କିଛି ହୁଏ, ତେବେ କିଏ ଆସିବ ?"

ସେଠାରେ ମୁଁ ଉତ୍ସାହିତ ହୋଇ ସେଇ କାର୍ଯ୍ୟରେ ଫେର୍ ଖୁବ୍ ଲାଗିଲି। ଏହା ମୋ ଜୀବନରେ ଗୋଟିଏ ଶିକ୍ଷା ପରି ଏବେ ବି ମନେଅଛି।

ସତ୍ୟବାଦୀ ସ୍କୁଲ ଆରମ୍ଭ ହେବା ପୂର୍ବରୁ ମୁଁ ଗୋପବନ୍ଧୁବାବୁଙ୍କ ବାରିପଦାରେ ବ୍ୟବହୃତ ହୋମିଓପ୍ୟାଥି ବାକ୍‌ସଟି ନେଇ ୧୯୧୨ ନବକଳେବର ହଇଜାରେ ଅତି ସନ୍ତର୍ପଣରେ ମଫସଲରେ ଗ୍ରାମେ ଗ୍ରାମେ ବୁଲି ଚିକିତ୍ସା କରିବା କଥା କହିଚି। ଏପରି ଚିକିତ୍ସା କରୁଥିଲି ଯେ ଅଧାଚାଳ ଥିବା ବୋଡିଂରେ ମୁଁ ଶୋଇଥାଏ। ମୋ ପାଖରେ ନିଷ୍ପାପର କର୍ମୀ ଶ୍ରୀ ରାମଚନ୍ଦ୍ର ରଥେ ବରାବର ଶୋଉଥାନ୍ତି; କାରଣ ରାତିରେ କେହି ଡାକିବାକୁ ଆସି ମୋତେ ଉଠାଇ ନ ପାରି ଫେରିଯିବେ ବୋଲି ତାଙ୍କର ଭୟ ଥାଏ। ଏହି କାର୍ଯ୍ୟର ଧାରାଟି ଗୋପବନ୍ଧୁବାବୁଙ୍କ ସାହଚର୍ଯ୍ୟରେ ନୂଆ ନୁହେଁ।

୪୪। ପୁରୀ ପ୍ରତ୍ୟାବର୍ତ୍ତନ

ମେଲେରିଆ ଭଲ କରିବାପାଇଁ କଟକରେ ପଢ଼ିବାକୁ ଆସିଥିଲି। ବରଷେ ରହିଲି। ମେଲେରିଆ ଭଲହୋଇ ତା'ପରେ ହଇଜା ହୋଇ ମଧ୍ୟ ଭଲ ହୋଇଗଲା। ପୁରୀ ପ୍ରତି ଆକର୍ଷଣଟା ବରାବର ମରିଯାଇ ନଥାଏ। ଏବେ ତା' ପୁଣି ଜାଗ୍ରତ ହେଲା। ବିଚାରିଲି ମୋତେ ଯଦି ଏନ୍‌ଟ୍ରାନ୍‌ସ ପାସ୍ କରିବାକୁ ହେବ, ତେବେ ମୁଁ କଟକରୁ ନକରି ପୁରୀରୁ କରିବି। ରମେଶ, ସୁଶୀଲ, ଯମେଶ୍ୱର ପ୍ରଭୃତି ମିତ୍ରମାନେ ମୋତେ ବାରଣ କଲେ। ମୋର ସାହଚର୍ଯ୍ୟ ଛାଡ଼ିବା କଳ୍ପନାରେ ଦୁଃଖ ମଧ୍ୟ ପ୍ରକାଶ କଲେ। କିନ୍ତୁ ଦାସେ ଆପଣେ ମୋତେ ଅନୁମତି ଦେଲେ-ମୋ ପ୍ରାଣର ଏ ଭାବ ପ୍ରତି ଅନୁକଂପା ପ୍ରକାଶ କଲେ। ମୁଁ ପୁରୀ ଫେରିଲି।

ପୁରୀରେ ଅଧରଚନ୍ଦ୍ର ମୁର୍ଖାଜୀ ବୋଲି ହେଡ୍‌ମାଷ୍ଟର ଥିଲେ। ଗଣିତରେ ଅତ୍ୟନ୍ତ ସୁଦକ୍ଷ ବୋଲି ତାଙ୍କର ନାମ ଥିଲା। ଉପରେ ଛଅଟା ଅଙ୍କ ଲକ୍ଷ ସଂଖ୍ୟା ତଳେ ସେହିପରି ଚାରିଟା ଅଙ୍କ ଲେଖି ସେ ସଂଗେ ସଂଗେ ମୁହଁରେ ଗୁଣିଦେଇ ତଳେ ଗାର ପକାଇ ଗୁଣନ ଫଳଟା ଲେଖି ଦେଇପାରୁଥିଲେ। ଏପରି ମୁଁ ଆଉ ଦେଖି ନାହିଁ। ସେ ମଧ୍ୟ ସେକାଳ ଅନ୍ୟାନ୍ୟ ଅନେକ ମାଷ୍ଟରଙ୍କ ପରି ବଡ଼ ସାଧୁ ଓ ବାତ୍ସଲ୍ୟପରାୟଣ ଶିକ୍ଷକ ଥିଲେ। ତଥାପି ଶୁଣାଗଲା ତାଙ୍କ ସ୍ଥାନରେ ଚନ୍ଦ୍ରମୋହନ ମହାରଣା ହେଡ୍‌ମାଷ୍ଟର ହୋଇ ଆସିବେ।

୪୫। ଚନ୍ଦ୍ରମୋହନ ବାବୁ

ସେତେବେଳେ ଓଡ଼ିଆ ଜଣେ ହେଡ୍‌ମାଷ୍ଟର ହୋଇ ଆସିବେ ଏହା ଶୁଣିବାଟା ବଡ଼ କଥା। ମୁଁ ପିଲାଦିନେ ଚନ୍ଦ୍ରମୋହନବାବୁଙ୍କୁ ସ୍କୁଲ ଡେପୁଟୀ ଇନିସ୍‌ପେକ୍ଟର ଥିବାର ଦେଖିଥିଲି। ସ୍କୁଲ ଶିକ୍ଷକମାନଙ୍କ ଭିତରେ ବଡ଼ ଯୋଗ୍ୟଲୋକ ବୋଲି ତାଙ୍କର ସୁଖ୍ୟାତି ଥିଲା। ମୋ ମନେଅଛି, ଆମଗାଁ ସ୍କୁଲ ପରିଦର୍ଶନ କରିବାକୁ ଗଲାବେଳେ ସେ ଗୋଟିଏ କୋଇଲି ବୋବେଇବାର ଶୁଣି ପଚାରି ଦେଇଥିଲେ, "ପଣ୍ଡିତ ମହାଶୟ କହନ୍ତୁ ତ, ଏ ମାଈ କି ଅଣ୍ଡିରା କୋଇଲି ?" ପଣ୍ଡିତ ମହାଶୟ ଟିକିଏ ଇତସ୍ତତଃ ହୋଇ କହି ପକାଇଲେ "ମାଈ ହୋଇଥିବ। ଅଣ୍ଡିରାର ଏ ସୁନ୍ଦର ସ୍ୱର ହେବ କୁଆଡୁ ?" ଚନ୍ଦ୍ରମୋହନ ବାବୁ କହିଲେ "ନା ନା। ମାଈ କୋକିଳର ଏପରି ସୁର ନାହିଁ। ଆପଣ ଜାଣନ୍ତି ନାହିଁ। କାଳୀଦାସ ଲେଖିଚିନ୍ତି- "ପୁଂସ୍କୋକୀଲୋଯନ୍ ମଧୁରମ୍ ଚୂକୂଜ"। ସେକାଳେ ମଧ୍ୟ ଓଡ଼ିଆ ଶିକ୍ଷକମାନେ ସଂସ୍କୃତ ଜାଣୁଥିଲେ। ଚନ୍ଦ୍ରମୋହନବାବୁ ସ୍କୁଲ ପରୀକ୍ଷା କରିବା ଛଡ଼ା ଏଇପରି କଥାଛଳରେ ବହୁତ ଆଲୋଚନା କରୁଥିଲେ। ଓଡ଼ିଆ ଶିଖିତ ଶ୍ରେଣୀରେ ତାଙ୍କର ଖୁବ୍ ଆଦର ଓ ସୁଖ୍ୟାତି ଥିଲା; କିନ୍ତୁ ହାଇସ୍କୁଲରେ ହେଡ୍‌ମାଷ୍ଟର ହୋଇପାରୁ

ନଥିଲେ। ସେକାଳେ ହାଇସ୍କୁଲମାନଙ୍କରେ ବଙ୍ଗାଳୀପିଲା ବହୁତ ଥିଲେ। ଓଡ଼ିଆ ହେଡ଼ମାଷ୍ଟର ହେଲେ ସେମାନେ ମଧ୍ୟ ସହିପାରୁ ନଥିଲେ। ପୁରୀ ଜିଲ୍ଲାସ୍କୁଲର ହେଡ଼ମାଷ୍ଟର ହୋଇ ଆସିବାର ବର୍ଷେ ଦି'ବର୍ଷ ପୂର୍ବରୁ ଥରେ ସେ କିଛିଦିନ ପାଇଁ ରେଭେନ୍ସା କଲେଜିଏଟ ସ୍କୁଲରେ ହେଡ଼ମାଷ୍ଟର ହୋଇଥିଲେ। ସେତେବେଳେ ଦିନେ ସେ କ୍ଲାସ୍‌କୁ ଆସିଲାବେଳକୁ ପିଲାମାନେ ପୂର୍ବରୁ ବିଚାର କରି ଗୋଟିଏ ଲିହଣ ଓ ଗୋଟିଏ ମୁଗୁର ଟେବୁଲ ଉପରେ ରଖି ଦେଇଥିଲେ। ଅବଶ୍ୟ ଯେଉଁମାନେ ରଖି ଦେଇଥିଲେ ସେମାନେ ତାଙ୍କର ଉପାଧି ମହାରଣା ଦେଖି ତାଙ୍କୁ ବଢ଼େଇ ବୋଲି ବିଚାରିଥିଲେ। ସେ କିନ୍ତୁ ବଢ଼େଇ ନଥିଲେ। ସେ ଥିଲେ ଜାତିରେ ଥଟାରି। ସେ ଯାହାହେଉ, ସେତେବେଳେ ଖବରକାଗଜ ନଥିଲେ ମଧ୍ୟ ଏ ଖବର ଓଡ଼ିଶାରେ ବ୍ୟାପୀ ଯାଇଥିଲା। ଆମେ ସ୍କୁଲରେ ଓଡ଼ିଆ ପିଲାମାନେ ଏଥରେ ନିଜକୁ ବଡ଼ ଅପମାନିତ ବୋଧ କରିଥିଲୁଁ; ତେଣୁ ଚନ୍ଦ୍ରମୋହନ ବାବୁଙ୍କ ପ୍ରତି ମୋର ସେ ଭକ୍ତି ଓ ଆଦର ଆଗରୁ ଥିଲା ତା' କହିବା ଦରକାର ନାହିଁ।

ପରେ ସେ ଆସିଲେ। ଯଥାର୍ଥରେ ତାଙ୍କପରି ଉଦାରଚେତା ଶିଶୁପ୍ରାଣ ଶିକ୍ଷକ ମୁଁ ବଡ଼ କମ୍ ଦେଖିଚି। ମୋତେ ସେ ଅତ୍ୟନ୍ତ ବିଶ୍ୱାସ କରୁଥିଲେ। ଆସିବାର କିଛିଦିନ ପରେ ମୋ ଉପରେ ବୋଡିଂର ସମସ୍ତ ଭାର ଛାଡ଼ିଦେଇ ଏକପ୍ରକାର ନିଶ୍ଚିତ ହୋଇଥିଲେ। ପିଲାଙ୍କର ବ୍ରହ୍ମଚର୍ଯ୍ୟଗତ ଚରିତ୍ରପାଇଁ ତାଙ୍କର ବଡ଼ ତୀକ୍ଷ୍ଣ ଦୃଷ୍ଟି ଥିଲା। ସେଥିପାଇଁ ସର୍ବଦା ସେ ମୋ ସଂଗେ ବିଚାର ପରାମର୍ଶ କରି ଯାହା ଦରକାର ତା' କରୁଥିଲେ। ମୁଁ ଶେଷରେ ଯେତେବେଳେ ବଛାବଛି ପରୀକ୍ଷା ପରେ ପୁରୀ ଜିଲାସ୍କୁଲ ଛାଡ଼ିଲି, ସେତେବେଳେ ସେ କହିଥିଲେ, "ନୀଳକଣ୍ଠ ଚାଲିଗଲେ ହଷ୍ଟେଲ କାହା ଜିମା ରହିବ।"

ସେତିକି ନୁହେଁ। ପାଠ ବୁଝିବା ଦରକାର ହେଲେ ତାଙ୍କଦ୍ୱାର ମୋ ପାଇଁ ସର୍ବଦା ଅବାରିତ ଥିଲା। ରାତି ଏଗାରବେଳେ ମଧ୍ୟ ବୀଜଗଣିତର ମୋ ପକ୍ଷରେ ସେତେବେଳେ ଅସାଧ୍ୟ ସମସ୍ୟାମାନ ଘେନିଯାଇ ମୁଁ ପହଞ୍ଚିଚି। ସେ ଶୋଇବାରୁ ଉଠିଆସି ମୋ ଅଙ୍କଟି ମୋତେ ବୁଝାଇ ଦେଇ ପୁଣି ଯାଇ ଶୁଅନ୍ତି। ମୋର ହସ୍ତାକ୍ଷର ବଡ଼ ଖରାପ ଥିଲା। ଅକ୍ଷରଗୁଡ଼ାକ ମୋଡ଼ା ମୋଡ଼ା ହୋଇ ସେଥିରେ ଅକ୍ଷରର ଦେହଠାରୁ ଲାଞ୍ଜ ମୁଣ୍ଡର କୁଟୀଳ ରେଖାସବୁ ବହୁତ ବାହାରୁଥାଏ। ଅକ୍ଷରଗୁଡ଼ାକ ବି ବହୁତ ବକ୍ରାକୃତି ଥାଏ। ମୋତେ ଦିନେ ସେ କହିଲେ, "ନୀଳକଣ୍ଠ ତୁମେ ଏହାକୁ ବଦଳାଇ ଦିଅ" ମୁଁ ବୁଝିପାରିଲି ନାହିଁ। ତା'ପରେ ମୋତେ ବୁଝାଇଲେ ମୁହୂର୍ତ୍ତେ ମନ ଠିକ୍ କରି କୃତସଙ୍କଳ୍ପ ହେଲେ ଏହା ସହଜରେ ହୋଇଯିବ। ସେତିକିବେଳେ ମନୁଷ୍ୟର ସଙ୍କଳ୍ପ ଶକ୍ତି (Will Power) ବିଷୟରେ ମୁଁ ତାଙ୍କଠାରୁ ପ୍ରସଙ୍ଗତଃ ଯାହା ଶୁଣିଥିଲି ତା'ର ସ୍ମୃତି ଏବେ ମଧ୍ୟ ଜୀବନ୍ତ ଅଛି। ମୁଁ ବହୁତ ଛାତ୍ର ଓ ଯୁବକଙ୍କୁ ସେ କଥା କହୁଚି। ସେମାନଙ୍କ ମଧ୍ୟରୁ ଅନେକ ଫଳ ବି ପାଇଥିବେ। ମୋ

କଥା କହୁଚି। ତହିଁ ଆରଦିନ ମୁଁ ସଙ୍କଳ୍ପ କରି ହସ୍ତାକ୍ଷର ବଦଳାଇ ବସିଲି ଚନ୍ଦ୍ରମୋହନ ବାବୁଙ୍କ ହସ୍ତାକ୍ଷରକୁ ଆଦର୍ଶ କରି। ସେ ମୋତେ ବୁଝାଇଥିଲେ, ବ୍ୟବହାରରେ ମିତବ୍ୟୟିତା- ଅକ୍ଷରରେ ମଧ୍ୟ ସେଇଆ; ଲାଞ୍ଜ ମୁଣ୍ଡ, ମୋଡ଼ାଗାର ସବୁ ଦରକାର ନାହିଁ। ଅକ୍ଷର ସ୍ପଷ୍ଟ କରିବା ପାଇଁ ଗାରର ଯେତିକି ପ୍ରକାର ଓ ପରିମାଣ ଲୋଡ଼ା, ସେତିକି ହେଲେ ହେଲା। ଏହାର ଅକ୍ଷର ଭଲ କରିବାର ସୂତ୍ର। ଏକ ସପ୍ତାହ ଭିତରେ ମୋର ଅକ୍ଷର ବଦଳିଗଲା। ପରେ ସତ୍ୟବାଦୀ ସ୍କୁଲରେ ପିଲାଙ୍କୁ ଅକ୍ଷରଲେଖା ଶିଖାଇଲାବେଳେ ଚନ୍ଦ୍ରମୋହନ ବାବୁଙ୍କ ତତ୍ତ୍ୱକଥାଗୁଡ଼ିକ ମଧ୍ୟ ମୋର ବରାବର ମନେଥିଲା।

ଚନ୍ଦ୍ରମୋହନ ବାବୁ ପ୍ରାୟ ଆକାଶ ନିର୍ମଳ ଥିବାବେଳେ ମୋତେ ସାଂଗେ ଘେନି ସ୍କୁଲହତା ଭିତରେ ବୁଲି ବୁଲି ବାଲିରେ ଆଳାପ କରୁଥାନ୍ତି। ସେତିକିବେଳେ ଆକାଶକୁ ଚାହିଁ ଗ୍ରହର ଗତି; ମଙ୍ଗଳର ଅତିଚାର; ଚନ୍ଦ୍ରପଥରେ ନିର୍ଦ୍ଦିଷ୍ଟ ଅଶ୍ୱିନୀ, ଅର୍ଦ୍ରା, ପୁନର୍ବସୁ, ଚିତ୍ରା, ଶ୍ୱାତି, ଜ୍ୟେଷ୍ଠା, ଭାଦ୍ରପଦ ପ୍ରଭୃତିର ଉଜ୍ଜ୍ୱଳ ଯୋଗତାରାଗୁଡ଼ିକଠାରୁ ଆରମ୍ଭ କରି କ୍ରମେ ଅନ୍ୟାନ୍ୟ ନକ୍ଷତ୍ରସବୁ ମୋତେ ଦେଖାଇ ବୁଝାଇ ଦେଉଥିଲେ। ପରେ ସତ୍ୟବାଦୀ ସ୍କୁଲରେ ଥିଲାବେଳେ ତାହାର ମାନଚିତ୍ର ଧରି ମୁଁ ରାତାରାତି ଆରାମଚୌକିରେ ସ୍କୁଲ ଅଗଣାରେ ବସି ଗ୍ରହତାରାସବୁ ଚିହ୍ନି ଗତି ଲକ୍ଷ୍ୟ କରି ବେଳେ ବେଳେ ପିଲାଙ୍କୁ ଧରି ବିଲକୁ ଯାଇ ତାଙ୍କୁ ତାରା ଦେଖାଇ ବୁଝାଇବାବେଳେ ମୋର ଚନ୍ଦ୍ରମୋହନବାବୁ ହିଁ ମନେପଡୁଥିଲେ।

ଥରେ ପିଲାଙ୍କୁ ପ୍ରାଇଜ ବଣ୍ଟାହେବା ପୂର୍ବଦିନ ଆସିଷ୍ଟାଣ୍ଟ ହେଡ଼ମାଷ୍ଟର ଭୈରବଚନ୍ଦ୍ର ଦତ୍ତ ଓ ଆସିଷ୍ଟାଣ୍ଟ ମାଷ୍ଟର ଚିନ୍ତାମଣି କରଙ୍କୁ ଘେନି ଚନ୍ଦ୍ରମୋହନ ବାବୁ କାହାକୁ କେଉଁ ବିଷୟରେ କ'ଣ ପ୍ରାଇଜ ଦିଆଯିବ ଏହା ଠିକ୍ କରୁଥାନ୍ତି। ଦୁଆରେ ଚପରାସୀ ଜଗିଥାଏ। କୌଣସି ଛାତ୍ର ଯିବେ ନାହିଁ କି କୌଣସି ଶିକ୍ଷକ ବିନା ଡକରାରେ ଯିବେ ନାହିଁ ବୋଲି ଆଦେଶ ଥାଏ। ଚନ୍ଦ୍ରମୋହନ ବାବୁ ଶୃଙ୍ଖଳା ରକ୍ଷାରେ ଭାରି କଡ଼ା। ସମସ୍ତଙ୍କର ସେଥିପାଇଁ ଭାରି ଡର ଥାଏ। ଜଣେ ଶିକ୍ଷକ ଆସି ଦୁଇପିଲାଙ୍କର ନାମ କହି ଖବର ଦେଲେ। ସେମାନେ ସତ୍‌ସ୍ୱଭାବ (Good conduct) ପ୍ରାଇଜ ପାଇବାର ଠିକ୍ ହେଲା। ସେ ଦୁଇଟି ଛୋଟ ଛୋଟ ସୁନ୍ଦର ପିଲା। ସେମାନେ ବଡ଼ ମଧୁର ଓ ସୁଧାର ସ୍ୱଭାବର ବୋଲି ସମସ୍ତେ ଜାଣିଥିଲେ। ମୁଁ ତାଙ୍କ ସ୍ୱଭାବ ସମ୍ବନ୍ଧରେ କୌଣସି ସଂଶ୍ଳିଷ୍ଟ ନଥିଲି। ମୁଁ ଶୁଣିବା ମାତ୍ରେ ହଠାତ୍ ସେ ଘର ଭିତରକୁ ଚନ୍ଦ୍ରମୋହନ ବାବୁଙ୍କ ପାଖକୁ ଯିବି ବୋଲି ବାହାରିଲି। ସମସ୍ତେ ମନା କଲେ। ଚପରାସୀ ମଧ୍ୟ ମନା କଲା। ନମାନି ଭିତରକୁ ଚାଲିଗଲି। ଚନ୍ଦ୍ରମୋହନ ବାବୁ ମୋତେ ଚାହିଁଦେଲେ। ଅନ୍ୟ ଦୁଇଜଣ ମାଷ୍ଟର ଅବାକ୍ ହୋଇଗଲେ। ନିଶ୍ଚୟ ବିଚାରିଲେ ମୋ ଉପରେ ଦଣ୍ଡ ହେବ। ଚନ୍ଦ୍ରମୋହନ ବାବୁ ଜମା ବିରକ୍ତ ନହୋଇ ମୋତେ ପଚାରିଲେ, "କୁଆଡ଼େ ଆସିଲ?" ମୁଁ କହିଲି, "ଅମୁକ ଅମୁକ ପିଲାଙ୍କୁ

ସତ୍‌ସ୍ୱଭାବ ପୁରସ୍କାର ଦିଆଯିବାର ଶୁଣୁଚି।” ଚନ୍ଦ୍ରମୋହନ ବାବୁ ପଚାରିଲେ, “କ’ଣ ତୁମର ମତ ନୁହେଁ?” ମୁଁ କହିଲି, “ନା।” ଆଉ କିଛି ନକହି ନିଜେ ଚନ୍ଦ୍ରମୋହନ ବାବୁ କଲମ ଧରି ସେ ଦୁଇଟି ନାଁ କାଟିଦେଲେ। ମୁଁ ସଂଗେ ସଂଗେ ଚାଲିଆସିଲି। ସେଇଦିନ ରାତିରେ ସତ୍‌ସ୍ୱଭାବ ପୁରସ୍କାର ଓ ସେଥିପାଇଁ ପିଲା ବାଛିବା ସମ୍ବନ୍ଧରେ ଚନ୍ଦ୍ରମୋହନ ବାବୁଙ୍କ ସଂଗେ ମୋର ବହୁତ କଥା ପଡ଼ିଲା। ବୋଧହୁଏ ତା’ପରେ ଚନ୍ଦ୍ରମୋହନ ବାବୁ ସତ୍‌ସ୍ୱଭାବ ନିମନ୍ତେ ଆଉ କାହାକୁ କେବେ ପୁରସ୍କାର ଦେଇଚନ୍ତି ବୋଲି ମୋର ମନେ ହେଉ ନାଇଁ।

ଆଉଦିନେ ବୋର୍ଡିଂର ଜଣେ ଯୁବକ ଅନ୍ୟାନ୍ୟ ଦୁଇ ଏକ ଜଣ ବଙ୍ଗାଳୀ ପିଲାଙ୍କ ସଂଗେ ରାତିରେ ବାହାରକୁ ଯାଇ ସମୁଦ୍ରପନ୍ତାରେ ବୁଲୁଥିବା କଥା ମୁଁ ଲକ୍ଷ୍ୟ କରି ଜାଣିଲି, ସମୁଦ୍ରକୂଳକୁ ବାୟୁ ପରିବର୍ତ୍ତନ ପାଇଁ ଆସିଥିବା କୌଣସି ଭଦ୍ରଲୋକଙ୍କର ଯୁବତୀ ଅବିବାହିତା ଝିଅଙ୍କ ସଂଗେ ସେମାନେ ସମୁଦ୍ରକୂଳେ ଅଲଗା ଜାଗାରେ ରାତିରେ ବହୁତ ସମୟ କଟାଉଚନ୍ତି। ମୁଁ ନିଜେ ବୋର୍ଡିଂର ପିଲାଟିକୁ ଚେଷ୍ଟା କରି ମଧ ସେଥିରୁ ନିବୃତ୍ତ କରାଇ ପାରିଲି ନାଇଁ। ଚନ୍ଦ୍ରମୋହନ ବାବୁଙ୍କୁ ଯାଇ କହିଲି। ସେ ବଡ଼ ବିସ୍ମିତ ହେଲେ। କହିଲେ, “ମୁଁ ଦେଖିପାରିବି ?” ସେଦିନ ଜହ୍ନରାତି। ଖଣ୍ଡେ ସାଧାରଣ ଲୁଗା ପିନ୍ଧି ଚନ୍ଦ୍ରମୋହନ ବାବୁ ମୋ ସଂଗେ ଗଲେ। ଦୂରରୁ ସବୁ ଦେଖିଲେ। ଫେରି ଆସିଲେ। ତହିଁ ଆରଦିନ କିଛି ନକହି ସେ ବଙ୍ଗାଳୀ ପିଲାଟିକୁ ସ୍କୁଲରୁ ବାହାର କରିଦେଲେ। ସେ ପିଲାଟିର ଅଭିଭାବକ ଜଣେ ପ୍ରତିଷ୍ଠିତ ଲୋକ। ସେ ଅନ୍ୟାନ୍ୟ ବଙ୍ଗାଳୀ ମିଳାଇ ଚନ୍ଦ୍ରମୋହନ ବାବୁଙ୍କ ନାମରେ ମୋକଦ୍ଦମା କରିବାକୁ ବାହାରିଲେ; ତଥାପି ଚନ୍ଦ୍ରମୋହନ ବାବୁଙ୍କର ଭ୍ରୂକ୍ଷେପ ନାଇଁ। କୌଣସି କାରଣ ସେ କହିଲେ ନାଇଁ। ଓଡ଼ିଆ ହୋଇ ବଙ୍ଗାଳୀଙ୍କ ଉପରେ ଜୁଲମ କରୁଚନ୍ତି ବୋଲି ସଭା ହେଲା। ଚନ୍ଦ୍ରମୋହନ ବାବୁ ଅଟଳ। ପରେ ସବୁକଥା କ୍ରମେ ଜଣାପଡ଼ିଲା। ପୁରୀର ସ୍ୱନାମପ୍ରସିଦ୍ଧ ରାମଚନ୍ଦ୍ର ଦାସ ମୁକ୍ତାର ମଧ୍ୟସ୍ଥ ହୋଇ ସମସ୍ତଙ୍କୁ ଥଣ୍ଡା କରିଦେଲେ। ଗୋଟାଏ କିଛି ମୀମାଂସା ହୋଇଗଲା।

୪୭। ଧର୍ମବିଶ୍ୱାସ

ପିଲାଦିନୁ ଧର୍ମବିଶ୍ୱାସ ଓ ତଦନୁଗତ କ୍ରିୟା ସବୁ ପ୍ରତି ମୋର ବୋଧହୁଏ ଟିକିଏ ସମାଲୋଚନା ଦୃଷ୍ଟି ଥାଏ। ମନେଅଛି, ଗାଁରେ ପଢ଼ିଲାବେଳେ ଥରେ ବୋଉ ଭଲ ପାଚିଲା କଦଳୀ ପେଣ୍ଡାଟାଏ ଆମ ଗାଁର ଅଧିଷ୍ଠାତ୍ରୀ ଦେବତା ହରଚଣ୍ଡୀ ଠାକୁରାଣୀଙ୍କ ପାଇଁ ରଖିଥାଏ। ଗାଁରେ ସମସ୍ତେ ଜାଣନ୍ତି, ଆମ ହରଚଣ୍ଡୀଠାରେ ଜନ୍ତାଳ (ଭୋଜି) ହୁଏ। ହରଚଣ୍ଡୀଙ୍କ ଆଜ୍ଞାମାଳ (ଲାଗି ହୋଇଥବା ଫୁଲମାଳ) ସେବକମାନେ ଥାଳିରେ

ଧରିଆଣି ଘଣ୍ଟ ବଜାଇ ଗାଁରେ ବୁଲାଇ ନିଅନ୍ତି। ଲୋକେ କହନ୍ତି, ସେତିକିରେ ହଇଜା ଠକ୍‌କିନି ବନ୍ଦ ହୋଇଯାଏ ହରଚଣ୍ଡୀ ରାତିରେ ଶାଢ଼ୀଟିଏ ପିନ୍ଧି, ଦୀପଟିଏ ଧରି ଗାଁରେ ବୁଲିଯାଉଥିବା ବେଳେ କେତେ କେତେ ବୁଢ଼ା ଆଖରେ ଦେଖିଥିବାର ମୋତେ କହିଚନ୍ତି। ତାଙ୍କ ଦେଖିବାରେ ପୁଣି ହରଚଣ୍ଡୀଙ୍କ ଗୋଡ଼ ତଳେ ଲାଗେ ନାହିଁ। ବୁଲିଲାବେଳେ ପାଦତଳୁ ଚାଖଣ୍ଡେ ଖଣ୍ଡେ ଛାଡ଼ିକରି ଥାଏ। ବୁଢ଼ା ପ୍ରସା କରିବା ପାଇଁ ଦାଣ୍ଡକୁ ବାହାରିବା ବେଳକୁ ହଠାତ୍ ଠାକୁରାଣୀ ଦୀପଟା ଲିଭେଇ ଦେଇ ଅଦୃଶ୍ୟ ହୋଇଯାନ୍ତି। ବୁଢ଼ା ପ୍ରସା କରିସାରି ଘରକୁ ଆସି ପଂଜର ବାଟେ ଚାହାଁନ୍ତି। ଠାକୁରାଣୀ ପୁଣି ସେହିପରି ଦୀପ ଧରି ଚାଲିଯିବାର ସେ ଦେଖନ୍ତି। ହରଚଣ୍ଡୀ ମଧ୍ୟ କାଳସୀଙ୍କଠି ବିଜେ ହୁଅନ୍ତି; ସବୁ ଆଗତ ଭବିଷ୍ୟ କଥା କହନ୍ତି। କାହା ଗାଈ ହଜିଥିଲେ ମଧ୍ୟ କେଉଁଆଡ଼କୁ ମୁହଁକରି ଗଲେ ଗାଈ ମିଳିବ, ତାହା ସେ ବତାଇ ଦିଅନ୍ତି, ଶୁଣିଚି ଗାଈ ମଧ୍ୟ ମିଳେ। ହରଚଣ୍ଡୀଙ୍କ ଯୋଗେ ଆମ ଗାଁରେ ବାଡ଼ି, ବସନ୍ତ ପ୍ରଭୃତିର ଯୋଗିନୀମାନେ ପଶିପାରନ୍ତି ନାହିଁ। ସେମାନେ ଆଗ ପୁରୀରେ ବଡ଼ଠାକୁରଙ୍କ ପାଖେ ଠୁଳ ହୁଅନ୍ତି। ବଡ଼ଠାକୁରଙ୍କୁ ମଣିଷ ଖାଇବାକୁ ମାଗନ୍ତି। ବଡ଼ଠାକୁରେ ସବୁ ଗ୍ରାମଦେବତୀମାନଙ୍କୁ ଠୁଳ କରନ୍ତି। ସେଠାରୁ କାହା ଗାଁକୁ କେଉଁ ଦେବୀ ଯିବ, କେତେ ମୁଣ୍ଡ ଖାଇବ, ସବୁ ଠିକଣା କରି ବଡ଼ଠାକୁରେ ଯୋଗିନୀମାନଙ୍କୁ ବରଗୀ ଦିଅନ୍ତି। ଶୁଣିଚି, ଆମ ହରଚଣ୍ଡୀ ବରାବର ସାବଧାନ। ସେ କୌଣସିମତେ ବଡ଼ଠାକୁରଙ୍କ ଗୋଡ଼ତଳେ ପଡ଼ି ତାଙ୍କୁ ଦଇନୀ କରି ବିଶ୍ୱାସ କରାଇ ଦିଅନ୍ତି ଯେ ତାଙ୍କ ଗାଁରେ ଯୋଗିନୀ ଖାଇବା ପାଇଁ ମଣିଷ ନାହାନ୍ତି। ସେ କହନ୍ତି ମଲାମରୁଡ଼ିଆ ପିଲା ଚାରିଖଣ୍ଡ ଧରି ମୁଁ ଗାଁ କରିଚି। ମୋ ଗାଁକୁ ଯୋଗିନୀ ପଠାଅ ନାହିଁ। ବଡ଼ଠାକୁରଙ୍କ ପ୍ରାଣ ତରଳିଯାଏ। ସେ ଆମ ଗାଁକୁ ଯୋଗିନୀ ପଠାନ୍ତି ନାହିଁ। ଆମ ଗାଁରେ ଯେ ବାଡ଼ି ବସନ୍ତ ପଡ଼େ, ତା'ର କାରଣ ହେଉଚି ଯୋଗିନୀମାନେ ଅନ୍ୟ ଗାଁକୁ ଗଲାବେଳେ କେବେ କେବେ ଆମ ଗାଁରେ ପଶିଯାନ୍ତି ତା' ପୁଣି ହରଚଣ୍ଡୀଙ୍କ ଅଜଣାରେ। ଜନ୍ତାଳ କରି ହରଚଣ୍ଡୀକୁ ଗୋଟାଏ ଭୋଜୀ ଖାଇବାକୁ ଦେଇ ଆଜ୍ଞାମାଳ ରୂପରେ ତାଙ୍କୁ ଗାଁରେ ବୁଲାଇ ଦେଖାଇଦେଲେ, ସେ ସେଇଦିନ ରାତିରେ ଯାଇ ବଡ଼ଠାକୁରଙ୍କୁ କହିଦିଅନ୍ତି। ବଡ଼ଠାକୁରେ ଦୂତ ପଠାଇ ଯୋଗିନୀକୁ ଜବତ କରିଦିଅନ୍ତି। ଏହାଇଁ ବରାବର ହୁଏ ବୋଲି ମୁଁ ବୁଢ଼ାମାନଙ୍କଠାରୁ ନିର୍ଭର କରି ଶୁଣିଚି। ତଥାପି ବୋଉ ଯେଉଁ ପାଚିଲା କଦଳୀ ପେଣ୍ଡାଟି ରଖିଥିଲା, ମୁଁ ସେଥିରୁ ଦିଓଟି ଖାଇଦେଲି। ବୋଉ କେତେ ଦିଅ ଦେବତା କରି ଗୋଟିଏ ବୋଲି ମୋତେ ପୁଅ କରି ପାଇଚି। ତାକୁ ଅନ୍ଧାର ଦେଖାଗଲା। ସେ ନନାଙ୍କୁ ଡାକିଲା। ସଭା ବସିଲା।

୪୭। ଚୁଡ଼ାଖିଆ-ବଳିଆ

ତା'ପୂର୍ବରୁ ଗୋଟିଏ ଘଟଣା ମଧ୍ୟ ଘଟିଯାଇଥିଲା। ଚାପରେ ଦିଅଁଙ୍କ ଜନ୍ତାଳ ପାଇଁ ବେତାଏ ଚୁଡ଼ା ଯାଉଥିଲା। ବଳିଆ ବୋଲି ଗୋଟିଏ ପିଲା ସେ ବେତାରୁ ଗଣ୍ଡାଏ ପାଟିକି ପକାଇ ଖାଇଦେଲା। ସଂଗେ ସଂଗେ ଚାପଟି ନଇମଝିରେ ଟୁବ୍‌କିନା ବୁଡ଼ିଗଲା। ଲୋକେ କିଏ ପହଁରି କିଏ ଛଣା ହୋଇ ଉପରକୁ ଆସିଲେ। ଜନ୍ତାଳ ହେଲା। ହରଚଣ୍ଡୀ ବିଜେ ହୋଇ କହିଲେ, ବଳିଆ ଚୁଡ଼ା ଖାଇଯିବାରୁ ସେ ଚୁଡ଼ା ଅଇଁଠା ହୋଇଗଲା। ସେ ଜନ୍ତାଳ ଭୋଗରେ ଲାଗନ୍ତା କିପରି? ସେଥିପାଇଁ ସେ ନାଆଟି ବୁଡ଼ାଇ ଦେଇଥିଲେ। ସେଇଦିନଠାରୁ ଆମ ଗାଁରେ ସେଇ ପିଲାଟିର ନାମ ହେଲା 'ଚୁଡ଼ାଖିଆ-ବଳିଆ।' ପରେ ମଧ୍ୟ ସେ ହେଲେ ଚୁଡ଼ାଖୁ ବଳଭଦ୍ର ମିଶ୍ରେ। ଏବେ ସେ ପନ୍ଦର କୋଡ଼ିଏ ବର୍ଷ ହେଲା ମଲେଣି। ଏ ସବୁ ପ୍ରମାଣ ବାହାରିଲା। ମୁଁ କହିଲି, "ଚୁଡ଼ାଖୁଆ-ବଳିଆ କଥା ଅଲଗା; କିନ୍ତୁ ବିଚାର ଭଲା ବୋଉ, ତୋ ପାଇଁ କଦଳୀ ଥୁଆ ହୋଇଥାନ୍ତା, ମୁଁ ଯଦି ଦି'ଟା ଖାଇ ଦେଇଥାନ୍ତି, ତୁ ଖୁସି ହୁଅନ୍ତୁ ନା ମୋର ଅନିଷ୍ଟ କରନ୍ତୁ? ହରଚଣ୍ଡୀ ତ ଆମର ମା। ସେ ଜାଣିଲେ ଖୁସି ହେବେ।" ମୋର ଏ କଥାକୁ ସେ ଥଟ୍ଟା ବିଚାରି ଆହୁରି ବ୍ୟସ୍ତ ହେଲା। ନନା ସେଠାରୁ ମୀମାଂସା କରିଦେଲେ, "ଏ କଦଳୀ ପେଣ୍ଡା ଅଇଁଠା ହୋଇଗଲା। ଯାକୁ ଘରେ ଖର୍ଚ୍ଚ କର। ଆଉ ଏଡ଼ିକି ପେଣ୍ଡାଏ କଦଳୀ ଆଣି ହରଚଣ୍ଡୀଙ୍କି ଦେବା।" ଅବଶ୍ୟ ଶୀଘ୍ର ମୁଁ ଆଉତକ କଦଳୀ ଖାଇବାର ଅଧିକାର ପାଇଲି ବୋଲି ଖୁସି ହୋଇଥିଲି। ତା'ପରେ ମଧ୍ୟ ମନେଅଛି ମୁଁ ଗାଁ-ସ୍କୁଲରୁ ବୃତ୍ତି ପାଇଲେ ବୋଉ ହରଚଣ୍ଡୀଙ୍କୁ ଡାହାଣ ମାହାଣ ହଳେ ବୋଦା ଦେବ ବୋଲି ଯାଚିଥିଲା। ମୁଁ ତା' କରାଇ ଦେଇ ନଥିଲି। ନନା ମଧ୍ୟ ମୋ କଥାରେ ମତ ଦେଇଥିଲେ।

୪୮। ପାଦ୍ରୀଙ୍କ ଧର୍ମପ୍ରଚାର

ନୂଆ ନୂଆ ପୁରୀ ଜିଲ୍ଲାସ୍କୁଲକୁ ଆସିଲାବେଳେ ପାଦ୍ରୀମାନେ ନରେନ୍ଦ୍ରକୋଣ ପାଖେ ବଡ଼ଦାଣ୍ଡ ଉପରେ ପ୍ରଭୁ ଯୀଶୁଙ୍କ 'ସତ୍ୟ ସମାଚାର' ଖୁବ୍ ପ୍ରଚାର କରୁଥାନ୍ତି। ମୁଁ ଆଗ୍ରହରେ ଶୁଣିବା ପାଇଁ ଗଲି। ହେଭରଲେଟ୍ ବୋଲି ଜଣେ ସାହେବ ପ୍ରଚାର କରୁଥିଲେ। ସେ କହୁଥିଲେ, "କାଠପଥରକୁ ଦେବତା ବୋଲି ମାନ ନାଇଁ। ନିରାକାର ଯୀଶୁଙ୍କଠାରେ ମନଦେଲେ ଯୀଶୁ ତମକୁ ତ୍ରାଣ କରିବେ। ସେ ପାପୀକୁ ତ୍ରାଣ କରିବାକୁ ଜନ୍ମ ହୋଇଥିଲେ।" ଏଇପରି କେତେ କଥା ସେଦିନ ଶୁଣିଲି। ସାହେବ କହିଲେ, କାଲି ଆସିବ। ତହିଁ ଆରଦିନ ଗଲାବେଳକୁ ସାହେବ ସେଇପରି କହୁଚନ୍ତି। ଜଣେ ବୃଦ୍ଧ ବ୍ରାହ୍ମଣ ଆସି ଯୁକ୍ତି କଲେ, "ସାହେବ ଭଲା କହିଲ, ଏକାଦଶୀ ଦିନ ଚୁଡ଼ାଭଜା ଖାଇ

କରି ଦି'ପଇସାର କିଣିବ। ତା'କୁ ଜଗନ୍ନାଥଙ୍କୁ ଦେଖାଇଦେବ। ତା'ପରେ ପ୍ରସାଦ ଖାଇବ। ସେ କିପରି କଥା। ଆଉ ତା' ନକରି କିଣିଲାମାତ୍ରେ ଭାସୁ ଭାସୁ କରି ଚୋବାଇ ଦେବ; ସେ କିପରି କଥା। ତମ ଯୀଶୁ ଏ କଥାକୁ କ'ଣ କହିଚନ୍ତି ?" ସାହେବ ବୃଦ୍ଧ ବ୍ରାହ୍ମଣଙ୍କୁ କିଛି ବୁଝାଇପାରିଲେ ନାହିଁ। ସେ ନିରାଶ ହୋଇ ସେଠାରେ ପାଦ୍ରୀଙ୍କ ପାଇଁ ଯେଉଁ ଘରଟି ଅଛି ସେଇ ଘର ଭିତରକୁ ଗଲେ। ଆଉ କେତେଜଣ ଗଲେ। ତାଙ୍କ ସଂଗେ ମୁଁ ଗଲି। ଗୋଟିଏ ଟେବୁଲ ପଡ଼ିଥିଲା। ତା'ର ଗୋଟିଏ ପଟରେ ଖଡ଼ିଏ ଚୌକି। ଆଉ ତିନିପଟରେ ବେଞ୍ଚ ପଡ଼ିଥିଲା। ସାହେବ ଚୌକିରେ ବସିଲେ। ଆମେ ସବୁ ବେଞ୍ଚରେ ବସିଲୁ। ସାହେବ ସୁନ୍ଦର ଓଡ଼ିଆ କହିପାରୁ ଥିଲେ। ସେ ଠିଆ ହୋଇ ଛାତିରେ ହାତ ରଖି ବୋଧହୁଏ ଉପରକୁ ଚାହିଁ ପ୍ରାର୍ଥନା ଆରମ୍ଭ କରିଦେଲେ। ପ୍ରାର୍ଥନା ଆରମ୍ଭ କରିବା ପୂର୍ବରୁ ଆମକୁ ଠିଆ ହେବାକୁ କହିଥିଲେ; ଆମେ କିନ୍ତୁ କେହି ଠିଆହୋଇ ନଥିଲୁ। ପ୍ରାର୍ଥନାରେ ଶୁଣିଲି, ପ୍ରଭୁଙ୍କୁ ସେ ସାଧୁବାଦ କରୁଚନ୍ତି- ଯାହା ପାଇଚନ୍ତି ସେଥିପାଇଁ। ପୁଣି ମାଗିବା ଭିତରେ ପେଟକୁ ଖାଇବାକୁ ମାଗୁଚନ୍ତି। ସାହେବ ବସିଲେ, କେତେକ ଆଳାପ ହେଲା। ସେ କହିଥିଲେ ମନେଅଛି, "ତମେମାନେ ଏଇପରି ପ୍ରାର୍ଥନା କଲେ କ୍ରମେ ବୁଝିପାରିବ। ତମକୁ ଯାହା ଦରକାର ସବୁ ମିଳିଯିବ। ଖାଇବା ପିଇବାରେ ଆଉ କଷ୍ଟ ହେବ ନାହିଁ।" ତା'ପରେ ବୁଝାଇଲେ, "ଯୀଶୁଙ୍କୁ ଜଣାଇଦେବା ପାଇଁ ଡ୍ରବନ ନେବାକୁ ହେବ। ସେ ଗୋଟିଏ ବଡ଼ ପବିତ୍ର କାର୍ଯ୍ୟ। ତାହା କଲେ ଯୀଶୁ ତମକୁ ଆଦର କରିବେ। ସଦା ପ୍ରଭୁଙ୍କ (ଈଶ୍ୱରଙ୍କ) ପାଖେ ତମ କଥା କହିବେ।" ଏହା ସବୁ କହି, ପରଦିନ ପୁଣି ଯିବାକୁ ମୋତେ ବିଶେଷ ଭାବରେ ଅନୁରୋଧ କଲେ; କିନ୍ତୁ ମୁଁ ଆଉ ଯାଇ ନାହିଁ। ତଥାପି ଏ ସବୁ କଥା ପୁରୀରେ ଚହଟିଗଲା। ମୋତେ କେତେ ଲୋକ ଆସି ପଚାରିଲେ। ବିଶେଷରେ ପୁରୀ ଜିଲ୍ଲାସ୍କୁଲ ହେଡ଼ପଣ୍ଡିତ ସଦାଶିବ ମିଶ୍ର (ପରେ ସେ ହୋଇଥିଲେ ମହାମହୋପାଧ୍ୟାୟ ସଦାଶିବ ମିଶ୍ର) ମୋତେ ଘରକୁ ନେଇ ସବୁକଥା ଟିକିନିଖି କରି ଶୁଣିଲେ। ଶୁଣିସାରି ଆଉ ଯିବାକୁ ମନା କରିଦେଇଥିଲେ।

ଏବେ କଟକରେ ସେକେଣ୍ଡ କ୍ଲାସରେ ପଢ଼ିସାରି ଫେରିଲା ପରେ ସମସ୍ତ ବୋର୍ଡିଂର ଭାର ମୋ ଉପରେ ଥିଲାବେଳେ, ଦିନେ ପିଲାଏ ସଂଧ୍ୟା ୪ଟା ବେଳେ ବୁଲିଯିବାକୁ କହିଲେ। ମୁଁ ସେମାନଙ୍କୁ ସଂଗେ ଘେନି ସମୁଦ୍ରକୂଳ ଆଡ଼କୁ ଗଲାବେଳେ ବାଟରେ ପଡ଼ିଲା ଖୀରସ୍ତାନଙ୍କ ଗୀର୍ଜା। ମୁଁ ସବୁ ପିଲାକୁ ଘେନି ଗୀର୍ଜାରେ ଯାଇ ପଶିଲି। ତାଙ୍କର ଉପାସନା ହେଉଥିଲା। ସେମାନେ ଆମକୁ ବସିବାକୁ ଦେଲେ। ତାଙ୍କ ଉପାସନା ବି ସରିବାଯାଏଁ ଆମେ ସେଠି ବସିଲୁ। ସେଇଦିନ ମୁଁ ଦେଖୁଛି, କିପରି ସେମାନଙ୍କର ମିଳିତ ପ୍ରାର୍ଥନା ହୁଏ। ସେତେବେଳର ଖ୍ରୀଷ୍ଟିୟାନମାନେ କିପରି ଓଡ଼ିଆ ଭାଷା କହୁଥିଲେ,

ତା' ହୁଏତ ଏବେ ଅନେକ ଜାଣିପାରିବେ ନାହିଁ। ମୁଁ ମଧ୍ୟ ସେ ଭାଷା ଆଉ ଏବେ ପୂରାପୂରି ଅନୁକରଣ କରିପାରିବି ନାହିଁ। ଓଡ଼ିଆ ବାଇବେଲର ସେକାଳ ଅନୁବାଦ ଏବେ ହୁଏତ ଛାପାରେ ମିଳୁଥିବ। ତାକୁ ଦେଖିଲେ ଅନେକେ ଜାଣିପାରିବେ କିମ୍ବା ସେକାଳର ଗୋରାପାଦ୍ରୀ ମାର୍ସମେନ୍ ସାହେବ କୌଣସି ଇଂରେଜୀ ସ୍କୁଲ ପାଠ୍ୟରୁ 'ତର୍ଜମୀକୃତ' ଯେଉଁ ପ୍ରଥମ ପାଠ୍ୟପୁସ୍ତକ ଖଣ୍ଡିଓଡ଼ିଆରେ ଲେଖିଥିଲେ। ତା' କେହି ଖୋଜି ଦେଖିପାରନ୍ତି। ସେତିକିବେଳେ କେରୀ ସାହେବ ଖଣ୍ଡିଏ ଓଡ଼ିଆ ବ୍ୟାକରଣ ଲେଖିଥିଲେ। ସଂସ୍କୃତ ବ୍ୟାକରଣ ଅନୁକରଣରେ ନିମାଇଁବଲ୍ଲଭ ବିଦ୍ୟାସାଗରଙ୍କ ସର୍ବସାର ବ୍ୟାକରଣ ଓ ସେଇ ଛାଞ୍ଚରେ ପରେ ରାଧାନାଥ ରାୟଙ୍କ ବ୍ୟାକରଣ ପ୍ରବେଶ ତଥା ବଙ୍ଗଳାର ବିଦ୍ୟାସାଗରଙ୍କ (ଈଶ୍ୱରଚନ୍ଦ୍ର) ବୋଧୋଦୟର ଅନୁବାଦ ସଂଗେ ବଙ୍ଗଳାନୁକରଣର ଓଡ଼ିଆ ଭାଷା ଶିକ୍ଷାବିଭାଗ ସୂତ୍ରରେ ପ୍ରଚାରିତ ହେବା ପୂର୍ବରୁ ସେଇସବୁ ଥିଲା ଓଡ଼ିଆ ଭାଷାର ପୁସ୍ତକ। ତା'ପରେ ବଙ୍ଗଳାର ଅନୁକରଣ ଓ ଅନୁବାଦ ପୂର୍ବରୁ ଏଇ ପାଦ୍ରୀଙ୍କ ଓଡ଼ିଆକୁ ସଜାଡ଼ିବା କଳ୍ପନାରେ ସ୍ୱର୍ଗତ ପଣ୍ଡିତ ଗୋବିନ୍ଦ ରଥ ଗୋଟାଏ ବିରାଟ ଚେଷ୍ଟା ଆରମ୍ଭ କରିଥିଲେ। ଓଡ଼ିଆ ଭାଷା ଓ ସଂସ୍କୃତିର ପ୍ରତିଷ୍ଠା କରିବା ପାଇଁ ଗୋବିନ୍ଦ ରଥେ ଯେଉଁ ଉଦ୍ୟମ କରିଥିଲେ, ତାହା ସ୍ମରଣୀୟ। ହେଲେହେଁ ସେକାଳର ଶିକ୍ଷାବିଭାଗ କର୍ତ୍ତାମାନେ ନିଜ ଲେଖା ନିଜେ ପ୍ରଚାର କରି ଅର୍ଥାଗମ ସଂଗେ ଓଡ଼ିଶାରେ ଯେଉଁ ସାହିତ୍ୟ ସାମ୍ରାଜ୍ୟ ସୃଷ୍ଟି କରିବାକୁ ବସିଥିଲେ ତା' ଦାଉରେ ଅନେକ ଆଜି ଗୋବିନ୍ଦ ରଥଙ୍କ ନାମ ପର୍ଯ୍ୟନ୍ତ ଜାଣନ୍ତି ନାହିଁ। ପରେ ଯେଉଁମାନେ ବାହାରିଲେ, ସେମାନେ ଆନୁଗତ୍ୟରେ ଆତ୍ମପ୍ରତିଷ୍ଠା କରିବା ଛଡ଼ା ଆଉ କିଛି କରି ନଥିଲେ। ବହୁଦିନ ଏଇ ରୀତି ଚଳିଥିଲା। କହିଯାଇଚି 'ଇନ୍ଦ୍ରଧନୁ' ଏଇ ସାହିତ୍ୟ ସାମ୍ରାଜ୍ୟ ପ୍ରତିଷ୍ଠାରେ ଗୋଟିଏ ବିଦ୍ରୋହ; କିନ୍ତୁ ବିଭାଗୀୟ କର୍ତ୍ତୃତ୍ୱର କାର୍ଯ୍ୟକାରିତା ପାଖେ ସେ ବିଦ୍ରୋହ ଠିକ୍ ବାଟ ଧରି ନଥିଲା କି ରହିଲା ନାହିଁ।

ହେଲେହେଁ ସବାଆଗେ ପାଦ୍ରୀମାନେ ଓଡ଼ିଆକୁ ସଂସ୍କୃତ କରି ନଦେଖି କିମ୍ବା ବଙ୍ଗଳାର ଭ୍ରାତୃଷ୍ପୁତ୍ର ଭାବେ କଳନା ନକରି ଓଡ଼ିଆର ନିଜ ସ୍ୱାତନ୍ତ୍ର୍ୟ ପ୍ରତି ଦୃଷ୍ଟି ଦେଇ ଲେଖା ଆରମ୍ଭ କରିଥିଲେ। ଶୁଣିଚି କୌଣସି ପାଦ୍ରୀ ବାଇବେଲ ଅନୁବାଦ କରିବା ପାଇଁ ଜଣେ ଓଡ଼ିଆ ଖୀରସ୍ତାନଙ୍କୁ ଗୋଟିଏ ଅଂଶ ଦେଇଥିଲେ। ଅନୁବାଦକ ଲେଖିଥିଲେ, "ଯୀଶୁ ଶିଶୁମାନଙ୍କୁ ସୁଖ ପାଆନ୍ତି। ସାହେବ କାମ କରୁଥିବା ଜଣେ ବଢ଼େଇକୁ ଯାଇ ପଚାରିଲେ, ଶିଶୁ ବୋଇଲେ କ'ଣ? ବଢ଼ାଇ କହିଲା, କେନ୍ଦୁକାଠ ପରି ଗୋଟିଏ କଳାକାଠ। ସାହେବ ସେଠାରୁ କୌଣସି ଛୋଟପିଲାଙ୍କୁ ଦେଖାଇ ଯାକୁ ତମେ କ'ଣ କହ? ସେ କହିଲା, ପିଲା। ସାହେବ ଜାଣିଥିଲେ ସୁଖ ବୋଇଲେ ଆନନ୍ଦ ବା ଭୋଗ

(Happiness, Pleasure); ତେଣୁ ସୁଖ ପାଇବାଟା ତାଙ୍କର ପସନ୍ଦ ହୋଇ ନଥିଲା। କୁଆଡ଼ୁ କେଜାଣି ସେ ବାହାର କଲେ ଇଂରେଜୀ ଲଭ (Love)ର ଅନୁବାଦ ପ୍ରେମ କରିବା। ସେ ସେଠାରୁ ସଂଶୋଧନ କରି ସେ ବାକ୍ୟଟି କଲେ 'ଯୀଶୁ ପିଲାମାନଙ୍କୁ ପ୍ରେମ କରନ୍ତି।' ସେ ଯାହାହେଉ, ଭାଷା ଠିକ୍ କରିବା ଦରକାର ହେଲେ ସେମାନେ ବଢ଼େଇ, ମୂଲିଆଙ୍କୁ ପଚାରି ତା' କରୁଥିଲେ। ଓଡ଼ିଆ ତାଙ୍କର ମାତୃଭାଷା ନଥିବାରୁ ଅବଶ୍ୟ ଭାଷାକୁ ସୁରୁଚିସଂପନ୍ନ କରିବାରେ ଦକ୍ଷତା ତାଙ୍କର ନହେବାର କଥା- ହେଉ ନଥିଲା। ତଥାପି ଲିଖିତ ଭାଷା ତିଆରି କରିବାରେ ସେ ଯେଉଁ ସୂତ୍ର ଧରିଥିଲେ, ତାହାହିଁ ଠିକ୍। ଆଜି ସେ ଭାଷା ପଢ଼ିଲେ ଆମକୁ ହୁଏତ ହସ ମାଡ଼େ ସେତେବେଳେ ହୁଏତ ଲୋକଙ୍କ କାନକୁ ଭଲ ଜଣାଯାଉଥିବ; କିନ୍ତୁ ସେ ବାଟରେ ବିକାଶ ହୋଇଥିଲେ ମନେହୁଏ ଓଡ଼ିଆ ଗଦ୍ୟ ବହୁଦିନରୁ ସ୍ୱାଭାବିକ ଧାରାରେ ପଡ଼ିଯାଇଥାନ୍ତା କିନ୍ତୁ ଓଡ଼ିଶାର ଭାଷା ଓ ସାହିତ୍ୟ ବିକାଶ ଏ ଯୁଗରେ ବର୍ଷାକାଳରେ ଶରତର ଉଜ୍ଜ୍ୱଳ ଖଣ୍ଡମେଘ ପରି ଆପାତତଃ ସୁନ୍ଦର ହେଲେ ମଧ୍ୟ ଶୁଭଙ୍କର ହୋଇ ନାହିଁ। ଏପରିକି ମନସ୍ୱୀ ଫକୀରମୋହନଙ୍କ ପରି ଯଥାର୍ଥ ଓଡ଼ିଆ ଭାଷାରେ କୃତିଲେଖକ ମଧ୍ୟ ସେ ଯୁଗରେ ପ୍ରଭାବ ବିସ୍ତାର କରିପାରି ନାହାନ୍ତି।

୪୯। ଗୀର୍ଜାକୁ ଯାତ୍ରା

ମାତ୍ର ମୁଁ କହୁଥିଲି ପାଦ୍ରୀଙ୍କ ଗୀର୍ଜାରେ ଉପାସନା ଶୁଣିବା ପ୍ରଥା। ତହିଁ ଆରଦିନ ପଣ୍ଡିତ ସଦାଶିବ ମିଶ୍ର ସେ କଥା ଶୁଣିଲେ। ସେଥିରେ ସେ ଅତ୍ୟନ୍ତ ବିବ୍ରତ ହୋଇ ଚନ୍ଦ୍ରମୋହନ ବାବୁଙ୍କୁ ଆସି କହିଲେ। ସ୍କୁଲର ଛାତ୍ର ଓ ମାଷ୍ଟରମାନଙ୍କ ଭିତରେ ଭୀଷଣ ଚାଞ୍ଚଲ୍ୟ ଖେଳିଗଲା। ସମସ୍ତେ କହିଲେ, ଆଚ୍ଛା ନୀଳକଣ୍ଠଙ୍କୁ ଚନ୍ଦ୍ରମୋହନ ବାବୁ ବଡ଼ ଚାଟ କଲେ। ଆଉ ଗତି ରହିବ ନାହିଁ। ନୀଳକଣ୍ଠ ଖ୍ରୀଷ୍ଟାନ ହେବ, ଆଉ ସମସ୍ତଙ୍କୁ ଖ୍ରୀଷ୍ଟାନ କରିବ। ବୋଡିଂରେ ପିଲାମାନେ କି ପ୍ରାୟଶ୍ଚିତ୍ତ କରିବେ ସେ କଥାର ମଧ୍ୟ ବିଚାର ଲାଗି ଗଲା। ପିଲାମାନଙ୍କ ମୁହଁଟିମାନ ଶୁଖିଗଲା। ଶେଷକୁ ସ୍କୁଲ କ୍ଲାସ୍ ଭିତରୁ ଚନ୍ଦ୍ରମୋହନବାବୁଙ୍କ ପାଖକୁ ମୋତେ ଡକରାପଡ଼ିଲା। ସମସ୍ତେ ଯେପରିକି ତଟସ୍ଥ। କହିଚି ଶାସନଶୃଙ୍ଖଳା ବିଷୟରେ ଚନ୍ଦ୍ରମୋହନ ବାବୁ ଥିଲେ ଭାରି କଡ଼ା। ମୁଁ ଗଲାବେଳକୁ ଚନ୍ଦ୍ରମୋହନ ବାବୁ ବସିଥିବା ଅଫିସ ଘର ବାଟରେ ଥିବା ଘରେ ବସିଥିଲେ ପଣ୍ଡିତ ମହାଶୟ। ତାଙ୍କ ସଂଗେ ଥିଲେ ମାଷ୍ଟର ଚିନ୍ତାମଣି କର, ଭୈରବଚନ୍ଦ୍ର ଦତ୍ତ ଓ ଆଉ କିଏ ଜଣେ ଦୁଇଜଣ ମାଷ୍ଟର। ପଣ୍ଡିତ ମହାଶୟଙ୍କ ମୁହଁରେ ମୋ ପ୍ରତି ରାଗ ଫୁଟି ପଡୁଥିଲା। ମୋତେ ସେ ବଡ଼ ସୁଖ ପାନ୍ତି। କହିଲେ, "ଯା ଯାହାକଲୁ

ପାଇବୁ, ମୁଁ ଆଉ କ'ଣ କରିବି, କିଏ ଆଉ କ'ଣ କରିବ?" ମୁଁ ଟିକିଏ ଶଙ୍କିତ ହୋଇ ପଡ଼ିଲି। ବିଚାରିଲି ଚନ୍ଦ୍ରମୋହନବାବୁଙ୍କ ସଂଗେ ଗୋଟିଏ କ'ଣ ବିଚାର ହୋଇ ସିଦ୍ଧାନ୍ତ ହୋଇ ସାରିଚି। ଚନ୍ଦ୍ରମୋହନବାବୁଙ୍କ ପାଖେ ଯାଇ ପହଞ୍ଚିଲି। ପାଖରେ ବସିଥିଲେ ଆସିଷ୍ଟାଣ୍ଟ ହେଡ୍‌ମାଷ୍ଟର ସ୍ୱର୍ଗତ ମହେନ୍ଦ୍ରନାଥ ଦତ୍ତ। ଚନ୍ଦ୍ରମୋହନ ବାବୁ ଗମ୍ଭୀର ସ୍ୱରରେ ପଚାରିଲେ, "ତମେ କାଲି ବୋର୍ଡିଂ ପିଲାକୁ ଘେନି ଗୀର୍ଜାକୁ ଯାଇଥିଲ?" ମୁଁ କହିଲି, 'ହଁ'।

ଚ-ମୋତେ କହିକରି ଗଲ ନାଇଁ?

ମୁଁ-ଚାରିଟା ପରେ ବୁଲିବାକୁ ଯାଇଥିଲି।

ସେ କହିଲେ, ତଥାପି ବାହାରକୁ ଯିବାର ଥିଲେ ତ ମୋତେ କହିକରି ଯିବାର ଥିଲା।

ମୁଁ-ଆଜ୍ଞା ବାହାରେ ତ ଗୋଟାଏ ପାଇଖାନା ଅଛି, ସେଠାକୁ ଯିବାକୁ ହେଲେ କ'ଣ କହିକରି ଯିବାକୁ ହେବ। ସେ ଟିକିଏ ହସିଦେଲେ। କହିଲେ, "ଗୀର୍ଜାକୁ କାହିଁକି ଗଲ?" ମୁଁ କହିଲି, "କାଲି ଆପଣ village blacksmith କବିତା ଆମକୁ ପଢ଼ାଉଥିଲେ। ବୁଝାଇ ଗଲେ, "Here's the parson pray and preach"। ପାର୍ସନ (parson) ଉପାସନା ବେଳେ ଆଗ ପ୍ରାର୍ଥନା କରନ୍ତି, ତା'ପରେ ପ୍ରଚାର କରନ୍ତି। ଆମ ହିନ୍ଦୁଙ୍କର ତ ସେସବୁ କିଛି ହୁଏନାଇଁ। ଟିକିଏ ଦେଖିଲେ ଭଲ ହେବ ବୋଲି ମୁଁ ପିଲାଙ୍କୁ ଘେନି ସେଇଆ ଦେଖାଇବାକୁ ଯାଇଥିଲି। ପିଲାକୁ ମଧ୍ୟ ବାଟରେ ସେଇ କଥାଟା ବୁଝାଇ ବୁଝାଇ ଆସିଥିଲି। ସେ କହିଲେ, "ଓ ଏଇଥିପାଇଁ ଯାଇଥିଲ। ହଉଯାଅ।" ତା'ପରେ ଆସିଲାବେଳକୁ ପଣ୍ଡିତ ମହାଶୟ ଦେଖିଲେ। ସେ ହୁଏତ ବିଚାରିଥିଲେ ମୋର ଦଣ୍ଡ ହେବ ଓ ସେଥିରେ ସେ ମଧ୍ୟସ୍ଥତା କରିବେ। ମୋତେ କ୍ଷମା ମିଳିବ, ଏଇପରି କିଛି କିନ୍ତୁ ମୋ ମୁହଁରୁ ସେ ବୁଝିପାରିଲେ ହୁଏତ କିଛି ହେଲାନାଇଁ। ତା'ପରେ ମୋତେ ଧରି ଶାସନ କରିବା ଆରମ୍ଭ କଲେ।

୫୦। ରଏଟର୍ ସାହେବ

ଗୋଟାଏ କଥା ମନେ ପଡୁଛି। ସେ କହିଥିଲେ, ଖ୍ରୀଷ୍ଟାନମାନଙ୍କୁ ତମେ ଛୁଇଁଥିବ। ସେଥିରେ କ'ଣ ଜାତି ଗଲାନାଇଁ? ତା'ପୂର୍ବରୁ ଆମ ସ୍କୁଲକୁ ପରିଦର୍ଶନ କରିବା ପାଇଁ ଗୋରା inspector ଆସିଥିଲେ। ତାଙ୍କ ନାଁ ରଏଟର। ତାଙ୍କୁ ଚୌକି ଯୋଗାଇବା ପାଇଁ ଚନ୍ଦ୍ରମୋହନବାବୁଙ୍କର ଭାରି ଚିନ୍ତା ପଡ଼ି ଯାଇଥିଲା। ପରେ ବହୁ ଚେଷ୍ଟାକରି କେଉଁଠାରୁ ଯୋଗାଡ଼ କରି ଗୋଟାଏ ମୁହଁ ପାଖ ଅଧେ ମେଲା ବଡ଼

ଗୋଲ ଚୌକି ସଂଗ୍ରହ କରିଥିଲେ । ସେଥିରେ ମଧ୍ୟ ସେ ବସିଯାଇ ପୁଣି ଉଠିଗଲାବେଳକୁ ଚୌକିଟା ତାଙ୍କ ସଂଗେ ଉଠିଥିଲା । ଶେଷକୁ ସେ ଗୋଟାଏ ବେଞ୍ଚରେ କୌଣସିମତେ ଗୋଟିଏ ପିଚାରୁ ହୁଏତ ଅଧେ ରଖି ବସିବାକୁ ବାଧ୍ୟ ହୋଇଥିଲେ । ଏଡ଼େ ମୋଟା ମଣିଷ ମୁଁ କେବେ ଦେଖିନାଇଁ । ସେ କିନ୍ତୁ ପୂରା ଇଂରେଜ । ହୁଏତ ନୂଆ ହୋଇ ଆସିଥାନ୍ତି । ଇଂରେଜୀ ଶିଷ୍ଟାଚାର ଛଡ଼ା ଆଉ କିଛି ଜାଣୁ ନଥିଲେ କିମ୍ବା ଜାଣନ୍ତି ବୋଲି ହୁଏତ ଜଣାଉ ନଥିଲେ । ସେକାଳେ ଅନେକଙ୍କ ବ୍ୟବହାର ସେଇଆ ଥିଲା । ସେ ସବୁ ଶିକ୍ଷକମାନଙ୍କ ସଂଗେ ଏପରିକି କୌଣସି କୌଣସି ଛାତ୍ରଙ୍କ ସଂଗେ ମଧ୍ୟ କରମର୍ଦ୍ଦନ କରୁଥିଲେ । ମୁଁ ଦେଖିଥିଲି ପଣ୍ଡିତଙ୍କ ସଂଗେ ସେ ବଡ଼ ଆଦର ଓ ଆଗ୍ରହରେ କରମର୍ଦ୍ଦନ କରିଥିଲେ । ମୁଁ ପଣ୍ଡିତଙ୍କୁ ଜବାବ ଦେଲି, "ଆପଣ ସେଦିନ ରଏଟର ସାହେବଙ୍କ ସଂଗେ କରମର୍ଦ୍ଦନ କଲାବେଳେ ଜାତିଟାକୁ କ'ଣ ଘରେ ରଖି ଆସିଥିଲେ ।" ପଣ୍ଡିତ ମହାଶୟ ଟିକିଏ ଅପ୍ରତିଭ ହୋଇଯାଇ କହିଲେ, "ଆମେ ଯାଉ ଯାଇ ଅଣ୍ଟାପାଣି କଲୁ ।" ମୁଁ କହିଲି, "ମୋତେ ତେବେ ବେକପାଣି କରିବାକୁ କହିଲେ ନାଇଁ, ଚନ୍ଦ୍ରମୋହନବାବୁଙ୍କ ଆଗେ ଗୁହାରି କରିବାକୁ ଯାଇଥିଲେ କାହିଁକି ?" ମୋର ଏପରି ଦୁରନ୍ତତା ଦେଖି ଚିନ୍ତାମଣି ବାବୁ କୌଣସିମତେ ମତେ ଧରି ବାହାରକୁ ଘେନିଗଲେ ।

୫୧। ବ୍ରାହ୍ମଣସମିତି (ପୁରୀ)

ମୁଁ ପୁରୀ ଜିଲ୍ଲା ସ୍କୁଲକୁ ଫେରି ଆସିଲି ୧୯୦୪ ଆଦ୍ୟରେ । ସେତେବେଳେ ପୁରୀରେ ବ୍ରାହ୍ମଣ ସମିତି ବୋଲି ଗୋଟିଏ ପ୍ରତିଷ୍ଠିତ ଅନୁଷ୍ଠାନ ଥାଏ । ଏଥିରେ ବ୍ରାହ୍ମଣ ଛାତ୍ରମାନଙ୍କୁ ସାହାଯ୍ୟ ଦେଇ ପଢ଼ାଇବାର ବ୍ୟବସ୍ଥା ହେଉଥାଏ । ସେଥିପାଇଁ ଏବେ ହୀରାଗୋହିରୀ ସାହିରେ ଯେଉଁ ବ୍ରାହ୍ମଣ ସମିତି ହଷ୍ଟେଲ ଅଛି ସେଇଟି ତିଆରି ହୋଇଥାଏ । ତା' ଭିତରେ ଯେଉଁ ଚନ୍ଦ୍ରଶେଖର ହଲ୍‌ଟି ଅଛି, ତା' ହେବାପାଇଁ ହୁଏତ ଉଦ୍ୟମ ଆରମ୍ଭ ହୋଇ ନ'ଥାଏ । ଥାଏ ଖାଲି ବୋର୍ଡିଂ ପାଇଁ କେତେଗୁଡ଼ିଏ ଚାଳଘର । ସେଥିରେ ପୁରୀଜିଲ୍ଲା ସ୍କୁଲରେ ପଢ଼ିବା ପିଲାଏ କେତେଜଣ ଥାନ୍ତି । ପୁଣି ସଂସ୍କୃତ ସ୍କୁଲର କେତେଜଣ ଛାତ୍ର ମଧ୍ୟ ଥାନ୍ତି । ପଣ୍ଡିତ ସଦାଶିବ ବିଶ୍ର ଏଥିରେ ଖୁବ୍ ମନଦେଇ ଲାଗିଥାନ୍ତି । ମୁଁ ଯାଇ ପ୍ରଥମେ ସେଇଠାରେ ରହିଥିଲି । ପଣ୍ଡିତ ଗୋପବନ୍ଧୁ ଦାସ ସେଇଠାରେ ରହି ଏମ୍.ଏ. ପରୀକ୍ଷା ପାଇଁ ପ୍ରସ୍ତୁତ ହେଉଥାନ୍ତି । ସେ ଅବଶ୍ୟ ପରେ ଏମ୍.ଏ. ପଢ଼ା ଛାଡ଼ିଦେଇ ଓକିଲାତି ପଢ଼ା ଧରିଥିଲେ । ଗୋପବନ୍ଧୁ ଦାସଙ୍କ ସଂଗେ ସେଇଠାରେ ରହିଲାବେଳେ ସବୁବେଳେ ଦିନରାତି କଥାବର୍ତ୍ତା ଓ ଆଳାପର ସୁବିଧା ମିଳିଲା ।

୫୨। ସ୍ୱର୍ଗତ ରାମଚନ୍ଦ୍ର ଦାସ

ଆଉ ଜଣେ ଦେଶପ୍ରାଣ କର୍ମପୁରୁଷଙ୍କୁ ଏଇଠାରେ ଭଲକରି ଦେଖିଥିଲି। ସେ ହେଉଚନ୍ତି ସ୍ୱର୍ଗତ ମୁକ୍ତାର ରାମଚନ୍ଦ୍ର ଦାସ, ସେ ସେକାଳର ଓଡ଼ିଆରେ ପାସ୍‌କରା ମୁକ୍ତାର। ସେ ଇଂରାଜୀ ଜାଣୁ ନଥିଲେ; ତଥାପି ଇଂରେଜୀରେ ବକ୍ତୃତା ଦେଲେ ମୋଟାମୋଟି ବୁଝି ଯାଉଥିଲେ। ସବୁବେଳେ କହନ୍ତି, "ମୋର ଇଂରେଜୀ ପଢ଼ା ଫାଷ୍ଟବୁକ୍ ଘୋଡ଼ାଲେସନ ଯାଏ। ସେଥିରେ ଇଂରେଜୀ କେତେ ବୁଝିବି।" ସେତେବେଳେ ପ୍ୟାରିଚରଣ ସରକାରଙ୍କର ଇଂରେଜୀ ଫାଷ୍ଟବୁକ୍ (First Book of Reading) ଇଂରେଜୀ ଆରମ୍ଭ କଲା ଲୋକେ ଓ ଛାତ୍ରମାନେ ପ୍ରଥମରୁ ପଢୁଥିଲେ। ତା'ର ୫/୬ଟି ପାଠ ପରେ ଗୋଟାଏ ଘୋଡ଼ାଚିତ୍ର ଥାଇ ଇଂରେଜୀ ଶବ୍ଦର ବନାନ ଶିଖାଇବା ପାଇଁ ଗୋଟାଏ ପାଠ ଥିଲା। ସେଇ ପର୍ଯ୍ୟନ୍ତ ପଢ଼ିଲେ ଇଂରେଜୀ ସ୍ୱର ବ୍ୟଞ୍ଜନ ବର୍ଣ୍ଣ ଓ ତା'ର ମୌଳିକ ଉଚ୍ଚାରଣ ମୋଟାମୋଟି ଜଣାଯାଉଥିଲା। ସେ ସେଇକଥାକୁ ଲକ୍ଷ୍ୟ କରି ଥଟ୍ଟା କରି ଏକଥା କହନ୍ତି।

ତାଙ୍କପରି ସରସ ସୁନ୍ଦର ଆଳାପି ଓ ହୃଦୟବାନ ଲୋକ ମୁଁ ଖୁବ୍ କମ୍ ଦେଖିଚି। 'ବ୍ରାହ୍ମଣ ସମିତି' ଅନୁଷ୍ଠାନଟି ଯାହା ନାଁରେ ହେଉ, ତା'ର ପ୍ରକୃତ କର୍ମୀ ଥିଲେ ଏଇ ମୁକ୍ତାର ରାମଚନ୍ଦ୍ର ଦାସ। ସେ ନିଜର ଖାଇବା ପିଇବା ସବୁ ଭୁଲି ଏଇଥିରେ ଲାଗିଥାନ୍ତି। ସେ ମୁକ୍ତାର ହୋଇ ସେକାଳକୁ ଚାହିଁ ଖୁବ୍ ରୋଜଗାର କରୁଥିଲେ। ସେତେବେଳକୁ ତାଙ୍କର ବୟସ ହୋଇଥିଲା ସତତିରିଶ। ଦୁଇଟି ପୁତ୍ର ଓ ପତ୍ନୀଙ୍କୁ ଘେନି ତାଙ୍କର ପରିବାର। ଚାକର ଥାଏ; ପୂଝାରୀ ନଥାଏ; କିନ୍ତୁ ତାଙ୍କର ସବୁ ରୋଜଗାର ଛାତ୍ରମାନଙ୍କ ପାଇଁ। ସେ ଅନେକ ଛାତ୍ରଙ୍କୁ ସାହାଯ୍ୟ ଦିଅନ୍ତି। ତା'ବାଦ୍ 'ବ୍ରାହ୍ମଣ ସମିତି'ରେ ଖୁବ୍ ଲାଗିଥାନ୍ତି। ଦିନେ ମୁଁ ବ୍ରାହ୍ମଣ ସମିତିରେ ଗ୍ରାମରୁ ଯାଇ ପହଞ୍ଚିଲାବେଳକୁ ସେଠାରେ ରାନ୍ଧୁଣିଆ ନଥିଲା କି ଆଉ କେହି ନଥିଲେ। ମୋର ହାତରେ ରାନ୍ଧି ଖାଇବାର କଥା। ରାମଚନ୍ଦ୍ର ଦାସେ ଆସି ମୋତେ ନିଜ ଘରକୁ ନେଇଗଲେ। ରାତି ପ୍ରାୟ ୧୦ଟା ପର୍ଯ୍ୟନ୍ତ କଥାବାର୍ତ୍ତା ଚାଲିଲା। ତା'ପରେ ଭୋଜନରେ ବସିଲୁ। ଭୋଜନପାଇଁ ଖାଲି ବଗଡ଼ା ଭାତ ଓ ସାଙ୍ଗକୁ ମେଞ୍ଚାଏ ଲାଉସିଝା। ମୁଁ ଖାଇପାରିଲି ନାହିଁ। ଦେଖିଲି ସେ ବି ଖାଇପାରିଲେ ନାହିଁ। କ'ଣ ଅଳ୍ପ ଖାଇଚୁ, ସେ ଆଉ ଟିକିଏ ଲାଉ ସନ୍ତୁଳା ଆଣିବାକୁ କହିଲେ। ଘରେ ଆଉ ନଥିଲା। ଆମ ସଙ୍ଗରେ ଆଉ ଜଣେ ଦି'ଜଣ ଖାଇ ବସିଥିଲା ପରି ମନେହେଉଚି। ସେମାନେ ମଧ୍ୟ ଅତିଥି। ରାମଚନ୍ଦ୍ର ଦାସେ ହଠାତ୍ ଆମକୁ ଚାହିଁ ଅତି ସରସ ସ୍ମିତ ଦୀପ୍ତ ମୁହଁରେ କହିଲେ, "ହଉ ପାଣି ପିଇଦିଅ, କାଲି ସକାଳୁ ଫେର ଖାଇବା ନାହିଁ କି?"

ଓଡ଼ିଆ ଛାତ୍ରମାନେ କିପରି ଭଲ ମଣିଷ ହେବେ, ପଢ଼ି ଭଲ ପଣ୍ଡିତ ହେବେ, ସେଥିରେ ସେ ବରାବର ଲାଗିଥାନ୍ତି। ଛାତ୍ରଙ୍କୁ ଦେଖିଲେ ତାଙ୍କ ସଂଗେ ବସି ଦିନରାତି ଆଳାପ କରନ୍ତି। ନିଜେ ଓଡ଼ିଆ ସାହିତ୍ୟରେ ବଡ଼ ମନ ଦେଇଥାନ୍ତି। ନୂଆ ବହି ବାହାରିଲେ ଅତି ଆଦରରେ ପଢ଼ନ୍ତି ଏବଂ ଛାତ୍ରମାନଙ୍କୁ ଡାକି ତାଙ୍କ ସଂଗେ ପଢ଼ନ୍ତି ଓ ଆଲୋଚନା କରନ୍ତି। ଦିନକ କଥା କହୁଚି ସେତେବେଳକୁ ନୂଆ ହୋଇ ବାହାରିଥାଏ ମଧୁସୂଦନ ରାଓଙ୍କ 'ବସନ୍ତ ଗାଥା', ପୁରୀର ଓକିଲ ସ୍ୱର୍ଗତ ପଦ୍ମଚରଣ ପଟ୍ଟନାୟକ ପୁରୀଜିଲ୍ଲା ସ୍କୁଲରେ ମୋର ଥିଲେ ସହପାଠୀ। ସେ ଓଡ଼ିଆ ସାହିତ୍ୟରେ ନୂଆବହି ବାହାରିଲେ ତାକୁ ଆଗ ପଢ଼ି ପକାଉଥିଲେ। କବିତାଗୁଡ଼ିକ ଏକପ୍ରକାର ତାଙ୍କର ସାଂଗେ ସାଂଗେ ମୁଖସ୍ଥ ହୋଇଯାଉଥିଲା। ତାଙ୍କୁ ଓ ମୋତେ ତହିଁ ସଂଗେ ଆଉ କେତେକ ଛାତ୍ରଙ୍କୁ ରାମଚନ୍ଦ୍ର ଦାସେ ଡକାଇ ପଠାଇଲେ 'ବସନ୍ତ ଗାଥା' ପଢ଼ି ଆଲୋଚନା କରିବା ପାଇଁ। ଦେଖିଲୁ ପଦ୍ମଚରଣ ପଟ୍ଟନାୟକଙ୍କର ସେତେବେଳକୁ 'ବସନ୍ତଗାଥା' ପଢ଼ାସରି ଅନେକ ମୁଖସ୍ଥ ହୋଇସାରିଥିଲା। ଆମେ କେହି ବହି ଦେଖି ନଥିଲୁ। ରାତି ୧୧ଟା ପର୍ଯ୍ୟନ୍ତ ସେଦିନ ଆଲୋଚନା ଚାଲିଲା। ଆମ ସାଂଗେ ବସିଥାନ୍ତି ଆଉ ଜଣେ ଛାତ୍ର। ସେ ହେଉଚନ୍ତି କାଶିଆ ବେରବୋଇ ଶାସନର ଗୋବିନ୍ଦ ଦାସ। ସେ ଏନ୍‌ଟ୍ରାନ୍ସ ପାସ୍ କରି ପରେ ପୋଲିସ ସବ୍-ଇନ୍‌ସିପେକ୍ଟର ହୋଇଥିଲେ। ଏବେ ସେ ଲୋକାନ୍ତରରେ। ତାଙ୍କୁ ସମସ୍ତ ଖର୍ଚ୍ଚ ଦେଇ ରାମଚନ୍ଦ୍ର ମୁକ୍ତାର ପଢ଼ାଉଥାନ୍ତି। ପରେ ସେ ଏନ୍‌ଟ୍ରାନ୍‌ସ ପାସ୍ କରି ପୋଲିସ ଚାକିରି ପାଇଁ ଦରଖାସ୍ତ ଦେଇ ଉଦ୍ୟମ କଲାବେଳେ ରାମଚନ୍ଦ୍ର ଦାସଙ୍କୁ ବଡ଼ ବାଧିଥିଲା। ସେ କହିଥିଲେ, "ଗୋବିନ୍ଦ ଏବେ ପାଠପଢ଼ି ପୋଲିସ ହେବାକୁ ଗଲା।" ପିଲାମାନଙ୍କୁ ଦେଶସେବୀ, ସାହିତ୍ୟିକ, ଉଚ୍ଚାଭିଳାଷୀ ହେବାପାଇଁ ସବୁବେଳେ ସେ ସଂକେତ ଦିଅନ୍ତି, ଉତ୍ସାହ ଦିଅନ୍ତି। ତାହାହିଁ ଥିଲା ତାଙ୍କର ଏକାନ୍ତ କାମନା।

ସେ ରାତି 'ବସନ୍ତଗାଥା' ଆଳାପରେ ଗୋବିନ୍ଦ ମଝିରେ ମଝିରେ ଘୁମାଇ ପଡୁଥାନ୍ତି। ସେଥିରେ ରାମଚନ୍ଦ୍ର ଦାସ ଯେପରି ଆଦର ଓ କୌଶଳରେ ଗୋବିନ୍ଦଙ୍କୁ ମଧ୍ୟ ଆଲୋଚନା ଶୁଣାଇବା ପାଇଁ ଉଦ୍ୟମ କରୁଥାନ୍ତି, ତାହା ଦେଖି ଶିଖିବାର ଜିନିଷ। ସେ ବିରକ୍ତ ହୁଅନ୍ତି ନାହିଁ କି ଦୁଃଖ ପ୍ରକାଶ କରନ୍ତି ନାହିଁ, ଅଥଚ ନିଜ ଭାବରେ ଅଦ୍ଭୁତ ପ୍ରକାରରେ ଶ୍ରୋତାଙ୍କୁ ପ୍ରଭାବିତ କରି ପାରୁଥିଲେ। ଆମ ସାଙ୍ଗରେ ଯୁକ୍ତିରେ ମଧ୍ୟ ସେ ନିତାନ୍ତ ଅଗ୍ରାହ୍ୟ ଓ ଅଲୌକିକ କଥାଟା ମଧ୍ୟ ଫସ୍ କରି କାଟି କହି ଦିଅନ୍ତି ନାହିଁ। କଥାଟାକୁ ଆପାତତଃ ଗ୍ରହଣ କଲାପରି ଆଳାପ ଆରମ୍ଭ କରିଦିଅନ୍ତି, ଶେଷକୁ ଆମେ ବୁଝିପାରୁ ଆମ କଥାଟା ଭୁଲ। କୌଣସି ଛାତ୍ରର ବୁଦ୍ଧି ବା ଯୁକ୍ତି ପ୍ରଣାଳୀକୁ ସେ ହଠାତ୍ ଅଗ୍ରାହ୍ୟ କରନ୍ତି ନାହିଁ କିମ୍ବା ହଠାତ୍ ସେଥିପ୍ରତି ଦୁରାଗ୍ରହ ଦେଖାନ୍ତି ନାହିଁ। ଏଇ ଯେଉଁ ଗୋବିନ୍ଦଙ୍କୁ ସେ ନିଜେ ସାହାଯ୍ୟ କରି ମଣିଷ କରାଉଥିଲେ ଓ ତାଙ୍କ ସଂଗେ ବସନ୍ତଗାଥା ବିଷୟରେ ସମ୍ପୂର୍ଣ୍ଣ ଧୈର୍ଯ୍ୟ ରଖି ଆଳାପ ମଧ

କରୁଥିଲେ, ତାଙ୍କର ଯୁକ୍ତିଶକ୍ତି ଓ ମନର ଗତି ଚିହ୍ନାଇବା ପାଇଁ ଦିନକର କଥା କହୁଚି। ସ୍କୁଲମାନଙ୍କୁ ସେତେବେଳେ ଶିକ୍ଷାବିଭାଗୀୟ ଡିରେକ୍ଟର କେବେ ଆସୁ ନଥିଲେ। ବିଭାଗୀୟ ଇନିସ୍‌ପେକ୍ଟରଙ୍କ ଉପରେ ସମସ୍ତ ବଙ୍ଗ-ବିହାର ଓଡ଼ିଶାର ଜଣେ ଡିରେକ୍ଟର ଥାନ୍ତି ବୋଲି ଆମେ ଖାଲି ଶୁଣୁ। ରଏଟର ସାହେବ ଇନିସ୍‌ପେକ୍ଟର। ଥରେ ମାତ୍ର ଆମ ସ୍କୁଲକୁ ଆସିଥିଲେ। ସେ କଥା କହୁଚି। ସେ ଅସାଧାରଣ ମୋଟା ଥିଲେ। ତାଙ୍କୁ ଦେଖି ଗୋବିନ୍ଦ ମୋତେ ଆସି ପଚାରିଥିଲେ, "ହଇରେ କଣ୍ଡ, ଏ ତ ଇନିସ୍‌ପେକ୍ଟର ହୋଇ ଏଡ଼େ ମୋଟା ହୋଇଚି, ଡିରେକ୍ଟର କେଡ଼େ ମୋଟା ହୋଇ ନଥିବ ?"

ରାମଚନ୍ଦ୍ର ଦାସ ଅତ୍ୟନ୍ତ ସୁବକ୍ତା ଥିଲେ। ଆଳାପରେ ସମସ୍ତଙ୍କୁ କିଣି ନେଉଥିଲେ। ଯୁବକମାନଙ୍କୁ ଦେଶର ଭବିଷ୍ୟତ ଭାବି ତାଙ୍କ ସଂଗେ ପ୍ରାଣ ମିଶାଇ ଦେଉଥିଲେ। ନିଜର ବୋଲି କିଛି ତାଙ୍କର ନଥିଲା କହିଲେ ଚଳେ। ପ୍ରାଣଟା ତାଙ୍କର ଅତ୍ୟନ୍ତ ବିସ୍ତୀର୍ଣ୍ଣ ଥିଲା। ୧୯୦୬ରେ ତାଙ୍କର ମୃତ୍ୟୁ ହୋଇଥିଲା। ମୃତ୍ୟୁ ପୂର୍ବରୁ ମୁଁ ଓ ଆମ ଗାଁର ଆର୍ତ୍ତଭାଇନା (ପଣ୍ଡିତ ଆର୍ତ୍ତତ୍ରାଣ ଦାସ) ଦୁହେଁ ତାଙ୍କୁ ପୁରୀ ଘରଠାରେ ଦେଖିବାକୁ ଯାଇଥିଲୁ। ତାଙ୍କର ବହୁମୂତ୍ର ରୋଗ, କିନ୍ତୁ ଆଉ କି ରୋଗ ଥିଲା ତାଙ୍କ ଗୋଡ଼ ଚଳୁ ନଥାଏ। ବଡ଼ କଷ୍ଟରେ ଉଠି ଟିକିଏ ଚାଲୁଥାନ୍ତି। ଜ୍ୟୋତିଷ ଜାଣିଥିଲେ। ଫଳିତ ଜ୍ୟୋତିଷରେ ରାମଚନ୍ଦ୍ର ଦାସଙ୍କର ବିଶ୍ୱାସ ନଥାଏ; ତଥାପି ଆର୍ତ୍ତଭାଇନା କହିବାରୁ ଜାତକଖଣ୍ଡ ଆସିଲା। ଆର୍ତ୍ତଭାଇନା ଗଣନା କରି କହିଦେଲେ, "ରାମଚନ୍ଦ୍ର ଦାସଙ୍କର ଏ ଦଶାରେ ମୃତ୍ୟୁ ହେବ ନାହିଁ।" ରାମଚନ୍ଦ୍ର ସଂଗେ ସଂଗେ ଚାକରକୁ ବଡ଼ ପାଟିକରି କହିଦେଲେ, "ଆରେ ଘରେ କହିଦେ ପଣ୍ଡିତ ମହାଶୟ କହିଲେ, ମୁଁ ଏଥର ମରିବି ନାହିଁ। କିଛି ଚିନ୍ତା ନାହିଁ।" ଆମକୁ କହିଲେ, ହଉ ଘରେ ଟିକିଏ ଦମ୍ଭ ପାଇଯାଆନ୍ତୁ। ତା'ପରେ ଅନେକ ଆଳାପ ହେଲା। ଆମେ ଉଠିଆସିଲା ବେଳେ ବହୁ କଷ୍ଟରେ ମୋତେ ଉଠି କୁଣ୍ଢାଇ ପକାଇ ବଡ଼ କଷ୍ଟରେ ଦାଣ୍ଡଦୁଆର ପର୍ଯ୍ୟନ୍ତ ଆସି ମୋ ମୁଣ୍ଡରେ ହାତ ଦେଇ କହିଲେ, "ମୁଁ ଯାଉଚି, ଭଗବାନ ତମକୁ ବଡ଼ ମଣିଷ କରନ୍ତୁ। ଦେଶକୁ କେବେ ଭୁଲିବ ନାହିଁ।" ଏ ହେଉଚି ୧୯୦୬ ମସିହାର କଥା। ମୁଁ ସେତେବେଳେ ଏଫ୍.ଏ. ପଢୁଥାଏ।

୫୩। ସ୍ୱର୍ଗତ ଚନ୍ଦ୍ରଶେଖର ସାମନ୍ତ ଓ ମୋର ପ୍ରଥମ ପ୍ରକାଶିତ ଲେଖା

ବ୍ରାହ୍ମଣସମିତିରେ ଗୋପବନ୍ଧୁଙ୍କ ସଂଗେ ରହିବା କଥା କହୁଥିଲି। ସେତିକିବେଳକୁ ସ୍ୱର୍ଗତ ସାମନ୍ତ ଚନ୍ଦ୍ରଶେଖର ସିଂହ ଅତ୍ୟନ୍ତ ରୁଗ୍‌ଣ ହୋଇ ମୃତ୍ୟୁ ନିକଟ ଜାଣି କ୍ଷେତ୍ରରେ ମରିବା ପାଇଁ ଆସି ପୁରୀରେ ରହୁଥିଲେ। ମୁଁ ବିଚାରୁଥାଏଁ ତାଙ୍କୁ ଯାଇ ଟିକିଏ ଦେଖିଆସିବି; କିନ୍ତୁ ସେକଥା ହୋଇପାରି ନାହିଁ। ହଠାତ୍ ତାଙ୍କର ମୃତ୍ୟୁ ସମ୍ବାଦ ଶୁଣିଲି। ଗୋପବନ୍ଧୁ ଦାସ ଆମମାନଙ୍କୁ ଓ ଆଉ କେତେକଙ୍କୁ ଧରି ବିଚାର କଲେ ତାଙ୍କର ଦଶାହ ଦିନ

ଗୋଟିଏ ସଭା କରିବା। ସେଥିରେ କିଏ ତାଙ୍କର ଜୀବନୀ ଲେଖିବ। କେହି କିଛି ଜାଣନ୍ତି ନାହିଁ। ସମସ୍ତେ ନାହିଁ କଲେ। ମୁଁ କିନ୍ତୁ ସେ କାଳରୁ ନାନା ସ୍ଥାନରେ ପିଲାଙ୍କୁ ଘେନି ସଭାମାନ କରୁଥିଲି। ବୋଧହୁଏ ଏହା କହିଲେ ନିତାନ୍ତ ବହୁଭାଷଣ ହେବ ନାହିଁ ଯେ, ସେ କାଳରେ ପୁରୀ କଟକର ଛାତ୍ରମାନଙ୍କ ଭିତରେ ଏପରି ସଭା ନଥିଲା ଯହିଁରେ ମୁଁ ସେକ୍ରେଟେରୀ ବା ପ୍ରେସିଡେଣ୍ଟ୍ ହୋଇ ନଥିଲି। ଗୋପବନ୍ଧୁ ଦାସେ କହିଲେ, "ଏତେ ସଭା କରୁଚ, ପ୍ରବନ୍ଧ ପଢୁଥିବ, ବକ୍ତୃତା ଦେଉଥିବ, ତମେ ଲେଖ ନା।" ମୁଁ କହିଲି, "ମୁଁ ଚେଷ୍ଟା କରିବି।" ସେତେବେଳକୁ ମୁଁ ଚନ୍ଦ୍ରଶେଖରଙ୍କୁ ଦେଖିବାକୁ ଯିବି ଭାବି ତାଙ୍କ ସିଦ୍ଧାନ୍ତ ଦର୍ପଣ ଖଣ୍ଡ ସଂଗ୍ରହ କରି ପଢ଼ିବା ପାଇଁ ପାଖରେ ରଖିଥାଏ। ତା'ରି ଇଂରାଜୀ ମୁଖବନ୍ଧକୁ ମୂଳ କରି ମୁଁ ତାଙ୍କର ଗୋଟିଏ କ୍ଷୁଦ୍ର ଜୀବନୀ ଲେଖିବସିଲି। ଲେଖା ଶେଷ ହେବାରୁ ଗୋପବନ୍ଧୁ ଦାସେ ପଢ଼ିଲେ। ରାମଚନ୍ଦ୍ର ଦାସ ମୁକ୍ତାର ସେତେବେଳେ ପ୍ରତିଦିନ ସନ୍ଧ୍ୟାରେ କଚେରୀରୁ ଫେରି ବ୍ରାହ୍ମଣ ସମିତିକୁ ଆସନ୍ତି। ସେ ଆସିଲାମାତ୍ରେ ଗୋପବନ୍ଧୁ ଦାସ ମୋ ପ୍ରବନ୍ଧଟି ତାଙ୍କ ଆଗେ ନିଜେ ପଢ଼ି ଶୁଣାଇଲେ। ସେଇ ପ୍ରବନ୍ଧଟି ପରେ ଦଶାହ ଦିନ ପଢ଼ା ହେଲା। ପରେ-ପ୍ରାୟ ଦୁଇବର୍ଷ ପରେ ସେଇ ପ୍ରବନ୍ଧଟି ଉତ୍କଳ ସାହିତ୍ୟରେ ବାହାରିଲା। ତାହାହିଁ ମୋର ପ୍ରଥମ ପ୍ରକାଶିତ ଲେଖା।

ଏ ଲେଖାଟି ବାହାର କରିବାରେ ମଧ୍ୟ ଟିକିଏ କଥା ଏଠାରେ କହିବାର ଅଛି। ଏକରେ କାଗଜରେ ଲେଖା ବାହାର କରିବା ସେତେବେଳେ ଯେ କି ଜିନିଷ, ତା' ଏବେ ବୁଝାଇ ହେବ ନାହିଁ। ତା' ପରେ ମୁଁ ମଫସଲିଆ ପିଲା, ଭାରି ଲାଜକୁଳା। ଲେଖାଟି ବିଶ୍ୱନାଥ କରଙ୍କୁ ଦେବି କିପରି, ବିଚାରୁଥାଏ, ଦେଇପାରୁ ନଥାଏ। ସାଙ୍ଗରେ କଲେଜର ପଦ୍ମଚରଣ ପଟ୍ଟନାୟକ ପଢୁଥାନ୍ତି। ତାଙ୍କର ବିଶ୍ୱନାଥ କରଙ୍କ ଘରକୁ ଭାରି ଗତାଗତ ଥାଏ। ମୁଁ ଏ ମଧ୍ୟରେ ଥେୟର (Theyer) ସାହେବଙ୍କ ଲିଖିତ ବେଂଜାମିନ୍ ଫେଂକଲିନଙ୍କ ଜୀବନୀ ପଢୁଥିଲି। ସେଥିରେ ଦେଖିଲି ପିଲାଦିନେ ସେ ଏଇପରି କାଗଜକୁ ଲେଖା ଦେବାରେ ଭାରି ଲାଜକୁଳା ଥିଲେ। ଦିନେ ଗୋଟିଏ ଲେଖା ଲୁଚାଇ କରି ନାମ ନଦେଇ କୌଣସିମତେ ସଂପାଦକଙ୍କ ହାତରେ ପଡ଼ିବା ଭଳି ରଖି ଦେଇଆସିଲେ। ସେଇଟି ବାହାରିଗଲା। ତା'ପରେ ସେ ପ୍ରକାଶ୍ୟ ଭାବରେ ଲେଖା ଦେଲେ। ମୁଁ ପଦ୍ମଚରଣ ପଟ୍ଟନାୟକଙ୍କୁ ବହୁଦିନ ପରେ ମୋ ଲେଖାଟି ପଢ଼ାଇଲି। ସେ କହିଲେ, "ସେ ନେଇ ବିଶ୍ୱନାଥ କରଙ୍କୁ ଦେବେ।" ସେ ବିଶ୍ୱନାଥ କରଙ୍କୁ ଦେବା ପାଇଁ ମୋ ଲେଖାଟି ନେଇଗଲେ। କେତେଦିନ ପରେ ଲେଖାଟି ଉତ୍କଳ ସାହିତ୍ୟ କାଗଜରେ ବାହାରି ପଡ଼ିଲା। ସେଦିନ ମୋ ମନରେ ଯାହା ହୋଇଥିଲା, ତା' ଲେଖି ହେବ ନାହିଁ। ମଧୁସୂଦନ ରାଓଙ୍କ ମଝିଆଁପୁଅ, ପ୍ରଶାନ୍ତ କଲେଜରେ ଆମ ଉପର କ୍ଲାସରେ ପଢୁଥିଲେ। ମଧୁବାବୁ ମୋ

ଲେଖାଟି ପଢ଼ିସାରି ମୋତେ ଉତ୍ସାହ ଦେଇ ନିଜର ଗ୍ରାହକତା ଓ ଆଶୀର୍ବାଦ ପ୍ରଶାନ୍ତଙ୍କ ହାତେ ମୋ ପାଖକୁ ପଠାଇ ଦେଇଥିଲେ। ଆଉ କେତେଲୋକ ମଧ୍ୟ ଖୁବ୍ ଉତ୍ସାହ ଦେଇ ମୋତେ ଲେଖିଥିଲେ। ବାଲେଶ୍ୱରର ସ୍ୱର୍ଗତ ଉମାକାନ୍ତ ମହାପାତ୍ର ମୋ ଉପର କ୍ଲାସରେ ସେତେବେଳେ ବି.ଏ. ପଢୁଥାନ୍ତି। ସେ ମୋ ସଙ୍ଗେ ବୋଡିଂରେ ଥିଲେ ମଧ୍ୟ ସେତେବେଳେ ଛୁଟିରେ ଗ୍ରାମରେ ଥିଲେ। ସେ ଏଇ ଲେଖା ପଢ଼ି ମୋତେ ଗୋଟିଏ ଦୀର୍ଘ ଚିଠି ଲେଖିଥିଲେ। ଗୋଟିଏ ବାକ୍ୟ ମନେ ଅଛି- "I read it with much gusto. It is very good." Gusto ଶବ୍ଦଟି ସେଇଥିରୁ ମୁଁ ଶିଖିଥିଲି, ମୋ ମନେ ଅଛି। ଉମାକାନ୍ତ ବାବୁ ଭଲ ଇଂରେଜୀ ଜାଣୁଥିଲେ ବୋଲି ତାଙ୍କର ନାମ ଥିଲା। ସେ ପରେ ଓଡ଼ିଆ ସରକାରଙ୍କର Translator ହୋଇଥିଲେ।

ସେ ଯାହାହେଉ, ମୋର ଏବେ ମଧ୍ୟ ନିଜ ଲେଖାରେ ଆତ୍ମଦୈନ୍ୟର ଭାବ ବରାବର ଯାଇ ନାଇଁ। ଏବେ ବି କିଛି ଲେଖିଲେ ଯାହାକୁ ହେଲେ ଶୁଣାଇ ଭଲ ଅନୁମୋଦନ ନ'ପାଇଲେ ମୁଁ ପ୍ରାୟ ସାହସ କରି ପ୍ରକାଶ କରେ ନାଇଁ। ଦରକାର ପଡ଼ିଲେ କେହି ନମିଳିଲେ କଲେଜର ଛାତ୍ରକୁ ଏପରି ମୋ ନିଜପୁଅକୁ ମଧ୍ୟ ଶୁଣାଇ ଠିକ୍ କରିନିଏ। କେହି କୌଣସି ଅଂଶ ଆଚ୍ଛା ଲାଗୁ ନାଇଁ ବୋଲି କହିଲେ ତତ୍‌କ୍ଷଣାତ୍ ବଦଳାଇ ଦିଏ ଓ ପୁଣି ଶୁଣାଏ। କାରଣ ମୋର ଗୋଟିଏ ଧାରଣା ପଡ଼ିଯାଇଚି ମୁଁ ମୋ ପାଇଁ ଲେଖି ନାଇଁ। ଅନ୍ୟକୁ ପଢ଼ି ବୁଝିବା ଓ ଗ୍ରହଣ କରିବା ପାଇଁ ଲେଖିଚି। ସେଇ ମାପକାଠିଟି ସବୁବେଳେ ମୁଁ ମନେ ରଖିଥାଏ। ସେଥିପାଇଁ ଯେତେବେଳେ ପରେ ପିଲାଙ୍କ ପାଇଁ ଘରୋଇ ଭାଷାରେ ଲେଖିବା ମୁଁ ପ୍ରଥମେ ଆରମ୍ଭ କଲି ସେତେବେଳେ ପିଲାଙ୍କୁ ଶୁଣାଇ ଲେଖା ଠିକ୍ କରିଥିଲି। କହିଦିଏଁ ମୁଁ ଲେଖିବା ପୂର୍ବରୁ ଅତି ଘରୋଇ ଭାଷାରେ ସୁନ୍ଦର ସୁରୁଚି ସଂପନ୍ନ କରି ଲେଖିବାଟା ଓଡ଼ିଶାରେ ଆରମ୍ଭ ହୋଇ ନଥିଲା। ୧୯୨୧ରେ ପିଲାଙ୍କ ରାମାୟଣରେ ମୁଁ ଏହା ପ୍ରଥମେ ଆରମ୍ଭ କରିଥିଲି। ତା'ପରେ ଶକ୍ତିଥିବା ଲେଖକମାନେ କ୍ରମେ ଲେଖିଲେ। ସେତିକି ନୁହେଁ, ୧୯୧୯ରେ ଯେତେବେଳେ ରାଧାନାଥ ବାବୁଙ୍କ କାବ୍ୟ ସମାଲୋଚନାରେ ସତ୍ୟବାଦୀ ସ୍କୁଲର ସହକର୍ମୀ ବାସୁଦେବ ମହାପାତ୍ର ଓ ରଘୁନାଥ ମିଶ୍ର ମୋତେ ନିଜେ ଲେଖି ଲେଖାଇ ଦେବା ପାଇଁ ଆକ୍ଷେପ କରି କହିଲେ, ସେତେବେଳେ ମୁଁ 'କୋଣାର୍କେ' କାବ୍ୟ ଲେଖିବସିଲି। ସତରେ ଦିନ ଭିତରେ ଏହା ଲେଖା ହୋଇ ଛାପାଖାନାକୁ ଦିଆହୋଇଥିଲା। ତଥାପି ରାତିରେ କେତେକ ଲେଖିସାରି ସକାଳୁ ସେମାନଙ୍କୁ ଶୁଣାଇ ଦିଏ। ସେମାନେ ଟିକିଏ ଦ୍ୱିଧା ପ୍ରକାଶ କଲେ ସଂଗେ ସଂଗେ ସେ ଅଂଶଟି ଫିଙ୍ଗିଦେଇ ଆଉ ଥରେ ଲେଖେ। ଏବେ ମଧ୍ୟ ସେୟାଇ ମୋର ରୀତି।

୫୪। ବିଭା ହେବି ନାଇଁ

ଏତିକିବେଳେ ସାଙ୍ଗରେ ଗୋପବନ୍ଧୁ ବାବୁ, ତହିଁରେ ପୁଣି ରାମଚନ୍ଦ୍ର ଦାସଙ୍କ ମୋହନ ପ୍ରଭାବ। କଥାବାର୍ତ୍ତାରେ ସ୍ଥିର ହୋଇଗଲା ମୁଁ ବିଭା ହେବି ନାଇଁ। ଦେଶକାର୍ଯ୍ୟରେ ଜୀବନ ଦେବା ପାଇଁ ଗୋଟିଏ ଦଳ ଗଢ଼ି ଗୋପବନ୍ଧୁ ଦାସଙ୍କ ସଂଗେ କାର୍ଯ୍ୟରେ ଲାଗିବି। ସେଥିରେ ହରିଭାଇନା ଓ ଅନନ୍ତ ମିଶ୍ର ଦୁହେଁ ତ ରହିବେ। ଆଉ କୃତବିଦ୍ୟ ଯୁବକମାନଙ୍କୁ ପରେ ସଂଗ୍ରହ କରିବା। ପୂର୍ବେ କହିଚି, ସୁଆଣ୍ଡ ଗାଁରେ ନଈବନ୍ଧ ଉପରେ ଯେଉଁ ସଙ୍କଳ୍ପ ହୋଇଥିଲା, ତା’ ଏଇଭାବରେ କାର୍ଯ୍ୟରେ ପରିଣତ କରିବାକୁ ହେବ। ଏଇ ବିଚାର ଦିନକୁ ଦିନ ଘନୀଭୂତ ହେବାରେ ଲାଗିଲା। ଜୀବନ କ୍ରମେ ନୂଆପରି ଲାଗିଲା। କ୍ରମେ ଜୀବନର କ୍ରିୟାସବୁ ସଂଯତ, ଶୃଙ୍ଖଳିତ ଓ ଏକମୁଖୀ କରିବାର ଉଦ୍ୟମ ଭିତରେ ପ୍ରତିଷ୍ଠିତ ହେଲା। ସେ ବିଷୟ ମଧ୍ୟ ବରାବର ଆଲୋଚନାରେ ମାଜି ହୋଇଯାଉଥାଏ। ଗୋପବନ୍ଧୁ ବାବୁଙ୍କର ତରୁଣ ପ୍ରାଣରେ ସେତେବେଳର ସମ୍ମୋହନ ଓ ବ୍ୟାପକ ପ୍ରଭାବ ଏବେ ସ୍ମୃତିର ଅନୁଭବରେ ମୋତେ ସେଇ ଯୌବନର ପ୍ରଥମ ପ୍ରସ୍ଥକୁ ଆଜି ମଧ୍ୟ ଘେନି ଯାଉଚି।

ଏଇଠାରେ ପ୍ରସଙ୍ଗକ୍ରମେ ଆଉ ଗୋଟିଏ କଥା କହିଦିଏଁ। ବିବାହ ନକରି ଦେଶସେବକ ଦଳ ଗଢ଼ିବାର କଳ୍ପନାରେ ଆଉ ଗୋଟିଏ କଥା କାରଣ ସ୍ୱରୂପ କାମ କରିଥିଲା। ହରିଭାଇନା ଓ ଅନନ୍ତ ମିଶ୍ର ଦୁହେଁ ସେତେବେଳକୁ ବିବାହିତ। ପଣ୍ଡିତ ଗୋପବନ୍ଧୁ ଦାସଙ୍କର ମଧ୍ୟ ଗୋଟିଏ ପୁତ୍ର ଓ ଦୁଇଟି କନ୍ୟା ଥିଲେ। ଏପରି ସ୍ଥଳେ ଦେଶସେବା ପାଇଁ ଅବିବାହିତ ବ୍ରହ୍ମଚାରୀଦଳ ଗଢ଼ିବା କଥାଟା ପାରିପାର୍ଶ୍ୱିକ ବାୟୁମଣ୍ଡଳରେ ନଥିଲା। ବଙ୍ଗ ଔପନ୍ୟାସିକ ବଙ୍କିମଚନ୍ଦ୍ର ଚାଟାର୍ଜୀଙ୍କ “ଆନନ୍ଦ ମଠ” ଗ୍ରନ୍ଥର ପ୍ରଭାବ ସେତେବେଳକୁ ସ୍ପଷ୍ଟଭାବରେ ମୋ ଉପରେ ପଡ଼ିଥିଲା ବୋଲି ମନେ ହେଉନାଇଁ।

୫୫। ଗୋପବନ୍ଧୁଙ୍କ ପୁତ୍ରର ମୃତ୍ୟୁ ଓ ମୋ ଉପରେ ତାର ପ୍ରଭାବ

ମାତ୍ର ଏଠାରେ ସ୍ପଷ୍ଟ ଘଟଣାଟି ହେଉଚି, ଦାସେ ଆପଣଙ୍କ ପୁତ୍ରର ମୃତ୍ୟୁ। ସେ ବହୁ ପିଲାଦିନୁ ବିଭା ହୋଇଥିଲେ। ଏପରିକି ଏନ୍‌ଟ୍ରାନସ ଚତୁର୍ଥ ଶ୍ରେଣୀରେ (ଏବର ୮ମ ଶ୍ରେଣୀ) ପଢ଼ିଲାବେଳକୁ ତାଙ୍କର ଗୃହସ୍ଥାଶ୍ରମ ହୋଇଯାଇଥିଲା। ତାଙ୍କର ପତ୍ନୀ ପ୍ରାୟ ୯- ୧୦ ବର୍ଷ ଘର କରିସାରିଥିଲେ। ସେ ନିଜେ ବି: ଏଲ: ପଢ଼ି ଓକିଲାତି କରିବା ଆଡ଼କୁ ନଯାଇ ବ୍ରାହ୍ମଣସମିତିରେ ରହି ଏମ୍: ଏ: ଆଡ଼କୁ ପ୍ରସ୍ତୁତ ହେଉଥିଲେ। ହଠାତ୍ ଖବର ପାଇଲେ ତାଙ୍କ ନିଜଗ୍ରାମ ସୁଆଣ୍ଡରେ ତାଙ୍କ ପୁତ୍ରଟିର ଜରାତିସାର ହେଲା। ସେଠାରୁ ସେ ନିଜର ସ୍ତ୍ରୀ ପୁତ୍ର ତା’ ସଂଗେ ଛୋଟ କନ୍ୟାଟି ଏ ସମସ୍ତଙ୍କୁ ପୁରୀକୁ ଅଣାଇଲେ।

ପୁରୀର ଏକ ମାର୍କେଟ ପାଖେ ତାଙ୍କର ନିଜର ଗୋଟିଏ ଘର ଥିଲା। ସେ ପରିବାର ଘେନି ସେଠାରେ ରହିଲେ। ଡାକ୍ତର ଓ କବିରାଜ ସବୁ ଚିକିତ୍ସା ଆରମ୍ଭ କରିଦେଲେ। ମୁଁ ପ୍ରାୟ ତାଙ୍କର ସେଇ ଘରେ ଥାଏ କହିଲେ ଚଳେ। ମୁକ୍ତାର ରାମଚନ୍ଦ୍ର ଦାସ ମଧ୍ୟ ବରାବର ସେଠାକୁ ଆସନ୍ତି। କ୍ରମେ ରୋଗ ବଢ଼ିଗଲା। ଶେଷକୁ ପୁତ୍ରଟିର ମୃତ୍ୟୁ ହେଲା। ଦାସେ ଆପଣେ କେବେ ପାରିବାରିକ ଭାବରେ ଆସକ୍ତ ଥିବାର ମୁଁ ଦେଖିନଥିଲି। ସେତିକିବେଳେ ସେ ତାଙ୍କ ଭାର୍ଯ୍ୟାଙ୍କ ସହିତ ଯେପରି ବ୍ୟାକୁଳ ଓ ବିବ୍ରତ ହୋଇପଡ଼ିଥିଲେ, ତା' ଆଜି ମଧ ମୋର ମନେ ପଡ଼ିଚି, ମୁଁ ସେତେବେଳେ ପିଲା। ବିଶେଷ କିଛି ବୋଧ ଦେଇପାରୁ ନଥାଏ। ରାମଚନ୍ଦ୍ର ମୁକ୍ତାର ଓ ସ୍ୱର୍ଗତ ଡମପଡ଼ାର ବାସୁଦେବ କରି ଡାକ୍ତର ଦୁହେଁ ପାଖରେ ରହି ଗୋପବନ୍ଧୁଙ୍କୁ ବହୁତ ବୁଝାଉଥାନ୍ତି, କିନ୍ତୁ ଗୋପବନ୍ଧୁଙ୍କର କୋମଳ କବିପ୍ରାଣ ସେ ଘଟଣାରେ ଅତ୍ୟନ୍ତ ଉଦ୍‌ବେଳିତ ହେଉଥାଏ।

୫୬। ମୋର ସଂକଳ୍ପ

ଏଇ ଘଟଣା ପରେ ମୋର ଟିକିଏ ଚିନ୍ତା ପଡ଼ିଗଲା। ଦେଖିଲି ଯେତେ ବଡ଼ ମହାପୁରୁଷ ହେଲେ ମଧ ପାରିବାରିକ ଦୁର୍ବଳତା ମନୁଷ୍ୟକୁ ବେଳେ ବେଳେ ସ୍ଥିତିଭ୍ରଷ୍ଟ କରିପାରେ। ଅତଏବ ସେ ଦୁର୍ବଳତା ନଥିବା ଭଳି ପରିସ୍ଥିତି ସୃଷ୍ଟି କଲେ ଦେଶକାର୍ଯ୍ୟରେ ବହୁତ ବେଶି ସୁବିଧା ହେବ। ଏତେଦିନ ପରେ ଦାସ ଆପଣଙ୍କ ସଂଗେ ବିଚାର ହେଲା। ବହୁତ ଏପାଖ ସେପାଖ ହେବା ପରେ ଦାସେ ଆପଣେ ଏଥିରେ ସମ୍ମତି ଦେଲେ। ସେତେବେଳକୁ ଦାସେ ଆପଣଙ୍କ ପ୍ରତି ହରିଭାଇନା, ଅନନ୍ତ ମିଶ୍ର ଓ ମୁଁ ଏ ତିନିହେଁ ଅତ୍ୟତ ଅନୁରକ୍ତ ହୋଇ ପଡ଼ିଥାଉ। ତା'ର କାରଣ ହେଉଚି, କେବଳ ତାଙ୍କର ମଧୁର ଓ ପ୍ରୀତିଶୀଳ ବ୍ୟକ୍ତିତ୍ୱ ନୁହେଁ, ତା' ଭିତରେ ଥାଏ ଭବିଷ୍ୟତର ପୁଣ୍ୟସାଧନା ଓ ଚରିତ୍ରଗଠନ ସଂଗେ ଦେଶସେବା। ଏଇ ସବୁ ବିଚାରରେ ଆମର କେତେ ରାତି ଯେ ପାହିଯାଇଚି, ତା' ଆଜି କହିବା ଦୁଷ୍କର। ତେଣୁ ଦାସେ ଆପଣଙ୍କ ସଂଗେ ବିଚାରରେ ଯାହା ସିଦ୍ଧାନ୍ତ ହେଲା, ସେଥିରେ ଆଉ ଦ୍ୱିଧା କରିବାର କିଛି ନ'ଥିଲା।

୫୭। ବିବାହ ପ୍ରସଙ୍ଗ

ସେ ହେଉଚି ୧୯୦୪ ମସିହା; ଅର୍ଥାତ୍ ପୁରୀରେ ମୋର ଏନ୍‌ଟ୍ରାନ୍‌ସ କ୍ଲାସ ପଢୁଥିବା ବର୍ଷ। ବହୁତ ବିବାହ ପ୍ରସଙ୍ଗ ଆସୁଥାଏ। ସେତେବେଳର ଆମର ସମାଜରେ ଏନ୍‌ଟ୍ରାନ୍‌ସ କ୍ଲାସରେ ପାଠ ପଢ଼ିବା କମ୍ ଜିନିଷ ନୁହେଁ। ସେଥିରେ ପୁଣି ମୁଁ ପିଲାଦିନୁ ବୃଦ୍ଧ ପ୍ରବୀଣ ସାମାଜିକମାନଙ୍କ ସଂଗେ ମଧ ତୀବ୍ର ଓ ଉଜ୍ଜ୍ୱଳ ଯୁକ୍ତି ଆରମ୍ଭ କରିଦେବାରେ

ପଶ୍ଚାତ୍‌ପଦ ନଥାଏ। ପୁରୀରେ ଥାନ୍ତି ସେତେବେଳେ ଜଣେ ପ୍ରବଳ ଧନୀ। ତାଙ୍କ ଘର ମାର୍କଣ୍ଡ ସାହିରେ। ତାଙ୍କର ଥାଏ ବିବାହ ଦେବା ପାଇଁ ଝିଅ। କାଳିକାଦେବୀ ସାହୀର ସୁନାମପ୍ରସିଦ୍ଧ ଉତ୍କଳର ଆଦିମ ନାଟ୍ୟକାର ସ୍ୱର୍ଗତ ହରିହର ରଥ। ଆମ ନନାଙ୍କର ହରିହର ରଥଙ୍କ ପ୍ରତି ବଡ଼ ଖାତିର ଥାଏ। ମନେଅଛି, ସେହି ଧନୀ ହରିହର ରଥଙ୍କୁ ମୋ ବିବାହ ପ୍ରସଙ୍ଗ କରି ନନାଙ୍କ ପାଖକୁ ପଠାଇଲେ। ଆମ୍ଭେମାନେ ଗରିବ ପରିବାର। ହରିରଥେ ଆସି ନନାଙ୍କୁ କହିଲେ, "ସଂଗେ ସଂଗେ ଚାରିହଜାର ଟଙ୍କା ନିଅ। ପୁଅପାଇଁ ନିର୍ବନ୍ଧ କର। ଅନେକ ଅଳଙ୍କାର ଓ ଜିନିଷ ପାଇବ। ତା'ପରେ ସେ ପୁଅକୁ ଯେ ପର୍ଯ୍ୟନ୍ତ ପୁଅର ଇଚ୍ଛା, ସେ ପର୍ଯ୍ୟନ୍ତ ପଢ଼ାଇବେ।" ନନା ଆସି ପ୍ରସ୍ତାବଟି ମୋ ଆଗେ କଲେ। ମୁଁ ସେତେବେଳକୁ ବିବାହ ସମ୍ବନ୍ଧୀୟ ସଙ୍କଳ୍ପରେ ଦାସେ ଆପଣଙ୍କ ସଂଗେ ଯୁକ୍ତିତର୍କ ଆରମ୍ଭ କରି ନଥାଏ। ମାତ୍ର ସଂଗେ ସଂଗେ ନନାଙ୍କୁ ଉତ୍ତର ଦେଲି, ମୋର ପତ୍ନୀରୁ ଆଗତ ଅର୍ଥରେ ମୁଁ ମଣିଷ ହେବା କଥା ହେବ ନାଇଁ। ସେତେବେଳେ 'ଭବଭୂତି'ରୁ ଶ୍ଳୋକଟି ବୋଲିଥିଲି ଓ ବୁଝାଇ ଦେଇଥିଲେ-

"ଉତ୍ତମଂ ସ୍ୱାର୍ଜିତଂ ବିତ୍ତଂ,
ମଧ୍ୟମଂ ପିତୁରର୍ଜିତଂ,
ଅଧମଂ ଭ୍ରାତୃବିତ୍ତଂଚ,
ସ୍ତ୍ରୀ ବିତ୍ତମଧମାଧମମ୍।"

ଆମ ନନା ବଡ଼ ବୁଝିପାରିବା ଲୋକ ଥିଲେ। ମୁଁ ଭଲ ପଢୁଥିବାର ଶୁଣି ସେ ମଧ୍ୟ ମୋ ପ୍ରତି ଅତ୍ୟନ୍ତ ଅନୁରକ୍ତ ଥିଲେ। ସେ ଏକଥାଟି ବଡ଼ ବେଗେ ବୁଝିଗଲେ, ଆଉ କିଛି କହିଲେ ନାଇଁ। କିନ୍ତୁ କନ୍ୟାଦାୟଗ୍ରସ୍ତ ଲୋକଙ୍କ- ଆଉ ବିଶେଷତଃ ଧନୀଲୋକଙ୍କର ବରପାତ୍ର ସଂଗ୍ରହ କରିବାରେ ଚେଷ୍ଟା ଏତେ ସହଜରେ ନିବୃତ୍ତ ହୁଏ ନାଇଁ। ପୁଣି ଏକଥାଟି ନୂଆ ହୋଇ ବଙ୍ଗଦେଶରୁ ଆମର ମାନୀକରଣ ସମାଜ ବାଟେ ଓଡ଼ିଶାକୁ ଆସୁଥାଏ। ମୋର ଯେତେଦୂର ମନେଅଛି, ଜାତି କିଣିବା ବାଟେ ଲିଙ୍ଗାରପୁରର ଚୌଧୁରୀ ଜମିଦାର ଓ ତାଙ୍କରି ଅନୁକରଣରେ ପୁରୀର କେତେକ ବ୍ରାହ୍ମଣ ବଂଶରେ ପଶୁଥାଏ। ପୂର୍ବେ ଏପରି ଟଙ୍କା ଦବାନବା ଧନୀ ପରିବାରଙ୍କ ମଧ୍ୟରେ ଆବଦ୍ଧ ନଥିଲା। ପୁରୀର ଶାସନୀ ବ୍ରାହ୍ମଣମାନଙ୍କ ଭିତରେ, ମୋ ମନେଅଛି, ଏହା ସେ ପର୍ଯ୍ୟନ୍ତ ମଧ୍ୟ ଆବଦ୍ଧ ଥିଲା ଜାତିରେ। ପୁଣି ଦଶ, ପନ୍ଦର ଟଙ୍କାରୁ ଏହା ବେଶି ନ ଥିଲା। ପରେ ନନା ଯେତେବେଳେ ପ୍ରଚଳିତ ରୀତି ଅନୁସାରେ ମୋ ପାଇଁ କନ୍ୟା ଠିକ୍ କରିଥିଲେ, ସେତେବେଳେ ଏଇ ଜାତିର ତୁଳନା ବିଚାର କରି ଭଦ୍ରଲୋକମାନେ ନନାଙ୍କୁ କନ୍ୟାପକ୍ଷ ନିମନ୍ତେ ପନ୍ଦର ଟଙ୍କା ଦେବାପାଇଁ ନିର୍ଦ୍ଧାରିତ କରି ଦେଇଥିଲେ। ଏଥିରୁ

ଜଣାଯିବ, ସେତେବେଳେ ସମାଜରେ ବରକୁ ଟଙ୍କା ଦେଇ କିଣିବା ରୋଗଟି କିପରି କ୍ରମେ ଭର୍ତ୍ତି ହେଉଥିଲା ।

ସେ କଥା ଯାହାହେଉ, ପୁରୀରେ ସେ ଧନୀବ୍ୟକ୍ତି ଛାଡ଼ିଲେ ନାହିଁ । ମୋ ପାଖକୁ ଓ ମୋ ବୋଉ ପାଖକୁ ମଧ୍ୟ ଭଦ୍ରଲୋକ ପଠାଇବାରେ ଲାଗିଲେ । ମୋର ସେତେବେଳେ ନାନା ଆଦର୍ଶ ଚଳଣି ଘେନି ପ୍ରାଣ ବଡ଼ ଉଦ୍‌ବ୍ୟକ୍ତ ଥାଏ । ଶେଷକୁ ମୁଁ ନିଜର ବିବାହ ନହେବା ସଂକଳ୍ପକୁ ଦୃଢ଼ କଲି । ଦାସେ ଆପଣକ ସଂଗେ ପୁଣି ବାରମ୍ବାର ଏ ବିଷୟରେ କଥାବାର୍ତ୍ତା ହେଲା । ସେ ମଧ ମତ ଦେଲେ । ଶେଷକୁ ନନା, ବୋଉ ସମସ୍ତେ ଏକଥା ଜାଣିଲେ । ନନା ମୋତେ ଆସି ବିବାହ କଥାରେ ମତାଇବାଠାରୁ ଗୋପବନ୍ଧୁ ଦାସଙ୍କ ପାଖେ ଯାଇ ବରାବର ଧାରଣା ଦେଲେ । ମୁଁ ତାଙ୍କର ଗୋଟିଏ ପୁଅ । ତାଙ୍କ ପରିଣତ ବୟସରେ ମୋର ଜନ୍ମ । ମୋତେ ବିବାହ ଦବାପାଇଁ ତଥା ସେଇ ସୂତ୍ରରେ କୁଳରକ୍ଷା କରିବା ପାଇଁ ତାଙ୍କର ଅତ୍ୟନ୍ତ ଆଗ୍ରହ ଓ ଉତ୍କଣ୍ଠା ପ୍ରକାଶ ପାଇଲା । ଦିନେ ମୁଁ ତାଙ୍କୁ ଏକାନ୍ତରେ ବହୁ ସନ୍ତର୍ପଣରେ ଗୋଟିଏ ପୋଷ୍ୟପୁତ୍ର ଗ୍ରହଣ କରିବା ପାଇଁ ଅନୁରୋଧ କଲି । ସେ ଯାଇ ଦାସେ ଆପଣଙ୍କ ଆଗେ ଏକଥା କହି କାନ୍ଦିଲେ । କୋମଳ କବିପ୍ରାଣ, ଦାସେ ଆପଣେ ଆଉ ସମ୍ଭାଳି ପାରିଲେ ନାହିଁ । ମତେ ଡାକି ନାନା କଥା ବୁଝାଇ ମୋର ବିବାହ ନକରିବା ସଂକଳ୍ପକୁ ପରିତ୍ୟାଗ କରିବାକୁ କହିଲେ ।

୫୮ । ଗୋପବନ୍ଧୁଙ୍କ ନିର୍ଦ୍ଦେଶ ଓ ମୋର ବିବାହ ଅନୁଷ୍ଠାନ

ସେ ହେଉଚି ୧୯୦୪ ମସିହାର ଶେଷ । ୧୯୦୫ ମସିହା ଫେବୃୟାରୀ ୧୫ ତାରିଖରେ କଟକରେ ମୋର ଏନ୍‌ଟ୍ରାନ୍‌ସ ପରୀକ୍ଷା । ମୋ ବିବାହଘର ଠିକ୍ ହେଲା ଫେବୃୟାରୀ ୫ ତାରିଖ । ମୁଁ କଟକରୁ ଆସି ବିଭାଘର ଶେଷ କରି ସାତମଙ୍ଗଳା କଟାଇ ଆଠମଙ୍ଗଳା ଦିନ ଯାଇ ପୁଣି କଟକରେ ସେବ କଲେଜିଏଟ ବୋର୍ଡିଂରେ ପହଞ୍ଚିବାର କଥା ମୋର ଏବେ ମନେ ପଡୁଚି । କାରଣ ମୁଁ ସେତେବେଳେ ପୁରୀରେ ବଛାବଛି ପରୀକ୍ଷା ଦେଇସାରି ପୁଣି କଟକ ଯାଇ ମୋତେ ସୁଖ ପାଉଥିବା ମାଷ୍ଟର ଓ ଛାତ୍ରମାନଙ୍କ ସାହଚର୍ଯ୍ୟରେ ସେବ କଲେଜ ପ୍ରିନ୍‌ସିପାଲ ସ୍ୱର୍ଗତ ବି. ଭି. ଗୁପ୍ତ (ବିପିନି ବିହାରୀ ଗୁପ୍ତ), କଲେଜ ସୁପରିଣ୍ଟେଣ୍ଡେଣ୍ଟ୍ ଶ୍ରୀଯୁକ୍ତ ସୁରେଶଚନ୍ଦ୍ର ଗୁପ୍ତଙ୍କ ପୂର୍ଣ୍ଣ ଅନୁମତିରେ ଯାଇ କଲେଜିଏଟ୍ ବୋର୍ଡିଂରେ ପରୀକ୍ଷା ଦେବାକୁ ରହିଥିଲି । ସେଇଠାରୁ ବିବାହ ବାର୍ତ୍ତା ପାଇଥିଲି ଓ ପୁଣି ସେଇଠାକୁ ଫେରି ଅଇଲି ।

୫୯। ସ୍ୱର୍ଗତ ଯମେଶ୍ୱର ମିଶ୍ର

ଏଇଠାରେ କହିରଖେ, ସେଠାରେ ମୋର ସହାଧ୍ୟାୟୀମାନଙ୍କ ମଧ୍ୟରେ ମୋର ସଂଗେ ବୋଡିଂରେ ଏକତ୍ର ରହୁଥିବା ହିନ୍ଦୋଳର ଶ୍ରୀ ଯମେଶ୍ୱର ମିଶ୍ର ଥିଲେ ଜଣେ ଭାରି ସାଙ୍ଗ। ତାଙ୍କର ଜୀବନରେ ଆଦର୍ଶବାଦ ତ୍ୟାଗ ଓ ବିଦ୍ୟାରେ ବିଜ୍ଞତା ଖୁବ୍ ଥିଲା। ଦ୍ୱିତୀୟ ଶ୍ରେଣୀରେ ପଢ଼ିବା କାଳରୁ ତାଙ୍କ ସାଂଗେ ମୋର ଭାରି ଆତ୍ମୀୟତା ଥିଲା। ସେ ଥିଲେ ବିବାହିତ; କିନ୍ତୁ ତାଙ୍କର ଗୃହସ୍ଥ ଧର୍ମ ଆରମ୍ଭ ହୋଇ ନଥିଲା। ଆମ କଳ୍ପିତ ଦଳରେ ଯୋଗ ଦେଇ ଦେଶ କାମ କରିବାରେ ମୋ ସଂଗେ ସେ ବରାବର ଏକମତ ଥିଲେ। ଏ କ୍ଷେତ୍ରରେ ସ୍ପଷ୍ଟ ଭାବରେ ସେଇ ମୋର ପ୍ରଥମ ନୂତନ ସଙ୍ଗୀ ଥିବାର ମନେଅଛି; କିନ୍ତୁ ଆଜି ମଧ୍ୟ ମନେପଡୁଚି ମୁଁ ପରୀକ୍ଷା ଦେଇ ଆସି ଘରେ ଥାଏ। ଦିନେ ହଠାତ୍ ତାଙ୍କର ମୃତ୍ୟୁସମ୍ବାଦ ପାଇଲି। ସେଦିନର ଅନୁଭୂତି ଓ ପ୍ରାଣବିକୃତି ବର୍ଣ୍ଣନା କରି କହିପାରୁ ନାଇଁ। ବୋଉ ଏକଥା ଜାଣିଲା। ମତେ ବାଧ କରି ଖାଇବାକୁ ଦେବାକୁ ବସିଲା; କିନ୍ତୁ ମୋ ପେଟକୁ ଭାତ ଗଲାନାଇଁ। ଏଇଠାରେ କହିଦିଏଁ, ତା'ର ଅଳ୍ପଦିନ ପରେ ଏନ୍‌ଟ୍ରାନ୍‌ସ ପରୀକ୍ଷାର ଫଳ ବାହାରିଲା। ସେତେବେଳେ ଚାରିଜଣ ମାସକୁ ଟ୨୦ (ସେତେବେଳକୁ ଟ୧୨ ହୋଇ ଯାଇଥିଲା) ଲେଖାଏଁ ପ୍ରାଦେଶିକ ବୃତ୍ତି ପାଉଥିଲେ। ତାଙ୍କ ଭିତରେ ଠିକ୍ ଯମେଶ୍ୱର ମୋ ଉପରେ ଥିଲେ।

୬୦। ଗୋଦାବରୀଶ ପୁରୀ ସ୍କୁଲ ଛାତ୍ର

ଏଇଠାରେ ପୁରୀଜିଲ୍ଲା ସ୍କୁଲର ଏବେ ସ୍ୱର୍ଗତ ପଣ୍ଡିତ ଗୋଦାବରୀଶଙ୍କ ସମ୍ବନ୍ଧରେ ଟିକିଏ କହିଦିଏ। ଗୋଦାବରୀଶ ବୟସରେ ମୋ'ଠାରୁ ଦେଢ଼ ବରଷ ସାନ; କିନ୍ତୁ ପାଠରେ ସାନ ବରଷେ। ତାଙ୍କ ପିତା ବଡ଼ ଦରିଦ୍ର ଥିଲେ; କିନ୍ତୁ ସେ ଥିଲେ ନୈଷ୍ଠିକ ବ୍ରାହ୍ମଣ। ଗୋଦାବରୀଶ ୧୯୦୦ ମସିହାରେ ବାଣପୁର ମଧ-ଓଡ଼ିଆ ସ୍କୁଲରୁ ପାଶ୍ କରିଥିଲେ, ମୁଁ ଶ୍ରୀରାମଚନ୍ଦ୍ରପୁର ମଧ୍ୟ-ଓଡ଼ିଆ ସ୍କୁଲରୁ ପାସ୍ କରିବାର ଠିକ୍ ବରଷକ ପରେ। ତାଙ୍କ ନନା ବହୁତ ବିଶିଷ୍ଟ ଲୋକଙ୍କ ସାହାଯ୍ୟ ଓ ସାହଚର୍ଯ୍ୟରେ ତାଙ୍କୁ ଆଣି ପୁରୀଜିଲ୍ଲା ସ୍କୁଲରେ ଛାଡ଼ି ଯାଇଥିଲେ। ସେ ବୋଡିଂରେ ରହିଲେ। ମୁଁ ମଧ୍ୟ ବୋଡିଂରେ ଥାଏ। ମୋର ତାଙ୍କର ଚିହ୍ନା ଥାଏ। କ୍ରମେ ଉତ୍ତର ବୟସରେ ମୁଁ ଯେତେବେଳେ କଟକରୁ ଫେରି ଏନ୍‌ଟ୍ରାନ୍‌ସ ପରୀକ୍ଷା ପାଇଁ ପୁରୀରେ ପ୍ରସ୍ତୁତ ହେଲି, ସେତେବେଳେ ତାଙ୍କର ମୋର ଖୁବ୍ ଘନିଷ୍ଠତା ହେଲା। ତା'ର ମୁଖ୍ୟ କାରଣ ହେଉଚି ବଙ୍ଗଳାର ଶ୍ରୀ ଶଶିଭୂଷଣ ରାୟ ଚୌଧୁରୀ। ସେ ଥିଲେ ବିପ୍ଲବୀମାନଙ୍କ ମୂଳରେ। ଯୁବକମାନଙ୍କ ସଂଗେ ସବୁଠାରେ ସବୁବେଳେ ତାଙ୍କର ପରିଚୟ ହୁଏ। ସେଥିରେ ହଁ ସେ ଯୁବପ୍ରାଣକୁ ତ୍ୟାଗ ଓ ଦେଶସେବା ପାଇଁ ଉଦ୍‌ବୁଦ୍ଧ କରନ୍ତି।

୬୧। ମଧୁବାବୁଙ୍କ ପୁରୀ ଆଗମନ ଓ ପ୍ରଚାର ସଭା

ଏତିକିବେଳେ ଘଟିଥିଲା ଆଉ ଗୋଟିଏ ଘଟଣା। ୧୯୦୩ ଶେଷକୁ ଉତ୍କଳ ସମ୍ମିଳନୀ କଟକରେ ଆରମ୍ଭ ହୋଇଥିଲା। ତା'ରି ପରେ ୧୯୦୪ ଖ୍ରୀ:ଅ:ରେ ମଧୁସୂଦନ ଦାସ ପ୍ରଥମେ ସମ୍ମିଳନୀର ପ୍ରଚାର ଆରମ୍ଭ କଲେ। ସେଥିରେ କୃଷି ଓ ବାଣିଜ୍ୟ ଶିକ୍ଷାଦେବା ପ୍ରଧାନ କଥା ଥିଲା; କିନ୍ତୁ ଏ ଦୁଇଟି ଭିତରେ ପ୍ରଧାନ କଥା ଥିଲା ସ୍ୱଦେଶୀ। ଏହା ବଙ୍ଗଳାର ସ୍ୱଦେଶୀ ଆନ୍ଦୋଳନ ଆରମ୍ଭର ଦୁଇବର୍ଷ ବା ତହିଁରୁ ଅଧିକ ପୂର୍ବର କଥା। ମଧୁସୂଦନ ଦାସ (ଡାକନାମ ମଧୁବାବୁ), ସ୍ଥାନେ ସ୍ଥାନେ ବୁଲି ବକ୍ତୃତାମାନ ଦେବାକୁ ଆରମ୍ଭ କଲେ। ପୁରୀରେ ହୋଇଥିବା ଜଗନ୍ନାଥ ବଲ୍ଲଭ ମଠରେ ବିରାଟ ସଭା। କାରଣ ମଧୁବାବୁ ଆସିବେ ଓ ମଠରେ ବିରାଟ ସଭା ହେବ ବୋଲି ବିଜ୍ଞାପନ ଦିଆଯାଇଥିଲା। ଆମ୍ଭେମାନେ ସମସ୍ତେ ଗଲୁ। ମୁଁ ସେତେବେଳେ ପୁରୀ ଜିଲ୍ଲାସ୍କୁଲ ଛାତ୍ର। ମୋ ସଂଗେ ଥାନ୍ତି ଜଣେ ବଙ୍ଗାଳୀ ଛାତ୍ର ସ୍ୱର୍ଗତ ଶ୍ରୀ ନଗେନ୍ଦ୍ରନାଥ ରକ୍ଷିତ। ତାଙ୍କ କଥା ପରେ କହୁଚି। ସଭାଟିରେ ଅନେକ ଲୋକ ଉପସ୍ଥିତ ଥାନ୍ତି। ମଧୁବାବୁ ବକ୍ତୃତା ଦେଲେ। ସେଇଦିନ ବକ୍ତୃତାରେ ଆରମ୍ଭ କରି କହିଥିବା ଗୋଟିଏ କଥା ଏବେ ମୋ ମନେଅଛି, "ଆମେ ସବୁ ଚମଡ଼ାଯାକ ବିକି ଦେଉଚୁ। ସେଇ ଚମଡ଼ା ବିଲାତରେ ଯୋତା ତିଆରି ହୋଇ ସେଇ ଯୋତା ପୁଣି ଆସି ଆମରି ପଇସାରେ କିଣା ହୋଇ ଆମରି ପିଠରେ ପଡୁଚି।" ଏଇପରି ମଧୁବାବୁ ନିଜର ଅନୁକରଣୀୟ ବାଗ୍ମୀତାରେ ଯେତେବେଳେ ସ୍ୱଦେଶୀ ବ୍ୟବହାର ପାଇଁ ନିଜର ଗଭୀର ନିବେଦନ ଛୁଟାଇଦେଲେ, ସେତେବେଳେ ଜନତା କିପରି ମୁଗ୍ଧ ହୋଇ ଚାହିଁଥିଲା, ତା' ଆଜି ମୋର ମନେପଡୁଚି। ବଙ୍ଗାଳୀପିଲା ନଗେନ୍ଦ୍ରନାଥ ରକ୍ଷିତ ମଧ୍ୟ ସେଥିରେ ଅତ୍ୟନ୍ତ ତନ୍ମୟ ହୋଇଯାଇଥିଲେ। ସବାଶେଷକୁ ବାହାରିଥିଲା ମଧୁବାବୁଙ୍କ ଗୋଟିଏ ମଲାଟବନ୍ଧା ଖାତା। ସେଇ ଖାତାର ପ୍ରଥମ ପୃଷ୍ଠାରେ ବାହାରିଥିଲା ଗୋଟିଏ ନିବେଦନ। ତାହାର ମର୍ମ ହେଉଚି, ସମସ୍ତେ ସ୍ୱଦେଶୀ ବ୍ୟବହାର କରିବା ପାଇଁ ସଂକଳ୍ପ କରନ୍ତୁ। ସେଇ ସଂକଳ୍ପଟି ଅନ୍ୟ ପୃଷ୍ଠାରେ ମୂଳରୁ ଲେଖା ଥିଲା। ଯେତେଦୂର ମନେଅଛି, ତା'ର ମର୍ମ ହେଉଚି, "ମୁଁ ପ୍ରାଣପଣେ ସ୍ୱଦେଶୀ ଦ୍ରବ୍ୟ ବ୍ୟବହାର କରିବି। ବିଶେଷରେ ସ୍ୱଦେଶୀ ଲୁଗା ଛଡ଼ା ଆଉ କିଛି କେବେ ପିନ୍ଧି ନାହିଁ।" ଏଭଳି କିଛି।

୬୨। ସ୍ୱଦେଶୀ ପ୍ରତିଜ୍ଞାପତ୍ର

ମନେଅଛି, ସେ ଖାତା ବୁଲିଗଲା। କେହି ଦସ୍ତଖତ କରିବାକୁ ସାହସ କଲେ ନାହିଁ। ସେ ହେଉଚି ଇଂରେଜ ଅମଳ। ସେତେବେଳେ ଇଂରେଜଙ୍କ ପ୍ରତିପତ୍ତିର ବେଳ। ଲର୍ଡ କର୍ଜନଙ୍କ ପରି ଦଣ୍ଡା ଲୋକ ସେତେବେଳେ ଗଭର୍ଣ୍ଣର ଜେନେରାଲ। ସାହସ କରି ସ୍ୱଦେଶୀ ପ୍ରତିଜ୍ଞାପତ୍ରରେ ଦସ୍ତଖତ କରୁଚି କିଏ? ହୁଏତ ଆଜି ଲୋକେ ଏହାର ତାତ୍ପର୍ଯ୍ୟ ଅନୁମାନରେ ବୁଝିପାରିବେ ନାହିଁ। ସଭାରେ ପୁଲିସ ରହିଚି। ଇଂରେଜ

ଭୟରେ ଲୋକେ ଥରୁଥାନ୍ତି। ଲୁଗା ସହିତ ସବୁ ବ୍ୟବହାର୍ଯ୍ୟ ମାଲ ହେଉଚି ଇଂରେଜୀ। ଯେପରିକି ସବୁ ସାହାବଙ୍କର; ତେଣୁ ସବୁ ସରକାରଙ୍କର। ସ୍ୱଦେଶୀ ବ୍ୟବହାର ସଂକଳ୍ପ କଲେ ସରକାରଙ୍କ ବିରୋଧୀ ହେବାକୁ ହେବ। ଏ କଥାରେ ଯେ ସତ୍ୟ ନଥିଲା, ତାହା ନୁହେଁ। ବିଶେଷରେ ପୁଲିସ ଓ ସରକାରୀ କର୍ମଚାରୀମାନେ ଏହା ହିଁ ସାଧାରଣତଃ ମନେ କରୁଥିଲେ। ପୁଲିସ ଏଥରେ ଦୃପ୍ତ। ଅନ୍ୟ କର୍ମଚାରୀ ଏଥିରେ ସଙ୍କୁଚିତ। ସଂକଳ୍ପ କରି ତହିଁରେ ଦସ୍ତଖତ କରିବା ଏଡ଼େ ସହଜକଥା ନ ଥିଲା।

ସ୍ପଷ୍ଟ ମନେଅଛି, ଏ ପ୍ରତିଜ୍ଞାପତ୍ର ବୁଲି ବୁଲି ଆମ ପାଖକୁ ଆସିଲା। ଆମେ ସେତେବେଳେ ସ୍କୁଲଛାତ୍ର। ମଧୁବାବୁଙ୍କ ସତୃଷ୍ଣ ନୟନ ମଧ୍ୟ ଆମ ପର୍ଯ୍ୟନ୍ତ ଆସି ଆମ ଉପରେ ପଡ଼ିଲା। ସେ ଖାତାରେ ପ୍ରଥମେ ଦସ୍ତଖତ କଲେ ନଗେନ୍ଦ୍ରନାଥ ରକ୍ଷିତ। ତାପରେ ଦସ୍ତଖତ କରିଥିଲି ମୁଁ ନିଜେ। ଆମକୁ ଦେଖି କେତେଜଣ ଯୁବକ, ବିଶେଷରେ ସ୍କୁଲଛାତ୍ର ଦସ୍ତଖତ କଲେ। ଆଉ କେହି ସ୍ୱାଧୀନଚେତା ଯୁବକ ଦସ୍ତଖତ କରିଥିବେ ମୋର ଆଜି ମନେ ନାଇଁ; କିନ୍ତୁ ଯେତେଦୂର ମନେଅଛି, କର୍ମଚାରୀ ତ କର୍ମଚାରୀ ଓକିଲମାନେ ମଧ୍ୟ ଦସ୍ତଖତ କରିବା ପାଇଁ ଡରିଥିଲେ। ଅବଶ୍ୟ ଅନେକ ଓକିଲ, ମୁକ୍ତାର ସଭାରେ ଅନୁପସ୍ଥିତ ଥିଲେ। ଗୋପବନ୍ଧୁ ବାବୁ ସେଦିନ କଟକରେ ଥାନ୍ତି, ମାତ୍ର ମନେଅଛି, ଶେଷକୁ ମଧୁବାବୁଙ୍କର ଶେଷ ଓ ନିରାଶ ଦୃଷ୍ଟି। ସେ ଯାହାହେଉ, ସେଇଦିନଠାରୁ ପୁରୀଜିଲ୍ଲା ସ୍କୁଲ ବୋର୍ଡିଂରେ ଥିବା ନଗେନ୍ଦ୍ରନାଥ ରକ୍ଷିତ ଓ ମୁଁ ଦୁହେଁ ସ୍ୱଦେଶୀ ବସ୍ତ୍ରାଦି ଛଡ଼ା ଅନ୍ୟକିଛି ବ୍ୟବହାର କରି ନାହୁଁ। ବିଦେଶୀ ବର୍ଜନ ଓ ସ୍ୱଦେଶୀ ବସ୍ତ୍ର ପରିଧାନ ସେଇଦିନଠାରୁ ମୁଁ ଆରମ୍ଭ କରିଥିଲି। ଏଇ ଆରମ୍ଭ ମୂଳରେ ଥିଲା ଗୋଟିଏ ସଂକଳ୍ପ ଓ ସେଇ ସଂକଳ୍ପକୁ ଘେନି ଗୋଟିଏ ପ୍ରତିଜ୍ଞାପତ୍ରରେ ସ୍ୱାକ୍ଷର।

୬୩। ନଗେନ୍ଦ୍ରନାଥ ରକ୍ଷିତ

ଏଇଠାରେ ନଗେନ୍ଦ୍ରନାଥ ରକ୍ଷିତଙ୍କ କଥା ଟିକିଏ କହେ। ସେ ଆସି ବିନା ଟିକେଟରେ ପୁରୀରେ ପହଞ୍ଚିଲେ। ତାଙ୍କଠାରେ ପଇସା ନଥିଲା। ହୁଏତ ଘରୁ ସେ ପଇସା ପାଉ ନ'ଥିଲେ; କିନ୍ତୁ ଏନ୍‌ଟ୍ରାନ୍‌ସ ପଢ଼ିବାକୁ ତାଙ୍କର ଇଚ୍ଛା। ପୁରୀ ଜିଲ୍ଲାସ୍କୁଲ ବୋର୍ଡିଂରେ ସେ ଆସି ପହଞ୍ଚିଲେ। ଶ୍ରୀ ଚନ୍ଦ୍ରମୋହନ ମହାରଣା ସେତେବେଳକୁ ସମ୍ଭବତଃ ହେଡ଼ମାଷ୍ଟର ହୋଇ ଆସୁଥିବାର ଜଣାଯାଇଥାଏ; କିନ୍ତୁ ଆସି ନଥାନ୍ତି। ମୁଁ ନଗେନ୍ଦ୍ରଙ୍କୁ ନିଜ ପାଖେ ରଖିଲି। ବଡ଼ ଆତ୍ମୀୟତା ହେଲା। କ୍ରମେ ସେ ପୁରୀ ଜିଲ୍ଲା ସ୍କୁଲର ଯେଉଁ "Poor fund" ଥିଲା, ତା'ର ଭାର ନେଲେ। ତାଙ୍କଯୋଗେ ସେତେବେଳେ 'ପୁଅର ଫଣ୍ଡ'ରେ ବହୁତ ଅର୍ଥାଗମ ହୋଇଥିଲା। ସେ ଅର୍ଥରୁ ସେ ନିଜର ଅତି ଆବଶ୍ୟକୀୟ ଖର୍ଚ୍ଚ ପାଇଁ

ସାହାଯ୍ୟ ପାଉଥିଲେ। ଏହି ସାହାଯ୍ୟ ମଧ୍ୟ ଅତି ଅଳ୍ପ ଥିଲା। ଏଣେ ବୋର୍ଡିଂରେ ଆମ ମେସ୍‌ରେ ସମସ୍ତେ ତାଙ୍କୁ ବିନା ପଇସାରେ ରଖିଥିଲୁ। ବୋର୍ଡିଂ ଖର୍ଚ୍ଚକଥା ଓ ଖାଦ୍ୟକଥା ଏଠାରେ ଟିକିଏ କହିଲେ ମନ୍ଦ ହେବନାଇଁ। ମୋ ମନେଅଛି, ଏଇବର୍ଷ କିମ୍ବା ଏହାର କୌଣସି ପୂର୍ବବର୍ଷ ମୁଁ ଠିକ୍ କହିପାରୁ ନାଇଁ। ଥରେ ଆମ ମେସ୍‌ରେ ଚହଲ ପଡ଼ିଗଲା ଏପରି ମେନେଜର ରହିଲେ ଆମେ ଆଉ ଚଳିପାରିବୁ ନାଇଁ। ମୋର ସବୁବେଳେ ସତୀର୍ଥ ଓ ସମଅନ୍ତେବାସୀଙ୍କ ଭିତରେ ଟିକିଏ ବିଶେଷତ୍ୱ ଓ ପ୍ରତିଷ୍ଠା ଥାଏ। ମୋ ଆଗେ ଏକଥା ପଡ଼ିଲା। ବୁଝି ଦେଖିଲି ଏହାର କାରଣ ହେଉଚି, ସବୁ ମାସରେ ଚାଉଳ ସହିତ ଜଣଙ୍କୁ ଦେଢ଼ଟଙ୍କା ମଧରେ ଖର୍ଚ୍ଚ ପଡ଼େ। ସେ ମାସରେ ପଡ଼ିଚି ଜଣକେ ଏକ ଟଙ୍କା ନଅ ଅଣା (ଶହେ ପଞ୍ଚାବନ ପଇସା) ଏବର।

୬୪। ପୂଜାଛୁଟି

ମୁଁ ପୂର୍ବେ ମାସକୁ ଟ୪/ କରି ମଧ୍ୟ-ଓଡ଼ିଆ ବୃତ୍ତି ପାଉଥିଲି। ତାହା ଚାରିବର୍ଷ ପାଇଲି। ହାଇସ୍କୁଲ ୨ୟ ଶ୍ରେଣୀକୁ ତା ସରିଯାଇଥିଲା। ଆମଘରୁ କିଛି ଚାଉଳ ଆସେ। ଆଉ କିଛି ସାମାନ୍ୟ ପଇସା ଆସେ। ଚାଉଳତକ ବଜାର ଦରରେ ମେସ୍‌କୁ ବିକ୍ରି ହୁଏ ଓ ପଇସାରୁ ମୁଁ ଖର୍ଚ୍ଚ ଦିଏ। ସେ ବର୍ଷ ପୂଜାଛୁଟି ପଡ଼ିଗଲା। ସମସ୍ତେ ଚାଲିଗଲେ। ପୂଝାରୀଟି ମଧ ଗ୍ରାମକୁ ଗଲା; ମାତ୍ରକ ନଗେନ୍ଦ୍ର ଓ ମୁଁ ଦୁହେଁ ବୋର୍ଡିଂରେ ରହିଲୁ। ମୋ ଚାଉଳ ଓ ସାମାନ୍ୟ ପଇସା ଛଡ଼ା ପାଖରେ ଆଉ କିଛି ନାଇଁ, ମୁଁ ହାତରେ ରାନ୍ଧିବି। ଚାଉଳ ମଧ୍ୟ ବେଶି ବଳିବା ଭଳି ନାଇଁ। ମୋ ମନେଅଛି ସମସ୍ତ ପୂଜାଛୁଟିଟାଯାକ ମୁଁ ପ୍ରାୟ ଜଣଙ୍କ ପାଇଁ ରାନ୍ଧେ। ଦୁହେଁ ତାକୁ ଖାଉ ଓ ବଛାବଛି ପରୀକ୍ଷା ପାଇଁ ପ୍ରସ୍ତୁତ ହେବା ବାହାନାରେ ନାନା କାର୍ଯ୍ୟରେ ଲାଗିଥାଉ।

୬୫। ବିବାହ ବଜାର ଓ କଳଙ୍କିତ ସମାଜ

ମୋ ବିଭାଘର କଥା କହୁଥିଲି, ସେ ସଂପର୍କରେ ଯାହା କହିଲି ତା' ହୁଏତ ଅନେକେ ବୁଝିପାରିବେ ନାଇଁ। ସେତେବେଳକୁ ବଙ୍ଗଦେଶରୁ ଅନ୍ୟାନ୍ୟ ସାମାଜିକ ଚଳଣି ଅନୁକରଣରେ ପଶିଲାପରି ବରପଣ ପ୍ରଥା ଓଡ଼ିଶାରେ ଆରମ୍ଭ ହେଉଥାଏ। ବୋଧହୁଏ ଗୌଡ଼ୀୟ ବୈଷ୍ଣବ ଓ ଫଳିତ ଜ୍ୟୋତିଷଙ୍କ ପ୍ରଭାବ ପଶିଲାପରି ଏ ପ୍ରଥା ଦେଶର କରଣମାନଙ୍କ ପାଖେ ଆରମ୍ଭ ହୋଇ ବ୍ରାହ୍ମଣ ସମାଜରେ ବ୍ୟାପୁଥାଏ। ଏ ପ୍ରଥା ଅନୁସାରେ କନ୍ୟାଦାୟ ହେଉଚି ପିତା ଭ୍ରାତା ପ୍ରଭୃତିଙ୍କ ଗୋଟିଏ ବଡ଼ ଅସହ୍ୟ ଯନ୍ତ୍ରଣା ଓ ବେଦନା। ବର ଖୋଜିବା ଏଥିରେ ବଡ଼ କଷ୍ଟ। ଟଙ୍କା ନଦେଲେ ଭଲ ବର ମିଳନ୍ତି ନାଇଁ। ଜ୍ଵାଇଁ

ପିଲାଟି ଯେବେ ପାଠ ପଢୁଥାଏ କିମ୍ବା ତା'ର ପଢ଼ିବାର ସମ୍ଭାବନା ଥାଏ, ତେବେ ତା'ର ମୂଲ୍ୟ ବେଶି ହୁଏ। ଏପରିକି ସମୟ ସମୟରେ ଏ ମୂଲ୍ୟ ଛଡ଼ା ପାଠ ପଢ଼ାଇବାର ଭାର ଶ୍ୱଶୁର ଗ୍ରହଣ କରନ୍ତି। କୌଣସି କୌଣସିଠାରେ ବରକୁ ଟଙ୍କାଦେଇ ତା'ପରେ ଶ୍ୱଶୁର ପାଠ ପଢ଼ାଇବାର ଭାର ନିଅନ୍ତି। ମତେ ପୁରୀର ସେ ଧନୀବ୍ୟକ୍ତି ନିଜର ଯେଉଁ କନ୍ୟାଟି ପାଇଁ ଚାରିହଜାର ଟଙ୍କା ଆଣି ନନାଙ୍କ ପାଖରେ ଥୋଇଥିଲେ କହିଦିଏଁ ସେଇ କନ୍ୟାଟି ପରେ ଆମରି ଗ୍ରାମରେ ବିଭା ହୋଇଥିଲେ। ସେ ଜୋଇଁ ବାଳକଟି ସେତେବେଳେ ଏନ୍‌ଟ୍ରାନ୍‌ସ ୩ୟ ଶ୍ରେଣୀରେ ପଢୁଥିଲେ; ଅର୍ଥାତ୍ ଏନ୍‌ଟ୍ରାନ୍‌ସ ପରୀକ୍ଷାବେଳକୁ ତାଙ୍କର ଆଉ ତିନିବର୍ଷ ବାକୀ ଥିଲା। ସେ ବିଶ୍ୱବିଦ୍ୟାଳୟରୁ ଉଚ୍ଚଡିଗ୍ରୀ ଲାଭ କରିଥିଲେ; କିନ୍ତୁ ଏ ସମସ୍ତ ଶିକ୍ଷାର ଭାର ବସ୍ତୁତଃ ତାଙ୍କର ଶ୍ୱଶୁର ବହନ କରିଥିଲେ।

ବିବାହର ଏଇ ଦୃଷ୍ଟିଭଙ୍ଗୀଟି ଏବେ ସମାଜରେ ଖୁବ୍ ବଢ଼ିଚି। ମୋ ପିଲାଦିନେ ଏହା ମାତ୍ରକ ଆରମ୍ଭରେ ଥିଲା। ତା'ପୂର୍ବରୁ ଅବସ୍ଥା ଯାହା ଥିଲା, ସେ ଅବସ୍ଥାର ବିକାଶ ଏ ନୁହେଁ; ଏହା ସେ ଅବସ୍ଥାର ପରିବର୍ତ୍ତନ। ସେ ଅବସ୍ଥାଟି କ'ଣ ଥିଲା ସେ ବିଷୟରେ ବହୁତ କଥା ଜାଣିବାର ଅଛି। ସେ ସବୁକଥା ଏଣିକି ଜାଣିବା ବଡ଼ କଷ୍ଟ। ଟିକିଏ ସୂଚନାରେ କହିଦିଏ।

କରଣମାନଙ୍କ ଘରେ ଠିକ୍ କ'ଣ ଥିଲା, ମୁଁ କହିପାରିବି ନାଇଁ; କିନ୍ତୁ ମୋଟାମୋଟି ଉଚ୍ଚ ସମାଜର ବିଧି ଯାହା ଥିଲା, ସେଥିରୁ ସେମାନେ ଅଲଗା ନଥିଲେ ବୋଲି ମନେହୁଏ। କଥାଟି ହେଉଚି-ଓଡ଼ିଶାର ରାଜ୍ୟଙ୍କ ସଂପର୍କରେ ଆସି ବ୍ରାହ୍ମଣ ଓ କରଣମାନେ ଆପଣା ଆପଣା ଭିତରେ କିଞ୍ଚିତ ଜାତିଭେଦର ଆଭାସ ଗଢ଼ି ସାରିଥିଲେ। ବିଶେଷରେ ଚୈତନଙ୍କ ଆଗମନ ପରେ ଓଡ଼ିଶାରେ ସେ ରୀତିର ଗୋଟିଏ ଘୋର ପରିବର୍ତ୍ତନ ଦେଖାଦେଇଥିଲା। ଚୈତନଙ୍କ ସଂଗେ ଅନେକ ବଙ୍ଗାଳୀ ଶିଷ୍ଟଲୋକ ପୁରୀକୁ ଆସି ସେଠାରେ ରହିଥିଲେ। ଦେଶର ଧର୍ମ ଉପରେ ସେମାନେ ରାଧାକୃଷ୍ଣ ଭକ୍ତିଜନିତ ପରକୀୟା ପ୍ରେମର ଭାବ ସ୍ପଷ୍ଟଭାବରେ ଚିପି ଭର୍ତ୍ତି କରିଥିଲେ। ପରକୀୟା ସଂଗେ ରତିସ୍ୱାଦରେ ଧର୍ମ ଆସ୍ୱାଦନ କରିବାର ନାମ କେବଳ ସହଜିଆ ବୈଷ୍ଣବଧର୍ମ ନୁହେଁ; କାର୍ଯ୍ୟରେ ଏହା ବଡ଼ ସହଜ ଓ ସୁଖସ୍ୱାଦ୍ୟ ଧର୍ମ। ରାଜାଙ୍କଠାରୁ ଆରମ୍ଭ କରି ତାଙ୍କ ପାଖରେ ଥିବା ଶିଷ୍ଟ କରଣମାନଙ୍କ ଭିତରେ ଏହା ଖୁବ୍ ପଶିଥିଲା। ବ୍ରାହ୍ମଣମାନେ ଏ ରୀତିରେ ପଶି ମଧ୍ୟ ପଶିପାରୁ ନଥିଲେ। ତେଲଙ୍ଗା ମୁକୁନ୍ଦଦେବ ଓଡ଼ିଶାର ଶେଷ ସ୍ୱାଧୀନ ରାଜା। ସେତେବେଳକୁ ପଚାଶ ବର୍ଷକାଳ ଚୈତନ୍ୟସଙ୍ଗୀ ବଙ୍ଗାଳୀମାନେ ରାଜଦ୍ୱାରରେ ବିଶେଷରେ ପୁରୀରେ ଖୁବ୍ ପ୍ରତିପତ୍ତି ଜନ୍ମାଇ ପ୍ରଭାବରେ ନିଜର ଜାତିଭେଦଭାବ; ଅର୍ଥାତ୍ କୁଳୀନ ଅକୁଳୀନ ଭାବ ଭର୍ତ୍ତି କରିଥିଲେ। ତେଲଙ୍ଗା ମୁକୁନ୍ଦଦେବ ଏବର

ଦାଢ଼ମୁକୁନ୍ଦପୁର ଶାସନ ବସାଇବାକୁ ଆରମ୍ଭ କରିଥିଲେ । ସେଥି ସଂଗେ ସେ ଗୋପୀନାଥଙ୍କ ମନ୍ଦିର ଓ ତା' ପାଖେ ଗୋଟିଏ ବଡ଼ ପୋଖରୀ ଖୋଳାଇଥିଲେ । ପୋଖରୀଟି ଟିକିଏ ଅଗ୍ନିକୋଣକୁ ମୋଡ଼ । ଗୋପୀନାଥଙ୍କ ଜଗମୋହନ ଅଧା ତିଆରି ହୋଇଚି । ଏବେ ମଧ୍ୟ ଦେଶରେ କିମ୍ବଦନ୍ତୀ ଅଛି-

"ପୋଖରୀ ଦିଗି ଦହନ
ଖଣ୍ଡିଆ ଜଗମୋହନ,
  ରାଜା ମୁକନ୍ଦଦେବ ବାଇ,
ଛଅଶହରେ ଗାଁ ବସାଇଲେ,
କେହି କାହାରି ଘରେ ନଖାଇ ।"

ଏଠାରେ ଏ ସଂପର୍କରେ ଦେଖିବା କଥାଟି ହେଉଚି ଶେଷ ଦୁଇଧାଡ଼ି ମାତ୍ର । ଛଅଶହ ହେଉଚି ଖୁବ୍ ସମ୍ଭବ ଛଅ ଅଂଶ । ଏଇ ଅଂଶଟି ପରେ ମଣ୍ଡିରେ ପରିଣତ ହୋଇଥିଲା । ପ୍ରଥମ ଖଣ୍ଡି, ଦ୍ୱିତୀୟ ଖଣ୍ଡି, ତୃତୀୟ ଖଣ୍ଡି, ଚତୁର୍ଥ ଖଣ୍ଡି ପର୍ଯ୍ୟନ୍ତ ପରବର୍ତ୍ତୀ ଶାସନମାନଙ୍କରେ ଏବେ ମଧ୍ୟ ଦେଖାଯାଏ । ସେ ଯାହାହେଉ, ଏଠାରେ କଥାଟି ସ୍ପଷ୍ଟ ହେଉଚି ଯେ, ବ୍ରାହ୍ମଣମାନଙ୍କ ଭିତରେ ବିଶେଷରେ ପ୍ରତିଷ୍ଠିତ ଶାସନର ଦାନୀୟ ବିପ୍ରଙ୍କ ଭିତରେ ଜାତିଭେଦର ପ୍ରଭାବ କ୍ରମେ ପଶିଆସୁଥିଲା ।

୬୬। ଇତିହାସର ପ୍ରଚ୍ଛଦପଟ ଓ ବ୍ରାହ୍ମଣ ଶାସନ

ଏହାପରେ ଓଡ଼ିଶାର ପରାଧୀନତା ଅର୍ଥାତ୍ ଚିରକାଳ ନିମନ୍ତେ ଓଡ଼ିଶାର ସ୍ୱାଧୀନତା ଏତିକିବେଳେ ଲୋପ ପାଇଲା । ଏହା ସ୍ୱନାମ-ପ୍ରସିଦ୍ଧ କଳାପାହାଡ଼ଙ୍କ ପରବର୍ତ୍ତୀ ଘଟଣା । କଳାପାହାଡ଼ ଓଡ଼ିଶା ଜିଣିବାର ପ୍ରାୟ ୨୨ ବର୍ଷ ପରେ; ଅର୍ଥାତ୍ ୧୫୯୦ ଖ୍ରୀ:ଅ:ରେ ଭୋଇବଂଶର ରାମଚନ୍ଦ୍ର ଦେବଙ୍କୁ ମୋଗଲସମ୍ରାଟ ଆକବରଙ୍କ ସେନାପତି ଓ ପ୍ରାଦେଶିକ ଶାସନକର୍ତ୍ତା ମାନସିଂହ ଆସି ଓଡ଼ିଶାର ରାଜାରୂପେ ପ୍ରତିଷ୍ଠିତ କଲେ । ତାଙ୍କର ରାଜଧାନୀ ହେଲା ଖୋର୍ଦ୍ଧା । ତାଙ୍କ ପୂର୍ବରୁ ଦୁଇଜଣ ଭୋଇବଂଶୀ ରାଜା ସ୍ୱାଧୀନ ଓଡ଼ିଶାରେ ଥିଲେ । ଜଣଙ୍କର ନାମ ହେଉଚି ଗୋବିନ୍ଦ ବିଦ୍ୟାଧର ବା ସୁବର୍ଣ୍ଣକେଶରୀ ଗୋବିନ୍ଦଦେବ । ତା'ପରେ ତାଙ୍କ ପୁଅ ପ୍ରତାପଦେବ । ତାଙ୍କର ଡାକନାମ ଥିଲା ଚକାପ୍ରତାପ । ଏଇ ଦୁଇଜଣଙ୍କର ଦୁଇଟି ଶାସନ ଥିଲା । ଗୋଟିଏ ଏବର ବୀରଗୋବିନ୍ଦପୁର, ଆଉ ଗୋଟିଏ ଏବର ବୀରପ୍ରତାପପୁର । ଏତିକିବେଳେ କଳାପାହାଡ଼ଙ୍କ ବିଧ୍ୱଂସ ପରେ ଏଇ ରାମଚନ୍ଦ୍ରଦେବ ଓଡ଼ିଶାର ମନ୍ଦିରଧର୍ମ ପ୍ରଭୃତିର ଯେ ସଂଶୋଧନ ଓ ପୁନଃପ୍ରତିଷ୍ଠା କରିଥିଲେ, ଇତିହାସରେ ତାହାର ପଟାନ୍ତର ଅଛି ବୋଲି ମନେ ହେଉନାହିଁ । ତାଙ୍କରି ସମୟରେ

ମାନସିଂହଙ୍କ ଇଚ୍ଛା ଓ ଦାନଧର୍ମରେ ପୁରୀରେ ମୁକ୍ତିମଣ୍ଡପ (ଅର୍ଥାତ୍ ଏବେ ଯେପରି ଅଛି ସେଇ ମୁକ୍ତିମଣ୍ଡପ) ନିର୍ମିତ ହୋଇଥିଲା ଓ ସେଥିରେ ୧୬ଟି ଖମ୍ବ ବସାଇ ସେଇ ୧୬ଟି ଖମ୍ବର ଅଧିକାର ବ୍ରାହ୍ମଣକୁ ଦେବାପାଇଁ ପୁରୀ ନିକଟସ୍ଥ ରାହାଙ୍ଗ ପ୍ରଗଣାରେ ୧୬ଟି ଶାସନ ବସାଇ ଦିଆଯାଇଥିଲା କଥାଅଛି, ଏଇ ରାମଚନ୍ଦ୍ର ଦେବଙ୍କର ଡାକନାମ ଥିଲା ରମାଇ ରାଉତରା। ସେ ଗୋବିନ୍ଦ ବିଦ୍ୟାଧରଙ୍କ ପୁତୁରା ଥିଲେ ଓ ଚକାପ୍ରତାପଙ୍କ କକେଇ ପୁଅ ବା ଦଦେଇପୁଅ ଭାଇ ଥିଲେ। ଏଇ ରାମଚନ୍ଦ୍ର ଦେବ ଭୋଇବଂଶୀ ରାଜା ଗୋବିନ୍ଦ ବିଦ୍ୟାଧରଙ୍କ ଠାରୁ ନିଜର ରାଜବଂଶ ଗଣନା କରିଥିଲେ ଓ ସେଇ ଅନୁସାରେ ନିଜର ୧୬ଟି ଶାସନ ପୂର୍ଣ୍ଣ କରିଥିଲେ। ଏଇ ଶାସନଗୁଡ଼ିକର ନାମ ହେଉଚି ବୀରଗୋବିନ୍ଦପୁର (ଦୁଇଖଣ୍ଡି ବା ଦୁଇ ଶାସନ); ତା'ପରେ ବୀରପ୍ରତାପପୁର (ଦୁଇଖଣ୍ଡି ବା ଦୁଇଶାସନ), ରାମଚନ୍ଦ୍ର ଦେବଙ୍କ ପ୍ରତିଷ୍ଠିତ ବୀର ରାମଚନ୍ଦ୍ରପୁର (ଚାରିଖଣ୍ଡି ବା ଚାରିଶାସନ); ଶ୍ରୀରାମଚନ୍ଦ୍ରପୁର (ଦୁଇଖଣ୍ଡି ବା ଦୁଇଶାସନ); ପ୍ରତାପ ରାମଚନ୍ଦ୍ରପୁର (ଏହାର ପୂର୍ବନାମ ପାଟଳୀ; ତିନିଖଣ୍ଡି ବା ତିନିଶାସନ), ବିଜୟ ରାମଚନ୍ଦ୍ରପୁର (ଏହାର ପୂର୍ବନାମ କୋରଙ୍ଗା ବା କଳିଙ୍ଗ-ଏହା ଏକଖଣ୍ଡି ବା ଏକଶାସନ); ଉଭୟମୁଖୀ ରାମଚନ୍ଦ୍ରପୁର (ଏହା ଦୁଇଖଣ୍ଡି ବା ଦୁଇଶାସନ)।

ଏଇ ଶାସନ ଦାନରେ ବ୍ରାହ୍ମଣର କୁଳୀନ ଭାବ ଆଉରି ଟିକିଏ ସ୍ପଷ୍ଟତର ହୋଇଥିଲା। ତା'ପରେ ଏଇ ରାମଚନ୍ଦ୍ରଦେବଙ୍କ ନାତି ନରସିଂହ ଦେବଙ୍କ ବେଳେ ପ୍ରାୟ ୧୬୩୦ ଖ୍ରୀ:ଅ: ପରେ ବୀରନରସିଂହପୁର ଶାସନ ବସିଥିଲା ଓ ଏଇ ଗ୍ରାମରେ ସ୍ପଷ୍ଟଭାବରେ ବଙ୍ଗାଳୀ ବ୍ରାହ୍ମଣଙ୍କ କୁଳୀନ ଧର୍ମ ଓ ତାନ୍ତ୍ରିକତା ଅନୁକୃତ ହୋଇଥିଲା ବଙ୍ଗାଳୀ କୁଳୀନଙ୍କ ଅନୁକରଣରେ ଏଇଠାରେ ପ୍ରଥମ ସାମନ୍ତ ସୃଷ୍ଟି ଓ ସାମନ୍ତଙ୍କୁ ସମାଜରେ ପ୍ରତିଷ୍ଠା ଦେବାପାଇଁ ତାଙ୍କ ସାଙ୍ଗକୁ ଭଟ୍ଟମିଶ୍ର ସୃଷ୍ଟି କରାଯାଇଥିଲା। ଏଇମାନଙ୍କଠାରୁ ପୁରୀର ବ୍ରାହ୍ମଣମାନଙ୍କ ଭିତରେ ଯେଉଁ ତାନ୍ତ୍ରିକତା ପ୍ରବେଶ କଲା, ତାହା କାର୍ଯ୍ୟରେ ଗୌଡ଼ୀୟ ବୈଷ୍ଣବଙ୍କ ସହଜିଆ ଧର୍ମଠାରୁ ଆଉରି ବୀଭତ୍ସ ଥିଲା କହିଲେ ଚଳେ। ଗୌଡ଼ୀୟ ବୈଷ୍ଣବଙ୍କ ଭିତରେ ତାନ୍ତ୍ରିକଙ୍କ ପଞ୍ଚମକାର ସେବା କେବଳ ସୁନ୍ଦରୀ ପରକୀୟା ଯୁବତୀର ଅନ୍ୱେଷଣରେ ଏକପ୍ରକାର ସୀମାବଦ୍ଧ ଥିଲା; କିନ୍ତୁ ଏଇ ବ୍ରାହ୍ମଣର ତାନ୍ତ୍ରିକତାରେ ଯେଉଁ ଜିହ୍ୱାଯୋନୀର ସ୍ୱଚ୍ଛନ୍ଦ ସେବା ଫିଟିଥିଲା; ତାହା ଏଠାରେ ବର୍ଣ୍ଣନା କରି କହିବାର କଥା ନୁହେଁ। ଏଇଠାରୁ ଓଡ଼ିଶାର ଶାସନିବ୍ରାହ୍ମଣ ତଥା ଶିଷ୍ଟ ବିଶିଷ୍ଟମାନଙ୍କ ଭିତରେ ଦେବୀପୂଜାର ଘଟା ପ୍ରତିଷ୍ଠିତ ହୋଇ ପ୍ରକାଶ ପାଇଥିଲା। ପୁରୀର ଗୋସଣୀଯାତ ଏଇ ପ୍ରଭାବର ସ୍ପଷ୍ଟ ଫଳ ଓ ମନେହୁଏ ବିମଳାପୀଠ ପ୍ରଭୃତି ଏହାରି ପ୍ରଭାବରେ ସ୍ପଷ୍ଟ ଫୁଟିଥିଲା। ଅବଶ୍ୟ ଅନୁମାନ ହୁଏ, ଆଉରି ଆଗରୁ ବୀରଜାଙ୍କୁ ଭୈରବୀ କରି ଜଗନ୍ନାଥଙ୍କୁ ତାଙ୍କର ଭୈରବ କରିବା କଥାଟି ଉତ୍ତରଆଡୁ ପଶିଥିଲା। ସ୍ପଷ୍ଟ ଭାବରେ ଏଇ ବୀରଜାଙ୍କୁ ବିମଳା ନାମ

ଦେଇ ପୁରୀ ମନ୍ଦିର ଭିତରେ ପୂରାଇ ଦେବୀର ପ୍ରତିଷ୍ଠା ପୁରୀରେ ବଢ଼ାଇବା କାମଟି ପୁରୀ ପାଖ ତାନ୍ତ୍ରିକ ବ୍ରାହ୍ମଣ ଓ ତାନ୍ତ୍ରିକ ମୁଖ୍ୟ ପ୍ରବର୍ତ୍ତକ ଖୋର୍ଦ୍ଧାର ତାନ୍ତ୍ରିକ ରାଜ୍ୟକ କାର୍ଯ୍ୟ। ଏଇସବୁ ପରିସ୍ଥିତିରେ ପୁରୀପାଖ ଶାସନୀ ବ୍ରାହ୍ମଣମାନଙ୍କ ଭିତରେ ଗୋଟିଏ ଜାତିଭେଦ ସୋପାନର ଶ୍ରେଣୀଭେଦ ପ୍ରକାଶ ପାଇଥିଲା। ଯେଉଁମାନେ ଶାସନୀ ବ୍ରାହ୍ମଣ ନୁହନ୍ତି ସେମାନଙ୍କ ଭିତରେ ଏଇ ଶାସନୀକ ଅନୁକରଣରେ କ୍ୱଚିତ୍ ଏଇ ଭେଦଭାବ ପ୍ରକାଶିତ ହୋଇଥିଲେ ମଧ୍ୟ ସେମାନଙ୍କ ଭିତରେ ମୋ ପିଲାଦିନ ପର୍ଯ୍ୟନ୍ତ ଏହା ସ୍ପଷ୍ଟ ଜାଣିବାର କୌଣସି ସଂକେତ ନଥିଲା। ବିଶେଷତଃ ଏଇଭଳି ଅନେକ ଅଶାସନୀ ବ୍ରାହ୍ମଣଙ୍କ ଭିତରେ 'ପଞ୍ଚସଖା' ଓ ଜଗନ୍ନାଥ ଦାସଙ୍କ ଭାଗବତର ପ୍ରଭାବ ଖୁବ୍ ପ୍ରକାଶିତ ଭାବରେ ଚଳୁଥିବାରୁ ତାନ୍ତ୍ରିକ ବ୍ରାହ୍ମଣଙ୍କ ଜାତିଭେଦ ଭାବ ସେତେ ପଶିପାରି ନ'ଥିଲା।

ତାନ୍ତ୍ରିକ ଭେଦଭାବ ନଥିବାରୁ ବ୍ରାହ୍ମଣଙ୍କ ଭିତରେ ମୋ ପିଲାଦିନୁ ବରପଣ ବା କନ୍ୟାପଣ ବୋଲି କିଛି ନଥିଲା। ଲୋକେ ଜାତିପାଇଁ ମୂଲ୍ୟ ଦେଉଥିଲେ। ବିବାହ ପ୍ରସଙ୍ଗ ଠିକ୍ ହୋଇଗଲେ, ତା'ପରେ ଭଦ୍ରଲୋକ ବସି ଜାତିର ମୂଲ୍ୟ ନିରୂପଣ କରି କିଏ କାହାକୁ କେତେ ଦେବ ଠିକ୍ କରି ଦେଉଥିଲେ। ମୋର ବିଭାଘରେ ଭଦ୍ରଲୋକମାନେ ଏଇପରି ଠିକ୍ କରିଦେଲେ ଯେ ମୋ ନନା (ପିତା) କନ୍ୟାପିତାଙ୍କୁ ୧୫ଟଙ୍କା ଦେବେ। ସେଥିମଧ୍ୟରେ ମୋର ଆଉ ଶ୍ୱଶୁରଙ୍କ ଜାତି ବିଚାରରେ ଆମର ଦେୟ ହେଲା ୧୦ଟଙ୍କା। ମୁଁ ଛୋଟ ଜାତି ଘରର ନାତି ହୋଇଥିବାରୁ ଆମକୁ ଦେବାକୁ ହେଲା ଆଉ ୫ଟଙ୍କା। ତା'ପରେ ଆମ ଶ୍ୱଶୁର ମୋ ବୋଉକୁ କହି ତା'ଠାରୁ ମାଗିନେଲେ ଆଉ ୫ଟଙ୍କା। ଏପରି ଆମକୁ ଦବାକୁ ହୋଇଥିଲା, ଶ୍ୱଶୁରଙ୍କ ଘରକୁ ଟଙ୍କା ୨୦/।

୬୭। ମୋର ପିତାମହ ଓ ମୋର ପୈତୃକ ଜାତି

ମୁଁ ଗୋଟିଏ ଛୋଟ ବ୍ରାହ୍ମଣଘରର ନାତି ଥିଲି; ଅର୍ଥାତ୍ ମୋ ବୋଉ ଗୋଟିଏ ଛୋଟ ବ୍ରାହ୍ମଣର ଝିଅ ଥିଲେ। ତାଙ୍କର ଛୋଟ ହେବାର ପ୍ରଧାନ କାରଣ ହେଉଚି, ସେକାଳେ ମଧ୍ୟ ସେ ପାଦରେ ଚାଲି ଚାଲି କାଶୀ ବା ବୃନ୍ଦାବନ ପ୍ରଭୃତି ଅଞ୍ଚଳରୁ ପୁରୀକୁ ଯାତ୍ରୀ ଆଣୁଥିଲେ ଓ ସେଥିରୁ କିଛି ଲାଭ କରୁଥିଲେ। ଆମ ନନାଙ୍କୁ (ବାପାଙ୍କୁ) ଜ୍ୱାଇଁ କରିବାରେ ସେ ଜାତି କିଣିଥିଲେ ଓ ସେଥିପାଇଁ ଆମ ନନାଙ୍କ କରଜଯାକ ସବୁ ଶୁଝି ଦେଇଥିଲେ। ସେ କରଜର ପରିମାଣ ସେତେବେଳେ ଥିଲା ଟଙ୍କା ମୂଲ୍ୟରେ ଟ୧୨୦ । ସେଥିପାଇଁ ମୋ ଅଜା (ବୋଉର ନନା) ଛଅଟି ସୁନାମୋହର ବାହାର କରି ନନାଙ୍କୁ ଦେଇଥିଲେ। ଏଇଥିପାଇଁ ମୋ ବୋଉର ଜାତିଭାବ ଅତ୍ୟନ୍ତ ଦୃଢ଼ ଥିଲା। ବରପଣ ନେଇ ମିଶ୍ରଘରୁ ଝିଅ ଆଣି ବୋହୂ କରିବା କଥାଟାକୁ ସେମାନେ ପସନ୍ଦ କରି ନଥିଲେ।

୬୮। ଢୋଲ ମହାପାତ୍ରେ ଓ ମାଟିଆ ମିଶ୍ର

ମିଶ୍ର ଘର କଥାଟା ମୁଁ ଯେ ଏଠାରେ କହିଲି, ତାହାର କାରଣ ହେଉଚି, ଏ ଅଞ୍ଚଳର ଜାତି ଭେଦରେ ସେଇ କଥାଟି କୁହାଯାଇଥିଲା। ୧୬୩୦ ଖ୍ରୀ:ଅ: ପାଖଆଖ ବୀରନରସିଂହପୁରରେ ସାମନ୍ତ ଭଟ୍ଟମିଶ୍ର ବଂଶ ସୃଷ୍ଟି ହେଲା। ପରେ ପୁରୀ ପାଖ ଅଞ୍ଚଳ ଶାସନମାନଙ୍କରେ ଯେଉଁମାନେ ସାମନ୍ତ ଭଟ୍ଟମିଶ୍ର ନୁହନ୍ତି, ସେଇ ଶ୍ରେଣୀର ବ୍ରାହ୍ମଣମାନଙ୍କ ଭିତରେ ଜାତି କିଣି ଭଲ ବ୍ରାହ୍ମଣ ହବା ଗୋଟିଏ ରୀତି ପ୍ରକାଶ ପାଇଥିଲା। ପ୍ରଥମ ଅବସ୍ଥାରେ ଯାହା ହୋଇଥିଲା, ତାକୁ ସୂଚାଇ କରି ଗୋଟିଏ କିମ୍ବଦନ୍ତୀ ଥିଲା। ତାହା ହେଉଚି-

"ଢୋଲ, ମାଟିଆ ନଈ
ଦାସଙ୍କ ପାଖେ ନ ଯାଇ,
ଯେବେ ରଣପୁର ଯାଇ,
କନ୍ଧ ବିଟାଳିଆ ହୋଇ।"

ଏହାର ଅର୍ଥ ହେଉଚି, ବୀରରାମଚନ୍ଦ୍ରପୁରରେ ଢୋଲ ମହାପାତ୍ର ଓ ମାଟିଆ ମିଶ୍ର (ଢୋଲ, ମାଟିଆ ପ୍ରଭୃତି ନାମମାନ ପୂର୍ବେ ବହୁତ ଥିଲା। କାହାର ଗୋଟାଏ ବଡ଼ ପେଟ ଥିଲେ, ତାକୁ ହୁଏତ କହୁଥିଲେ ଢୋଲା। ସେଇପରି କିଏ ହୁଏତ କହିଥିଲା, ଆମ ବାପ, ବଡ଼ବାପେ ଯେତେ ଗୋରା ଥିଲେ, ମୁଁ ସେତେ ନୁହେଁ, ମୁଁ ଟିକିଏ ମାଟିଆ, ସେଇଠାରୁ ତା'ର ନାମ ସେଇ କାରଣରୁ ହେଲା ମାଟିଆ)। ଏ ଦୁହେଁ ସେତେବେଳେ ଧନୀ ଥିଲେ ଓ ସାଆନ୍ତ ଭଟ୍ଟମିଶ୍ରଙ୍କ ଘରେ ବନ୍ଧୁ କରି ବଡ଼ ହେଉଥିଲେ। 'ନଈ' ହେଉଚି-ନଈକୂଳରେ ଗ୍ରାମ ବୀରପ୍ରତାପପୁର। ସେଇ ଗ୍ରାମର କୌଣସି ମିଶ୍ରଙ୍କୁ କୁହାଯାଏ 'ନଈ'। ସେମାନେ ମଧ୍ୟ ଢୋଲ ମାଟିଆଙ୍କ ପରି ଧନୀ ଓ ସେକାଳର ଜାତିପ୍ରେମୀ ଥିଲେ। ଦାସଙ୍କ ପାଖେ ନଯାଇ ସାମନ୍ତ ଭଟ୍ଟମିଶ୍ରଙ୍କର ଯେ କଥାଟି ଅଛି, ସେ କଥାଟି ଶ୍ରୀରାମଚନ୍ଦ୍ରପୁରର କୌଶିକ ଗୋତ୍ର ଦାସଙ୍କ ପାଖକୁ ଯିବନାହିଁ। ଖୁବ୍ ସମ୍ଭବ ସେମାନେ ଖୁବ୍ ଧନୀ ଥିଲେ ଓ ଯେକୌଣସି ସାମନ୍ତ ଭଟମିଶ୍ରଙ୍କୁ ଟଙ୍କା ଦେଇ କିଣି ନେଉଥିଲେ। ନିଜେ ଲେଖକ ସେଇ ଦାସଙ୍କ କୁଳୋଦ୍ଭବ। 'ଯେବେ ରଣପୁର ଯାଇ' ଏକଥାରେ ଅଛି ରଣପୁରରେ ଥିବା ମହାପାତ୍ର ଘର। ସେମାନେ ଉପରୋକ୍ତ ବ୍ରାହ୍ମଣମାନଙ୍କ ଭିତରୁ ଟିକିଏ ପରେ। ତୁମୁରାପୁଟ ବୋଲି ଏକ ପାରିକୁଦ ରାଜ୍ୟଙ୍କ ପୂର୍ବପୁରୁଷ ବାଣପୁରର ରାଜା ସେଇ ବାଣପୁରରେ ଗୋଟିଏ ଗ୍ରାମ ବସାଇଥିଲେ। ଅବଶ୍ୟ ମନେ ରଖିବାର ଅଛି ଗଡ଼ଜାତମାନଙ୍କରୁ ସବୁ ଶାସନ ଖୋର୍ଦ୍ଧାର ରାମଚନ୍ଦ୍ରଦେବଙ୍କ ପରେ ପୁରୀର ଅନୁକରଣରେ ବସାଯାଇଥିଲା। ତୁମୁରାପୁଟ ସେଇଥିରୁ ଗୋଟିଏ। ତୁମୁରାପୁଟର ଜଣେ ମହାପାତ୍ର ରଣପୁରରେ ରହି ବହୁତ ସାମନ୍ତ ଭଟ୍ଟମିଶ୍ରଙ୍କୁ କିଣି ନେଇ ବନ୍ଧୁ କରିଥିଲେ। ଏଠାରେ ସେଇ କଥାର ସୂଚନା ଅଛି।

୬୯। ଦୁବ, ଦେବତା ଓ ଭିଙ୍ଗାର

ଏ ସବୁମାନେ ଯେଉଁ ବରମାନଙ୍କୁ କିଣୁଥିଲେ, ସେମାନେ ଅନେକ ଗରିବ ଥିଲେ ଓ ସେମାନଙ୍କ ଭିତରେ ଅନେକ ଦ୍ୱିତୀୟ ପକ୍ଷର ବର ଥିଲେ। ଲୋକଙ୍କ ଭିତରେ ଏଇ ରୀତି ଫଳରେ ଗୋଟିଏ ବ୍ରାହ୍ମଣଙ୍କ ଭିତରେ କୁଳୀନ ଭାବର ଅହଙ୍କାର ଖୁବ୍ ପଶିଯାଇଥିଲା। ଏହାର ପରବର୍ତ୍ତୀ ସ୍ତରରେ ବାହାରିଥିଲେ ତିନୋଟି ଘର। ମନେ ହେଉଚି ଏମାନେ କେହି ଓଡ଼ିଶାର ଦାନୀୟ ବିପ୍ର ନୁହନ୍ତି। ଦାନୀୟ ବିପ୍ରଙ୍କ ଭେଦଭାବ ଅନ୍ୟମାନଙ୍କ ଭିତରେ ପ୍ରବେଶ କରିଥିଲା ଏଥିରେ ତିନିଟି ଘର ବାହାରିଥିଲେ। ସେ ହେଉଚନ୍ତି 'ଦୁବ', 'ଦେବତା', 'ଭିଙ୍ଗାର'। ଏଥିରୁ 'ଦୁବ' ହେଉଚନ୍ତି ଅତି ନୂଆ। କଥାଅଛି, ଏମାନଙ୍କର ଦେଉଳସେବା ଥିଲା। 'ଦେବତା' ହେଉଚନ୍ତି ନରହରିପୁରର ମିଶ୍ର ବ୍ରାହ୍ମଣ। ଏହାଙ୍କର ଉପାଧି ପୂର୍ବେ ଥିଲା 'ଦେବତା'। ଏମାନେ ଥିଲେ ମାସ୍ତାନ ବା ହଳୁଆ ବ୍ରାହ୍ମଣ। ତା ଆଗରୁ ଥିଲେ 'ଭିଙ୍ଗାର' ଅର୍ଥାତ୍ ଭିଙ୍ଗାରପୁରର 'ଦାସ' ବ୍ରାହ୍ମଣ। କିମ୍ବଦନ୍ତୀ ଅଛି, ଏମାନେ ଅଦାଚାଷ କରୁଥିଲେ। ଖୁବ୍ ସମ୍ଭବ ଏମାନେ ପଣ୍ୟରି ବ୍ରାହ୍ମଣ ବା ସାରୁଆ ପଣ୍ଡା। ଏଇ ତିନିହେଁ ଚାଷ ଓ ବ୍ୟବସାୟରେ ଖୁବ୍ ବଢ଼ି ଉଚ୍ଚ ବ୍ରାହ୍ମଣ କିଣିବାରେ ବହୁତ ଟଙ୍କା ଖର୍ଚ୍ଚ କରୁଥିଲେ। ଶେଷବେଳକୁ ଏମାନଙ୍କ ଭିତରେ ବର କିଣି ଝିଅକୁ ସୁଖରେ ରଖିବା ଭାବଟି ପ୍ରକାଶ ପାଇଲା। ଜାତି କିଣାରେ ଏମାନେ ବିଶେଷରେ ଭିଙ୍ଗାରପୁରର ଦାସେ ହଜାର ହଜାର ଖର୍ଚ୍ଚ କରୁଥିଲେ। ସଂଗେ ସଂଗେ ପୁରୀର ମିଶ୍ରଘର ଏଇ ହଜାର ସଂଖ୍ୟାକୁ ଜ୍ୱାଇଁ କିଣିବାରେ ଲଗାଇଲେ। କ୍ରମେ ଅନ୍ୟମାନଙ୍କ ଭିତରେ ଜାତିଭାବ ଏଇ ଜ୍ୱାଇଁ କିଣାଭାବରେ ପରିଣତ ହୋଇଥିଲା। ମୋ ବିବାହର ଅନେକ ଦିନ ଯାଏ ଜାତି କିଣା କି ଜ୍ୱାଇଁ କିଣା ବାରି ହେଉ ନଥିଲା; କିନ୍ତୁ କିଣିବାର ହଜାର ସଂଖ୍ୟକ ଟଙ୍କା ପ୍ରକାଶ ପାଇଥିଲା ଓ ମୋ ନିଜ ବିବାହରେ ଜାତିକିଣା କି ଜ୍ୱାଇଁକିଣା ଯେପରି ସୀମା ଓ ସରହଦରେ ଥିଲା, ତାହା ଏକରକମ ସୂଚନାରେ କୁହାଯାଇଚି। କିନ୍ତୁ ଯେତେ ଜ୍ୱାଇଁ କିଣା ଭାବ ପଶିଥିଲେ ମଧ୍ୟ ଜାତିଭେଦ ଓ ସେଇ ହିସାବରେ ଘୋର ରକ୍ଷଣଶୀଳତା ସତ୍ୟବାଦୀ ସମେତ ପୁରୀର ଆଖପାଖ ଅଞ୍ଚଳରେ ମୋର ଯୌବନରେ ଅତି ପ୍ରତିଷ୍ଠିତ ଓ ସଙ୍ଗତ ଥିଲା।

୭୦। ସ୍ୱଦେଶୀ ପ୍ରଚାର (ଶୋଭାଯାତ୍ରା ସଙ୍ଗୀତ)

ଘରେ ଘରେ ଉଠୁ ଗ୍ୟାଂନର ଝଙ୍କାର
ଜୟ-ବୈଜୟନ୍ତୀ ଉଡୁ ଏକତାର
ହୀନ ଏ ଦଶା ଯାଉରେ
(ହେ ଭାଇ) ହୀନ ଏ ଦଶା ଯାଉରେ।।
ଘରେ ଘରେ ବୁଲି ଦିଅ ଗ୍ୟାଂନଜ୍ୟୋତି
ଅଗ୍ୟାଂନ-ଜଡ଼ତା ଯାଉ ହେ ଝଟତି

ଭାଇ ଭାଇ ମିଳି ଦିଅ କରତାଳି,
ବିଷଦ-ରଜନୀ ପାଉରେ-
(ହେ ଭାଇ) ବିଷାଦ-ରଜନୀ ପାଉରେ । ୧ ।
ସାମ୍ୟ ଧର୍ମବାଦି-ବୀର ପ୍ରସବିନୀ
ଗ୍ୟାଂନ ଦୀପିକା ଭୂମି ସନାତନୀ
ବୀର-ଜନନୀ ପୁଣ୍ୟ ଧରଣୀ
ମା'ର କ୍ଳେଶ ଯାଉରେ-
(ହେ ଭାଇ) ମା'ର କ୍ଳେଶ ଯାଉରେ । ୨ ।
ଦେଶବାସୀର ଦୁର୍ଗତି ଭଳି
ତ୍ୟାଗ ଧରମେ ପ୍ରାଣ ଉଜ୍ଜଳି
ତେଜ ନିରାଶା, ପ୍ରାଣର ଆଶା
ଫୁଟି ଦିଶୁ ଦାଉ ଦାଉରେ-
(ହେ ଭାଇ) ଫୁଟି ଦିଶୁ ଦାଉ ଦାଉରେ । ୩ ।
ଐର-ଯଯାତି-ବଂଶ ଜନମ,
ନୁହ ଭାଇ ପଶୁ, ନକର ହେ ଭ୍ରମ,
ସ୍ୱାର୍ଥ ପଦେ ଦଳି ଦିଅ ଆତ୍ମବଳି
ଜାତି-ଜଡ଼ତା ଯାଉରେ-
(ହେ ଭାଇ) ଜାତି-ଜଡ଼ତା ଯାଉରେ । ୪ ।

(ନୀଳକଣ୍ଠ ଦାସ)

୧୯୦୫/୬ରେ ମହାବିପ୍ଳବୀ ସ୍ୱଦେଶ ପ୍ରେମୀ ଖୁଦିରାମ ବୋଷ ଫାଶୀ ପାଇବା ପୂର୍ବରୁ କଟକ ଆସିଥିବା ସମୟରେ ତାଙ୍କ ସହିତ ଶୋଭାଯାତ୍ରାରେ ଗଲାବେଳେ ଗାଉଥିବା ସଙ୍ଗୀତ ।

ଆଉଗୋଟେ ଉଦାହରଣ ମନେ ପଡୁଚି । ମୁଁ I.A. ପରୀକ୍ଷା ଦେବା ପରେ ଫଳ ବାହାରିବା ପୂର୍ବରୁ ଦେଶରେ ସ୍ୱଦେଶୀ ପ୍ରଚାର କରିବାରେ ବାହାରିଥିଲି । ଦୁଇଖଣ୍ଡ ଗେରୁଆ ଲୁଗା, ଖଣ୍ଡିଏ ଗେରୁଆ ପଂଜାବୀ ପିନ୍ଧି; କାରଣ ଗେରୁଆ ନହେଲେ ଲୁଗା ମଇଳା ହୋଇଯିବ । ଏଇ ଦୁଇଖଣ୍ଡିରୁ ପୁଣି ଖଣ୍ଡିକରେ ଗାଧୋଇ ଆଉ ଖଣ୍ଡିଏ ମୁଣ୍ଡରେ ପଗଡ଼ି ପରି ଭିଡ଼ି ଗ୍ରାମକୁ ଗ୍ରାମ ବୁଲିବାକୁ ହେଉଥିଲା । ସଙ୍ଗରେ ଥିଲେ କେତେକାଳ ପ୍ରଚାରକ ଅନନ୍ତ ମିଶ୍ର ଓ ଆଉ କେତେକାଳ ରାୟଚକ୍ରଧରପୁରର ପଣ୍ଡିତ ଫକୀର ମିଶ୍ର । ସେଇ ଫକୀର ମିଶ୍ର କାବ୍ୟତୀର୍ଥ ପାସ୍ କରି ଏନ୍‌ଟ୍ରାନ୍‌ସ ପାସ୍ କରିଥିଲେ । ସେ ସମୟରେ ଗ୍ରାମମାନଙ୍କ ଭିତରେ ଶୋଇଥିବା ବେଳେ ଅନେକ ପ୍ରକାରର ଭୟଙ୍କର ଦୃଶ୍ୟ ସବୁ ଦେଖିବାର ଏବେ ବି ମନେଅଛି ।

ଏ ସ୍ୱଦେଶୀ ପ୍ରଚାର କରିବା ପୂର୍ବରୁ ଆମ୍ଭେମାନେ 'କଳାପାହାଡ଼' ଗ୍ରାମରୁ ଜଣେ ତନ୍ତୀକୁ ଆଣି ତାକୁ ଟୁଇଲ୍ ବୁଣା ଶିଖିବା ପାଇଁ କଟକକୁ ପଠାଇଲୁ। ସେଇ ସୂତ୍ରରେ ସ୍କୁଲମାନଙ୍କରେ ବିଶେଷତଃ ଆମ୍ଭେମାନେ ସଭାକରି ଲୋକଙ୍କୁ ବକ୍ତୃତା ଦେଉଥିଲୁ। ସେଥି ମଧ୍ୟରୁ ଖୋର୍ଦ୍ଧା ହାଇସ୍କୁଲ ବକ୍ତୃତା ଦେବାର ଗୋଟିଏ ପ୍ରଧାନ ସ୍ଥାନ ଥିଲା।

ଏତିକିବେଳେ ବା ଏହାର କିଛିଦିନ ପୂର୍ବରୁ ପଣ୍ଡିତ ଗୋପବନ୍ଧୁ ଦାସ ପୂର୍ବର ପଣ୍ଡିତ ହରିହର ଦାସଙ୍କୁ ଆମ ଗ୍ରାମର ବୋଲି ଜାଣି ପ୍ରତି କୁମାରପୂର୍ଣ୍ଣମୀ ଦିନ ସେଠାରେ ଯାଇ ହରିହରଙ୍କ ଜୟନ୍ତୀ ସଭାକରି ବକ୍ତୃତା ଦେଉଥିଲେ। ତାଙ୍କର ଗୋଟିଏ ବକ୍ତୃତା ମୋ ମନରେ ଏବେ ମଧ୍ୟ ଲେଖା ହେଲାପରି ରହିଚି। ସେଥରର ପୂର୍ବ ଢଙ୍ଗ ଟିକିଏ କହିଦିଏ। ସେଦିନ ଗୋପବନ୍ଧୁ ଦାସଙ୍କ ଗ୍ରାମ ସୁଆଣ୍ଡରୁ ଗୋପବନ୍ଧୁ ଦାସ, ହରିଭାଇନା ଓ ମୁଁ ବାହାରି ଭାର୍ଗବୀ ଡେଇଁ ବରାଳ ଗ୍ରାମ ବାଟେ ସତ୍ୟବାଦୀ ଆଡ଼କୁ ଆସୁଥିଲୁ। ବାଟରେ ଗୋଟିଏ ହଳ କରିବା ଲୋକ ଆଉ ଗୋଟିଏ ହଳକରିବା ଲୋକ ସଙ୍ଗରେ କଳି କରୁଥିଲା। କଳିରୁ ହାତ ଉଠାଉଠି ପର୍ଯ୍ୟନ୍ତ ଯାଇଥିଲା। ଆମେ କ୍ରମେ ବୁଝିପାରିଲୁ ସେ ଯୋଡ଼ିକ ଭାଇ। ଜମିର ହିଡ଼ ଘେନି କଳି କରୁଥିଲେ। ଗୋପବନ୍ଧୁ ଦାସ ହଠାତ୍ ବସି ପଡ଼ିଲେ। ଆମେ କହିଲୁ, "ବେଳ ହୋଇଯିବ ଯେ।" ସେ ଆମକୁ କହିଲେ- "Blessed are the Peace makers, କଳିଟାଏ ରାସ୍ତାରେ ଦେଖିଯିବା ନାହିଁ। ଯା ହେବାର ହେଉ।" ତା'ପରେ ଆମେ ଘଣ୍ଟାଏକାଳ ସେଠାରେ ବସି ତାଙ୍କ ବିବାଦର ସବୁକଥା ଶୁଣି ଶେଷକୁ ବିବାଦଟି ଛିଣ୍ଡାଇ ଦେଲୁ। ଆମେମାନେ ସତ୍ୟବାଦୀ ଆଡ଼କୁ ବାହାରିଲୁ। ସେଦିନ କୁମାରପୂର୍ଣ୍ଣମୀ। ହଠାତ୍ ମେଘ ଘୋଟି ଆସିଲା, ବାଟରେ ଅସରାଏ ବର୍ଷା ହୋଇଗଲା। ସତ୍ୟବାଦୀ ଡାକ୍ତରଖାନା ପାଖ ପୋଖରୀରେ ଆମେ ତିନିହେଁ ଯାଇ ସ୍ନାନ କରି ଓଦାଲୁଗା ପିନ୍ଧି ଉପାସ ଭୋକରେ ବଡ଼ ବ୍ୟାକୁଳ ହୋଇ ବାହାରିଲୁ। ସତ୍ୟବାଦୀ ମନ୍ଦିରରୁ ମହାପ୍ରସାଦ କିଣି ତାକୁ ନେଇଯାଇ ଗ୍ରାମରେ ଲୁଗାପାଲଟି ଖାଇଲୁ। ସେଇଦିନ ସନ୍ଧ୍ୟାରେ ପଣ୍ଡିତ ହରିହର ଦାସଙ୍କ ଶ୍ରାଦ୍ଧସଭା ସେଇଦିନ ଗୋପବନ୍ଧୁ ଦାସଙ୍କର ସେ ସଭାରେ ବକ୍ତୃତା ମୁଁ କେବେ ଭୁଲିପାରିବି ନାହିଁ।

ଏଇ କୁମାରପୂର୍ଣ୍ଣମୀ ସଭାରୁ ଠିକ୍ ସେଇଦିନ ସତ୍ୟବାଦୀ ସ୍କୁଲର ଆରମ୍ଭ ହୋଇଥିଲା। ଏଇ ସଭାରୁ ବି ଶ୍ରୀରାମଚନ୍ଦ୍ରପୁର ଗ୍ରାମ ପୁସ୍ତକାଗାରର ନାମ ହୋଇଥିଲା "ହରିହର ଲାଇବ୍ରେରୀ"। ସେଇ ନାମଟି ଏବେ ବି ଅଛି। ଏଇ ହରିହର ଦାସଙ୍କ ମୃତ୍ୟୁ ୧୮୭୨ ମସିହାରେ। ମନେ ରଖିବାର ଅଛି-ଏବର ଆଚାର୍ଯ୍ୟ ହରିହର ଦାସ ମଧ୍ୟ ସେଇ ଶ୍ରୀରାମଚନ୍ଦ୍ରପୁର ଗ୍ରାମର ଓ ମୋର ଜଣେ ଗ୍ୟାଂନ୍ତି କକେଇଙ୍କର ପୁଅ।

ଏହିପରି ବହୁତ କ୍ଷୁଦ୍ର କ୍ଷୁଦ୍ର ଘଟଣା ମନେପଡୁଚି। ସେତେବେଳେ ଜୀବନକୁ ଆମେ କିପରି ଗଢ଼ି ନେଉଥିଲୁ ତା' ମନେପଡ଼ିଲେ ଭାବର ଆବେଗରେ ବେଳେ ବେଳେ ଲେଖିବାର ଇଚ୍ଛା ବନ୍ଦ ହୋଇଯାଏ।

୭୧। ସତ୍ୟବାଦୀର ପରିକଳ୍ପନା

ଆଉ ଦିନକର କଥା ବି କହିଦିଏ। ସମସ୍ତ କଳ୍ପନା, ଯୋଜନାଦିରେ ଥିଲେ ଆପଣେ। ଆପଣେ (ଆମେ ତିନିହେଁ ଗୋପବନ୍ଧୁଙ୍କୁ 'ଆପଣ' ବୋଲି ଡାକୁଥିଲୁ; ଦାସେ ଆପଣେ ବୋଲି ଚିହ୍ନାଇ ଦେଉଥିଲୁ) ମତେ ସବୁବେଳେ ଲୋଡ଼ନ୍ତି। କିଭଳି କାର୍ଯ୍ୟ କେଉଁଠାରେ ଆରମ୍ଭ କରିବା ଏ ବିଷୟରେ ବହୁଦିନ ବହୁରାତି ବିତିଯାଇଚି। ଶେଷକୁ ଠିକ୍ ହେଲା- ଗୋଟାଏ ବିଦ୍ୟାଳୟ କରିବା। ପୁନାର ଫରଗୁସନ କଲେଜ ସେତେବେଳେ ଆଖି ଆଗରେ ଥିଲା। ଇଂଲଣ୍ଡର ଇଟନ, ହାରୋ, ରୁଗ୍‌ବି ପରି ପବ୍ଲିକ୍ ସ୍କୁଲମାନଙ୍କ କଥା ମଧ୍ୟ ଆମ୍ଭେମାନେ ଶୁଣିଥିଲୁ। ବିଶେଷରେ ରୁଗ୍‌ବି ସଂପର୍କରେ ଏଡୁଇନ୍ ଆରନଲଡଙ୍କ କଥା ଆମେ ଖୁବ୍ କଥାବାର୍ତ୍ତା ହେଉଥିଲୁ। ତାଙ୍କ ଲାଇଟ୍ ଅଫ୍ ଏସିଆ (Light of Asia) ନାମକ ପୁସ୍ତକକୁ ସେତେବେଳକୁ ବଙ୍ଗ ନବୀନ ସେନ୍ 'ଅମିତାଭ' ନାମରେ ବଙ୍ଗଳାରେ ପ୍ରକାଶ କରିସାରିଥାନ୍ତି। ଏସବୁ ଆମ ତରୁଣ ପ୍ରାଣରେ କି ପ୍ରଭାବ ପକାଇଥିଲା, ତାହାର ବିଶ୍ଳେଷଣ ଓ ଭାଷାରେ ପ୍ରକାଶ ଅସମ୍ଭବ। ଏ ସମସ୍ତ ପ୍ରଭାବ ମୂଳରେ ଥିଲେ ଗୋପବନ୍ଧୁ। ତାଙ୍କର କିନ୍ତୁ ପ୍ରଭାବର ପୀଠ ଥିଲେ ଓଡ଼ିଶାର ପୁଣ୍ୟଶ୍ଳୋକ ପଣ୍ଡିତ ହରିହର ଦାସ; ସେ ହେଉଚନ୍ତି ପୁରୀ ସଂସ୍କୃତ କଲେଜର ପ୍ରତିଷ୍ଠାତା। ଏହି କଲେଜକୁ ସେ ଯାହା କଳ୍ପନା କରିଥିଲେ ଓ ସମାଜ-ସଂସ୍କାର ଦିଗରେ ତାଙ୍କର ଯେ ପ୍ରେରଣା ଓ ପୁରୋଦୃଷ୍ଟି ଥିଲା, କେଜାଣି କିପରି ଗୋପବନ୍ଧୁ ସେଥିରେ ତନ୍ମୟ ଥିଲେ। ଆମେ କେହି ତାଙ୍କୁ ଦେଖି ନାହୁଁ, ଗୋପବନ୍ଧୁ ବି ଦେଖି ନଥିଲେ। ତାଙ୍କର ମୃତ୍ୟୁ ୧୮୭୨ ଫେବୃୟାରୀ। ଅତି ଅକାଳରେ ସେ ଇହଧାମ ଛାଡ଼ିଥିଲେ; କିନ୍ତୁ ତାଙ୍କର ଆତ୍ମା ଯେପରିକି ଗୋପବନ୍ଧୁଙ୍କୁ ଚିରପ୍ରଭାବିତ କରିଥିଲା। ଫରଗୁସନ କଲେଜଠାରୁ ହାରୋ, ଇଟନ୍, ରୁଗ୍‌ବି ପର୍ଯ୍ୟନ୍ତ ସମସ୍ତଙ୍କୁ ଯେପରିକି ଆମ୍ଭେମାନେ ସେଇ ହରିହରଙ୍କ କଳ୍ପନା ଓ ଉଦାହରଣ ଭଳି ଦେଖିଥିଲୁ। ଗୋପବନ୍ଧୁ ତନ୍ମୟ ହୋଇ ହରିହରଙ୍କ କଥା କହନ୍ତି। ହରିହରଙ୍କୁ ଘେନି ଗୋପବନ୍ଧୁ ସେକାଳ 'ମୁକୁର'ରେ ଗୋଟିଏ କବିତା ଲେଖିଥିଲେ। ସତ୍ୟବାଦୀ ବିଦ୍ୟାଳୟ ପୂର୍ବରୁ ସେ କବିତାଟି ଲେଖା ହୋଇଥିଲା। ସେ 'ମୁକୁର' ମୋ ପାଖରେ ନାହିଁ। ସେଥିରୁ ଯୋଡ଼ିଏ ଧାଡ଼ି ମୋର ସବୁବେଳେ ମନେଅଛି-

"ମୂକ ହୋଇକରି ଆଜିଯାଏଁ ହରି
ଯେବେ ରହିଥାନ୍ତ ବଞ୍ଚି !
ଓଡ଼ିଆଙ୍କ ହାତେ ଦେଇଥାନ୍ତ ସତେ
ଉନ୍ନତି-ଭଣ୍ଡାର କଞ୍ଚି।"

କବିତାର ଶେଷ ଧାଡ଼ିଟି ହେଉଚି-

ଆସ ହରିହର ପଣ୍ଡିତ ପ୍ରବର
ସମାଜ ସଂସ୍କାର କର।

୧୯୦୩-୧୯୦୪ରେ ତିନିହେଁ କଟକ କଲେଜ ହଷ୍ଟେଲରେ ଥିଲୁ। ଗୋପବନ୍ଧୁ ପଢୁଥିଲେ ଓକିଲାତି, ହରିଭାଇନା ପଢୁଥିଲେ ଏଫ୍.ଏ. ଓ ମୁଁ ପଢୁଥିଲି ଏନ୍‌ଟ୍ରାନ୍‌ସ କ୍ଲାସମାନଙ୍କରେ। ସେତିକିବେଳକୁ ମଧ୍ୟେ ମଧ୍ୟେ ମାଟ୍‌ସିନି, ଗାରିବାଲ୍‌ଡି ପ୍ରଭୃତିଙ୍କ କଥା ମଧ୍ୟ ପଡ଼ିଯାଉଥିଲା।

ମନେଅଛି ୧୯୦୪ ସାଲର 'ପ୍ରାର୍ଥନା' ପୁସ୍ତିକାର କଥା। ସେତେବେଳେ ଓଡ଼ିଶା ବୋଲି ପ୍ରଦେଶ ନଥିଲା। ଓଡ଼ିଆର ଭାଷା ବା ସାହିତ୍ୟ ଅଛି ବୋଲି ପ୍ରତିବେଶୀଏ ଜାଣି ନଥିଲେ, ଜାଣିଲେ ବା ସ୍ୱୀକାର କରୁ ନଥିଲେ। ଗୋପବନ୍ଧୁ ବୁଝୁଥିଲେ, ଭାଷା ଓ ସାହିତ୍ୟ ବିନା ଜାତିର ବିକାଶ ଅସମ୍ଭବ। ମନେଅଛି, ଏ ଘଟଣାର କେତେବର୍ଷ ପରେ ଦିନେ କିପରି କାନ୍ଦି କାନ୍ଦି ଆସି ସେ କହି ପକାଇଥିଲେ, "ନୀଳକଣ୍ଠ, ଖରସୁଆଁରୁ ଓଡ଼ିଆ ଉଠିଗଲା।" ମାତ୍ର ମୁଁ କହୁଥିଲି ୧୯୦୪ ମସିହାର ଉତ୍କଳ ସମ୍ମିଳନୀ କଥା। ସମ୍ବଲପୁର ସେତେବେଳକୁ ଓଡ଼ିଶାକୁ ଆସି ନଥାଏ। ଗୋଟିଏ ପ୍ରଶ୍ନ ଉଠିଲା-ସମ୍ବଲପୁର ସହିତ ସମସ୍ତ ଓଡ଼ିଶା ହୁଏତ ଗଂଜାମକୁ ଘେନି ଓଡ଼ିଶା ମଧ୍ୟପ୍ରଦେଶରେ ମିଶିବ। ଗୋପବନ୍ଧୁ ସେଇ ମତ ଧଇଲେ। ଏ ମତରେ ସେ ପ୍ରଭାବିତ କରି ସାଥୀ କରିଥିଲେ, ସେକାଳର ବଡ଼ ଓକିଲ ସ୍ୱର୍ଗତ ଗୋକୁଳାନନ୍ଦ ଚଉଧୁରୀ ଓ ପାଦ୍ରିସାହେବ ଜର୍ଜ ହାଓ୍ୱେଲସ୍‌ଙ୍କୁ। ସୁନାମଧନ୍ୟ ମଧୁସୂଦନ ଦାସ ଥିଲେ ଏ ମତର ବିରୋଧୀ। ତାଙ୍କ ମତ ଥିଲା-ସମ୍ବଲପୁର ସୁଦ୍ଧା ବଙ୍ଗଳାକୁ ଆସୁ ଓ ସମସ୍ତେ ବଙ୍ଗଦେଶରେ ରହନ୍ତୁ। ଅବଶ୍ୟ ଓଡ଼ିଶା ସ୍ୱତନ୍ତ୍ର ପ୍ରଦେଶଟିଏ ହେବାକଥା ସେତେବେଳେ କଳ୍ପନାରେ ଥିଲା କି ନା ସନ୍ଦେହ।

ମାତ୍ର ମୁଁ କହୁଥିଲି ଏ ସଂପର୍କରେ ଗୋପବନ୍ଧୁଙ୍କର କ୍ରିୟା ଓ ସେଇ କ୍ରିୟାର ପ୍ରଭାବ। ଗୋପବନ୍ଧୁ ସେକାଳର କଲେଜ ହଷ୍ଟେଲରେ ଆନ୍ତି। ବରଗଡ଼ର ସ୍ୱର୍ଗତ ଓକିଲ ଶ୍ରୀ ବାଲୁକେଶ୍ୱର ମିଶ୍ର ସେତେବେଳେ ହଷ୍ଟେଲରେ ରହି ବି.ଏଲ୍. ପଢୁଥାନ୍ତି। ବାଲୁକେଶ୍ୱରଙ୍କର ତଥା ତତ୍କାଳୀନ କଟକର ସମ୍ବଲପୁର ଛାତ୍ରମାନଙ୍କର ଗୋପବନ୍ଧୁବାବୁଙ୍କ ମତ ସଂଗେ ମତ ଏକ ହୋଇଗଲା। ବାଲୁକେଶ୍ୱର ବାବୁ ଆସୁଥିବା

---

* ହରିହର ମରିବାର କିଛିଦିନ ପୂର୍ବରୁ ମୂକ ଓ ପାଗଳ ହୋଇଯାଇଥିଲେ। ('ମୋ ସଂସ୍କୃତ ଓ ସଂସ୍କୃତି'ରେ ଦେଖ)

ତା' ସାଂଗେ ସେକାଳରେ ଓଡ଼ିଆ ସାହିତ୍ୟ ଓ କଲିକତା ବିଶ୍ୱବିଦ୍ୟାଳୟ ଏବଂ ବଙ୍ଗାଳୀକର ତା' ପ୍ରତି ଅନାସ୍ଥା, ସମାଲୋଚନାର ଅଭାବ, କାବ୍ୟ ନାଟକାଦି ବୋଲି ଯାହା ଲେଖା ହେଉଥିଲା, ସେଥିରେ ଗୌଣତ୍ୱ ମନୋବୃତ୍ତି ସଂଗେ ଅନୁକୃତି ଓ ପ୍ରାଣହୀନତା ସେ ସବୁର ଭବିଷ୍ୟତ୍, ତହିଁ ସଂଗେ ଦେଶ ପ୍ରଦେଶରେ ଭବିଷ୍ୟତ୍ ପ୍ରଭୃତି କଥା ଅତି ଅତର୍କିତ ଭାବରେ ବରାବର ଚାଲୁଥିଲା।

ଉତ୍କଳ ସମ୍ମିଳନୀରେ ପ୍ରଚାର କରିବା ପାଇଁ ଗୋଟିଏ ପୁସ୍ତିକା ଲେଖିଲେ ଓ ଗୋପବନ୍ଧୁବାବୁଙ୍କୁ ଦେଖାଇଲେ। ଗୋପବନ୍ଧୁ ଦାସ ଥରେ ଦୁଇଥର ସଂଶୋଧନ କଲେ- ତା'ପରେ ଘଟିଲା ଅଦ୍ଭୁତ କଥା। ଯୁବକ ଗୋପବନ୍ଧୁ ଖାଲି ଖଟ ଉପରେ ମୁହଁ ମାଡ଼ି ପଡ଼ିଥାନ୍ତି, ନିଦ ନଥାଏ, କିନ୍ତୁ କାହାରି ସଂଗେ ଆଳାପ କରିବାର ମଧ ତାଙ୍କୁ ଦେଖାଯାଏ ନାହିଁ। ଡାକିଲେ ଚାହାଁନ୍ତି ଅନ୍ୟମନସ୍କ ଭାବରେ, ଆଖି ଲାଲ ଦିଶୁଥାଏ। ତିନିଦିନ ପରେ ଉଠିଲେ। ଲେଖିଦେଇ ଗଲେ ଯାହା ସେଉଟି 'ପ୍ରାର୍ଥନା' ନାମରେ ପୁସ୍ତିକାଗାରରେ ଛପା ହେଲା। ଆମେ ପିଲାଯାକ ତାକୁ ଦ୍ୱିତୀୟ ବର୍ଷ ସମ୍ମିଳନୀ କ୍ୟାମ୍ପରେ ବାଣ୍ଟିଥିଲୁ। ସେ ପୁସ୍ତିକାର ଯୁକ୍ତି ଏପରି ଅକାଟ୍ୟ ଥିଲା ଯେ ସେଥିରେ ଗଂଜାମ ସମେତ ସମସ୍ତ ପ୍ରତିନିଧିମାନେ ତନ୍ମୟ ହୋଇଯାଇଥିଲେ। ଏପରିକି ମଧୁବାବୁ ନିଜକଥା ଶୁଣାଇ ବୁଝାଇବାରେ ଶଙ୍କିତ ହୋଇଥିଲେ, କିନ୍ତୁ ଏସବୁ ଭିତରେ ମୋର କହିବାର କଥା ସେଇ ଗୋପବନ୍ଧୁଙ୍କ ଯୋଗସାଧନା ଓ କଳ୍ପନାର କ୍ରିୟାରେ ତନ୍ମୟତା। ତତ୍କାଳୀନ ସମସ୍ତ ସଙ୍ଗୀ ସହଚରଙ୍କୁ ତାହା କି ଭାବରେ ପ୍ରଭାବିତ କରୁଥିଲା-ତାହା ଅନୁମେୟ।

୭୨। ସ୍ଥାନ ବିଚାର

ତା'ପରେ ସ୍କୁଲକଥା। ଗୋଟିଏ ସ୍କୁଲ କରିବା ଠିକ୍ ହେଲା। ତତ୍କାଳୀନ ଗଡ଼ଜାତ ଓ ମୋଗଲବନ୍ଦୀ-କଳାହାଣ୍ଡିଠାରୁ ନୀଳଗିରି ମୟୂରଭଞ୍ଜ ଓ ସମ୍ବଲପୁର ଠାରୁ ପୁରୀ ଓ ଗଂଜାମ ସର୍ବତ୍ର ସ୍ଥାନ ଖୋଜିବାରେ ଆମେ ଲାଗିଗଲୁ। ଶେଷକୁ ସ୍ୱର୍ଗତ ମଧୁସୂଦନ ରାଓ ଦିନେ କଥାବର୍ତ୍ତା ମଧ୍ୟରେ କହିପକାଇଲେ, ସତ୍ୟବାଦୀର ବଉଳ ଛୁରୀଅନା ବନ ପରି ସ୍ଥାନ ଏଥିପାଇଁ ଆଉ ନାହିଁ। ଠିକ୍ ହୋଇଗଲା ସେଇଠାରେ ସ୍କୁଲ କରିବାକୁ ହେବ। କର୍ମରେ ବାଧା କ'ଣ ସେ ପ୍ରତି ଦୃଷ୍ଟି ଯିବାଭଳି ଅବସ୍ଥା ଆମର ଆଉ ନଥିଲା। ଗୋପବନ୍ଧୁଙ୍କ ପ୍ରେରଣାରେ ସେତେବେଳେ ସେ ସବୁର ସ୍ଥାନ ନଥିଲା। ଶଗଡ଼େ ଇଟା ଧରି ସତ୍ୟବାଦୀ ମନ୍ଦିର ପଛଆଡ଼େ ଦୁହେଁ ଦିନେ ପହଞ୍ଚିଗଲୁ, ଗୋଟିଏ ମାପ ଫିତା ଧରି। କ୍ଷୁଦ୍ର କ୍ଷୁଦ୍ର ଛୁରୀଅନା ଗଛର ଘନଜଙ୍ଗଲ। ସିଧାକରି ଫିତା ପକାଇବାର ସ୍ଥାନ ନଥିଲା। ଇଟା ରଖିବୁ କେଉଁଠାରେ ଜାଣିହେଲା ନାହିଁ, ମାତ୍ର ତାହାଇ ହେଉଚି ବିଶାଳ ସତ୍ୟବାଦୀ ସ୍କୁଲର ଭୌତିକ ପ୍ରାରମ୍ଭ।

ମଧୁବାବୁଙ୍କ ଥାନ ବାଛିବାର ମୂଳରେ ଥିଲା ପଣ୍ଡିତ ହରିହର ଦାସଙ୍କ ସ୍ମୃତି। ମଧୁସୂଦନ ରାଓଙ୍କ ପ୍ରାଣରେ ହରିହରଙ୍କର ପୁଣ୍ୟ ପ୍ରଭାବ ସାକ୍ଷାତ ଭାବରେ ପଡ଼ିଥିଲା। ସେ ବୁଝିଥିଲେ, ସବୁ ସଂସ୍କାର ଓ ବିକାଶ ମୂଳରେ ନୂତନ ଶିକ୍ଷା ପୁରୀର ସ୍ୱର୍ଗତ ମୁକ୍ତିଆର ରାମଚନ୍ଦ୍ର ଦାସ ସେଇ ହରିହରଙ୍କ ସ୍ମୃତିରେ ସାରାଜୀବନ ଉଦ୍‌ବୁଦ୍ଧ ଥିଲେ।

ଗୋପବନ୍ଧୁଙ୍କର ସେ ରାମଚନ୍ଦ୍ର ଦାସ ଥିଲେ ଯେପରିକି ଦୀକ୍ଷାଗୁରୁ। ମୁଁ ତାଙ୍କୁ ଅଳ୍ପଦିନ ଦେଖିଚି। ସାମାନ୍ୟ କଥାବାର୍ତ୍ତାରେ ଅଲକ୍ଷିତ ଭାବରେ ନିଜର ଉନ୍ନତ ମତ ଅତି ରକ୍ଷଣଶୀଳଙ୍କ ମଧ୍ୟରେ ପ୍ରଚାର କରିବାର ମନୀଷା ଓ କୌଶଳ ତାଙ୍କଠାରେ ଯାହା ମୁଁ ଦେଖିଚି, ଅନ୍ୟତ୍ର ତାହା ଦେଖିନାଇଁ। ବିରୋଧରେ କହିବା ଲୋକର କଥାକୁ ଆଦୌ ପ୍ରତିବାଦ ନକରି ଶେଷରେ ତାକୁ ସେ ମନାଇ ଛାଡ଼ି ଦେଇଥିଲେ-ଘଣ୍ଟାକ କଥାବାର୍ତ୍ତା ପରେ। ତାଙ୍କର ସମସ୍ତ ଚିନ୍ତା ଓ କାର୍ଯ୍ୟ ତ୍ୟାଗପୂତ ଥିଲା। ସେଇ ପ୍ରଚୁର ପ୍ରାଣର ପ୍ରଭାବ ଗୋପବନ୍ଧୁଙ୍କ ଠାରେ ଆବାଲ୍ୟରୁ ପଡ଼ିଥିଲା ଓ ସେଇ ଭାବରେ ଗୋପବନ୍ଧୁ ଆମ ଗ୍ରାମରେ ହରିହର ସ୍ମୃତି ପ୍ରତି କୁମାରପୂର୍ଣ୍ଣିମୀରେ ପାଳନ କରୁଥିଲେ। ସେଇ ସଭାରେ ତାଙ୍କ ବକ୍ତୃତା ଶୁଣି ଆମେ ମୁଗ୍ଧ ହୋଇ ଯାଇଥିଲୁ! ମଫସଲର ବୁଢ଼ା ବୁଢ଼ା ରକ୍ଷଣଶୀଳ ଲୋକେ ଆତ୍ମବିସ୍ମୃତ ହୋଇ ଯାଉଥିଲେ। ସେଇ ହରିହରଙ୍କ ସ୍କୁଲ ପରଂପରାରେ ପ୍ରତିଷ୍ଠିତ ମଧ୍ୟ ଭର୍ଣ୍ଣାକ୍ୟୁଲର ସ୍କୁଲ ଓ ତାହାପରେ କେତେବର୍ଷ ମଧ୍ୟଇଂରେଜୀ ସ୍କୁଲର ଉଦ୍ୟମରେ ଚାଲିଥିଲା। ଗୋପବନ୍ଧୁଙ୍କ ପ୍ରଭାବରେ ପଡ଼ି ସମସ୍ତେ କହିଲେ-ହରିହରଙ୍କ ସ୍ମୃତି-ପୂତ ଏ ବିଦ୍ୟାଳୟଟି ନାମତଃ 'ହରିହର ଲାଇବ୍ରେରୀ' ଏହା ସେଇ ସ୍ମୃତିର ସଂକେତ।

୭୩। ସତ୍ୟବାଦୀ ବିଦ୍ୟାଳୟର ଆରମ୍ଭ

ତାହାପରେ ହେଲା ସତ୍ୟବାଦୀ ବିଦ୍ୟାଳୟର ଆରମ୍ଭ। ଏଥିପାଇଁ ଶିକ୍ଷକ, ଛାତ୍ର, ବେଞ୍ଚ, ଚଉକି, ଲାଇବ୍ରେରୀ ସବୁ ଉଠି ଆସିଥିଲା ଶ୍ରୀରାମଚନ୍ଦ୍ରପୁରରୁ। ଆଜି ମନେ ପଡ଼ିଯାଉଚି, ଟିକିଏ କହିଦିଏ, ସ୍କୁଲଟିକୁ ଲାଇବ୍ରେରୀଠାରୁ ପେନ୍‌ସିଲକଟା ଛୁରୀଟି ପର୍ଯ୍ୟନ୍ତ ସଂଗେ ଘେନି ସତ୍ୟବାଦୀ ସ୍କୁଲ କରିବାକୁ ସଂକଳ୍ପ କରି ଆସିଥିଲେ ସେଇ ମାଇନର ସ୍କୁଲ ହେବାକୁ ଯାଉଥିବା ମିଡିଲ ଭର୍ଣ୍ଣାକ୍ୟୁଲର ସ୍କୁଲର ତତ୍କାଳୀନ ହେଡ଼ ପଣ୍ଡିତ ସେଇ ଶ୍ରୀରାମଚନ୍ଦ୍ରପୁର ନିବାସୀ ସ୍ୱର୍ଗତ ପଣ୍ଡିତ ଶ୍ରୀ ମଧୁସୂଦନ ମିଶ୍ର। ସେ ମୋର ମଧ ବାଲ୍ୟଗୁରୁ। 'ବଡ଼ ଆପଣେ' ବୋଲି ଆମେ ସମସ୍ତେ ତାଙ୍କୁ ଡାକୁଥିଲୁ। ତାଙ୍କର ଶିକ୍ଷା ବଳରେ ମୁଁ ଭର୍ଣ୍ଣାକ୍ୟୁଲର ବୃତ୍ତି ପାଇ ପୁରୀ ଜିଲ୍ଲାସ୍କୁଲକୁ ପଢ଼ିବାକୁ ଯାଇଥିଲି। ପରିଚୟ ପାଇଁ ମଧ କହିଦିଏ, ପ୍ରଚାରକ ଅନନ୍ତ ମିଶ୍ରଙ୍କର ପାଞ୍ଚ ଭାଇରେ ସେ ସର୍ବଜ୍ୟେଷ୍ଠ ଓ ପ୍ରଚାରକ ନିଜେ ସର୍ବକନିଷ୍ଠ। ପଣ୍ଡିତ ମଧୁସୂଦନଙ୍କ ପରି ଆମ କର୍ମରେ ଐକାନ୍ତିକ ଆନ୍ତରିକତା ଓ ଆମ ପୁରୋଦୃଷ୍ଟିରେ ଏକପ୍ରାଣତା ମୁଁ ଆଉ ଦେଖିଚି ବୋଲି ମନେ ହେଉନାଇଁ। ସ୍ୱୟଂ ଗୋପବନ୍ଧୁ ମଧ୍ୟ ସେଥିପାଇଁ ତାଙ୍କୁ ଗଭୀର ଆଦର ଓ ଭକ୍ତି କରୁଥିଲେ। ଏଇ ପଣ୍ଡିତ ମଧୁସୂଦନ ମଧ ସ୍ୱର୍ଗତ ହରିହରଙ୍କ ସ୍ମୃତିରେ ନିଜ

ପ୍ରାଣକୁ ପୂର୍ଣ୍ଣ କରି ରଖିଥିଲେ। ମୁଁ ତାଙ୍କର ଶିଷ୍ୟ; ତଥାପି ସତ୍ୟବାଦୀ ବିଦ୍ୟାଳୟରେ ସେଥିପାଇଁ ତାଙ୍କର କେବେ କୌଣସି ନିଷ୍ଠା ବା ଶୃଙ୍ଖଳାରେ ଟିକିଏ ହେଲେ ଶିଥିଳତା ମୁଁ ଦେଖିନାଇଁ। ଦିନକ କଥା ଆଜି ମନେ ପଡ଼ିଗଲେ ପ୍ରାଣର ପୁରୁଣା ଆଘାତ ନୂଆ ହୋଇ ଉଠୁଚି। ବଡ଼ ଆପଣେ ବୃଦ୍ଧ ହୋଇ ଆସିଥିଲେ, ଭୋଜନପରେ ଗ୍ରାମରୁ ଆସନ୍ତି ଅଧମାଇଲିରୁ ବେଶି। ଶ୍ରେଣୀରେ ପଢ଼ାଇଲାବେଳେ ଥରେ ଦୁଇଥର ଘୁମାଇବାର ଦେଖିଲି। କିଛି ନକହି ବସିବା ପାଇଁ ହାତଥିବା ଚଉକିଟି କାଢ଼ି ଆଣି ଗୋଟିଏ ଟୁଲ୍ ଦେବାପାଇଁ ତହିଁ ଆରଦିନଠାରୁ ବ୍ୟବସ୍ଥା କରିଦେଲି। ସେ କିନ୍ତୁ ନିର୍ବିକଳ୍ପ-ଟୁଲ୍‌ରେ ଆସି ବସିଲେ ପଢ଼ାଇଲେ। ଯାହାହେଉ, ମୁଁ ତ ମନୁଷ୍ୟ; ମୋ ପ୍ରାଣକୁ ବାଧିଲା। ଆଜି ମଧ୍ୟ ମନେପଡ଼ିଲେ ମୋତେ କାନ୍ଦମାଡ଼େ, କିନ୍ତୁ ସ୍କୁଲର କର୍ମନିଷ୍ଠାରେ ମୋର ଏ ରୁକ୍ଷତା ପୁଣ୍ୟକର୍ମନିଷ୍ଠ ପଣ୍ଡିତ ପ୍ରାଣରେ ବରଂ ଆହ୍ଲାଦ ଜନ୍ମାଇଥିଲା। ଏଇପରି ପୁଣ୍ୟଶ୍ଳୋକ ପଣ୍ଡିତ ହରିହରଙ୍କ ପବିତ୍ର ସ୍ମୃତିପୀଠରେ ଗୋପବନ୍ଧୁଙ୍କର କଳ୍ପନା ଓ ଯୋଜନାର ଶରୀର ଧରି ଠିଆ ହୋଇଥିଲା, ସତ୍ୟବାଦୀ ବିଦ୍ୟାଳୟ ବୋଧହୁଏ ୧୯୦୯ ମସିହା କୁମାରପୂର୍ଣ୍ଣିମୀ ଦିନ। ମୁଁ ବି.ଏ. ପାସ୍ କରିସାରି ଏ ବିଦ୍ୟାଳୟର 'ଶୁଭଦିଆ'ରେ ଯୋଗଦେଇ, ଏଇ କଳ୍ପନାର ଉପଯୁକ୍ତ ହେବାପାଇଁ ଏକା ଏମ୍.ଏ. ପାସ୍‌କରି ଆସିବା ଲାଗି କଲିକତା ଯାଇଥିଲି।

୭୪। ସତ୍ୟବାଦୀ ବିଦ୍ୟାଳୟରେ ମୋର ଯୋଗଦାନ

୧୯୧୧ ଅକ୍ଟୋବରରେ ଯୋଗ ଦେଲି ଓ ୧୯୧୨ ଆଦ୍ୟରୁ ହାଇସ୍କୁଲ କରିବା ପାଇଁ ଉଦ୍ୟମ ଆରମ୍ଭ ହେଲା। ଯେଉଁ ସୂଚନା ଦେଲି ତାହା ସ୍ମୃତିପରଂପରାର ବିଧୌତ ଘଟଣାର ମଜ୍ଜାମାତ୍ର। ଘଟଣା ସବୁ ମୋ ମନେ ନାଇଁ କି ମୁଁ ଲେଖିରଖି ନାଇଁ। ଦେଖିଲି, ଚନ୍ଦ୍ରଶେଖର ମିଶ୍ର ନିଜ ଦୈନନ୍ଦିନ ଘଟଣାର ବିବରଣୀରେ 'ସତ୍ୟବାଦୀରେ ସାତବର୍ଷ' ବୋଲି ଖଣ୍ଡେ ପୁସ୍ତକ ଲେଖିଚନ୍ତି। ସେ ଯାହା ପୁସ୍ତକରେ ପ୍ରକାଶ କରିଚନ୍ତି, ସେ ସବୁରେ ଲେଖକର ଭାବାବେଶ ଓ ଅତିରଂଜନ ନାଇଁ। ସେକାଳେ ସେ ଯାହା ଲେଖି ରଖିଥିଲେ ବସ୍ତୁତଃ ତାହାଇଁ ପ୍ରକାଶ କରିଚନ୍ତି। ଏକଥା ମୁଁ ତାଙ୍କ ଦୈନିକ ବିବରଣୀ ସଂଗେ ପୁସ୍ତକର ଅଂଶ ମିଳାଇ ଦେଖିଚି; ଏଣୁ ଏ ପୁସ୍ତକଟି ଉପାଦେୟ।

ସାମାନ୍ୟ ସ୍ମୃତି ଉପରେ ନିର୍ଭର କରି ମୋ ଭଳି ଲୋକ 'ସତ୍ୟବାଦୀ ସ୍କୁଲ' କଥା ଲେଖିବସିଲେ ହୁଏତ ଠିକ୍ ହେବନାଇଁ। ପ୍ରାଣର ପ୍ରତିଷ୍ଠିତ ଭାବରାଶି ସ୍ମୃତିରୂପ ମଜ୍ଜାର ଚାରିପଟେ ବେଢ଼ି ତାଙ୍କୁ ଘୋଡ଼ାଇ ବା ଭଳାଇ ଦେବାର ଶଙ୍କା ଖୁବ୍ ଅଛି। ସତ୍ୟବାଦୀ ସ୍କୁଲ ମୋ ପ୍ରତି ଏବେ ବି ଇତିହାସ ନୁହେଁ।

୭୫। ସତ୍ୟବାଦୀରେ ଅସ୍ତସ୍ମୃତିରେ ଦୁଇଟି ଉଜ୍ଜ୍ୱଳ ରେଖା

ଯୋଡ଼ିଏ ଲୋକଙ୍କ କଥା ଟିକିଏ ସୂଚନା ଦେଇ ସତ୍ୟବାଦୀର ପ୍ରଭାବ ପୀଠ ପ୍ରତି ଦୃଷ୍ଟି ଆକର୍ଷଣ କରିବାକୁ ମନେହେଉଚି। ତହିଁମଧ୍ୟରୁ ଗୋଟିଏ ଅନନ୍ତ ମିଶ୍ର, ତାଙ୍କୁ କହୁଥିଲେ-ପ୍ରଚାରକ ଅନନ୍ତ ମିଶ୍ର। ଏପରି ନିଃସଙ୍ଗ, ନିରଳସ, ପରପ୍ରାଣ ଓ କର୍ମସର୍ବସ୍ୱ ବ୍ୟକ୍ତି ବଡ଼ କମ୍ ଦେଖାଯାନ୍ତି। ବିଦ୍ୟା ତାଙ୍କର ବିଶେଷ ନଥିଲା; କିନ୍ତୁ ସେ ବିଚାର ତାଙ୍କ ସମ୍ବନ୍ଧରେ କରଣୀୟ ନୁହେଁ। ତାଙ୍କର ବ୍ୟକ୍ତିତ୍ୱ ଥିଲା ସ୍ୱତନ୍ତ୍ର। ସେ ଯଥାର୍ଥରେ ମୁଠାଏ ଭାତ ଖାଇବାକୁ ନପାଇ ମରିଚନ୍ତି। ମୃତ୍ୟୁଶଯ୍ୟାରେ ହୁଏତ ତାଙ୍କ ସଙ୍ଗୀସହଚର କେହି ପାଖରେ ନଥିଲେ; କିନ୍ତୁ ମଲାବେଳେ ଦେଶର ଭବିଷ୍ୟତ ଛଡ଼ା ଓ ସଙ୍ଗୀମାନଙ୍କ କଳ୍ପନା ଓ କ୍ରିୟା ଯୋଜନା ଛଡ଼ା ଆଉ କିଛି ସେ ଚିନ୍ତା କରୁ ନଥିଲେ। ସେ ସତ୍ୟବାଦୀର କିଛି ନଥାଇ ମଧ୍ୟ ସବୁ ଥିଲେ। ଗୋପବନ୍ଧୁ ନିଜର ସମ୍ମିଳନୀମୂଳକ ଦେଶ କର୍ମରେ ତାଙ୍କୁ ପାଇ ନିଜକୁ ବଡ଼ କୃତାର୍ଥ ମଣୁଥିଲେ।

୭୬। ରାମଚନ୍ଦ୍ର ରଥ

ଆଉ ଜଣେ ସ୍ୱର୍ଗତ ରାମଚନ୍ଦ୍ର ରଥ। ବିଦ୍ୟା ତାଙ୍କର ଏନ୍‌ଟ୍ରାନ୍‌ସ ପାସ୍। ସେ ଆମ ସମାଜର ଶ୍ରେଷ୍ଠ ସାମନ୍ତ (କୁଳୀନ ବ୍ରାହ୍ମଣ); ବଡ଼ ଗରିବ ଥିଲେ। ଏନ୍‌ଟ୍ରାନ୍‌ସ ପଢ଼ିଲାବେଳେ ଗୋପବନ୍ଧୁଙ୍କୁ ଦିନେ କଥା ପ୍ରସଙ୍ଗରେ ନିଜର ଧନାଭାବ କଥା କହିବାରୁ ଗୋପବନ୍ଧୁ କହିଲେ, 'ମାଗ ନାହିଁ, ଅର୍ଜିକରି ପଢ଼।' 'କଣ କିପରି ଅର୍ଜିବି ?' କହିବାରୁ ଗୋପବନ୍ଧୁ ହଠାତ୍ କହିଲେ, "ଷ୍ଟେସନରୁ କ'ଣ ବୋଝ ବୋହି ପାରିବ ନାହିଁ?" ତା'ପରେ ସେଇ କାମ ସେ କଲେ; ସେଥିରେ ଚଳିଲେ ଓ ପାଠ ପଢ଼ିଲେ, ଦିନେ ଛଅପଇସା ମଜୁରି ଲାଗି ଗୋଟିଏ ଶୁଖୁଆପଟ ମୁଣ୍ଡରେ ଷ୍ଟେସନରୁ ବୋହି ପୁରୀ ସହରକୁ ଆଣିବାର ମୁଁ ନିଜେ ଦେଖିଚି। ସେ ଏନ୍‌ଟ୍ରାନ୍‌ସ ପାସ୍ କରି ମାସକୁ ୧୦ଟଙ୍କାରେ ପୁରୀ କଚିରିରେ ନିଯୁକ୍ତ ହେଲେ। ତା'ପରେ ତାଙ୍କୁ ପେସ୍କାରି କାମ ଖୋର୍ଦ୍ଧାରେ ମିଳିଲା। ଦରମା ମାସକୁ ୩୫ ଟଙ୍କା। ମୁଁ ଆସି ସତ୍ୟବାଦୀରେ ଯୋଗଦେଲି।

ସେତେବେଳକୁ ଆଉ କେହି ନାହିଁ। ପ୍ରଥମରେ ଅନେକ ଦିନଯାଏଁ ମୁଁ ଏଇପରି ଏକା ଥିଲି। ସେଥିରେ ରାମଚନ୍ଦ୍ର ହେଲେ ମୋର ଏକମାତ୍ର ସଙ୍ଗୀ। ସେପରି ସଙ୍ଗୀ ଆଉ କେବେ ପାଇଚି ବା ପାଇବି ବୋଲି ମନେ ହେଉନାହିଁ। ତାଙ୍କ ପୁଣ୍ୟ ପ୍ରଭାବ ଓ ପ୍ରାଣ ପ୍ରାଚୁର୍ଯ୍ୟ ମୋ ପକ୍ଷରେ ଭୁଲିବାର ନୁହେଁ। ସ୍କୁଲରେ ଯୋଗଦେଇ ସାରି ମୁଁ ତାଙ୍କଠାରୁ ଖୋର୍ଦ୍ଧାରୁ ଚିଠି ପାଇଲି-ସେ ସତ୍ୟବାଦୀ ବିଦ୍ୟାଳୟରେ ଯୋଗଦେବାକୁ ଲୋଡ଼ନ୍ତି। ସେତେବେଳେ ବହୁକଷ୍ଟରେ ମୋର ମାସିକ ଟଙ୍କା ୩୦ଟି ଯୋଗାଡ଼

ହେଉଥିଲା, ଆଉ ଶିକ୍ଷକ ବି ହଠାତ୍ ଦରକାର ନଥିଲେ। ମୁଁ ସବୁକଥା ଜଣାଇ ଅପେକ୍ଷା କରିବାକୁ ଲେଖିଥିଲି। ଅଳ୍ପଦିନ ପରେ ଦିନେ ସେ ଆସି ସତ୍ୟବାଦୀରେ ହାଜର, କହିଲେ, "ମୁଁ ରହିବି।" ମୁଁ ବିସ୍ମିତ ହେଲି। ସେ କହିଲେ, "ଏ ପେସ୍କାରି କାମ ବଡ଼ ଖରାପ, ଏଥିରେ ଆଉ ଦିନାକେତେ ରହିଲେ, ସତ୍ୟବାଦୀରେ ଆପଣଙ୍କ ସଂଗେ ରହିବା ପାଇଁ ମୋର ଆଉ କିଛି ମାତ୍ର ଯୋଗ୍ୟତା ରହିବ ନାଇଁ। ଦିନେ ମତେ ଜଣେ (ବିଶିଷ୍ଟ ଓ ପରିଚିତ ଲୋକଙ୍କ ନାମ ସେ କହିଲେ) ଟଙ୍କାଟିଏ ଲାଞ୍ଚ ଯାଚିଲେ; ମୁଁ ନେଲି ନାଇଁ। ସେ ମୋତେ ବହୁତ ବୁଝାଇଲେ, କହିଲେ, ଏପରି ନିଅନ୍ତି, ନନେଲେ ହେବନାଇଁ। ଲୋକମାନେ କହିବେ ତୁମେ ତାଙ୍କ କାମ ଠିକ୍ କରୁନାହଁ - ଇତ୍ୟାଦି ମୁରବିପଣିଆ ଓ ଯୁକ୍ତି ଶୁଣି ମୁଁ ଦୁଃଖିତ ଓ ଲଜ୍ଜିତ ହେଲି। ତାଙ୍କୁ ସେଦିନ ମନାକଲି। ଦୁଇ ତିନିଦିନ ପରେ ସେଇପରି ଆଉ ଗୋଟିଏ କାର୍ଯ୍ୟରେ ସେ ମୋତେ ଦୁଇଟଙ୍କା ଲାଞ୍ଚ ଯାଚିଲେ। ବହୁତ ଲୋଭାଇଲେ, ବୁଝାଇଲେ; ନିରାଶ ହୋଇ ମଧ୍ୟ ଏ ଉଦ୍ୟମ ଛାଡ଼ିବେ ନାଇଁ ବୋଲି କହିଲେ। ରାତିରେ ମୁଁ ଶୋଇନାଇଁ। ଦେଖିଲି-ଚରିତ୍ର ଖରାପ ହୋଇଯିବ। ତହିଁ ଆରଦିନ ଇସ୍ତଫା ଦେଇଦେଲି। ମତେ ଟଙ୍କା ଦିଅନ୍ତୁ ନଦିଅନ୍ତୁ-ମୁଁ ଏଠି ରହିବି।' ତାଙ୍କ ଘରେ କୌଣସି ସମ୍ବଳ ନଥିଲା; ତେଣୁ ଯେ କୌଣସିମତେ ୬ଟଙ୍କା ଲେଖାଏଁ ମାସକୁ ତାଙ୍କୁ ଦେବାର ସ୍ଥିର ହେଲା।

୭୭। ନିଶ ଆନ୍ଦୋଳନ

ସେତିକିବେଳକୁ ନିଶ ଆନ୍ଦୋଳନ ନାମରେ ମୋ ଉପରେ ତଥା ସତ୍ୟବାଦୀ ଅନୁଷ୍ଠାନ ଉପରେ ସାମାଜିକ ଅତ୍ୟାଚାର। ଅବଶ୍ୟ 'ନିଶ' ସଂଗେ ସେ ସାମାଜିକ ଆନ୍ଦୋଳନର ବିଶେଷ କିଛି ତାତ୍ତ୍ୱିକ ବା ନୈତିକ ସଂପର୍କ ନଥିଲା। ମୁଁ କଲିକତାରେ ପଢ଼ିବାବେଳୁ ଦାଢ଼ି ଖିଅର ହୋଇ ଖାଲି ନିଶ ରଖିଥିଲି। ପଣ୍ଡିତମାନେ ମୋର ଲୋକବିରୁଦ୍ଧ କ୍ରିୟା ଲୋକଙ୍କୁ ବୁଝାଇବା ପାଇଁ ସଂକେତସ୍ୱରୂପ ନିଶଟାକୁ ଦେଖାଇଦେଲେ; ତେଣୁ ସେକାଳର ଜାତି ବର୍ଣ୍ଣ ଭେଦ ଉଠାଇବା ପାଇଁ ଯେଉଁ ବିରାଟ ସାମାଜିକ ଆନ୍ଦୋଳନ ହୋଇଥିଲା, ତାହାର ନାମଟି ହେଉଚି 'ନିଶ ଆନ୍ଦୋଳନ'। କଥା ହେଉଚି, ମୋ ଯୋଗେ ଆକୃଷ୍ଟ ହୋଇ ଚାରିଆଡ଼ୁ ଛାତ୍ର ସତ୍ୟବାଦୀ ଆସିଲେ। ସମସ୍ତଙ୍କ ପାଇଁ ଛାତ୍ରାବାସରେ ବ୍ୟବସ୍ଥା ହେଲା। ମୁଁ ଥାଏ, ସେ କୁଳଗୃହରେ ଏକପ୍ରକାର କୁଳପତି। ସଦାସର୍ବଦା ମୁଁ ସେଠାରେ ଥାଏ। କୁଳଗୃହର ଛାତ୍ରମାନେ ସମସ୍ତେ ବର୍ଷ ଓ ଧର୍ମ ନିର୍ବିଶେଷରେ ଏକ ପଙ୍‌କ୍ତି ଖାଇବାର ବ୍ୟବସ୍ଥା ହେଲା। ସତ୍ୟବାଦୀ ରକ୍ଷଣଶୀଳ ବ୍ରାହ୍ମଣ ଶାସନମାନଙ୍କର କେନ୍ଦ୍ର। ସେଇ ରକ୍ଷଣଶୀଳମାନେ ଆସି ମତେ ଅନୁରୋଧ

କଲେ- "ବ୍ରାହ୍ମଣ ଓ ଅବ୍ରାହ୍ମଣଙ୍କ ପାଇଁ ଅଲଗା ଅଲଗା ଭୋଜନ ସ୍ଥାନର ବ୍ୟବସ୍ଥା କର। ତା' ନହେଲେ ଲୋକଙ୍କୁ ଅସହ୍ୟ ହେଉଛି।" ମୁଁ କହିଲି, "କୁଳଗୃହର ସମସ୍ତ ଅନ୍ତେବାସୀଙ୍କର ମୁଁ କୁଳପତି; ସୁବିଧା ଥିଲେ ମୋର ପତ୍ନୀ ନିଜ ପୁତ୍ରରୂପେ ସେମାନଙ୍କୁ ରାନ୍ଧି ଖାଇବାକୁ ଦିଅନ୍ତା। ମୁଁ ଏଇ ପୁତ୍ରମାନଙ୍କର ମଧ୍ୟରେ ବର୍ଣ୍ଣ ଧର୍ମ ଭେଦ କରି ପାରିବି ନାଇଁ, କ୍ଷମାକରନ୍ତୁ।" ସେଥିପାଇଁ ରକ୍ଷଣଶୀଳମାନେ ତତ୍କାଳୀନ ପଣ୍ଡିତମାନଙ୍କୁ ଧରି ମତେ ଅପାଙ୍କ୍ତେୟ କରି ଶାସନ କରିବାର ବହୁ ଉଦ୍ୟମ କରିଥିଲେ। ସ୍କୁଲ ସେତେବେଳେ ବକୁଳବନ ବନଭିତରେ ଗୋଟିଏ ଚାଳଘରର ବଡ଼ ବଙ୍ଗଳା ପରି ଘରେ ଥିଲା। ସେଥିରେ ମୋରି ପଢ଼ା, ପୃଷ୍ଠାରେ ମୋର ନୋଟଥିବା ବଡ଼ ବଡ଼ ପୁସ୍ତକମାନ ମଧ ଥିଲା। ଘର ଲାଇବ୍ରେରୀ ମିଶି ସେକାଳେ ପ୍ରାୟ ପାଞ୍ଚ ହଜାର ଟଙ୍କା ଯାଏ।

୭୮। ରକ୍ଷଣଶୀଳଙ୍କ କର୍ମ

ରକ୍ଷଣଶୀଳମାନେ ଗୁପ୍ତରେ ନିଆଁ ଲଗାଇ ସେସବୁ ପୋଡ଼ିଦେଲେ। ସେତିକିବେଳକୁ ଆକସ୍ମିକ ଭାବରେ ପୁରୀରେ ନୂଆ କଳେବର। ସେ ବର୍ଷ ଯେଉଁ 'ବାଡ଼ି' ପଡ଼ିଥିଲା ତା' ଏବେ କଳ୍ପନା କରି ହେବ ନାଇଁ। ଲୋକେ ବାଡ଼ିକୁ ଭାରି ଡରୁଥିଲେ। ମୁଁ, ରାମଚନ୍ଦ୍ର ଓ ସ୍କୁଲପିଲାଙ୍କୁ ସଂଗେ ଧରି ରାତିଦିନ ଅତନ୍ଦ୍ରିତ ଭାବରେ ଗ୍ରାମମାନଙ୍କରେ ରୋଗୀ ସେବାରେ ଲାଗି ଯାଇଥିଲି। ସେଇଯୋଗେ ରକ୍ଷଣଶୀଳମାନେ ମୋତେ ଅପାଙ୍କ୍ତେୟ କରିପାରି ନଥିଲେ। ଏକମାତ୍ର ରାମଚନ୍ଦ୍ର ସେ କାଳରେ ମୋର ସାହାଭରସା; ସେ ପୁଣି ଶ୍ରେଷ୍ଠ କୁଳୀନ। ତାଙ୍କର ନିରାଡ଼ମ୍ବର ତେଜସ୍ୱୀତା ଓ ମହାମାନବୀୟ ଭାବରେ ବିଦ୍ୱେଷର ଉପେକ୍ଷା ଯେ ଦେଖିଚି, ସେ ଜାଣେ। ସେତେବେଳେ ତା' ମୋର କି ସଂପଦ ଥିଲା ଆଜି କିମିତି କହିବି ?

୭୯। ତଥାପି ଭାବରାଜ୍ୟରେ ମୃତ୍ୟୁ ନାଇଁ

ଦେଶବାସୀ ଖୋଜି ଦେଖିବେ କି ? ଜିନିଷ ଚାଲିଯାଏ, ଭାବରାଜ୍ୟରେ ମୃତ୍ୟୁ ନାଇଁ ଏ ଭାବରାଜ୍ୟରେ ପୁଣି ସ୍ମୃତିର ସଂପର୍କ କେତେ ଓ କିପରି ସଭ୍ୟତାର ଇତିହାସରେ ତାହା ଅନୁସନ୍ଧେୟ; ତଥାପି ଭାବ ଇତିହାସଭୂମି ଛାଡ଼ି ସ୍ମୃତିରେ ହିଁ ପ୍ରଭାବ ବିସ୍ତାର କରେ। ଏବେ ଗୋପବନ୍ଧୁଙ୍କର ତିଳତର୍ପଣ ହେଉଚି। ଆମେ ଆଜି କହୁଚୁ ଏ ତର୍ପଣ ଭାରତୀୟର ପାରଂପରିକ ଅନୁଷ୍ଠାନ। ଆଜି ମଧ ଆମେ ତର୍ପଣ କରୁ- "ସୋମପା ପିତର ସ୍ତୃପ୍ୟତାମ୍", ଅର୍ଥ କଲେ ଅନେକଙ୍କୁ ବିକୃତ ଲାଗିବ। ଏହାର ଅର୍ଥ ହେଉଚି,

"ସୋମରସ ମଦ୍ୟପାନ କରୁଥିଲେ ଆମର ଯେଉଁ ପିତୃମାନେ ସେମାନେ ତୃପ୍ତ ହୁଅନ୍ତୁ।" ଗୋପବନ୍ଧୁଙ୍କ ଏ ତର୍ପଣରେ ସେ ମହାମାନବର ପ୍ରଭାବ ଅଛି କି ନାଇଁ, ତାହା ମୋର କଥନୀୟ ନୁହେଁ। 'ନାମେ ଭକ୍ତି'ରେ ମଧ୍ୟ ମହାପୁରୁଷ ପୁଣି ନଷ୍ଟ ହୁଅନ୍ତି, ତାଙ୍କ ପ୍ରଭାବ ବିସ୍ମୃତ ହୁଏ। ଏ କ୍ଷେତ୍ରରେ ତା' ନହେଉ। ଗୋପବନ୍ଧୁ ରାମଚନ୍ଦ୍ର ଆଦିଙ୍କୁ ଧରି ପୁଣ୍ୟ ପ୍ରଭାବରେ ଜୀବିତ ହୁଅନ୍ତୁ। ଦେଶର ଶିକ୍ଷାସାଧନା ସେଥିରେ ପ୍ରାଣବନ୍ତ ହେଉ। ପ୍ରତ୍ୟେକେ ଦେଖନ୍ତୁ ସେମାନଙ୍କ ଜନ୍ମବେଳର ପରିସ୍ଥିତିକୁ ମୃତ୍ୟୁ କେବଳ ପରିସ୍ଥିତି ବିକାଶରେ ପ୍ରବୃଦ୍ଧ ହୋଇଚି। ମୁଁ ଆଉ କହିବି ନାଇଁ।

୮୦। ସତ୍ୟବାଦୀ ବିଦ୍ୟାଳୟର ଆରମ୍ଭ

ସତ୍ୟବାଦୀ ବିଦ୍ୟାଳୟର ପରମାୟୁ ବଡ଼ କମ୍ ଥିଲା। ୧୯୦୯ ଖ୍ରୀଷ୍ଟାବ୍ଦରେ କୁମାରପୂର୍ଣ୍ଣମୀ ଦିନ ତାହା ଆରମ୍ଭ ହୋଇଥିଲା। ମୁଁ ରେଭେନ୍‌ସା କଲେଜରୁ ବି.ଏ. ପାସ୍‌କରି ଗ୍ରାମକୁ ଆସି ଏ ବିଦ୍ୟାଳୟ ଆରମ୍ଭ କରିଥିଲି। ପରେ ଏହି ବିଦ୍ୟାଳୟରେ ରହିବା ପାଇଁ ଉପଯୁକ୍ତ ହେବା ନିମନ୍ତେ କଲିକତା ଏମ୍.ଏ. ପଢ଼ିବାକୁ ଯାଇଥିଲି। ଏମ୍.ଏ. ପଢ଼ିବାକୁ ଯିବା ପାଇଁ ମୋର ଅର୍ଥବଳ ନଥିଲା। ଦିନେ ଅଧ୍ୟାପକ ଶ୍ରୀ ଗୋପାଳଚନ୍ଦ୍ର ଗାଙ୍ଗୁଲି ଯିବାବେଳକୁ ମୋତେ କଟକରେ ପଚାରିଥିଲେ, "ତୁମେ କାହିଁକି କଲିକତା ଏମ୍.ଏ. ପଢ଼ିବାକୁ ଯାଉଛ ? ତୁମେ ତ ସତ୍ୟବାଦୀ ବିଦ୍ୟାଳୟରେ ରହିବାକୁ ସ୍ଥିର କରିଛ। ଏମ୍.ଏ. ପଢ଼ିବା ଆଉ ଦରକାର କ'ଣ ?" ମୁଁ ଉତ୍ତର ଦେଇଥିଲି- "ସତ୍ୟବାଦୀ ମଫସଲ ସ୍ଥାନ। ମୁଁ ସ୍କୁଲର ବାଳକ ହୋଇ ରହି ସମସ୍ତଙ୍କର ସବୁପ୍ରକାର ସନ୍ଦେହ ଦୂର କରିବା ପାଇଁ ପ୍ରସ୍ତୁତ ନଥିଲେ ଏପରି ଦୁରୂହ କାର୍ଯ୍ୟର ଭାର ନେବା ଠିକ୍ ହେବ କି ?" ସେଠାରୁ ଶ୍ରୀ ଗାଙ୍ଗୁଲି ପଚାରିଥିଲେ-"ତୁମର ତ ଅର୍ଥାଭାବ। ଟଙ୍କା କାହୁଁ ପାଇବ ?" ମୁଁ କହିଲି-"ସେଥିପାଇଁ ଚିନ୍ତା ନାଇଁ। ତାହା କୌଣସିମତେ ପୂରଣ ହୋଇଯିବ।" ତା'ର ଅଳ୍ପଦିନ ପରେ ମୋର ବୃତ୍ତି ପାଇବା ଖବର ବାହାରିଲା। ତାହା ହେଉଛି ମାସକୁ ୩୦ଟଙ୍କା। ବି.ଏଲ୍. ପଢ଼ିବା ପାଇଁ ବୃତ୍ତି ସେତେବେଳେ ଓଡ଼ିଶାରେ ବି.ଏଲ୍. ପଢ଼ିବା ସୁବିଧା ନଥିଲା। ଛ'ଟି ବୃତ୍ତି କଲିକତାରେ ଦିଆଯାଉଥିଲା। ସେ ବର୍ଷ ମୁଁ ପ୍ରଥମ ବୃତ୍ତି ପାଇଥିଲି। ବି.ଏଲ୍. ଓ ଏମ୍.ଏ. ଉଭୟ ପାଠ ପଢ଼ା ଚାଲିଲା।

ଏମ୍.ଏ. ପରୀକ୍ଷା ଦେବାରେ ମୋର ବଡ଼ ଅସୁବିଧା ଉପୁଜିଲା। ମୋର ବାତାଜୀର୍ଣ୍ଣ ହେଲା। ମୁଁ ଦିନକେ ଗୋଟିଏ ଡିମ୍ବ ଛଡ଼ା ଆଉ କିଛି ଖାଉ ନଥିଲି। ସମସ୍ତେ କହିଲେ— ମୁଁ ସେ ବର୍ଷ ପରୀକ୍ଷା ଦେବା ଉଚିତ ନୁହେଁ। "ଶରୀରମାଦ୍ୟମ"; କିନ୍ତୁ ଆଉ ବର୍ଷେ ଅପେକ୍ଷା କରିବାକୁ ମୋର ମନ ଓ ଅର୍ଥବଳ ନଥିଲା। ସେହି

ଏମ୍.ଏ. ପରୀକ୍ଷାରେ ଆଠଦିନରେ ଆଠୋଟି ଉତ୍ତର କାଗଜ ମଧ୍ୟରୁ ମୁଁ ଦୁଇଦିନର ଉତ୍ତର ଦେଇପାରି ନଥିଲି। କାରଣ ସେ ଦୁଇଦିନ ମୁଁ ପ୍ରତିମୁହୂର୍ତ୍ତରେ ପାଇଖାନା ଯାଉଥିଲି। ଗାର୍ଡମାନେ ମୋତେ ଦେଖି ଭାରି ସହାନୁଭୂତି ପ୍ରକାଶ କରୁଥାନ୍ତି। ଯାହେଉ କୌଣସିମତେ ମୁଁ ଉତ୍ତୀର୍ଣ୍ଣ ହୋଇଗଲି ଓ ୧୯୧୧ ଅକ୍ଟୋବର ମାସରେ ଆସି ସତ୍ୟବାଦୀ ସ୍କୁଲରେ ଯୋଗଦେଲି।

ସେତିକିବେଳେ ଗୋପବନ୍ଧୁ ବାବୁ ମୋତେ ସ୍କୁଲରୁ ମାସିକ ଟ୩୦/ ଦେବାର କଥା କଲେ; କିନ୍ତୁ ମୋର ଶଳା ଏବଂ ଭଣଜା ଦୁହେଁ ସ୍କୁଲର ଛାତ୍ର। ସେଥିପାଇଁ ପରେ ବିଚାର କରି ମତେ ମାସକୁ ଆଉ ଅଧିକ ଦଶଟଙ୍କା। ଏହିପରି ଚାଳିଶି ଟଙ୍କା ଦେବାର କଥା କଲେ। ଏ ଚାଳିଶି ଟଙ୍କା ଆଉ ଆଗରୁ କେହି ନେଇ ନଥିଲେ। ହରିଭାଇନା (ଆଚାର୍ଯ୍ୟ ହରିହର ଦାସ) 'ଏକାଡେମୀ'ରୁ ଚାକିରି ଛାଡ଼ି ଆସି ପ୍ରାୟ ସାତ ଆଠ ମାସ ପରେ ସତ୍ୟବାଦୀ ସ୍କୁଲରେ ଯୋଗଦେଲେ। 'ଏକାଡେମୀ' ସ୍କୁଲରେ ସେ ମାସକୁ ଚାଳିଶି ଟଙ୍କା ବେତନ ପାଉଥିଲେ। ତାଙ୍କୁ ସେହି ହାରରେ ଦରମା ଦିଆଗଲା। ପ୍ରାୟ ଦେଢ଼ବର୍ଷ ପରେ ଗୋଦାବରୀଶ ଆସିଲେ। ତାଙ୍କର ସ୍ତ୍ରୀ ଓ କନ୍ୟା ସାଙ୍ଗରେ ଥିଲେ। ଆଉ ଏକ ସନ୍ତାନ ହେବାର ସମ୍ଭାବନା ବି ଥିଲା। ଘର ଚଳାଇବା ପାଇଁ ଜଣେ ଲେଖାଯୋଖା ନାନୀ (ବଡ଼ ଭଉଣୀ)କୁ ସାଙ୍ଗରେ ଆଣିଥିଲେ। ଏମାନେ ସମସ୍ତେ ସତ୍ୟବାଦୀରେ ବସା ଭଡ଼ା କରି ରହିଲେ। ତାଙ୍କୁ କେତେ ଦରମା ଦେବାକୁ ହେବ ଆମ୍ଭେମାନେ ଠିକଣା କରିପାରି ନଥିଲୁ। କଥା ହେଲା ହରିଭାଇନା ତାଙ୍କର ସମସ୍ତ ଖର୍ଚ୍ଚର ହିସାବ ରଖିବେ। ତାଙ୍କୁ ଯାହା ଦରକାର ସେତିକି ଦିଆଯିବ। ତେଣୁ ତାଙ୍କୁ ଅନ୍ୟମାନଙ୍କଠାରୁ ଅଧିକ ଦରମା ଦିଆ ହେଲା। ଗୋଦାବରୀଶ ବଡ଼ ଯୋଗ୍ୟବ୍ୟକ୍ତି ଥିଲେ। ତାଙ୍କ ଆଗମନ ପିଲାଙ୍କ ଭିତରେ ବେଶ୍ ଆଗ୍ରହ ଓ ଉତ୍ସାହ ଆଣିଦେଲା।

ତା'ପରେ ଆସିଲେ ସ୍ୱର୍ଗତ କୃପାସିନ୍ଧୁ ମିଶ୍ର, ଏମ୍.ଏ.। ସେ ସସ୍ତ୍ରୀକ ବସା କରି ରହିଲେ। ସେ କହିଲେ, ତାଙ୍କର ମାସିକ ପଚାଶ ଟଙ୍କା ଖର୍ଚ୍ଚ ପାଇଁ ଦରକାର। ତାହା ହିଁ ଶେଷ ପର୍ଯ୍ୟନ୍ତ ତାଙ୍କ ଦରମାର ହାର ଥିଲା। କାରଣ ସତ୍ୟବାଦୀରେ ଏହି ଟଙ୍କା ପାଇଁ କେହି କେବେ ଭାବିତ ହେଉନଥିଲେ। ସମସ୍ତଙ୍କ ଭିତରେ ତ୍ୟାଗ ଓ ତିତିକ୍ଷାର ପ୍ରଚ୍ଛନ୍ନ ଉତ୍ତାପ ଗୋପବନ୍ଧୁବାବୁ ଲକ୍ଷ୍ୟ କରି ପାରୁଥିଲେ। ପରେ ହାଇସ୍କୁଲ ଶିକ୍ଷକଙ୍କର ଦରମାର ଗୋଟିଏ ରେଟ୍ ଇନିସ୍ପେକ୍ଟର ସ୍ଥିର କରିଦେଲେ। ଆମେ ପ୍ରକୃତରେ ପାଇବା ଦରମାଠାରୁ ଯେଉଁ ଅଧିକ ଟଙ୍କା ନେଉଥିଲୁ, ତାହା ଦାସ ଆପଣଙ୍କ ପାଖରେ ଜମା ରହୁଥିଲା। ପରେ ସେହି ଟଙ୍କାରେ "ନୀଳାଚଳ ସମାଚାର" ପତ୍ରିକା ଛପା ହେଉଥିବା ପ୍ରେସ୍ ପୁରୀରୁ କିଣା ହୋଇ ସତ୍ୟବାଦୀକୁ ଆସିଥିଲା। ଏହି ପ୍ରେସ୍ ପରେ ସତ୍ୟବାଦୀ

ପ୍ରେସ୍‌ର ମୂଳଦୁଆ ହୋଇ ଆଗେ ପୁରୀ ଓ ପରେ କଟକକୁ ଅଣା ଯାଇଥିଲା। 'ନୀଳାଚଳ ସମାଚାର' ମଝିରେ ପୁରୀରେ ବନ୍ଦ ହୋଇଯାଇଥିଲା। ଏବେ କେତେବର୍ଷ ହେଲା ପୁଣି ପ୍ରକାଶ ପାଉଚି-ସୁଖର କଥା। ଓଡ଼ିଆ ପାଠକଙ୍କ ପଠନପ୍ରୀତିର ଅଭାବ ଏକ ଜଣାଶୁଣା କଥା। ସେଥିରେ 'ନୀଳାଚଳ ସମାଚାର' ଅବସ୍ଥା କଣ ହେବ କହି ହେଉନି।

୮୧। ସମାଜରେ ପ୍ରତିକ୍ରିୟା

ଏହି ସମାଜ ସଂସ୍କାର ବିଷୟ ଘେନି କେତେଗୁଡ଼ିଏ କଥା ମନେପଡୁଚି। ସମସ୍ତେ ବୁଝିପାରିବେ ନାଇଁ— ସେକାଳେ ସତ୍ୟବାଦୀ ସମାଜର ଅବସ୍ଥା କ'ଣ ଥିଲା। ମୁଁ ଯେତେବେଳେ ଏମ୍. ଏ. ପାସ୍ କରି ସତ୍ୟବାଦୀରେ ପଢ଼ାଇବାକୁ ଆସିଲି, ଲୋକେ ହୁଏତ ସେ ପରିସ୍ଥିତି କଳ୍ପନା କରିପାରି ନଥିବେ। କେବଳ ସତ୍ୟବାଦୀ ପାଖରୁ ନୁହେଁ ଓଡ଼ିଶାର ସବୁଆଡୁ ଛାତ୍ରମାନେ ସତ୍ୟବାଦୀରେ ପଢ଼ିବାକୁ ଆସିଲେ। ସେଥିରୁ ଅନେକ ଛାତ୍ରଙ୍କର ମଧ୍ୟ ଅଭିଭାବକ ସଙ୍ଗରେ ଆସି କହିପୋଛି ଯାଉଥିଲେ। କଳାହାଣ୍ଡିର ଅତି ମଫସଲ ସ୍ଥାନରୁ ମଧ୍ୟ ପିଲାଏ ପଢ଼ିବାକୁ ଆସୁଥିଲେ। ଏହା ପୂର୍ବରୁ ମୁଁ ଏମ୍.ଏ ପଢ଼ିଲାବେଳୁ ମୋର ଏଇ ନିଶ ଆନ୍ଦୋଳନକୁ ବାହାନା ଧରି ବହୁତ ପ୍ରବନ୍ଧ ଲେଖା ହୋଇଥିଲା। ସେଥିମଧ୍ୟରୁ 'ଉତ୍କଳ ସାହିତ୍ୟ'ରେ 'ନୀତି ଓ ପ୍ରକୃତି', 'ଆମର ଥିଲା ଓ କାରଣ ଥାଇପାରେ' ଓ 'ଅଛୁ ହେବୁ' ପ୍ରଭୃତି ବଡ଼ ତୀବ୍ର ପ୍ରବନ୍ଧ ସବୁ ଲେଖା ହୋଇ ଯାଇଥିଲା। ଲୋକେ ମତେ ଦେଖି ହଠାତ୍ କିଛି ବୁଝି ପାରି ନଥିଲେ।

ମୁଁ ସେତେବେଳେ ଦେଖିଚି—ସେତେବେଳର ଅଭିଭାବକମାନେ ମତେ ବିସ୍ମୟ ଓ ସନ୍ତର୍ପଣରେ ଦେଖୁଆନ୍ତି। କ୍ରମେ ମୋର ଏଇ ସମାଜ ସଂସ୍କାର ଭାବ ସମସ୍ତ ଉତ୍କଳରେ ବ୍ୟାପ୍ତ ହୋଇଗଲା। ଏପରିକି ଗଂଜାମ ବାଟେ ଦକ୍ଷିଣକୁ ଓ ମେଦିନୀପୁର ବାଟେ କଲିକତା ଆଡ଼କୁ ସେ ସବୁର ପ୍ରଭାବ ଚାଲିଗଲା। ଏକ କଥାରେ କହିଲେ ମୋର ଏଇ ସଂସ୍କାର ଭାବ ନେଇ ସାମାଜିକ ଅଞ୍ଚଳରେ ବଡ଼ ନାମ ହୋଇଗଲା। ମଧ୍ୟେ ମଧ୍ୟେ ମୋ ପାଖକୁ ସେକାଳ ସମାଜର ମୁଖ୍ୟମାନେ ଦଳବାନ୍ଧି ଯୁକ୍ତି କରିବାକୁ ଆସିଲେ।

ଦିନେ ମନେଅଛି ଦଳେ ଲୋକ ଆସି ମୋ ସଂଗେ ସମାଜରେ ଉଚ୍ଛୃଙ୍ଖଳତା ନ ଦେଖେଇବା ପାଇଁ କହିବସିଲେ। ମୁଁ କହୁ କହୁ ତାଙ୍କୁ ଥଟ୍ଟାରେ କହିଲି—"ଆମ ଗ୍ରାମରେ ଜଣେ ଲୋକ ଥିଲା। ସେ ଟିକିଏ ଭାଙ୍ଗ ଖାଏ। ଦିନେ ସନ୍ଧ୍ୟାବେଳେ ଶୋଇବାକୁ ଯାଇ ଗୋଡ଼ କୁଆଡ଼କୁ ରଖିବ ବୋଲି ବଡ଼ ବ୍ୟସ୍ତ ହୋଇ ପଡ଼ିଲା। କ୍ରମେ ଯୁଆଡ଼କୁ ଗୋଡ଼ କଲା ସେଆଡ଼େ ଦେବତା ଥିବାର ସେ ଅନୁଭବ କଲା। ଶେଷକୁ ଆକାଶକୁ ଗୋଡ଼

କଲା। ସେଥିରେ ତା ମନେହେଲା-ଖ ଅର୍ଥାତ୍ ବ୍ରହ୍ମ। ତା'ପରେ ପୃଥିବୀ ତଳେ ବାସୁକୀ, ଶେଷକୁ ବ୍ୟାକୁଳ ହୋଇ ଦୁଇଗୋଡ଼କୁ ଉପରକୁ ରଖି ହଲାଇ ହଲାଇ "ଆଲୋ ବୋଉ କୁଆଡ଼େ ଗୋଡ଼ କରିବିଲୋ" ବୋଲି ଡକା ପକାଇଲା। ଏପରି ସମାଜକୁ ଗୋଟି ଗୋଟି କଥା ଧରି ବୁଝି ବସିଲେ ମୋର ଶେଷକୁ ସେଇ ଅବସ୍ଥା ହେବ ସିନା।

ସେମାନେ ସମସ୍ତେ ହସିଲେ, ଆଉ କଥା ନକହି ଫେରିଗଲେ। ଏହିପରି ଗ୍ରାମ ଲୋକମାନଙ୍କ ସଂଗେ ସ୍କୁଲରେ ତଥା ଗ୍ରାମରେ ବହୁତ ଯୁକ୍ତି ଓ ଥଟ୍ଟା କରିବାକୁ ପଡ଼ିଚି। କିନ୍ତୁ ମୁଁ ଏଇ ଥଟ୍ଟା ଭିତରେ ବଡ଼ ଜଗିଥାଏ କାହାରି ପ୍ରାଣରେ ଆଘାତ ଦିଏନାଇଁ। ଲୋକେ ହସି ହସି ସବୁ ବୁଝି ଯାଆନ୍ତି।

୮୨। ଜୋଇଁଙ୍କ ଶ୍ଳୋକ ଆବୃତ୍ତି

ଆଉ ଗୋଟିଏ କଥା କହେ। ସେଇଟି ମୋର ବିବାହ ଦିନର କଥା। ସେଦିନ ରାତିରେ ଆମ ସମାଜରେ ଫୁଲ ସଭାହୁଏ। ସେଥିରେ ଜୋଇଁମାନେ ପ୍ରଥମେ ଶ୍ଳୋକବୋଲି ସଭାକୁ ଶୁଣାଇ ଦିଅନ୍ତି। ତା'ପରେ ଶ୍ଳୋକ ବୋଲା ଆରମ୍ଭ ହୁଏ।

ଜଣେବୃଦ୍ଧ—ଲେଖାରେ ମୋ ଶ୍ୱଶୁରଙ୍କ କକେଇ ମତେ ଆସି କହିଲେ— "ଜୋଇଁ ଗୋଟିଏ ଶ୍ଳୋକ ବୋଲନ୍ତୁ।" ମୁଁ ସେତେବେଳେ ଏନ୍‌ଟ୍ରାନ୍‌ସ ପଢୁଥାଏ। ଅବଶ୍ୟ ସେତେବେଳକୁ ମୋର ଗୀତା ପ୍ରାୟ ମୁଖସ୍ଥ ହୋଇ ଯାଇଥିଲା। ଶ୍ଳୋକ ବି ମତେ ଜଣାଥାଏ; କିନ୍ତୁ ମୁଁ କହିଲି, "ଆପଣ ଏ ବୃଦ୍ଧ ବୟସରେ ଏ ଦୁର୍ଗତି ଭିଆଉଚନ୍ତି କାହିଁକି ? ଜାଣିଶୁଣି ତ ମୂର୍ଖ ଜୋଇଁଟିଏ କରିଚନ୍ତି। ଏ ସମସ୍ତ ବ୍ରାହ୍ମଣଙ୍କ ସଭାରେ ଜୋଇଁଟିକୁ ମୂର୍ଖ ବୋଲି ଜଣାଇଦେବା କ'ଣ ଆପଣଙ୍କ ଉଦ୍ଦେଶ୍ୟ ?"

ସେଠାରୁ ସେ ବୃଦ୍ଧ ହସିଲେ ଓ ଆଉ ସମସ୍ତ ଶୁଣିବା ଲୋକ କେହି କେହି ହସିଲେ। ସେତିକିରେ ସେକଥା ବନ୍ଦ ହୋଇଗଲା। ଅବଶ୍ୟ ଯେପରି ଶ୍ଳୋକ ବୋଲାହୁଏ ବିଶେଷରେ ଜୋଇଁମାନେ ଯେପରି ଶ୍ଳୋକ ବୋଲନ୍ତି ସେ ଏକପ୍ରକାର ଗୋଟିଏ କୁସଂସ୍କାର ରହସ୍ୟ। ଅବଧାନେ ଶ୍ଳୋକ ଶିଖେଇ ଦିଅନ୍ତି। ବାଳକ ଜ୍ୱାଇଁ ସେସବୁ ଶିଖି ସଭାରେ ଯାଇ ବୋଲନ୍ତି। ମୋ ସ୍କୁଲ କାଳରେ ମନେଅଛି—ଜଣେ ବାଳକ ଏହିପରି ଅବଧାନଙ୍କଠାରୁ ଶିଖି ସଭାରେ ଗୋଟିଏ ଶ୍ଳୋକ ବୋଲିଥିଲେ। ସେ ହେଉଚି—

"ଗର୍ଜନ୍ତି ମେଘାଃ ବର୍ଷନ୍ତି ପାଣି
ଉଠନ୍ତି ଟେଙ୍ଗା ବେଳକାଳ ଜାଣି।"

ଏହିପରି ଶ୍ଳୋକ ବୋଲିବା ରୀତି ସମାଜରେ କ୍ରମେ ପ୍ରସାର ଲାଭ କରୁଥିଲା। ତେଣୁ ମୋର ତା ପ୍ରତି ଭଲ ଭାବ ନଥିଲା।

୮୩। ସତ୍ୟବାଦୀ ବିଦ୍ୟାଳୟ ଘରପୋଡ଼ି

ସତ୍ୟବାଦୀର ବର୍ତ୍ତମାନ ବିଦ୍ୟାଳୟ ଗୃହଟି କୋଠାଘର। ସେତେବେଳେ ଏହାର ମଝି ମାହାଲା ସ୍ଥାନରେ ମାଇନର ସ୍କୁଲର ଗୋଟିଏ ଚାଳ ବଙ୍ଗଳା ଥାଏ। ଉଦ୍ୟୋକ୍ତାମାନେ ଧନୀଲୋକ ନୁହନ୍ତି। ନିଜ ନିଜର ପାଠ୍ୟ ପୁସ୍ତକମାନ ଦେଇ, ଚାନ୍ଦାଭେଦା କରି ଭିନ୍ନ ଭିନ୍ନ ଅଞ୍ଚଳରୁ ଅର୍ଥ ସଂଗ୍ରହ କରି ବହୁ କଷ୍ଟରେ ସେମାନେ ଗୋଟିଏ ବଡ଼ ଧରଣର ଲାଇବ୍ରେରୀ କରିଥିଲେ। ମୋର ସମସ୍ତ ପଢ଼ାବହି ଓ ନୋଟ ସେହି ଲାଇବ୍ରେରୀରେ ଥିଲା। ସେ ଲାଇବ୍ରେରୀ ସେହି ଘରେ ଗୋଟିଏ ବଖରାରେ ଥିଲା। ଇଂରେଜୀ କୋଚିଂ କ୍ଲାସ ମଧ୍ୟ ସେହି ଘରର ଅନ୍ୟ ଗୋଟିଏ ପ୍ରକୋଷ୍ଠରେ ବସୁଥିଲା।

ନୂଆ ଶ୍ରେଣୀ ଖୋଲିବାର ଅଳ୍ପଦିନ ପରେ ସେହି ବିରାଟ କାଷ୍ଠ ନିର୍ମିତ ଗୃହଟିକୁ ପାଖଆଖ ଗ୍ରାମର କେହି ରକ୍ଷଣଶୀଳ ଦୁର୍ବୃତ୍ତ ଗୋପନରେ ପୋଡ଼ି ପକାଇଲେ। ୧୯୧୧-୧୨ ମସିହା ବେଳକୁ ମାଇନର ସ୍କୁଲ ସଂଗେ ହାଇସ୍କୁଲ ୪ର୍ଥ ଶ୍ରେଣୀ (ଅଷ୍ଟମ) ଖୋଲିଥାଏ ମାତ୍ର। ପୂର୍ଣ୍ଣ ହାଇସ୍କୁଲ ହେଲାବେଳକୁ ସେହି ତିନି ଚାରି ବର୍ଷ ମଧ୍ୟରେ ଅସ୍ପୃଶ୍ୟତା ଦୂରୀକରଣ, ସାମାଜିକ ବହୁ କୁସଂସ୍କାରର ତ୍ୟାଗ, ଏକ ପଙ୍‌କ୍ତିରେ ଜାତିଧର୍ମ ନିର୍ବିଶେଷରେ ଭୋଜନ ଆଦି କେତେକ ଦେଶ ଓ ସମାଜର ଉନ୍ନତିକର ଯୋଜନା ଆମେମାନେ କାର୍ଯ୍ୟକାରୀ କରିବାରେ ଲାଗିପଡ଼ିଥିଲୁ। ମୁଁ କେତେକ ଯୁବକଙ୍କୁ ନିଜ ମତରେ ଅନୁପ୍ରାଣିତ କରି ସେମାନଙ୍କ ମନରେ ପଣ୍ଡିତ ବ୍ରାହ୍ମଣ ନିଶ ରଖିବା ଶାସ୍ତ୍ର ବିରୁଦ୍ଧ ନୁହେଁ; ତେଣୁ ନିଶ ରଖିବା ସାମାଜିକ ନୀତିର କ୍ଷତିକାରକ ନୁହେଁ ବୋଲି ଏକ ପ୍ରତିଷ୍ଠିତ ବିଶ୍ୱାସ ଆଣି ଦେଇଥିଲି। ମୁଁ ଏବଂ ମୋ ଦଳର ଯୁବକମାନେ ନିଶ ରଖିଲୁ। ରକ୍ଷଣଶୀଳ ବ୍ରାହ୍ମଣ ସମାଜରେ ଚହଳ ପଡ଼ିଗଲା। ନିଶ ରଖିବାରୁ ଏବଂ ଅନ୍ୟାନ୍ୟ କୁସଂସ୍କାରକୁ ନମାନି କାର୍ଯ୍ୟ କରିବାରୁ ଆମମାନଙ୍କୁ ସାମାଜିକ ଶାସ୍ତି ଦେଇ ନପାରି ଆମମାନଙ୍କ କର୍ମକେନ୍ଦ୍ରକୁ ଜାଳି ପୋଡ଼ିଦେବାର ବିଚାର ସେମାନେ ବୋଧହୁଏ ଆଗରୁ କରିଥିଲେ। ସକାଳୁଆ ସ୍କୁଲସାରି ସମସ୍ତେ ଗଲାପରେ ଉପରବେଳା ସ୍କୁଲଘର ଭସ୍ମୀଭୂତ ହୋଇଗଲା। ଲାଇବ୍ରେରୀଟି ମଧ୍ୟ ବିବାକୁ ଜଳିଗଲା। ଅଳ୍ପ କେତେଖଣ୍ଡ ବେଞ୍ଚ ଓ ଟେବୁଲ ବାହାରିଥିଲା।

କିନ୍ତୁ ରାତାରାତି ଆମେମାନେ ଲାଗିପଡ଼ି ଚାଞ୍ଚର ଛାମୁଡ଼ିଆମାନ କରିଦେଲୁ। ଯଥାରୀତି ସେଥିରେ ଶ୍ରେଣୀଗୁଡ଼ିକ ବସିଲା। ପଢ଼ାର ଗାମ୍ଭୀର୍ଯ୍ୟ କୌଣସିମତେ କମିଲାନି; ମାତ୍ର ମୁଁ ଓ ଅନ୍ୟମାନେ କିଞ୍ଚିତ୍ ବିଷଣ୍ଣ ହୋଇ ପଡ଼ିଥିଲୁ।

ପରଦିନ ଖରାବେଳକୁ ଘରପୋଡ଼ି ସମ୍ବାଦ ପାଇ ଗୋପବନ୍ଧୁ ବାରିପଦାରୁ ଆସି ପହଞ୍ଚିଲେ। ଶିକ୍ଷକମାନେ ସମସ୍ତେ ତାଙ୍କ ଗୋଡ଼ତଳେ ମୁଣ୍ଡିଆ ମାଇଲେ। ସମସ୍ତେ ବିଷଣ୍ଣ; କିନ୍ତୁ ତାଙ୍କ ମୁଖ ସରସ, ପ୍ରଫୁଲ୍ଲ ଓ ସହାସ୍ୟ ଥିଲା। ସେ ଆମ୍ଭମାନଙ୍କୁ ଉତ୍ସାହ

ଦେଇ କହିଲେ—"ଏଥିପାଇଁ ଦୁଃଖ କ'ଣ ? ଭଗବାନଙ୍କ ଇଚ୍ଛା ବୋଧହୁଏ ଏ ବିଦ୍ୟାଳୟ ପାଇଁ କୋଠାଘର ହେବ।"

ଗୋପବନ୍ଧୁଙ୍କ ଆଗ୍ରହ ଓ ଅନୁପ୍ରେରଣା ଜୀବନରେ ଭୁଲିବାର ନୁହେଁ। ମୁଁ ତ ତାଙ୍କୁ ଦେଖିବାମାତ୍ରେ ସାହସ ପାଇଥିଲି। ତାଙ୍କ କଥା ଶୁଣିବା ପରେ ମତେ ଅକଳନ୍ତା ଆନନ୍ଦ ମିଳିଲା। ମୁଁ କ୍ଷଣକେ ଅଗ୍ନିଦାହର ବ୍ୟଥା ଭୁଲିଗଲି।

ଶିକ୍ଷକମାନେ ଯଥାରୀତି କ୍ଲାସ କଲେ। ମୁଁ ମଧ୍ୟ ମୋ କ୍ଲାସକୁ ଗଲି।

୮୪। ଘରପୋଡ଼ି ପରେ

ନୈତିକ ଚରିତ୍ରର ବିକାଶ ଲାଗି ସତ୍ୟବାଦୀ ବିଦ୍ୟାଳୟର ପରିକଳ୍ପନା ହୋଇଥିଲା। ଶୃଙ୍ଖଳା, ଧୈର୍ଯ୍ୟ ଓ ସଂଯମ ସ୍କୁଲର ମୂଳଭିତ୍ତି। ଘରପୋଡ଼ି ପରଦିନ ପରୀକ୍ଷା ହେବାର ଥିଲା। ପିଲାମାନେ ପ୍ରଶ୍ନ କାଗଜ ନେଇ ନିଜ ଇଚ୍ଛାନୁସାରେ ସ୍ଥାନ ବାଛି ନେଲେ। କୌଣସି ଶିକ୍ଷକ ବୁଲି ମଧ୍ୟ ଦେଖିଲେ ନାହିଁ। ଯଥାସମୟରେ ଛାତ୍ରମାନେ ଖାତା ଦେଇଗଲେ। ସେ ପତ୍ରଟିରେ ଯେ ଯେପରି କରନ୍ତି ଠିକ୍ ସେହିପରି କରିଥିଲେ। ଆମ ଉପରକୁ କିନ୍ତୁ ବିପଦ ପରେ ବିପଦ ମାଡ଼ି ଆସିଲା। ସେଦିନ ଦିନ ଗୋଟାକବେଳେ ପ୍ରବଳ ପବନ ଆରମ୍ଭ ହେଲା। ପୁରୁଣା ଘରର ସୁରକ୍ଷିତ କାନ୍ଥଗୁଡ଼ିକ ଏକାବେଳକେ ଅଜାଡ଼ି ହୋଇ ପଡ଼ିଲା। ଟିଣଗୁଡ଼ିକ ଛିନ୍ନଛତ୍ର ହୋଇପଡ଼ିଲା। ମୁଁ ଓ ଅନ୍ୟମାନେ ଦୁଃଖ ନକରି ସିଂହ ବିକ୍ରମରେ ପିଲାମାନଙ୍କୁ ଧରି ବାହାରି ପଡ଼ିଲୁ। ବର୍ଷା ଓ ପବନରେ ମଧ୍ୟ ଟିଣଗୁଡ଼ିକୁ ଯତ୍ନର ସହିତ ଏକତ୍ର କଲୁ। ସମସ୍ତ ଛାତ୍ର ଓ ଶିକ୍ଷକମାନେ ବୋଡିଂ ଓ ସ୍କୁଲଘର ତିଆରିର ସମସ୍ତ କାର୍ଯ୍ୟ ହାତେ ହାତେ କରୁଥାନ୍ତି, A Blockଟି ଭାଙ୍ଗିଗଲା।

ମୁଁ ଏବଂ ଗୋପବନ୍ଧୁବାବୁ ବର୍ଷ ଶେଷ ଆଡ଼କୁ ଅର୍ଥ ସଂଗ୍ରହ ଓ ଗୃହ ନିର୍ମାଣ ଉପକରଣ ସଂଗ୍ରହ କରିବା ନିମନ୍ତେ ବାହାରକୁ ଗଲୁ। ଆମର ଏଇ କାମ ଉତ୍କଳବାସୀଙ୍କ ପ୍ରାଣରେ ବେଶ୍ ଆକର୍ଷଣ ଆଣି ପାରିଥିଲା। ଏମାର ମଠର ମହନ୍ତ ମହାରାଜ, ରାଧାକାନ୍ତ ମଠାଧୀଶ ପ୍ରଭୃତି ଧନାଢ଼୍ୟ ବହୁ ସ୍ଥାନୀୟ ବ୍ୟକ୍ତି ଓ ଗଡ଼ଜାତର ରାଜା ମହାରାଜାମାନେ ଓ ବିଶେଷରେ ଗଂଜାମର ରାଜା ଓ ଜମିଦାରମାନେ ସତ୍ୟବାଦୀ ବିଦ୍ୟାଳୟର ଗୃହନିର୍ମାଣ ପାଇଁ ଯଥାଶକ୍ତି ସାହାଯ୍ୟ ଓ ସାହାଯ୍ୟର ପ୍ରତିଶ୍ରୁତି ଦେଉଥିଲେ।

୮୫। ଗୁରୁକୁଳ ନିୟମାବଳୀ

ପ୍ରାୟ ୧୯୧୪ ବେଳକୁ ସତ୍ୟବାଦୀ ଗୁରୁକୁଳ ଆଶ୍ରମର ପ୍ରକୃତ ମୂଳଭିତ୍ତି ଦିଆ ଯାଇଥିଲା। କ୍ରମଶଃ ଛାତ୍ର ସଂଖ୍ୟା ବୃଦ୍ଧିପାଇ ଛାତ୍ରାବାସ ଭରପୂର ହୋଇଗଲା। ବଡ଼ ଛୋଟ, କଠୋର ଓ କୋମଳ ପ୍ରକୃତିବିଶିଷ୍ଟ ଧନୀଦରିଦ୍ର ବହୁ ସଂଖ୍ୟକ ଛାତ୍ରଙ୍କର ବୋଡିଂରେ ସମାଗମ ହେଲା। ଅତି ଅଳ୍ପସଂଖ୍ୟକ ଶିକ୍ଷକ ବାହାରେ ଥିଲେ ବା ନିକଟବର୍ତ୍ତୀ

ଗ୍ରାମମାନଙ୍କରୁ ଆସି ପାଠ ପଢ଼ାଇ ସନ୍ଧ୍ୟାକୁ ଘରକୁ ଫେରି ଯାଉଥିଲେ। ଛାତ୍ରାବାସକୁ ପରେ ନିୟମ ପ୍ରଣୟନ କରି ଶୃଙ୍ଖଳିତ କରିଦେଲି। ପ୍ରଥମେ ପ୍ରତି କୋଠରିରେ ଜଣେ ଜଣେ ମନିଟର ଥାଆନ୍ତି। ସେମାନେ ପିଲାମାନଙ୍କର ଶିକ୍ଷା ଦେଖୁଥିଲେ; ଚରିତ୍ରବତ୍ତା ଲକ୍ଷ୍ୟ କରୁଥିଲେ। ଏପରିକି ଶାସନ କରିବାର ପ୍ରୟୋଜନ ହେଲେ ଦଣ୍ଡ ଦେବାର ଅଧିକାର ମଧ୍ୟ ପାଇଥିଲେ। ମାତ୍ର ତିରିଶ ଗୋଟି ବୋର୍ଡିଂ କୋଠରି ହୋଇଯିବା ପରେ ତିରିଶଜଣ ମନିଟର ପ୍ରୟୋଜନ ହେଲେ। ସମସ୍ତେ ମେଧାବୀ ଛାତ୍ର ଓ ଚରିତ୍ର ସଂପନ୍ନ ହୋଇଥିବା ପ୍ରୟୋଜନ। ପ୍ରଥମେ ଏହି ଚିନ୍ତାରେ ଶିକ୍ଷକମାନଙ୍କୁ ଛାତ୍ରମାନଙ୍କ ସହିତ ମିଶିବାର ଅଧିକ ସୁଯୋଗ ଦେଲି। ନିୟମ ହେଲା, ଶିକ୍ଷକମାନେ ବୋର୍ଡିଂରେ ରହିବେ, ପିଲାମାନଙ୍କର ଘରପଢ଼ାରେ ଯଥାଶକ୍ତି ସାହାଯ୍ୟ କରିବେ। କୌଣସି ଶିକ୍ଷକ ଟିଉସନ୍ କରିବାକୁ ମନା କରି ଦେଇଥିଲି। ବହୁ ଛାତ୍ର ଓ ଯୁବକ ଶିକ୍ଷକମାନେ ଏକତ୍ର ବସବାସ କରିବାରୁ ସେମାନଙ୍କ ଆଚରଣରେ କେତେକ ତ୍ରୁଟି ଦେଖାଗଲା। ମୁଁ ଏଥିପ୍ରତି ଅତିମାତ୍ରାରେ ଅସହିଷ୍ଣୁ ହୋଇପଡ଼ିଲି। କଠୋର ଦଣ୍ଡ ମଧ୍ୟ ଦେଲି। ଭଲ ଛାତ୍ରମାନେ ମୋ ପାଖରେ ଆଗ୍ରହରେ ବିହ୍ୱଳ ହୋଇ ପଡୁଥିଲେ। ମନ୍ଦ ଛାତ୍ରମାନେ ମତେ ଅତିମାତ୍ରାରେ ଭୟ କରୁଥିଲେ। ମାତ୍ର ନିୟମ, ଶୃଙ୍ଖଳାରେ ସବୁକଥା ପରିଚାଳିତ ହେବା ଏବଂ ଗଣତନ୍ତ୍ର ନୀତିରେ ଛାତ୍ରମାନେ ପରସ୍ପରର ସହାୟକ ହେବାର ଉପାଦେୟତା ଉପଲବ୍ଧ କରି ଦିନେ ଗୋପବନ୍ଧୁ ବାବୁ ସମସ୍ତ ଛାତ୍ରଙ୍କୁ ଏକତ୍ର କଲେ।

୮୬। ସତ୍ୟବାଦୀ ବିଦ୍ୟାଳୟରେ ଗଣତନ୍ତ୍ରର ପରୀକ୍ଷା ଓ ବିକାଶ

ମୁଁ ଗଣତନ୍ତ୍ର ନୀତିର ଉପାଦେୟତା ପିଲାମାନଙ୍କୁ ବୁଝାଇ ଦେଲି। ସେଦିନ ପ୍ରାଚୀନ ଗ୍ରନ୍ଥ ସଂଗ୍ରାହକ ପଣ୍ଡିତ ବିଶ୍ୱନାଥ ରଥ କାବ୍ୟତୀର୍ଥ ପ୍ରଥମଥର ସ୍କୁଲକୁ ଆସିଥିଲେ। ମୋର ମନେଅଛି, ମୁଁ ପ୍ରାଞ୍ଜଳ ଭାବରେ ବାଳକମାନଙ୍କୁ ଉଦ୍‌ବୋଧନ ଦେଇ ଜଣାଇ ଦେଲି ଯେ, ଶିକ୍ଷକ ଓ ଛାତ୍ରମାନେ ସମସ୍ତେ ମିଶି ଗୋଟିଏ ପରିବାର। ଆଗକାଳର ଗୁରୁକୁଳ ଆଶ୍ରମର ଏ ଯୁଗକୁ ଖାପ ଖାଇଲା ଭଳି କେତେକ ନିୟମ ଓ କାର୍ଯ୍ୟକ୍ରମ ରହି ଆଧୁନିକ ଶିକ୍ଷା ପିଲାମାନେ ଲାଭ କରିବେ। ଭିତ୍ତି ଭାରତୀୟ ଓ ଶିକ୍ଷା ପାଶ୍ଚାତ୍ୟ ଭାବଧାରାରେ ପ୍ରଭାବିତ; ତେଣୁ ଗୁରୁକୁଳ ଆଶ୍ରମର ଚାଲିଚଳଣି, ଆଚାର ଯଥାସମ୍ଭବ ଏହିଠାରେ ରଖାଯିବ। ଛାତ୍ର, ଶିକ୍ଷକ ଏକ ପରିବାର ପରି। ପ୍ରଥମେ ଯେଉଁମାନଙ୍କୁ ମନିଟର ରୂପେ ବଛା ଯାଇଥିଲା, ସେମାନଙ୍କୁ ବହୁତ କ୍ଷମତା ଦିଆଗଲା। ତାହାର ସୁବ୍ୟବହାର କରି, ଅନ୍ୟାନ୍ୟ ମନିଟର ଯେପରି ତାଙ୍କରି ଆଦର୍ଶରେ ତିଆରି ହେବେ, ଏକଥା ବୁଝାଇ ଦେଲି। ଶିକ୍ଷା ଓ ଚରିତ୍ର ଉଭୟ ଦିଗରେ ଦୃଷ୍ଟି ଦେବାକୁ କହିଲି। ତଥାପି ଶିକ୍ଷକମାନେ ଓ ନିଜେ ଗୋପବନ୍ଧୁବାବୁ ଉତ୍ତମ ଛାତ୍ର ସମାଜ ପ୍ରତି

ତୀବ୍ର ଦୃଷ୍ଟି ରଖିଥାନ୍ତି। ଆମର ଅନୁସନ୍ଧାନ ଚରିତ୍ର ପରୀକ୍ଷା ଏବଂ ନିର୍ବାଚନ ପ୍ରଣାଳୀ ଅତି ଚମତ୍କାର ଥିଲା। ଯୋଗଜନ୍ମା ଗୋପବନ୍ଧୁଙ୍କର ସାମାନ୍ୟ କଥା ପଦକରୁ ଲୋକର ଅନ୍ତର ଜଣାଯିବା ଅତି ଆଶ୍ଚର୍ଯ୍ୟଜନକ ଥିଲା। ବେଶଭୂଷାରେ ସରଳତା, ନିରାଡ଼ମ୍ବର ବ୍ୟବହାର ସତ୍ୟବାଦୀର ଛାତ୍ରଗୋଷ୍ଠୀର ଆତ୍ମିକ ଧର୍ମ ଥିଲା।

ଗୋପବନ୍ଧୁବାବୁଙ୍କ ପାଇଁ ସ୍ୱତନ୍ତ୍ରଘର ହୋଇଥାଏ ଓ ସେଥିରେ ମୁଁ ମଧ୍ୟ ରହିଥାଏ। ଦାସେ ଆପଣେ ଆସିଲାବେଳେ ଦୁହେଁ ଏକାଠି ରହୁ। ସେ ଘରଟି ସମସ୍ତଙ୍କର ଦୃଷ୍ଟିକେନ୍ଦ୍ର ଥାଏ। ମୁଁ ସକାଳେ ଟିକିଏ ଡେରିରେ ଉଠେ ଏବଂ ଉଠିବାମାତ୍ରେ ଦୁଆର ମୁହଁରେ ଦାନ୍ତ ଘଷିଲାବେଳେ ଶିକ୍ଷକମାନେ ଆସି ଜୁଟନ୍ତି। ତାହାପରେ ଆମର ଆଲୋଚନା ପ୍ରଭୃତି ଚାଲେ। ମୁଁ ପ୍ରତିଦିନ ସେହି ଘରକୁ ଫେରି ଶାସ୍ତ୍ରପାଠ, ଚର୍ଚ୍ଚା, ଆଲୋଚନା ଓ ଉନ୍ନତ ବିଷୟମାନଙ୍କର ଅନୁଶୀଳନରେ ଲାଗିପଡ଼େ।

ମୁଁ ପ୍ରତିଦିନ ପ୍ରାୟ ରାତି ଦୁଇଘଣ୍ଟା ପର୍ଯ୍ୟନ୍ତ ପଢ଼େ। ମୋର କ୍ଷଣକୋପ ଓ ଦଣ୍ଡ ଦେବାକାଳରେ ନିଷ୍ଠୁରତା ଦେଖି କେତେକ ନବାଗତ ଛାତ୍ର ମତେ ଅତ୍ୟନ୍ତ ଭୟ କରୁଥିଲେ; କିନ୍ତୁ ମୋର ନିବିଡ଼ ପରିଚୟରେ ଆସିଥିବା ଛାତ୍ରମାନେ ମୋର ପରିଶ୍ରମ ଓ ଅଧ୍ୟୟନ ଅଭ୍ୟାସ ଦେଖି ମୋତେ ଅସାଧାରଣ ମଣିଷ ବୋଲି ଭାବୁଥିଲେ। ମୋ ସମ୍ମୁଖ ରାସ୍ତାରେ ଛାତ୍ରମାନେ ଅତି ବିନୀତ ଧୀରସ୍ଥିର ଭାବରେ ଅଙ୍ଗ ଆନିତ ହୋଇ ଚାଲି ଯାଉଥିବାର ଦେଖିଲେ ମୁଁ ମନେ ମନେ ବହୁତ ହସେ। ଅନୁଭବ କରେ ସାଧାରଣ ଛାତ୍ରଙ୍କ ପାଖରୁ ମୁଁ ହୁଏତ ବହୁତ ଦୂରେଇ ଯାଇଚି। ସେଥିପାଇଁ ତାଙ୍କ ସହିତ ମିଶିବାକୁ ଚେଷ୍ଟା କରେ। ଦୋଷଟିକୁ କ୍ଷମା ଦେଲେ ଏବଂ ଭୁଲ୍‌କୁ ଭଲ ବୋଲି ଗ୍ରହଣ କରିନେଲେ ସିନା ପିଲାଏ ପାଖକୁ ଲାଗି ଆସନ୍ତି। ମୁଁ ତ ସବୁଦିନେ ଦୋଷପାଇଁ ନିଷ୍ଠୁର ହୁଏ; ତେଣୁ ପିଲାଏ ଭୟରେ ମୋ ଆଗରେ ସିଧା ହୋଇ ଚାଲିପାରନ୍ତି ନାହିଁ।

୮୭। ନୂତନ ପରିକଳ୍ପନା

ଗୋପବନ୍ଧୁବାବୁ ପଶ୍ଚିମବଙ୍ଗର ବିଶ୍ୱଭାରତୀ ଅନୁଷ୍ଠାନ ଦେଖି ଫେରିଥାନ୍ତି। ସମସ୍ତ ଶିକ୍ଷକ ଓ ଛାତ୍ରମାନଙ୍କ ଉପସ୍ଥିତିରେ ସେ 'ଶାନ୍ତିନିକେତନ'ର କାର୍ଯ୍ୟକଳାପ ବିଶଦ୍‌ଭାବରେ ବର୍ଣ୍ଣନା କଲେ ଏବଂ କହିଲେ, "ସେଠାରେ ଛାତ୍ରାବାସ ଓ ବିଦ୍ୟାଳୟ ଗଣତନ୍ତ୍ର ନୀତିରେ ଛାତ୍ରମାନଙ୍କ ଦ୍ୱାରା ପରିଚାଳିତ ହୁଏ ବୋଲି କେବଳ କଥାରେ କୁହାଯାଏ। ପିଲାମାନେ ବଜାର ସଉଦା କରନ୍ତି—ଅର୍ଥାତ୍ ଗାଡ଼ିରେ ବସି ତାଲିକା

ନେଇ ଜଣେ ଦୁଇଜଣ ଛାତ୍ର ପୁଝାରୀ ଚାକରଙ୍କୁ ଘେନି ବଜାରକୁ ଯା'ନ୍ତି। ତାଲିକା ଅନୁସାରେ ପୁଝାରୀ ଓ ଚାକରମାନେ ବଜାରରୁ ଜିନିଷ ଆଣିଲାପରେ, ସେହି ତାଲିକା ଓ ହିସାବ ଘେନି ପିଲାମାନେ ଫେରନ୍ତି; ମାତ୍ର ଏହା ପ୍ରକୃତ କର୍ମକୁଶଳତା ନୁହେଁ। ଛାତ୍ରାବାସର ଯାବତୀୟ କଥା—ଖାଇବା, ଖୁଆଇବା, ଖୋଇବା, ବସିବା, ପଢ଼ିବା, ପଢ଼ାଇବା ସକଳ କାର୍ଯ୍ୟ ପିଲାମାନେ କରିବେ, ହାତରେ କରିବେ—ତେବେ ଶିକ୍ଷା ପୂର୍ଣ୍ଣାଙ୍ଗ ହେବ। ଆଜିକାଲି ପାଠପଢ଼ି ଟାଇଟଲ୍ ପାଇ ଫେରି ଆସୁଥିବା ଯୁବକମାନେ ଚାକିରି ଛଡ଼ା କୌଣସି କାର୍ଯ୍ୟ କରିପାରୁ ନାହାନ୍ତି। ମାତ୍ର ତୁମେମାନେ ଏଠାରେ ଘରକାମ ହାତରେ କରି ଶିଖିଲେ ତୁମମାନଙ୍କ ଜୀବନ ସବୁକ୍ଷେତ୍ର ଲାଗି ଓ ସକଳ ଅବସ୍ଥା ଲାଗି ପ୍ରସ୍ତୁତ ହୋଇଯିବ। ପ୍ରଚାରିତ ଓ ବିଜ୍ଞାପିତ ସୁନାମ ସୁନାମ ନୁହେଁ। ପ୍ରକୃତ କାର୍ଯ୍ୟ ନୀରବରେ ହୁଏ। ଯଶ ସମ୍ମାନ ଲାଳସାରେ ଲୋକ ଦେଖାଣିଖା କାର୍ଯ୍ୟ କରିବା ଏ ବିଦ୍ୟାଳୟର ଲକ୍ଷ୍ୟ ନୁହେଁ। ତୁମ୍ଭେମାନେ ସମସ୍ତେ ଭାବି ଏକ ଯୋଜନା ତିଆରି କର। ନିଜ କାର୍ଯ୍ୟ ନିଜେ କରିବ। ବୋର୍ଡିଂରେ ଚାରିଶହ ପିଲାଙ୍କୁ ଖୁଆଇବ; ଅର୍ଥାତ୍ ପ୍ରତିଦିନ ଗୋଟିଏ ଲେଖା ନିରାଡ଼ମ୍ବର ଭୋଜି କରିବ। ଶିକ୍ଷକମାନେ ସର୍ବସାଧାରଣ ଛାତ୍ରଙ୍କ ପରି ରହିବେ। କ୍ଷମତାର ଅପବ୍ୟବହାର ନହେବାପାଇଁ ଶିକ୍ଷକମାନଙ୍କ ଉପରେ ଅଙ୍କୁଶ ମଧ୍ୟ ରହିବ।"

ପ୍ରତ୍ୟହ ବିଦ୍ୟାଳୟ ଛୁଟିପରେ ବହୁ ଆଲୋଚନା ଚାଲିଲା। ତିନିଦିନ ମଧ୍ୟରେ ବହୁପ୍ରକାର ଯୋଜନା ପିଲାମାନେ ଓ ଶିକ୍ଷକମାନେ ପେଶ୍ କଲେ। କୌଣସିଟି ପୂର୍ଣ୍ଣରୂପେ କାର୍ଯ୍ୟକାରୀ ହୋଇପାରିଲା ପରି ବୋଧହେଲା ନାହିଁ। ତୃତୀୟ ଦିନ ରାତିରେ ଖାଇବା ପରେ ପୁଣି ସମସ୍ତେ ଏକତ୍ର ହେଲେ। ମୁଁ ଗୋଟିଏ ଯୋଜନା ମନେ ମନେ ସ୍ଥିର କରିନେଲି। ଛାତ୍ର ଶ୍ରୀ ଚନ୍ଦ୍ରଶେଖରଙ୍କୁ ମୋ ଯୋଜନା ଲିପିବଦ୍ଧ କରିବାକୁ ଡାକି ବସିଲି, ସେ ଅପ୍ରତ୍ୟାଶିତ ଯୋଜନାଟି ସମସ୍ତଙ୍କ ମନକୁ ଘେନିଲା। ସେହି ଅନୁସାରେ ସ୍କୁଲ ଭାଙ୍ଗିବା ପର୍ଯ୍ୟନ୍ତ ବୋର୍ଡିଂ ଓ ମେସ୍ ସୂଚାରୁରୂପେ ପିଲାମାନଙ୍କ ଦ୍ୱାରା ପରିଚାଳିତ ହୋଇଥିଲା। ମନିଟରମାନଙ୍କ କର୍ତ୍ତବ୍ୟ ଦୈନନ୍ଦିନ ନିର୍ଘଣ୍ଟରେ ଯେପରି ଥିଲା, ସେହିପରି ରହିଲା; ମାତ୍ର ପ୍ରତି ବ୍ଲକର ଶେଷ ପ୍ରକୋଷ୍ଠରେ ଜଣେ ଜଣେ ଶିକ୍ଷକ ରହିଲେ। ମନିଟରମାନଙ୍କ ଶକ୍ତି ବହିର୍ଭୂତ କାର୍ଯ୍ୟରେ ସେମାନେ ସାହାଯ୍ୟ କଲେ। ପିଲାମାନଙ୍କର ଅଭାବ ଅଭିଯୋଗ ମନିଟରମାନେ ଶିକ୍ଷକମାନଙ୍କୁ ଜଣାଇବେ। ବ୍ଲକ୍ ଶିକ୍ଷକମାନଙ୍କୁ ସେହି ବ୍ଲକ୍‌ର ଯେକୌଣସି ଛାତ୍ର ନିଜର କଥା ଜଣାଇ ପାରିବ। ମନିଟରମାନଙ୍କ କ୍ଷମତାକୁ ସୁନିୟନ୍ତ୍ରିତ କରିବାପାଇଁ ଏହି ଯୋଜନା ଉଦ୍ଦିଷ୍ଟ ଥିଲା।

୮୮। ମୁଁ ପ୍ରଧାନଶିକ୍ଷକ ଥିବାବେଳର କେତୋଟି କଥା

ମୋର ପ୍ରଧାନ ଶିକ୍ଷକତ୍ୱ ସମୟର ଘଟଣାବଳୀ ଆଜି ସ୍ପଷ୍ଟରୂପେ ମୋର ମନେ ନାହିଁ। ତେବେ ମୋର ଯେପରି ମନେ ହେଉଚି, ମୁଁ ଅତି ଗମ୍ଭୀର ଥିଲି ଓ ପିଲାମାନେ କିପରି ଭଲ ପାଠ ପଢ଼ିବେ, ଶୁଣିବାମାତ୍ରେ ଗିଳିପକାଇ ମନେରଖି ପାରିବେ ଓ ପ୍ରାଞ୍ଜଳ ଭାବରେ ଭାବ ବ୍ୟକ୍ତ କରିପାରିବେ, ସେଥିପାଇଁ ମୁଁ ଅତି ତତ୍ପର ଥିଲି। ଏଥିପାଇଁ ମତେ ଅନେକ ସମୟରେ ବଡ଼ ଅସହିଷ୍ଣୁ ହେବାକୁ ପଡୁଥିଲା। ପାଠପଢ଼ାରେ ପିଲାମାନଙ୍କର ଅତ୍ୟନ୍ତ ଆଗ୍ରହ ଦେଖି ମୁଁ ପରେ କ୍ଲାସ ଲାଇବ୍ରେରୀର ବ୍ୟବସ୍ଥା କରିଦେଲି। ପ୍ରତ୍ୟେକ ଶ୍ରେଣୀର ଉପଯୋଗୀ ପୁସ୍ତକଗୁଡ଼ିଏ ଗୋଟିଏ ଗୋଟିଏ ଛୋଟ ଆଲମାରୀରେ ପ୍ରତି ଶ୍ରେଣୀ ଗୃହରେ ରଖା ଯାଉଥିଲା। ଗୋପବନ୍ଧୁବାବୁ କ୍ଲାସ ଲାଇବ୍ରେରୀର ବହି ଦିଆଯିବାର ଆଉ ଗୋଟିଏ ବିଧି ଯୋଡ଼ି ଦେଲେ। ପ୍ରତିକ୍ଲାସର ଶିକ୍ଷକମାନେ ଛାତ୍ରର ମାନସିକ ରୁଚି ଓ ଗ୍ରହଣ କ୍ଷମତା ଜାଣି ତାକୁ ଉପଯୋଗୀ ପୁସ୍ତକ ଦେବେ ଏବଂ ସେ ବହି ପଢ଼ି ଫେରାଇଲାବେଳେ ତା'ଠାରୁ ପାଠ ଆଦାୟ କରିବେ।

କହିରଖିବାର ଅଛି, ଓଡ଼ିଶାର ତତ୍କାଳୀନ ଶିକ୍ଷାବିଭାଗ ଇନ୍‌ସପେକ୍ଟର ମିଃ ମ୍ୟାକୋମ୍ବି ସତ୍ୟବାଦୀ ପରିଦର୍ଶନରୁ ଫେରି ପରେ କ୍ଲାସ ଲାଇବ୍ରେରୀର ଏହି ପଦ୍ଧତିକୁ ଓଡ଼ିଶାର ସମସ୍ତ ସ୍କୁଲ ପାଇଁ ଚଳେଇବାର ଚେଷ୍ଟା କରିଥିଲେ। ଆଜି ସେଇ ପଦ୍ଧତିର ଛାୟା ସ୍କୁଲମାନଙ୍କରେ ଅନୁସୃତ ହେଉଅଛି।

ଆଉ ଗୋଟିଏ କଥା। ଇନ୍‌ସପେକ୍ଟର ମ୍ୟାକୋମ୍ବି ସାହେବ କ୍ଲାସ ଦେଖୁ ଦେଖୁ ମାଇନର ଶେଷ କ୍ଲାସରେ ଜଣେ ଛାତ୍ରର ମଡେଲ ଡ୍ରଇଂ ଦେଖି ବଡ଼ ଆଗ୍ରହ ପ୍ରକାଶ କରିଥିଲେ, ଏ ମଡେଲ୍ ଡ୍ରଇଂ ଶିକ୍ଷାର ଗୋଟିଏ କ୍ଷୁଦ୍ର ଇତିହାସ ଅଛି। ଦିନେ ସ୍କୁଲର ହେଡ୍‌ପଣ୍ଡିତ କହିଲେ, "ମାଇନର କ୍ଲାସରେ ମଡେଲ ଡ୍ରଇଂ ପରୀକ୍ଷା ହେବାର ଗୋଟିଏ ବିଭାଗୀୟ ବ୍ୟବସ୍ଥା ହେଲାଣି। ମଡେଲ ଡ୍ରଇଂ ଶିଖିବା ପାଇଁ ଆମକୁ ଆପଣ କଟକ ନରମାଲ୍ ଇସ୍କୁଲ ପଠାନ୍ତୁ। ନୋହିଲେ ଆମେ ଶିଖାଇପାରିବୁ ନାହିଁ।"

ମୁଁ ଟିକିଏ ଚୁପ୍ ରହିଲି ଓ ତା'ପରେ କହିଲି— "ହଉ ମୁଁ ନିଜେ ଶିଖାଇବି।" ତା'ପରେ ମୁଁ ଚକ୍ଷୁବିଜ୍ଞାନ ସମ୍ବନ୍ଧୀୟ ବହି (Optics) ମଗାଇ ସେହି ବହିରୁ ଦେଖି ଦେଖି ପନ୍ଦରଟି ପାଠ ଦେଲି। ସେହି ପନ୍ଦରଟି ପାଠର ଫଳରେ ଛାତ୍ରମାନେ ଭଲ ମଡେଲ ଡ୍ରଇଂ କରିପାରୁଥିଲେ। ମୁଁ ସେ କଥାଟି ଇନ୍‌ସପେକ୍ଟର ମ୍ୟାକୋମ୍ବି ସାହେବଙ୍କୁ ବର୍ଣ୍ଣନା କରି କହିଦେଲି। ସେ ଟିକିଏ ଆଶ୍ଚର୍ଯ୍ୟ ହେଲା ପରି ମୋତେ କହିଲେ— "ଆପଣ ଏ ପନ୍ଦରଟି ପାଠ ଗୋଟିଏ କ୍ଷୁଦ୍ର ପୁସ୍ତକରେ ଛପାଇ ଦିଅନ୍ତୁ; ଦରକାରରେ ଆସିବ।"

ମୁଁ ସେଇ ପନ୍ଦରଟି ପାଠ ସମ୍ବଳିତ ପୁସ୍ତକକୁ "A handbook of model drawing" ନାମରେ ଛପାଇ ଦେଲି। ପରେ ସେଇ ପୁସ୍ତକ ସବୁ ଇସ୍କୁଲ ପାଇଁ ପାଠ୍ୟରୂପେ ମନୋନୀତ ହୋଇଥିଲା।

ପ୍ରତ୍ୟେକ ଶ୍ରେଣୀରେ ଭୂଗୋଳ ଓ ଇତିହାସ ପଢ଼ାଇବା ପାଇଁ ମୁଁ ଗୋଟିଏ ପଦ୍ଧତି ପ୍ରଚଳନ କରିଥିଲି। "Significant No.6" ବୋଲି ଗୋଟିଏ ନୀତି ବାହାର କରି ପିଲାମାନଙ୍କୁ ବୁଝାଇଦେଲି ଯେ, 'ଆଦିମ ଯୁଗ', 'ବୈଦିକ ଯୁଗ', 'ହିନ୍ଦୁ ଯୁଗ', 'ମୁସଲମାନ ଯୁଗ', 'ମରହଟ୍ଟା ଯୁଗ' ଓ 'ବ୍ରିଟିଶ ଯୁଗ'— ଏ ଛ' ଯୁଗ; ବେଦ ଚାରି, ବେଦାଙ୍ଗ ଓ ଦର୍ଶନଶାସ୍ତ୍ର ଏ ମଧ୍ୟ ଛ'। ଚନ୍ଦ୍ରଗୁପ୍ତ, ଅଶୋକ, କନିଷ୍କ, ହର୍ଷବର୍ଦ୍ଧନ, ଯଶୋବର୍ଦ୍ଧନ ଓ ପୃଥ୍ୱୀରାଜ-ଏମାନେ ଛ' ରାଜା। ଦେଶ ବିଦେଶର ଜ୍ଞାନଲାଭ କରିବା ପାଇଁ ସିଲାବସ୍‌ରେ ଅତିରିକ୍ତ ମାନଚିତ୍ର ୧୦୦ ନମ୍ବରର ବିଧାନ ଥିଲା। ସେ ନମ୍ବର ମୋଟ ନମ୍ବରରେ ମିଶାଯାଇ ପୋଜିସନ୍‌ରେ ସାହାଯ୍ୟ କରେ।

ଶିକ୍ଷାଦାନରେ ଅବହେଳା ପ୍ରଦର୍ଶନ କରୁଥିବା କିମ୍ବା ଭ୍ରମମାର୍ଗରେ ପରିଚାଳିତ କରୁଥିବା ଶିକ୍ଷକମାନଙ୍କ ପ୍ରତି ମୁଁ ଅତି ନିଷ୍ଠୁର ଥିଲି। ମୋର ମନେଅଛି ଥରେ ଜଣେ ନୂତନ ଗ୍ରାଜୁଏଟ ଶିକ୍ଷକ ହୋଇ ସତ୍ୟବାଦୀକୁ ଆସିଲେ। ସେ ନବମ ଶ୍ରେଣୀରେ ଇଂରାଜୀ ବ୍ୟାକରଣ ପଢ଼ାଇବାକୁ ଯାଇ କହିଲେ, "Any word ending with ly is an adverb" ମୁଁ ଛକି ପଦାରେ ଏକଥା ଶୁଣୁଥାଏ। ଜଣେ ବିଚକ୍ଷଣ ଛାତ୍ର ତାଙ୍କୁ ସଂଗେ ସଂଗେ ପ୍ରଶ୍ନ କଲା— "Itally and Cicily ମଧ୍ୟ adverb ?" ମୁଁ ଏହାପରେ କ୍ଲାସରୁ ସେ ନୂତନ ଶିକ୍ଷକଙ୍କୁ ଡକାଇଆଣି ସତ୍ୟବାଦୀ ସ୍କୁଲ ଛାଡ଼ି ଅନ୍ୟତ୍ର ଚାଲିଯିବାକୁ କହିଲି।

କେବଳ ଏତିକି ନୁହେଁ, କୌଣସି ଛାତ୍ରର ଔଦ୍ଧତ୍ୟ କିମ୍ବା କ୍ଷୀଣ ଅହମିକା ଦେଖିଲେ ମୁଁ ସହିପାରୁ ନଥିଲି। ସେଥିଯୋଗୁ ପିଲାମାନେ ମତେ ଅତ୍ୟନ୍ତ ଭୟ କରୁଥିଲେ; କିନ୍ତୁ କର୍ତ୍ତବ୍ୟ ପାଖରେ ମୁଁ ଯେତିକି ନିଷ୍ଠୁର ହେଉଥିଲି କୃତିତ୍ୱ ପାଖରେ ସେତିକି ନିଷ୍କପଟ ଭାବରେ ନିଜକୁ ଅଜାଡ଼ି ଦେଇ ପିଲାମାନଙ୍କ ସହିତ ମିଶିଯାଉଥିଲି। ଆଜି ବି ଏ ବୃଦ୍ଧ ବୟସରେ ମୋ ସହିତ ମିଶିଥିବା ଲୋକେ ଏଇକଥା ଅନୁଭବ କରୁଥିବେ।

୮୯। କୋଣାର୍କ ପର୍ଯ୍ୟଟନ

୧୯୧୭ କୁମାରପୂର୍ଣ୍ଣିମା କୋଣାର୍କ ପର୍ଯ୍ୟଟନ ମୋ ଜୀବନର ଏକ ଅବିସ୍ମରଣୀୟ ଅଧ୍ୟାୟ। ମୋର ଶ୍ରେଷ୍ଠ କାବ୍ୟ 'କୋଣାର୍କେ'ର 'ରାମଚଣ୍ଡୀରେ ସନ୍ଧ୍ୟା ଓ ରାମଚଣ୍ଡୀରେ ସକାଳ' ରଚନା କରିବାର ବିପୁଳ ପ୍ରେରଣା ମୁଁ ଏଇ ୧୯୧୭ ଯାତ୍ରାରେ ଲାଭ କରିଥିଲି। ଏହା କୋଣାର୍କକୁ ସତ୍ୟବାଦୀ ସ୍କୁଲର ଦ୍ୱିତୀୟ ଯାତ୍ରା। ପ୍ରଥମ ଯାତ୍ରା କଥାଟି ଟିକିଏ କହିଦିଏ, ବିଦ୍ୟାଳୟର ଚାରିଶହ ଛାତ୍ର ଓ ଶିକ୍ଷକ ଏଗାର ଖଣ୍ଡି ଶଗଡ଼ରେ ଖାଦ୍ୟସାମଗ୍ରୀ ଲଦି କୋଣାର୍କ ଅଭିମୁଖେ ବାହାରିଲୁ। ପିଲାମାନେ କେବଳ ଗପରେ ସମୟ ନଷ୍ଟ କରିବେ ନାହିଁ ବୋଲି ସମସ୍ତଙ୍କୁ କ୍ଲାସ

ଲାଇବ୍ରେରୀମାନଙ୍କରୁ ଏବଂ ସ୍କୁଲର ସାଧାରଣ ଲାଇବ୍ରେରୀରୁ ନିର୍ବାଚନ କରି ଶ୍ରେଣୀଶିକ୍ଷକମାନେ ପୁସ୍ତକ ଦେଇଥିଲେ।

ସେ ଯାତ୍ରା ଅତି ଆନନ୍ଦଦାୟକ ଓ କୌତୂହଳପ୍ରଦ ହୋଇଥିଲା। ଉପରବେଳା ଆମ୍ଭେମାନେ ବାହାରିବା ଆଗରୁ କର୍ମଠ ଓ ଉତ୍ତମ ବାଳକ ଆଠଜଣ ଆଗରୁ ଯାଇ ବଳଙ୍ଗା ହାଟରେ କ୍ୟାମ୍ପ୍ କରି, ଖିଆପିଆର ଯୋଗାଡ଼ କରିଥିଲେ। ସେତେବେଳେ ପ୍ରଥମ ପୃଥିବୀ ମହାଯୁଦ୍ଧ ଲାଗିଥାଏ। ଚାରିଶହ ବାଳକ ଦଳବଳ ହୋଇ ମନିଟରଙ୍କ ଅଧୀନରେ ଚାଲିଥାନ୍ତି ସୈନିକମାନେ ଶୃଙ୍ଖଳିତ ଓ ନିୟମିତ ଭାବରେ ପାଦ ପକାଇ ଚାଲିବା ପରି ଆମ୍ଭେମାନେ ଚାଲିଥାଉଁ। ଶିକ୍ଷକମାନେ ବାଣ୍ଟି ହୋଇ ଗ୍ରୁପ୍‌ଗୁଡ଼ିକର ଚାଲିଚଳନ ନିରୀକ୍ଷଣ କରୁଥାନ୍ତି। ଦର୍ଶକମାନେ ଆମ୍ଭମାନଙ୍କୁ ସୈନିକ ବୋଲି ବିଚାରୁଥାନ୍ତି। ଅନ୍ୟାନ୍ୟ ଶିକ୍ଷକମାନେ ଦୀର୍ଘ ପଦ୍ୟର ମୂଳରୁ ଶେଷଯାଏଁ ଦେଖି ଦେଖି ଚାଲିଥାନ୍ତି। ବଳଙ୍ଗା ହାଟରେ ସନ୍ଧ୍ୟାର ଅବ୍ୟବହିତ ପୂର୍ବରୁ ପହଞ୍ଚିଲୁ। ଘଣ୍ଟା ଅନୁସାରେ କାର୍ଯ୍ୟ ହେଲା। ପରଦିନ ନିମାପଡ଼ା ମାଇନର ସ୍କୁଲର ଶିକ୍ଷକ ଓ ଛାତ୍ରମାନେ ଆମ୍ଭମାନଙ୍କୁ ବହୁ ସାହାଯ୍ୟ କରିଥିଲେ। ସେମାନଙ୍କର ବ୍ୟବହାର ଏଡ଼େ ସୁନ୍ଦର ଥିଲା ଯେ ଆମ୍ଭେମାନେ ସେମାନଙ୍କୁ ଆମ ଭିତରର ବୋଲି ଧରିନେଇଥିଲୁଁ। ସେଠାରେ ଶ୍ଳୋକାନ୍ତ ହୋଇଥିଲା। ତହିଁରେ ଆକୃଷ୍ଟ ହୋଇ ନିମାପଡ଼ା ଶିକ୍ଷକ, ଛାତ୍ର ଓ ଲୋକସାଧାରଣ ଜମିଯାଇ ଶୁଣୁଥିଲେ।

ନିମାପଡ଼ାରେ ସେ ଦିନକ କଟାଇ ସକାଳୁ ଯାଇ ଗୋପ ହାଟରେ। ଖରାବେଳେ ପହଞ୍ଚିଲୁ ଓ ସେଠାରେ ବିଶ୍ରାମ ନେଲୁ। ସନ୍ଧ୍ୟାବେଳେ ଟିକିଏ ଦୀର୍ଘପଥ 'ଖରାଗାଁ'କୁ ଯିବାର ଠିକ୍ ହୋଇଥିଲା। ଆଗରୁ ସ୍ୱେଚ୍ଛାସେବକମାନେ ଯାଇଥିଲେ। ପ୍ରାୟ ପାଞ୍ଚମାଇଲ ଦୂରରୁ ସନ୍ଧ୍ୟା ଓ ଅନ୍ଧାର ହୋଇଗଲା। ସେ ଅଞ୍ଚଳ ଦୂର ମଫସଲ। ଲୋକମାନେ ଆମ୍ଭମାନଙ୍କର ଦୀର୍ଘ ପଙ୍‌କ୍ତିଦ୍ୱୟର ଶୃଙ୍ଖଳିତ ପଦକ୍ଷେପ ଓ 'ଲେଫ୍‌ଟ ରାଇଟ୍' ଆଦେଶମୂଳକ ଶବ୍ଦମାନ ଶୁଣି ଆମ୍ଭମାନଙ୍କୁ ସୈନ୍ୟଦଳ ବୋଲି ବିଚାରି ଦୂରରେ ରହିଲେ। ବାଟ ଦିଶୁ ନଥାଏ। ଶଗଡ଼ ସରିରେ ଆମ୍ଭେମାନେ ଚାଲିଥାଉ। ଆମ୍ଭେମାନେ ସବୁଗୁଡ଼ିକ ଲଣ୍ଠନ ଜଳାଇ ଉପରକୁ ଟେକିଧରିଲୁ। ଖରାଗାଁର ଲୋକେ ଆମକୁ ଅପେକ୍ଷା କରିଥାନ୍ତି। ସେମାନେ ବି ଗଛରେ ଚଢ଼ି ଆଲୋକ ଦେଖାଇଲେ ଏବଂ ବାଦ୍ୟ ଧ୍ୱନିକଲେ। ବାଟ ଦେଖି ନଥିବାରୁ ଆଉ ଖରାଗାଁ ଯିବା କଷ୍ଟକର ହେଲା ନାହିଁ। ଦଳେ ଭଦ୍ରବ୍ୟକ୍ତି ଖରାଗାଁରୁ ଆସି ବାଦ୍ୟ ବଜାଇ ଆମକୁ ପାଛୋଟି ନେଲେ। ସେଠାରେ ଏକ ବିରାଟ ଭୋଜୀର ବ୍ୟବସ୍ଥା ଆଗରୁ ହୋଇଥିଲା। ଡେରିରେ ପହଞ୍ଚିବାରୁ ସେଦିନ ଘଣ୍ଟା ବାଜିବା ଅନୁସାରେ କାର୍ଯ୍ୟକ୍ରମ କୋହଳ କରିଦିଆଗଲା। ଚର୍ଚ୍ଚା କରୁଥିବା

ଭଦ୍ରଲୋକ ମହାଶୟ ପାନ ପ୍ରଭୃତି ମୁଖବାସର ବ୍ୟବସ୍ଥା କରିଥିଲେ; କିନ୍ତୁ ଛାତ୍ରମାନଙ୍କ ପାଇଁ ତାହା ନିଷିଦ୍ଧ ବୋଲି ଜଣାଇଦେଲି।

ତହିଁ ଆରଦିନ ସକାଳବେଳା ଅତି ଚଞ୍ଚଳ ଖିଆପିଆ ସାରି କୋଣାର୍କ ଯିବାକୁ ବାହାରିଲୁ। ଜଣେ ବାଳକ କୋଣାର୍କ ଦେଖିବା ଆଗ୍ରହକୁ ସମ୍ଭାଳି ନପାରି ତିନିଚାରି ଜଣକୁ ମତାଇ ଆଗ ଦେଖିଆସିଲା। ମୁଁ ଏକଥା ଜାଣି ତାକୁ ଦଣ୍ଡ ଦେଲି ଏବଂ ସମସ୍ତଙ୍କୁ ବୁଝାଇ ଦେଲି ଯେ, ବିନା ଅନୁମତିରେ ଯିବା ପ୍ରଥମ ଦୋଷ, ଦ୍ୱିତୀୟ ଦୋଷ ସ୍ୱାର୍ଥପରତା। ତପ୍ରରେ ପଙ୍‌କ୍ତିବଦ୍ଧ ହୋଇ ଆମେ ଚାଲିଲୁ। ଦୂରରୁ ମନ୍ଦିରର ହାତୀ ଘୋଡ଼ାସବୁ ଜୀବନ୍ତ ପରି ଦେଖାଯାଉଥାତି। ବେଢ଼ା ଭିତରେ ପ୍ରବେଶ କରି ପ୍ରତ୍ୟେକ ମୂର୍ତ୍ତି, ପ୍ରତ୍ୟେକ ପ୍ରସ୍ତରଖଣ୍ଡ ଓ ମୁଖଶାଳା, ପ୍ରଧାନ ମନ୍ଦିର ଏବଂ ସୁରକ୍ଷିତ ମୂର୍ତ୍ତିମାନ ଦର୍ଶନ କଲୁ। ମନପୂରାଇ ସମସ୍ତ ଦୃଶ୍ୟ ଦେଖି ସେଠାରେ ଥିବା ଡାକବଙ୍ଗଳାରେ ବିଶ୍ରାମ ନେଇ ଅନ୍ୟ ବାଟରେ ସମସ୍ତେ ଫେରି ଆସିଲୁ।

ତା'ପରେ ଏଇ କୋଣାର୍କକୁ ୧୯୧୭ରେ ଆଉଥରେ ଯାତ୍ରା କରିଥିଲୁ। ମୋ 'କୋଣାର୍କେ' କାବ୍ୟ ପ୍ରଥମେ ଏଇ ସ୍ମୃତିରେ ଆରମ୍ଭ ହୋଇଛି। ଏଇ ଯାତ୍ରାରେ ମୋ ସାଙ୍ଗରେ ପ୍ରାୟ ପଚାଶଜଣ ପିଲା ଥିଲେ। ସଙ୍ଗରେ ଗୋଦାବରୀଶ ବାବୁ ମଧ୍ୟ ଥିଲେ। କୋଣାର୍କଠାରୁ କୁଶଭଦ୍ରା ନଦୀର ମୁହାଣ ଉପରେ ଅବସ୍ଥିତ ରାମଚଣ୍ଡୀ ସେଠାକୁ ଚାରିମାଇଲ ସେଠାରେ ରାତିରେ ରହିଲୁ। ପିଲାମାନଙ୍କ ସଂଗେ ଡାକବଙ୍ଗଳାରେ ବସିଚି। କୋଣାର୍କର ଅପାସୋରା ଛିନ୍ନସ୍ମୃତି ମତେ ଦୋହଲଉଥାଏ। ପିଲାମାନେ ମା' ଭଉଣୀକୁ ଛାଡ଼ି ଆଜି ଦୂରରେ। ଗ୍ରାମରେ ଥିଲେ ଡେଉଁଥାନ୍ତେ; ଖେଳୁଥାନ୍ତେ; କେତେ ମଉଜ କରୁଥାନ୍ତେ। ସେମିତି ଗୋଟାଏ ପିଲାଦିନର ଅନୁଭୂତି ପିଲାଙ୍କ ମେଳରେ ମୋ ମନରେ ଚେଇଁଉଠିଲା; ମାତ୍ର ସେତିକିବେଳେ ଘୋର ଝଡ଼ବର୍ଷା ମାଡ଼ିଆସିଲା। ଆମେ କୌଣସିମତେ ରାତିଟି କଟେଇ ତା'ପରଦିନ ସତ୍ୟବାଦୀକୁ ଫେରିଆସିଲୁ। ମୁଁ ସେଇଠି ମୋ 'କୋଣାର୍କେ' କାବ୍ୟର ପରିକଳ୍ପନା କଲି।

୯୦। ଛାତ୍ରମାନଙ୍କ ଆଲୋଚନା ସଭା

ପ୍ରତି ଶନିବାର ଦିନ ଛାତ୍ରମାନଙ୍କର ଆଲୋଚନା ସଭା ହେଉଥିଲା। ସେଥିରେ ବେଳେ ବେଳେ ସଭାରେ ଦ୍ୱନ୍ଦ୍ୱାତ୍ମକ ବିଷୟ ଘେନି ପ୍ରବଳ ଯୁକ୍ତିତର୍କ ମଧ୍ୟ ହୁଏ। କ୍ରମେ ଏଥିରେ ଛାତ୍ରମାନଙ୍କର ଲେଖନ ପରିପାଟୀ ଓ ବକ୍ତୃତାରେ ରୁଚି ଓ ଦକ୍ଷତା ମଧ୍ୟ ପ୍ରକାଶ ପାଉଥିଲା। (ଏତିକିବେଳେ ଶ୍ରୀଯୁକ୍ତ ରତ୍ନାକର ପତି ସ୍କୁଲକୁ ଶିକ୍ଷକ ହୋଇ ଆସିଥିଲେ। ସେ ଛାତ୍ରମାନଙ୍କ ସଂଗେ ପ୍ରତ୍ୟକ୍ଷ ଭାବରେ ମିଶୁ ନଥିଲେ;

ପରୋକ୍ଷରେ ସବୁ ଦେଖୁଥିଲେ ଓ ଜାଣୁଥିଲେ) କିନ୍ତୁ କ୍ରମେ ଦେଖାଗଲା—ସଭାରେ ଛାତ୍ରଙ୍କ ଉପସ୍ଥିତି କମି ଯାଉଚି। ସେଠୁ ଦିନେ ମୁଁ ସଭାର କର୍ମକର୍ତ୍ତା ଛାତ୍ରମାନଙ୍କୁ ଡାକି କହିଲି, "ଗୋଟିଏ କଥା କର। ବିନା ପଇସାରେ ଶିଖିବା ବଡ଼ ସହଜ ନୁହେଁ। ଏଣିକି ପ୍ରତ୍ୟେକ ଛାତ୍ର ଚାରିଅଣା ପ୍ରବେଶିକା ଫି ଦେବେ ଓ ପ୍ରତି ସଭାଦିନ ପ୍ରତି ଛାତ୍ର ଗୋଟିଏ ଗୋଟିଏ ପଇସା ଦେଇ ଉପସ୍ଥାନ ପକାଇବେ ଏବଂ ଗୋଟିଏ ଟଙ୍କା ଏକା ସାଙ୍ଗରେ ଦେଲେ ବରାବର ମେମ୍ବର ରହିବେ, ଆଉ ଉପସ୍ଥାନ ପକାଇବେ ନାଇଁ ଓ ସେମାନଙ୍କ ପ୍ରତି ଧରାବନ୍ଧା ନିୟମ କିଛି ରହିବ ନାଇଁ; ମାତ୍ର ତିନିଥର ପଇସା ନଦେଇ ଅନୁପସ୍ଥିତ ରହିଲେ ନାମ କଟିଯିବ ଓ ପ୍ରବେଶିକା ଫି ଚାରିଅଣା ପୁଣି ନୂଆକରି ଦେବାକୁ ହେବ।" ଆଉ ମଧ୍ୟ ଚିତ୍ତାକର୍ଷକ କରିବା ପାଇଁ ଗୋଟିଏ ଯୋଜନା ମଧ୍ୟ ଯୋଡ଼ିଦେଲି। ଥରେ ପ୍ରବନ୍ଧପାଠ, ଥରେ ବକ୍ତୃତା ଓ ତା'ପରେ ଲାଗି ଲାଗି ଦୁଇ ଶନିବାରରେ ଦୁଇଥର ବକ୍ତୃତା ପ୍ରତିଯୋଗିତା ହେବାର ସ୍ଥିର ହେଲା। ମାସର ଶେଷ ଶନିବାର ଦିନ କ୍ଲବର ଗୋଟିଏ ବୈଠକ ହେବ। ତା ନାମ 'Lalegro club' ତହିଁରେ ଯେ ଯା ଇଚ୍ଛା କରିବ ଅର୍ଥାତ୍ ପ୍ରବନ୍ଧ ପାଠ, କବିତା ଆବୃତ୍ତି, ଗଳ୍ପପାଠ, ବକ୍ତୃତା ଆଲୋଚନା ଇତ୍ୟାଦି କରିପାରିବେ ଭାଷା ଉପରେ ଗୁରୁତ୍ୱ ନଦେଇ ଏସବୁ ହୋଇ ପାରିବ ବୋଲି ଠିକ୍ କଲି; ଯେ ଯାହା ପଢ଼ିବେ, ସେ ପାଞ୍ଚଦିନ ଆଗରୁ ସଂପାଦକଙ୍କୁ ତାହା ଜଣାଇବେ ଓ ବିଷୟ ବଛା ହେବ।

ଇତିହାସ ଆଲୋଚନା ପାଇଁ ରବିବାର ସକାଳୁ ସଭା ବସିବାର ଓ ସେଥିପାଇଁ ସ୍ୱତନ୍ତ୍ର କର୍ମୀ ନିଯୁକ୍ତ ହେବାର ସ୍ଥିର ହେଲା।

ଏ ବିଚାର ରାତି ବାରଟାରେ ସ୍ଥିର ହେଲା। ତା'ପରେ ଉତ୍ସୁକ ପିଲାମାନେ ରାତିରେ ଫେରିଗଲେ। ତହିଁ ଆରଦିନ ସକାଳୁ ଏକଥା ବୋର୍ଡିଂ ଓ ସ୍କୁଲରେ ପ୍ରଚାରିତ ହୋଇଗଲା। ସମସ୍ତଙ୍କର ଭାରି ଉତ୍ସାହ ଦେଖାଗଲା। ଶହ ଶହ ଛାତ୍ର ଆସି ନାମ ଲେଖାଇଲେ। ତାହା ପରଠାରୁ ଛାତ୍ରଙ୍କର ଆଲୋଚନା ସଭା ଖୁବ୍ ଜାଗି ଉଠିଲା। ଏତିକିମାତ୍ର ଏବେ ମନେପଡୁଚି ଶିକ୍ଷକମାନଙ୍କର ଆଲୋଚନାରେ ଭାଗ ନେବା ଭିତରେ ଗୋଦାବରୀଶ ସେକ୍ସପିୟର୍‌ରୁ ଆବୃତ୍ତି କରୁଥିଲେ। ମୁଁ ମଧ୍ୟେ ମଧ୍ୟେ ସଂସ୍କୃତରେ ପ୍ରବନ୍ଧ ଲେଖୁଥିଲି। ତା'ଛଡ଼ା ଇଂରେଜୀରେ କେତେକ ପ୍ରବନ୍ଧ ଯଥା—'Advent of Aryans' ପରି ପ୍ରବନ୍ଧ ଲେଖିଥିବା ମୋ ମନେ ହେଉଚି।

୯୧। ସ୍କୁଲର ବାର୍ଷିକ ସମ୍ମିଳନୀ

ପ୍ରତିବର୍ଷ ଡିସେମ୍ବର ବା ଜାନୁୟାରୀ ମାସରେ ବିଦ୍ୟାଳୟର ବାର୍ଷିକ ସମ୍ମିଳନୀ ହୁଏ। ବର୍ଷେ ମିଃ ମଧୁସୂଦନ ଦାସଙ୍କୁ ସଭାପତି ମନୋନୀତ କରାଯାଇଥିଲା। ସେ ଆସିବେ ବୋଲି କହିଥିଲେ। ଜରଯୋଗୁ ସେ ଆସିପାରିଲେ ନାହିଁ। ସ୍କୁଲକୁ ସବୁଆଡୁ ଭଦ୍ରଲୋକ ଡକା ଯାଇଥିଲେ। ଶେଷକୁ ଠିକ୍ ହେଲା ଗଂଜାମର ହରିହର ପଣ୍ଡାଙ୍କୁ ସଭାପତି କରିବାକୁ ହେବ। ସେଦିନ ଗାଡ଼ିନେଇ ହରିହର ପଣ୍ଡାଙ୍କୁ ଷ୍ଟେସନ୍‌ରୁ ପିଲାଏ ଘେନି ଆସିଲେ। ସେ ଦିନଯାକ ଲାଗି ବକ୍ତୃତାଟି ଜଣେ ପିଲାକୁ ଡାକି ଦେଲେ। ଲେଖା ସରିଗଲା।

ସେଦିନ ତିନିଟା ବେଳକୁ ସଭା କାର୍ଯ୍ୟ ଆରମ୍ଭ ହୋଇଅଛି। ପୁରୀ ମହନ୍ତ ମହାରାଜଙ୍କ ସହିତ ନିଜେ ମିଃ ଦାସ ଆସି ଅପ୍ରତ୍ୟାଶିତ ଭାବରେ ପହଞ୍ଚିଗଲେ। ତାଙ୍କ ଦେହରେ ଜର ଥାଏ। ସେ କହିଲେ—"ପିଲାଙ୍କ କଥା ମନେପଡ଼ିଲା, ଆଉ ସମ୍ଭାଳି ହେଲା ନାହିଁ।" କାର୍ଯ୍ୟକ୍ରମ ମଧରେ ତାଙ୍କର ଗୋଟିଏ ବକ୍ତୃତା ମଧ ରଖି ଦିଆଗଲା। ସେ ସେଦିନ ଗୋଟିଏ ସୁନ୍ଦର ବକ୍ତୃତା ସେଇ ଜ୍ୱରରେ ଦେଇଥିଲେ। ସେଦିନ ନିମନ୍ତ୍ରିତ ଭଦ୍ରବ୍ୟକ୍ତିମାନେ ପିତାଙ୍କ ମେଳରେ ବସି ଖାଇଲେ, ଦୁଇଘଣ୍ଟା ଠାରୁ ଚାରିଘଣ୍ଟା ପର୍ଯ୍ୟନ୍ତ ଶ୍ଳୋକାନ୍ତ ଏବଂ ୪ଟାଠାରୁ ୫/୩୦ ପର୍ଯ୍ୟନ୍ତ ଡୁ' ଡୁ' ମ୍ୟାଚ ହେଲା। ଶ୍ଳୋକାନ୍ତରେ ମିଃ ଦାସ ନିଜେ ରେଫରି ହୋଇଥିଲେ। ଶେଷକୁ ବହୁ ଛାତ୍ର ଓ ଭଦ୍ରବ୍ୟକ୍ତିମାନଙ୍କ ମଧରେ ବସି ଗପକଲାବେଳେ ମିଃ ଦାସ କହିଲେ—"ଗୋପବନ୍ଧୁ, ନାଳନ୍ଦାଟାଏ ଗଢ଼ିଦେଲୁ।" ଗୋପବନ୍ଧୁ ମୋତେ ଦେଖାଇ କହିଲେ—"ମୁଁ ନୁହେଁ, ନୀଳକଣ୍ଠ।"

ଏଇ ମିଃ ଦାସଙ୍କ କଥା ଆଉ ଟିକିଏ କହିଦିଏ। ସ୍କୁଲ ଆରମ୍ଭ ହେବା ସମୟରେ ସେକାଳ କନିକା ରାଜାଙ୍କ ପ୍ରଜାସ୍ୱତ୍ୱ ଆଇନ୍ ଘେନି ଗୋଟିଏ ପ୍ରଜାପ୍ରତିନିଧି ସଭା ମଧୁବାବୁ ନିଜ ଘରକୁ ଡାକିଥିଲେ। ସେଥିରେ ପୁରୀ, କଟକ ଓ ବାଲେଶ୍ୱରରୁ ରାଶି ରାଶି ଲୋକଙ୍କୁ ଡାକି ମୋତେ ଓ ଗୋପବନ୍ଧୁବାବୁଙ୍କୁ ସଂପାଦକ କରିଥିଲେ। ଏହାର ଠିକ୍ ପୂର୍ବରୁ ମୁଁ ସ୍କୁଲରେ ଯୋଗଦେଲାବେଳେ ମଧୁବାବୁ ଯେଉଁ ସୁନ୍ଦର ଚିଠିଟି ମୋ ପାଖୁ ଲେଖି ପଠାଇଥିଲେ ତାହା ଆଜି ମୋ ପାଖରେ ନାହିଁ। ହେଲେ ହେଁ ତାହା ଉତ୍ସାହର ଗୋଟିଏ ସ୍ମରଣୀୟ ଆଲୋକରେଖା କହିଲେ ଚଳେ।

୯୨। ବେଠିପ୍ରଥା

ଦୋଳଛୁଟିର ଅଳ୍ପ ପୂର୍ବରୁ ସମସ୍ତ ଶିକ୍ଷକ ଓ ଛାତ୍ର ଖଣ୍ଡପଡ଼ାର ନୀଳମାଧବଙ୍କ ଉଦ୍ଦେଶ୍ୟରେ ପଦଯାତ୍ରା କରିଥିଲୁ। ବାଘମାରୀରେ ପହଞ୍ଚି ପରେ ଗୋବିନ୍ଦପୁରରେ କ୍ୟାମ୍ପ୍ କଲୁ। ସେ ବର୍ଷ ଭାରି ଖରା ହେଉଥାଏ। କେତେକ ଛାତ୍ରଙ୍କୁ ସେଠାରେ ଅନ୍ଧାରକଣା ହେଲା। ସ୍ଥାନୀୟ ଲୋକମାନେ ବହୁ ଆଡ଼ମ୍ବର ଓ ଆୟୋଜନ କରି ସମସ୍ତଙ୍କର ଚର୍ଚ୍ଚା କରିଥିଲେ। ଗୋବର୍ଦ୍ଧନପୁରକୁ ଖଣ୍ଡପଡ଼ା ରାଜାସାହେବ ଚାଳିଶ ଖଣ୍ଡି ଶଗଡ଼ ଆଗରୁ

ପଠାଇ ଦେଇଥିଲେ ମୁଁ ଶଗଡ଼ିଆମାନଙ୍କୁ ପଚାରି ବୁଝିଲି ଯେ, ସେମାନେ ବେଠି ଭାବରେ ଶଗଡ଼ ଆଣି ରାଜାଙ୍କ ଭୟରେ ଆସିଚନ୍ତି। ଗଡ଼ଜାତି ଶାସନର ଏଇ ନିର୍ମମ ଅପଚାର ବିରୁଦ୍ଧରେ ମୋର ଆତ୍ମା ବିଦ୍ରୋହ କରି ଉଠିଲା। ଅଧିକନ୍ତୁ ଶଗଡ଼ିଆମାନେ ହାତରୁ ଖାଇବା ଜିନିଷ ଆଣି ଖରାରେ ଆସିଥିଲେ। ମୁଁ କ୍ରୋଧାନ୍ୱିତ ହୋଇପଡ଼ିଲି। ଠାକୁର ମନ୍ଦିର ଆଗରେ ଆମର ଚର୍ଚ୍ଚାକାରୀ ଉତ୍ସାହିତ ଭଦ୍ରଲୋକଙ୍କ ଦ୍ୱାରା ନିର୍ମିତ ବିଶାଳ ଛାମୁଡ଼ିଆ ତଳେ ଏକ ଛାତ୍ର ସଭା କରି ମୁଁ ଗଡ଼ଜାତି ଶାସନର ସ୍ୱରୂପ ସମସ୍ତଙ୍କୁ ବୁଝାଇଦେଲି। ଭୟଭୀତ ଶଗଡ଼ିଆମାନଙ୍କୁ ଫେରିଯାଇ ରାଜ୍ୟକୁ ଜଣାଇବାକୁ କହିଲି ଯେ, "ସତ୍ୟବାଦୀର ଶିକ୍ଷକ ଓ ଛାତ୍ରମାନଙ୍କ ପାଇଁ ଯେଉଁ ରାଜା ବେଠି ଶଗଡ଼ ପଠାଇଚନ୍ତି, ସେ ରାଜାଙ୍କର ନିମନ୍ତ୍ରଣ ରକ୍ଷା କରିବାକୁ ସତ୍ୟବାଦୀ ବିଦ୍ୟାଳୟ ପ୍ରସ୍ତୁତ ନୁହେଁ।" ଶଗଡ଼ିଆମାନେ ବିନୟ କରି କହିଲେ ଯେ "ସେମାନେ ରାଜାଙ୍କୁ ଏକଥା ଖବର ଦେଲେ ରାଜା ତାଙ୍କର ଧନ, ଜୀବନ ନଷ୍ଟ କରିଦେବେ। ଗଡ଼ଜାତି ଶାସନର ପ୍ରପୀଡ଼ନ ସେମାନଙ୍କ ମୁଖମଣ୍ଡଳରେ ସ୍ପଷ୍ଟ ଦିଶୁଥାଏ। କଥା ହେଲା ଯେ ସରଦାର ଯାଇ କହିବେ, "ପିଲାମାନେ ବା ଶିକ୍ଷକମାନେ ବେଠି ଶଗଡ଼ ବ୍ୟବହାର କରିବେ ନାଇଁ।" କେତେକ ପିଲାଙ୍କ ପାଇଁ ଶଗଡ଼ ପ୍ରୟୋଜନ ଥିବାରୁ ସେମାନେ ଭଡ଼ା ଦେଇ କେତେ ଖଣ୍ଡି ଶଗଡ଼ ରଖିବେ। ସରଦାର ସେଠାରୁ ଚାଲିଗଲେ। ଆମ୍ଭମାନଙ୍କ ଖାଦ୍ୟ ସାମଗ୍ରୀରୁ ବେଶିକିଛି ସରି ନଥିଲା। ସେଥିରୁ ଶଗଡ଼ିଆମାନଙ୍କୁ ଦେଲାବେଳକୁ ଗୋବିନ୍ଦପୁରର ଭଦ୍ରଲୋକ ଆପତ୍ତି କଲେ ଓ ସେମାନଙ୍କ ପାଇଁ ଖାଦ୍ୟ ପ୍ରସ୍ତୁତ କଲେ। ତହିଁ ଆରଦିନ ସକାଳୁ ଆମ୍ଭେମାନେ କଳାପଥରରେ ପହଞ୍ଚିଲୁ। ସ୍ଥାନୀୟ ଧନୀଲୋକମାନେ ଆମ୍ଭମାନଙ୍କର ଚର୍ଚ୍ଚା ପାଇଁ ବିରାଟ ଆୟୋଜନ କରିଥିଲେ। ପ୍ରାୟ ୨୦୦୦ ଲୋକ ଖାଇଲା ଭଳି ଆୟୋଜନ ହୋଇଥିଲା। ଆମ୍ଭେମାନେ ଓଲିଏ ରହିବାରୁ ସେମାନଙ୍କ ମନରେ ଦୁଃଖ ହେଲା। ସନ୍ଧ୍ୟାବେଳେ କଣ୍ଟିଲୋ ଯାତ୍ରା କଲାବେଳେ ଖଣ୍ଡପଡ଼ା ରାଜାଙ୍କର ୨୦ଟି ଶଗଡ଼ ଓ ପୂର୍ବ ଶଗଡ଼ିଆ ତଥା ବଳଦମାନଙ୍କ ପାଇଁ ଖାଦ୍ୟ ଓ ମଜୁରୀ ଟଙ୍କା ଆସି ପହଞ୍ଚିଲା। ରାଜା ସାହେବ କ୍ଷମା ମାଗି ପତ୍ର ଦେଇଥିଲେ ଏବଂ ଚାହିଁ ବସିଚନ୍ତି ବୋଲି ଲେଖିଥିଲେ; ତେଣୁ ଆମ୍ଭେମାନେ ଆଦରରେ ସେ ସବୁଯାକ ବ୍ୟବହାର କଲୁ। ଶଗଡ଼ିଆମାନଙ୍କର କୌଣସି ସ୍ଥାନରେ ରାନ୍ଧି ଖାଇବାର ପ୍ରୟୋଜନ ନଥିଲା। କଣ୍ଟିଲୋଠାରେ ସ୍କୁଲ ଡେପୁଟି ଇନିସ୍‌ପେକ୍ଟର ଶ୍ରୀ ଲୋକନାଥ ପଟ୍ଟନାୟକ ନିଜ କ୍ୟାମ୍ପ୍ ବଙ୍ଗଳାରେ ଥିଲେ। ସେ ଆଗରୁ ନିମନ୍ତ୍ରଣ କରିଥିଲେ। ମୁଁ ଓ ଗୋଦାବରୀଶ ତାଙ୍କର ପରିଚିତ ଥିଲୁ। ୭୦୦ ଠାରୁ ୮୦୦ ମଧ୍ୟରେ ଲୋକଙ୍କର ଅତିଥି ସତ୍କାର କରି ସେ ନିଜକୁ କୃତାର୍ଥ ମଣିଲେ। ସନ୍ଧ୍ୟାରେ ସେଠାରେ ଶ୍ଳୋକାନ୍ତ ହୋଇଗଲା।

୯୩। ନୀଳମାଧବ ଦର୍ଶନ

ତହିଁ ଆରଦିନ ସକାଳେ ନୀଳମାଧବ ଦର୍ଶନ। ନୀଳମାଧବଙ୍କର ଓ ଜଗନ୍ନାଥଙ୍କର ଏବଂ ଜଗନ୍ନାଥ ମନ୍ଦିର ଇତିହାସର ଓ ପ୍ରଶସ୍ତି ତଥା ଆର୍ଯ୍ୟଜୀବନ ଓ ଧର୍ମ ସମ୍ବନ୍ଧରେ ମୁଁ ସମସ୍ତଙ୍କୁ ବିସ୍ତୃତ ଭାବରେ ବୁଝାଇଦେଲି। ସେ ବଡ଼ ଗ୍ରାମଟିରେ କଂସା ବାସନ ତିଆରି ହୁଏ। ସେ ସବୁ ଦେଖିସାରି ସନ୍ଧ୍ୟା ପୂର୍ବରୁ ଖଣ୍ଡପଡ଼ା ଗଡ଼ ଅଭିମୁଖରେ ଯାତ୍ରାକଲୁ ଏବଂ ପ୍ରାୟ ରାତି ଆଠଟା ସରିକି ପହଞ୍ଚିଲୁ। ରାଜା ସାହେବଙ୍କର ବିଶାଳ ଆୟୋଜନ ଦେଖି ଆମେ ଚମତ୍କୃତ ହୋଇଗଲୁ। ଏତେ ଲୋକଙ୍କ ପାଇଁ ଅସ୍ଥାୟୀ ଘର ତିଆରି ହୋଇଥାଏ। ଶିକ୍ଷକମାନଙ୍କ ପାଇଁ ଘର ଓ ସଭାପାଇଁ ହଲ୍, ଖାଇବା ଓ ରୋଷାଇ ଘର ଆଦି ଅସ୍ଥାୟୀ ଅଥଚ ସୁନ୍ଦର ଭାବରେ ତିଆରି ହୋଇଥାଏ। ସବୁଠାରେ ଗ୍ୟାସ୍ ଲାଇଟ୍ ଓ ପାଣିର ବ୍ୟବସ୍ଥା—କୌଣସି ବିଷୟରେ ଅଭାବ ନଥାଏ। ପହଞ୍ଚିବା ମାତ୍ରେ ରାଜାସାହେବ ନିଜେ ଆସି ପ୍ରଥମେ ଜଳଯୋଗର ବନ୍ଦୋବସ୍ତ କରାଇଲେ। ଅୟୋଜନର ଆଡ଼ମ୍ବର ଦେଖି ମୁଁ ରାଜା ସାହେବଙ୍କୁ ସତ୍ୟବାଦୀ ବିଦ୍ୟାଳୟର ସଂଯମ ଓ ଶୃଙ୍ଖଳା କଥା ବୁଝାଇଦେଲି ଏବଂ ସେଠାରେ ତିନିଦିନ ଅବସ୍ଥାନ ମଧ୍ୟରେ ସରଳତା, ନିୟମ, ଶୃଙ୍ଖଳା ଓ ସଂଯମ ନଷ୍ଟ ନହେବା ଭଳି ବ୍ୟବସ୍ଥା କରିବାକୁ ଅନୁରୋଧ କଲି। କେବଳ ରାଜାଙ୍କ ଯୋଗାଡ଼ ଅନୁସାରେ କରାଯାଇଥିବା ଆମୋଦ ପ୍ରମୋଦ ଓ ପାନ ବିଡ଼ି ଗୁଡ଼ାଖୁ ଆଦିର ବ୍ୟବହାର ବନ୍ଦ ରହିଲା। ପରଦିନ ପ୍ରାତଃ କୃତ୍ୟ ଓ ଜଳଯୋଗ ଶେଷରେ ରାଜାସାହେବ ନିଜେ ଆସି ଆମ୍ଭମାନଙ୍କୁ ରାଜବାଟିକୁ ନେଲେ। ରାଜବାଟୀର ସମସ୍ତ ଦର୍ଶନୀୟ ବସ୍ତୁ ଆମେ ବୁଲି ବୁଲି ଦେଖିଲୁ। ଉପରବେଳା ହାତୀ ଘୋଡ଼ା ଓ ବଳଦଗାଡ଼ି ପଠାଇଦେଲେ। ଆମ୍ଭେମାନେ ପାହାଡ଼ ଜଙ୍ଗଲ ଦେଖିବାକୁ ଗଲୁ। ଜଙ୍ଗଲରେ ବାଘ ହେଣ୍ଟାଳ ଶୁଣାଯିବାର ଏବେ ମୋର ଅସ୍ପଷ୍ଟ ଭାବରେ ମନେଅଛି।

ଫେରିଆସି ଜଟଣୀ ଷ୍ଟେସନ୍ ପାଖେ ସାକ୍ଷୀଗୋପାଳଙ୍କର ଖମାର କଚେରି ବାରଣ୍ଡାରେ ଆମ୍ଭେମାନେ ରନ୍ଧାବଢ଼ା ଖିଆପିଆ ସାରି ଦିନ ଚାରିଟାବେଳେ ଗାଡ଼ିରେ ସତ୍ୟବାଦୀ ଫେରିଯିବୁ—ଏହା ସ୍ଥିର ହୋଇଥିଲା; ମାତ୍ର ପ୍ରାୟ ବାରଟା ବେଳେ ଶ୍ରୀ ବ୍ରଜସୁନ୍ଦର ଦାସ ଓ ଗୋପବନ୍ଧୁ ଦାସ ଆସି ପହଞ୍ଚିଲେ। ଗୋପବନ୍ଧୁ ବାବୁ ହଠାତ୍ କହିଲେ, "କଟକରେ ଯେଉଁ ଛାତ୍ରମାନେ ଉତ୍କଳ ସମ୍ମିଳନୀରେ ସ୍ୱେଚ୍ଛା ସେବକ ହେବାର ଥିଲା, ମିଃ ଦାସଙ୍କ ସଂଗେ ଅପଡ଼ ହୋଇ ସେମାନେ ସ୍ୱେଚ୍ଛାସେବକ ହେବେନାଇଁ ବୋଲି ଜଣାଇଦେଲେ। ମୋ ପାଖକୁ ବ୍ରଜସୁନ୍ଦର ଏ ଖବର ଘେନି ଆସିଚନ୍ତି; ଆମ ସ୍କୁଲରୁ ସ୍ୱେଚ୍ଛାସେବକ ଯାଇପାରିଲେ କାମ ଚଳିଯିବ ବୋଲି ମିଃ ଦାସ ଚିଠି ଲେଖିଚନ୍ତି। ମୁଁ ଷାଠିଏ ଜଣ ସ୍ୱେଚ୍ଛାସେବକ ନେଇଯିବି ବୋଲି ଆଜି

ଟେଲିଗ୍ରାମ୍ କରିଚି।" ଶେଷରେ ଷାଠିଏ ଜଣ ଛାତ୍ର, ଗୋପବନ୍ଧୁ ବାବୁ, ମୁଁ, ଗୋଦାବରୀଶ ଏବଂ କେତେଜଣ ଆଗ୍ରହୀ ଶିକ୍ଷକ କଟକ ଆସିଲୁ। ଅନ୍ୟମାନେ ସତ୍ୟବାଦୀ ଫେରିଗଲେ।

ଗାଡ଼ିରୁ ଓହ୍ଲାଇଲା ମାତ୍ରେ ଦେଖିଲୁ ହର୍ଷୋତ୍‌ଫୁଲ୍ଲ ବଦନରେ ମିଃ ଦାସ ଏବଂ ତାଙ୍କର କେତେକ ବନ୍ଧୁଗୁଡ଼ିଏ ଘୋଡ଼ାଗାଡ଼ି ରଖାଇ ପ୍ଲାଟ୍‌ଫର୍ମ ଭିତରେ ଅପେକ୍ଷା କରିଚନ୍ତି। ହଠାତ୍ ଗୋପବନ୍ଧୁଙ୍କୁ ସେ ନିବିଡ଼ ଆଲିଙ୍ଗନ କରିସାରି ମୋତେ ଓ ଗୋଦାବରୀଶଙ୍କୁ କୁଣ୍ଢାଇ ପକାଇ କହିଲେ—"ଆସ ନାଳନ୍ଦାର ଗୁରୁ। ଆଉ କର୍ମୀ ଅଭାବ ହେବେନାଇଁ। ମଙ୍ଗରାଜ ମଙ୍ଗ ମୋଡ଼ି ପାରିବ ନାଇଁ।"

୯୪। ଉତ୍କଳ ସମ୍ମିଳନୀ ଓ ସତ୍ୟବାଦୀର ସ୍ୱେଚ୍ଛାସେବକ

ସମ୍ମିଳନୀ ଆରମ୍ଭ ହେଲା। ଯେଉଁମାନେ ଆଗରୁ ସ୍ୱେଚ୍ଛାସେବକ ହୋଇଥିଲେ, ସେମାନେ ଦର୍ଶକ ଟିକେଟ ଘେନି ଆସି ସମ୍ମିଳନୀରେ ବସିଥାନ୍ତି; ମାତ୍ର ଆମ୍ଭମାନଙ୍କ ଶାନ୍ତି ଶୃଖଳାରକ୍ଷା ଯୋଜନା ଦେଖିବାପରେ ସେମାନଙ୍କ ଆଡୁ ଆଉ କୌଣସି ପ୍ରକାର ଗୋଳମାଳ ହୋଇନଥିଲା। ସଭାସ୍ଥଳକୁ ଲୋକମାନେ ଟିକଟ ଦେଖାଇ ଆସୁଥାନ୍ତି। ସେ ବର୍ଷର ଉତ୍କଳ ସମ୍ମିଳନୀରେ ଏକ ପ୍ରକାର ଉତ୍ସାହ ଓ ଉତ୍ତେଜନା ଥିବାରୁ ବହୁ ଭଦ୍ରବ୍ୟକ୍ତି ଉତ୍କଳର ସବୁ ଅଞ୍ଚଳରୁ ଆସିବାର ଥିଲା।

ମିଃ ଦାସଙ୍କ ଆଦେଶ ଥିଲା ଯେ ଯେକୌଣସି ବ୍ୟକ୍ତି ହେଉପଛକେ, ଟିକେଟ ନ ଦେଖାଇଲେ କାହାରିକି ପ୍ରବେଶ କରିବାକୁ ସ୍ୱେଚ୍ଛାସେବକମାନେ ଦେବେନାହିଁ। ଚାରିଜଣ ସ୍ୱେଚ୍ଛାସେବକ ଦୁଇଟି ସ୍ଥଳରେ ଟିକେଟ୍ ଦେଉଥାନ୍ତି। ଏବଂ ଆଠଜଣ ସ୍ୱେଚ୍ଛାସେବକ ପ୍ରଧାନ ପ୍ରବେଶ ଦ୍ୱାରରେ ଜଗି ରହିଥାନ୍ତି। ଅନ୍ୟ ତିନି ଫାଟକରେ ଦୁଇ ଦୁଇ ଜଣ ନିଯୁକ୍ତ ଥାନ୍ତି। ସେ ବାଟରେ ପ୍ରବେଶ କରିବାକୁ ମନା। ମାତ୍ର ଭିନ୍ନ ଭିନ୍ନ ବାଟରେ ବାହାରକୁ ଯିବାର ବନ୍ଦୋବସ୍ତ ଥାଏ।

ଜଣେ ଭଦ୍ରବ୍ୟକ୍ତିଙ୍କୁ ସ୍ୱେଚ୍ଛାସେବକମାନେ ବିନା ଟିକଟରେ ଯିବାକୁ ଅନୁମତି ଦେଲେନାଇଁ। ଗୋଦାବରୀଶ ବାବୁ ତାଙ୍କର ପରିଚୟ ଦେବାରୁ ସେ ପ୍ରବେଶ କରିଥିଲେ; କିନ୍ତୁ ବାଟରେ ଆଉ କେତେକ ସ୍ୱେଚ୍ଛାସେବକ ତାଙ୍କୁ ଅଟକେଇ ଦେଲେ। ମିଃ ଦାସ ଆସି ଘଟଣାସ୍ଥଳରେ ପହଞ୍ଚି ଗମ୍ଭୀର ଭାବରେ ସ୍ୱେଚ୍ଛାସେବକମାନଙ୍କୁ କହିଲେ—"ତାଙ୍କୁ ଛାଡ଼ିଦିଅ।" ତଥାପି ସତ୍ୟବାଦୀର ଛାତ୍ରମାନେ ନିର୍ଦ୍ଧାରିତ ଶୃଙ୍ଖଳାକୁ ବ୍ୟତିକ୍ରମ କରି ତାଙ୍କୁ ଅନୁମତି ଦେବାରେ କୁଣ୍ଠାପ୍ରକାଶ କଲେ। ଗୋପବନ୍ଧୁ ପହଞ୍ଚି କହିଲେ—"ସେ ପରା କବିବର ଗଙ୍ଗାଧର ମେହେର, ତାଙ୍କୁ ଛାଡ଼ିଦିଅ।" ପିଲାମାନେ

ତାଙ୍କୁ ଚିହ୍ନି ନଥିଲେ। ତାଙ୍କୁ ବିନୀତ ଅଭିବାଦନ କଲେ, ଗଙ୍ଗାଧର ମେହେର ଅଳ୍ପ ଅଳ୍ପ ହସୁଥାନ୍ତି। ଜଣେ ସ୍ୱେଚ୍ଛାସେବକ ସଭାମଣ୍ଡପକୁ ଯାଇ ଗୋଟିଏ ବିଶିଷ୍ଟ ଅତିଥି ଟିକେଟ୍ ଆଣିଲେ। ମିଃ ଦାସ ସତ୍ୟବାଦୀ ଛାତ୍ରଙ୍କ ଶୃଙ୍ଖଳା ଜ୍ଞାନ ଦେଖି ଅବାକ୍ ହୋଇଗଲେ ଏବଂ କହିଲେ, "ଆଉ ଏ ବାଟରେ ଏ ଟୋକାଏ ଛାଡ଼ିବେ ନାଇରେ ବାପା।" ତା'ପରେ ମୋତେ କହିଲେ—"Nilakantha your boys are fine।" ସେହିଠାରେ ଠିଆ ହୋଇ ସେ ଗୋଟିଏ କ୍ଷୁଦ୍ର ବକ୍ତୃତା ଦେଲେ। "ନେପୋଲିଅନ୍ ବୋନାପାର୍ଟଙ୍କ ଜୀବନରେ ଏହିପରି ଏକ ଅନୁଭୂତି ଜଣେ ବିଶ୍ୱସ୍ତ ପ୍ରହରୀଠାରୁ ହୋଇଥିଲା। ନେପୋଲିଅନ୍ ସମ୍ରାଟ୍ ଥିବାରୁ ପ୍ରହରୀକୁ ଯଥେଷ୍ଟ ପୁରସ୍କାର ଦେଇଥିଲେ। ଆମେ ସବୁ କାଙ୍ଗାଳ, କି ପୁରସ୍କାର ଦେବି ?" ଏତିକିବେଳେ ଜନତା ମଧ୍ୟରୁ ଆନନ୍ଦ ଧ୍ୱନି ଉଠିଲା ଏବଂ ମିଃ ଦାସଙ୍କୁ "Uncrowned king of Orissa" ଧ୍ୱନିରେ ଜନତା ଅଭିବାଦନ ଜଣେଇଲା। ମିଃ ଦାସ କବିବରଙ୍କୁ ମାଲ୍ୟ ଦେଇ ପୂଜିତ କଲେ ଏବଂ ସେଥିରୁ ଖଣ୍ଡିଏ ସତ୍ୟବାଦୀର ସ୍ୱେଚ୍ଛାସେବକ ଚନ୍ଦ୍ର ଶେଖରଙ୍କ ବେକରେ ପକାଇ ଦେଲେ। ସେହି ସମୟଠାରୁ ସମ୍ମିଳନୀ ଶେଷ ପର୍ଯ୍ୟନ୍ତ ସଭାକୁ ପ୍ରବେଶ ଓ ବହିର୍ଗମନରେ ନିୟମ ସମସ୍ତେ ପାଳନ କରିଥିଲେ।

ସେଦିନ ଗୋପବନ୍ଧୁ ବାବୁଙ୍କୁ ଦେଶ ମିଶ୍ରଣ ସଂପର୍କରେ ମୁକ୍ତ ବକ୍ତୃତା ଦେବାକୁ ଜନତାର ଅନୁରୋଧ ଶୁଣି ଆମ୍ଭେମାନେ ଅତ୍ୟନ୍ତ ଆହ୍ଲାଦିତ ହୋଇଥିଲୁ। ମିଃ ଦାସ ଗୋପବନ୍ଧୁଙ୍କ କାନ୍ଧରେ ହାତ ପକାଇ ତାଙ୍କୁ ଆଣି ବକ୍ତୃତା ମଞ୍ଚରେ ଠିଆ କରାଇ କହିଲେ—"ଗୋପବନ୍ଧୁ ଆଉ ଗୋପ୍ୟ ହୋଇ ରହି ନପାରେ। ଏ ସଂପର୍କରେ ମୋ କହିବା ନଥିଲା। କାରଣ ଲୋକ ପ୍ରାଣରେ ମୋ ଗୋପବନ୍ଧୁ ସ୍ଥାନ ପାଇଚି। ସଭାପତିଙ୍କ ଅନୁମତି ହେଉ।" ସଭାପତି ମହାଶୟ ଭକ୍ତି ବିନମ୍ର ସ୍ମିତ ବଦନରେ ଗୋପବନ୍ଧୁଙ୍କୁ କେବଳ ଚାହିଁ ଦେଇ ଅନୁମତି ଦିଅନ୍ତେ ଜଳଦଗମ୍ଭୀର ସ୍ୱରରେ ଗୋପବନ୍ଧୁ ଉତ୍କଳର ବିଚ୍ଛିନ୍ନ ଅଞ୍ଚଳ ସିଂହଭୂମି, ମେଦିନୀପୁରର ଦୁରାବସ୍ଥା ବର୍ଣ୍ଣନା କରି ଯେଉଁ ବକ୍ତୃତା କରିଥିଲେ, ତାହା ଜନତାଙ୍କୁ କନ୍ଦାଇ ଦେଲା। ଟିକେଟ୍ ବଣ୍ଟା ଓ ପ୍ରବେଶ ତଥା ବହିର୍ଗମନ ବନ୍ଦକରି ଆମ୍ଭେମାନେ ନିବିଷ୍ଟ ମନରେ ଶୁଣିଲୁ! ବ୍ରିଟିଶ୍ ସରକାରଙ୍କର ଅଯୌକ୍ତିକ ଉତ୍କଳର ବିଚ୍ଛେଦରେ ତୀବ୍ର ଓ ନିର୍ଭୀକ ସମାଲୋଚନା ଗୋପବନ୍ଧୁଙ୍କୁ ଅତି ଉଚ୍ଚକୋଟୀର ବକ୍ତା ଓ କର୍ମବୀର ବୋଲି ଲୋକଙ୍କ ମନରେ ଧାରଣା ଜନ୍ମାଇ ଦେଲା।

ସେଦିନ ରାତିରେ ମିଃ ଦାସ ଗୋଟିଏ ଭୋଜୀର ବନ୍ଦୋବସ୍ତ କରିଥିଲେ। କେତେ ରାଜା ଓ ଏମାର ମଠର ମହନ୍ତ ମହାରାଜ ଆସି ଆମ ବସାଘର ପ୍ରାଙ୍ଗଣରେ ବସିଲେ। ମିଃ ଦାସ ଛାନ୍ଦ ଓ ଶ୍ଳୋକାନ୍ତ ଶୁଣିବାକୁ ଆଗ୍ରହ ପ୍ରକାଶ କଲେ। ତାହା ବେଶ୍

ଆମୋଦଦାୟକ ହେଲା। ମିଃ ଦାସ, ଗୋପବନ୍ଧୁ, ମୁଁ, ଗୋଦାବରୀଶ ମଧ୍ୟ ସେଥିରେ ଯୋଗଦେଲୁ। ଆମକୁ ସ୍ୱରଧରି ବୋଲି ଆସୁ ନଥାଏ; ତେଣୁ ବେଶ୍ ହସ ଜମୁଥାଏ। ଶ୍ଳୋକାନ୍ତ ବନ୍ଦ କରାଇ ସଂସ୍କୃତ ଭାଷାରେ ଓ ସାହିତ୍ୟର ଗାମ୍ଭୀର୍ଯ୍ୟ ଓ ଗୁରୁତ୍ୱ ବର୍ଣ୍ଣନା କରି ମିଃ ଦାସ ଗୋଟିଏ ଆଲୋଚନାମୂଳକ ଭାଷଣ ଦେଲେ। ମିଃ ଦାସ ମୋତେ ଅନୁରୋଧ କରିବାରୁ ମୁଁ ଆଉଦିନେ ସତ୍ୟବାଦୀ ପିଲାଙ୍କୁ ଛୁଟି ଦେଲି। ଚାରିଜଣଙ୍କ ପାଇଁ ଘୋଡ଼ାଗାଡ଼ିର ଆୟୋଜନ ହେଲା। ମିଃ ଦାସଙ୍କ କଥା ଅନୁସାରେ ଗୋଦାବରୀଶ ଛାତ୍ରମାନଙ୍କୁ କଟକ ସହର ବୁଲେଇ ଦେଖେଇଲେ। ନିଜେ ମିଃ ଦାସ ପିଲାମାନଙ୍କୁ ନେଇ ଐତିହାସିକ ଦୁର୍ଗ ବାରବାଟି ପରିଦର୍ଶନରେ ଗଲେ। ପ୍ରବେଶ କାଳରୁ ବାହାରି ଆସିବା ଯାଏ ସେ ବରାବର ପ୍ରଗଲ୍‌ଭ ଭାବରେ କଥା କହୁଥାନ୍ତି। ମୁହିଁ କାନ୍ଦ କାନ୍ଦ ହୋଇ ଆସୁଥାଏ। ଆମ୍ଭେମାନେ ସତ୍ୟବାଦୀ ଫେରିଆସିଲୁ। ସତ୍ୟବାଦୀର ମର୍ଯ୍ୟାଦା ଓ ଖ୍ୟାତି ଆହୁରି ବଢ଼ିଗଲା।

୯୫। ଗୋଦାବରୀଶଙ୍କ ସ୍କୁଲ ଭାରନେବା ଓ ଫକସ୍ ସାହେବଙ୍କ ସ୍କୁଲ ଦେଖା

ତା'ପରେ ସତ୍ୟବାଦୀ ସ୍କୁଲ ହେଲା, ଆଉ ସେଥିରେ ପଢ଼ା ଚାଲିଲା। ଗୋଦାବରୀଶ କୃପାସିନ୍ଧୁ ପ୍ରଭୃତି ସେଥିରେ ବଡ଼ ଆତ୍ମନିୟୋଗ କଲେ। ଏହିପରି ଅବସ୍ଥାରେ ଦିନେ ସତ୍ୟବାଦୀ ସ୍କୁଲ ଭାଙ୍ଗିଗଲା (ସ୍କୁଲର ଇତିକଥା ଦେଖ)। ୧୭-୯-୧୯୧୮ ତାରିଖରେ ଶ୍ରୀଯୁକ୍ତ ଗୋଦାବରୀଶ ମିଶ୍ର ମୋଠାରୁ କାର୍ଯ୍ୟଭାର ନେଲେ।ଈ

ଈ Today afternoon as the Headmaster of the School and the Superintendent of the Hostel, I took charge of the School, the Hostel and the Industrial Department from the former Headmaster and the Superintendent Babu Nilakanth Das, M.A.

Satyabadi School

The 17th, Sep, 1918 Godavaris Misra

ତା'ପରେ ଶିକ୍ଷା ବିଭାଗ ଡିରେକ୍ଟର ଫକ୍‌ସ ସାହେବ ସ୍କୁଲ ଦେଖିବାକୁ ଆସିଲେ। ମୁଁ ସେତେବେଳେ ସ୍କୁଲରେ ନଥାଇ ଘରେ ଥିଲି। ଘରୁ ଆସି ସ୍କୁଲ ଦେଖାଇଲି। ଫକ୍‌ସ ସାହେବ ମୋ କ୍ଲାସମାନଙ୍କରେ ନୋଟ ଦେବା ଓ ପାଠ୍ୟ ତିଆରି କରିବା ପ୍ରଭୃତି ଦେଖି ବଡ଼ ପ୍ରୀତ ହେଲେ। ମୋତେ କହିଲେ, "ତମେ ଏଇପରି ଯେତେ ପାଠ୍ୟ ତିଆରି କରିବ, ମୁଁ ତାକୁ ସବୁ ଛପାଇଦେବି ଓ ତାହା ଶିକ୍ଷା ବିଭାଗରେ ଚଳିବ।" ମୁଁ କୌଣସି ଅସୁବିଧାରୁ ତାହା ଆଉ କରିପାରି ନାଇଁ; କିନ୍ତୁ ମୁଁ ପିଲାମାନଙ୍କ

ପାଇଁ ବହୁତ ବହି ଲେଖିଥିଲି। ତାହା ମଧ୍ୟ ବିଭାଗୀୟ ମଞ୍ଜୁର ପାଉଥିଲା। ଏହି ଘଟଣା ପରେ ମୋର ସେ ସବୁ ବହି ବିକ୍ରି ବନ୍ଦ ହୋଇଗଲା। ଶେଷରେ ମୋର ପିତାଙ୍କ ରାମାୟଣ ଓ ପିତାଙ୍କ ମହାଭାରତ ନାମରେ ଚଳୁଥିବା ଦୁଇଖଣ୍ଡଯାକ ବହି ସେଇଦିନଠାରୁ ଆଉ ସ୍କୁଲରେ ଚଳି ନାଇଁ, କିନ୍ତୁ ଏହାର କାର୍ଯ୍ୟ କାରଣ ନିରୂପଣ କରିବା ମୋ ପକ୍ଷରେ ସହଜ ନୁହେଁ।

ଆମ ରାଜନୀତି

୯୬। ସତ୍ୟବାଦୀର ଇତିକଥା

(କ) ୧୯୧୮ ମସିହା ଅକ୍ଟୋବର ୧୪ ତାରିଖରେ ଯଥାର୍ଥରେ ଏହି ସତ୍ୟବାଦୀ ସ୍କୁଲ ଭାଙ୍ଗିଗଲା। ତା'ର କାରଣ ଆମ ସତ୍ୟବାଦୀ ବହୁକାଳ ପରାଧୀନ ଥିଲା ଓ ସେହି ସୂତ୍ରରେ ଆମ୍ଭମାନଙ୍କର ଏପରି ଗୋଟିଏ ସ୍କୁଲ ରଖିବାର ଓ ସେଥିପାଇଁ ସ୍ଥାୟୀ ଭାବରେ କାମ କରିବାର ଧୈର୍ଯ୍ୟ ଓ ଶକ୍ତି ନଥିଲା। ସତ୍ୟବାଦୀ ସ୍କୁଲ ଭାଙ୍ଗିବାର ଅଳ୍ପଦିନ ପୂର୍ବରୁ ଗୋପବନ୍ଧୁ ବାବୁ ଶାନ୍ତି ନିକେତନରେ ରବୀନ୍ଦ୍ର ବିଦ୍ୟାଳୟ ଦେଖିବାକୁ ଯାଇଥିଲେ। ସେ ଆସି ସେ ସ୍କୁଲର ସୁନ୍ଦର ଦୃଶ୍ୟ ବର୍ଣ୍ଣନା କରିବା ସଂଗେ ସଂଗେ ସେଠାରେ ଛାତ୍ରମାନେ କିପରି ସବୁକାର୍ଯ୍ୟ ହାତେ ହାତେ କରନ୍ତି, ସେ କଥା ହସି ହସି କହିଲେ—"ଗାଡ଼ିରେ ଛାତ୍ରମାନେ ବସି ଚାକରକୁ ସାଙ୍ଗରେ ଧରି ବଜାରକୁ ପରିବାପତ୍ର କିଣିବାକୁ ଯାଆନ୍ତି।" ସେ କଥା ଶୁଣି ଆମେମାନେ କ'ଣ ମନେ କରିଥିଲୁ ସେ ଅନୁଭବ ଆଜି କହି ହେବ ନାଇଁ। ତେବେ ଏ ସବୁ ଉଚ୍ଚ ଆକାଙ୍‌କ୍ଷା ଓ ଅଭିଳାଷ ସତ୍ତ୍ୱେ ୧୯୧୮ ସାଲରେ ସତ୍ୟବାଦୀ ସ୍କୁଲରେ ଯାହା ଯାହା ଘଟିଲା ତା'ର ସୂଚନା ଦେବା ଉଚିତ ମନେ କରୁଚି। ବି:ଟି: ପଢ଼ିବା ପାଇଁ ତା' ପୂର୍ବବର୍ଷ ଗୋଦାବରୀଶ ବାବୁଙ୍କୁ କଲିକତା ପଠାଗଲା। ସେହିବର୍ଷ ସେ ପରୀକ୍ଷାରେ ପ୍ରଥମ ଶ୍ରେଣୀରେ ପ୍ରଥମ ଭାବରେ ଉତ୍ତୀର୍ଣ୍ଣ ହୋଇ ସତ୍ୟବାଦୀକୁ ପୁଣି ଆସିଲେ; କିନ୍ତୁ ଆଜି କହିବାକୁ ବଡ଼ କଷ୍ଟ ହେଉଚି—ତାଙ୍କର ପ୍ରଧାନ ଶିକ୍ଷକ ହେବା ପାଇଁ ଆକାଙ୍‌କ୍ଷା ବଡ଼ ପ୍ରବଳ ହୋଇଉଠିଲା। କାରଣ ସେ ହେଲେ ଏମ୍.ଏ.ବି.ଟି.। ମୁଁ ଖାଲି ଏମ୍.ଏ.। ସେ ସାଂଗେ ସାଂଗେ ଖୋର୍ଦ୍ଧା ସ୍କୁଲକୁ ହେଡ଼ମାଷ୍ଟର ହେବା ପାଇଁ ଦରଖାସ୍ତ କରିଦେଲେ। ଗୋପବନ୍ଧୁ ବାବୁ ଏକଥା ଶୁଣିଲେ। ବହୁ ପରିଶ୍ରମ କରି କଲିକତାରେ ଶଶିଭୂଷଣ ରାୟ ଚୌଧୁରୀ ଓ ଅନ୍ୟାନ୍ୟ ବନ୍ଧୁମାନଙ୍କୁ ଧରି ଗୋଦାବରୀଶଙ୍କୁ ମୂକ ବଧିର ବିଦ୍ୟାଳୟ ପାଇଁ ବିଲାତ ଯିବା ଛଡ଼ାଇ ଆଣିବା ଘଟଣା ତାଙ୍କର ମନପଡ଼ିଲା। ସେ ଗୋଦାବରୀଶ, କୃପାସିନ୍ଧୁ, ହରିଭାଇନା ଓ ମତେ ସତ୍ୟବାଦୀର ମନ୍ଦିର ବଙ୍ଗଳା (ଗୋପବନ୍ଧୁ ବାବୁ ସେତେବେଳେ

ମନ୍ଦିର ବଙ୍ଗଳାରେ ରହୁଥାନ୍ତି; କାରଣ ସେ ମନ୍ଦିର ଏଣ୍ଡାମେଣ୍ଟ୍ କମିଟିରେ ମଧ୍ୟ ମେମ୍ବର ଥାନ୍ତି)କୁ ଡକାଇ ନେଲେ। ସେଠାରେ ବସି ଏହି ସବୁ କଥା କହୁ କହୁ ନିଜେ ଗୋପବନ୍ଧୁ ବାବୁ ଭୋ' ଭୋ' କାନ୍ଦି ପକେଇଲେ। ଆମେ ସମସ୍ତେ ମଧ୍ୟ କାନ୍ଦିଲୁ। ପ୍ରାୟ ଅଧଘଣ୍ଟାଏ ପରେ ସ୍ଥିର ହେଲା—ସତ୍ୟବାଦୀରେ କେହି ସ୍ଥାୟୀ ପ୍ରଧାନ ଶିକ୍ଷକ ହୋଇପାରିବେ ନାହିଁ। କୃପାସିନ୍ଧୁ, ଗୋଦାବରୀଶ ଓ ମୁଁ ପ୍ରତ୍ୟେକ ତିନି ତିନି ବର୍ଷ ପାଇଁ ପ୍ରଧାନ ଶିକ୍ଷକ ହେବୁ। କିନ୍ତୁ ମୁଁ ବୁଝିଲି ଏ ସମାଧାନ ଯଥାର୍ଥ ସମାଧାନ ନୁହେଁ। ବିଶେଷରେ ମୋର ମନ ମଧ୍ୟ ସେହିଠାରୁ ଫାଟିଗଲା। ମୁଁ ଜାଣିଲି ଏ ସ୍କୁଲ ଯେଉଁ ପୀଠରେ ଯେଉଁ ଅଭିଳାଷ ନେଇ ବଢୁଥିଲା ତା' ଆଉ ପୂର୍ଣ୍ଣ ହୋଇପାରିବ ନାହିଁ।

ସେହିଦିନ ଗୋଦାବରୀଶ ପ୍ରଧାନ ଶିକ୍ଷକ ହେଲେ ଓ ତା'ର କେତେଦିନ ପରେ ଗୋପବନ୍ଧୁ ବାବୁ ମୋତେ ବୋର୍ଡିଂରେ ରହିବାକୁ ମନାକରି ଗ୍ରାମକୁ ଯିବାକୁ କହିଲେ। ମୁଁ ସବୁ ଛାଡ଼ି ଗ୍ରାମକୁ ଗଲି। ବୋର୍ଡିଂରେ ପରିଚାଳକ ହୋଇ ଆଉ କେହି ରହିଲେ ନାହିଁ। ସ୍କୁଲର ହେଡ୍‌ମାଷ୍ଟର ନାମକୁ ମାତ୍ର ବୋର୍ଡିଂରେ ପରିଚାଳକ ରହିଲେ। ଗୋଦାବରୀଶ ଆଗରୁ ଯେଉଁଠି ରହୁଥିଲେ ସେହିପରି ଅନ୍ୟଠି ରହିଲେ, କିନ୍ତୁ ଏ ବୋର୍ଡିଂ ତନ୍ନ ତନ୍ନ କରି ଚଳାଇବା ମୋର କାମ ଥିଲା। ପିଲାମାନେ ମୋତେ ଖାତିର କରି ସାଧାରଣ ଶୃଙ୍ଖଳାଗତ ନିୟମରେ ବ୍ୟତିକ୍ରମ କରୁ ନଥିଲେ। ମୁଁ ଗ୍ରାମକୁ ଗଲାପରେ ବୋର୍ଡିଂର ଛାତ୍ରମାନଙ୍କର ମେସ୍‌ଖର୍ଚ୍ଚ ପ୍ରାୟ ଦେଢ଼ହଜାର ଟଙ୍କା ବାକୀ ପଡ଼ିଗଲା।

ଗୋପବନ୍ଧୁ ବାବୁ ମୋତେ ଡକାଇ ଆଣିଲେ। କହିଲେ—"ଏ ବାକୀସବୁ ଆଦାୟ କରିପାରିବ?" ମୁଁ କିଛି ନକହି ଦିନତମାମ ଲାଗି ପ୍ରାୟ ସବୁ ବାକୀ ଆଦାୟ କରିଦେବାର ବ୍ୟବସ୍ଥା କଲି, କିନ୍ତୁ ପରେ ବାକୀ ବନ୍ଦ କରିବାର ଆଉ ଉପାୟ ନଥିଲା।

ବଡ଼ ବାକୀ ଏକକାଳୀନ ପୂରଣ ହୋଇଯିବା ପରେ ଆଗକୁ ମାସିକିଆ ବାକୀ ରୋକି ହେଲାନି। ଏତେ କଉଡ଼ି ଏକାବେଳେକେ ଦେବା ଓଡ଼ିଶାର ଦରିଦ୍ର ଅଭିଭାବକମାନଙ୍କ ପକ୍ଷେ ଅସମ୍ଭବ। ଫଳରେ ବୋର୍ଡିଂକୁ ଟଙ୍କା ଦିଆଯାଇ ପାରିଲା ନାହିଁ।

(ଖ) କହିଚି ସତ୍ୟବାଦୀ ସ୍କୁଲ ବସିଥିଲା ୧୯୦୯ରେ ମୁଁ ସେତେବେଳେ ସତ୍ୟବାଦୀ ସ୍କୁଲକୁ ବସାଇ ସେହି ସତ୍ୟବାଦୀ ସ୍କୁଲରେ ରହିବାକୁ ଏକାନ୍ତ ମନସ୍ଥ କରି କଲିକତାକୁ ଏମ୍.ଏ. ପଢ଼ିବାକୁ ଯାଇଥିଲି। ଗୋପବନ୍ଧୁବାବୁ ସେଦିନ ନିଜେ ଥାଇ ଏ ସ୍କୁଲକୁ ୧୯୧୮ ଅକ୍ଟୋବର ମଝିରେ ପ୍ରାୟ ଭାଙ୍ଗିଦେଲେ। କାରଣ ସମସ୍ତଙ୍କୁ ସନ୍ତୁଷ୍ଟ କରିବାକୁ ସେ ଯେଉଁ ବାଟଟି ଫିଟେଇଲେ ସେଥିରେ କେହି ସନ୍ତୁଷ୍ଟ ହେବାର ନୁହେଁ। ସତ୍ୟବାଦୀ ବିଦ୍ୟାଳୟର ଆଦର୍ଶ କିନ୍ତୁ ତା' ନଥିଲା। ଏଥିରେ ଗୋପବନ୍ଧୁ ବାବୁଙ୍କର

ସମସ୍ତ ଆଶା ଓ ଉନ୍ମୁଖତା ଯେପରିକି ଚୂରି ହୋଇଗଲା। କେତେଦିନ ରହି ସେ ସ୍କୁଲକୁ ଚଳାଇଲେ। ମୁଁ ସ୍କୁଲବୋର୍ଡିଂ ଛାଡ଼ି ଯାଇ ଗ୍ରାମରେ ରହିଲି। ଅବସ୍ଥା ଯାହା ଦେଖିଲି ସେଥିରେ ମୋ ମନରେ ଅତ୍ୟନ୍ତ ବିରାଗ ହେଲା। ସେତିକିବେଳେ ପୁରୀ ଦୁର୍ଭିକ୍ଷର ରିପୋର୍ଟ ଛାପିବାକୁ ମୁଁ କଲିକତା ଯାଇଥିଲି। ଦୁର୍ଭିକ୍ଷ କଥା ପର ପର୍ଯ୍ୟାୟରେ କହୁଚି। କଲିକତାରେ ସାର୍ ଆଶୁତୋଷ ମୁଖାର୍ଜୀଙ୍କ ସହିତ ମୋର କଥାବାର୍ତ୍ତା ହେଲା। ମୁଁ ଶେଷକୁ ଠିକ୍ କଲି ଦୁଇବର୍ଷ ପାଇଁ କଲିକତା ଆସିବି। ଜଣେ ଛାତ୍ର ଏମ୍.ଏ. ପାସ୍ କରିସାରିଲେ ତାଙ୍କୁ ମୋ ସ୍ଥାନରେ ଛାଡ଼ିଦେଇ ସତ୍ୟବାଦୀ ସ୍କୁଲକୁ ଫେରିଯିବି। ଏତେଦିନ ଗଲା ନାଇଁ। କଲିକତା ବିଶ୍ୱବିଦ୍ୟାଳୟରେ "Oriya Cum Comparative Philology" ଅଧ୍ୟାପକ ଭାବରେ ରହିବାର ପ୍ରାୟ ତିନିମାସ ପରେ ଅସହଯୋଗ ଆନ୍ଦୋଳନ ଆରମ୍ଭ ହୋଇଗଲା। ଏ ଆନ୍ଦୋଳନରେ ସମସ୍ତେ ଝାମ୍ପିପଡ଼ିଲେ। ମୁଁ କଲିକତା ଛାଡ଼ିଦେଇ ସମ୍ବଲପୁର ଆସିଲି। ସେଠାରେ ବର୍ଷେକାଳ ଜୋର ପରିଶ୍ରମ କରି ପିଲାକୁ ମଣିଷ କରିବାଠାରୁ ସାଧାରଣରେ କଂଗ୍ରେସ ପରିପ୍ରଚାର ଓ ଖବରକାଗଜ ଛାପିବା ପର୍ଯ୍ୟନ୍ତ ସବୁ କରି ଶେଷରେ ଗାନ୍ଧି ପୁରୀ ଆସିଲାବେଳକୁ ପ୍ରାୟ ସେପ୍ଟେମ୍ବର କିମ୍ବା ଅକ୍ଟୋବରରେ ସମ୍ବଲପୁର ଛାଡ଼ିଆସିଲି। ସେଠାରୁ ଆସି ଗୋପବନ୍ଧୁ ବାବୁ କହିବା ମୁତାବକ ସତ୍ୟବାଦୀ ବିଦ୍ୟାଳୟରେ (ସେତେବେଳକୁ ତାହା କଲେଜ ହୋଇଥିଲା) ଓଡ଼ିଆ ପଢ଼ାଉଥିଲି। କିନ୍ତୁ ଦେଖିଲି ଗୋପବନ୍ଧୁ ବାବୁଙ୍କର ସେପରି ତେଜ କିମ୍ବା ମମତା ଆଉ ନଥିଲା। କେବଳ ସତ୍ୟବାଦୀ ପ୍ରେସ୍‌ଟି ସେ ପୁରୀ ନେଇଯିବାର କଥା କରିଥିଲେ ଓ ପରେ ପୁରୀରୁ କଟକ ଆଣି କଟକରେ ଛାଡ଼ିଗଲେ। କ୍ରମେ କ୍ରମେ ସ୍କୁଲରେ ପାଠପଢ଼ା ବ୍ୟବସ୍ଥା ଭାଙ୍ଗିଦେଇ ସେ ସେଠାରେ ବ୍ରହ୍ମଚର୍ଯ୍ୟାଶ୍ରମ କରିବାର ଆୟୋଜନ କଲେ। ସେଥିପାଇଁ ସାଧକ ଛାତ୍ର ଆଣିବାର କଳ୍ପନା କଲେ। ସବୁବେଳେ ବରାବର ଘରୁ ଆସି ତାଙ୍କ ନିଜ ପାଖରେ ସତ୍ୟବାଦୀରେ ରହିବାକୁ ମୋତେ ଲୋଡ଼ୁଥିଲେ। ବିଶେଷରେ ତାଙ୍କର ରୋଗ ହେଲେ ମୋତେ ବରାବର କହୁଥିଲେ 'ନୀଳକଣ୍ଠ, ମୋ ପାଖରେ ଥାଅ।' ଏପରିକି ଶେଷରେ ଯେତେବେଳେ କଲିକତାରୁ ଫେରିଆସି ଜ୍ୱର ଲେଉଟିବାରୁ ସେ ଆଶଙ୍କିତ ହେଲେ, ସେତେବେଳେ ସେ ବରାବର ମୋତେ କହୁଥିଲେ, "ମୋ ପାଖରୁ ଯାଅ ନାଇଁ।"

ଏଣେ ଗୋଦାବରୀଶ ଖ୍ରୀ: ୧୯୧୯ର ପ୍ରଥମ ଭାଗରେ ଗୋପବନ୍ଧୁ ବାବୁଙ୍କ ପ୍ରେରଣାରେ ଚକ୍ରଧରପୁର ଚାଲିଗଲେ। ସେଠି ବିଚ୍ଛିନ୍ନାଞ୍ଚଳକୁ ଏକତ୍ରିତ କରିବା ଗୋପବନ୍ଧୁ ବାବୁଙ୍କ ସ୍ୱପ୍ନ ଥିଲା। ଗୋଦାବରୀଶ ସେହି ଗୁରୁ ଦାୟିତ୍ୱରେ ରହି ଜୀବନରେ କେତେ ହୀନସ୍ତା ଭୋଗିଚନ୍ତି—ପ୍ରକାଶ କରିହେବନି। କୃପାସିନ୍ଧୁ ମିଦନାପୁରର

ବାହାଡ଼ାଗୋଡ଼ାକୁ ହାଇସ୍କୁଲଟିଏ କରିବାକୁ ଚାଲିଗଲେ। ସତ୍ୟବାଦୀର ସୀମିତ ପରିବେଶ ଭିତରୁ ଓଡ଼ିଶାର ବୃହତ୍ତର କର୍ମଭୂଇଁକୁ ଆମେମାନେ ଗୋଟିକ ପରେ ଗୋଟିଏ ଖସିଲା ପରେ ସ୍କୁଲର ମୂଳ ଉଦ୍ଦେଶ୍ୟ ଦୋହଲିଗଲା। ସତ୍ୟବାଦୀକୁ ଏକ ଆଦର୍ଶ ବନବିଦ୍ୟାଳୟରେ ପ୍ରତିଷ୍ଠିତ କରି ଏ ଦେଶକୁ ଏକ ନୂତନ ଆଭିମୁଖ୍ୟରେ ଗଢ଼ିବାର ଆକାଙ୍କ୍ଷା ଆମ ସମସ୍ତଙ୍କର ଥିଲା। ବସ୍ତୁତଃ ସେଇ ପ୍ରଚ୍ଛନ୍ନ ଅଭିପ୍ରାୟରେ ଆମେମାନେ ଏଠି ତାଲିମ୍ ନେଉଥିଲୁ ଓ ଛାତ୍ରମାନଙ୍କୁ ତାଲିମ୍ ଦେଉଥିଲୁ। କିନ୍ତୁ ପରିସ୍ଥିତି ଆମର ସେଇ ଉଦ୍ୟୋଗ ପର୍ବର ଗୌରବାବହ ଉପସଂହାର ଦେଖିପାରିଲାନି। ସ୍କୁଲ ଭାଙ୍ଗିଗଲା।

ଏଇଠାରେ ମୋର ମନେ ଅଛି, ମୋ ଜୀବନର ଗୋଟିଏ ପବିତ୍ର ଓ ବିରାଟ ଅଧ୍ୟାୟର ଶେଷ ହେଲା। ମୁଁ ଚବିଶ ଘଣ୍ଟା ସ୍କୁଲର ପିଲାଙ୍କ କାମ ଦେଖୁଥିଲି ଓ କରୁଥିଲି। ଏପରିକି କୌଣସି ପିଲାଙ୍କୁ ଘେନି ବିଲରେ Arm Chair ପକାଇ ଲଣ୍ଠନ ରଖି ଗ୍ରହ ମାନଚିତ୍ର ଧରି ତାରା, ଗ୍ରହମାନଙ୍କର ଗତି, ଗ୍ରହର ଅତିଚାର ପର୍ଯ୍ୟନ୍ତ ବୁଝାଇ ଦେଖାଉଥିଲି ପିଲାମାନଙ୍କୁ ନେଇ ଦୂର ଗ୍ରାମକୁ ନିମନ୍ତ୍ରଣ ଖାଇ ଯାଇ ଆସି ବାଟରେ ବିଲରେ ଟେକାରେ ମଧ୍ୟ ବେଳେ ବେଳେ ଶୋଇପଡ଼ିବାର ମନେ ଅଛି। ସ୍କୁଲର ଛୁରିଅନା ଗଛରୁ କେହି ଗୋଟିଏ ପତ୍ର ଛିଡ଼ାଇଲେ ଜବତ କରୁଥିଲି। ପିଲାମାନେ ଶୋଇବା ପରେ ରାତିରେ ଲୁଚିଛପି ସେମାନଙ୍କ ଗଳ୍ପ ଶୁଣି ତହିଁଆରଦିନ ସନ୍ଧ୍ୟାବେଳେ ବ୍ଲକ୍ ମିଟିଂରେ ପିଲାମାନଙ୍କ ଆଗେ ତାହା ରହସ୍ୟରେ ପ୍ରକାଶ କରି ସେମାନଙ୍କୁ ଲଜ୍ଜିତ କରୁଥିଲି। ଏହିପରି ବୋଡିଂରେ ରହି ଦିନର ଚବିଶ ଘଣ୍ଟା କେବଳ ପିଲାଙ୍କ କାର୍ଯ୍ୟରେ ମନ ଦେଉଥିଲି। ଏ ସବୁ ମୋ ଚିରଦିନ ପାଇଁ ବନ୍ଦ ହୋଇଗଲା କହିଲେ ଚଳେ। ଆମ୍ଭେମାନେ ସମସ୍ତେ ରାଜନୀତିରେ ଯୋଗଦେଲୁ। ଏଇଠାରୁ ମୋର ପ୍ରତ୍ୟକ୍ଷ ରାଜନୈତିକ ଜୀବନର ଆରମ୍ଭ।

୯୭। "ରଂଜିତ ଅସିଧାରେ....."

ଏଠି କହିଦିଏଁ, ଏଇ ସତ୍ୟବାଦୀ ସ୍କୁଲର ଶିକ୍ଷକ ଓ ଛାତ୍ରମାନଙ୍କ ସାହିତ୍ୟିକ ଚେତନା ପ୍ରତି ମୁଁ ବରାବର ଜଗି ରହିଥିଲି। ଛାତ୍ରମାନଙ୍କୁ ବରାବର ସାଙ୍ଗରେ ରଖି ବିଲରେ ତାରା ମାନଚିତ୍ର ଧରି ଗ୍ରହ ଓ ତାରାଙ୍କର ଗତି ପର୍ଯ୍ୟନ୍ତ ଦେଖାଇବା କଥା କୁହାଯାଇଚି। ଶିକ୍ଷକମାନଙ୍କ କଥା ଟିକିଏ କହିଦିଏଁ। କୃପାସିନ୍ଧୁ ମିଶ୍ର ଯେତେବେଳେ କୋଣାର୍କ ଲେଖିଲେ ସେତେବେଳେ ମନେହେଉଚି ସେ ଅର୍କକୋଣ ବା ସୂର୍ଯ୍ୟକୋଣ ଠିକ୍ କରିବାରେ ସୂର୍ଯ୍ୟର ପଶ୍ଚିମରୁ ପୂର୍ବକୁ ଗତି (Law of Precession) ବିଷୟ ଆଲୋଚନା କରୁଥିଲେ, ସେଥିରେ ତାଙ୍କର ବଡ଼ ଅସୁବିଧା ହେଲା। ମୁଁ ଏହି ବିଷୟ

ଘରକୁ ଘେନିଯାଇ ଦିନଯାକ ପଢ଼ି ଓ ଆଲୋଚନା କରି ଆସି ତାଙ୍କୁ ବତାଇ ଦେଇଥିଲି। ତା'ପରେ ମନେଅଛି, ଯେତେବେଳେ ସତ୍ୟବାଦୀର ଲିଖିତ ବହି ସବୁ ହରିଭାଇନାଙ୍କ ନାମରେ ପ୍ରେସ୍‌ରେ ଛପା ହେଲା, ସେତେବେଳେ ମୁଁ ଇଂରାଜୀରୁ ଅନୁବାଦ ବହିଟି ଲେଖିଥିଲି। ତା'ଛଡ଼ା 'ପ୍ରବନ୍ଧ ପ୍ରଦେଶ'ର ବହୁତ ଅଂଶ ମୁଁ ମଧ୍ୟ ନିଜେ ଲେଖିଥିଲି ଏବଂ କୃପାସିନ୍ଧୁ ମିଶ୍ରଙ୍କ 'ବାରବାଟୀ ଦୁର୍ଗର'ର ଦ୍ୱିତୀୟ ସଂସ୍କରଣ ମୁଁ ତିଆରି କରିଥିଲି। ସେଥିରେ ଭାଷାର ଯେ ସଂକ୍ଷିପ୍ତିକରଣ ହୋଇଚି ସେ ସବୁ ମୋର। ଏ ସବୁ ଛଡ଼ା ଗୋଦାବରୀଶ ବାବୁଙ୍କ 'ପୁରୁଷୋତ୍ତମ ଦେବ' ନାଟକ ସମ୍ବନ୍ଧରେ କେତେକଥା ମୋର ମନେହେଉଚି। ସେଥିରୁ ପ୍ରଧାନ କଥାଟି ହେଉଚି—

"ରଂଜିତ ଅସିଧାରେ
ଶତ୍ରୁ ରକ୍ତ ଗାରେ।"

ଥରେ ଗୋଦାବରୀଶଙ୍କ ନାଟକଟି ଅଭିନୟ କଲାବେଳକୁ ସେହି ଅଂଶରେ ମତେ ଲାଗିଲା—ଏହିଠାରେ ସୈନ୍ୟମାନଙ୍କ ଯୁଦ୍ଧକାଳୀନ ଚାଲି (Marching)ର ଗୋଟିଏ ଗୀତ ଯୋଡ଼ିଦେଲେ ଭଲ ହୁଅନ୍ତା। ଗୋଦାବରୀଶ କହିଲେ—"କ'ଣ ତେବେ ଗୋଟିଏ କରିଦିଅ। ମୋ ହାତେ ତ ହେବ ନାଇଁ।"

ମୋର ସ୍ପଷ୍ଟ ମନେଅଛି, ମୁଁ ସେଠାରୁ କହିଲି—"ହଉ ତେବେ ବସ।" ଏହା କହି ଡାଲ ଧରି ପାଇଖାନାକୁ ଗଲି ଏହିପରି ଦରକାର ପଡ଼ିଲାବେଳେ ମୁଁ ଟିକିଏ ଚିନ୍ତାରେ ସମୟ ନେବା ପାଇଁ ବରାବର ପାଇଖାନାକୁ ଯାଇଥାଏ।

ସେଆଡୁ ଆସି ଡାକିଦେଲି—

ରଂଜିତ ଅସିଧାରେ
ଶତ୍ରୁ ରକ୍ତ ଗାରେ-
ଲେଖହେ ଆଜି ବିଜୟ ବିଭବ ଜନ୍ମଭୂମି ଭାଲେ,
ନିର୍ମଳ ଆଜି ଧ୍ୱାନ୍ତ ଗଗନ
ବର୍ଷେ ତପନ ପୁଣ୍ୟ କିରଣ
ଶତ୍ରୁ ଆଜି ଦଳିତ ଚରଣେ
ଛିନ୍ନ ଏ କରବାଳେ।

ଇତ୍ୟାଦି।

ଏହି ଗୀତ ବୋଲି ଛାତ୍ରମାନେ ଯେତେବେଳେ ଅଭିନୟ କଲେ ସେତେବେଳେ ଛାତ୍ରମାନଙ୍କ ମଧ୍ୟରେ ଓ ଉପସ୍ଥିତ ଜନତାରେ ଯେ ଭାବ ଖେଳିଯାଇଥିଲା ତାହା ଏବେ ମଧ୍ୟ ମୋ ମନେପଡୁଚି।

୨୮। ମୋର କାବ୍ୟ ଲେଖା

୧୯୧୮ ଖ୍ରୀଷ୍ଟାବ୍ଦ ଶେଷଆଡ଼କୁ ସତ୍ୟବାଦୀ ସ୍କୁଲ ଓ ଛାତ୍ରାବାସର ଅଧ୍ୟକ୍ଷ ପଦ ଛାଡ଼ିଲା ପରେ ମୋର କାମ ବହୁତ କମିଗଲା। ମୁଁ ଏକପ୍ରକାର ପୂରାପୂରି ଲେଖା ପଢ଼ା ଧରି ବସିଲି ଓ ଭଲକରି ସାହିତ୍ୟ ଚର୍ଚ୍ଚା ଆରମ୍ଭ କଲି। ପୂର୍ବେ ବି.ଏ. ପଢ଼ିଲାବେଳେ ଇଂରେଜ କବି ଟେନିସନ୍‌ଙ୍କ 'The Princess'ର କେତେକ ଅଂଶ ଅମିତ୍ରାକ୍ଷର ପଦ୍ୟରେ ଅନୁବାଦ କରିଥିଲି। ସେତେବେଳର ସତ୍ୟବାଦୀ ସ୍କୁଲର ଅନ୍ୟତମ ଶିକ୍ଷକ ଓ ଆମର ନବ ପ୍ରତିଷ୍ଠିତ ସତ୍ୟବାଦୀ ଛାପାଖାନାର ମ୍ୟାନେଜର ଶ୍ରୀ ସତ୍ୟବାଦୀ ତ୍ରିପାଠୀଙ୍କ ଠାରୁ ଉତ୍ସାହ ପାଇ ମୁଁ 'ପ୍ରଣୟନୀ' ନାମରେ ସେଇ ଅନୁବାଦଟି ପୂର୍ଣ୍ଣକରି ୧୯୧୯ ଫେବୃୟାରୀରେ ପ୍ରକାଶ କରିଦେଲି। ଦେଖିଲି, ତା'ର ଆଦର ବି ହେଲା। ସଂଗେ ସଂଗେ ମୋର ସାହିତ୍ୟ ଚର୍ଚ୍ଚା ବି ବଢ଼ିଗଲା। ସେଥିରେ ଏବେ ମୋର ପ୍ରଧାନ ସାଥୀ ହେଲେ, ଓଡ଼ିଆ ସାହିତ୍ୟର ଶିକ୍ଷକ ଶ୍ରୀ ବାସୁଦେବ ମହାପାତ୍ର ଓ ସ୍କୁଲର୍ କିରାଣୀ, ଅଥଚ ସୁଦକ୍ଷ ସାହିତ୍ୟସେବୀ ସମସରପୁରର ଶ୍ରୀ ରଘୁନାଥ ମିଶ୍ର। ନୂତନ ଓଡ଼ିଆ ସାହିତ୍ୟ ଭିତରେ, ବିଶେଷରେ ରାଧାନାଥଙ୍କ କାବ୍ୟ ଓ କବିତା ଚର୍ଚ୍ଚା ଚାଲିଲା। ମୁଁ ଦେଖିଲି, ରାଧାନାଥଙ୍କ ସମ୍ବନ୍ଧରେ ମୋର ପିଲାଦିନର ଅନେକ ଧାରଣା ବଦଳିଗଲା। ବିଶେଷରେ ଦିନେ ଭୁବନେଶ୍ୱରଠାରେ ଦେଖିଲି, ସେଠା ପଣ୍ଡାମାନେ ଯାତ୍ରୀଙ୍କୁ କେଦାରଗୌରୀ ଦର୍ଶନ କରାଇ ଦେଖାଉଚନ୍ତି। "ଏଇଠାରେ କେଦାର ଜଳାବାଟେ ଗୌରୀ ସାଂଗେ ଗୁପ୍ତ କଥାବାର୍ତ୍ତା କରୁଥିଲା। ଏଇଠାରେ କେଦାର ଗୌରୀର ଲୁଗା ଦେଖିଲା। ଏଇଠାରେ ଗୌରୀ କେଦାର ଦୁହେଁ ମରି ପଡ଼ିଥିଲେ"—ଇତ୍ୟାଦି। ରାଧାନାଥଙ୍କ କେଦାରଗୌରୀରୁ କଥାଗୁଡ଼ିକ ପୁରାଣ କଥାପରି କହିଯାଉଚନ୍ତି। ଦେଖି ଓ ଶୁଣି ମନରେ ବଡ଼ ପରିତାପ ହେଲା। ଜାଣିଥିଲି ପ୍ରାଚୀନ ରୋମୀୟ କବି ଓଭିଡଙ୍କ 'ମେଟାମୋରଫସିସ୍' ନାମକ କାବ୍ୟ ସଂଗ୍ରହରେ ଥିବା 'Pyramus and Thysbe' ନାମକ କାବ୍ୟର ମାତ୍ରକ ଓଡ଼ିଆ ସଂସ୍କରଣ ହେଉଚି 'କେଦାରଗୌରୀ'। ତା'ର ଆଦର୍ଶ ଭାରତୀୟ ନୁହେଁ। ତା' ପୁଣି ଭୁବନେଶ୍ୱର ତୀର୍ଥର ପବିତ୍ର କେଦାରଗୌରୀ ପୀଠର ମୂଳରୂପେ ଏପରି କୁହାଯାଉଚି। ରାଧାନାଥଙ୍କ 'ଚନ୍ଦ୍ରଭାଗା', 'ଉଷା' ପରି କାବ୍ୟମାନ ବି ସେହି ଓଭିଡ୍‌ଙ୍କ ପୁସ୍ତକରୁ ଗୃହୀତ। ତେଣିକି ଆମର ଏହିପରି ବିଶ୍ଳେଷଣ, ଆଲୋଚନା, ସମାଲୋଚନା ବରାବର ସତ୍ୟବାଦୀ ସ୍କୁଲରେ ଚାଲୁଥିଲା। ସେଥିରେ ପ୍ରାଚୀନ କବି ଜଗନ୍ନାଥ ଦାସଙ୍କ ଠାରୁ ଉପେନ୍ଦ୍ର ଭଂଜ ପ୍ରଭୃତିଙ୍କ ବାଟେ ସାମନ୍ତ ସିଂହାରଙ୍କ ପର୍ଯ୍ୟନ୍ତ ଓଡ଼ିଆ ସାହିତ୍ୟ, ଭାରତ ଚନ୍ଦ୍ରଙ୍କ ଠାରୁ ନବୀନ ସେନଙ୍କ ପର୍ଯ୍ୟନ୍ତ ବଙ୍ଗଳା ସାହିତ୍ୟ, ତଥା ମଧ୍ୟେ ମଧ୍ୟେ ପୋପ୍‌ଙ୍କଠାରୁ ଟେନିସନ୍‌ଙ୍କ ପର୍ଯ୍ୟନ୍ତ ଇଂରେଜୀ ସାହିତ୍ୟରୁ ତୁଳନାତ୍ମକ ଉଦାହରଣମାନ

ଧରି କାବ୍ୟ କବିତାର ପରିସ୍ଥିତି ପରଂପରା, ପୁରୋଦୃଷ୍ଟି ସହିତ ମାନବ ସମାଜର ପ୍ରଗତିରେ ପୁଣି ନିତ୍ୟତାର ସଂକେତ ଓ କାବ୍ୟ କଳାରେ କବିର ଦ୍ରଷ୍ଟୁସୁଲଭ ଦର୍ଶନ ପ୍ରଭୃତିର ଚର୍ଚ୍ଚା ଖୁବ୍ ହେଲା। ବିଶେଷରେ ମୋ ଆଡୁ ଓଡ଼ିଆ ସାହିତ୍ୟ ପୁଣି ନବୀନ ଓଡ଼ିଆ କାବ୍ୟ କବିତାର ସମାଲୋଚନା ଟିକିଏ ତୀବ୍ର ବି ହେଉଥିଲା।

ରଘୁନାଥ ଓ ବାସୁଦେବ ସେଥିରେ ମଝେ ମଝେ କମ୍ ପ୍ରତିବାଦ କରୁ ନଥାନ୍ତି। ଦେଖିଲି, ସେମାନଙ୍କ ପ୍ରତିବାଦ ଭିତରେ ଦେଶାତ୍ମବୋଧ ସଂଗେ ନିଜର ପୁରାଣ, ପରଂପରା କିମ୍ବଦନ୍ତୀ ଓ ଲୋକ ବ୍ୟବହାର ଆମ ରଜାପୁଅ ଓ ରଜାଝିଅଙ୍କ ରୀତି ଓ ସାଧବମାନଙ୍କ ବୋଇତବଣିଜ ପ୍ରଭୃତି ପ୍ରତି ମମତା ଯଥେଷ୍ଟ ଅଛି। "ଲାବଣ୍ୟବତୀ"ର ସିଂହଳର ବର୍ଣ୍ଣନା ତଥା ସିଂହଳ ରାଜବଂଶଗଣ ସହିତ ଉତ୍କଳ ରାଜବଂଶର ବୈବାହିକ ସମ୍ବନ୍ଧ ପ୍ରତିଷ୍ଠା କଥା କହିଲାବେଳେ ଆଉ କାବ୍ୟ କଳାର ସମାଲୋଚନା ପ୍ରତି ସେମାନଙ୍କ ଦୃଷ୍ଟି ସେତେ ଯାଉନାହିଁ। ଏଇପରି ବିଷୟମାନଙ୍କରେ କେବେ ଟିକିଏ ତୀବ୍ର ସମାଲୋଚନା ହେଲେ ତା'ପୁଣି ସେ ସହି ପାରୁ ନାହାନ୍ତି। ନୂତନ ଓଡ଼ିଆ ସାହିତ୍ୟ ପ୍ରତି ସେମାନଙ୍କର ଅନେକ ସମୟରେ ଯୁକ୍ତିଯୁକ୍ତତା ଠାରୁ ପ୍ରାଣର ପ୍ରତିଷ୍ଠିତ ଭାବ ଅଧିକ ପ୍ରବଳ ଥିବାର ମଧ୍ୟ ଅନୁମାନ କରି। ଏହା ମୁଁ କେବଳ ସେମାନଙ୍କଠାରେ ଅନୁମାନ କରି ନୁହେଁ, ବୁଝିଲି, ଆମ ପାଠକେ ସାଧାରଣତଃ ଏହି ଭାବରେ ପ୍ରାଣିତ ଥିବେ ଓ ହେବେ।

ଆଜି ମୋର ମନେପଡ଼ିଲେ ପ୍ରାଣରେ ସେହି ଯୌବନର ସରସତା ଏବେ ବି ଫୁଟିଉଠେ। ସେସବୁ ସମାଲୋଚନା ସ୍ରୋତ ଭିତରେ କେବେ ମୁଁ ଯେତେବେଳେ ଏକାକୀ ରହେ, କବିତାରେ ମୋର ବେଳେ ବେଳେ ସୃଷ୍ଟି କରିବାର ପ୍ରେରଣା ଜାଗିଉଠେ। ମୁଁ ବେଳେ ବେଳେ ଦିବା ସ୍ୱପ୍ନ ଦେଖେ।

"ହୃଦଦରପଣେ ନାଚିଯାଏ ଛବି
 ପଲକେ ପଲକେ ପରାଣ ପୁରୀ,
ଜାଗରଣେ କେତେ ଦେଖଇ ସ୍ୱପନେ
 ସ୍ୱପନେ ଦେଖଇ ପରାଣ ଭରି।"

ଏହି ଚିନ୍ତା, ପ୍ରେରଣା, ଦିବାସ୍ୱପ୍ନ ଭିତରେ ଏପରି ଏକ ସମୟ ଆସିଲା; ମୋତେ ଆଉ ଯଥାର୍ଥରେ ନିଦ ହେଲାନାହିଁ। ପ୍ରାୟ ଦୁଇଦିନ ଅନିଦ୍ରାରେ କଟିଗଲା। ଶେଷକୁ କାହିଁକି କେଜାଣି "ରାମଚଣ୍ଡୀରେ ରାତି" କବିତାଟି ଲେଖିବାରେ ଲାଗିଗଲି। ଦୁଇବର୍ଷ ତଳେ ପିଲାଙ୍କ ସଂଗେ କୋଣାର୍କ ଦେଖି ଆସିବା ପରେ ଏହି ଲେଖାଟି ଆରମ୍ଭ ମାତ୍ର କରିଥିଲି।

୯୯। 'କୋଣାର୍କ'ର ମୁଖଶାଳା

କୋଣାର୍କ ଦେଖିଯିବାର ପ୍ରାୟ ଦୁଇମାସ ପୂର୍ବରୁ ଗଡ଼ଜାତ ବୁଲିଗଲା ବେଳେ ଆଠଗଡ଼ ଠାରୁ ହାତୀରେ ଚଢ଼ି ହିନ୍ଦୋଳ ଯିବା ସମୟରେ ବାଟରେ ଘୋର ବର୍ଷା ହେଲା। ସଙ୍ଗରେ ଥିଲେ ଜଣେମାତ୍ର ବନ୍ଧୁ, ଶାସନ ଦାମୋଦରପୁରର ସ୍ୱର୍ଗତ ନାରାୟଣ ରଥେ ଆଉ ହାତୀ ମାହୁନ୍ତ ଓ ମେଣ୍ଟ ବା ଡାଳୁଆ (ଯେ ହାତୀକୁ ଡାଳ ଭାଙ୍ଗି ଆଣି ଦିଏ); ସନ୍ଧ୍ୟାକୁ ମେଘ ଛାଡ଼ିଗଲା। ଆମେ ଯାଇ ରହିଲୁ ଢେଙ୍କାନାଳ ରାଜ୍ୟର ସୀମାରେ ଥିବା 'ଭାଆପୁର' ଡାକବଙ୍ଗଳାରେ। ସେହିଠାରେ ଆମେ ପହଞ୍ଚିବା ମାତ୍ରେ ଜଣେ ଭିକ୍ଷୁକ ଆସି କିଛି ମାଗିଲା। ପଚାରିବାରେ ଜଣାଗଲା—ସେ ସେକାଳେ ଅନୁଗୁଳରେ ଥିବା ରାଜାଙ୍କର ଭାଟ ବଂଶର ଜଣେ। ଏବେ ତା'ର ଜମିବାଡ଼ି କିଛି ନାହିଁ। ଇଂରେଜ ମୂଳକ ହୋଇଯିବାରୁ ତା'ବଂଶର ଜାଗିରି ଜମିସବୁ କର ବସି ପରେ ବିକ୍ରି ହୋଇଯାଇଚି। ସେ ଏବେ ଭିଖ ମାଗୁଚି। ତା' ଘରେ ବୀଣା ଅଛି। ଦଶହରା ଦିନ ସେ ତା' ପୂଜା କରେ ଓ ରାଜାଙ୍କ ବଂଶରେ ଯେ ଅଛନ୍ତି ତାଙ୍କ ଦ୍ୱାରକୁ ପାରିଲେ ଟିକିଏ ଯାଏ।

ଏ ଲୋକଟି ସଂଗେ ଏଇ କଥାବାର୍ତ୍ତା ହୋଇ ଯାହା ମୋ ମନରେ ହେଲା ତା' କହିବା ଦରକାର ନାହିଁ। ସେତିକିବେଳେ ଇଂରେଜ କବି ସ୍କଟଙ୍କ 'ଶେଷ ବନ୍ଦୀ ଭାରତୀ' (Lay of the last Ministrel) କଥା ମୋ ମନେ ପଡ଼ିଥିଲା। ମୁଁ ଭାବିଥିଲି ଏହିପରି ଗୋଟିଏ ଭାଟକୁ ଦେଖି ସ୍କଟ୍ ସେ କାବ୍ୟଟି ଲେଖିଥିଲେ। ଏବେ କୋଣାର୍କ ନିର୍ମାଣ କଥା ଲେଖିବାକୁ ବସି ମୋର ସେକଥାଟି ମନେପଡ଼ିଲା। ମୁଁ 'ମାୟାଦେବୀ' କାବ୍ୟ ଆରମ୍ଭ କରି ପ୍ରାୟ ସପ୍ତାହକରେ ଶେଷ କରି ପକାଇଲି। ଦେଖିଲି, ସମସ୍ତଙ୍କ ମନକୁ ପାଇଲା ମୋ ଉତ୍ସାହ ବି ବଢ଼ିଗଲା।

୧୦୦। ଡଭାର ଦୁର୍ଭିକ୍ଷ (୧୯୧୯-୨୦)

ସତ୍ୟବାଦୀ ସ୍କୁଲ ଛାଡ଼ିବା ପରେ ମୋର ସ୍କୁଲରେ କିଛି କାମ ନଥିବାରୁ ପ୍ରାଣରୁ ମମତା ବି ଟିକିଏ କମି ଆସିଲା। ଏତିକିବେଳକୁ ସାର ଆଶୁତୋଷ (କଲିକତା ବିଶ୍ୱବିଦ୍ୟାଳୟର କୁଳପତି) କିଛିଦିନ ତଳେ ସ୍କୁଲ ଦେଖିବାକୁ ଆସିଥିଲେ। ମୁଁ ମଧ୍ୟ ସେବର୍ଷ ପୁରୀର ଦୁର୍ଭିକ୍ଷରେ ସ୍କୁଲର ସମସ୍ତ ଶିକ୍ଷକ ଓ ଛାତ୍ରମାନଙ୍କୁ ନେଇ ଗୋପବନ୍ଧୁବାବୁଙ୍କ ପ୍ରେରଣାରେ ଦୁର୍ଭିକ୍ଷ ସେବା ଶୃଙ୍ଖଳିତ ଭାବରେ କରିବାରେ ଲାଗିପଡ଼ିଲି। ଗୋପବନ୍ଧୁବାବୁ ସେତେବେଳେ ବିହାର-ଓଡ଼ିଶା କାଉନ୍‌ସିଲ୍‌ର ସଭ୍ୟ ଥିଲେ। ସେଥର ବିହାର-ଓଡ଼ିଶାର ଲାଟ୍ ଦୁର୍ଭିକ୍ଷ ଅଞ୍ଚଳ ଦେଖିବାକୁ ଆସିବାର କଥା

ହେଲା। ଗୋପବନ୍ଧୁବାବୁ ପାଟଣା ଯିବା ପୂର୍ବରୁ ମୁଁ କହିଥିଲି, "ଆପଣ ସ୍କୁଲର ଶିକ୍ଷକ ଓ ଛାତ୍ରମାନଙ୍କୁ ମୋ ସହିତ ଛାଡ଼ି ଦିଅନ୍ତୁ। ତା'ହେଲେ ଲାଟ୍ ସାହେବଙ୍କୁ ଯାହା ଦେଖାଇବାର କଥା ଦେଖାଇ ପାରିବେ।" ତାହାହିଁ ହେଲା। ମୁଁ ଦୁର୍ଭିକ୍ଷ ଅଞ୍ଚଳର ଯେଉଁ ମାନଚିତ୍ର ଆଙ୍କିଥିଲି ତାହା ସାଧାରଣତଃ ଅଫିସରମାନେ ସେକାଳେ କରୁନଥିଲେ। ମୋର ସେହି ମାନଚିତ୍ର ଦେଖି ଲାଟ୍ ସାହେବ ତାଙ୍କ ଯିବା ବାଟ ସ୍ଥିର କରିଥିଲେ।

ଲାଟ୍ ସାହେବ ଏ ଦୁର୍ଭିକ୍ଷ ଦେଖି ଇଂରେଜ ରାଜତ୍ୱରେ ମଧ୍ୟ ସେତେବେଳେ କହି ଯାଇଥିଲେ—"What ought to have beenö one, has not been done" (ଯାହା କରିବାର ଥିଲା କରାଯାଇ ନାଇଁ)। ଏହାକୁ ଏବେ ବି 'ଡଭାର ଦୁର୍ଭିକ୍ଷ' କୁହାଯାଏ। ଏପରି କରାଳ ଦୁର୍ଭିକ୍ଷ ଆଉ କେବେ ହୋଇଥିବାର ମୁଁ ଦେଖିନାଇଁ। (ଶୁଣିଚି ସମଗ୍ର ଓଡ଼ିଶାରେ ନଅଙ୍କ ଦୁର୍ଭିକ୍ଷ ଏହାଠାରୁ ଆହୁରି ଭୀଷଣ ଥିଲା)। ମୁଁ ସେଥିପାଇଁ ଡଭାରରେ ପ୍ରାୟ ଦୁଇମାସ ଥିଲି। ଅନେକ ଲୋକକ୍ଷୟର ଦୃଶ୍ୟ ବି ଦେଖିଚି।

ଏହି ଦୁର୍ଭିକ୍ଷ ରିପୋର୍ଟ ଛପାଇବା ପାଇଁ ମୁଁ ସେଇବର୍ଷ କଲିକତା ଯାଇଥିଲି। ସେ ଛପା ରିପୋର୍ଟ ଏବେ ମିଳୁନାଇଁ।

ଡଭାର ଦୁର୍ଭିକ୍ଷବେଳେ ମୁଁ ପାଟଣାର ସର୍ଚଲାଇଟ୍‌ରେ ମିଛ ଖବର ଦେଇଚି ବୋଲି କେତେକ ସରକାରୀ କର୍ମଚାରୀଙ୍କ ପ୍ରେରଣାରେ ମୋ ବିରୁଦ୍ଧରେ ଅଭିଯୋଗ ଅଣାଯାଇ ପୁରୀ କଚେରୀରେ ଏକାଧିକ ମକଦ୍ଦମା ହୋଇଥିଲା। ଦାମ ମଲିକ ବୋଲି ଡଭାରର ଜଣେ ଚୌକିଦାର ଥିଲେ। ତାଙ୍କୁ ମଧ୍ୟ ସେଥିରେ ସଂପୃକ୍ତ କରାଯାଇ ତାଙ୍କ ଚାକିରି କାଢ଼ି ନିଆ ଯାଇଥିଲା। ସ୍ୱର୍ଗତ ଶ୍ରୀ ହରେକୃଷ୍ଣ ମହାନ୍ତି (ଗୋପଚୌଧୁରୀଙ୍କ ମାମୁଁ) ସେତେବେଳେ ପୁରୀରେ ଡେପୁଟି କଲେକ୍ଟର ଥା'ନ୍ତି। ମୁଁ ବରାବର ତାଙ୍କ କୋର୍ଟକୁ ଯାଉଥାଏ। ସେ ମଧ୍ୟ ଅନ୍ୟ ମକଦ୍ଦମା ନେଉଥା'ନ୍ତି।

ଦିନେ ମନେଅଛି, ଡଭାରର ବୁନ୍ଧି ବରାଳ ବୋଲି ଜଣେ ଗୃହସ୍ଥଙ୍କୁ ପୁଲିସ ଧରି ଆଣିଲେ। ସେ ବୁନ୍ଧି ବରାଳର ଗୋଟିଏ ବଡ଼ କୁଟୁମ୍ବ। ପ୍ରାୟ ୩୦ ଏକର ଜମି ଥିଲା କିନ୍ତୁ ତିନିବର୍ଷ ହେଲା ଦୁର୍ଭିକ୍ଷଯୋଗେ ସେଥିରେ କିଛି ଧାନ ଫଳୁ ନଥିଲା। ବୁନ୍ଧି ବରାଳ ଆଉ ଗୋଟିଏ ଗ୍ରାମର ବିଲରୁ ମୁଗ କରଡ଼ା ଆଣିବାକୁ ଯାଇ ଧରା ହୋଇ ଆସିଥିଲା।

ହରେକୃଷ୍ଣ ବାବୁ ମକଦ୍ଦମା ବୁଝି ତାକୁ କହିଲେ—"ଆଜି କଚେରୀ ବନ୍ଦ ପର୍ଯ୍ୟନ୍ତ ତତେ ଏଇଘରେ ଜେଲ ଦିଆଗଲା।" ବୁନ୍ଧି ବରାଳ ସବୁ ଟିକିନିଖି କରି ବୁଝିଲା। ଶେଷକୁ କହିଲା—"ବାବୁ କ'ଣ କଲେ, ମତେ ପନ୍ଦରଟି ଦିନ ହେଲେ ଜେଲ ଦେଲେ ନାଇଁ। ମୁଁ ଜେଲରେ ମୁଠିଏ ଖାଇଥା'ନ୍ତି। ଏକଥା କହିଲାବେଳେ ସେ କାନ୍ଦି ପକାଇଲା ଏବଂ ହରେକୃଷ୍ଣ ବାବୁଙ୍କ ପର୍ଯ୍ୟନ୍ତ ଆଖିରୁ ମଧ୍ୟ ଲୁହ ଗଡ଼ିଲା।

ଲାଟ୍ ସାହେବଙ୍କୁ ଏଇ 'ଡଭାର'ରେ ଦେଖାଇଲାବେଳେ ସିଦ୍ଧି ବରାଳ ବୋଲି ଜଣେ ଖୁବ୍ ଜମିଥିବା କୃଷକ ଘରକୁ ନେଇଥିଲି । ସେ ସେଠାରେ ମୁଠି ସାଙ୍ଗରେ କୁଣ୍ଡା ପକାଇ ଚୁଲିରେ ବସାଇ ଘାଣ୍ଟୁଥିଲା । ତାକୁ ଲାଟ୍ ସାହେବ ବହୁତ କଥା ପଚାରିଲେ । ସେ କାନ୍ଦି ପକାଇ କହିଲା, "ତା'ର ବହୁତ ଜମି ଅଛି । କିନ୍ତୁ ତା' ଜମିରେ ତିନିବର୍ଷ ହେବ କିଛି ନାହିଁ । ତା'ର ଆଉ ଗୋଟିଏ ଭାଇକୁ ମୁଁ ଦିନେ ନଖାଇଥିବା ଅବସ୍ଥାରେ ମୋ ବସାରେ ଦେଖିଲି । ସେ ବଡ଼ ବ୍ୟାକୁଳ ହୋଇ ମତେ ଖାଇବାକୁ ମାଗିଲା । ମୁଁ ପୁଝାରୀକୁ କହିଦେଲି— "ଯାକୁ ଖାଇବାକୁ ଦିଅ ।" ସେ ଖାଇଲା ଓ କିଛିକ୍ଷଣ ପରେ ହାତ ନଧୋଇ ସେଇ ଖାଇବା ଜାଗାରେ ଟଳିପଡ଼ି ମରିଗଲା ।

ସେଇ ଗ୍ରାମରେ ମୋର ଯେଉଁଠି ବସା ଥିଲା ତା'ରି ଆଗରେ ବଇରା ମାଆର ଘର । ତା'ପୂର୍ବରୁ ତା'ପୁଅ ବଇରା ଘରୁ ବାହାରି ଦାଣ୍ଡକୁ ଯିବା ବାଟରେ ପଡ଼ି ମରି ଯାଇଚି । ବଇରା ମା' ସେଦିନ ଘରେ ନଥିଲା; କିନ୍ତୁ ଲାଟ୍ ସାହେବଙ୍କୁ ଦେଖାଇଲି ତା'ର ଘଡ଼ିରେ ପାଣି ପୁନ୍ଦିଏ ରହିଚି ଓ ସେଥିରେ ଚୁଲି ଲିପା ହୋଇଚି । ଆଉ ଚୁଲିରେ କି ଘରେ କିଛି ନାହିଁ । ଘର ଉପରେ ବି ଚାଳ ନାହିଁ । ଏହି ଦୃଶ୍ୟସବୁ ବର୍ଣ୍ଣନା କରିବାକୁ ଆଉ ଇଚ୍ଛା ହେଉନାହିଁ । ହେଲେହେଁ ମୋର ଖବର ଦେବାରେ ପୁଲିସ ଓ ସରକାର ଏଇ ବଇରା ଗପ୍ପକୁ ମିଥ୍ୟା ଖବର ବୋଲି ମୋ ବିରୁଦ୍ଧରେ ଗୋଟିଏ ମକଦ୍ଦମାର ବିଷୟ କରିଥିଲେ ।

୧୦୧। ସୁତନ

ଏହି ଡଭାର ଦୁର୍ଭିକ୍ଷ ପରି କରାଳ ଦୁର୍ଭିକ୍ଷ ମୁଁ ଆଉ ଦେଖିନାହିଁ । ଘରମାନଙ୍କରେ ମୁଁ ଦେଖୁ ଦେଖୁ ଖାଇବାକୁ ନପାଇ ଲୋକେ ମରିଯାଉଥାନ୍ତି । ଏ ଅନାହାର ମୃତ୍ୟୁ ମୁଁ ଯାହା ଦେଖିଚି, ତା' ଆଉ ଭୁଲିପାରିବି ନାହିଁ । ସେଇ ଗାଁରେ ଥିବାବେଳେ ଦୋଳପୂର୍ଣ୍ଣମୀ ଦିନ ରାତିରେ ମୁଁ ପିଲାମାନଙ୍କୁ ମୁଢ଼ି ବାଣ୍ଟୁଥାଏ । ହଠାତ୍ ଗହଳି ଭିତରୁ ଜଣେ ବାଳିକାକୁ ଧରି ଉଠାଇ କହିଲି, "ତୁ ବୁଢ଼ୀଟାଏ ଏଥିରେ କାହିଁକି ବସିଚୁ? ତୁ ଉଠିଯା ।" ସେ ମୋ ଆଡ଼କୁ କାନ୍ଦି କାନ୍ଦି ଚାହିଁଲା । ଅଳ୍ପ କଅଁଳିଆ ଚନ୍ଦ୍ର ଆଲୁଅ । ସେଥିରେ ମୁଁ ଦେଖିପାରୁ ନଥାଏ । ଗ୍ରାମବାସୀମାନେ ହଠାତ୍ କହିଲେ—"ସେ ତ ପିଲାଟାଏ, ଆପଣ ତାକୁ ବାହାର କରିଦେଉଚନ୍ତି କାହିଁକି ?"

ସେଠାରୁ, ମତେ ଦେଖୁ କାନ୍ଦ ମାଡ଼ିଲା । ଜାଣିଲି ସେ ଏକ ନବୀନା ତରୁଣୀ । ହେଲେହେଁ ସେ ଏକ ଛୋଟ ବାଳିକା ପରି ଦେଖାଯାଉଚି ଓ ତା'ର ଅଙ୍ଗସୌଷ୍ଠବ ଆଦୌ ଫୁଟିନାହିଁ ।

ଏହି ସମୟରେ ଅନ୍ୟ ଏକ ଘଟଣା କହେ। ସେତିକିବେଳେ ଠକ୍‌କର ବାପା ଆସି ପହଞ୍ଚିଲେ। ତାଙ୍କରି ସଂଗେ ମୁଁ ଚୁଡ଼ା ବାଣ୍ଟିବାକୁ ପାଖ ଗାଁକୁ ଗଲି। ପାଖରେ ଗୋଟିଏ ଗାଁର ନାଁ ହେଉଚି ସୁତନ। ସେ ଗାଁରେ ଘରୁ ଆସି ଚୁଡ଼ା ନେବାକୁ କାହାର ଶକ୍ତି ନାଇଁ। ଖାଲି ବୁଢ଼ା ବୁଢ଼ୀଯାକ ଘରେ ପଡ଼ିଚନ୍ତି। ଯୁବକ ଯୁବତୀ, ପ୍ରୌଢ଼ ଓ ପିଲାମାନେ କେହି ଘରେ ନାହାଁନ୍ତି। ସମସ୍ତେ କୌଣସି ପ୍ରକାର କିଛି ରୋଜଗାର କରିବାକୁ ବାହାର ଗ୍ରାମକୁ ବା ଦୂରଦୂରାନ୍ତକୁ ଚାଲିଯାଇଚନ୍ତି। କେତେଜଣଙ୍କ ଘରେ ଯାଇ ଆମେ ଚୁଡ଼ା ଦେଲୁ। ସେମାନେ ବଡ଼ କଷ୍ଟରେ ଆସି ଚୁଡ଼ା ପାଖରେ ପହଞ୍ଚିଲେ।

ବିଶେଷ ଆଶ୍ଚର୍ଯ୍ୟର କଥା, ସେ ଗାଁ ଛାଡ଼ି ଆମେ ଗାଁମୁଣ୍ଡରେ ଆସି ଦେଖିଲୁ ସେଠାରେ ମୋଟ ବାଇଶଟି ମୁର୍ଦ୍ଦାର ପଡ଼ିଚନ୍ତି। ପରେ ବୁଝିଲୁ ସେ ଗ୍ରାମରେ କେହି ମରିଗଲେ ଶବ ସଂସ୍କାର କରିବାକୁ କାହାରି ବଳ ନାଇଁ, ଅବସ୍ଥା ନାଇଁ। ବଡ଼ କଷ୍ଟରେ ଆଣି ଲୋକଙ୍କୁ ଏଇ ଶ୍ମଶାନରେ ପକାଇ ଦେଇ ଯାଉଚନ୍ତି। ସେ କରାଳ ଦୃଶ୍ୟ ଏବେ ବି ମୋ ମନେପଡୁଚି।

୧୦୨। ଓଡ଼ିଆ ଓ ତୁଳନାତ୍ମକ ଭାଷାତତ୍ତ୍ୱ ଅଧ୍ୟାପକ

ସାର୍ ଆଶୁତୋଷ କଲିକତା ବିଶ୍ୱବିଦ୍ୟାଳୟରେ 'ଓଡ଼ିଆ ଓ ତୁଳନାତ୍ମକ ଭାଷାତତ୍ତ୍ୱ' ପାଇଁ ଡକାଇନେଲେ। ମୁଁ ସେଇ ବିଷୟରେ ଜଣେ ଛାତ୍ରକୁ ଯୋଗ୍ୟ କରିବା ପର୍ଯ୍ୟନ୍ତ କଲିକତା ବିଶ୍ୱବିଦ୍ୟାଳୟରେ ରହିବାର ପ୍ରତିଶ୍ରୁତି ଦେଲି ଓ ୧୯୨୦ ମସିହା ସେପ୍‌ଟେମ୍ବର ୨୦ ତାରିଖରୁ ସତ୍ୟବାଦୀ ଛାଡ଼ି କଲିକତା ଗଲି।

ସେହିବର୍ଷ ସେପ୍‌ଟେମ୍ବର ମାସରେ କଲିକତା ସଭାରେ ଲାଲାଜୀଙ୍କ ଦ୍ୱାରା ଯଥାର୍ଥ ସତ୍ୟାଗ୍ରହର ସୂତ୍ରପାତ ହେଲା। ମୁଁ କଲିକତାରେ ଅଧ୍ୟାପକ ଥାଏ। ଗୋପବନ୍ଧୁ ବାବୁ ସେଦିନ ମୋ ମେସ୍‌ରେ ଥିଲେ। ଶେଷଥର ପାଇଁ ସେଦିନ ସେ ସେଇବାଟେ ପାଟଣା କାଉନ୍‌ସିଲ୍‌କୁ ଯାଉଥାନ୍ତି। ରାତିରେ ଖାଇଲାବେଳେ ମୁଁ ତାଙ୍କୁ ବିଞ୍ଚି ଦେଉଥାଏ। ମତେ କହିଲେ—"ଏବେ ତୁମମାନଙ୍କର ଯାହା ଇଚ୍ଛା ତା' କର। ମୁଁ ଯାଉଚି ଏକା ଏକା ଅସହଯୋଗରେ ଯୋଗ ଦେବି।" ଏହା କହୁ କହୁ କାନ୍ଦ କାନ୍ଦ ହୋଇଗଲେ। ମୁଁ ସେଠାରୁ ଟିକିଏ ରହି କହିଲି—"ଆପଣ ଏପରି କଥା କାହିଁକି କହୁଚନ୍ତି? ଜୀବନରେ ଆମେ ଏକାଠି କାର୍ଯ୍ୟାରମ୍ଭ କରିଥିଲେ। ଯାହା କରିବା ଏକାଠି କରିବା।" ତାହାପରେ ପ୍ରାଣର ଯେଉଁ ଭାବାବେଗ ପ୍ରକାଶ ପାଇଥିଲା କହିବା ଦରକାର ନାଇଁ।

ଏଥିମଧ୍ୟରେ ୧୯୨୧ ଜାନୁୟାରୀରୁ ବିଧିମତେ ମହାତ୍ମା ଗାନ୍ଧିଙ୍କ ଅସହଯୋଗ ଦେଶସାରା ଆରମ୍ଭ ହେଲା। ସେ ଉନ୍ମାଦନା ଓ ଉତ୍ସାହ ଆଜି କହି ହେବ ନାଇଁ।

ସେତେବେଳେ ସମ୍ବଲପୁରର ଓକିଲ ଶ୍ରୀଯୁକ୍ତ ଭାଗୀରଥୀ ମିଶ୍ର କଲିକତା କଲେଜରେ ବି.ଏଲ୍. ପଢୁଥାନ୍ତି। ଏଣେ କାଗଜରେ ହୁଲସ୍ଥୁଲ୍ ପଡ଼ିଗଲା। ସମ୍ବଲପୁର ଲୋକେ ତାଙ୍କୁ ଡାକିଲେ— "ଶୀଘ୍ର ଆସ ଅସହଯୋଗରେ କିଛି କରିବା।"

ସେ ଆସି ମୋତେ ଡାକିଲେ। ମୁଁ ଗୋପବନ୍ଧୁ ବାବୁଙ୍କୁ ଏ କଥା ଲେଖି ଜଣେଇଲି। ସେ ସଂଗେ ସଂଗେ କଲିକତା ଯାଇ ଆମ ଦୁହିଙ୍କୁ ରେଳରେ ଧରି ସମ୍ବଲପୁର ଚାଲିଲେ।

ଏ ହେଉଚି ୧୯୨୧ ମସିହା ଜାନୁୟାରୀ ୬ ତାରିଖ କଥା। ଏହା ମଧ୍ୟରେ ସତ୍ୟବାଦୀ ସ୍କୁଲରେ ବସି ଗୋପବନ୍ଧୁ ବାବୁ ସତ୍ୟବାଦୀ ସ୍କୁଲର ତତ୍କାଳୀନ କର୍ମକର୍ତ୍ତାମାନଙ୍କୁ ଧରି ଏହାକୁ ଜାତୀୟ ବିଦ୍ୟାଳୟରେ ପରିଣତ କରିସାରିଥାନ୍ତି।

୧୦୩। "ସ୍ୱରାଜ ଭୟା ଅଲବତ୍ ହୋଗା"

ତା'ପରେ ସମ୍ବଲପୁର କାର୍ଯ୍ୟ କଥା ଟିକିଏ ସୂଚେଇଦିଏ। ମୁଁ ସମ୍ବଲପୁରରେ ସେ ବର୍ଷ ଜାନୁୟାରୀଠାରୁ ସେପ୍‌ଟେମ୍ବର ପର୍ଯ୍ୟନ୍ତ ଥିଲି। ପ୍ରଥମେ ସେଠାରେ ସତ୍ୟବାଦୀ ଛାଞ୍ଚରେ ଏକ ଜାତୀୟ ବିଦ୍ୟାଳୟ ଆରମ୍ଭ କଲି। ସେଥିରେ ଲୋକଙ୍କର ଖୁବ୍ ଉତ୍ସାହ ଦେଖାଗଲା। ସବୁଠାରୁ ପ୍ରଧାନ ଧନୀ ଓ ଓକିଲ ଶ୍ରୀ ରାମନାରାୟଣ ମିଶ୍ର ଏମ୍.ଏ.ବି.ଏଲ୍. ସେହି ସ୍କୁଲକୁ ତାଙ୍କର ଦ୍ୱିତୀୟ ପୁତ୍ରକୁ ପଠାଇ ଦେଇଥିଲେ, ତଥା ସହରର ଅନେକ ବିଶିଷ୍ଟ ଲୋକ ତାଙ୍କ ପୁତ୍ରମାନଙ୍କୁ ସେହି ସ୍କୁଲକୁ ପଠାଇଲେ। ଏହି ସ୍କୁଲ ଯୋଗେ ସହର ତଥା ମଫସଲରେ ଏକ ଚାଞ୍ଚଲ୍ୟ ଖେଳିଯାଇଥିଲା। ସେହିବର୍ଷ ଏପ୍ରିଲ ମାସ ଛ' ତାରିଖ ଦିନ ହରତାଳ କରିବା ଉଦ୍ଦେଶ୍ୟରେ ନଈବାଲିରେ ସନ୍ଧ୍ୟା ସମୟରେ ଯେଉଁ ବିରାଟ ସଭା ହୋଇଥିଲା—ତାହା ମୋର ଏବେ ମନେପଡୁଚି। ସେଥିରେ ସହରର ବହୁ ପ୍ରଧାନ ଲୋକ ଉପସ୍ଥିତ ହୋଇ ହରତାଳ ବିଷୟ ଶୁଣି ଚମତ୍କୃତ ହୋଇ ଯାଇଥିଲେ ଓ ସମସ୍ତେ ମୋ ସଂଗେ ସଂଗେ ସଭାରୁ ଉଠି ବରାବର ସମସ୍ତ ସହରରେ ବୁଲିଯାଇ ସମସ୍ତଙ୍କୁ ହରତାଳ ବିଷୟରେ ଜଣାଇ ଦେଇ ଯାଇଥିଲେ। ବିଶେଷତଃ ଶ୍ରୀ ଅନନ୍ତରାମ ସୂପକାର ମୋ ସଂଗେ ସଂଗେ ଲୋକଙ୍କୁ ବିଶେଷରେ ଦୋକାନୀମାନଙ୍କୁ ହରତାଳ କଥା କହି କହି ଚାଲିଥାନ୍ତି। ଏପ୍ରିଲ ଛ' ତାରିଖ, ସେଦିନ ଜାଲିଆନାୱାଲାବାଗ୍ ହତ୍ୟାକାଣ୍ଡ। ଏପ୍ରିଲ ଛ'ରୁ ତେର ତାରିଖ ପର୍ଯ୍ୟନ୍ତ ସେତେବେଳେ ଜାତୀୟ ସପ୍ତାହରୂପେ ପାଳିତ ହେଉଥିଲା। ସେଦିନ ସମ୍ବଲପୁରରେ ନାଇଁ ନଥିବା ହରତାଳ ହୋଇଥିଲା। ସେହି ସମୟରେ ଛାତ୍ରମାନଙ୍କୁ ଇସ୍କୁଲରୁ ଛଡ଼ାଇବା ପାଇଁ ଓ ଓକିଲମାନଙ୍କୁ କଚେରୀରୁ ଛଡ଼ାଇବା ପାଇଁ ମୁଁ ଗୋଟିଏ ଶୋଭାଯାତ୍ରାର ଗୀତ ଲେଖି

ସହରରେ ଶୋଭାଯାତ୍ରା କରାଇଥିଲି । ସେ ଗୀତଟି ସମ୍ପୂର୍ଣ୍ଣ ମନେ ନାଇଁ । ତା'ର ଚାରୋଟି ଧାଡ଼ି ମାତ୍ର ମନେପଡୁଅଛି ।

"ସ୍ୱରାଜ ଭୟା ଅଲବତ୍ ହୋଗା
 ଛୋଡ୍‌କେ ଆଓ ଗୋଲାମୀ
ଭାରତ ଲଡ୍‌କା ଗୋଲାମ ହୋକେ
 କାହେ କରୋ ବଦନାମୀ ।
 + + + +
ସ୍କୁଲ କଚେରି କାଉନ୍‌ସିଲ୍‌କୁ ୟାଦରଖୋ ବାବୁଜୀ
ମାୟା ଏ ସବ୍ ଗୋଲାମୀକା ଇସମେ ନାହିଁ ଭୁଲୋଜୀ"

ଏହି ଓଡ଼ିଆମିଶା ହିନ୍ଦୀ ଗୀତଟି ବୋଲି ପ୍ରସେସନ୍ କଲାବେଳେ ସମସ୍ତ ହାଇସ୍କୁଲର ଛାତ୍ରମାନେ ସ୍କୁଲ ଛାଡ଼ି ଅଲଗା ହୋଇ ଆସିଥିଲେ । ସେତେବେଳେ ମୋର ସୁପରିଚିତ ନିମାପଡ଼ାର ମାଷ୍ଟର ମଧୁସୂଦନ ଦାସ ସ୍କୁଲର ହେଡ୍‌ମାଷ୍ଟର ଥିଲେ । ପିଲାଏ ଛାଡ଼ି ଆସିବାରେ ତାଙ୍କ କରୁଣ ଦୃଶ୍ୟ ଓ ସମବେଦନା ଜ୍ଞାପନ ଆଗ୍ରହ ବ୍ୟଞ୍ଜିତ ମୁଖ ଏବେ ବି ମନେପଡୁଚି ।

୧୦୪ । ସମ୍ବଲପୁର ଜାତୀୟ ସ୍କୁଲ

ସମ୍ବଲପୁର ଜାତୀୟ ସ୍କୁଲର ଛାତ୍ରମାନଙ୍କୁ ଧରି ମଫସଲରେ କଲେରା ପ୍ରଭୃତିରେ ଯାଇ ସେବା କରିବାର ଏବେ ବି ମନେପଡୁଚି । ସେକାଳେ କଲେରା, ବସନ୍ତ ଲାଗିବାର ଜାଣିଲେ ଲୋକେ ଘରୁ ବାହାରି ରୋଗୀ ପାଖକୁ ଯାଉ ନଥିଲେ । ରୋଗୀ ଘରେ ପଡ଼ି ପଡ଼ି ମରିଯାଏ । ବସନ୍ତରେ ଗ୍ରାମମାନଙ୍କରେ ସପ୍ତା ବସେ । ପଣା ଦିଆଯାଏ । ସଙ୍କୀର୍ତ୍ତନ ହୁଏ । ହେଲେ ଠାକୁରାଣୀ ଏ ସବୁରେ ବୁଝନ୍ତିନି । ଅଳ୍ପଦିନକେ ଗ୍ରାମରୁ ଅଧାଲୋକଙ୍କୁ ପଦା କରିଦେଇ ଆଉ କେତେକଙ୍କ ଆଖି ଫୁଟେଇ ଖୁସିରେ ଚାଲିଯାନ୍ତି । ଫକୀରମୋହନ ସେ କଥା ବେଶ୍ ଲେଖିଚନ୍ତି ।

ମୁଁ ଏହି ସ୍କୁଲର ଛାତ୍ରମାନଙ୍କୁ ଧରି 'ମାନପୁର' ପରି ଦୂର ଗ୍ରାମମାନଙ୍କୁ ଯିବାର ଏବେ ମନେଅଛି । ଏହି କାର୍ଯ୍ୟରେ ସମ୍ବଲପୁର ଜିଲ୍ଲାରେ ସେତେବେଳେ ଯେପରି ହୃଦୟବତ୍ତା ଖେଳିଯାଇଥିଲା, ତାହା ଆଜି କହି ହେବ ନାଇଁ—ଦେଶରେ ସେ ଅବସ୍ଥା ବି ଆଜି ନାଇଁ । ଆଜି ଆଉ କଲେରା, ବସନ୍ତ ପ୍ରଭୃତି ମାରାତ୍ମକ ରୋଗ ହୋଇ ନାଇଁ । ଚିକିତ୍ସା ବିଜ୍ଞାନର ଦ୍ରୁତ ଉନ୍ନତିରେ ଏ ସବୁ ପୁରୁଣା ରୋଗ ପ୍ରାୟ ଉଣା ହୋଇଯାଇଚି; କିନ୍ତୁ ଶୁଣା ନଥିବା ବହୁ ନୂଆ ରୋଗ ବି ଜନ୍ମ ନେଉଚି ।

୧୦୫। ସେବା

ସମ୍ବଲପୁରରେ ଥିଲାବେଳେ ଆଉ ଗୋଟିଏ ବିଶେଷ କାର୍ଯ୍ୟ ହେଉଚି—ସେତେବେଳେ 'ସେବା' ନାମରେ ଗୋଟିଏ ସାପ୍ତାହିକ ସମ୍ବାଦପତ୍ର ମୁଁ ବାହାର କରିଥିଲି। ଆଜି ସେ କାଗଜ ମୋ ପାଖରେ ନାଇଁ; କିନ୍ତୁ ତାହାର ଲେଖା ଯାହା ଆଜି ମୋର ମନେପଡୁଚି—ସେ କାଳକୁ ଚାହିଁ ସମ୍ପୂର୍ଣ୍ଣ ନୂତନ ଧରଣର। ସେକାଳର ଓଡ଼ିଶାର ବିଖ୍ୟାତ ବ୍ୟବସାୟୀ ପଦ୍ମଲୋଚନ ମହାନ୍ତି କଲିକତାରୁ ମୋର ପ୍ରଥମ କାଗଜ ଖଣ୍ଡି ପାଇ ବିଜ୍ଞାପନ ପାଇଁ ଆଗତୁରା ମୋ ନାମରେ ଶହେକୋଡ଼ିଏ ଟଙ୍କା ପଠାଇ ଦେଇଥିବା ମୋର ମନେଅଛି। ତାହାପରେ ଏହିପରି ଅନେକ ବିଜ୍ଞାପନ ଖର୍ଚ୍ଚା ଦେଇ ସେ ମୋ କାଗଜରେ ଛପାଇଥିଲେ। ଯାହାହେଉ ସେ କାଗଜ ଯୋଗେ ଲୋକଙ୍କ ମଧ୍ୟରେ ବିଶେଷତଃ ଓକିଲ ମହଲରେ ବଡ଼ ଚଞ୍ଚଳତା ଖେଳି ଯାଇଥିଲା। ମନୋରଂଜନ ବାନାର୍ଜୀ ବୋଲି ସେ କାଳରେ ସମ୍ବଲପୁରରେ ଜଣେ ଓକିଲ ଥିଲେ। ସେ ଓ ଶଙ୍କର ମିଶ୍ରଙ୍କ ପରି ଲୋକେ ମଧ୍ୟ ସେଥିରେ ପ୍ରତିବାଦମାନ ଛପାଉଥିଲେ। ଯାହାହେଉ ସେ କାଗଜ, ସେ ବିଦ୍ୟାଳୟ ଓ ତହିଁ ସଂଗେ ଜିଲ୍ଲାତମାମ ବୁଲି ସଂଗ୍ରହ କରିଥିବା ଅର୍ଥ ସବୁ ଛାଡ଼ି ମୁଁ ସେପ୍ଟେମ୍ବର ବା ଅକ୍ଟୋବର ମାସରେ ସେଠାରୁ ସତ୍ୟବାଦୀକୁ ଫେରିଆସିଥିଲି।

ସେଠାର କଲେଜ କ୍ଲାସରେ ମୁଁ କିଛିଦିନ ଓଡ଼ିଆ ପଢ଼ାଉଥଲି ଓ ସେହି ଓଡ଼ିଆ ପାଇଁ ଯେଉଁ ନୋଟ୍ ଦେଇଥିଲି ତାହା ୧୯୩୦ ଖ୍ରୀଷ୍ଟାବ୍ଦରେ ଜେଲରେ ଥିଲାବେଳେ ମୁଁ "ଓଡ଼ିଆ ବ୍ୟାକରଣ" ନାମଦେଇ ସେଇଟିକୁ ବହି ଆକାରରେ ଛପାଇଲି। ତାହା ସେକାଳେ ଶିକ୍ଷକମାନଙ୍କର ଓଡ଼ିଆ ଶିଖେଇବା ପାଇଁ ବିଭାଗୀୟ କର୍ତ୍ତାମାନେ ସ୍ଥିର କରି ଗେଜେଟ କରିଥିଲେ। ସେଥିରେ ଗୋଟିଏ ପ୍ରଧାନ ବିଷୟ ଥିଲା, "ଓଡ଼ିଆ ଭାଷାର କାଳ ନିରୂପଣ।" ସେଥିରେ କ୍ରିୟାର କାଳଭଙ୍ଗୀ ଥିଲା ପାଞ୍ଚଟି। ଯଥା—ବର୍ତ୍ତମାନ, ଅତୀତ, ଭବିଷ୍ୟତ, ଅନୁଜ୍ଞା ଓ ସମ୍ଭାବନା। ଏହି ପାଞ୍ଚୋଟି କାଳର ପ୍ରତ୍ୟେକଟିର ତିନୋଟି ଲେଖାଏଁ ଭାବ (Mood) ବ୍ୟତୀତ ଓଡ଼ିଆରେ ଆଉ ଅଧିକ କାଳ ନାଇଁ।

ବର୍ତ୍ତମାନ — ମୁଁ କରେ, ମୁଁ କରୁଥାଏ, ମୁଁ କରିଥାଏ
ଅତୀତ — ମୁଁ କଲି, ମୁଁ କରୁଥିଲି, ମୁଁ କରିଥିଲି।
ଭବିଷ୍ୟତ — ମୁଁ କରିବି, ମୁଁ କରୁଥିବି, ମୁଁ କରିଥିବି।
ସମ୍ଭାବନା — ମୁଁ କରନ୍ତି, ମୁଁ କରୁଥାନ୍ତି, ମୁଁ କରିଥାନ୍ତି।
ଅନୁଜ୍ଞା — ମୁଁ କରେ, ମୁଁ କରୁଥାଏ, ମୁଁ କରିଥାଏ।

ତା'ବାଦ ମୁଁ କର୍ତ୍ତାରେ ଷଷ୍ଠୀ ବିଭକ୍ତିରେ ବ୍ୟବହାରରେ ଲେଖିଥିଲି, "ମୋର ତା'ର ଏ କାମ କରିବା" ଇତ୍ୟାଦି। ଏହିପରି ଅନେକ ନୂଆ ବିଷୟ ଥିଲା। ଏଥିପାଇଁ

ମୁଁ ସେକାଳର ଡିରେକ୍ଟରଙ୍କୁ କହି କଟକ ଟ୍ରେନିଂ ସ୍କୁଲରେ ଏହି ବିଷୟରେ ପାଠ ଦେଇଥିଲି। କିନ୍ତୁ ଦୁଃଖର ବିଷୟ ସେ କାଳର ପଢୁଥିବା ଛାତ୍ରମାନେ ଏ ବିଷୟ ଧରି ନପାରି ନାନାପ୍ରକାର ଅବାନ୍ତର ଯୁକ୍ତି ଆରମ୍ଭ କରିଥିଲେ।

୧୦୬। ଲିପିସଂସ୍କାର

ସତ୍ୟବାଦୀ ସ୍କୁଲ ସମୟର ଆଉ ଗୋଟିଏ ବିଶେଷ କଥା ମନେପଡୁଚି; ତା' ହେଉଚି ଲିପି ସଂସ୍କାର। ମୁଁ ପ୍ରଥମେ ସେକାଳ 'ଉତ୍କଳ ସାହିତ୍ୟ'ରେ ଓଡ଼ିଆରେ ଅନୁସ୍ୱାର ଦେଇ ସମସ୍ତ ବର୍ଗୀୟ ପଞ୍ଚମବର୍ଣ୍ଣ ପ୍ରକାଶ କରିବାର ଲିପି ଆରମ୍ଭ କରିଦେଇଥିଲି। ଏ ବିଷୟରେ କିନ୍ତୁ ସେ କାଳର ପ୍ରସିଦ୍ଧ ଶ୍ରୀ ଗୋପାଳଚନ୍ଦ୍ର ପ୍ରହରାଜ ଓ ମୃତ୍ୟୁଞ୍ଜୟ ରଥଙ୍କ ନେତୃତ୍ୱରେ 'ଉତ୍କଳ ସାହିତ୍ୟ' ପ୍ରଭୃତିରେ ଖୁବ୍ ପ୍ରତିବାଦ ଆରମ୍ଭ ହୋଇ ଯାଇଥିଲା। ପରେ ସେଇ ଆନ୍ଦୋଳନ ଫଳରେ ବିହାର ଓଡ଼ିଶାର ଶିକ୍ଷା ବିଭାଗ (ସେତେବେଳେ ବିହାର ଓଡ଼ିଶା ଏକ ପ୍ରଦେଶ ଥିଲା) ମୋ ନୀତିକୁ ଅତି ଆଗ୍ରହର ସହିତ ଶିକ୍ଷା ବିଭାଗ ପାଇଁ ଗ୍ରହଣ କରିଥିଲେ; କିନ୍ତୁ ଏବେ ମଧ୍ୟ ତାହା ପୂରାପୂରି ପ୍ରଚଳିତ ହୋଇ ନାହିଁ। ଏବେ କିନ୍ତୁ ଓଡ଼ିଆରେ ଟାଇପ୍ ରାଇଟର୍ କରିବାର ଖୁବ୍ ଆୟୋଜନ ଚାଲୁଚି। ନୂଆ ଟାଇପ୍ ରାଇଟର୍ ପାଇଁ ସେଇ ନୀତି ପ୍ରୟୋଗ କରି ଲେଖିଲେ ସୁବିଧା ହେବ ବୋଲି ସମସ୍ତେ ଅନୁଭବ କରିଚନ୍ତି। ଟାଇପ୍ ରାଇଟର୍ ନିମନ୍ତେ ଏହି ନୀତି ସମ୍ବଳିତ ଅକ୍ଷର ତିଆରି ହେବା ପାଇଁ କଥା ହେଉଥିବାର ମୁଁ ଶୁଣିଚି। ମୋର ଯେପରି ଧାରଣା ଓଡ଼ିଆ ଲିପିର ଉଚ୍ଚାରଣ ପଦ୍ଧତି ଓ ଲିଖନ ପଦ୍ଧତିରେ ଢେର ତଫାତ୍ ରହିଯାଉଚି। ଆମେ ଉଚ୍ଚାରଣ କଲାବେଳେ 'ନୀଳକଂଠ' କହି ଲେଖିଲାବେଳେ 'ନୀଳକଣ୍ଠ' ଲେଖିବାର ତାତ୍ପର୍ଯ୍ୟ କେଉଁଠି ? ସବୁ ଓଡ଼ିଆ ଯୁକ୍ତାକ୍ଷର ସମ୍ବନ୍ଧରେ ମୋର ଏଇ ମତ। ପୁଣି ଉଚ୍ଚାରଣରେ 'ସ', 'ଶ' ଓ 'ଷ'ର ପାର୍ଥକ୍ୟ ବାରି ନପାରି ମୁଁ ବହୁତ ଦିନୁ 'ନୀଳକଂଠ ଦାସ' ବୋଲି ଲେଖିଆସୁଚି। ମତେ ଜାଣି ନଥିବା ଲୋକେ ମତେ କରଣ ବୋଲି ଏଥିରୁ ଠଉରଉଥିବେ; କିନ୍ତୁ ଲିପି ସଂସ୍କାର ଅନ୍ତରାଳରେ ମୁଁ ଜାତିଜାତିର ଅଯଥା ବିଭେଦକୁ ଏଥିରେ ଲୋପ କରିବାର ପ୍ରୟାସ କରିଚି। ବ୍ରାହ୍ମଣ ଜାତିର ବିଶେଷତ୍ୱ ଏଇ ଡେଙ୍ଗା 'ଶ'ରେ ନାହିଁ; ଅଥଚ ବ୍ରାହ୍ମଣମାନେ କି ଧାରଣାରେ କେଜାଣି ବହୁକାଳରୁ 'ଦାସ' ନଲେଖି 'ଦାଶ' ଲେଖୁଚନ୍ତି। ଇଂରାଜୀରେ ପୁଣି ଉଚ୍ଚାରଣର କୌଶଳ ସମ୍ପୂର୍ଣ୍ଣ ଅଲଗା ଥିଲାବେଳେ, ଏଇ ପ୍ରତିଷ୍ଠିତ ଧାରଣାକୁ ସେଥିରେ ରୂପଦେଇ 'Das' ସ୍ଥାନରେ 'Dash' ଲେଖି ବସୁଚନ୍ତି। ମୋ ମତରେ ଏ ଗୋଟାଏ ସାମାଜିକ ବ୍ୟାଧି। ସେତିକିବେଳେ ପୁରୀ ସଂସ୍କୃତ କଲେଜ ଅଧ୍ୟକ୍ଷ ପଣ୍ଡିତ

ଶ୍ରୀ ବିଶ୍ୱନାଥ ମହାପାତ୍ର ବାହାର କଲେ ବ୍ରାହ୍ମଣ 'ଦାସ' ଏଇ 'ଶ' ହେବ। ଏ ବିଷୟରେ ମୋର ଗୋଟିଏ କୌତୁକପ୍ରଦ କଥା ମନେପଡୁଚି। ପଣ୍ଡିତ ଗୋପବନ୍ଧୁ ଦାସ ଏଇ 'ଶ'କୁ ସବୁବେଳେ 'ସ' ବୋଲି ଲେଖୁଥିଲେ। ଥରେ ସେ ଇସ୍କୁଲ ବାରଣ୍ଡାରେ ବସି ଲେଖୁଥିଲେ। ଆମେ କହିଲୁ ବିଶ୍ୱନାଥ ମହାପାତ୍ରଙ୍କ ପରି ସୁପଣ୍ଡିତ ବ୍ରାହ୍ମଣ 'ଦାସ'କୁ 'ଦାଶ' ଲେଖୁଚନ୍ତି, ଆପଣ କାହିଁକି ସେହିପରି ଲେଖୁ ନାହାନ୍ତି? ସେଠାରୁ ଦାସେ ଆପଣେ ଟିକିଏ ଅନ୍ୟମନସ୍କ ହେଲାପରି ଚାହିଁଲେ ଓ କହିଲେ, "ତେବେ କହୁଚ ଦନ୍ତ୍ୟ 'ସ' ଓ ତାଲବ୍ୟ 'ଶ' ମଧ୍ୟରେ କଳି? ସେ ତେଣୁ ମୁର୍ଦ୍ଧଣ୍ୟ 'ଷ'ରେ 'ଗୋପବନ୍ଧୁ ଦାସ' ବୋଲି ଦସ୍ତଖତ୍ କଲେ, କିନ୍ତୁ ଯଥାର୍ଥରେ ବ୍ରାହ୍ମଣ 'ଦାସ' ବି 'ସ' ପ୍ରାଚୀନ ହାତଲେଖାମାନଙ୍କରେ ବରାବର ଅଛି। ସ୍ୱର୍ଗୀୟ ପଣ୍ଡିତ ହରିହର ଦାସ ମଧ୍ୟ ନିଜ ନାମ 'ସ'ରେ ଦସ୍ତଖତ୍ କରୁଥିଲେ। ମୋ ନନା ବି ବରାବର 'ଆନନ୍ଦ ଦାସ' ବୋଲି ଲେଖୁଥିଲେ।

୧୦୭। ଶ୍ରୀ ବେନୁଗୋପାଳ ଆଚାରୀ

ଦିନେ ଗୋପବନ୍ଧୁ ବାବୁ ଓଡ଼ିଶା ବାହାରେ ବୁଲି ବୁଲି ବଙ୍ଗଦେଶର କୌଣସି ବୈଷ୍ଣବ ସ୍ଥାନରୁ (ମନେ ହେଉ ନାହିଁ) ଜଣେ ତାମିଲ୍ କୃତବିଦ୍ୟ ଲୋକଙ୍କୁ ସତ୍ୟବାଦୀ ଘେନିଆସିଲେ। ତାଙ୍କ ସଂଗେ ତାଙ୍କ ଭାରିଯା ଆଉ ଗୋଟିଏ ଭଉଣୀ ଓ ଛୋଟ ପୁଅଟି ଥିଲେ। ସତ୍ୟବାଦୀର ବିରାଟ ବୋର୍ଡିଂରେ ସେମାନଙ୍କ ପାଇଁ ସ୍ଥାନ ହୋଇଗଲା। ପିଲାଟି ବଡ଼ ବୁଦ୍ଧିବାନ ଥିଲା। ସେ ଓଡ଼ିଆ ଭଲ ଶିଖୁଥିଲା। ପରେ I.C.S. ପରୀକ୍ଷା ଦେବାରେ ଓଡ଼ିଆ ତା'ର ଦ୍ୱିତୀୟ ଦେଶୀଭାଷା ବୋଲି ସେ ଉଲ୍ଲେଖ କରିଥିଲା। ଲୋକଟି ନାମ ମୂଳତଃ ଥିଲା ଶଙ୍କରନ୍ ଆୟାର୍। ସେ ବୈଷ୍ଣବ ହୋଇ ନାମ ନେଇଥିଲେ ବେନୁଗୋପାଳ ଆଚାରୀ। ସେ ଆସିବା ପରେ ସତ୍ୟବାଦୀରେ ପଢ଼ାପଢ଼ିରେ ଲାଗିଗଲେ; କିନ୍ତୁ ବୈଷ୍ଣବ ଭାବମୂଳକ ରାଧାକୃଷ୍ଣ ସଙ୍ଗୀତରେ ତାଙ୍କର ବଡ଼ ପ୍ରୀତି ଥିଲା। ସେ ନିଜ ଭଉଣୀଙ୍କ ସଂଗେ ତା'ର ଯଥେଷ୍ଟ ଆଳାପ କରୁଥିଲେ। ଏପରିକି ନିଜ ଭଉଣୀକୁ ସେ ରାଧା ବା କୃଷ୍ଣ ବୋଲି ଭାବି ସେଇ ଭାବରେ ତନ୍ମୟ ହୋଇ ଅତ୍ୟନ୍ତ ଭକ୍ତି କରୁଥିଲେ। ଅବଶ୍ୟ ସେ ଭଉଣୀଙ୍କର ସ୍ୱାମୀ ନଥିଲା। ଶୁଣିବାରେ ସେ ସ୍ୱାମୀଟି ପାଗଳ ହୋଇ ବୁଲୁଥିଲା।

ଦିନେ ମୋର କ୍ଲାସରେ ତତ୍କାଳୀନ ଇଂରେଜ ସାମ୍ରାଜ୍ୟର ଅଷ୍ଟ୍ରେଲିଆ ବିଷୟରେ ପଢ଼ାଇବାର ଥିଲା। ତାହାର ପୂର୍ବରଙ୍ଗ ସ୍ୱରୂପ ସେହି ଭୂଗୋଳର ଅଷ୍ଟ୍ରେଲେସିଆ ନାମକ ଗ୍ରନ୍ଥଟି ପଢୁଥିଲି। (ପ୍ରକାଶ ଥାଉକି ସେତେବେଳେ ଇଂରେଜ ସାମ୍ରାଜ୍ୟ ବିଷୟ ଏହିପରି ଅଷ୍ଟ୍ରେଲେସିଆ ପ୍ରଭୃତି ଚଉଦଟି ବଡ଼ ଗ୍ରନ୍ଥରେ ସବିଶେଷ ବର୍ଣ୍ଣିତ ହୋଇଥିଲା।)

ବେନୁଗୋପାଳଚାରୀ ମୋତେ ଆସି ପଚାରିବାରୁ ମୁଁ ତାଙ୍କୁ ଉତ୍ତର ଦେଲି ଯେ ଅଷ୍ଟ୍ରେଲିଆ ବିଷୟରେ ବିଶେଷ ଜାଣିବା ପାଇଁ ଓ ଜାଣି ପଢ଼ାଇବା ପାଇଁ ମୁଁ ସେ ବହିଟି ପଢୁଚି। ଏହିପରି ଗ୍ରନ୍ଥ ସବୁ ନପଢ଼ିଲେ ସତ୍ୟବାଦୀ ସ୍କୁଲରେ ଛାତ୍ରମାନଙ୍କୁ ପଢ଼ାଇବା ନିହାତି ସହଜ ନୁହେଁ। ମୋ ସହିତ ଆଉ କେତେକ ବିଷୟରେ କଥାଭାଷା ହେବାପରେ ବେନୁଗୋପାଳ ମୋତେ ଅନୁରୋଧ କଲେ—"ଆପଣ ଏ ସ୍କୁଲରେ ଭୂଗୋଳ ପଢ଼ାଇବା ମୋତେ ଛାଡ଼ି ଦିଅନ୍ତୁ।" ସେ ବଡ଼ ଉତ୍ସାହୀ ଗ୍ରାଜୁଏଟ୍ ଥିଲେ। ମୁଁ ତାଙ୍କୁ ତାହା ସେହିଦିନଠାରୁ ଛାଡ଼ିଦେଲି। କ୍ରମେ ଲକ୍ଷ୍ୟକରି ସେ ଅତି ଉଚ୍ଚଦରର ଭୂଗୋଳ ଶିକ୍ଷକରୂପେ ତିଆରି ହୋଇଗଲେ ଓ ଫଳରେ ପିଲାକୁ ପଢ଼ାଇବାରେ ଲାଗିଗଲେ। ମୁଁ ତାଙ୍କ ଉପରେ ଭାରି ସଂଶ୍ଳିଷ୍ଟ ହୋଇ ଯାଇଥିଲି। ତାହାପରେ ଯେତେବେଳେ ଡିରେକ୍ଟର ଓ ଇନ୍‌ସପେକ୍ଟର ସ୍କୁଲ ଦେଖିବାକୁ ଆସିଲେ ସେତେବେଳେ ତାଙ୍କ ଭୂଗୋଳ ପଢ଼ା ଓ କ୍ଲାସ୍‌ରେ ସ୍ଥାନେ ସ୍ଥାନେ ରିଲିଫ୍ ମ୍ୟାପ୍ କାଟି ପିଲାକୁ ବୁଝାଇବା କଥା ସବିଶେଷ ବର୍ଣ୍ଣନା କଲି। ଇନିସ୍‌ପେକ୍ଟର ସେହି ଶିକ୍ଷକଙ୍କୁ ଓଡ଼ିଶାର ଭିନ୍ନ ଭିନ୍ନ ହାଇସ୍କୁଲରେ ଦିନେ ଦିନେ ଭୂଗୋଳ ପଢ଼ାଇବା ପାଇଁ ମାଗିଲେ। ମୁଁ ହଁ କଲି। ତା'ପରେ ପ୍ରାୟ ମାସେ ସମୟ ଧରି ଭିନ୍ନ ଭିନ୍ନ ସ୍କୁଲରେ ବେନୁଗୋପାଳ ଆଚାରୀଙ୍କ ପାଇଁ ଭୂଗୋଳ ପଢ଼ାଇବା ବ୍ୟବସ୍ଥା ଇନିସ୍‌ପେକ୍ଟର କଲେ। ସେ ବ୍ୟବସ୍ଥା ଅତି ମନୋରମ ହୋଇଥିଲା। ହେଲେହେଁ ଏହି ବେନୁଗୋପାଳ ଆଚାରୀ ଓ ତାଙ୍କ ଭଉଣୀଙ୍କ ସଂସ୍ପର୍ଶରେ ଆସି ମୋର କୃଷ୍ଣଙ୍କ ଭକ୍ତି ଧର୍ମ ପ୍ରତି ଟିକିଏ ଆସ୍ଥା ଛାଡ଼ିଆସିଲା। କାରଣ ଉପରେ କୃଷ୍ଣ ଓ ରାଧାଙ୍କୁ ପୂଜା, ପ୍ରଚାର ଓ ଆରାଧନା କରି ବେନୁଗୋପାଳଙ୍କ ଭଉଣୀ ଭିତରେ ପ୍ରକୃତରେ ସେଇଆ କରୁନଥିଲେ।

ସତକୁ ସତ ପ୍ରାୟ ଦଶବର୍ଷ ପରେ ଦିଲ୍ଲୀରୁ ଫେରିଲାବେଳକୁ କଲିକତାରେ ଏହି ବେନୁଗୋପାଳାଚାରୀଙ୍କ ସଂଗେ ଦେଖାହେଲା। ତାଙ୍କ ସଂଗେ ତାଙ୍କ ସ୍ତ୍ରୀ ବି ଥାନ୍ତି। ତାଙ୍କ ପୁତ୍ର ନରସିଂହ ସେତେବେଳକୁ କୌଣସି ପରୀକ୍ଷା ଦେବାପାଇଁ ଅନ୍ୟତ୍ର ଯାଇଥାନ୍ତି। ଶ୍ରୀ ବେନୁଗୋପାଳାଚାରୀ ବିଚରା ଅତି ଭଦ୍ରଲୋକ ଥିଲେ। ଶେଷକୁ ସେ କହିଲେ—ତାଙ୍କ ପୁଅଙ୍କ ଠାରୁ ବୁଝିଲେ ଯେ ସେ ଭଉଣୀଟି ବ୍ୟଭିଚାର କରିଥିବାରୁ ସେ ତାଙ୍କ ଘରୁ ବାହାର କରିଦେଇ ଦ୍ୱାର ମନା କରି ଦେଇଚନ୍ତି।

ତାପରେ ମୋର ଗୋପବନ୍ଧୁବାବୁଙ୍କ ସଂଗେ ପଣ୍ଡିତ ଭୁବନେଶ୍ୱର ରଥଙ୍କୁ ଧରି ସଂସ୍କୃତ ମହାଭାରତ ଶୁଣିବା ପ୍ରସଙ୍ଗ। ବେନୁଗୋପାଳଙ୍କ ପରିବାର ସହିତ ଜଣାଶୁଣା ହୋଇ କୃଷ୍ଣ ଓ ରାଧା ଭକ୍ତିର ପରିଣତି ଦେଖି ମୋ ମନ କ୍ରମଶଃ ଭକ୍ତିଧର୍ମ ଆଡୁ ଛାଡ଼ି ଆସୁଥିଲା।

୧୦୮। ଭାକ୍ତିକ ମିଥ୍ୟା

ବୋଧହୁଏ ୧୯୧୬ କିମ୍ବା ୧୯୧୭ରେ ହେବ, ଗୋପବନ୍ଧୁବାବୁଙ୍କ ସାଙ୍ଗରେ ଧରି ମୁଁ ସଂସ୍କୃତ ମହାଭାରତ ଶୁଣିବାର ବ୍ୟବସ୍ଥା କରିଥିଲି। ସ୍ୱର୍ଗତ ପଣ୍ଡିତ ଭୁବନେଶ୍ୱର ରଥ ସତ୍ୟବାଦୀ ସ୍କୁଲର ସଂସ୍କୃତ ପଣ୍ଡିତ ଥିଲେ। ସେ ସଂସ୍କୃତ ମହାଭାରତ ପଢ଼ି ବୁଝାଉଥିଲେ। ଆମ୍ଭେ ଦୁହେଁ ଶୁଣୁଥିଲୁ। ଶୁଣିଲାବେଳେ ହରିଭାଇନା, ବାସୁଦେବ ମହାପାତ୍ର ପ୍ରଭୃତି ବେଳେ ବେଳେ ପାଖରେ ବସୁଥିଲେ। ଦଶ ପନ୍ଦରଦିନ ପଢ଼ା ହେବାପରେ ଦିନେ ବସିଲାବେଳେ ଗୋପବନ୍ଧୁବାବୁ ପଚାରିଲେ—"କିଓ ନୀଳକଣ୍ଠ, କିପରି ଲାଗୁଛି ?" ମୁଁ କହିଲି—"ଏ ମହାଭାରତରେ କୃଷ୍ଣଙ୍କ ଚରିତ୍ର ଯେ ଖଞ୍ଜି ଦେଇଚି ସେ ବଡ଼ ବିଚକ୍ଷଣ ବୈଷ୍ଣବ। ସେଥିପାଇଁ ଲାଗୁଚି କୃଷ୍ଣ ନଥିଲେ ଯେପରି ମହାଭାରତ ବି ନଥାନ୍ତା; କିନ୍ତୁ ଯଥାର୍ଥରେ ସମସ୍ତ କୃଷ୍ଣ ବିଷୟଟି ମହାଭାରତରୁ କାଢ଼ିଦେଲେ ଯଥାର୍ଥ ମହାଭାରତର ଯେ 'ଜୟ' ବୋଲି ନାମଟି ଅଛି ତାହା ଖଣ୍ଡିତ ହେବନାଇଁ। ମୋତେ ଏଇଆ ଲାଗୁଚି।"

ଏହିପରି କେତେକ କଥା କହିବାପରେ ଗୋପବନ୍ଧୁବାବୁ ସ୍ଥିର ଭାବରେ ମୋତେ ଟିକିଏ ଚାହିଁ ରହିଲେ। ତା'ପରେ କହିଲେ—"ନୀଳକଣ୍ଠ, ଏପରି ଚିନ୍ତା କରିବ ନାଇଁ। ଏଥିରେ ପାପ ହେବ।" ମୁଁ ଆଉ କିଛି କହିଲି ନାଇଁ। ତଥାପି ପାପ ହେବା କଥାଟା ଏଠାରେ ମୋତେ ଭଲ ଲାଗିଲା ନାଇଁ। ସେଇଦିନଠାରୁ ଏହି କୃଷ୍ଣଙ୍କ ଭକ୍ତି ବିଷୟରେ ମୁଁ ପଛକୁ ଚାହିଁଲି।

ଗୋପବନ୍ଧୁବାବୁ ଅତ୍ୟନ୍ତ କୃଷ୍ଣ ଭକ୍ତ ଥିଲେ। ସେ ମହାଭାରତର ବୈଦିକ କୃଷ୍ଣ ଓ ଭାଗବତର କୃଷ୍ଣଙ୍କ ମଧ୍ୟରେ କୌଣସି ପ୍ରଭେଦ ବୁଝୁ ନଥିଲେ। ସେ "ସତ୍ୟବାଦୀ ବା ସାକ୍ଷୀଗୋପାଳ" ବୋଲି 'ସତ୍ୟବାଦୀ' ମାସିକ ପତ୍ରିକାରେ ଧାରାବାହିକ ପ୍ରବନ୍ଧ ଲେଖିଥିଲେ। ସେଥିରେ କୃଷ୍ଣଙ୍କର କାଳ୍ପନିକ ଭାକ୍ତିକ ମିଥ୍ୟା ପୂର୍ଣ୍ଣ ଭାବରେ ଥିଲା। ସେ ଗଳ୍ପଟି ପୁଣି ଦୂରାର ବୈଷ୍ଣବ ଭକ୍ତ ରାମଦାସ ଲେଖି ନଥିଲେ। ଏହା ୧୭୯୯ ଖ୍ରୀଷ୍ଟାବ୍ଦ ପରେ ଦାର୍ଢ୍ୟତା ଭକ୍ତିରେ "ବଡ଼ ବିପ୍ର ଓ ଛୋଟ ବିପ୍ର" ବୋଲି ଲେଖା ହୋଇ ଯୋଡ଼ାହୋଇ ଥିଲା। ଅନ୍ୟ ପ୍ରସଙ୍ଗରେ ମୁଁ ଏହା କହିଛି; କିନ୍ତୁ ମୋତେ ଏହିପରି ଭାକ୍ତିକ ମିଥ୍ୟା ସୁଖ ଲାଗେନାଇଁ। ବିଶେଷରେ ସେଇଦିନଠାରୁ ମୋ ମନରେ ପ୍ରତିକ୍ରିୟା ହେଲା। ଏହିପରି ଭାକ୍ତିକ ମିଥ୍ୟା ପ୍ରତି ମୋର ଘୃଣା ଆସିଲା। ସେଥିପାଇଁ ମୁଁ ପରେ ନବଭାରତର ୨ୟ ଭାଗ ପ୍ରଥମ ସଂଖ୍ୟାରେ 'ବିଧାତାଙ୍କ ସୃଷ୍ଟି' ବୋଲି ପ୍ରବନ୍ଧ ମଧ୍ୟ ଲେଖିଥିଲି।

କିନ୍ତୁ ଗୋପବନ୍ଧୁବାବୁଙ୍କ ମହତ୍ତ୍ୱ ମୁଁ ସେ ଭକ୍ତି ବା ଭାକ୍ତିକ ମିଥ୍ୟା ମଧ୍ୟରେ କଦାଚିତ୍ ଦେଖିଚି। ଜନସେବା ତାଙ୍କର ଥିଲା ମୁଖ୍ୟ ଧର୍ମ ଓ ମୁଖ୍ୟ ମିଥ୍ୟା ଓ ପୌରାଣିକ

ମିଥ୍ୟା ସମ୍ବନ୍ଧରେ ମୁଁ ପରେ "ଓଡ଼ିଆ ସାହିତ୍ୟର କ୍ରମ ପରିମାଣ" ସେତେ ପ୍ରସିଦ୍ଧି ଦିଏନାଇଁ। କୃଷ୍ଣ, ଖ୍ରୀଷ୍ଟ ପ୍ରଭୃତି ଈଶ୍ୱର ବା ଈଶ୍ୱରଙ୍କ ପୁତ୍ର ଆଖ୍ୟାନ ସବୁ ମୋତେ ବଡ଼ ଅଳିକ ବୋଧହୁଏ। ସେସବୁ ଭାରତୀୟର ଆତ୍ମଭାବ ପରି ନୁହେଁ। ଆତ୍ମଭାବରେ ଜାତିଭେଦ, ଭାଷାଭେଦ ପ୍ରଭୃତି ମନୁଷ୍ୟ ମଧ୍ୟରେ ଯେ ସବୁ ଭେଦ ଫୁଟିଛି, ତାହା ରହିବା ସମ୍ଭବ ନୁହେଁ। ସେହି ହେଉଚି ଭାରତର ମୌଳିକଧର୍ମରେ ଭକ୍ତିଭାବ ପଶିଲେ ମନୁଷ୍ୟ କ୍ରମେ କ୍ଷୁଦ୍ର ହୁଏ ଓ ଆତ୍ମିକତା ତଥା ଚରିତ୍ରବତ୍ତା ପ୍ରଭୃତି ମନୁଷ୍ୟର ଯେଉଁ ଗୁଣ ବିକଶିତ ହେଲେ ପୃଥିବୀରେ ସାମ୍ୟ ଓ ମୈତ୍ରୀଭାବ ଫୁଟିବ ବୋଲି ଆଜି କଳ୍ପନା କରାଯାଇଚି; ତାହା ବ୍ୟାହତ ହୁଏ। ବିଭିନ୍ନ ଧର୍ମ ଧାରଣା ଓ ପ୍ରତିଷ୍ଠିତ ଈଶ୍ୱରବିଶ୍ୱାସ ନେଇ ଇତିହାସ କାଳରୁ ଏ ପର୍ଯ୍ୟନ୍ତ ଜାତି ଜାତି ଓ ରାଷ୍ଟ୍ର ରାଷ୍ଟ୍ର ମଧ୍ୟରେ ଯୁଦ୍ଧ ହୋଇ ଆସିଚି। ଧର୍ମର ଅହମିକା ଔରଙ୍ଗଜେବଙ୍କୁ ଅନ୍ଧ କରିଥିଲା। ଫଳରେ ସେ ଧର୍ମ ନାମରେ ପ୍ରତିଧର୍ମୀ ମଣିଷ ବା ଜାତିକୁ ଅତି ମାତ୍ରାରେ ଘୃଣା କରୁଥିଲେ। ହିଟ୍‌ଲର୍ ଅମାନୁଷିକ ଭାବରେ ସହସ୍ର ସହସ୍ର ଇହୁଦୀଙ୍କୁ Gas Chamber ଭିତରେ ରୁଦ୍ଧକରି ହତ୍ୟା କରିଥିଲେ। ମଣିଷ ଜାତିର ଇତିହାସ ଅଧ୍ୟାୟ ସେଥିରେ କ'ଣ କଳଙ୍କିତ ହୋଇନାଇଁ? ଆଜି ମଧ୍ୟ ହିନ୍ଦୁ ମୁସଲମାନ ସଂଘର୍ଷ ପଛରେ ଅଛି ସେହି ଧର୍ମର ମୌଳିକ ପାର୍ଥକ୍ୟ। ପୁଣି ଦେଖାଯାଉଚି—ଧର୍ମ ବହୁ ସ୍ଥାନରେ ରାଜନୀତିକୁ ନିୟନ୍ତ୍ରଣ କରୁଚି। ତା'ହେଲେ ମଣିଷ ମନରେ ଯେଉଁଠି ଧର୍ମଧାରଣାରେ ଏତେ ଫରକ୍ ସେଠି ଠାକୁରର ନାମ ଭକ୍ତିଭାବ ଉଦୟ କରିପାରିବ କି? କୃଷ୍ଣକୁ ଯଦି ଆଲ୍ଲା ସହି ନପାରେ, ଆଲ୍ଲାଙ୍କୁ ଯଦି ଯୀଶୁଖ୍ରୀଷ୍ଟ ସହି ନପାରନ୍ତି ତେବେ ଧର୍ମପ୍ରାଣର ଭାବାବେଗ ଏସବୁ ଉପରେ ପ୍ରତିଷ୍ଠିତ ବୋଲି କହିବାର ଯୁକ୍ତି କାଇଁ? ଭାରତର ମୌଳିକ ଆତ୍ମଭାବ ସହିତ ଏସବୁ ତୁଳନା କରି ଦେଖି ମୁଁ ଏଇ ଭାକ୍ତିକ ଧର୍ମଠାରୁ ଯଥାସମ୍ଭବ ଦୂରରେ ରହିଆସିଚି।

୧୦୯। ଗୋମାହାତ୍ମ୍ୟ

ଏଇଠାରେ ଆଉ ଗୋଟିଏ କଥା ମନେପଡୁଚି। ଏ ସଂପର୍କରେ ତାହା କହିଦିଏ। ୧୯୨୪ରେ ଜେଲରୁ ଆସିବା ପରେ ସତ୍ୟବାଦୀ ବୋର୍ଡିଂ ବାରଣ୍ଡାରେ ଥରେ ଗୋପବନ୍ଧୁବାବୁ ମୋତେ ଡାକି ତାଙ୍କର ଜେଲରେ ଲେଖିଥିବା କବିତା ଶୁଣାଇଲେ। ସେଥିରୁ ଗୋଟିଏ ହେଉଚି—'କାରାକବିତା'। ଅନ୍ୟଟି 'ଧର୍ମପଦ' ଓ ତୃତୀୟଟି 'ଗୋମାହାତ୍ମ୍ୟ'। ଏଇ ତିନୋଟି ପ୍ରଧାନ ଲେଖା ଭିତରୁ 'ଗୋମାହାତ୍ମ୍ୟ'ଟି 'ଗୋପଦାସକୃତ ଗୋ ମାହାତ୍ମ୍ୟ' ନାମରେ ଛପାଇବାକୁ ସେ କହିଲେ। ମୁଁ ସବୁ ଶୁଣି ଶୁଣି ଶେଷକୁ କହିଲି—"କାରାକବିତାଟି ବଡ଼ ସୁନ୍ଦର ହୋଇଚି। ଏହା ଲୋକଙ୍କ

ମନକୁ ଘେନିବ। 'ଧର୍ମପଦ' କବିତାଟି ବହୁତ ପୌରାଣିକ ମିଥ୍ୟାରେ ପୂର୍ଣ୍ଣ। ବିଶୁ ମହାରଣା, ଧରମା ପ୍ରଭୃତି କଥାଗୁଡ଼ିକ ଆପଣ ଭର୍ତ୍ତି କରିଚନ୍ତି। ହେଲେ ହେଁ ଏଥିରେ ନାଟକୀୟତା ଆଦୌ ନାହିଁ। ଧର୍ମପଦ ଦେଉଳରୁ ଆତ୍ମହତ୍ୟା କରିବା ପାଇଁ ଡେଇଁଲାବେଳେ ଯେପରି "ଜୟ ଜଗଦୀଶ ହରେ" ବୋଲି ଗାଇ ତାହା ଭଲକରି ପାଠକରିବା ଲୋକ ମନକୁ ଘେନିବ ନାହିଁ। ତାହାଛଡ଼ା 'ଗୋପଦାସ କୃତ ଗୋମାହାତ୍ମ୍ୟ' କଥା ଛାଡ଼। ଏହାକୁ ଲୋକେ ଘୃଣା କରିବେ। ଆପଣ 'କାରାକବିତା'ଟି ଶୀଘ୍ର ଛପାଇ ଦିଅନ୍ତୁ। ଆଉଗୁଡ଼ିକୁ ବନ୍ଦ କରନ୍ତୁ ପରେ ବିଚାରି ଦେବେ।"

ଫଳରେ ଏବେ ଦେଖୁଚି ସେଗୁଡ଼ିକ ସବୁ ଛାପା ହୋଇଚି।

୧୧୦। ଗାନ୍ଧିଙ୍କ ଉତ୍କଳ ଭ୍ରମଣ (୧୯୨୩)

ଖ୍ରୀ: ୧୯୨୩ରେ ଗାନ୍ଧୀ ଓଡ଼ିଶା ଭ୍ରମଣରେ ଆସିଲାବେଳେ ଗୋପବନ୍ଧୁ ଦାସଙ୍କ ପ୍ରତି ଉତ୍କଳ କଂଗ୍ରେସର ବିରୋଧ ଏତେ ବେଶୀ ହୋଇଥିଲା ଯେ ସେହି ସମୟରେ ଗୋଟିଏ ସ୍ପଷ୍ଟ ଓ ନିର୍ଦ୍ଦିଷ୍ଟ ଘଟଣା ଘଟିଥିଲା। 'ଗାନ୍ଧି ସମାଚାର' ବୋଲି ଦୈନିକ ପତ୍ର ଗୋଟିଏ କାଢ଼ି ଗଂଜାମର ସ୍ୱର୍ଗତ ନିରଂଜନ ପଟ୍ଟନାୟକ ନିଜେ ସେଥିରେ ସଂପାଦକ ହୋଇ ଗାନ୍ଧି କିପରି ସତ୍ୟବାଦୀ ନଆସିବେ ସେଥିପାଇଁ ସବୁ ବ୍ୟବସ୍ଥା କରିଥିଲେ। ଗାନ୍ଧି ଆସି ବାଣପୁରଠାରେ ରହିଲେ। ସେଠାରୁ ଗାନ୍ଧିଜୀ ଚଂପାପୁରର ଶ୍ରୀଯୁକ୍ତ ଗୋବିନ୍ଦ ମିଶ୍ରଙ୍କୁ ସତ୍ୟବାଦୀ ପଠାଇଲେ। ଉଦ୍ଦେଶ୍ୟ ଥିଲା ସତ୍ୟବାଦୀ ଆସିବା ପାଇଁ ଗୋପବନ୍ଧୁଙ୍କୁ ପଚାରି ବୁଝିବା। ଗୋପବନ୍ଧୁବାବୁ ଆଗରୁ ସବୁକଥା ଜାଣିଥୁଲେ। ସେ ବିରକ୍ତ ହୋଇ ଗୋବିନ୍ଦ ମିଶ୍ରଙ୍କୁ କହିଲେ—"ଆରେ ଯା, ଯେଉଁ ଗାନ୍ଧି 'Young India' କାଗଜରେ ମହୀଶୂର ରାଜାଙ୍କୁ ଭୂୟସୀ ପ୍ରଶଂସା କରି Certificate ଦିଏ ସେ ଗାନ୍ଧି ସତ୍ୟବାଦୀକୁ ଆସେନାହିଁ।" ତାଙ୍କ ରାଗ ଓ କ୍ଷୋଭ ଶାନ୍ତ ପଡ଼ିବା ପରେ ଗୋବିନ୍ଦ ମିଶ୍ର ବୁଝାଇ ବସିଲେ। ଗୋପବନ୍ଧୁ ବାବୁ ରାଜି ହୋଇ ଗାନ୍ଧିଙ୍କୁ ପାଛୋଟି ଆଣିବାକୁ ମୋତେ ପଠାଇଲେ। ମୁଁ ଯାଇ ଗାନ୍ଧିଙ୍କୁ ଡାକିଲି। ଗାନ୍ଧି ସତ୍ୟବାଦୀ ଆସିବା ସ୍ଥିର ହେଲା।

ସତ୍ୟବାଦୀରେ ଗାନ୍ଧିଙ୍କ ସହିତ ମୋର ସୂତାକଟା ବିଷୟରେ କଥା ହେଲା। ସତ୍ୟବାଦୀର ପାଠ ବନ୍ଦ କରାଯାଇ କେତେକ ଛାତ୍ରଙ୍କ ପାଇଁ ସୂତାକଟା ପାଠ୍ୟ ରୂପେ ପ୍ରଚଳନ ହୋଇଥାଏ। ବହୁତ ଆଲୋଚନା ପରେ ସୂତାକଟା ଦ୍ୱାରା ଓଡ଼ିଶାରେ ତଥା ଦେଶରେ ଆର୍ଥିକ ସମସ୍ୟାର ସମାଧାନ ହେବ ବୋଲି ଗାନ୍ଧି ମତ ଦେଲେ; କିନ୍ତୁ ମୁଁ ଏ ମତକୁ ଆଦୌ ଗ୍ରହଣ କରିପାରିଲି ନାହିଁ। ମୋତେ ଗାନ୍ଧି ବୁଝାଇ ସନ୍ତୁଷ୍ଟ କରିପାରିଲେ ନାହିଁ। ମୁଁ ସେଠାରେ ଶେଷକୁ କହିଥିଲି ତା'ହେଲେ—

By faith and faith alone we embrace
Believing when we can not prove

ମୁଁ Tennysonଙ୍କ 'In memorium'ରୁ ଏହି ଧାଡ଼ିଟି ବୋଲିବା ପରେ ଗାନ୍ଧିଜୀ କହିଥିଲେ—"Exactly' that is the attitude"; କିନ୍ତୁ ମୋର ସେତେବେଳକୁ ଆଉ ଯୁକ୍ତି ଛାଡ଼ି beliefରେ ଭୁଲିବା ପାଇଁ ଅବସ୍ଥା ଚହଲି ଆସିଥିଲା । ମୁଁ ସେଠାରୁ ନମସ୍କାର କରି ଉଠି ଆସିଥିଲି । ସେଠାରୁ ଅଭ୍ୟର୍ଥନା ଶେଷରେ ଗାନ୍ଧି ପୁରୀ ଗଲେ ।

ପୁରୀରେ ଯେଉଁଠାରେ ନରେନ୍ଦ୍ର ଆଡୁ ରାସ୍ତା ବଡ଼ଦାଣ୍ଡରେ ମିଶିଚି, ସେହିଠାରେ ସଭା ପାଇଁ ବ୍ୟବସ୍ଥା ହୋଇଥିଲା । କିନ୍ତୁ ଗୋପବନ୍ଧୁ ବାବୁଙ୍କୁ ନଡାକିବା ପ୍ରଚାର ହୋଇ ଯାଇଥିବାରୁ ସେଠାକୁ ଠିକ୍ ସମୟରେ (ଅର୍ଥାତ୍ ଅପରାହ୍ଣ ୫ଟା ବେଳକୁ) କେହି ଆସି ନଥିଲେ । ଗାନ୍ଧି ସେଠାରେ ଘଣ୍ଟାଏ ଅପେକ୍ଷା କଲେ । ଶେଷକୁ ଗୋପବନ୍ଧୁ ବାବୁ ଓ ଜଗବନ୍ଧୁ ବାବୁ ପ୍ରଭୃତି ସହରକୁ ଯାଇ ପଚାଶଜଣ ସରିକି ପ୍ରଧାନ ପ୍ରଧାନ ଲୋକଙ୍କୁ ଡାକି ଆଣିଲେ ମନେରଖିବାର ଅଛି, ଏହି ଗାନ୍ଧି ୧୯୨୧ରେ ଆସିଲାବେଳେ 'ଶରଧାବାଲି'ରେ ପୁରୀରେ ଅତ୍ୟନ୍ତ ଲୋକଗହଳି ହୋଇଥିଲା । ପୁରୀ ଜିଲ୍ଲାରୁ ସବୁଆଡୁ ଲୋକେ ଉପସ୍ଥିତ ଥିଲେ । ସେହି ସହରରେ ନରେନ୍ଦ୍ରଠାରେ ମାତ୍ର ପଚାଶ ଜଣ ଲୋକ ଧରି ଗାନ୍ଧି ପ୍ରଥମେ ସଭା ଆରମ୍ଭ କଲେ । ସଭା ହେବାରୁ ପରେ କିଛିଲୋକ କ୍ରମେ ଆସି ଉପସ୍ଥିତ ହେଲେ; କିନ୍ତୁ ସେ ସଂଖ୍ୟା ସେପରି କିଛି ଉଲ୍ଲେଖଯୋଗ୍ୟ ନୁହେଁ ।

ମୁଁ ସେତେବେଳେ ଗାନ୍ଧିଙ୍କୁ ଶେଷ ପରାମର୍ଶ ଦେଇଥିଲି—"ଆପଣ ଯିବେ ତ ଚାଲିକରି ଯାଆନ୍ତୁ । ସୁବିଧା ଅନୁସାରେ ଅଧେ ଚାଲି ଅଧେ ରେଳରେ ଯିବା ପରାମର୍ଶ ଯେଉଁ ବନ୍ଧୁମାନେ ଦେଉଚନ୍ତି ସେମାନେ ଠିକ୍ ଦେଉ ନାହାନ୍ତି । ଏ 'ହରିବୁଲ୍' ବ୍ୟବସ୍ଥା ଆପଣ ବନ୍ଦ କରନ୍ତୁ ।" ଗାନ୍ଧି ନିଜେ ଭାବି ସ୍ଥିର କଲେ ପଦଯାତ୍ରାରେ ସେ ଯିବେ । ସେଠାରୁ ତାଙ୍କ ସଂଗେ ସଂଗେ କଟକ ପର୍ଯ୍ୟନ୍ତ ଆସିଥିଲି । ସେଥିରେ ତାଙ୍କ ଗହଣରେ ଥିବା ଗୋପ ଚୌଧୁରୀ ପ୍ରଭୃତିଙ୍କ ଥଟ୍ଟା ମୋର ମନେଅଛି । କାରଣ ଗାନ୍ଧିଙ୍କ ଦଳର ଲୋକେ ମାଛ ଖାଉ ନଥିଲେ । ସିଝା ପରିବା ଖାଉଥିଲେ । ମୁଁ ତାହା କରୁ ନଥିଲି । ପୁରୀ ସତ୍ୟଭାମାପୁରଠାରେ ବାଟରେ ଗାନ୍ଧି ଗୋଟିଏ କୁଷ୍ଠରୋଗୀକୁ ଡାକି ନିଜର ନୂଆ ଖଦଡ଼ ଦି'ଖଣ୍ଡି ବଦଳେଇବାକୁ ଦେଇଥିଲେ । ବାଟରେ କଟାସଟିଏ ପୋଡ଼ିକରି ଖାଉଥିବା ପଞ୍ଚାଏ କେଳାକୁ ଡାକି କଟାସ ପ୍ରଭୃତି ନଖାଇ ନିରାମିଷ ଭୋଜନ କରିବା ପାଇଁ ବହୁତ ବୁଝାଇଥିଲେ; କିନ୍ତୁ ସେଠା କେଳାମାନଙ୍କ ପକ୍ଷେ ନିରାମିଷ ଖାଇବା ସମ୍ଭବ ନଥିଲା । କାରଣ ସେ ଲୋକେ ଦୁଧ ଘିଅ ସ୍ୱପ୍ନରେ ସୁଦ୍ଧା ଦେଖୁ ନଥିଲେ । ମହାତ୍ମା ଗାନ୍ଧି କଥା କହୁ କହୁ ସେ କଥା ନଜାଣି କହି ପକାଇଲେ—"ତୁମ୍ଭେମାନେ ଦୁଧ ଖାଅ, ଘିଅ ଖାଅ ।

ଏପରି ଜନ୍ତୁ ମାରି ପୋଡ଼ି ଖାଇବା ଠିକ୍ ନୁହେଁ।" ଏହା କହିସାରି ସେ କେଳାମାନଙ୍କୁ ଲୋକଙ୍କ ସଂଗେ ଖାଇବାକୁ ନିମନ୍ତ୍ରଣ କରିଥିଲେ।

ତା'ପରେ କଟକ ସଭାରେ ଜଣେ ସନାତନୀ ତାଙ୍କ ବିରୁଦ୍ଧରେ ଗୋଟିଏ ଶୋଭାଯାତ୍ରା କରାଇଥିଲେ।

୧୧୧। "ଉତ୍କଳମଣି ଉପାଧି"

୧୯୨୪ ମସିହାର ଶେଷଭାଗରେ କଟକ ଟାଉନ୍ ହଲ୍‌ରେ Provinicial Congress Conference ହେଉଥିଲା। ସାର୍ ପି: ସି: ରାୟ ସେ ସଭାରେ ସଭାପତି ଥିଲେ। ଗୋପବନ୍ଧୁ ବାବୁ ଦୈବାତ୍ ସେଇଦିନ ଜେଲରୁ ଆସି ପହଞ୍ଚିଲେ। ମହାସମ୍ମାନର ସହିତ ଗୋପବନ୍ଧୁ ବାବୁଙ୍କୁ ସଭାମଣ୍ଡପକୁ ପାଛୋଟି ନିଆହେଲା। ପି: ସି: ରାୟ ଗୋପବନ୍ଧୁ ବାବୁଙ୍କୁ ସେଇ ସଭାରେ 'ଉତ୍କଳମଣି' ବୋଲି ସଂବୋଧନ କଲେ। ମତେ ସେତେବେଳେ ଏଇ ଉତ୍କଳମଣି କଥାଟା ଭଲ ଲାଗି ନଥିଲା। ମୁଁ ଗୋପବନ୍ଧୁ ବାବୁଙ୍କୁ କହିଲି, "ଆପଣ ଏ ଉପାଧି ଗ୍ରହଣ କରନ୍ତୁନି। ଅପେକ୍ଷା କରନ୍ତୁ। ସତ୍ୟବାଦୀକୁ ବହୁତ ବଡ଼ ବଡ଼ ଲୋକେ ଆଗରୁ ଆସିଚନ୍ତି ଓ ଭବିଷ୍ୟତରେ ଆସିବେ।" ସେଇଦିନଠାରୁ ଗୋପବନ୍ଧୁ ବାବୁଙ୍କ ନାମ ପଛରେ 'ଉତ୍କଳମଣି' ଉପାଧି ଲାଗିଲା। ସେଇ ସମ୍ବନ୍ଧରେ ମୋର ଅନେକ କଥା ମନେପଡୁଚି।

ମୁଁ ଥରେ କେତେକ ବନ୍ଧୁଙ୍କ ପରାମର୍ଶ କ୍ରମେ ପ୍ରଫୁଲଚନ୍ଦ୍ର ରାୟଙ୍କ ପାଖକୁ ଗୋଟିଏ ପ୍ରସ୍ତାବ ଘେନି ଯାଇଥିଲି। ସେ ପ୍ରସ୍ତାବଟି ହେଉଚି ଓଡ଼ିଶା ଓ ବଙ୍ଗଳାକୁ ଦରକାର ହେଲେ କୌଣସି ସର୍ତ୍ତ ରଖି ଗୋଟିଏ ପ୍ରଦେଶ କରିଦେବା। କାରଣ ସେତେବେଳେ ମୁସଲମାନମାନଙ୍କ ଉପଦ୍ରବ ବଙ୍ଗଳାରେ ଲୋକଙ୍କ ଭିତରେ ବଡ଼ ଗଭୀର ଉଦ୍‌ବେଗ ଜନ୍ମାଇଥାଏ। ସେ କଥାଟି ମୁଁ କେନ୍ଦ୍ର ଆସେମ୍ବ୍ଲିରେ ଓଡ଼ିଶାକୁ ଏକ ପ୍ରଦେଶ କରିବାର ଯେଉଁ ପ୍ରସ୍ତାବ ଦେଇଥିଲି ସେତିକିବେଳେ ବଡ଼ ପରିସ୍ଫୁଟ ହୋଇଉଠିଥିଲା। ଇଂରେଜମାନେ ସେତେବେଳେ ସିନ୍ଧୁକୁ ଗୋଟିଏ ମୁସଲମାନ ପ୍ରଦେଶ ରୂପେ ସ୍ୱତନ୍ତ୍ର ପ୍ରଦେଶ କରିବାରେ ଏକ ରକମ ସଂକଳ୍ପ କରିଥିଲେ। ସେଥିପାଇଁ ଓଡ଼ିଶାକୁ ଗୋଟିଏ ହିନ୍ଦୁ ପ୍ରଦେଶ ରୂପେ ସେହିପରି ସ୍ୱତନ୍ତ୍ର ପ୍ରଦେଶ କରିବା ଭାର ସେଇ ଦିଲ୍ଲୀ ଲାଟ ସଭାରେ ଖୁବ୍ ପ୍ରକାଶିତ ହୋଇପଡ଼ିଥିଲା। କିନ୍ତୁ ମୁଁ ଗଲାମାତ୍ରେ ପ୍ରଥମେ ସେ କଥା ଟିକିଏ ଶୁଣିଚନ୍ତି କି ନାଇଁ ପ୍ରଫୁଲଚନ୍ଦ୍ର ରାୟ ନିଜର ଗୁଡ଼ିଏ ଲେଖା ମୋତେ ପଢ଼ି ଶୁଣାଇଲେ। ସେଥିରେ ପ୍ରଧାନ ବିଷୟଟି ହେଉଚି, ଓଡ଼ିଆ ପୂଝାରୀ ଓ ବିହାରୀ ଚାକରମାନେ କଲିକତାକୁ ଆକ୍ରମଣ କରି ଏକରକମ କଲିକତାର କାହିଁକି ସମସ୍ତ

ବଙ୍ଗଦେଶର ସ୍ୱାସ୍ଥ୍ୟ ଓ ସଂସ୍କୃତି ଧ୍ୱଂସ କରିବାରେ ଲାଗିଚନ୍ତି। ଏଥିରେ କ୍ରମେ ମୋର ମନର ଭାବ କ'ଣ ହୋଇଥିଲା, ତା' କହିବା ଦରକାର ନାହିଁ। ଶେଷକୁ ମୁଁ ପ୍ରସ୍ତାବଟି ଦେବାରୁ ପି: ସି: ରାୟ ସେ ପ୍ରସ୍ତାବ ବିଷୟରେ ନିଜେ କିଛି କାର୍ଯ୍ୟ କରିବା କଥାଟାକୁ ଯେପରିକି ବାଆଁରେଇ ଦେଇ ମତେ ଅନ୍ୟକୌଣସି ନେତାଙ୍କ ପାଖକୁ ଯାଇ ସେ କଥା କହିବା ପାଇଁ ବଳେଇ ଦେଇଥିଲେ। ଆଉ ମୁଁ ମଧ୍ୟ କ୍ରମେ ଜାଣିପାରିଥିଲି ପି: ସି: ରାୟ ଅତ୍ୟନ୍ତ ବଙ୍ଗଭକ୍ତ ଓ ଓଡ଼ିଆଙ୍କୁ ବଡ଼ ଅବହେଳାରେ ଦେଖନ୍ତି। ମୋର ସେତିକିବେଳେ ମନେପଡ଼ିଥିଲା, ବିଦ୍ୟାସାଗରଙ୍କ କଲିକତା 'ଗୋଲଦିଗି'ରେ ଯେଉଁ ମୂର୍ତ୍ତିଟି ଅଛି (ସେତେବେଳେ ଥିଲା, ଏବେ ଅଛି କି ନାହିଁ କହିପାରିବି ନାହିଁ) ତା' ତଳେ ଲେଖାଥିବା ଶ୍ଳୋକଟି—

"ଯୋଽଧୀତ୍ୟାଧ୍ୟୟନାଲୟେଽତ୍ର
କୃତଧୀରସ୍ୟୈବ ଜାତଃ ପ୍ରଭୁଃ
ବିଦ୍ୟାସାଗରସଞ୍ଜ୍ଞାୟ। ଚମହିତୋ
ଯୋଭଦନାଥାଶ୍ରୟଃ
ନେତା ବଙ୍ଗ ଗିରାନ୍ଦୟା ମୃତନିଧି
ତେଜୀୟ ସାମଗ୍ରଣୀ
ସ୍ତସ୍ୟ ଶ୍ରୀଶ୍ୱରଚନ୍ଦ୍ର ଭାରତମଣ୍ଡେ-
ମୂର୍ତ୍ତିପ୍ରତିସ୍ଥାପିତା।"

ଏଠାରେ ଯେଉଁ 'ଭାରତମଣି' କଥାଟି ଅଛି ହୁଏତ ସେ କଥାଟି ସାର୍ ପି: ସି: ରାୟ ବାରମ୍ବାର ପଢ଼ି କରି ସେଇ କଥାଟିରୁ ତାଙ୍କ 'ଉତ୍କଳମଣି' କଥାଟା ମନକୁ ଆସିଥିଲା; ତେଣୁ ମତେ 'ଉତ୍କଳମଣି' ପଦଟା ଭଲ ଲାଗି ନଥିଲା। ଯଥାର୍ଥରେ ମଧ୍ୟ ସେଇଆଡ଼େ (ବଙ୍ଗଳାରେ) 'ଦେଶବନ୍ଧୁ', 'ଦେଶପ୍ରିୟ', ମହାରାଷ୍ଟ୍ରରେ 'ଲୋକମାନ୍ୟ' ପ୍ରଭୃତି ଲୋକଙ୍କର ଉପାଧିମାନଙ୍କ ପାଖେ ଆମ ଗୋପବନ୍ଧୁ ବାବୁଙ୍କର 'ଉତ୍କଳମଣି' ଉପାଧି ମତେ ବଡ଼ ହ୍ରସ୍ୱ ବୋଧ ହେଲା।

୧୧୨। ହିନ୍ଦୁ ମହାସଭା

୧୯୨୭ରେ ଗୋପବନ୍ଧୁ ଦାସ ପ୍ରଥମେ ହିନ୍ଦୁ ମହାସଭାର ଓଡ଼ିଶା ଶାଖା ପ୍ରେସିଡେଣ୍ଟ୍ ହେଲେ। ସେତେବେଳେ ଲାଲା ଲଜପତ୍ ରାୟ ପୁରୀକୁ ଆସିଥାନ୍ତି। ସେ ଗୋପବନ୍ଧୁ ବାବୁଙ୍କୁ ଦିଲ୍ଲୀକୁ ଡକାଇନେଲେ। ଲାଲା ଲଜପତ୍ ଭାରତ ଲୋକସେବକ ସମାଜର ପ୍ରେସିଡେଣ୍ଟ୍, ଗୋପବନ୍ଧୁ ବାବୁ ଭାଇସ ପ୍ରେସିଡେଣ୍ଟ୍ ନିର୍ବାଚିତ ହେଲେ।

ସେତିକିବେଳେ ମୁଁ ଦିଲ୍ଲୀରେ କେନ୍ଦ୍ର ଆସେମ୍ବ୍ଲିର ମେମ୍ବର ଥିଲି। ମୋର ଯେପରି ମନେ ହେଉଚି କେନ୍ଦ୍ର ଆସେମ୍ବ୍ଲିରେ ମୁଁ ସେଇଦିନ ତିନୋଟି ବକ୍ତୃତା ଦେଇଥିଲି। କରାଚୀ ତଥା ଓଡ଼ିଶାର Separation ବିଷୟରେ 'Hindustan Times'ରେ ମୋର ଗୋଟିଏ ଲେଖା ପ୍ରକାଶ ପାଇଥିଲା। ଗୋପବନ୍ଧୁ ବାବୁ ସେଇଟିକୁ ପଢ଼ି ଭାରି ଖୁସି ହେଲେ। ସେତେବେଳେ Hindustan Timesର ସଂପାଦକ ଥିଲେ କରାଚୀର ଶ୍ରୀ ଜୟରାମ ଦାସ ଦୌଲତ ରାମ। ତାଙ୍କର ମୋର ଆତ୍ମୀୟତା ଥିଲା ଓ ଏହାପରେ ଆତ୍ମୀୟତା ଆହୁରି ବଢ଼ିଗଲା। ସେତିକିବେଳେ ଗୋପବନ୍ଧୁ ବାବୁ ମୋତେ କହିଲେ, "ଚାଲ ଓଡ଼ିଶାକୁ, ସେଠାରୁ ଆମେ ଗୋଟିଏ ଇଂରାଜୀ ଦୈନିକପତ୍ର, ଗୋଟିଏ ଓଡ଼ିଆ ଦୈନିକପତ୍ର 'ସମାଜ', ଗୋଟିଏ ଓଡ଼ିଆ ମାସିକ 'ସତ୍ୟବାଦୀ' ଓ ଗୋଟିଏ ପଲ୍ଲୀପାଠ—ଏ ଚାରୋଟି କାଗଜ କାଢ଼ିବା। ମୁଁ ଏଥିରୁ ହେବି 'ସମାଜ' ଓ 'ପଲ୍ଲୀପାଠ'ର ସଂପାଦକ। ତୁମେ ହେବ 'ଇଂରାଜୀ ସାପ୍ତାହିକ' କାଗଜ (ସେତେବେଳେ ଦୈନିକ ଇଂରେଜି ପତ୍ର କଳ୍ପନାରେ ନଥିଲା) ଓ 'ସତ୍ୟବାଦୀ' ମାସିକ—ଏ ଦୁଇଟିର ସଂପାଦକ।" କିନ୍ତୁ ମୁଁ ସତ୍ୟବାଦୀ ଆସିବା ପରେ ତହିଁଆର ବର୍ଷ ୧୯୨୮ ଜୁନରେ ତାଙ୍କର ମୃତ୍ୟୁ ହେଲା। ଆଉ ଏ କଳ୍ପନା କାର୍ଯ୍ୟରେ ପରିଣତ କରିବାକୁ କାଳ ରହି ନାଇଁ।

ସେହିବର୍ଷ, ତା' ପୂର୍ବରୁ ଲାଲା ଲଜପତ୍ ରାୟ ପୁରୀ ଆସିଥିଲେ। ମୁଁ ତାଙ୍କୁ ପୁରୀରେ ଥିବା ତତ୍କାଳୀନ 'ସମାଜ' ପ୍ରେସକୁ ନେଇ ଯାଇଥିଲି। ଗୋପବନ୍ଧୁ ବାବୁଙ୍କ ମୃତ୍ୟୁ ପୂର୍ବର କଥା। ସେଠାରେ ଗୋପବନ୍ଧୁ ବାବୁଙ୍କୁ ସେ ହିନ୍ଦୁ ମହାସଭାର (ବୋଧହୁଏ ଦକ୍ଷିଣ ଓ ପୂର୍ବଭାରତର) ପ୍ରେସିଡେଣ୍ଟ୍ କରିଥିଲେ। ଲାଲାଜୀଙ୍କ ପୂର୍ବରୁ କିନ୍ତୁ ଉତ୍କଳର ଉଜ୍ଜ୍ୱଳତମ ଜ୍ୟୋତିଷ୍କଙ୍କୁ ଲୁଚିଯିବାକୁ ହେଲା। ହିନ୍ଦୁଧର୍ମ ପ୍ରତି ଗୋପବନ୍ଧୁଙ୍କର ଯେଉଁ ଅଖଣ୍ଡ ନିଷ୍ଠା ଓ ଧର୍ମବିଶ୍ୱାସ ଥିଲା, ସେପରି ବିଶ୍ୱାସ ମୁଁ ଆଉ କାହିଁ ଦେଖି ନାଇଁ।

୧୯୩୦ରେ କରାଚୀରେ ନିଖିଳ ଭାରତ କଂଗ୍ରେସ କମିଟି ବସିଲା। ଓଡ଼ିଶାରୁ ମୁଁ ସଭାରେ ଉପସ୍ଥିତ ଥିଲି। ଓଡ଼ିଶାରୁ ଆହୁରି କେତେକଙ୍କ ସହିତ ଶ୍ରୀ ଗୋପବନ୍ଧୁ ଚୌଧୁରୀ ନେତୃତ୍ୱ ନେଇ ସେ ମିଟିଂରେ ଥାନ୍ତି। ମୋତେ ଅଭିନନ୍ଦନ ଜଣାଇ ଦୌଲତ ରାମଜୀ କହିଲେ, "The President of the Reception Committee of the coming Puri Conrgress।" ବସ୍ତୁତଃ ମୁଁ ଓଡ଼ିଶା ଶାଖାର ପ୍ରେସିଡେଣ୍ଟ ଭାବରେ ଗୋପବନ୍ଧୁଙ୍କ ମୃତ୍ୟୁ ପରେ କଂଗ୍ରେସର ନେତୃତ୍ୱ ଓଡ଼ିଶାରେ ନେଲି।

୧୧୩। ସ୍ୱତନ୍ତ୍ର ଓଡ଼ିଶା ପ୍ରସ୍ତାବ—(୧୯୨୭)

ସତ୍ୟବାଦୀ ସ୍କୁଲ ଭାଙ୍ଗିଗଲା ପରେ ଓ ମୁଁ ୧୯୨୪ରେ କେନ୍ଦ୍ର ଆସେମ୍ବ୍ଲି ଗଲା ପରେ ଯୋଡ଼ିଏ ଓଡ଼ିଶା ସମ୍ବନ୍ଧୀୟ ବିଶିଷ୍ଟ ଘଟଣା ମୋର ମନେପଡ଼ୁଛି। ଗୋଟିଏ ହେଉଚି—ଉତ୍କଳକୁ ସ୍ୱତନ୍ତ୍ର ପ୍ରଦେଶ କରିବା ବିଷୟରେ ୧୯୨୭ ସାଲ ଫେବୃୟାରୀ ୮ ତାରିଖରେ ମୁଁ ବ୍ୟବସ୍ଥା ସଭାରେ ଗୋଟିଏ ବଡ଼ ଭଲ ବକ୍ତୃତା ଦେଇ ପ୍ରସ୍ତାବଟି ଆଗତ କରିଥିଲି। ତା' ପରଦିନ କଲିକତା 'Statesman'ରେ ଏ ବିଷୟରେ ଗୋଟିଏ ସୁନ୍ଦର ଅଗ୍ରଲେଖା ବାହାରିଥିଲା। ଗୋପବନ୍ଧୁ ଦାସ ସେ ଅଗ୍ରଲେଖାଟି କଟକରେ ପାଇ ବରାବର ବୁଲି ବୁଲି ନଈକୂଳେ ଓ ବାହାରେ ସେ ଲେଖାଟି ପଢ଼ି ଲୋକଙ୍କୁ ବଡ଼ ଉତ୍ସାହରେ କହୁଥାନ୍ତି। ଅବଶ୍ୟ ସେ ଲେଖାରେ ସେତେବେଳେ ଘରୋଇ ବ୍ୟବସ୍ଥାପକ Muddyman ମତେ ଗୋଟିଏ ସ୍ୱତନ୍ତ୍ର ପ୍ରଦେଶ କରିବା ପାଇଁ ଖଣ୍ଡିଏ ଚିଠି ଲେଖିଥିଲେ ଓ ମତେ ସେଇ ଦିଗରେ ପରିଶ୍ରମ କରିବା ପାଇଁ ବୁଝାଇ ଲେଖିଥିଲେ। ମୋର Muddymanଙ୍କ ସଂଗେ କେତେକ କଥାବାର୍ତ୍ତା ବି ହୋଇଥିଲା। ଅବଶ୍ୟ ସେତିକିବେଳକୁ ଶାସକମାନଙ୍କ ମୁଣ୍ଡରେ ପଶିଲା ସିନ୍ଧୁ ପ୍ରଦେଶକୁ ଗୋଟିଏ ମୁସଲମାନ ପ୍ରଦେଶରୂପେ ଗଢ଼ିଦେଇ ହିନ୍ଦୁଙ୍କୁ ସନ୍ତୁଷ୍ଟ କରିବା ପାଇଁ ଓଡ଼ିଶାକୁ ହିନ୍ଦୁପ୍ରଦେଶ ରୂପେ ଗଢ଼ିଦେବା। କାର୍ଯ୍ୟରେ ତାହାହିଁ ହେଲା। କେନ୍ଦ୍ରର ଅର୍ଥମେମ୍ବର ଏଥିପାଇଁ ମତେ ବହୁତ ବୁଝାଇ ମୋ ସଂଗେ ପରାମର୍ଶ କରି ମତେ କେନ୍ଦ୍ରରୁ ଚାଳିଶଲକ୍ଷ ଟଙ୍କା ଦେବାର ବ୍ୟବସ୍ଥା ଶୁଣାଇଥିଲେ। ଏହି ପ୍ରଦେଶ ୧୯୩୬ ମସିହା ଏପ୍ରିଲ ପହିଲାରେ ଓଡ଼ିଶା ସ୍ୱତନ୍ତ୍ର ପ୍ରଦେଶରେ ପରିଣତ ହେଲା।

ଏହାଛଡ଼ା ମୋର ରାଜନୀତିକ ପ୍ରବନ୍ଧ ପ୍ରତି ଗୋପବନ୍ଧୁ ଦାସଙ୍କର ଆନ୍ତରିକ ଆଗ୍ରହ ଥିଲା। ସେହି ୧୯୨୭ ମସିହାରେ ମୁଁ 'ବମ୍ବେ ସମାଚାର'ର କଂଗ୍ରେସ ସଂଖ୍ୟାରେ "Our Linguistic Provinces" ବୋଲି ଗୋଟିଏ ପ୍ରବନ୍ଧ ଦେଇଥିଲି। ତାହା କଂଗ୍ରେସ ନେତାମାନେ ବହୁଆଡ଼େ ବାଣ୍ଟିଥିଲେ। ସେ ପ୍ରବନ୍ଧଟି ମଧ୍ୟ ଗୋପବନ୍ଧୁ ବାବୁ କଟକରେ ବୁଲି ବୁଲି ଲୋକଙ୍କୁ ଶୁଣାଇ ଅତ୍ୟନ୍ତ ଆନନ୍ଦ ଓ ଉତ୍ସାହ ପ୍ରକାଶ କରୁଥିବାର ମୁଁ ଜାଣେ। ଏହିପରି ମୃତ୍ୟୁ ପୂର୍ବରୁ ସେ ମୋ କାର୍ଯ୍ୟରେ ବଡ଼ ଆଗ୍ରହ ଓ ଆଦର ପ୍ରକାଶ କରୁଥିବାର ମୁଁ ଜାଣେ।

୧୧୪। ଓଡ଼ିଶା ସ୍ୱତନ୍ତ୍ର ପ୍ରଦେଶ ହେବା କଥା

ମୁଁ କେନ୍ଦ୍ର ଆସେମ୍ବ୍ଲିକୁ ୧୯୨୪ରେ ଗଲା ପରେ ଏଇ ସ୍ୱତନ୍ତ୍ର ପ୍ରଦେଶ କଥାରେ ଇଂରେଜ ସରକାରଙ୍କ ମତି ଖେଳିଲା। ଏପରିକି ୧୯୨୪ରେ ଆସାମ ସିଭିଲିଆନ୍ ମିଃ ହଡ଼ସନ୍ (ସେ କେନ୍ଦ୍ର ସଭାରେ ଥିଲେ, ପରେ ଜଣାଗଲା, ସେ ଇଂରେଜ ସରକାରଙ୍କ

ତରଫରୁ ହ୍ୱିପ୍ ଥିଲେ) ମୋର ସାଧାରଣ ବେଶ ଦେଖି ମୋ ଘରକୁ ଦୁଇଥର ଆସିଥିଲେ। ବହୁତ ଆଳାପ ମଧ୍ୟରେ ମୋତେ ପ୍ରଥମେ ରାଜାଙ୍କ ଉପାଧିଠାରୁ ଆରମ୍ଭ କରି କ୍ରମେ Kinghthood ସହିତ ସେଇ ଉପାଧିର ଇଙ୍ଗିତ ଦେଲେ। ମୋର ବେଶ ସେତେବେଳେ ରୁକ୍ଷ ଖଦଡ଼। ସେଥିରେ ପୁଣି ଦୋପଟା ସିଆଁ ଚାଦରରେ ଶୀତ ନିବାରଣ। ଏଇପରି ରୁକ୍ଷ ବେଶରେ ସେ ମୋତେ ଭେଟି ଆଳାପ କରୁଥିଲେ। ସେଥିରୁ ମୁଁ କହିଲି, "Mr Hudson in this respect, I must tell you that you have come to a wrong door"—ଅର୍ଥାତ୍, "ମୋ କଥା ଶୁଣ, ତମେ ଯେଉଁ ଦୁଆରକୁ ଯେଉଁ ଭିକ ପାଇଁ ଆସିଚ, ସେ ଦୁଆରେ ସେ ଭିକ ମିଳିବ ନାଇଁ।" ସେଠାରୁ ତାଙ୍କ ମନରେ କ'ଣ ହେଲା, ମୁଁ କହିପାରିବି ନାଇଁ; କିନ୍ତୁ ସେ କ୍ଷୁଣ୍ଣ ଦେଖାଗଲେ ଏବଂ ସେଇଠାରୁ ମୋ ଘର ଛାଡ଼ି ଚାଲିଗଲେ ଓ ଆଉ ଆସି ନଥିଲେ

ସେଇଦିନଠାରୁ ଆମ ମନକୁ ସ୍ପଷ୍ଟ ଭାବରେ ଆସିଲା ଭାଷା ସୂତ୍ରରେ ପ୍ରଦେଶ ଗଠନ। ଏ ବିଷୟରେ ଗୋପବନ୍ଧୁ ଦାସଙ୍କର ଧାରଣା ବଡ଼ ଦୃଢ଼ ଥିଲା। ମୁଁ ଭାଷାସୂତ୍ରରେ ପ୍ରଦେଶ ଗଠନ ପ୍ରବନ୍ଧ ଓ ସେହିଭଳି ଅନ୍ୟାନ୍ୟ ପ୍ରବନ୍ଧମାନ ବମ୍ବେ ସମାଚାର 'Bombay Cronicle', ମାନ୍ଦ୍ରାଜର 'ସ୍ୱଦେଶ ମିତ୍ରନ୍' ଓ ବିଶେଷରେ ଦିଲ୍ଲୀରେ 'ହିନ୍ଦୁସ୍ଥାନ ଟାଇମସ୍'ରେ କରାଚୀ ବିଷୟରେ କେତେକ ବଡ଼ ପ୍ରବନ୍ଧ ୧୯୨୭ରେ ଲେଖିଥିଲି। ଏଇ ସ୍ୱତନ୍ତ୍ର ପ୍ରବେଶ ପ୍ରବନ୍ଧ ବାହାରିଲାବେଳେ ଓଡ଼ିଶାରେ ଏକ ପ୍ରକାର ଚହଳ ପଡ଼ିଯାଇଥିଲା। ବୋଧହୁଏ ଏଥିରେ ସରକାରଙ୍କର ଦୃଷ୍ଟି ଆକୃଷ୍ଟ ହୋଇଥିଲା।

ଏଠାରେ କହିରଖେ, ମୁଁ ଆସେମ୍ବ୍ଲିରେ ୧୯୨୭ ଜୁଲାଇ ୮ ତାରିଖ ଦିନ ଓଡ଼ିଶା ସ୍ୱତନ୍ତ୍ର ପ୍ରଦେଶ ସମ୍ବନ୍ଧରେ ବକ୍ତୃତା ଦେଲାବେଳେ ମୋରି ନିର୍ବାଚନ ମଣ୍ଡଳିରୁ ନିର୍ବାଚିତ ହୋଇଥିବା ଭୁବନାନନ୍ଦ ଦାସ ଦୃଢ଼ ପ୍ରତିରୋଧ କରିଥିଲେ। ସେ ଗୋଟିଏ ସଂଶୋଧନ ପ୍ରସ୍ତାବରେ କହିଥିଲେ, ସମସ୍ତ ଓଡ଼ିଆଭାଷୀ ଅଞ୍ଚଳଗୁଡ଼ିକୁ ଆଣି ବିହାର ପ୍ରଦେଶ ସଂଗେ ରଖାଯାଉ। ଏଥିରେ ବହୁ ବାଦବିବାଦ ହେଲା, କେତେକ ମୁସଲମାନ ବନ୍ଧୁ ଏଥିରେ ଟିକିଏ ଜଳିଲା ପରି ଜଣାଗଲା। ଏଇପରି ସେ ପ୍ରସ୍ତାବଟିରେ ସଭାଗୃହରେ ଭୋଟ ନିଆ ଯାଇପାରି ନଥିଲା।

ଏଇ ଖବର ଯେତେବେଳେ ଷ୍ଟେଟ୍ସମ୍ୟାନରେ ବାହାରିଥିଲା ତାକୁ ଓଡ଼ିଶାର ବିଶିଷ୍ଟ ଲୋକେ ବିଶେଷରେ ପଣ୍ଡିତ ଗୋପବନ୍ଧୁ ଦାସ ବଡ଼ ଆଗ୍ରହରେ ପଢୁଥିଲେ।

ଏହାପରେ O'denell Committee (ଓଡେନେଲ କମିଟି) କଥା କହେ। ଏହି କମିଟି ୧୯୩୨ ବୈଠକରେ ମୋ ମେମୋରେଣ୍ଡମଟି ପଢ଼ି ବିଚାର କରି ନଥିଲେ। ରାଜେନ୍ଦ୍ର ପ୍ରସାଦ ସେତେବେଳେ ବିହାର ଓଡ଼ିଶାରୁ ଜୋନାଲମୁଖ୍ୟ ଥିଲେ। ସେ ଆମକୁ

ଓଡେନେଲ କମିଟିକୁ ବୟକଟ୍ କରିବାକୁ ଜାନୁୟାରୀ ୫ ତାରିଖରେ ଆଦେଶ ଦେଲେ; ଜାନୁୟାରୀ ୧୦ ତାରିଖରେ ଏହି କମିଟିରେ ମୋର ମୌଖିକ ସାକ୍ଷ୍ୟ ଦେବାର ଥିଲା। ମୁଁ ମେମୋରାଣ୍ଡମଟିକୁ ଦେଇଥିଲେ ମଧ୍ୟ, ରାଜେନ୍ଦ୍ର ପ୍ରସାଦଙ୍କ ଆଦେଶରେ କମିଟି ଆଗରେ ସାକ୍ଷ୍ୟ ନଦେଇ ଜାମସେଦପୁରରୁ ଫେରିଆସିଲି; ଓଡେନେଲ କମିଟି ତାଙ୍କ ରିପୋର୍ଟରେ ଓଡ଼ିଶା କଂଗ୍ରେସ କମିଟି ପକ୍ଷରୁ ଦିଆଯାଇଥିବା ମୋର ଛାପା ମେମୋରେଣ୍ଡମଟିର କୌଣସି ଉଲ୍ଲେଖ କରି ନଥିଲେ। ସେଠାରେ ଏହି କମିଟିରେ ବିହାରର ସଚ୍ଚିଦାନନ୍ଦ ସିଂହ ଥିଲେ; କିନ୍ତୁ ଓଡ଼ିଶାରୁ ବିଶେଷ ସେପରି କେହି ନଥିଲେ। ଏହିଠାରେ ଲକ୍ଷ୍ୟ କରିବାର ଅଛି, ରାଜେନ୍ଦ୍ର ପ୍ରସାଦଙ୍କ ପରି ବଡ଼ ଲୋକମାନେ ସେକାଳେ ମଧ୍ୟ କିପରି ପ୍ରାଦେଶିକ ଭାବରେ ନିଜ ମହାଜାତୀୟ କର୍ତ୍ତବ୍ୟରୁ ଓହରି ଯାଉଥିଲେ। ସେହିଯୋଗୁ ସିଂହଭୂମି, ଧଳଭୂମି ପ୍ରଭୃତି ଓଡ଼ିଆ ଅଞ୍ଚଳ ଓଡ଼ିଶାରୁ ବାଦ୍ ପଡ଼ିଯାଇଥିଲା। ମେଦିନୀପୁର ଲୋକେ ତାଙ୍କ ମେମୋରେଣ୍ଡମରେ କହିଥିଲେ, "ଆମକୁ ହିଁଜିଲ୍‌ରେ ସ୍ୱତନ୍ତ୍ର ଜିଲ୍ଲା ନଦେଲେ ଆମେ ବଙ୍ଗଳାକୁ ଛାଡ଼ିବାକୁ ଚାହୁଁ ନାହିଁ।" ଏଥିରେ ବଙ୍ଗଳାରୁ ଏକ ଅଂଶ ଓଡ଼ିଶାରେ ମିଶିବା ପ୍ରସ୍ତାବ ଗଲା।

ତଥାପି ସରକାରଙ୍କର ମନରୁ ଓଡ଼ିଶା ସ୍ୱତନ୍ତ୍ର ପ୍ରଦେଶ ହେବା କଥା ଅତୀତ ହୋଇ ନଥିଲା। ସେହି ଯୋଗେ ୧୯୨୯ରେ ବୋଧହୁଏ କ୍ୟାବିନେଟ୍‌ରେ ବିଚାର କରି ମୁଡ଼ିମ୍ୟାନ୍ ସାହେବ ମୋ ସଂଗେ ଉପପ୍ରଦେଶ ପାଇଁ ପତ୍ରାଳାପ କରିଥିଲେ ଓ ସେଇ ଆଲୋଚନା ଫଳରେ ଭାରତ ସରକାରଙ୍କର ସେତେବେଳର ଅର୍ଥସଭ୍ୟ ମତେ କହିଥିଲେ ଯେ, ଓଡ଼ିଶା କେନ୍ଦ୍ର ସରକାରଙ୍କଠାରୁ ବର୍ଷକୁ ୪୦ ଲକ୍ଷ ଟଙ୍କା ପାଇ ଗୋଟିଏ ସ୍ୱତନ୍ତ୍ର ପ୍ରଦେଶ ହେଉ। ଏଇ ସର୍ତ୍ତରେ ସେ ମୋତେ ଓଡ଼ିଶା ପ୍ରଦେଶ ଗଢ଼ିବାକୁ ରାଜି ହେବା ପାଇଁ ପ୍ରବର୍ତ୍ତାଇ ଥିଲେ। ମାତ୍ର ଓଡ଼ିଶାର ଉନ୍ନତି ପାଇଁ କେନ୍ଦ୍ରସରକାର ବର୍ଷକୁ ୮୦ ଲକ୍ଷ କରି ଟଙ୍କା ଦିଅନ୍ତୁ ବୋଲି ମୁଁ ଜିଦ୍ ଧରିଥିଲି। କିନ୍ତୁ ଭୁବନାନନ୍ଦ ବାବୁ ଏଥିପାଇଁ ମୋତେ ଆସେମ୍ଲି ଭିତରେ ବହୁତ ମତାଇଲେ ଏବଂ ଏଇ ସର୍ତ୍ତରେ ରାଜି ହେବା ପାଇଁ କହିଲେ; ମୁଁ ବାଧ୍ୟ ହୋଇ ଅର୍ଥସଦସ୍ୟଙ୍କ ଆଗେ ହଁ କଲି। ଏହା ହେବ ୧୯୩୩-୩୪ ସାଲର କଥା। ସେଥିରେ ହିଁ ଓଡେନେଲ କମିଟିର ରିପୋର୍ଟ ଅନୁସାରେ ପୁରୀ, କଟକ, ବାଲେଶ୍ୱର, ସମ୍ବଲପୁର, ଗଂଜାମ ସଂଗେ ଜୟପୁରକୁ ମିଶାଇ ଓଡ଼ିଶା ପ୍ରଦେଶ ଗଢ଼ାହେବାର ଇଂରେଜ ସରକାର ସ୍ଥିର କଲେ ଓ ୧୯୩୬ ଏପ୍ରିଲ ପହିଲାରେ ତାହା କାର୍ଯ୍ୟକାରୀ ହେଲା।

ଏଥିମଧ୍ୟରେ ୧୯୨୯ ସିମଳା ଅଧିବେଶନରେ ମୁଁ ଜାମସେଦପୁରର ଟିନ୍-ପ୍ଲେଟ୍ ଷ୍ଟ୍ରାଇକ୍ ବିଷୟରେ ପ୍ରସ୍ତାବ ଆଣିଥିଲି। ସେଇ ପ୍ରସ୍ତାବ ଆଲୋଚନା ବେଳେ ଜହରଲାଲ

ପ୍ରଭୃତି ଗ୍ୟାଲେରିରେ ବସିଥିଲେ। ମୁଁ ନାନା ଭାବରେ ସେଇ ଜହରଲାଲଙ୍କ କଥା ସହିତ ସୁଭାଷ ବୋଷଙ୍କ କଥାକୁ ମିଶାଇ ସେଇ ଟିନ୍-ପ୍ଲେଟ୍ ସମ୍ବନ୍ଧରେ ବକ୍ତୃତା ଦେଇଥିଲି। ଏଇ ପ୍ରସ୍ତାବ ବିରୁଦ୍ଧରେ ସୁଖର କଥା ତିନୋଟି ଭୋଟରେ ସରକାର ପରାସ୍ତ ହୋଇଥିଲେ। ବୁଝିବାର ଅଛି, ସେତେବେଳେ ସରକାରଙ୍କ ପକ୍ଷର ବହୁ ପକ୍ଷ ସେଇ ସଭାରେ ଥିଲେ। ବୋଧହୁଏ ଏଇ ଷ୍ଟ୍ରାଇକରେ କୃତକାର୍ଯ୍ୟ ହେବା ଏହା ସେପରି ଆସେମ୍ବ୍ଲିରେ ପ୍ରଥମ ଘଟଣା।

ଏଇ ସମୟରେ ଆଉ ଗୋଟିଏ ଘଟଣା ମନେ ରଖିବାର ଅଛି। ସେତିକିବେଳେ ବଡ଼ଲାଟ ଲର୍ଡ ଏରଉଇନ୍ ମୋ ସଂଗେ ଦେଖା କରିବାକୁ ବଡ଼ ପ୍ରୟାସୀ ହେଲେ; କିନ୍ତୁ ଆମ୍ଭେମାନେ କୌଣସି ଇଉରୋପୀୟଙ୍କ ଘରକୁ ନିମନ୍ତ୍ରଣରେ ସୁଦ୍ଧା ଯାଉ ନଥିଲୁ। ଥରେ ସଭ୍ୟ ସାର୍ ବି: ଏନ୍: ମିତ୍ର ପୋଷ୍ଟକାର୍ଡ ଲଫାପାର ଦାମ ବଢ଼ାଇବା ପାଇଁ ଛବିରେ ମୋ ସଂଗେ ବହୁ ଯୁକ୍ତି କରିଥିଲେ। ଫଳରେ ସେ ଗୋଟିଏ ଟା' ଭୋଜିରେ ଆମ୍ଭମାନଙ୍କୁ ଡାକି ସମ୍ବର୍ଦ୍ଧନା ଜଣାଇଥିଲେ ଓ ଗୋପନରେ ସେଇ ସଭାକୁ ଅନ୍ୟ ଦ୍ୱାର ବାଟେ ବଡ଼ଲାଟ୍ ଲର୍ଡ ଏରଉଇନ୍ ନିଜେ ଆସି ମୋ ସଂଗେ କରମର୍ଦ୍ଦନ କରି କହିଲେ, Well, we have heard much of you, but we never saw you (ଆମେ ତମ କଥା ବହୁତ ଶୁଣିଚୁ, କିନ୍ତୁ ଆମର କେବେ ଦେଖା ହୋଇ ନଥିଲା)। ଏହା କହିସାରି ଅନ୍ୟକଥା ଆରମ୍ଭ କଲେ। ତାହା ବଡ଼ ମାମୁଲି; କିନ୍ତୁ ମୁଁ ବଡ଼ଲାଟଙ୍କ ସଂଗେ ଦେଖା କରୁଚି ବୋଲି ଟିକିଏ ଲଜ୍ଜିତ ହୋଇଥିଲି। ଏହା ୧୯୨୯ ସାଲର କଥା। ସେଇଠାରୁ ୧୯୩୦ରୁ ଆମେ କେନ୍ଦ୍ର ଆସେମ୍ବ୍ଲିକୁ ବୟକଟ୍ କରି ଛାଡ଼ିଲୁ। ତା'ପରେ ୧୯୩୫ରେ ନିର୍ବାଚନ ଲଢ଼ି ପୁଣି କେନ୍ଦ୍ର ଆସେମ୍ବ୍ଲିକୁ ଗଲୁ। ତା'ରି ପରବର୍ଷ ଅପ୍ରେଲ ପହିଲାରେ ଓଡ଼ିଶା ସ୍ୱତନ୍ତ୍ର ପ୍ରଦେଶ ହେଲା।

୧୧୫। ରେଲୱେର ଲୁହାଜିନିଷ କ୍ରୟ ଓ ଟାଟାରୁ ଗୋରା କର୍ମଚାରୀଙ୍କୁ ବହିଷ୍କାର

ଏହାଛଡ଼ା ଆଉ ଦୁଇଗୋଟି ପ୍ରଧାନ ଘଟଣା ମୋର ମନେପଡୁଚି। ସେତେବେଳେ ଭାରତ ସରକାର ରେଳ ବିଭାଗ ପାଇଁ ସମସ୍ତ ଲୁହାଜିନିଷ ବିଲାତରୁ କିଣୁଥିଲେ; ମାତ୍ର ମୁଁ ବରାବର ଉଦ୍ୟମ କରୁଥିଲି ଯେ ସରକାର ବିଲାତରୁ ନକିଣି ଯାହା ଭାରତରେ ତିଆରି ହେଉଚି ତା' କିଣନ୍ତୁ। ଏହି ରେଳ କମିଟିରେ ମୁଁ ସଭ୍ୟ ଥିଲି ଓ ସାର୍ ଏଲେନ୍ ପାରସନ୍ ସଭାପତି ଥିଲେ। ସେଥିରେ ଥରେ ମନେ ଅଛି, ମୋର କମିଟିକୁ ଯିବାରେ ବିଳମ୍ବ ହେବାରୁ ସାର୍ ଏଲେନ୍ ପାରସନ୍ ପନ୍ଦର ମିନିଟ୍ ପାଇଁ କମିଟିକୁ ମୁଲତବୀ ରଖିଦେଲେ। ମୁଁ ଯାଇ ପହଞ୍ଚିବାରୁ ୟାମିନ୍ ଖାଁ ପ୍ରଭୃତି ସଭ୍ୟମାନେ ବଡ଼ ଖୁସି ହେଲେ ଓ କହିଲେ, "ରେଲୱେ ଖରିଦ କମିଟିରେ ନୀଳକଣ୍ଠ ଦାସ ନଥିଲେ କିଛି ହୋଇ ନପାରେ।"

ମୁଁ ଯାଇ କହିଲି, "ଆପଣମାନେ ଦେଖନ୍ତୁ, ଲୁହା Sleeper ସବୁ କିଣା ହେଉଚି। ଏଥିରୁ ଭାରତର ଟାଟା କଂପାନୀ ଯେତିକି ଦେଇପାରିବେ, ତା'ଛଡ଼ା ବାକି ସବୁ ଢଳାଲୁହା Sleeper କିଣିଲେ ସବୁ ଭାରତରୁ ହୋଇପାରିବ। ଅଥଚ ଢଳାଲୁହା Sleeper ବେଶି ସ୍ଥାୟୀ ଓ ମୂଲ୍ୟ ହିସାବରେ ଅଳ୍ପ।" ସେଠାରୁ ନିଷ୍ପତ୍ତି ସେଦିନ ବନ୍ଦ ରହି ଟାଟା କଂପାନୀକୁ ଟେଲିଗ୍ରାମ ଗଲା। ଉତ୍ତରରେ ଯେତିକି ଲୁହା Sleeper ଦେଇ ପାରିବେ ବୋଲି କହିଲେ ସେତିକି ଏ ଦେଶ ପାଇଁ ରଖି ବାକି ସବୁ ଢଳା ଲୁହାର Sleeper ଖରିଦ୍‌ର ବ୍ୟବସ୍ଥା ହେଲା। ସେଇଥିରେ Bengal Iron Company, Indian Iron Company of Tata Nagar foundry, ଏଇ ତିନିହେଁ ସମସ୍ତ ଅର୍ଡର ପାଇଲେ ଓ କ୍ରମେ ଏଇ ତିନିହେଁ ଲୁହା Sleeper ପାଇଁ ଭାରତରେ ବିଖ୍ୟାତ ହେବାକୁ ଆରମ୍ଭ କଲେ। ଏଇ ସଂପର୍କରେ କହିଦିଏ, ରେଳ ଚକ କିଣିବାରେ ମୁଁ ଇଂରେଜଙ୍କର ଚକ ଏ ଦେଶରେ ବିକିବା କୌଶଳ ଧରି ଦେଇଥିଲି। କାରଣ ଦେଖାଇଥିଲି, ଯଦି ବିଲାତରେ ୪.୮ ଚକଟି ଭାରତ ପାଇଁ ୫.୬ କରା ହୋଇପାରିଲା ତେବେ ଭାରତରେ ଯେକୌଣସି ଆକାରର ଚକକୁ ବଦଳାଇ ୫.୬ କରାଯାଇ ପାରିବ ନାହିଁ କାହିଁକି ? ଏଇ ବିଷୟରେ ଯୁକ୍ତ ହୋଇ ସ୍ଥିର ହେଲା, ସବୁ ଲୁହା ରେଳ ପାଇଁ ଏହି ଭାରତରେ ତିଆରି ହୋଇପାରିବ।

ତା'ପରେ ଆଉ ଗୋଟିଏ କଥା, ଟାଟାର ବଡ଼ ବଡ଼ ଇଂରେଜୀ କର୍ମଚାରୀମାନେ ଏହାର ପରବର୍ଷ; ଅର୍ଥାତ୍ ୧୯୩୦ରେ ମୋର ଗୋଟିଏ ବକ୍ତୃତା ଫଳରେ (Speeches Remarks ଦେଖ) ବରଖାସ୍ତ ହେଲେ। ଏଇ ବରଖାସ୍ତର କିଛିଦିନ ପରେ ଟାଟା କଂପାନୀରୁ ବରଖାସ୍ତ ହୋଇଥିବା ଅଫିସର ମିଷ୍ଟର ସ-ଡେ ମୋତେ କେତେମାସ ପରେ କଲିକତାରେ ଗୋଟିଏ ବିବାହ ଭୋଜିରେ ଦେଖି କହିଥିଲେ, "Well, you are still alive!" (ଏବେ ବି ବଞ୍ଚିଛ ?)। ଟାଟା କଂପାନୀରୁ ସେଇ ସ-ଡେ ଏଇ ବରଖାସ୍ତ ହେବାରେ ଅନେକ ଅର୍ଥ ଓ ପ୍ରତିପତ୍ତି ହରାଇଥିଲେ। ଯାହାହେଉ, ସେଇଦିନଠାରୁ ଟାଟାରେ ଇଂରେଜୀ କର୍ମଚାରୀ ବରାବର କମିଯିବାକୁ ଲାଗିଲେ।

୧୧୬। ଅନୁଗୁଳ—ହସ୍ତମୁଦି ମାହାଲ

ଏଇ କାଳର ଆଉ ଗୋଟିଏ କଥା କହେ। ସେତେବେଳେ ଅନୁଗୁଳ ସରକାରଙ୍କ 'ହସ୍ତମୁଦି' ମାହାଲ ଥିଲା। ସେଠାରେ ଡେପୁଟି କମିଶନରମାନେ ସର୍ବେସର୍ବା ଥିଲେ। ଦିନେ କେନ୍ଦ୍ର ଆସେମ୍ବ୍ଲିରେ ସେଇ ଡେପୁଟି କମିଶନରମାନଙ୍କ ସାର୍କୁଲାରଗୁଡ଼ିକ ମୁଁ ପଢ଼ି ଆଲୋଚନା କରିଥିଲି। ଏହା ଓଡ଼ିଶା ପ୍ରଦେଶ ଗଠନର ଅବ୍ୟବହିତ ପୂର୍ବକଥା ପରି ମନେ ହୁଏ ତା'ରି ଫଳରେ ବୋଧହୁଏ, ପ୍ରଦେଶ ଗଠନ ବେଳକୁ ଓ ତା'ପରେ ଆସ୍ତେ ଆସ୍ତେ ସେ ସବୁ ସାର୍କୁଲାରଗୁଡ଼ିକର କ୍ରିୟା ଶିଥିଳ ହୋଇଗଲା।

ଏହିଭଳି ନିର୍ଦ୍ଦିଷ୍ଟ ବସ୍ତୁ ସବୁ ଦେଖି ଜାଣିବା ବ୍ୟତୀତ ଓଡ଼ିଶାର ଦୁର୍ଭିକ୍ଷ ପ୍ରଭୃତି ଅନ୍ୟାନ୍ୟ ବହୁ ବିଷୟରେ ମୋର ପ୍ରତିପତ୍ତି ଓ ପ୍ରତିଷ୍ଠା କେନ୍ଦ୍ର ଆସେମ୍ବ୍ଲିରେ ଖୁବ୍ ବଢ଼ି ଯାଇଥିଲା। ବୋଧହୁଏ ଏହି ସବୁକୁ ଦେଖି ଆମ ଉତ୍କଳ ଗୌରବ ମଧୁସୂଦନ ମୃତ୍ୟୁଶଯ୍ୟାରେ ମତେ, ବ୍ରଜବାବୁ ଓ ବିଚିତ୍ରାନନ୍ଦ ବାବୁଙ୍କୁ ପାଖକୁ ଡାକି ଯାହା କହିଥିଲେ, ତାହାର ସାର୍ଥକତା ଥିଲା।

୧୧୭। ଗୋପବନ୍ଧୁ ବାବୁଙ୍କ ଅନ୍ତିମ ଜୀବନ (୧୯୨୭-୨୮)

୧୯୨୭ରେ ଦୁର୍ଭିକ୍ଷ ପଡ଼ିଲା। ଓଡ଼ିଶାର ବହୁ ନଦୀରେ ପ୍ରବଳ ବନ୍ୟା ଫଳରେ ସାଧାରଣ ଜୀବନ ଦୁର୍ବହ ହୋଇଉଠିଲା। ୧୯୫୫ର ବଢ଼ି ଆଖିରେ ଦେଖି ୧୯୨୭ କଥା ମନେପଡ଼େ। ଏ ଦେଶରେ ଉନ୍ନତି ଲାଗିଆସିଲା ବେଳକୁ ବାରମ୍ବାର ବଢ଼ି ପୁଣି ପ୍ରଗତିକୁ ପଛେଇ ଦେଇଚି। ଧନଜୀବନ ନଷ୍ଟ ହୋଇଚି। ସତେଯେପରି ଏ ଦୁର୍ଦ୍ଦଶାର ଅନ୍ତ ନାହିଁ। ହୀରାକୁଦ ବନ୍ଧ ହେବା ପରେ ଲୋକଙ୍କର ଧାରଣା ହେଲା ହୁଏତ ବଢ଼ି ସବୁଦିନ ପାଇଁ ବନ୍ଦ ହୋଇଯିବ। କିନ୍ତୁ ତାହା ଧାରଣା ମାତ୍ର। ୧୯୨୭ରେ କ'ଣ କ୍ଷୟକ୍ଷତି ହେଲା ତା'ର ହିସାବ ମୁଁ ଦେବାକୁ ଯାଉନି। ସରକାର ତା'ର ହିସାବ ରଖିଥିବେ। ସରକାରୀ ରିପୋର୍ଟରେ ସେତେବେଳେ ଯାହା ପ୍ରକାଶ ପାଇଥିଲା, ତାହା ପ୍ରକୃତ ଅବସ୍ଥାର ଛଦ୍ମପ୍ରକାଶ। ସତ କହିବାକୁ ସରକାର ସବୁବେଳେ ପଛାନ୍ତି। କାରଣ ଲୋକମାନଙ୍କ ପ୍ରତିକ୍ରିୟା ପ୍ରତି ଭୟ ଥାଏ। ଗୋପବନ୍ଧୁ ବାବୁ ସେତେବେଳେ କଟକରେ ଥାନ୍ତି। ବଢ଼ି କମିଟି ଗଢ଼ାଗଲା। ବୋଧହୁଏ ଗୋପବନ୍ଧୁ ବାବୁ ସେ କମିଟିର ମୁଖ୍ୟ ଥାନ୍ତି। ଭୁବନାନନ୍ଦ ବାବୁ 'Young Utkal' ପତ୍ରିକାରେ ଲେଖିଲେ, "ଗୋପବନ୍ଧୁ ଦାସ ବଢ଼ି କଉଡ଼ି ଖାଇଗଲେ।" ସେତେବେଳେ ଭୁବନାନନ୍ଦ ବାବୁ 'Young Utkal'ର ସଂପାଦକ ଥାନ୍ତି। ସେଥିରେ ଗୋପବନ୍ଧୁ ବାବୁଙ୍କ ବିରୁଦ୍ଧରେ ୪୨,୦୦୦ ଟଙ୍କା ଆତ୍ମସାତ୍ ଏକ ଅଭିଯୋଗ ଅଣା ହୋଇଥାଏ। ଗୋପବନ୍ଧୁ ବାବୁ ଏହା ପଢ଼ି କାନ୍ଦିଲେ।

ମୋତେ ଟେଲିଗ୍ରାମ ଯୋଗେ ଗୋପବନ୍ଧୁ ବାବୁ ଡାକିନେଲେ। ମୁଁ ପହଞ୍ଚିଲାରୁ ଭୋ' ଭୋ' କାନ୍ଦି କହିଲେ—"ଦେଖ ଭୁବନାନନ୍ଦ ଲେଖିଚି, ମୁଁ ବଢ଼ି କଉଡ଼ି ଖାଇଗଲି।" ମୁଁ ତାଙ୍କୁ ଅନେକ ବୁଝାସୁଝା କଲାରୁ ସେ ତୁନି ହେଲେ। ମୁଁ ସେଦିନ ଲକ୍ଷ୍ୟ କରିଛି, ଦୋଷରହିତ ମଣିଷ କିପରି ଅନ୍ତରକୁ ଆବେଗ ସହକାରେ ଅଜାଡ଼ି ଦିଏ।

୧୯୨୮ରେ ଗୋପବନ୍ଧୁ ବାବୁ କଲିକତାରେ ଶ୍ରମିକମାନଙ୍କର ଏକ ସଭାକୁ ଯାଇଥିଲେ। ତାଙ୍କୁ କଲିକତାରେ ମଟରରେ ଦିନ ଦୁଇଟା ପର୍ଯ୍ୟନ୍ତ ବୁଲେଇଲେ, ଟାଇଫଏଡ୍ ଲେଉଟେଇଲା। ସେ ମୋତେ ଓ ପୁରୀରୁ ବନମାଳୀ ଦାସ ପ୍ରଭୃତିକୁ

ଡକାଇଲେ। ସେଇଥର ତାଙ୍କର ମୃତ୍ୟୁ ହେଲା। ପ୍ରାଣ ଛାଡ଼ିବାବେଳେ ମୁଁ ପ୍ରାୟ ୧୦/୧୫ ମିନିଟ୍ କାଳ ତାଙ୍କୁ ଚାହିଁ ନିର୍ବାକ ଓ ନିଷ୍ପନ୍ଦ ହୋଇ ଠିଆ ହୋଇରହିଲି।

ମରିବା ପୂର୍ବରୁ ସେ ନିଜର ଉଇଲ୍ ଡାକିଦେଇଥିଲେ। ରାଧାନାଥ ରଥ ସେ ଉଇଲ୍ ହାତରେ ଲେଖୁଥାନ୍ତି ତାଙ୍କ ଜ୍ୱାଇଁ ରତ୍ନାକର ପତିଙ୍କୁ ସେ କାନ୍ଦି କାନ୍ଦି କହିଥିଲେ—"I am dectating my last will and testament." ଶେଷରେ ସେ ଦସ୍ତଖତ୍ କରି ଉଇଲ୍‌ଟାକୁ ପିଙ୍ଗିଦେଲେ। ଭାରତ ଲୋକସେବକ ସମାଜକୁ ସେ ପ୍ରେସ୍ ଦାନ କରି ଦେଇଗଲେ।

ତହିଁଆରଦିନ ସକାଳୁ ତାଙ୍କ ଶବ ନେଇ ସତ୍ୟବାଦୀର ଦ୍ୱାରେ ଦ୍ୱାରେ ବୁଲି ତା'ପରେ ସତ୍ୟବାଦୀ ସ୍କୁଲ ପାଖ ଶ୍ମଶାନରେ ତାଙ୍କର ଶବଦାହ କ୍ରିୟା କରାଯାଇଥିଲା। ସେଦିନ ହୋଇଥାଏ ଗୁଣ୍ଡିଚାର ପୂର୍ବଦିନ। ପୁରୀ ଜଗନ୍ନାଥଙ୍କର ନବଯୌବନ ଦର୍ଶନ ତିଥି। ଓଡ଼ିଶାରୁ ଜଣେ ଭାଗ୍ୟବାନ ମହାପୁରୁଷ ଚାଲିଗଲେ। ଆମେ ସମସ୍ତେ ଅନ୍ଧାରରେ ଅଣ୍ଡାଳି ହେଲାପରି ଲାଗୁଥାଏ। ଅମାରି ବନ୍ଧୁ, ସଖା ପୁଣି କର୍ଣ୍ଣଧାର ଆମକୁ ଚଲାବାଟର ଅସରନ୍ତି ରାସ୍ତାରେ ଛାଡ଼ି ସବୁଦିନ ପାଇଁ ଲୁଚିଗଲେ।

୧୧୮। ଜେଲଜୀବନ (୧୯୨୩, ୧୯୩୨-୧୯୩୩)

ପ୍ରଥମ ଜେଲବେଳେ ମତେ ଛ'ମାସ ଜେଲ୍ ହୋଇଥିଲା। ମୁଁ ପୁରୀରୁ ହଜାରୀବାଗ ଯାଇଥଲି; ସେତେବେଳେ ଗୋଟିଏ ଘଟଣା ଘଟିଥିଲା। ତା' ପୂର୍ବରୁ ଗୋପବନ୍ଧୁ ବାବୁ ଶ୍ରୀଯୁକ୍ତ ଭାଗୀରଥୀ ମହାପାତ୍ରଙ୍କ ସହିତ ହାତକଡ଼ି ଓ ଦଉଡ଼ି ଦିଆହୋଇ ବାଲେଶ୍ୱରରୁ କଟକ ଆସିଥିଲେ। ସେଥିପାଇଁ ମତେ ସେହିପରି ହଜାରୀବାଗ ଜେଲ୍‌କୁ ନେବା ପାଇଁ କନେଷ୍ଟବଲକୁ ପଠାଇ ଦିଆଯାଇଥିଲା। ସେତେବେଳେ ରାଜନୀତିକ ବନ୍ଦୀମାନଙ୍କୁ 1st Class Misdemeanants କରାଯାଉଥିଲା; ଅର୍ଥାତ୍ ଭଦ୍ରଲୋକ ପରି ବ୍ୟବହାର କରାଯାଉଥିଲା। ହାତକଡ଼ି ଓ ଦଉଡ଼ି ଧରି କନେଷ୍ଟବଲ ଆସି ପହଞ୍ଚିବାରୁ ପୁରୀର ଜେଲର୍ ଓ ଆସିଷ୍ଟାଣ୍ଟ ଜେଲରଙ୍କୁ କହିଲି—"ଆପଣ ମୋତେ ଭଦ୍ରଲୋକ ପରି ବ୍ୟବହାର କରିବାର କଥା। ଏ କ'ଣ କରୁଚନ୍ତି? ମତେ ହାତକଡ଼ି ଦେବାକୁ ହାତ ଦେଖା ବୋଇଲେ ଦେଖାଇବି ନାହିଁ। ଦାଣ୍ଡରେ ଚାଲ ବୋଇଲେ ଚାଲିବିନି। ମତେ ହାତକଡ଼ି ଦେଇ ଷ୍ଟେସନକୁ ଘୋଷାରି ଘୋଷାରି ନିଅନ୍ତୁ।"

ଜେଲର କାନ୍ଦି ପକାଇଲେ। ସେତେବେଳେ ଗାଇସ୍ ସାହେବ ପୋଲିସ୍ ସୁପରିଣ୍ଟେଣ୍ଡେଣ୍ଟ୍ ଥିଲେ। ସାଂଗେ ସାଂଗେ ଜେଲର୍ ପୋଲିସ୍ ସୁପରିଣ୍ଟେଣ୍ଡେଣ୍ଟ୍‌ଙ୍କ ପାଖକୁ ଦୌଡ଼ିଲେ। ମୁଁ ଶୁଣିଲି, ସେ କହିଲେ—"ତାଙ୍କୁ ଆଜି ବନ୍ଦ କର। ମୁଁ ହଜାରୀବାଗକୁ ଟେଲିଗ୍ରାମ୍ କରିଦେଉଚି, କାଲି ସେ ଯିବେ।"

ତହିଁଆରଦିନ ଘୋଡ଼ାଗାଡ଼ି ସହିତ ଜଣେ ସବ୍‌ଇନ୍‌ସପେକ୍ଟର ଓ ଦୁଇଜଣ କନେଷ୍ଟବଲଙ୍କୁ ପଠାଇଦେଲେ। ମୋତେ ଖୁବ୍ ଭଲଭାବରେ ବୋଧହୁଏ ସେକେଣ୍ଡକ୍ଲାସରେ ରେଲଯୋଗେ ହଜାରିବାଗ ପଠାଇ ଦିଆଗଲା।

ଆଉ ଗୋଟିଏ କଥା ମନେ ହେଉଚି—ବାଟରେ ହରିଭାଇନା ସତ୍ୟବାଦୀ ଷ୍ଟେସନରେ ଦେଖାକରି କହିଲେ—"ତୋ ଦ୍ୱିତୀୟ ଝିଅ ବାସନ୍ତୀଟି ମରିଗଲା।" ମୁଁ ପଚାରିଲି—"ସବୁ ଚିକିତ୍ସା ହୋଇଥିଲା ତ ?" ସେ ଉତ୍ତର ଦେଲେ—"ଯାହା ସୁବିଧା ଥିଲା ତା' ହୋଇଥିଲା।" ମୁଁ କହିଲି—"ହଉ, ଆଉ କ'ଣ କରନ୍ତ।" ଏତିକିରେ ତାଙ୍କୁ ବିଦାୟ ଦେଇ ଫେର୍ ସବ୍‌ଇନ୍‌ସପେକ୍ଟର ହାତୀଙ୍କ ଆଡ଼କୁ ମୁହଁ ବୁଲାଇ କଥାବାର୍ତ୍ତା କଲି। ମୁଁ ଯେପରି ମୋର କନ୍ୟା ମୃତ୍ୟୁର ଦୁଃଖକୁ ପରିସ୍ଥିତିର ପରିହାସ ଭିତରେ ଭୁଲିଯିବା ପାଇଁ ଚେଷ୍ଟା କରୁଥିଲି।

ଜଟଣୀ ଷ୍ଟେସନଠାରେ ହାତୀବାବୁ ଓ କନେଷ୍ଟବଲ ମୋତେ ପଚାରିଲେ—"ତୁମେ ଦେବତା ନା ମଣିଷ। ଝିଅ ମରିବା କଥା ବି ଭୁଲିଯାଉଚ ?"

ତା'ପରେ ମୁଁ ଯାଇ କଲିକତାରେ ରାମେଶ୍ୱର ଅଗ୍ରୱାଲଙ୍କ ଘରେ ହାତୀଙ୍କ ସହିତ ରହିଲି। ସେଦିନ ତମାମ କଲିକତାରେ ବୁଲି ଫୁଲମାଳ ଓ ବହୁ ବନ୍ଧୁଙ୍କୁ ସଙ୍ଗରେ ଘେନି ରେଲରେ ବସିଲୁ ଓ ହଜାରିବାଗ ଗଲୁ। ସେହି ହଜାରିବାଗରେ କ'ଣ କରିବାକୁ ହେବ ବୋଲି ମୁଁ ରଘୁବଂଶର ଗୋଟିଏ ଓଡ଼ିଆ ଅନୁବାଦ ଆରମ୍ଭ କଲି। ସେଠାରେ ମଧ୍ୟ ସେହି ଛ' ମାସ ଯାକ ଅନ୍ୟ ଏକ କଏଦୀ ରାଜେନ୍ଦ୍ର ପ୍ରସାଦଙ୍କ ସଂଗେ ପ୍ରାୟ ଏକା ଜେଲରେ ରହିଲୁ। ପ୍ରତିଦିନ ରାତି ଦଶଟା ଯାଏ କଥାବାର୍ତ୍ତା ହୋଇସାରି ଶୋଉ। ଶୋଇଲାବେଳକୁ ରାଜେନ୍ଦ୍ର ପ୍ରସାଦ ଅମୃତମଣ୍ଡା ରଖିଥାନ୍ତି, କାଟି ଖାଇବାକୁ ଦିଅନ୍ତି।

ଏତିକିବେଳେ ରାଜେନ୍ଦ୍ର ପ୍ରସାଦ ମୋତେ ଗାନ୍ଧିଙ୍କ ଗୀତା ପଢ଼ିବାକୁ ଦେଲେ। ମୁଁ ପଢ଼ି ତହିଁ ଆରଦିନ ଫେରାଇ ଦେଲି। ମୁଁ କହିଲି, "ଏ ଗୀତା ପରେ ଆଉ କ'ଣ 'ବ୍ରହ୍ମସୂତ୍ର' ଓ 'ଉପନିଷଦ' ଟୀକା କରି ଗାନ୍ଧି 'ପ୍ରସ୍ଥାନତ୍ରୈଃ' ଧରି ନୂଆମତ ପ୍ରଚାର କରିବେ କି ? ତାଙ୍କୁ ମନା କର। ସେ ଏପରି ନକରନ୍ତୁ।" ବସ୍ତୁତଃ ଗାନ୍ଧିଙ୍କର ବ୍ରହ୍ମସୂତ୍ର ଓ ଉପନିଷଦ ଉପରେ ଆଉ ଟୀକା ରଚିତ ହୋଇନାହିଁ।

ଆଉ ଜଣେ କଏଦୀ ରହିଥାନ୍ତି—ଶ୍ରୀ ଜେ. ବି. କୃପାଳିନୀ (କ୍ରିପ୍ଲାନୀ)। ମୁଁ ଏଣେ ଦିନରେ ରଘୁବଂଶ ଅନୁବାଦ କରୁଥାଏ, ରାତିରେ ସୁବିଧା ହେଲେ ତାଙ୍କୁ ପଢ଼ି ଶୁଣାଏ।

ମୁଁ ପ୍ରଥମେ ହଜାରିବାଗ ଜେଲ୍‌ରେ ଥିଲାବେଳେ ପ୍ରତିଦିନ ସକାଳେ ଓଡ଼ିଆ ବ୍ୟାକରଣ ଶିକ୍ଷା ଦେବାପାଇଁ ଗୋଟିଏ ବିଦ୍ୟାଳୟ କରୁଥିଲି। ତାହା ଏକପ୍ରକାର ସତ୍ୟବାଦୀରେ ଚଳୁଥିବା ବିଦ୍ୟାଳୟର ଅନୁକୃତି ଥିଲା। ମୁଁ ଯେଉଁ ବ୍ୟାକରଣ ଲେଖିଥିଲି

ତାହାପରେ "ଓଡ଼ିଆ ବ୍ୟାକରଣ" ନାମରେ ଛପାଇ ଦେଲି ଓ ତାହା ଶିକ୍ଷକମାନଙ୍କ ବ୍ୟବହାର (Reference) ପାଇଁ ବିଭାଗୀୟ ମଂଜୁରୀ ପାଇଥିଲା ।

ତା'ପରେ ଶେଷଥର ଜେଲ୍ ଗଲି ୧୯୩୨ କିମ୍ବା ୧୯୩୩ରେ ଦେଢ଼ବର୍ଷ ପାଇଁ । ଦିନବେଳା ଗୀତା ବିଷୟରେ ମୋ ସାଙ୍ଗରେ ଥିବା କଏଦୀମାନଙ୍କୁ ଏକାଠି କରି ବକ୍ତୃତା ଦେଉଥିଲି । ମତେ ବନ୍ଧୁମାନେ ଗୀତା ଉପରେ ଭାଷ୍ୟ ଲେଖିବାକୁ କହିଲେ । ମୁଁ ତା'ପରେ ପ୍ରତିଦିନ ଗୀତା ଉପରେ ଅଭ୍ୟାସ କରି ଭାଷ୍ୟ ଲେଖିଲି । ୧୯୩୫ ମସିହା ପୂଜାବେଳେ ସେହି ଗୀତା ଭାଷ୍ୟକୁ ଗୀତା ସଂଗେ ଛପାଇ ଦେଲି ।

୧୯୩୩ରେ ଜେଲ୍‌ରୁ ବାହାରିଯିବା ପରେ ମୋର ଭୟଙ୍କର ସ୍ୱାସ୍ଥ୍ୟଭଙ୍ଗ ହେଲା, ମୋର ପ୍ରସାରେ Oxalate stone ଥିବାରୁ ପ୍ରସାକଲାବେଳେ ଅତି କଷ୍ଟ ହେଉଥିଲା । ଏପରିକି ଦିନେ ରାତିରେ ଡାକ୍ତର ମୋତେ ମର୍ଫିଆ ଦେଇ ଶୁଆଇ ପକାଇଲେ । ପରଦିନ ତିନିଟାବେଳକୁ ନିଦ ଭାଙ୍ଗିଲା । ଗୋଟାଏ ପ୍ରସା ହୋଇଗଲା । ସେଥିରେ ଆଉ ରକ୍ତ ପଡ଼ିଲା ନାହିଁ, କିନ୍ତୁ ଅନେକଗୁଡ଼ିଏ ଛୋଟ ଛୋଟ Oxalate ପଥର ମିଶି ଗହମ ପରି ଗୋଟାଏ ଗୁଳା ପଡ଼ିଗଲା । ପ୍ରସା ଦୋଷ ବନ୍ଦ ହୋଇଗଲା । ସେତିକିବେଳେ ଓଡ଼ିଶାରେ ଏ ଖବର ପ୍ରଚାରିତ ହେବାରୁ ଆମଘରେ ଓ ବନ୍ଧୁମାନଙ୍କ ମହଲରେ ବଡ଼ ଚିନ୍ତା ପଡ଼ିଯାଇଥିଲା ।

ଆଉ ଗୋଟିଏ ଘଟଣା କହିଦିଏ । ମୁଁ ଥିଲି 'A' Class କଏଦୀ । ଓଡ଼ିଶାରୁ ମୁଁ ଏକମାତ୍ର 'A' Class କଏଦୀ ଥାଏ । ସେତିକିବେଳେ ମୋ ଭାରିଯା ଶ୍ରୀମତୀ ରାଧାରାଣୀ ଦେବୀ ମଧ୍ୟ 'A' Class କଏଦୀ ଭାବରେ ପୁରୀ ଜେଲ୍‌ରେ ଥିଲେ । ମୋର ପିଲାଝିଅ ରମା ଜେଲ୍‌ରେ ତା' ବୋଉକୁ ଦେଖି କାନ୍ଦି ଅସ୍ଥିର ହେବା କଥା ପରେ ଶୁଣିଲି ।

ମୁଁ 'A' Class କଏଦୀ ଥିବାରୁ ଅନ୍ୟାନ୍ୟ କଏଦୀମାନେ ଧୂଆଁ ପତ୍ର ଆଣି ମୋ' ପାଖରେ ରଖନ୍ତି । ମୁଁ ତାକୁ ମୁଣ୍ଡତଳେ ମାଣ୍ଡି ଭିତରେ ରଖିଥାଏ । ସେହି ବାସନା ବାଜି ବାଜି ପ୍ରାୟ ପନ୍ଦରଦିନ ଭିତରେ ମୋର ମୁଣ୍ଡ ବୁଲାଇବା ରୋଗ ବାହାରିଲା । ଡାକ୍ତର ଦେଖିଲେ । କିଛି ଠଉରେଇ ପାରିଲେନି । ପରେ ମୁଁ ସେଇ ଧୂଆଁପତ୍ର ସବୁ କାଢ଼ି ପିଙ୍ଗିଦେଲି । ସେହି ଯେଉଁ ମୁଣ୍ଡ ବୁଲାଇବା ତାହା ମୋ ପାଇଁ ଗୋଟିଏ ନୂଆରୋଗ ହେଲା । ସେଥିପାଇଁ ପାଟଣା ଜେଲ୍‌କୁ ଚିକିତ୍ସା ପାଇଁ ମୁଁ ଯାଇଥିଲି; କିନ୍ତୁ ପାଟଣା ଜେଲ୍‌ରୁ ଫେରିଲା ବେଳକୁ ମୋର ରୋଗ ଆଉ ବିଶେଷ ନଥିଲା । ସେହି Oxalateର ପଥର ପଡ଼ିବା ପରେ ଏବେ Oxalateର ଆଶଙ୍କା ହେଲେ ମୁଁ କୋଳଥ ସିଝେଇ ପାଣି ପିଏ । ସେଥିରେ ଭଲ ହୋଇଯାଏ । ଏହି ଦବେଇ ସ୍ୱର୍ଗତ ଡାକ୍ତର ନୀଳରତ୍ନ ସରକାର, ସ୍ୱର୍ଗତ ନିର୍ମଳଚନ୍ଦ୍ରଙ୍କୁ ଏହି ରୋଗର ପ୍ରତିକାର ରୂପେ ବତାଇଥିଲେ ।

୧୧୯। ଓଡ଼ିଶା ରାଜନୀତିରେ ମୋର ଭାଗ (୧ମ ପର୍ଯ୍ୟାୟ)

ତା'ପରେ ଆଉ ଗୋଟିଏ କଥା ଏଠାରେ କହିଦେବା ଉଚିତ। ମୁଁ ଏ ମଧ୍ୟରେ ବରାବର ୧୯୨୪ରୁ ଆରମ୍ଭ କରି ୧୯୪୫ ପର୍ଯ୍ୟନ୍ତ କେନ୍ଦ୍ର ଆସେମ୍ବ୍ଲିରେ ଥିଲି। ସେଥିରେ ଯାହା କାର୍ଯ୍ୟ କରିଚି ତାହା ଅଳ୍ପକେ ଟିକିଏ କହେ। ୧୯୨୩ରେ ହଜାରିବାଗ୍ ଜେଲ୍‌ରେ ଗୋପବନ୍ଧୁ ବାବୁଙ୍କ ସାଙ୍ଗରେ ଥିଲାବେଳେ ଏହି ଆସେମ୍ବ୍ଲିକୁ ଯିବାପାଇଁ ତାଙ୍କ ଅନୁମତି ନେଇଥିଲି। ସେ ସ୍ପଷ୍ଟ କହିଲେ—"ତୁମେ ଏଇ Pro-changer ରାଜନୀତିକ ଦଳ ସହିତ ସି. ଆର୍. ଦାସଙ୍କ ସଂଗେ ଯୋଗଦିଅ।" କାରଣ ସେତେବେଳେ କଂଗ୍ରେସରେ ଦୁଇପ୍ରକାର ମତ ଫିଟି ପଡ଼ିଥାଏ। ଗୋଟିଏ ହେଉଚନ୍ତି ମୋତିଲାଲ, ଚିତ୍ତରଂଜନ ଦାସ, ଭି. ଜେ. ପଟେଲ ପ୍ରଭୃତିଙ୍କ ଦଳ। ସେମାନଙ୍କର ମତ ଥିଲା ଆସେମ୍ବ୍ଲି କାଉନ୍‌ସିଲ୍‌ରେ ପଶି ସେହି ସୂତ୍ରରେ ସ୍ୱରାଜ ପାଇଁ ଲଢ଼ିବା। ସେମାନଙ୍କୁ Pro-changer କୁହାଯାଉଥିଲା। ଗାନ୍ଧିଙ୍କର ମତ ଥିଲା ଅଲଗା। ତାଙ୍କ ମତ ଥିଲା—କାଉନ୍‌ସିଲ୍ ପ୍ରଭୃତିକୁ ବର୍ଜନ କରିବାକୁ ହେବ। ତାଙ୍କୁ କହୁଥିଲେ No-changer ଗୋପବନ୍ଧୁ ବାବୁଙ୍କ ମତ ଏଇ Pro-changer ଦଳରେ ଥିଲା; ତଥାପି ତାଙ୍କର ଦୁଇବର୍ଷ ଜେଲ୍ କାର୍ଯ୍ୟକାଳ ଆହୁରି ବର୍ଷକରୁ ଅଧିକ ବାକି ଥିଲା; କିନ୍ତୁ ଜେଲ୍‌ରେ ଅନେକ ଓଡ଼ିଶାର ନେତା ସେତେବେଳେ ଇଂରେଜ ସରକାରଙ୍କ ବନ୍ଦୀ ଭାବରେ ଥିଲେ। ବହୁତ ବିଚାର ହେଲା। ସେଥିରେ ଅନ୍ୟମାନେ ଥିଲେ ପ୍ରଚାରକ ସ୍ୱର୍ଗତ ଅନନ୍ତ ମିଶ୍ର, ଶ୍ରୀ ଯଦୁମଣି ମଙ୍ଗରାଜ, ଶ୍ରୀ ଭାଗୀରଥୀ ମହାପାତ୍ର ପ୍ରଭୃତି। ଏହି ବିଚାରର ଶେଷରେ ସ୍ଥିର ହେଲା ମୁଁ Pro-changerଙ୍କ ସହିତ ଯୋଗଦେଇ କେନ୍ଦ୍ର ଆସେମ୍ବ୍ଲିକୁ ଯିବି। ମୁଁ ଜେଲ୍‌ରୁ ଆସି ସେହି ବିଷୟ ପ୍ରଚାର କରିଦେଲି।

ସେତେବେଳେ ଆମର ନିର୍ବାଚନମଣ୍ଡଳୀ ଥିଲା ପୁରୀ, କଟକ, ବାଲେଶ୍ୱର ଓ ସମ୍ବଲପୁର। ମୁଁ ଏହି ଚାରି ଜିଲ୍ଲାରେ 'ନାଇଁ ନଥିବା' ଭୋଟ ପାଇ ନିର୍ବାଚିତ ହେଲି। ଗୋଦାବରୀଶ ମଧ୍ୟ ତା' ପୂର୍ବରୁ ବିହାର ଓଡ଼ିଶା କାଉନ୍‌ସିଲ୍‌ରେ ଥିଲେ। ସେ ମଧ୍ୟ ସେଇଠାକୁ ବାଣପୁର ନିର୍ବାଚନମଣ୍ଡଳୀରୁ ନିର୍ବାଚିତ ହେଲେ। ମୁଁ ସେତେବେଳେ କେନ୍ଦ୍ର ନିର୍ବାଚନମଣ୍ଡଳୀରୁ ସେହି Pro-changerଙ୍କ ସ୍ୱରାଜ୍ୟ ପାର୍ଟି ବା ଦଳରେ ଅନ୍ୟତମ ସେକ୍ରେଟାରୀ ରୂପେ ନିର୍ବାଚିତ ହେଲି, ଆଉ ଜଣେ ସେକ୍ରେଟାରୀ ଶ୍ରୀ ରାମସ୍ୱାମୀ ଆୟାଙ୍ଗାର। ନେତା ଥିଲେ ଶ୍ରୀ ମୋତିଲାଲ ନେହେରୁ। ପୁଣି ତିନିବର୍ଷ ପରେ Pro-changer ଓ No-changer ମିଶିଯାଇ ଗୋଟିଏ କଂଗ୍ରେସ ଦଳ ହେଲା। ଦ୍ୱିତୀୟ ଥର ନିର୍ବାଚନରେ ମୁଁ ସେଇ କଂଗ୍ରେସ ଦଳରେ ନିର୍ବାଚିତ ହୋଇ ପୁଣି ସେକ୍ରେଟାରୀ ହେଲି।

ତା'ପରେ ପୁଣି ୧୯୩୦ ଖ୍ରୀଷ୍ଟାବ୍ଦରେ କଂଗ୍ରେସରେ ସମସ୍ତେ ଛାଡ଼ିବାର ହେଲା। ଏଥର ଛାଡ଼ି ପୁଣି ମାଳବୀୟଙ୍କ ଦଳରେ ମୁଁ ଆଉ ବାରଦିନ ପାଇଁ ଯାଇଥିଲି ଓ ଦାଣ୍ଡି ଲୁଣମାର୍ଚ୍ଚ ଦିନ ମାଳବୀୟ, ପଟେଲ ଓ ଅନ୍ୟାନ୍ୟ ସମସ୍ତଙ୍କ ସଂଗେ ମୁଁ ଛାଡ଼ିଦେଲି। ସେଦିନ ଛାଡ଼ିଲା ପରେ ଦିଲ୍ଲୀ ସଭାରେ ଯେଉଁ ବକ୍ତୃତା ଦେଇଥିଲି ତାହା ଆଜି ପାଖରେ ନାହିଁ। ତଥାପି ସେହି ସମୟର ଗୋଟିଏ ବକ୍ତୃତା (କିଞ୍ଚିତ ପୂର୍ବର) ଟାଟା କଂପାନୀର ଇଂରେଜ କର୍ମଚାରୀମାନଙ୍କ ସମ୍ବନ୍ଧରେ ଅନ୍ୟତ୍ର ଛପା ହୋଇଅଛି।

ଏହି ସମୟରେ ମୁଁ ଓଡ଼ିଶା କଂଗ୍ରେସର ସଭାପତି ବରାବର ଥିଲି। ଓଡ଼ିଶାରେ ଏକ କଂଗ୍ରେସ କମିଟିର ଆୟୋଜନ ଏହି ସମୟରେ ୧୯୩୨ ମସିହା ଏପ୍ରିଲ ମାସରେ ହୋଇଥିଲା; କିନ୍ତୁ କଂଗ୍ରେସ ବସିବାରେ ତିନିମାସ ପୂର୍ବରୁ ଜାନୁୟାରୀ ମାସରେ ଏହା ବେଆଇନ୍ ଘୋଷଣା ହେଲା। ଫଳରେ କଂଗ୍ରେସ ଅଧିବେଶନ ବସିପାରି ନଥିଲା।

ଓଡ଼ିଶା କଂଗ୍ରେସର ସଭାପତି ଭାବରେ ୧୯୩୨ରେ ମୁଁ ଦେଢ଼ବର୍ଷ ପାଇଁ ଜେଲ୍ ଗଲି। ଏଥର ଗୋପବନ୍ଧୁ ବାବୁ ଆଉ ଇହଜଗତରେ ନଥିଲେ। ଜେଲ୍‌ରୁ ଆସି ପୁଣି କେନ୍ଦ୍ର ଆସେମ୍ବ୍ଲିକୁ ନିର୍ବାଚିତ ହେଲି। ଏଥର ନେତା ଥିଲେ ବମ୍ବେର ଶ୍ରୀ ଭୋଲାଭାଇ ଦେଶାଇ। ଏଥର ମଧ୍ୟ ମୁଁ ସେକ୍ରେଟାରୀ ଭାବରେ ନିର୍ବାଚିତ ହେଲି। ଅବଶ୍ୟ ସବୁକଥାରେ କଂଗ୍ରେସରୁ mandates ବା ଆଦେଶନାମାମାନ କେନ୍ଦ୍ର ଆସେମ୍ବ୍ଲିର ସଭ୍ୟମାନଙ୍କ ପାଖୁ ଆସୁଥାଏ। ତଥାପି ମୁଁ ସେତେବେଳକୁ ଚାହିଁ ବାରମ୍ବାର କେନ୍ଦ୍ର ଆସେମ୍ବ୍ଲି ଓ Princess-chamberକୁ ଏକତ୍ର କରି ଗଢ଼ିବାର ପ୍ରସ୍ତାବ ବିଧାନସଭାରେ ଆଗତ କରୁଥିଲି। ଏ ପ୍ରସ୍ତାବ ବିରୁଦ୍ଧରେ ବାରମ୍ବାର କଂଗ୍ରେସର ଆଦେଶ ପାଇବାର ମନେ ହେଉଚି।

ଆଉ ଗୋଟିଏ ବଡ଼ କଥା ହେଉଚି—ଏତିକିବେଳେ କେତେଜଣ ମହିଳା ସଭାକରି କଂଗ୍ରେସ ନେତାମାନଙ୍କୁ ଧରି ଝିଅଙ୍କୁ ପୈତୃକ ସଂପତ୍ତିରେ ଭାଗ ନେବା ବିଷୟରେ ଆଇନ୍ କରିଦେବାକୁ ବସିଲେ। କିନ୍ତୁ ମୁଁ ବାରମ୍ବାର ଏହାକୁ ବାଧାଦେଇ କହୁଥିଲି ଯେ, "ମହିଳାଙ୍କୁ ଭାଗଦେବା ଦରକାର ହେଲେ (ବୋହୂ, ପୁତ୍ରବଧୂ)କୁ ଭାଗଦେବା ବ୍ୟବସ୍ଥା କରାଯାଉ। ତା' ନହେଲେ ପରିବାର ଛିନ୍‌ଭିନ୍ ହୋଇଯିବ ଓ କାଳକ୍ରମେ କୌଣସି ସଂପତ୍ତି ବିକ୍ରି ହୋଇପାରିବ ନାହିଁ;" କିନ୍ତୁ ପରେ ଜାଣିଲି କଂଗ୍ରେସ ନେତାମାନେ ଝିଅଙ୍କୁ ଭାଗ ଦେବାରେ ବଦ୍ଧପରିକର ଥିଲେ। ଅବଶ୍ୟ ମୋର ଏ ବିଷୟରେ କମିଟିରେ ବହୁ ବିରୋଧାମତ (Note of dissent) ଛପା ହୋଇ ବଣ୍ଟା ହୋଇଥିଲା। ତା' ହୁଏତ ଏବେ ଆସେମ୍ବ୍ଲି ରିପୋର୍ଟ ରେକର୍ଡରେ ଥାଇପାରେ। ଯା'ହେଉ ମୁଁ ଆସେମ୍ବ୍ଲିରେ ଥିବା ଭିତରେ ତା'ର କୌଣସି ନିଷ୍ପତ୍ତି ହୋଇ ନଥିଲା। ଯାହା ହେଲା ତାହା ସ୍ୱାଧୀନ ଭାରତରେ (୧୯୪୭ ପରେ)

ହୋଇଚି। ସେତେବେଳେ ମୁଁ ଆଉ ଆସେମ୍ବ୍ଲି ଗଲି ନାହିଁ। କାରଣ କ୍ରମେ ଗୋପବନ୍ଧୁ ବାବୁଙ୍କ ପରେ ସତ୍ୟବାଦୀର ଯେତେ ବିରୋଧୀଦଳ ଥିଲେ, ସେମାନେ ନାନାପ୍ରକାର ଉପାୟରେ ମୋର ନେତୃତ୍ୱରେ ବାଧା ଦେବାରେ ଲାଗି ଯାଇଥିଲେ।

ଗୋଟିଏ କଥା କହେ। ୧୯୪୭ରେ ମୁଁ ପୁଣି କେନ୍ଦ୍ର ଆସେମ୍ବ୍ଲିକୁ ଯିବାପାଇଁ ଶହେଟଙ୍କାର ଚେକ୍ ଫିସ୍ ଆକାରରେ ଦେଇ ଦରଖାସ୍ତ ପଠାଇ ଦେଇଥିଲି। କେତେଦିନ ପରେ ସେହି ଦରଖାସ୍ତର ଉତ୍ତର ଶ୍ରୀ ହରେକୃଷ୍ଣ ମହତାବ ଲେଖିଥିଲେ— "ଆପଣ ଆସେମ୍ବ୍ଲିକୁ ଆସିଲେ ମୁଁ ବଡ଼ ଖୁସି ହେବି ସଂଦେହ ନାହିଁ। କିନ୍ତୁ ଦୁଃଖର କଥା ବଲ୍ଲଭ ଭାଇ ପଟେଲ୍ ସଫା ମନାକରି ଲେଖିଚନ୍ତି ଆପଣଙ୍କୁ କୌଣସି ଆସେମ୍ବ୍ଲି କାଉନ୍‌ସିଲ୍‌କୁ ଆସିବାକୁ ମନାକରି ଲେଖିବା ପାଇଁ। ମୋର ଚାରା କ'ଣ। ଏଇଥିରୁ ମୋ ଅସୁବିଧା ବୁଝିବେ।" ସେ ଚିଠି ଏବେ ମଧ୍ୟ ମୋ ପାଖରେ ଅଛି। ସଂଗେ ସଂଗେ ଅବଶ୍ୟ ଶ୍ରୀ ମହତାବ ମୋ ଶହେଟଙ୍କିଆ ଚେକ୍ ଫେରାଇ ଦେଇଥିଲେ।

ଏହିମଧ୍ୟରେ ଫୈଜପୁରା କଂଗ୍ରେସରେ ଯେତେବେଳେ ଓଡ଼ିଶାରୁ ସଭ୍ୟନେଇ All India Congress Working Committee ଗଢ଼ିବାର ବ୍ୟବସ୍ଥା ହେଲା, ସେତେବେଳେ ମହାତ୍ମାଗାନ୍ଧି ମୋ ନାମ ପ୍ରସ୍ତାବ ଦେଇଥିଲେ; କିନ୍ତୁ ଅନ୍ୟ କେହି ଶ୍ରୀ ହରେକୃଷ୍ଣ ମହତାବଙ୍କ ନାମ ପ୍ରସ୍ତାବ କଲେ। ସେଠାରେ ସୁଭାଷ ବାବୁଙ୍କ ବଡ଼ଭାଇ କଟକର ଓକିଲ ସତୀଶ ବାବୁ ଉପସ୍ଥିତ ଥାନ୍ତି। ସେ ଫେରି ମତେ ଏକଥା କହିଲେ। ସେହିଠାରୁ ହରେକୃଷ୍ଣ ମହତାବ କାର୍ଯ୍ୟକାରୀ କମିଟିକୁ ଯାଇ ପରେ ଜହରଲାଲ ପ୍ରଭୃତିଙ୍କ ସଙ୍ଗରେ ୟାରବାଡ଼ା ଜେଲ୍‌କୁ ଗଲେ।

୧୨୦। ପୁରୀ-କଂଗ୍ରେସ

ଗୋପବନ୍ଧୁ ଦାସ ମରିବା ପୂର୍ବରୁ ସତ୍ୟବାଦୀ ସ୍କୁଲରୁ ତାଙ୍କ ମମତା ଛାଡ଼ି ଯାଇଥିଲା। ବ୍ରହ୍ମଚର୍ଯ୍ୟାଶ୍ରମ କରି ସତ୍ୟବାଦୀ ସ୍କୁଲକୁ ସେ ରଖିବାକୁ ବିଚାରିଲେ; କିନ୍ତୁ ସେପରି ରଖିପାରିବା ଭଳି କୌଣସି ପ୍ରେରଣା ଥିବାପରି ଲାଗିଲା ନାହିଁ। ହେଲେହେଁ ତାଙ୍କ ମୃତ୍ୟୁ ପରେ ଅନେକ ନେତାଙ୍କର ନେତୃତ୍ୱ ନେବାପାଇଁ କେବଳ ବାସନା ହେଲା ନାହିଁ; ବରଂ ଉଦ୍ୟୋଗ ବି ଆରମ୍ଭ ହୋଇଗଲା। ଅନେକ ଘଟଣା ଭିତରୁ ମୁଁ ଗୋଟିଏ ଘଟଣା କହେ।

ଏବେ ଯେଉଁ କଂଗ୍ରେସ ଭୁବନେଶ୍ୱରରେ ହେବାକୁ ଯାଉଚି, ସେହି କଂଗ୍ରେସ ୧୯୩୧ କରାଚି କଂଗ୍ରେସ ପରେ ୧୯୩୨ରେ ପୁରୀରେ ହେବାର ହେଲା। ଅବଶ୍ୟ ଜାନୁୟାରୀ ପାଞ୍ଚ ତାରିଖରେ ଇଂରେଜ ସରକାର କଂଗ୍ରେସକୁ ବେଆଇନ୍ ଘୋଷଣା

କରିବାରୁ ତାହା ହୋଇ ପାରି ନଥିଲା। ତଥାପି ଜାନୁୟାରୀ ୫ ତାରିଖ ପର୍ଯ୍ୟନ୍ତ କଂଗ୍ରେସ କରିବାର କୌଣସି ଉଦ୍ୟୋଗର ହେଳା ହୋଇ ନଥିଲା। ମନେଅଛି, ସେହି ଜାନୁୟାରୀ ମାସ ଦଶ ତାରିଖରେ ଓଡେନେଲ୍ କମିଟିରେ କଂଗ୍ରେସ ତରଫରୁ ମୁଁ ଏକ ବିସ୍ତୃତ ମେମୋରାଣ୍ଡମ୍ ଦେଇଥିଲି, ଏହା ଅନ୍ୟତ୍ର ପ୍ରକାଶ ପାଇଚି। ଜାନୁୟାରୀ ୧୦ତାରିଖ ଦିନ ମୋର ମୌଖିକ ସେ ବିଷୟରେ ଓଡେନେଲ୍ କମିଟି ପାଖରେ ଜାମ୍‌ସେଦ୍‌ପୁରରେ କହିବାର ଥିଲା। ସେତେବେଳେ ଆମ ଓଡ଼ିଶା ଯେଉଁ ଜୋନ୍‌ରେ ଥିଲା ତା'ର ଜୋନାଲ୍ ହେଡ୍ ଥିଲେ ବାବୁ ରାଜେନ୍ଦ୍ର ପ୍ରସାଦ। ମୁଁ ୧୦ ତାରିଖ ଦିନ ଯାଇ ଓଡେନେଲ୍ କମିଟି ସକାଶେ ଜାମ୍‌ସେଦ୍‌ପୁରରେ ପହଞ୍ଚିଲି। କିନ୍ତୁ ସେହିଦିନ ସକାଳେ ବାବୁ ରାଜେନ୍ଦ୍ର ପ୍ରସାଦଙ୍କ ଆଦେଶ ମତେ ମୋତେ ଆଦେଶ ମିଳିଲା— ସେ ମେମୋରାଣ୍ଡମ୍ ଉପରେ ମୋତେ ସାକ୍ଷ୍ୟ ଦେବାକୁ ହେବନାଇଁ। ଓଡେନେଲ୍ କମିଟିକୁ ବଏକଟ୍ କରିବାକୁ ହେବ। ସେଥିପାଇଁ ମୁଁ ସାକ୍ଷୀ ଦେଲି ନାଇଁ। ମୋର ବିରାଟ ମେମୋରାଣ୍ଡମ୍ ଓଡେନେଲ୍ କମିଟିରେ ସ୍ଥାନ ପାଇ ନଥିଲା। ସେହି ୫ ତାରିଖରେ କଟକ ଛାଡ଼ିବା ପୂର୍ବରୁ ମୁଁ ପ୍ରେସିଡେଣ୍ଟ ଥାଇ ଗୋପବନ୍ଧୁ ଚୌଧୁରୀ, ସେକ୍ରେଟାରୀଙ୍କ ସଂଗେ ସମସ୍ତ ଟଙ୍କା, ତୋଳାଘର, ଓ 'ବଳିଆ ପଣ୍ଡା' (ପୁରୀ)ରେ ଆଉ ବହୁତ ଅନୁଷ୍ଠାନ ଛାଡ଼ି, ସେ ସମସ୍ତ ଆଦାୟ କରି ରଖିବାର ଭାର ପୁରୀର ଶ୍ରୀ ଜଗନ୍ନାଥ ମିଶ୍ରଙ୍କ (ଖାଂଜେଂଚି) ହାତରେ ଦେଇ ଜାମ୍‌ସେଦ୍‌ପୁର ଯାଇଥିଲି। ତା'ପରେ ମୁଁ ଜେଲ୍ ଗଲି। ଜେଲରୁ ଆସିବା ପରେ ସେସବୁ ଟଙ୍କାରୁ, ଯାହା କିଛି ନଗଦ ଓ ହ୍ୟାଣ୍ଡନୋଟ୍ ଆକାରରେ ଆଦାୟ ହୋଇଥିଲା ସେସବୁ ଆଣି ମୁଁ, ଗୋପବନ୍ଧୁ ଚୌଧୁରୀ ଓ ଜଗନ୍ନାଥ ମିଶ୍ର କଂଗ୍ରେସ କମିଟି ଆଗରେ ରଖିଦେଲୁ। ଶୁଣିଲି ସେ ଟଙ୍କା କଟକ ଇଂପିରିଆଲ୍ ବ୍ୟାଙ୍କ୍‌ରେ ଜଗନ୍ନାଥ ମିଶ୍ରଙ୍କ ଦ୍ୱାରା ରହିଲା। ସେ ଟଙ୍କା ଓ ସେହି ବାବଦରେ ଅନ୍ୟାନ୍ୟ ଆଦାୟ ଟଙ୍କା ପରେ କ'ଣ ହେଲା ମୁଁ ଜାଣେନାଇଁ।

ତେବେ ଏ କଂଗ୍ରେସ ସଂପର୍କରେ ଆଉ ଗୋଟିଏ କଥା ଏଠାରେ କହିଦିଏ। ଗୋପବନ୍ଧୁବାବୁଙ୍କ ପରେ ସତ୍ୟବାଦୀ ଅନୁଷ୍ଠାନକୁ କ୍ରମେ ମାରିଦେବା ପାଇଁ ନେତାମାନଙ୍କର ଗୋଟିଏ ଉଦ୍ୟମ ଚାଲିଲା। ପୁରୀରେ କିମ୍ବା ଆଉ କେଉଁଠାରେ କଂଗ୍ରେସ ହେବ ସେଥିପାଇଁ ବ୍ରହ୍ମପୁରର ଶ୍ରୀ ଶଶୀଭୂଷଣ ରଥ, ଗୋପବନ୍ଧୁ ଚୌଧୁରୀ, ଆଚାର୍ଯ୍ୟ ହରିହର ଦାସ, ନନ୍ଦକିଶୋର ଦାସ (ଭଦ୍ରଖ) ଓ ମୁଁ ଏଇ ପାଞ୍ଚଜଣଙ୍କୁ ଘେନି ଓଡ଼ିଶା କଂଗ୍ରେସ ୱାର୍କିଂ କମିଟି ଅଧୀନରେ ଗୋଟିଏ ସବ୍‌କମିଟି ଗଢ଼ାହେଲା। ମୁଁ ଦେଖିଲି ପୁରୀରେ ନକରିବା ପାଇଁ ସେତେବେଳେ ଅନେକ କଟକ ମୁଖ୍ୟଙ୍କର ଏକାନ୍ତ ଇଚ୍ଛା। ପାଞ୍ଚଜଣିଆ କମିଟିରୁ ଚାରିଜଣ ପୁରୀରେ କରିବାର ସ୍ଥିର କଲେ। ମୁଁ ନାଇଁକରି

ଭିନ୍ନ ମତ ଦେଲି। କଟକରେ କଂଗ୍ରେସ ହେବାପାଇଁ ମୋର ମତ ଦେଲି। ତା'ପରେ ଚାରିଜଣଯାକ ମୋ ଘରକୁ ଆସି ମୋତେ ବହୁତ ଅନୁରୋଧ କଲେ। ମୁଁ ଶେଷରେ ପୁରୀ ପାଇଁ ମତ ଦେଲି। ତା'ପରେ ଅଗଷ୍ଟ ୩୧ରେ ବାଲେଶ୍ୱରଠାରେ ବସିଥିବା ପ୍ରାଦେଶିକ କଂଗ୍ରେସ କମିଟିରେ କଂଗ୍ରେସ ପୁରୀରେ ହେବାର ସ୍ଥିର ହେଲେ ମଧ୍ୟ କେଉଁଠାରେ କଂଗ୍ରେସ ଆବାହକ କମିଟି ଓ କାର୍ଯ୍ୟକାରୀ କମିଟି ଗଢ଼ାହେବ, ସେଥିପାଇଁ ସେଠାରେ ଥିବା ନବକୃଷ୍ଣ ଚୌଧୁରୀ ଗୋଟିଏ ପ୍ରସ୍ତାବ ଆଣିଲେ। ସେ ପ୍ରସ୍ତାବଟି ହେଉଚି ଯେଉଁ ଜିଲ୍ଲାରେ ୨୦ ତାରିଖ ରାତି ବାରଟା ଭିତରେ ବେଶି ମେମ୍ବର ସଂଗ୍ରହ କରାଯାଇ ପାରିବେ, ସେହିଠାରେ ଆବାହକ କମିଟି ଓ କଂଗ୍ରେସ କାର୍ଯ୍ୟକାରୀ କମିଟି ଗଢ଼ାହେବ। କଂଗ୍ରେସ ଯେଉଁଠାରେ ହେଉ, ସେଥିରେ କିଛି ଯାଏଆସେ ନାହିଁ।

ମତେ ବଡ଼ ଖରାପ ଲାଗିଲା। ଦଳର ସମସ୍ତ ବୀଭତ୍ସତା ପ୍ରକାଶ ପାଇଲା। ମୁଁ କହିଲି—"କଟକ ଜିଲ୍ଲାର ଲୋକ ବାଇଶ ଲକ୍ଷ। ସେତେବେଳେ ପୁରୀର ଲୋକସଂଖ୍ୟା ଦଶ ଲକ୍ଷ ଓ ବାଲେଶ୍ୱର ନଅଲକ୍ଷ। କଟକରେ ସାମୟିକ ହାଇକୋର୍ଟ, ଏକମାତ୍ର କଲେଜ, ସର୍ଭେ ସ୍କୁଲ ଆଦି ଅଛି। କଟକ ଓଡ଼ିଶାର ରାଜଧାନୀ। କଟକରେ ବହୁତ ମୁଖ୍ୟ ମୁଖ୍ୟ କଂଗ୍ରେସ କର୍ମୀ। ଧନୀ କର୍ମୀଙ୍କର ପରିବାରରେ ସେତେବେଳକୁ ବହୁତ ଉତ୍ସାହ। ସେମାନେ ବି କଂଗ୍ରେସ ପାଇଁ ଲାଗିବାର ବହୁତ ସମ୍ଭାବନା ଥାଏ। ଏପରି ଅବସ୍ଥାରେ କଟକରେ Reception Committe ଗଢ଼ାହେବ ବୋଲି ସ୍ଥିର ହେବା ଉଚିତ। କଟକଠାରୁ ବେଶି ମେମ୍ବର ଆଉ ବା କେଉଁଠି ହେବେ।" କିନ୍ତୁ ମୋ କଥା ଶୁଣାଗଲା ନାହିଁ। ନବ ଚୌଧୁରୀଙ୍କ ପ୍ରସ୍ତାବ ଧାର୍ଯ୍ୟ ହୋଇଗଲା। ମୁଁ ଏକପ୍ରକାରେ ନିରାଶ ହୋଇ ଫେରିଲି। ମୋତେ ସେତେବେଳେ ବରାବର ମେଲେରିଆ ଜର ହେଉଥାଏ। ପାଞ୍ଚଜଣିଆ କମିଟି ଗୋଟିଏ ଘର ଭଡ଼ା ନେଇଥିଲେ। ଯେତେଦୂର ମନେହେଉଚି ତାହା Anglo bengali school (ଏବେ ସେଉଟି ଅନ୍ୟସ୍ଥାନକୁ ଯାଇ ହୋଇଛି ବିଶ୍ୱମ୍ଭର ବିଦ୍ୟାପୀଠ)। ସେପ୍ଟେମ୍ବର ୮ ତାରିଖ ଦିନ ମୁଁ ଗୋପବନ୍ଧୁ ଚୌଧୁରୀ, ହରିଭାଇନା ଓ ସ୍ୱର୍ଗତ ଗୁଣନିଧି ମହାନ୍ତି— ଏମାନେ ବସିଥାଉ। ହଠାତ୍ ଗୁଣନିଧି ମହାନ୍ତି କହିଲେ—"ପୁରୀରେ କଂଗ୍ରେସ ହେବ। ଗୟା ପ୍ରଭୃତିରେ ପଣ୍ଡାମାନେ କଂଗ୍ରେସରେ ଯୋଗ ଦିଅନ୍ତି ନାହିଁ ବୋଲି ଦୁର୍ନାମ ଅଛି। ପୁରୀର ପଣ୍ଡାଙ୍କ ଭିତରୁ ମେମ୍ବର ହେବେନାହିଁ?" ତା'ପରେ ଗୁଣନିଧି ବାବୁ ଗୋଟାଏ ପ୍ରସ୍ତାବ କଲେ—"ଚାଲ ଆମେ ତିନିହେଁଯାକ (ଗୋପବନ୍ଧୁ ଚୌଧୁରୀ, ଆଚାର୍ଯ୍ୟ ହରିହର ଦାସ ଓ ଗୁଣନିଧି ମହାନ୍ତି) ପଣ୍ଡାଙ୍କ ସାଂଗେ ଲାଗିବା। ପଚାଶ ଟଙ୍କା ଦେଲେ ତ ଜଣେ Reception Committee ମେମ୍ବର ହେବ। ଆମେ ଜଣେ ଜଣେ ଲାଗି ତିନିଜଣଙ୍କଠାରୁ ପଚିଶଟଙ୍କା ମାତ୍ର ଆଦାୟ କରିବାର ବ୍ୟବସ୍ଥା କରିବା ଓ ଜଣେ ମେମ୍ବର କରିଦେବା।"

ଏ କଥା ମୋତେ ଆକାଶରୁ ପଡ଼ିବା ପରି ଲାଗିଲା । ମୁଁ ନିରାଶ ହୋଇ ବସୁଥିଲି । ମୋର ମନେ ହେଲା ଏମାନଙ୍କ ଦେହି କିଛି ହେବ ନାଇଁ । ମୁଁ ତା'ପରେ କହିଲି, "ଆପଣମାନେ ଗୋଟିଏ ପଣ୍ଡାକୁ ମେମ୍ବର କରିବେ ବୋଲି ଲୋଡ଼ୁଚନ୍ତି । ଜବାବ ଦିଅନ୍ତୁ ଆଜିଠାରୁ ଆଉ ପଣ୍ଡାଙ୍କ ପାଖୁ Reception Committee ପାଇଁ ଆପଣମାନେ ଯିବା ନାଇଁ । ମୁଁ କ'ଣ କରୁଚି ଦେଖନ୍ତୁ ।" ମୁଁ ସେଠାରୁ ବଡ଼ଦ୍ୱାର ବୃନ୍ଦାବନ ସାହୁଙ୍କ ଘରକୁ ଆସିଲି । ସେ ଭଡ଼ାରେ ଲଗାଇବା ପାଇଁ ଗୋଟାଏ ନୂଆ ଚେଭରଲେଟ୍ ଛ' ସିଲେଣ୍ଡରସ ମଟର କିଣିଥାନ୍ତି । ମୁଁ ତାକୁ ଭଡ଼ା କଲି । ସତ୍ୟବାଦୀର ଜଗନ୍ନାଥ ରଥ ସେତେବେଳକୁ ପୁରୀରେ ଥାନ୍ତି । ମୁଁ ତାଙ୍କୁ ଡାକି ପ୍ରଥମେ ପଣ୍ଡାଙ୍କ ପାଖୁ ଗଲି । ସେମାନଙ୍କୁ ଉଦ୍‌ବୋଧନ ଦେଇ ତା'ପରେ ପୁରୀ ଜିଲ୍ଲାର ଅନ୍ୟ ସ୍ଥାନକୁ ଗଲି । ବିଶେଷରେ ଗୋଟିଏ ସ୍ଥାନ ହେଉଚି— ପୁରୀର ବାଲକାଟି । ସେତେବେଳେ ବାଲକାଟିରେ ବହୁତ ବ୍ୟବସାୟୀ ଓ ଧନୀ ଥାନ୍ତି । ବାଲକାଟିରେ ଅନ୍ୟତମ ମକଦମ ଥାନ୍ତି, ତାଙ୍କ ନାମ ହେଉଚି ସ୍ୱର୍ଗତ ଶ୍ରୀ ଦୁର୍ଯ୍ୟୋଧନ ମହାନ୍ତି । ମୋର ସେ ପାଠସାଥୀ । ବାଲକାଟିରେ ପ୍ରାୟ ଏକ ସପ୍ତାହ ରହି ମଟରରେ ମଝିରେ ମଝିରେ କୁଇନାଇନ୍ ପିଇ ବର୍ଷା ମାଡ଼ ଭିତରେ ମଟରକୁ ସରଦେଇପୁର ବଙ୍ଗଳାରେ ରଖି ପ୍ରାୟ ୭୪ ମେମ୍ବର କରି ଟଙ୍କା ଘେନି ପୁରୀ ଫେରିଲି । ପୁରୀରେ ସମସ୍ତେ ଯେପରି ଶୁଣିଲେ ତାଙ୍କ ଉତ୍ସାହ ଯେପରିକି ଶତଗୁଣିତ ହେଲା । ସମସ୍ତେ ଭାବିଲେ ଆମର ପୁରୀରେ ମେମ୍ବର ସଂଖ୍ୟା ବେଶି ହୋଇଯିବ । ଏହିପରି ୨୦ ତାରିଖ ରାତି ବାରଟା ଯାଏ ସଂଗ୍ରହ ହୋଇଥିବା ନମ୍ବର ଫିସ୍ କଂଗ୍ରେସ ଆଦେଶମତେ ପୁରୀ ବ୍ୟାଙ୍କ୍‌ରେ ଜମା ହେଲା । ସେ ସମସ୍ତ ଟଙ୍କାର ରସିଦ ଧରି ଶ୍ରୀ ଜଗନ୍ନାଥ ରଥ ଓ ସତ୍ୟବାଦୀ ତ୍ରିପାଠୀ କଟକକୁ ଗୋପବନ୍ଧୁ ଚୌଧୁରୀଙ୍କ ପାଖୁ ଆସିଲେ । ଏବେ ଦେଖାଗଲା, ପୁରୀର ମେମ୍ବର ସଂଖ୍ୟା ହେଉଛି ୩୦୦ । ତା' ଭିତରୁ ତାଲିକାରେ ତିନୋଟି ସଭ୍ୟ ଅସିଦ୍ଧ ଥିବାରୁ କଟିଗଲେ । ବାକି ପକ୍କା ମେମ୍ବର ହେଲେ ୨୯୭ । କଟକରୁ ସମସ୍ତେ ଲାଗି କରିଥିଲେ ୨୩୦ । ଏବେ ପୁରୀରେ ଆସି ଦେଖାଗଲା ଏହି ୨୯୭ ମେମ୍ବରଙ୍କ ମଧ୍ୟରୁ ପଣ୍ଡାଙ୍କ ସଂଖ୍ୟା ଥିଲା ୧୬୬ । ତା'ପରେ ମତେ ଆସି ଅଭ୍ୟର୍ଥନା ସମିତିର ସଭାପତି ହେବା ପାଇଁ କହିଲେ । ମୁଁ ମନା କଲି । ପୁରୀରେ ଭାରି ଚାଞ୍ଚଲ୍ୟ ଖେଳିଗଲା ସମସ୍ତେ ଧରିବସିଲେ ମତେ ସଭାପତି ହେବାକୁ ହେବ । ମୁଁ ସେଠାରୁ କହିଲି, "ତେବେ ଗୋପବନ୍ଧୁ ଚୌଧୁରୀ ସଂପାଦକ ରହନ୍ତୁ ।" ତାହା ହିଁ ହେଲା ।

ଏହି Reception Committeeରେ 'ବଳିଆପଣ୍ଡା'ଠାରେ ଯେଉଁ କଂଗ୍ରେସ ବ୍ୟବସ୍ଥାମାନ ହୋଇଥିଲା ସେ ସବୁ ୧୯୩୨ ଜାନୁୟାରୀ ୫ ତାରିଖରେ ଇଂରେଜ ସରକାର ବେଆଇନ୍ ଘୋଷଣା କରିଦେଲେ ।

ଆମ ଭିତରୁ ମୁଁ ଜେଲ୍ ଗଲାପରେ ଗଚ୍ଛିତ ଥିବା ଟଙ୍କା ବ୍ୟାଙ୍କ୍‌ରୁ ଆଣିବା ପାଇଁ କେବଳ ଜଗନ୍ନାଥ ମିଶ୍ର ଓ ଗୋପବନ୍ଧୁ ଚୌଧୁରୀଙ୍କର ଅଧିକାର ଥିଲା। ଆମେ ଆଦାୟ କରିଥିବା ଟଙ୍କାରୁ ପ୍ରାୟ ପଚାଶ ହଜାର ବଳିଆପଣ୍ଡାଠାରେ ଖର୍ଚ୍ଚ ହୋଇଥିଲା। ଅବଶିଷ୍ଟ ଟଙ୍କା ବ୍ୟାଙ୍କ୍‌ରୁ କିଏ ଆଣିଲା ଓ କି ଖର୍ଚ୍ଚ ହେଲା ତା'ର କୌଣସି ହିସାବ ବା ତଥ୍ୟ ନାହିଁ। ମୁଁ ପରେ ଖବରକାଗଜରେ ଏ କଥାର ସୂଚନା ଦେଇଥିଲି। ଅନ୍ୟତ୍ର ମୁଁ ମଧ୍ୟ ଏ ସଂପର୍କରେ ସୂଚନା ଦେଇଚି।

୧୨୧। ଇନ୍‌ହେରେଣ୍ଟ ପାୱାର—(୧୯୩୨)

୧୯୩୨ ଏପ୍ରିଲ ମାସରେ ପୁରୀରେ କଂଗ୍ରେସ କମିଟି ବସିବାର ହେଲା। ସେଥିରେ ମୁଁ ଅଭ୍ୟର୍ଥନା ସମିତିର ସଭାପତି ନିର୍ବାଚିତ ହୋଇଥିଲି। ଗୋପବନ୍ଧୁ ଚୌଧୁରୀ ସେଥିପାଇଁ ବିରୋଧ କରିଥିଲେ, କିନ୍ତୁ କଂଗ୍ରେସ ଡାକିଲାବେଳେ ୧୭୬ ଜଣ ପୁରୀ ପଣ୍ଡା ବ୍ରହ୍ମପୁରୀପାଟ ପିନ୍ଧି କଂଗ୍ରେସ କମିଟିକୁ ଆସିଥିଲେ। ଗୋପବନ୍ଧୁ ଚୌଧୁରୀଙ୍କର ଆଉ ସାହସ ହେଲାନି। ମୋତେ ସଭାପତି କରାଗଲା। ସେଇଦିନ କିମ୍ବା ତା' ପରଦିନ ସଭାରେ ତାଙ୍କ ଭିତରୁ ପ୍ରଶ୍ନ ହେଲା—"ନୀଳକଣ୍ଠ ଦାସ କେତେ ଗସ୍ତ ଖର୍ଚ୍ଚ ନେଇଚନ୍ତି ?" ଗୋପବନ୍ଧୁ ଚୌଧୁରୀ କାଗଜପତ୍ର ଦେଖି ଉତ୍ତର ଦେଲେ, "ସେ ଆଦୌ ଖର୍ଚ୍ଚ ନେଇ ନାହାନ୍ତି।" ସେ କଥା ଶୁଣି ବିରୋଧୀମାନେ ସ୍ତମ୍ଭିତ ହୋଇଯାଇଥିଲେ।

ସଭାପତିରୂପେ ନିର୍ବାଚିତ ହେବା ପୂର୍ବରୁ ମୁଁ ସସ୍ତ୍ରୀକ ଗୟାଶ୍ରାଦ୍ଧ କରିବାକୁ ପିତୃପକ୍ଷରେ ଚାଲିଗଲି। ଗଲାବେଳେ କଂଗ୍ରେସ କମିଟି ବସି ସ୍ଥିର ହୋଇଥିଲା ଗୋଟିଏ Rule making Committee ରହିବ, ସେ ନିୟମଗୁଡ଼ିକ ଅଦଳ ବଦଳ କରିପାରିବେ। ମୁଁ ଗୟାଶ୍ରାଦ୍ଧରୁ ଫେରିଲାବେଳକୁ କଲିକତାରେ ଜଗନ୍ନାଥ ରଥଙ୍କଠାରୁ ଚିଠି ପାଇଲି ସେମାନେ ପ୍ରସ୍ତାବିତ ରୁଲ୍‌ରେ କଂଗ୍ରେସ ସଭାପତିଙ୍କର Inherent Power କାଟି ଦେଇଚନ୍ତି। ମୁଁ ବଡ଼ ବିସ୍ମିତ ହେଲି। ତା'ପରେ ପୁରୀରେ ସଭା ବସିଲା। ସେଥର ଆଲାହାବାଦ, ଲାହୋର ଓ କରାଚୀ ଆଦିରୁ ବହୁତ ସଭ୍ୟ ପୁରୀକୁ ସଭା ଦେଖିବାକୁ ଆସିଥାନ୍ତି।

ସଭା ବସିବା ପୂର୍ବରୁ ମୁଁ ସଭାକୁ ଆସିଥିବା ବ୍ରହ୍ମପୁର ଓକିଲ ଶ୍ରୀଯୁକ୍ତ ଲିଙ୍ଗରାଜ ପାଣିଗ୍ରାହୀଙ୍କୁ ଏହି Inherent Power ସେହି Ruleରେ ଯୋଡ଼ିବାକୁ ପରାମର୍ଶ ଦେଲି। ସେ ହେଉଚି ଏହି Rule making Committeeର ସମସ୍ତ କ୍ଷମତା ଚେୟାରମ୍ୟାନଙ୍କ Inherent କ୍ଷମତା ରଖି ତା'ପରେ କାର୍ଯ୍ୟକାରୀ ହେବ।

ଶ୍ରୀଯୁକ୍ତ ଲିଙ୍ଗରାଜ ପାଣିଗ୍ରାହୀ ବଡ଼ ଉତ୍ସାହରେ ଏ କଥାଟି ପ୍ରସ୍ତାବ କଲେ। ସେଥିରେ ବିରୋଧୀଦଳ ବହୁତ ପାଟିକଲେ। ସେମାନେ ବହୁସଂଖ୍ୟାରେ ସେ ସଭାକୁ

ଆସିଥିଲେ। ସେମାନଙ୍କ ପାଟି ଶୁଣି ମୁଁ କହିଲି, "ଇଏ କି ଆଶ୍ଚର୍ଯ୍ୟ କଥା Inherent Power ସଭାପତିଙ୍କର ଥିବାରେ ଏତେ ଆପତ୍ତି କାହିଁକି ? ଗୋପବନ୍ଧୁ ଚୌଧୁରୀ ଚୁପ୍ ହୋଇ ବସିଥାନ୍ତି। ସେଠାରୁ ବିଚାର ପ୍ରାୟ ରାତି ଏଗାରଟାଯାଏ ହେଲା। ଶେଷକୁ ମୁଁ କହିଲି—"Reception Committee ବସି ମୋତେ ଚେୟାରମ୍ୟାନ୍ ବାଛିଚନ୍ତି। ଚେୟାରମ୍ୟାନ୍ ବାଛିବାରେ ମୋତେ Inherent Power ଦିଆଯାଇଛି ବୋଲି ବୁଝିବାକୁ ହେବ। ଯଦି ଦିଆ ନଯାଇଚି ବୋଲି ଆପଣମାନଙ୍କର ମତ ହୁଏ, ତେବେ ଆଉଥରେ Reception Committee ଡାକି ବସାଇ ବୁଝିବାକୁ ହେବ, ଏଥିରେ Rule making Committeeର ହସ୍ତକ୍ଷେପ କଲା ଭଳି କୌଣସି ଅଧିକାର ନାଇଁ। ତେବେ ମୁଁ ଆଉଥରେ Reception Committee ଡାକିଲେ ନିୟମାନୁସାରେ ୨୨ ଦିନ ଯିବ ତେଣୁ କଂଗ୍ରେସ ଠିକ୍ ସମୟରେ ବସିପାରିବା ସମ୍ଭବ ନୁହେଁ।" ସେଠାରେ ଲିଙ୍ଗରାଜ ପାଣିଗ୍ରାହୀଙ୍କର ସେହି Inherent Rule ଆଗ ପାଶ୍ ହେଲା। ଅନ୍ୟାନ୍ୟ ନିୟମାବଳୀ ପରେ ପାଶ୍ ହେଲା; କିନ୍ତୁ ୧୯୩୨ ଜାନୁୟାରୀ ୫ ତାରିଖରେ କଂଗ୍ରେସ ବେଆଇନ୍ ଘୋଷଣା ହେବାରୁ ଆଉ କଂଗ୍ରେସ କମିଟି ବସିପାରି ନଥିଲା।

୧୨୨। କୁଳବୃଦ୍ଧ ମଧୁବାବୁଙ୍କ ମୃତ୍ୟୁ

ମଧୁବାବୁଙ୍କ ମରିବାର ଦି' ତିନି ଦିନ ପୂର୍ବରୁ ମଧୁବାବୁ ବ୍ରଜ ବାବୁଙ୍କୁ (ବ୍ରଜସୁନ୍ଦର ଦାସ) କହିଲେ, "ନୀଳକଣ୍ଠ କାଇଁ ?" ବ୍ରଜବାବୁ ଘୋଡ଼ାଗାଡ଼ିରେ ଯାଇ ସହରତମାମ ମତେ ଖୋଜି ଚନ୍ଦ୍ରଶେଖର ମିଶ୍ରଙ୍କ ବସାରେ ପାଇଲେ। ତା'ପରେ ବିଚିତ୍ରାନନ୍ଦ ବାବୁଙ୍କୁ ମଧ୍ୟ ଡକେଇଲେ। ବିଚିତ୍ରାନନ୍ଦ ବାବୁ ଆସିଲେ। ସେତିକିବେଳେ ମଧୁବାବୁ ବଡ଼ ବ୍ୟସ୍ତ ହେଉଥାନ୍ତି। ତାଙ୍କ ଘରର ବାହାର ଓ ଭିତର ବଡ଼ ଅପରିଷ୍କାର ହୋଇ ପଡ଼ିଥାଏ। ସେ ବଡ଼ ଦୁଃଖିତ ହୋଇ କହିଲେ, "ଲୋକେ ବାହାର ତ ସଫା କରୁ ନାହାନ୍ତି, ଭିତର କ'ଣ ସଫା କରିବେ ?" ତାଙ୍କୁ ବୋଧହୁଏ ଝାଡ଼ା ଲାଗୁଥାଏ; କିନ୍ତୁ ହେଉ ନଥାଏ। କଷ୍ଟ ହେଉଥାଏ। ତା'ପରେ ବଡ଼ ବ୍ୟାକୁଳ ହୋଇ ବିଚିତ୍ରାନନ୍ଦଙ୍କୁ କହିଲେ—"ତୋତେ ପରା କହୁଥିଲି, ମୁଁ ଗଲାପରେ ଲୋକେ କ'ଣ କରିବେ ? ଏବେ ଏ ନୀଳକଣ୍ଠକୁ ଦେଖ୍। ମୁଁ ମଲା ପରେ ସେ ରହିବ। ସେ ଓଡ଼ିଶାର ସବୁ କାର୍ଯ୍ୟ କରିବ। ତାକୁ ଧରି ତୁମେ ସମସ୍ତେ ଚଳିବ।" ଏ କଥା ଖୁବ୍ ଜୋର୍‌ରେ କହିଲେ।

ବିଚିତ୍ରାନନ୍ଦ ବାବୁ କହିଲେ, "ସେକଥା ପଡ଼ିଚି କିଆଁ। ଆପଣ ତ ଅଛନ୍ତି। ଆପଣ ରହିବେ। ଦେହ ଖୁବ୍ ଶୀଘ୍ର ଭଲ ହୋଇଯିବ ଯେ। କିଏ କାହିଁକି ଆପଣଙ୍କ ସ୍ଥାନରେ ରହିବ।"

ମଧୁବାବୁ ଦୁଇଥର ଏକଥା କହି କହିଲେ—"ହଇରେ ବ୍ରଜ! ଏ କ'ଣ ବୁଝିଲା ?" ବ୍ରଜବାବୁ ଆଉ କିଛି କହିଲେ ନାଇଁ। ମଧୁବାବୁ ସେଠୁ ମୁହଁ ଘୋଡ଼େଇ ହୋଇ ଶୋଇଲେ।

ଏସବୁ କଥା ଭଲଭାବରେ ସେଦିନ ଆଡଭୋକେଟ ନବକିଶୋର ଦାସ ଆମପାଖରେ ବସିଥାଇଁ ଶୁଣିଲେ ଓ ସମାଜରେ ରିପୋର୍ଟ କଲେ। ତହିଁ ଆରଦିନ ମଧୁବାବୁ ପୁଣି ମୋତେ ଡକେଇଲେ ଓ ବିଚିତ୍ରାନନ୍ଦ ବାବୁଙ୍କୁ ପାଖକୁ ଡକାଇ ଏଇକଥା କହିଲେ। ଖୁବ୍ ଉତ୍ସାହ ଥିବାପରି ଭାଷାରେ କହିଲେ। ବିଚିତ୍ରାନନ୍ଦ ବାବୁ ଠିକ୍ ପୂର୍ବପରି ଉତ୍ତର ଦେଲେ। ଦି' ତିନିବାର କହିସାରି ମଧୁବାବୁ ଆଉ କିଛି କହିଲେ ନାଇଁ। ଆଡଭୋକେଟ ନବକିଶୋର ଦାସ ମଧ୍ୟ ସେଦିନ ପାଖରେ ଥିଲେ। କିନ୍ତୁ ସେଦିନ କଥା ଆଉ 'ସମାଜ'ରେ ବାହାରି ନାଇଁ। ପଛରେ ଶୁଣାଗଲା ତାକୁ 'ସମାଜ'ରେ ବାହାର କରିବା ପାଇଁ ନବକିଶୋର ଦାସଙ୍କୁ ମନା କରାଯାଇଥିଲା। (ସନିର୍ବନ୍ଧ ଅନୁରୋଧ କରାଯାଇଥିଲା)

ପ୍ରଥମ ଦିନ ଏକା ଥିଲାବେଳେ ମଧୁବାବୁ ମୋତେ କହିଥିଲେ—"ଓଡ଼ିଶା ସଂଗେ ପାରଳାଖେମୁଣ୍ଡି ସହିତ ଜୟପୁର ମିଶୁଚି ଇତ୍ୟାଦି..." ଓଡ଼ିଶାର ଭବିଷ୍ୟତ ସମ୍ବନ୍ଧରେ ଆଉ କେତେକ କଥା ମଧ୍ୟ କହିଲେ। ଏହାର ପ୍ରାୟ ଦିନକ ପରେ ଦେହଦୁଃଖ ହେବାର ତୃତୀୟ ଦିନ ତାଙ୍କର ତିରୋଧାନ ହୋଇଗଲା। ଆମେ ସବୁ ମନେକଲୁ—ଯେପରି ଓଡ଼ିଶା ଆକାଶରୁ ଉଜ୍ଜ୍ୱଳତମ ନକ୍ଷତ୍ରଟି ଖସିପଡ଼ିଲା।

୧୨୩। ସତ୍ୟବାଦୀ ପ୍ରେସ

ଗୋପବନ୍ଧୁ ବାବୁଙ୍କ ମୃତ୍ୟୁ ପରେ ଆଉ ଗୋଟିଏ କଥା ହେଉଚି ସତ୍ୟବାଦୀ ପ୍ରେସ। ଆମ୍ଭେମାନେ ସରକାରଙ୍କର ଅନେକ ଉଦ୍ୟମ ପରେ ସତ୍ୟବାଦୀ ସ୍କୁଲକୁ ସରକାରୀ ସାହାଯ୍ୟ ନେଉ ନଥିଲୁ। ସେତେବେଳେ କଲିକତା ବିଶ୍ୱବିଦ୍ୟାଳୟ ଥିଲା ଓ ସରକାରୀ ଶିକ୍ଷା ବିଭାଗ ଛଡ଼ା ସେହି ବିଶ୍ୱବିଦ୍ୟାଳୟ ମଧ୍ୟ ସ୍ୱତନ୍ତ୍ର ଭାବରେ ହାଇସ୍କୁଲ ସବୁ ମଂଜୁର କରିବାର କ୍ଷମତାରେ ଥିଲା; ତେଣୁ ହାଇସ୍କୁଲମାନଙ୍କର ଶିକ୍ଷା ପ୍ରଭୃତିରେ ବହୁ ସ୍ୱାଧୀନତା ଥିଲା। ସେ ସ୍ୱାଧୀନତା ବଳରେ ଆମେ ଘର ନକରି ଖୋଲା ଜାଗାରେ ସ୍କୁଲ କରିବାର ବ୍ୟବସ୍ଥା କରିଥିଲୁ। ସେଥିରେ ବିଭାଗୀୟ ଇନ୍‌ସପେକ୍ଟରମାନେ, ସେଥିମଧ୍ୟରୁ ଅନେକ ୟୁରୋପିୟାନ୍, ବଡ଼ ଭଲ ମନ୍ତବ୍ୟ ଦେଇଥିଲେ। ସେମାନଙ୍କ ସଂଗେ ଏଥିପାଇଁ ସ୍କୁଲରେ ତଥା ଡାକବଙ୍ଗଳାରେ ବହୁତ ଯୁକ୍ତିତର୍କ ଓ ଝଗଡ଼ା ମୋର ହୋଇଯାଇଚି; ମାତ୍ର ଶେଷକୁ ସେଇ ପଦ୍ଧତିରେ ସ୍କୁଲ ଚଳିବା ସିଦ୍ଧ ହେଲା। କେବଳ

ବର୍ଷାଦିନ ପାଇଁ ଗୋଟିଏ ବଡ଼ ଚାଳିଆ କରାହେଲେ ବଣରେ ସ୍କୁଲ କରିବାର କୌଣସି ଅସୁବିଧା ନାଇଁ ବୋଲି ସ୍ଥିର ହେଲା।

୧୯୧୮ ମସିହା ବେଳକୁ, କହିଚି, ସ୍କୁଲ ବସ୍ତୁତଃ ଭାଙ୍ଗିଗଲା। ଠିକ୍ ସେତିକିବେଳକୁ ବା ତାହାର କିଛିଦିନ ପୂର୍ବରୁ ଗୋପବନ୍ଧୁ ବାବୁଙ୍କ ସଂଗେ ପରାମର୍ଶ କରି ପୁରୀରୁ 'ନୀଳାଚଳ ସମାଚାର' ପ୍ରେସ୍ ସମସ୍ତଟା ସତ୍ୟବାଦୀ ସ୍କୁଲକୁ କିଣିଆଣିଲି। ଗୋପବନ୍ଧୁ ବାବୁଙ୍କ ପାଇଁ ସେଥିନିମନ୍ତେ ଗୋଟିଏ ଘର କିଣିଲି। ସେହିଠାରେ ସେ ଛାପାଖାନାଟି ରହିଲା।

ସେ ଛାପାଖାନା କିଣାହେବାର ମୂଳରେ ଟିକିଏ ରହସ୍ୟ ଅଛି। ମୁଁ ମାସକୁ ଟ୪୦/ ଗୋଦାବରୀଶ ଟ୧୨୦/ ଓ କୃପାସିନ୍ଧୁ ଟ୫୦/ ଦରମା ନେଉଥିଲୁ। ଯେତେବେଳେ ଇନିସପେକ୍ଟର କହିଲେ କୌଣସି ଏକ ନିର୍ଦ୍ଦିଷ୍ଟ ପରିମାଣରେ ଗ୍ରାଜୁଏଟ୍ ଶିକ୍ଷକମାନଙ୍କୁ ଦରମା ଦେବାକୁ ହେବ (ମନେ ହେଉଚି ତା'ର ସୀମା ଥିଲା ସେତେବେଳେ ମାସକୁ ପଚାଶରୁ ଅଧିକ)। କେତେବର୍ଷ ପର୍ଯ୍ୟନ୍ତ ଆମମାନଙ୍କ ନାମରେ ମାସକୁ ସେହି ହାରରେ ଖାତାପତ୍ରରେ ପଡ଼ିଲା। କେତେବର୍ଷ ତଳୁ ଏହିପରି ପଡୁଥିଲା, ୧୯୨୦ର ସତ୍ୟବାଦୀ ସ୍କୁଲରୁ ବାହାରିଥିବା ଦୁର୍ଭିକ୍ଷ ରିପୋର୍ଟରେ ପ୍ରକାଶ ପାଇଥିଲା। ଏବେ ସେ ରିପୋର୍ଟ ମୋ ପାଖରେ ନାଇଁ। ୧୯୧୯ରେ ଯେତେବେଳେ 'ସମାଜ' କାଢ଼ିବାର କଳ୍ପନା ହେଲା— ସେତେବେଳେ ଗୋପବନ୍ଧୁ ବାବୁ କଥାକଲେ ଯେ, ପ୍ରେସ୍ ହିସାବ ସ୍କୁଲ ହିସାବରୁ ଅଲଗା କରାଯିବ। କାରଣ ଖବରକାଗଜ ବାହାରିଲେ ସରକାର ଏଥିରେ ଆଖିଦେବେ। ଏସବୁ ବିଚାର କରି ଶେଷକୁ ଗୋପବନ୍ଧୁ ବାବୁଙ୍କ ନାମରେ ପ୍ରେସ୍ ରହିବାର ହେଲା। ତା'ପରେ ଗୋପବନ୍ଧୁ ବାବୁ ଯେତେବେଳେ ୧୯୨୪ର ମଧ୍ୟଭାଗରେ ଜେଲ୍‌ରୁ ଫେରିଲେ ସେତେବେଳକୁ କଟକ ସହରରେ 'ଉତ୍କଳ ପ୍ରାଦେଶିକ କଂଗ୍ରେସ କମିଟି'ର ଅଧିବେଶନ ହେଉଥିଲା। ସେଥିରେ ସଭାପତି ହୋଇଥିଲେ ଡକ୍ଟର ପ୍ରଫୁଲ୍ଲଚନ୍ଦ୍ର ରାୟ। ସେ ସଭାପତି ଥାଇ ସେଇଦିନ ଗୋପବନ୍ଧୁ ବାବୁ ଜେଲ୍‌ରୁ ଆସି ପହଞ୍ଚିଲେ। ସାର୍ ପି: ସି: ରାୟ ତାଙ୍କୁ ସମ୍ବର୍ଦ୍ଧନା ଜଣେଇବା ଏବେ ମୋର ମନେପଡୁଚି।

ସେତେବେଳକୁ ସତ୍ୟବାଦୀ ସ୍କୁଲ ନାମକୁ ମାତ୍ର କେତେକ ଛାତ୍ରଙ୍କୁ ଧରି ବ୍ରହ୍ମଚର୍ଯ୍ୟ ଆଶ୍ରମ ପରି ଥାଏ। ସେହିଠାରେ ଅଭ୍ୟର୍ଥନାରେ ସାର୍ ପି: ସି: ରାୟ ଗୋପବନ୍ଧୁ ବାବୁଙ୍କୁ 'ଉତ୍କଳମଣି' ବୋଲି ଡାକିଲେ। ତାହାହିଁ ହେଲା ଗୋପବନ୍ଧୁଙ୍କ 'ଉତ୍କଳମଣି' ଉପାଧିର ଭୂମିକା। ଅବଶ୍ୟ ମତେ ସେତେବେଳେ 'ଉତ୍କଳମଣି' କଥାଟା ସେତେ ଭଲ ଲାଗି ନଥିଲା। ତା' ପୂର୍ବରୁ ଲୋକମାନ୍ୟ ତିଳକ ପ୍ରଭୃତି ନାମ ପାଖେ ଏହି 'ଉତ୍କଳମଣି' କଥାଟା ମତେ ଟିକିଏ ଖରାପ ଲାଗିଥିଲା। ମୁଁ ସେକଥା ଗୋପବନ୍ଧୁ ବାବୁଙ୍କୁ କହିଥିଲି,

"ଆପଣ ଏ ଉପାଧି ନିଅନ୍ତୁ ନାହିଁ। ଏହା ପୂର୍ବରୁ ସତ୍ୟବାଦୀ ସ୍କୁଲକୁ ବହୁତ ବଡ଼ଲୋକ ଆସିଚନ୍ତି। ସାର୍ ଆଶୁତୋଷ, ସାର୍ କୃଷ୍ଣଗୋବିନ୍ଦ ଗୁପ୍ତ ଓ କେତେକ ୟୁରୋପୀୟଙ୍କ ସମେତ ବହୁ ବଡ଼ଲୋକ ଆସିଚନ୍ତି। ଆପଣ ଏ ଉପାଧି ନନେଇ ଅପେକ୍ଷା କରନ୍ତୁ।" ସେତେବେଳକୁ ଅବଶ୍ୟ ସତ୍ୟବାଦୀ ସ୍କୁଲରୁ ଆମମାନଙ୍କର ମମତା ଛାଡ଼ିଯାଇଥିଲା। ମୁଁ ସେଇ ମାସ ଚବିଶରେ ହଜାରିବାଗ ଜେଲ୍‌ରେ ଗୋପବନ୍ଧୁ ବାବୁଙ୍କ ସଂଗେ ପରାମର୍ଶ କରିସାରି ଦିଲ୍ଲୀ ଆସେମ୍ବ୍ଲି ପାଇଁ ନିର୍ବାଚିତ ହୋଇସାରିଥିଲି। କାରଣ ଗୋପବନ୍ଧୁ ବାବୁଙ୍କର ମଧ୍ୟ ଜେଲ୍ ଗଲାବେଳକୁ ସତ୍ୟବାଦୀ ସ୍କୁଲରେ ବ୍ରହ୍ମଚର୍ଯ୍ୟ ଆଶ୍ରମ ସେ ନିଜେ ଖୋଲି ମଧ୍ୟ ଏହା ପ୍ରତି ତାଙ୍କର ମମତା ଛାଡ଼ିଯାଇଥିଲା। ଲିଙ୍ଗରାଜ ମିଶ୍ର ଏହା ପୂର୍ବରୁ ୧୯୨୧ ସେପ୍‌ଟେମ୍ବରରେ ସରକାରୀ ଚାକିରି ଛାଡ଼ି ସତ୍ୟବାଦୀ ସ୍କୁଲରେ ଯୋଗ ଦେଇଥିଲେ। ତାଙ୍କ ସହିତ ପରାମର୍ଶ କରି ସତ୍ୟବାଦୀ ସ୍କୁଲକୁ ପୁଣି ସରକାରୀ ମଂଜୁରୀପ୍ରାପ୍ତ ସ୍କୁଲରେ ପରିଣତ କରିବା ପାଇଁ ଆମେ ଦୁହେଁ ଲାଗିଥିଲୁ। ସେହି ଉଦ୍ୟମ ଫଳରେ ଏବର ସତ୍ୟବାଦୀ ସ୍କୁଲ ଯାହା ଅଛି ତାହା ଡିରେକ୍ଟର ସି: ଫକ୍‌ସଙ୍କ କାଳରେ ପ୍ରତିଷ୍ଠିତ ହୋଇଥିଲା।

ଏ ମଧ୍ୟରେ ସେହି ଉତ୍କଳ କଂଗ୍ରେସ କମିଟିର କଟକ ଅଧିବେଶନ ପରେ ଗୋପବନ୍ଧୁ ବାବୁ ହରିଭାଇନାଙ୍କୁ ପଠାଇ ପ୍ରେସ୍‌କୁ ପୁରୀ ନେଇ ଗୋଟିଏ ଭଡ଼ାଘରେ ରଖିଲେ, ତାହାପରେ ପ୍ରେସ୍ କଟକକୁ ଆସିଲା। ଗୋପବନ୍ଧୁ ବାବୁଙ୍କ ମୃତ୍ୟୁବେଳକୁ ପ୍ରେସ୍ କଟକରେ ଥିଲା। ସାପ୍ତାହିକପତ୍ର 'ସମାଜ' ସେଥିରୁ ପ୍ରକାଶ ପାଉଥିଲା। କହିଦିଏଁ—ସେହିଠାରୁ ଗୋପବନ୍ଧୁ ବାବୁଙ୍କ ମଲା ଉତ୍ତାରୁ କେତେଦିନ ମୁଁ ସମାଜର ସଂପାଦକରୂପେ ସମାଜ ପ୍ରେସ୍‌ରୁ ଅତି ରୂଢ଼ଭାବରେ ବାହାର କରିଦିଆ ହୋଇଥିଲି। ଗୋପବନ୍ଧୁ ଚୌଧୁରୀ ସେତେବେଳେ ଥାଇ ମଧ୍ୟ କିଛି କହିଲେ ନାହିଁ।

ମୁଁ ସତ୍ୟବାଦୀ ପ୍ରେସ୍ ପାଇଁ ସତ୍ୟବାଦୀରେ ଯେଉଁ ଘର କିଣିଥିଲି ତାହା କେତେବେଳେ ଗୋପବନ୍ଧୁ ବାବୁ ଏମାରମଠ ମହନ୍ତକୁ ବିକି ଦେଇଥିଲେ—ମୁଁ ଜାଣେ ନାହିଁ।

୧୨୪। 'ନବଭାରତ'—୧୯୩୩

ନବଭାରତ ପ୍ରେସ୍ ମୋ ଜୀବନରେ ଗୋଟିଏ ପ୍ରଧାନ ଘଟଣା। ସତ୍ୟବାଦୀ ସ୍କୁଲରୁ 'ସତ୍ୟବାଦୀ' ମାସିକ ପତ୍ରିକା ବାହାରିଥିଲା। ସେଥିରେ ସମସ୍ତ ସମାଲୋଚନା ଓ କେତେକ ଦୀର୍ଘ ଦୀର୍ଘ ପ୍ରବନ୍ଧ ମୁଁ ଲେଖିଥିଲି। ଅନେକ ବିଷୟରେ ମଧ୍ୟ ମଧ୍ୟ କାଗଜର ସ୍ତମ୍ଭ ପୂରଣ କରିବା ପାଇଁ କବିତା ମଧ୍ୟ ଲେଖିଥିଲି। ଏହି ମାସିକ ପତ୍ରରୁ ମୋର କେତେଗୁଡ଼ିଏ ପ୍ରବନ୍ଧ ପରେ ସଙ୍କଳନ କରି ସମ୍ବଲପୁରରେ ଥିଲାବେଳେ

'ଆର୍ଯ୍ୟଜୀବନ' ଗ୍ରନ୍ଥଟି ଲେଖିଥିଲି; କିନ୍ତୁ ବିଶେଷରେ ଯେଉଁଦିନ ଗୋପବନ୍ଧୁ ବାବୁଙ୍କ ସଂଗେ ମହାଭାରତ ବିଷୟକ କଥାବାର୍ତ୍ତାରେ ମହାଭାରତରେ କୃଷ୍ଣଙ୍କ କଥା ନଥିଲେ ଚଳିଆନ୍ତା ବୋଲି କହିଲି ଓ ତା'ପରେ ଗୋପବନ୍ଧୁ ବାବୁ ଟିକିଏ ବିସ୍ମିତ ହୋଇ ରହିଯାଇ ମତେ କହିଲେ, "ଏପରି କଥା ଆଉ କହିବ ନାହିଁ, ଏଥିରେ ପାପ ହେବ"— ସେହିଦିନଠାରୁ ମୋର ଭକ୍ତି ଧର୍ମ ପ୍ରତି ଆସ୍ଥା ଟିକିଏ କମିଗଲା। ମୁଁ ମନେ ମନେ ଭାବିଲି କୌଣସିମତେ ଜଗତରେ 'ଆତ୍ମା ଅନାତ୍ମା ଧର୍ମ' ପ୍ରଚାର ପାଇଲେ ବ୍ୟକ୍ତିବିଶେଷକ ଦ୍ୱାରା ପ୍ରଚାରିତ ଧର୍ମ ଅର୍ଥାତ୍ ଖ୍ରୀଷ୍ଟଧର୍ମ, ବୁଦ୍ଧଧର୍ମ, କୃଷ୍ଣଧର୍ମ ଆଦିରେ ଯଥାର୍ଥ ପ୍ରତିକାର ହୁଅନ୍ତା; କାରଣ ସେଇଦିନ ମୁଁ ଭାବିଲି—କୃଷ୍ଣ, ବୁଦ୍ଧ, ଖ୍ରୀଷ୍ଟ ପ୍ରଭୃତିଙ୍କ ନାମରେ ଧର୍ମ ଠିଆକଲେ ସେ ଧର୍ମ ସମସ୍ତ ମାନବର ଧର୍ମ କଦାପି ହୋଇପାରିବ ନାହିଁ। ସେଥିରେ ଯେଉଁ ଭେଦ ଅଛି, ସେହି ଭେଦ ହିଁ ସର୍ବଦା ବିକାଶରେ ଫୁଟିବ। ଏହାହିଁ ଭାବି ସେହିଦିନଠାରୁ ମନେକଲି ମୁଁ ନିଜେ ଗୋଟିଏ ମାସିକପତ୍ର କାଢ଼ିଲେ ଭଲ ହୁଅନ୍ତା। ଏହି ଭାବ ମନରେ ଥାଏ। ଦିନେ ଦିଲ୍ଲୀରୁ ଆସି କଲିକତାରେ ୧୯୩୩ରେ ପହଞ୍ଚିଲି। କଲିକତାରେ ମୋର ଜଣେ ଛାତ୍ର ସେ କାଳର ଯୁବକ ଥିଲେ। ସେ ସତ୍ୟବାଦୀର ପ୍ରଥମ ଶ୍ରେଣୀରୁ (ଏକାଦଶ ଶ୍ରେଣୀ) ଅସହଯୋଗ ଆନ୍ଦୋଳନ ଯୋଗେ ପାଠ ଛାଡ଼ି ଦେଇଥିଲେ। ପରେ ସିଏ ବି.ଏ. ପର୍ଯ୍ୟନ୍ତ ପାଶ୍ କରିଥିଲେ। କଲିକତାରେ ସେ ଭୂୟାଁ ଭାସ୍କର ମହାପାତ୍ରଙ୍କ ପିଲାମାନଙ୍କ ଗୃହଶିକ୍ଷକ ହୋଇଥାନ୍ତି। ମୁଁ କଲିକତାରେ ଆସି ପହଞ୍ଚିବାମାତ୍ରେ ସେ ଆଗରୁ ଜାଣି ଆସି ପହଞ୍ଚିଲେ। ସେହିଠାରେ ବିଚାର ହୋଇ ଠିକ୍ ହେଲା। ମୁଁ ଗୋଟିଏ ମାସିକପତ୍ର କାଢ଼ିବି ଓ ସେ ସେଥିପାଇଁ କଟକରେ ଆସି ରହିବେ। ସେହି ପତ୍ରଟି ହେଲା ମାସିକ 'ନବଭାରତ'।

ଏହାପୂର୍ବରୁ ମତେ ସେ କାଳର ଜୟପୁର ମହାରାଜ ବିକ୍ରମ ଦେଓ, ମହାରାଜା ହୋଇ ନଥିଲାବେଳେ ଡାକି ଗୋଟିଏ ମାସିକପତ୍ର କାଢ଼ିବାକୁ କହିଥିଲେ। ମୁଁ ତାଙ୍କ ପାଖରେ ପହଞ୍ଚିଲି। ସେ ମୋତେ ପାଞ୍ଚହଜାର ଟଙ୍କା ଦେବେ ବୋଲି କହି ତିନିହଜାର ଟଙ୍କା ସାଂଗେ ସାଂଗେ ଦେଲେ। ସେ ପାଞ୍ଚହଜାର ଟଙ୍କା ଦେଇଚନ୍ତି ବୋଲି କାଗଜରେ ପ୍ରାପ୍ତିସ୍ୱୀକାର କରି ଆଉ ଦୁଇହଜାର ଟଙ୍କା କରଜ କରି ମୁଁ କାଗଜ ବାହାର କଲି। ସେ କାଗଜ କଥା କହିବା ଆଉ ଦରକାର ନାହିଁ।

ଏହି 'ନବଭାରତ' ବାହାରିଥିଲା ୧୯୩୩ ସାଲରେ। ମଝିରେ ମଝିରେ ବ୍ୟତିକ୍ରମ ସହିତ ପ୍ରାୟ ୧୯୪୬ ପର୍ଯ୍ୟନ୍ତ ଏହା ଚଳୁଥିଲା। ୧୯୩୫ ସାଲର ପ୍ରଥମ ସଂଖ୍ୟାରେ ଅର୍ଥାତ୍ ୨ୟ ବର୍ଷର ପ୍ରଥମ ସଂଖ୍ୟାରେ ମୋ ଲିଖିତ 'ବିଧାତାଙ୍କ ସୃଷ୍ଟି' ପ୍ରବନ୍ଧଟି ଅନ୍ୟତ୍ର ଦିଆଯାଇଚି ସେଥିରୁ 'ନବଭାରତ'ର ନୈତିକ ଓ ଆଧାତ୍ମିକ ଆଭିମୁଖ୍ୟ ପ୍ରକାଶ ପାଇବ।

ଅବଶ୍ୟ ସେତେବେଳେ 'ନବଭାରତ'ର ପ୍ରଥମ ଅବସ୍ଥାରେ ଏ ଯେଉଁ ପ୍ରବନ୍ଧଟି ଦିଆଯାଇଚି ଏଥିରେ ସୂଚନାରେ ମାତ୍ର କଥାଟି କୁହାଯାଇଚି। ପଢ଼ିଲେ ମନେହେବ— କେବଳ ବିଧାତାଙ୍କ ସମ୍ବନ୍ଧରେ ଧାର୍ମିକମାନେ ଯାହା କହନ୍ତି ତା'ର ଗୋଟିଏ ସମାଲୋଚନା। ଏଥିରେ ଯଥାର୍ଥ ଗଠନମୂଳକ ତତ୍ତ୍ୱଟି ପ୍ରକାଶ ପାଇ ନାଇଁ; ଅର୍ଥାତ୍ ସେହି ଗଠନମୂଳକ (Positive) ତତ୍ତ୍ୱଟି ଏଇ ଭାରତବର୍ଷରେ ଦିନେ ପ୍ରକାଶ ପାଇଥିଲା। ତାହା ଉପନିଷଦରେ ସୂକ୍ଷ୍ମଭାବରେ ଅଛି, "ଆତ୍ମା ବା ଅରେ, ଶ୍ରୋତବ୍ୟଃ, ମନ୍ତବ୍ୟଃ, ନୀଦିଧ୍ୟାସିତବ୍ୟଃ।" ଅର୍ଥାତ୍ ଏହି ସମସ୍ତ ବିଧାତାଙ୍କ ରୂପ ଭିତରେ ଉପନିଷଦ୍ କାଳରେ ଆମ ପୂର୍ବପୁରୁଷମାନେ ଯେଉଁ ଆତ୍ମାକୁ ଉଠି ସେଇ ଆତ୍ମବସ୍ତୁ ବିଷୟରେ ଏହି କଥାଟି କହିଚନ୍ତି ତାହାର ତୁଳନା ପୃଥିବୀର ଧର୍ମଜଗତରେ ଆଉ ନାଇଁ। ଏହା ଯେପରି ମନେହୁଏ ପ୍ରଥମେ ମିଥିଳାରାଜା ଜନକଙ୍କ ସଭାରେ ଏ ବିଷୟ ନେଇ ଯୁକ୍ତିତର୍କ ହୋଇଥିଲା। ଏହାର ଅର୍ଥ ହେଉଚି—"ଅରେ— ଆତ୍ମା ହେଉଚି ଆଗ ଶୁଣିବାର ଜିନିଷ, ଚିନ୍ତା କରିବାର ଜିନିଷ ଓ ବେଶି କରି ଚିନ୍ତା କରି ବୁଝିବାର ଜିନିଷ।" ଏହି ଆତ୍ମାରେ ସ୍ତ୍ରୀ ନାଇଁ, ପୁରୁଷ ନାଇଁ, ଶ୍ରମିକ ନାଇଁ, ମାଲିକ ନାଇଁ, ଧନୀ ନାଇଁ, ଦରିଦ୍ର ନାଇଁ, ଭିକ୍ଷୁକ ନାଇଁ, ଭୁକ୍ତ ନାଇଁ—ଏହିପରି ଜଗତରେ ଯେଉଁ ସବୁ ବିରୋଧଭାବ ସବୁ ଅଛି— ସେ ସବୁ କିଛି ନାଇଁ। ଏହି ଆତ୍ମାରେ ମନୁଷ୍ୟ ମଧ୍ୟରେ ଭେଦ ନାଇଁ। ଏହି ଆତ୍ମଧର୍ମକୁ ଉଠିଲେ ସମସ୍ତେ ସମାନ।

ଏବେ ସବୁକ୍ଷେତ୍ରରେ ଯାହା କୁହାଯାଇଚି—ସମସ୍ତ ଉନ୍ନତି ଓ ଅଭିବୃଦ୍ଧି ମଧ୍ୟରେ ନୈତିକ ଓ ଆଧ୍ୟାତ୍ମିକ ଭାବ ଠିକ୍ ରଖ। ତାହା ଏହିପରି ବ୍ୟକ୍ତିପ୍ରଚାରିତ ବା ବ୍ୟକ୍ତିଧର୍ମାତ୍ମକ ଅନୁଷ୍ଠାନରେ କଦାପି ଫୁଟିବ ନାଇଁ। 'ନବଭାରତ' ଏହି ଭାବ ସମସ୍ତ ମାସିକପତ୍ରଟିରେ ଭିନ୍ନ ଭିନ୍ନ ଭାବରେ ସ୍ପଷ୍ଟ ପ୍ରକାଶ କରୁଥିଲା। ଏହି ଚିନ୍ତାଧାରା ମୋର 'ଓଡ଼ିଆ ସାହିତ୍ୟର କ୍ରମ ପରିଣାମ'ରେ ସ୍ପଷ୍ଟ ହୋଇଚି ଓ ତାହା ଅନ୍ୟତ୍ର ଦିଆଯାଇଚି।

ନାନା ଅଭାବ ଅସୁବିଧାରେ ମାସିକ 'ନବଭାରତ' ଶେଷକୁ ବନ୍ଦ ହୋଇଗଲା। ଗଛଟିଏ ଲଗେଇ ବଢ଼େଇବା କେତେ କଷ୍ଟର କଥା। ବଢ଼ିଲା ଗଛରେ ଚୋଟ ବସିଲେ ଭାରି କଷ୍ଟ ଲାଗେ। ଭେଣ୍ଡିଆ ପୁଅ ମରିଗଲେ ଯେତେ କଷ୍ଟ ତା'ଠାରୁ କୌଣସି ଗୁଣରେ ଏ କଷ୍ଟ କମ୍ ନୁହେଁ। ମୁଁ ଏବେ ବୁଝୁଚି ସାହିତ୍ୟ ପ୍ରୀତି ଓ ନିଷ୍ଠା ନଥିବା ଲୋକଙ୍କୁ ମୁଁ ଗୁରୁଦାୟିତ୍ୱ ଦେଉଥିଲି। ସରସ ସାହିତ୍ୟିକତା ଅଭାବରୁ ଦାୟିତ୍ୱର ଭାର ଗ୍ରହଣ କରୁଥିବା ବହୁଲୋକଙ୍କ ହାତରେ ପତ୍ରପତ୍ରିକାର ଜନ୍ମ ମୃତ୍ୟୁ ମୁଁ ଏବେ ଦେଖି ଦୁଃଖରେ ଦୀର୍ଘଶ୍ୱାସ ପକାଉଚି।

୧୨୫। ମୋର ସାହିତ୍ୟ ସାଧନା (୧୯୩୯-୪୦)

'ଉତ୍କଳ-ସାହିତ୍ୟ-ସମାଜ', କଟକକୁ ଆସିଲାଦିନୁ ଉତ୍କଳ ସାହିତ୍ୟ ସମାଜର ମୁଁ ଜଣେ ବର୍ଷିକିଆ ମେମ୍ବର ହେଉଥିଲି। ମଝେ ମଝେ ସାହିତ୍ୟ ସମାଜର ଆମନ୍ତ୍ରଣକ୍ରମେ ପ୍ରବନ୍ଧମାନ ପଢୁଥାଏ। ପ୍ରାୟ ୧୯୩୯-୪୦ ପର୍ଯ୍ୟନ୍ତ ଏହିପରି ଚାଲିଲା। ସେତିକିବେଳେ ମୁଁ ଗୋଟିଏ ପ୍ରବନ୍ଧ ପଢ଼ିଲି। ସେଉଟି ହେଉଚି 'ସତୀତ୍ୱ ଓ ନାରୀ'। ସେ ପ୍ରବନ୍ଧଟି ବଡ଼ ଦୀର୍ଘ ହୋଇଥିଲା ଓ ଅନେକ ଲୋକଙ୍କ ମନକୁ ଖୁବ୍ ଘେନିଲା। ସେହି ସମୟରେ ମତେ ସାହିତ୍ୟ ସମାଜର ବରେଣ୍ୟ ମେମ୍ବର କରିଦେଲେ। ବରେଣ୍ୟ ମେମ୍ବର ହେବାର ଅର୍ଥ ଆଉ ବର୍ଷକୁ ବର୍ଷ ଦୁଇଟଙ୍କା ନମ୍ବର ଫିସ୍ ଦେବାକୁ ହୁଏ ନାଇଁ ଓ ଚିରକାଳ ମେମ୍ବର ହୋଇ ରହନ୍ତି। ମୋ ସଂଗେ ଆଉ ଜଣେ ବରେଣ୍ୟ ମେମ୍ବର ହୋଇଥିଲେ। ସେ ହେଉଚନ୍ତି ଶ୍ରୀ ଯୋଗେଶଚନ୍ଦ୍ର ରାୟ ବିଦ୍ୟାନିଧି। ଆଉ ଜଣେ ଜୟପୁରର ମହାରାଜା ବିକ୍ରମଦେବ।

ତା'ପରେ ମୁଁ ଆଉ ନିମନ୍ତ୍ରଣମାନଙ୍କରେ ପ୍ରାୟ ସାହିତ୍ୟ ସମାଜକୁ ଯାଇ ନାଇଁ। ୧୯୫୮ ମସିହା ବେଳକୁ ଓଡ଼ିଶା ସାହିତ୍ୟ ଏକାଡେମୀ ବୋଲି ଗୋଟିଏ ଅନୁଷ୍ଠାନ ଭୁବନେଶ୍ୱରରେ ଖୋଲାଗଲା। ସେଥିରେ ବର୍ଷକୁ ଲକ୍ଷେ ଟଙ୍କା ସାହିତ୍ୟ ପାଇଁ ଖର୍ଚ୍ଚ ହେବାର କଥା ହେଲା। ମୁଁ ସେତେବେଳକୁ ନୂଆ ହୋଇ ବିଧାନସଭାର ବାଚସ୍ପତି ହୋଇଥାଏ। ଶ୍ରୀଯୁକ୍ତ ଲିଙ୍ଗରାଜ ପାଣିଗ୍ରାହୀ ସେତେବେଳେ ଘରୋଇ ମନ୍ତ୍ରୀ ଥାନ୍ତି। ସେ ପ୍ରଥମେ ବଡ଼ ଉତ୍ସାହରେ ମତେ ଡାକି ପାଞ୍ଚବର୍ଷ ପାଇଁ ସାହିତ୍ୟ ଏକାଡେମୀର ସଭାପତି କରିବେ ବୋଲି କହିଥିଲେ ଓ ପ୍ରଥମ ବର୍ଷ କରିଦେଲେ। ମାତ୍ର କିଛିଦିନ ପରେ କାହିଁକି କେଜାଣି ତାଙ୍କ ମନରେ ହେଲା—ସେ ବର୍ଷକରୁ ଜଣକୁ ଆଉ ଅଧିକ ସମୟ ସଭାପତି କରିବେ ନାଇଁ। ସେ ବର୍ଷକ ପାଇଁ ମୁଁ ସଭାପତି ରହିଲି। ତା'ପରେ ସେଇ ସାହିତ୍ୟ ଏକାଡେମୀ ସମ୍ବନ୍ଧରେ ମୁଁ ଆଉ କିଛି ଖବର ରଖି ନାଇଁ।

୧୨୬। ମୋର ରାଜନୈତିକ ଜୀବନ
(୨ୟ ପର୍ଯ୍ୟାୟ)

ଗୋଦାବରୀଶ-ଗୋଟିଏ ବିଶିଷ୍ଟ କଥା ଲେଖିବାକୁ ମନ ନହେଲେ ମଧ୍ୟ ଲେଖିବାକୁ ବାଧ୍ୟ ହେଉଚି। ସେ ବିଷୟଟି ସ୍ୱର୍ଗତ ପଣ୍ଡିତ ଗୋଦାବରୀଶ ଓ ମୋ ସଂପର୍କ ବିଷୟରେ। ତାଙ୍କ ସଂଗେ ମୋର ଜୀବନରେ ଅନ୍ତରଙ୍ଗ ସଂପର୍କ ଥିଲା। ପୁରୀ ଜିଲ୍ଲା ସ୍କୁଲରେ (ହେଡ଼ମାଷ୍ଟର) ଚନ୍ଦ୍ରମୋହନବାବୁ ମୋତେ ଯେତେବେଳେ ବୋର୍ଡିଂର ମନିଟର୍ କରିଦେଲେ ଗୋଦାବରୀଶ ସେତେବେଳେ ମୋର ତଳ

କ୍ଲାସ୍‌ରେ ପଢୁଥିଲେ। ଚନ୍ଦ୍ରମୋହନ ବାବୁ ଗୋଦାବରୀଶଙ୍କୁ ମୋର ସାକ୍ଷାତ ତତ୍ତ୍ୱାବଧାନରେ ରଖି ଦେଇଥିଲେ। ସେତିକିବେଳର ବହୁ ସ୍ମୃତି ମୋର ମନେଅଛି। କଲିକତାର ଶ୍ରୀ ଶଶିଭୂଷଣ ରାୟ ଚୌଧୁରୀଙ୍କ ସହିତ ମୋର ପରିଚୟ ଥିଲା। ମୁଁ ଗୋଦାବରୀଶଙ୍କୁ ସେହି ମହାଶୟଙ୍କ ସହିତ ପରିଚୟ କରାଇ ବଡ଼ କୃତିତ୍ୱ ଅର୍ଜନ କରିଥିଲି ବୋଲି ମୋର ଆଜି ମନେହେଉଚି। ଶଶିଭୂଷଣ ବାବୁ ଜଣେ ପ୍ରଧାନ ବିପ୍ଳବୀ ନେତା ଥିଲେ; କିନ୍ତୁ ବିପ୍ଳବୀ ନେତାଙ୍କ କ୍ରିୟାକଳାପ ମଧ୍ୟରେ ଛାତ୍ରମାନଙ୍କ ଆଚରଣ ପ୍ରତି ଦୃଷ୍ଟି ରଖିବା ତାଙ୍କର ପ୍ରଧାନ କାର୍ଯ୍ୟ ଥିଲା। ସେହି ହିସାବରେ ଗୋଦାବରୀଶଙ୍କୁ ତାଙ୍କ ମାର୍ଫତରେ ଦେଇ ମୁଁ ବହୁ ପରିମାଣରେ ନିଶ୍ଚିତ ହୋଇଥିଲି। ଏଣେ ଚନ୍ଦ୍ରମୋହନ ବାବୁ ମୋତେ ଅତ୍ୟନ୍ତ ଶ୍ରଦ୍ଧା ଓ ବିଶ୍ୱାସ କରୁଥିଲେ। ପୁରୀ ସତ୍ୟବାଦୀ ସ୍କୁଲ ପରିକଳ୍ପନା ସେକାଳକୁ ମଧ ଆମମାନଙ୍କ ମଧ୍ୟରେ ଖେଳୁଥିଲା। ସେହି ଗୋଦାବରୀଶଙ୍କୁ ସତ୍ୟବାଦୀ ସ୍କୁଲର ଜଣେ ଶିକ୍ଷକ ରୂପେ ତିଆରି କରିବା ପାଇଁ ବଡ଼ ଆଗ୍ରହ ବି ଥିଲା। କେବଳ ସେତିକି ନୁହେଁ, ପିଲାଦିନୁ ଏଇ ସତ୍ୟବାଦୀ ସ୍କୁଲପାଇଁ ମୁଁ ମୋର ବାଲ୍ୟବନ୍ଧୁମାନଙ୍କୁ ବାଛି ବାଛି ସେମାନଙ୍କ ଘରକୁ ଯାଇ ନିମନ୍ତ୍ରଣ କରୁଥିଲି। ସେମାନଙ୍କ ମଧରୁ ଜଣେ ଥିଲେ ସ୍ୱର୍ଗତ କୃପାସିନ୍ଧୁ ମିଶ୍ର। ସେ ଏମ୍.ଏ. ପାସ୍ କରି ପ୍ରାୟ ୧୯୧୬ରେ ସତ୍ୟବାଦୀରେ ଶିକ୍ଷକ ରୂପେ ଯୋଗ ଦେଇଥିଲେ। ଆଉ ଜଣେ ଥିଲେ ସ୍ୱର୍ଗତ କବି ପଦ୍ମଚରଣ ପଟ୍ଟନାୟକ। ପଦ୍ମଚରଣ ଓ ସ୍ୱର୍ଗତ ଜଗନ୍ନାଥ ମହାପାତ୍ର ମୋର ସହପାଠୀ ଥିଲେ। ସେ ଦୁହିଙ୍କୁ ବହୁତ ବୁଝାଇବା ପରେ ମଧ ସେ ସତ୍ୟବାଦୀ ସ୍କୁଲକୁ ଆସିବାକୁ ମନାକଲେ। ଏହିପରି କେତେ ଲୋକଙ୍କ ପାଖକୁ ଯିବାକୁ ହୋଇଥିଲା। ସେ ସବୁଥିରେ ଗୋପବନ୍ଧୁ ବାବୁଙ୍କର ପ୍ରେରଣା ଥାଏ, କିନ୍ତୁ ସାକ୍ଷାତ ପ୍ରେରଣା ଏସବୁ ବ୍ୟକ୍ତିଗତ କ୍ଷେତ୍ରରେ ଥିବାର ମନେ ହେଉନାଇଁ।

ଗୋଦାବରୀଶ ନିଜ ଜୀବନରେ ମୋତେ ବହୁ ଭଲ ଭାବରେ ଲେଖିଚନ୍ତି, କିନ୍ତୁ ତାଙ୍କ ଜୀବନୀ ବାହାରିବାରୁ ମୁଁ ଗୋଟିଏ କଥା ଜାଣି ବଡ଼ ବିସ୍ମିତ ହେଲି। ସେହି ସମ୍ବନ୍ଧରେ ବହୁତ କଥା ଏବେ ମୋର ମନେ ପଡୁଚି। ମୋଟକଥା, ସେ ଚକ୍ରଧରପୁର ଯିବାପରେ ସତ୍ୟବାଦୀ ସ୍କୁଲରୁ ଏକରକମ ସବୁ ସଂପର୍କ ତୁଟାଇ ଦେଲେ। ଏଥିଯୋଗେ ସେ ବରାବର ଲେଖିଚନ୍ତି ମାସିକ ତିରିଶ ଟଙ୍କାରେ ସତ୍ୟବାଦୀରେ ସେ ଅତି ଦୀନ ଭାବରେ ଚାକିରି କରୁଥିଲେ। ବସ୍ତୁତଃ ଏଇ ଟଙ୍କା ପଇସା ପ୍ରଶ୍ନ ସତ୍ୟବାଦୀରେ ଆଦୌ ନଥିଲା। ସେଥିପାଇଁ ମୋର ମନେହେଉଚି ଗୋପବନ୍ଧୁ ବାବୁ ଥରେ ଦୁଃଖିତ ହୋଇ କହିଥିଲେ—"ତୁମ୍ଭେମାନେ ଟଙ୍କା ବେଶି ନିଅ କି କମ୍ ନିଅ, କିନ୍ତୁ ସତ୍ୟବାଦୀ

ସ୍କୁଲରେ ରହି ଗୋଟିଏ ଭାବିବାର କଥା, ତୁମମାନଙ୍କର ମାନସିକ ଦୀନତା କମିନାଇଁ। ଟଙ୍କା ଅଙ୍କ ପାଇଲେ କିମ୍ବା ଭଲ କରି ନଖାଇଲେ ଦୀନତା ଆସି ନଥାଏ। ତାହା ଏକ ମନୋବୃତ୍ତି।"

ପୁରୀ ଜିଲ୍ଲାବୋର୍ଡର ଚେୟାରମ୍ୟାନ ହେବାକୁ ଗୋଦାବରୀଶ ସେତେବେଳେ ଚେଷ୍ଟା କରୁଥାନ୍ତି। ଗୋପବନ୍ଧୁବାବୁ ମୋତେ, ବନମାଳୀ ଦାସଙ୍କୁ ଓ ଅନ୍ୟ କେତେକଙ୍କୁ ଡାକି ଥରେ କହିଥିଲେ—"ଯେଉଁଠାରେ ଟଙ୍କା ପଇସାର ସଂପର୍କ ଥିବ, ସେଠାରେ ଗୋଦାବରୀଶଙ୍କୁ ରଖିବ ନାହିଁ।" ଏକଥା ବଡ଼ ବିରକ୍ତ ହୋଇ ସେ କହିଥିଲେ। ଏବେ ଜୀବନୀ ପଢ଼ି ମୁଁ ଜାଣୁଛି ଗୋଦାବରୀଶ ଚକ୍ରଧରପୁରରୁ ଫେରିବା ପରେ ସତ୍ୟବାଦୀରୁ ସମସ୍ତ ସଂପର୍କ ତୁଟାଇ ଭୁବନାନନ୍ଦ ଓ ବିଚିତ୍ରାନନ୍ଦବାବୁଙ୍କୁ ଧରି ସେକାଳର ସରକାରଙ୍କ ସଂଗେ ସହଯୋଗ କରି ବାଣପୁରରେ Co-operative Bank ତିଆରି କଲେ। ସେଠାରେ ସେ ଭୁବନାନନ୍ଦ ବାବୁଙ୍କ ସହିତ ରହି ଅତି ବଡ଼ଲୋକ ପରି ଖର୍ଚ୍ଚକରି ଚଳିବାରେ ଲାଗିଲେ। ଅଥଚ ଭୁବନାନନ୍ଦବାବୁ ପ୍ରଭୃତିଙ୍କର ସେତେବେଳେ ଅତି ମୂଳରୁ ସତ୍ୟବାଦୀ ବିଦ୍ୟାଳୟ ସମ୍ବନ୍ଧରେ ଯେଉଁ ମତ ଓ ପ୍ରତିକ୍ରିୟା ତାହା କହିବା ଦରକାର ନାହିଁ। ବିଶେଷତଃ ମୋ ପ୍ରତି ଭୁବନାନନ୍ଦ ବାବୁଙ୍କର ମନୋବୃତ୍ତି ଥରେ ସ୍ପଷ୍ଟ ଫୁଟି ପଡ଼ିଥିଲା। ମୁଁ ଏବଂ ମୋ ଭାରିଯା ୧୯୩୩-୩୪ରେ ଜେଲ୍‌ରେ ପ୍ରଥମଶ୍ରେଣୀ କଏଦୀ ଥିବାରୁ ଭୁବନାନନ୍ଦ ବାବୁ Central Assemblyରେ ମୋ ଅନୁପସ୍ଥିତିରେ ଘୋର ଆପତ୍ତି କରିଥିଲେ। କାରଣ ଆମ ବ୍ୟତୀତ ଅନ୍ୟମାନେ 'ବି' ଓ 'ସି' କ୍ଲାସ୍ କଏଦୀ ଥିଲେ। ବର୍ତ୍ତମାନ ମେମ୍ବର ଅମରନାଥ ଦତ୍ତ କହିଲେ—"ତୁମର ଓ ନୀଳକଣ୍ଠ ବାବୁଙ୍କ ସଂପର୍କ ବିଷୟରେ ଆମେ କ'ଣ ଜାଣିନୁ?" ଭୁବନାନନ୍ଦବାବୁ ଆଉ କିଛି କହିଲେନି। ଆସେମ୍ବ୍ଲି ବିବରଣୀ ଦେଖିଲେ ସେସବୁ ମିଳିବ। ଏହି ଟଙ୍କା କରିବା ଓ ଖର୍ଚ୍ଚ କରିବା ଫଳରେ ଗୋପବନ୍ଧୁ ବାବୁ ବଞ୍ଚିଥାଇ ମଧ୍ୟ ଗୋଦାବରୀଶ ହାଇକୋର୍ଟ ପର୍ଯ୍ୟନ୍ତ ଓକିଲ ବିଚିତ୍ରାନନ୍ଦ ବାବୁଙ୍କୁ ଧରି ଫୌଜଦାରୀ ମକଦ୍ଦମାରେ ଲଢ଼ି ହଇରାଣ ହୋଇଥିଲେ। ୧୯୨୯ ବେଳକୁ ଗୋପବନ୍ଧୁବାବୁ ଜୀବନରେ ନଥିଲେ। ତା'ପରେ ଗୋଦାବରୀଶ ମତେ ରାଜନୀତିରେ ବଡ଼ କରି ଧରିଲେ; କିନ୍ତୁ ମୁଁ ଆଜି ଭାବୁଚି ମୋର ଗୋଦାବରୀଶଙ୍କ ପ୍ରତି ଯେଉଁ ସ୍ନେହ ଓ ଆନ୍ତରିକତା ଥିଲା ଗୋଦାବରୀଶଙ୍କର ବୋଧହୁଏ ମୋ ପ୍ରତି ସେତିକି ନଥିଲା। ଗୋପବନ୍ଧୁବାବୁଙ୍କ ପରେ ମୁଁ ସତ୍ୟବାଦୀ ଦଳରେ ମୁଖ୍ୟ ହୋଇ ରହିଲି। ସେଥିପାଇଁ ଯାହାସବୁ ବିରୋଧ ଓ ନିର୍ଯ୍ୟାତନା ମତେ ସହିବାକୁ ପଡ଼ିଚି, ତାହା ଆଉ ବିଶେଷ କହିବା ଦରକାର ନାହିଁ। ଏହି ସମୟଗୁଡ଼ିକରେ ରାଜନୈତିକ ଆନ୍ଦୋଳନ ସହିତ ସମାନ୍ତର ଭାବରେ ସାହିତ୍ୟ ଲେଖାଲେଖିରେ

ମନୋନିବେଶ କଲି। ଏହିପରି ଲେଖା ମୁଁ ପ୍ରଥମ ଜେଲ୍ କାଳରୁ ଆରମ୍ଭ କରିଥିଲି। Tennyson-Enoch Ardenର ସରଳ ଓଡ଼ିଆ ଅନୁବାଦ ହଜାରିବାଗ ଜେଲ୍‌ରେ ଥିଲାବେଳେ କରି—'ଦାସନାଏକ' ନାମରେ ଛପାଇଥିଲି। ଜେଲ୍‌ର ନୀରସ ଦିନଗୁଡ଼ିକ କଟେଇବା ପାଇଁ ଏହାଠାରୁ ବଳି ଆତ୍ମ ସୁଖକର କାମ ଆଉ କିଛି ଅଛି ବୋଲି ମୋର ମନେ ହେଉନି।

୧୨୭। ମନ୍ତ୍ରିମଣ୍ଡଳ

ଗୋପବନ୍ଧୁବାବୁ ମଲାପରେ ମୁଁ ଗୋଦାବରୀଶଙ୍କୁ ବଡ଼ ସ୍ନେହ କରୁଥିଲି। ତାଙ୍କ ପାଇଁ ଯେତେ ଯେତେ କାର୍ଯ୍ୟ କରିଚି, ତାହା ଆଜି ମନେକରି କହିବା ଦୁଷ୍କର। ତେବେ ଟିକେ ଟିକେ ସେସବୁ କଥା କହିଦିଏ। ସୁଭାଷ ବୋଷ ଓଡ଼ିଶାକୁ ଆସିବା କଥା। ସେତେବେଳେ ମୁଁ ଥିଲି ଉତ୍କଳ କଂଗ୍ରେସର ସଭାପତି। ଏହା ୧୯୩୯ ମସିହାର କଥା, ଠିକ୍ ଦ୍ୱିତୀୟ ପୃଥିବୀ ମହାଯୁଦ୍ଧର ଆସନ୍ନ କାଳ। ସୁଭାଷ ବୋଷ ନିଜ ୩୮୨ ଏଲିଗିନ୍‌ରୋଡ୍ ଘରକୁ ଆମକୁ ଡକାଇଥିଲେ। ଯଦୁମଣି ମଙ୍ଗରାଜ, ମୁଁ ଓ ଗୋଦାବରୀଶ ଯାଇଥିଲୁ। ଅନେକ ସମୟ କଥାବାର୍ତ୍ତା ହେବାପରେ ସେ କହିଲେ—"ଏ ମହାଯୁଦ୍ଧରେ ଜାପାନ ଜିଣିବାର ଖୁବ୍ ସମ୍ଭାବନା ଅଛି। ସେତେବେଳକୁ ଅନ୍ତତଃ ବଙ୍ଗ, ଓଡ଼ିଶା, ବିହାର ଓ ଆସାମ—ଏହି ଚାରିପ୍ରଦେଶର ରାଜତ୍ୱ ଆମ ଲୋକଙ୍କ ହାତରେ ଥିବା ଦରକାର। ମୁଁ ସେଥିପାଇଁ ଆସାମରେ ଶ୍ରୀଯୁକ୍ତ ବର୍ଦୋଲାଇ ଓ ମୁସଲମାନ ନେତାଙ୍କୁ (ବୋଧହୁଏ ଫକ୍‌ରୁଦ୍ଦିନ୍) ଧରି ମନ୍ତ୍ରିମଣ୍ଡଳ ଗଢ଼ିବାର ବ୍ୟବସ୍ଥା କରିଚି। ବଙ୍ଗଳାରେ ଶରତ ବୋଷ ଓ ଫଜଲ୍‌ହକ୍—ଏ ଦୁହିଙ୍କୁ ଧରି ମନ୍ତ୍ରିମଣ୍ଡଳ ଗଢ଼ାହେବ। ମୁଁ ବିହାରରେ ମଧ୍ୟ ଏହିପରି ଗୋଟିଏ ମନ୍ତ୍ରିମଣ୍ଡଳ ଗଢ଼ିବାକୁ ଯାଉଚି। ଓଡ଼ିଶାରେ ତୁମେମାନେ ଯାଇ ମନ୍ତ୍ରିମଣ୍ଡଳ ଗଢ଼। ସେଥିପାଇଁ ଗୋଦାବରୀଶ ଓ ଯଦୁମଣି ମଙ୍ଗରାଜ ଯାଆନ୍ତୁ। ନୀଳକଣ୍ଠ ଦାସ ଫରୱାର୍ଡ ବ୍ଲକ୍ ତରଫରୁ କାର୍ଯ୍ୟକାରୀ କମିଟିକୁ ଯାଆନ୍ତୁ।" ଶେଷକୁ ଗୋଦାବରୀଶ ଓ ଯଦୁମଣି ଉତ୍ତର ଦେଲେ—"ନୀଳକଣ୍ଠ ବାବୁ ନଗଲେ ଆମେ ଏ କାମ ତୁଲାଇ ପାରିବୁ ନାହିଁ।" ସେହି ଏଲିଗିନ୍‌ରୋଡ୍ ଘରୁ ଗଂଜାମର ଦିବାକର ପଟ୍ଟନାୟକଙ୍କ ପାଖୁ ଟେଲିଗ୍ରାମ୍ କରାଗଲା। ସେ ଦୁଇଦିନ ପରେ କଲିକତାରେ ପହଞ୍ଚି ଫରୱାର୍ଡ ବ୍ଲକ୍‌ର କାର୍ଯ୍ୟକାରୀ କମିଟିକୁ ଗଲେ ଓ ଆମ୍ଭେମାନେ ମନ୍ତ୍ରିମଣ୍ଡଳ ଗଢ଼ିବାକୁ ଓଡ଼ିଶାକୁ ଆସିଲୁ।

ଏହି ମନ୍ତ୍ରିମଣ୍ଡଳରେ ଗୋଦାବରୀଶ, ପାରଳାଖେମଣ୍ଡିର ମହାରାଜା ଓ ଓଡ଼ିଶା ମୁସ୍‌ଲିମ୍ ଲିଗ୍‌ର ପ୍ରେସିଡେଣ୍ଟ ଶୋଭାନ ଖାଁ ଥିଲେ। ଏଠାରେ କହିରଖେ, ଗୋଦାବରୀଶଙ୍କୁ ଲୁଇସ୍ ସାହେବ ମନ୍ତ୍ରିମଣ୍ଡଳରେ ରଖିବାରେ ଅନିଚ୍ଛା ପ୍ରକାଶ କରିଥିଲେ; କିନ୍ତୁ ମୁଁ

ମହାରାଜାଙ୍କ ହାତରେ କୁହାଇଦେଲି, ଆପଣ ଏପରି କଲେ ମନ୍ତ୍ରିମଣ୍ଡଳ ଗଠିତ ହେଇପାରିବନି।" ତେଣୁ ଲୁଇସ୍ ସାହେବ ବାଧ୍ୟହୋଇ ମନ୍ତ୍ରିମଣ୍ଡଳ ଗଢ଼ିଦେଲେ।

ତା'ପରେ ଗୋଦାବରୀଶ ୧୯୫୧ ନିର୍ବାଚନରେ ବାଣପୁରରୁ ଆସେମ୍ବ୍ଲିକୁ ନିର୍ବାଚିତ ହେଲେ। ମୁଁ ମଧ୍ୟ 'ସ୍ୱାଧୀନ ଜନସଂଘ' ସଭ୍ୟ ଭାବରେ ଆସେମ୍ବ୍ଲିକୁ ଆସିଲି। କିନ୍ତୁ ସେ ପ୍ରଥମେ 'କୃଷକ' କାଗଜରେ ନିଜକୁ 'ପ୍ରଜା ସୋସାଲିଷ୍ଟ' ଦଳର ନେତା ବୋଲି ପ୍ରଚାର କରାଇଲେ। ମୁଁ ପଚାରିଲି—"ଏ କି କଥା?" ସେ ହସି ହସି କହିଲେ—"ମୁଁ ଏସବୁ କିଛି ଜାଣେନାଇଁ।"

ମୋତେ କଂଗ୍ରେସରେ ଯୋଗଦେବାକୁ ଜହରଲାଲ ଚିଠି ଦେବେ ବୋଲି ନବକୃଷ୍ଣ ଚୌଧୁରୀଙ୍କଠାରୁ ଜାଣି ଗୋଦାବରୀଶଙ୍କୁ ତାଙ୍କ ମତ ପଚାରିଲି। ସେ ମଧ୍ୟ କଂଗ୍ରେସରେ ଯୋଗଦେବେ ବୋଲି କଥା କଲେ; କିନ୍ତୁ ମୁଁ ଯେଉଁଦିନ ଜହରଲାଲଙ୍କ ଠାରୁ ଚିଠିପାଇ କଂଗ୍ରେସରେ ଯୋଗଦେଲି, ସେ ଆଉ କଂଗ୍ରେସରେ ଯୋଗ ନଦେଇ ଗଣତନ୍ତ୍ର ଦଳରେ ଯୋଗଦେଲେ।

ତା'ପରେ ଗୋଦାବରୀଶ ଗଣତନ୍ତ୍ର ଦଳର ସଭାପତି ହେଲେ। ମୁଁ କାଗଜରୁ ଏହା ପଢ଼ି ଆଉ କିଛି କହିଲି ନାଇଁ।

ତଥାପି କହିରଖେ—ଏ ସବୁ ସତ୍ତ୍ୱେ ଗୋଦାବରୀଶଙ୍କ ସଂଗେ ମୋର ଯେଉଁ ଅନ୍ତରଙ୍ଗ ସଂପର୍କ ଥିଲା, ସେଥିରେ କୌଣସି ବାଧା ପଡ଼ି ନଥିଲା। ସେ ମରିବା ପର୍ଯ୍ୟନ୍ତ ତାଙ୍କ ରୋଗଶଯ୍ୟା ପାଖେ ମୁଁ ମଧ୍ୟ ମଧ୍ୟ ଯାଇ ବରାବର ଦେଖାଚାହାଁ କରୁଥିଲି। ଯେଉଁମାନେ ଦେଖିଚନ୍ତି ସେମାନେ ସେତେବେଳେ ମୋର ଦୁର୍ବଳତା ଦେଖିଥିବେ। ଗୋଦାବରୀଶ ଗୋଟିଏ ଲୋକ ଯାହାକୁ କି ମୁଁ ଆନ୍ତରିକ ସୁଖ ପାଉଥିଲି। ମୁଁ ତାଙ୍କ ପ୍ରତି ଅତି ଆସକ୍ତ ଓ ଅନୁରକ୍ତ ଥିଲି। ସେ ମଧ୍ୟ ମରିବା ପୂର୍ବରୁ କୌଣସି କୌଣସି ବନ୍ଧୁଙ୍କୁ କହିଥିଲେ—"ନୀଳକଣ୍ଠ ଦାସଙ୍କର ମୋ ପ୍ରତି କରୁଣା ତ ସେହିପରି ଅଛି।"

୧୨୮। ପ୍ରଥମ ନିର୍ବାଚନ (୧୯୩୭)

ଯେତେବେଳେ ଓଡ଼ିଶାରେ ପ୍ରଥମେ ମନ୍ତ୍ରିମଣ୍ଡଳ ଗଠିତ ହେଲା ସେ ହେବ ୧୯୩୮ ମସିହା କଥା। ମୁଁ ସେତେବେଳେ ଉତ୍କଳ ପ୍ରାଦେଶିକ କଂଗ୍ରେସର ସଭାପତି ଥିଲି। ମୋରି ଉଦ୍ୟମରେ ଓଡ଼ିଶାରେ କଂଗ୍ରେସ ଅଧିକ ସଂଖ୍ୟାରେ ବିଧାନସଭାକୁ ନିର୍ବାଚିତ ହେଲା। ୬୦ଟି ଆସନରୁ ୩୬ଟି କଂଗ୍ରେସ ପାଇଲେ। ଏହି ୩୬ଜଣ କଂଗ୍ରେସ ସଭ୍ୟଙ୍କ ମଧ୍ୟରୁ ୨୦ଜଣ ମତେ ଦଳର ନେତା ନିର୍ବାଚିତ କରିବାର ଇଚ୍ଛା ପ୍ରକାଶ କରିଥିଲେ। ମୁଁ ନିଜେ ଆସେମ୍ବ୍ଲିକୁ ଠିଆହେଲେ, ଅନ୍ୟମାନଙ୍କୁ ନିର୍ବାଚିତ

କରାଇବାର ଅସୁବିଧା ହେବ ବୋଲି ମୁଁ ଠିଆ ହୋଇ ନଥିଲି। ଦଳର ନେତା ନିର୍ବାଚିତ ହୋଇ ମୁଁ କେନ୍ଦ୍ରରୁ ଇସ୍ତଫାଦେଇ ପ୍ରଦେଶ ଆସେମ୍ବ୍ଲିକୁ ପୁଣି ଠିଆହେବା କଥା ହେଲା। ମାତ୍ର ଏଇ ସମୟରେ ନିର୍ବାଚିତ ସଭ୍ୟମାନଙ୍କ ମଧ୍ୟରୁ କେତେ ଜଣ ଗୋଟିଏ ଚକ୍ରାନ୍ତ ଆରମ୍ଭ କରିଦେଲେ। ସ୍ୱାମୀ ବିଚିତ୍ରାନନ୍ଦଙ୍କୁ ଧରି ଆସେମ୍ବ୍ଲି ଦଳର ଗୋଟିଏ ରୁଲ୍ କମିଟି ହେଲା। ସେଇ କମିଟିରେ ରୁଲ୍ କରିଦିଆଗଲା ଯେ ଆସେମ୍ବ୍ଲି ଦଳ ବାହାରୁ କେହି ଦଳର ନେତା ହୋଇ ପାରିବେ ନାହିଁ। ସେ ଚକ୍ରାନ୍ତ ଓଡ଼ିଶା ରାଜନୀତିରେ ଗୋଟିଏ ଅଂଶ; ତେଣୁ ସେ ବିଷୟ ଅଧିକ କହିବା ଦରକାର ନାହିଁ। ୩୬ଜଣ କଂଗ୍ରେସ ସଭ୍ୟରୁ ୨୧ଜଣଙ୍କ ସମର୍ଥନ ଥାଇ ମଧ୍ୟ ମୁଁ ନେତା ନିର୍ବାଚିତ ହୋଇପାରିଲି ନାହିଁ। ମୋର ସମର୍ଥକମାନେ କିଂକର୍ତ୍ତବ୍ୟବିମୂଢ଼ ହୋଇ ଏଇ ୨୦ଟି ଭୋଟ ବିଶ୍ୱନାଥ ଦାସଙ୍କୁ ଦେଇଦେଲେ। ସେ ନେତା ହେଲେ; କିନ୍ତୁ ତାଙ୍କ ସହିତ କଥା ହେଲା ଯେ ସେ ରୁଲ୍ ବଦଳାଇ ମୋତେ ପ୍ରଧାନମନ୍ତ୍ରୀ କରି ଆଣିବେ ଓ ନିଜେ ଜଣେ ମନ୍ତ୍ରୀ ହେବେ ମାତ୍ର ନିର୍ବାଚିତ ହେଲାପରେ ଏପରି କଥା ତାଙ୍କର ମନେ ରହିଲା ନାହିଁ। ଯେଉଁ ଚକ୍ରାନ୍ତ ଫଳରେ ମୁଁ ପ୍ରଧାନମନ୍ତ୍ରୀ ହୋଇପାରିଲି ନାହିଁ, ବିଶ୍ୱନାଥ ଦାସ ନିର୍ବାଚିତ ହେବା ପରେ ପରେ, ସେଇ ଚକ୍ରାନ୍ତର ଗୋଟିଏ ଅଂଶ ହୋଇଗଲେ। ମୁଁ ଏକଥା ସେତେବେଳର ପାର୍ଲାମେଣ୍ଟାରୀ କମିଟିର ସଭାପତି ବଲ୍ଲଭଭାଇ ପଟେଲଙ୍କୁ କହିବାରୁ ସେ କହିଲେ, "ତୁମେ କେଡ଼େ ବୋକା, ତୁମେ କଣ ଜାଣି ନଥିଲ ଯେ ପ୍ରଦେଶରେ ମନ୍ତ୍ରୀତ୍ୱ ନେବାପାଇଁ ଏ ନିର୍ବାଚନ ହେଉଚି।"

ଖାଲି ସେତିକି ନୁହେଁ ବିଶ୍ୱନାଥ ମନ୍ତ୍ରିମଣ୍ଡଳ ହେବା ପରେ ପରେ ସେ ମନ୍ତ୍ରିମଣ୍ଡଳର ମୋ ଉପରେ କୋପ ଦୃଷ୍ଟି ପଡ଼ିଲା ଓ ମୋ ଉପରେ ନାନା ନିର୍ଯାତନା ଆରମ୍ଭ ହେଲା। ଅନ୍ୟାନ୍ୟ କଥା ମଧ୍ୟରେ ସେତିକିବେଳେ ଓଡ଼ିଶାର ପୋଲିସ୍ ମନ୍ତ୍ରୀଙ୍କ ଇଙ୍ଗିତରେ ମୋର କେତେକ ଲୋକଙ୍କ ନାମରେ ମିଥ୍ୟାରେ ଏକ Rioting Case କରି ମୋ ଲୋକମାନଙ୍କୁ ପୋଲିସ୍ ଷ୍ଟେସନ୍‌କୁ ଡାକି ପୁରୀକୁ ଚାଲାଣ କରାଗଲା। ମୋ ଭାରିଜା ଘରେ ଏହା ଶୁଣିପାରି ପୋଲିସ୍ ଷ୍ଟେସନ୍‌କୁ ଆସିଲେ। ସେ ପୋଲିସ୍ ଇନିସ୍‌ପେକ୍ଟରଙ୍କୁ କହିଲେ—"ମୋଠାରୁ ଖର୍ଚ୍ଚ ନେଇ ଏମାନଙ୍କୁ ଖାଇବାକୁ ଦିଅ ଓ ରେଳରେ ପଠାଅ।" ସେ କଥା ଶୁଣାଗଲା ନାହିଁ। ୧୯ଟା ଯାକ ଲୋକଙ୍କୁ ଖରାରେ ଚଲାଇ ପୁରୀ ପଠାଗଲା। ଆହୁରି ମଧ୍ୟ ଅନେକ ଅତ୍ୟାଚାର ସତ୍ୟବାଦୀରେ କରାଗଲା। ମୁଁ ଦିଲ୍ଲୀରୁ ଆସି ସେତେବେଳର ଜଣେ ପାର୍ଲିଆମେଣ୍ଟାରୀ ସେକ୍ରେଟାରୀଙ୍କୁ ବଡ଼ ଦୁଃଖିତ ହୋଇ ଏହା ଜଣାଇଲି। ସେ ଏ ବିଷୟରେ ବହୁତ ଅନୁସନ୍ଧାନ କରିବେ ବୋଲି କହିଲେ; କିନ୍ତୁ କିଛି କଲେ ନାହିଁ।

ତା'ପରେ ସ୍ୱୟଂ ପ୍ରଧାନମନ୍ତ୍ରୀ ବିଶ୍ୱନାଥ ଦାସଙ୍କୁ ଘରକୁ ଡକାଇଲି। ସେ ମୋଠାରୁ ସବୁ ଶୁଣିସାରି କହିଲେ ଯେ, ସେ ନିଜେ ଶ୍ରୀମତୀ ଦାସଙ୍କ ଠାରୁ ସବୁ ଶୁଣିବାକୁ ଚାହାନ୍ତି। ସେସବୁ ଶୁଣି ଲୁହ ଛଳଛଳ ହୋଇ ଆସି କହିଲେ—"ଓହୋ, ଏ ରାଜ୍ୟରେ ଏତେ High handed Proceedings ହେଉଚି।" ସେଥିରେ ମଧ୍ୟ କିଛି ଫଳ ହେଲାନାହିଁ। ଶେଷକୁ ମକଦ୍ଦମା ବିଚାରବେଳେ ଡେପୁଟି ସତୀଶବାବୁ କହିଲେ, "ଏଇ Evidenceରେ ମୁଁ କିପରି ଦଣ୍ଡ ଦେବି ?" ପୁରୀର ରାୟ ବାହାଦୁର ଲୋକନାଥ ମିଶ୍ର ସରକାରୀ ଓକିଲ ଥିଲେ। ସେ ଟିକିଏ ସ୍ୱାଧୀନଚେତା ଲୋକ। ସେ ହସି ହସି କହିଲେ—"ଆପଣଙ୍କୁ ଯଦି ଦଣ୍ଡ ଦେବାକୁ କିଛି ପ୍ରମାଣ ମିଳୁନାଇଁ, ଆପଣଙ୍କୁ ଦଣ୍ଡ ଦେବାକୁ କିଏ କହୁଚି ?" ଫଳରେ ମୋର ସମସ୍ତ ଲୋକ ସେ ମକଦ୍ଦମାରୁ ଛାଡ଼ ପାଇଲେ।

୧୨୯। ଉତ୍କଳ ବିଶ୍ୱବିଦ୍ୟାଳୟ

ଆଉ ଗୋଟିଏ କଥା ହେଉଚି ଉତ୍କଳ ବିଶ୍ୱବିଦ୍ୟାଳୟ। ପ୍ରଥମେ ବ୍ରହ୍ମପୁରଠାରେ। ୟୁନିଭରସିଟି କରିବା ପାଇଁ ଗୋଟିଏ ସଭା ହେଲା। ସେଥିରେ ମୋତେ ସଭାପତି କରି ଲୋକେ ଗୋଟିଏ କମିଟି ଗଢ଼ିଦେଲେ। ଉତ୍କଳ ବିଶ୍ୱବିଦ୍ୟାଳୟ ସ୍ଥାପିତ ହେବାର କଥା ହେଲା। ବିଶ୍ୱନାଥ ଦାସଙ୍କ ମୁଖ୍ୟମନ୍ତ୍ରୀତ୍ୱ ଭିତରେ କଟକରେ ସେହି ବିଶ୍ୱବିଦ୍ୟାଳୟ ଗଢ଼ିବା ପାଇଁ ପୁଣି ଆଉ ଏକ ସଭା ହେଲା। ସେହି ଯେଉଁ ବିଶ୍ୱବିଦ୍ୟାଳୟ କଟକରେ ବସିବାର ହେଲା ସେଥିପାଇଁ ସେତେବେଳର ଟ୍ରେନିଂ କଲେଜ ପ୍ରିନ୍‌ସପାଲ୍ ଶ୍ରୀଯୁକ୍ତ ମହେଶଚନ୍ଦ୍ର ପ୍ରଧାନ ସେକ୍ରେଟାରୀ ମନୋନୀତ ହେଲେ। ମୁଁ ସେଇ ବିଶ୍ୱବିଦ୍ୟାଳୟ ହେବାପାଇଁ ଗୋଟିଏ ରିପୋର୍ଟ ଲେଖିଥିଲି।

ଏହାପରେ ପାରଳାଖେମଣ୍ଡି ମହାରାଜା ମୁଖ୍ୟମନ୍ତ୍ରୀ ହେଲେ। ଗୋଦାବରୀଶ ସେହି ମନ୍ତ୍ରୀମଣ୍ଡଳରେ ଅର୍ଥ ଓ ଶିକ୍ଷା ଦାୟିତ୍ୱ ନେଲେ। ଗୋଦାବରୀଶ ଆସି ସେ ରିପୋର୍ଟଟି ଅତିଶୀଘ୍ର ଲେଖିବା ପାଇଁ ମୋତେ ଅନୁରୋଧ କଲେ। ଯେ କୌଣସିମତେ ବିଶ୍ୱବିଦ୍ୟାଳୟ ଆରମ୍ଭ କରିଦେବା ତାଙ୍କର ଇଚ୍ଛା ଥିଲା। ତାଙ୍କ ପାରିବାରିକ ବନ୍ଧୁ ଓଡ଼ିଶାର ଶିକ୍ଷାବିଭାଗ ଡିରେକ୍ଟର ଶ୍ରୀ ଶ୍ୟାମଚନ୍ଦ୍ର ତ୍ରିପାଠୀ ସେତେବେଳେ ତାଙ୍କ ସଂଗେ ଥିଲେ। ସେ ଦୁହେଁ ଅତ୍ୟନ୍ତ ବ୍ୟାକୁଳ ହୋଇ ମତେ ଅନୁରୋଧ କଲେ। ଅଧ୍ୟାପକ ବିପିନବିହାରୀ ରାୟ ସେହି ବିଶ୍ୱବିଦ୍ୟାଳୟ କମିଟିର ସଭ୍ୟ ଥାନ୍ତି। ମୁଁ ତାଙ୍କୁ ଡାକି ଏ ବିଷୟରେ ପରାମର୍ଶ କରି ଯେପରି ବିଶ୍ୱବିଦ୍ୟାଳୟ ବସାଇବା ଅତିଶୀଘ୍ର ସମ୍ଭବ ହେବ ସେହିପରି ରିପୋର୍ଟଟିଏ ଲେଖିଦେଲି। ସେହି ରିପୋର୍ଟ ଅନୁସାରେ ଶ୍ୟାମଚନ୍ଦ୍ର ବାବୁଙ୍କୁ ଧରି ଗୋଦାବରୀଶ ବିଶ୍ୱବିଦ୍ୟାଳୟ ଯୋଜନା ପ୍ରସ୍ତୁତ କଲେ।

ବିଶ୍ୱବିଦ୍ୟାଳୟ ତ ଆରମ୍ଭ ହୋଇଥିଲା। ମୋ ରିପୋର୍ଟ ଆଉ ମିଳିଲାନି। ପରେ ଅଧ୍ୟାପକ ଡକ୍ଟର ଶ୍ରୀରାମଚନ୍ଦ୍ର ଦାସ କୌଣସି ଘଟଣାରେ ସେଇଟିକୁ ବହୁତ ଖୋଜାଖୋଜି କରିଥିଲେ; କିନ୍ତୁ ସେ ଅଫିସ୍‌ରୁ ଖୋଜି ଖୋଜି ତା'ର କୌଣସି ସନ୍ଧାନ ପାଇଲେ ନାହିଁ। ଏବେ ବି ସେ ରିପୋର୍ଟ ନାହିଁ। ପୁଣି ସ୍ୱର୍ଗତ ଚିନ୍ତାମଣି ଆଚାର୍ଯ୍ୟ କୁଳପତି ଥିଲାବେଳେ ବିଶ୍ୱବିଦ୍ୟାଳୟର କୌଣସି ଗୋଟିଏ ସାମୟିକ ଶୋଭେନିଅର୍ (ସ୍ମୃତିପତ୍ର) କାଢ଼ିବାପାଇଁ ମୋତେ ପ୍ରବନ୍ଧ ଲେଖିବାକୁ କହିଲେ। ସେତେବେଳେ ମଧ୍ୟ ସେ ରିପୋର୍ଟ ମିଳିଲା ନାହିଁ। ବିଶ୍ୱବିଦ୍ୟାଳୟର ଆଉ କୌଣସି ଘଟଣାରେ ଏପରି କିଛି କାର୍ଯ୍ୟ ହୋଇନାହିଁ ଯେଉଁଥିରେ କି ସେ ରିପୋର୍ଟ ଖୋଜା ଯାଇଚି।

୧୩୦। ସୁଭାଷ ବୋଷ

ସୁଭାଷ ବୋଷ ୧୯୩୯ ସେପ୍‌ଟେମ୍ବରରେ ଓଡ଼ିଶାକୁ ବୁଲିବାକୁ ଆସିଥିଲେ। ପ୍ରଦେଶ କଂଗ୍ରେସର ସଭାପତି ଭାବରେ ମୁଁ ତାଙ୍କୁ ହାତୀ ଉପରେ ଧରି କଟକ ସହର ତମାମ ବୁଲିଥିଲି। ସେ ଯେଉଁଠାରେ ଥିଲେ ମୁଁ ସେଠାରେ ବସା କରି ରହିଲି। ସେ ପ୍ରତ୍ୟେକ କଥା ମୋତେ ପଚାରି କରୁଥିଲେ। ବଙ୍ଗଳାରେ ବକ୍ତୃତା ଦେବାପାଇଁ ତାଙ୍କୁ ତାଙ୍କର ବହୁ ସାଙ୍ଗସାଥୀ ପ୍ରବର୍ତ୍ତାଇଲେ। ମୋତେ ସେ ପଚାରିବାରୁ ମୁଁ କହିଲି— "ଆପଣ ହିନ୍ଦୀ କିମ୍ବା ଇଂରାଜୀ କିମ୍ବା ଓଡ଼ିଆରେ ବକ୍ତୃତା ଦେବେ। ବଙ୍ଗଳାରେ କଦାପି ଓଡ଼ିଶାରେ ବକ୍ତୃତା ହୋଇପାରିବ ନାହିଁ।" ମୁଁ ତାଙ୍କ ସହିତ ସମଗ୍ର ଓଡ଼ିଶା ପରିକ୍ରମା କରିଥିଲି। ସତ୍ୟବାଦୀର ବିରୋଧ ପକ୍ଷମାନେ ସୁଯୋଗ ଉଣ୍ଡି ଶ୍ରୀଯୁକ୍ତ ବଲ୍ଲଭଭାଇଙ୍କ ଆଗରେ ମୋ ବିରୁଦ୍ଧରେ ନାନାକଥା କହି ତାଙ୍କୁ ମୋ ପାଇଁ ବି ମନା କରି ଦେଇଥିଲେ। ଏହିପରି ବଡ଼ ବଡ଼ ଲୋକଙ୍କୁ ବି ମନା କରିବା ବହୁ ଆଗରୁ ସମ୍ଭବତଃ ଗୋପବନ୍ଧୁ ବାବୁଙ୍କ ମୃତ୍ୟୁ ପୂର୍ବରୁ ଆରମ୍ଭ ହୋଇ ଯାଇଥିଲା। ଗୋପବନ୍ଧୁ ବାବୁ ମରିବା ପରେ ଲାଲା ଲଜପତରାୟ ମଧ୍ୟ ମୋତେ ସିମଳାରେ ଏହିପରି ବହୁତ କଥା କହିବାର ମନେଅଛି। ଏହି ସମ୍ବନ୍ଧରେ କହିଦିଏ, ଆମ ସତ୍ୟବାଦୀ ଦଳଙ୍କୁ କୌଣସି କାର୍ଯ୍ୟରେ ପ୍ରତିପତ୍ତି ନଦେବାକୁ ଇଞ୍ଚୁଡ଼ି ଲୁଣସତ୍ୟାଗ୍ରହ କାଳରେ ଓଡ଼ିଶା ନେତାମାନେ ଗୋପବନ୍ଧୁ ଚୌଧୁରୀଙ୍କୁ ସେଠାକୁ ପଠାଇଦେଲେ। ମୁଁ ସେତେବେଳେ ଦିଲ୍ଲୀରେ କେନ୍ଦ୍ର ଆସେମ୍ବ୍ଲି ମେମ୍ବର ଥାଏ। ସେଠାରୁ ଆସି ଲୁଣ ସତ୍ୟାଗ୍ରହରେ ଯୋଗଦେବି ବୋଲି କଟକ କାଠଯୋଡ଼ି ନଈବାଲିରେ ଗୋଟିଏ ବଡ଼ ବକ୍ତୃତା ଦେଇ ଫେରି ଆସିଲାବେଳକୁ, ମନେଅଛି ପୁରୀର ଜଗନ୍ନାଥ ରଥେ (ସେ ସତ୍ୟବାଦୀର ଛାତ୍ର) ମୋତେ ଜଟଣୀଠାରେ ଦେଖି କାନ୍ଦ କାନ୍ଦ ହୋଇଗଲେ। ସେ ମୋତେ ଯାହା କହିଲେ, ତା'ର ସାରମର୍ମ

ହେଉଚି, ସେ ନିଜେ ସେକାଳର ଶ୍ରୀଯୁକ୍ତ କୃପାସିନ୍ଧୁ ହୋତାଙ୍କ ପରାମର୍ଶରେ ଶ୍ରୀ ମୋହନ୍ ଲାଲ୍‌ଙ୍କୁ (ତାଙ୍କୁ ଲାଲା ଲଜପତ୍ ରାୟ ଗୋପବନ୍ଧୁ ବାବୁ ମଲାପରେ ସତ୍ୟବାଦୀକୁ ପଠାଇଥିଲେ। ସେ ପିଲାଦିନୁ ମୋ ସଂଗେ ଦୁର୍ଭିକ୍ଷ କାମ କରିବାରେ ଅଭ୍ୟସ୍ତ ଥିଲେ ଓ ତାଙ୍କ ସହିତ ମୋର ଘୋର ବନ୍ଧୁତ୍ୱ ଥିଲା) ଚାରିଦିନ ଚାରିରାତି ମୋ ବିରୁଦ୍ଧରେ ବୁଝାଇ ତାଙ୍କ ମନକୁ ମୋ ସମ୍ବନ୍ଧରେ ବିଗାଡ଼ି ଦେଇଥିଲେ। ସେଥିପାଇଁ ମୁଁ କେତେଦିନ ଗୋପବନ୍ଧୁବାବୁଙ୍କ ମୃତ୍ୟୁ ପରେ 'ସମାଜ'ର ସଂପାଦକ ହୋଇ ତା'ପରେ ଅବହେଳିତ ହୋଇଥିଲି। କାହିଁକି ସେପରି ହୋଇଥିଲା, ତା'ର କାରଣ ଜଗନ୍ନାଥ ରଥଙ୍କ କଥାରୁ ବୁଝିଲି।

୧୩୧। କେତେକ ସହକର୍ମୀ

ଜଗନ୍ନାଥ ରଥଙ୍କ କଥା କହୁଥିଲି। ସେହିଠାରେ ତାଙ୍କ ସହିତ ବିଚାର କରି ଠିକ୍ କଲି ମୁଁ କାକଟପୁରରେ ଜଗନ୍ନାଥ ରଥ ପ୍ରଭୃତିଙ୍କୁ ସାଙ୍ଗରେ ଧରି ଏକ ଲବଣ ସତ୍ୟାଗ୍ରହ ଆରମ୍ଭ କରିବି। ସେଥିପାଇଁ ଜଗନ୍ନାଥ ରଥଙ୍କୁ ସାଙ୍ଗରେ ଧରି ମୁଁ ପନ୍ଦରଶହ ଟଙ୍କା ଚାନ୍ଦା ଆଣିଲି ଓ ସେଥିରେ କାକଟପୁର ଲୁଣସତ୍ୟାଗ୍ରହ ଚାଲିଲା।

ରହିଯାଇଥିଲେ ଲିଙ୍ଗରାଜ ମିଶ୍ର। ୧୯୨୧ ସେପ୍‌ଟେମ୍ବର ପରେ ସରକାରୀ ଚାକିରି ଛାଡ଼ି ସେ ସତ୍ୟବାଦୀ ସ୍କୁଲକୁ ଶିକ୍ଷକ ଭାବରେ ଆସିଥିଲେ। ସେ ୧୯୪୬ରେ ପ୍ରାଦେଶିକ ବ୍ୟବସ୍ଥାପକ ସଭାକୁ ସଭ୍ୟ ନିର୍ବାଚିତ ହୋଇଥିଲେ; କିନ୍ତୁ ତାଙ୍କୁ ମନ୍ତ୍ରୀ କରିବାକୁ ମହତାବ ରାଜି ହେଲେ ନାହିଁ। ମତେ 'ନବଭାରତ ପ୍ରେସ୍'ରେ ଲିଙ୍ଗରାଜ ମିଶ୍ର ଦୁଃଖ କରି ଏକଥା କହିଲେ, ମୁଁ ଗୋଟିଏ ପରାମର୍ଶ ଦେଲି। କହିଲି— "ତୁ ଯାଇ ମହତାବଙ୍କୁ କହ ମୁଁ ମେମ୍ବର ପଦରୁ ଇସ୍ତଫା ଦେବି। ମୁଁ ତୋତେ ମେମ୍ବର ପଦରେ ପୁଣି ସ୍ୱାଧୀନଭାବରେ ନିର୍ବାଚିତ କରାଇଦେବି। କିଛି ଚିନ୍ତା କରନା।" ତା'ପରେ ସେ 'ଶିକ୍ଷା ଓ ସ୍ୱାସ୍ଥ୍ୟ'ରେ ମନ୍ତ୍ରୀ ହେଲେ। ସ୍ୱାଧୀନଭାବରେ ପୁଣି ଭୋଟ୍ ଲଢ଼େଇ କରିବାକୁ ତାଙ୍କୁ ଆଉ ପଡ଼ି ନଥିଲା।

ଏହି ସମୟରେ ସତ୍ୟବାଦୀରେ ଗୋଟିଏ ବଡ଼ ଡାକ୍ତରଖାନା କରିବା ପାଇଁ ମୁଁ ଥରେ ରଣପୁର ରାଣୀଙ୍କୁ ଡାକି ଗୋପବନ୍ଧୁ ବାବୁଙ୍କ ଶ୍ମଶାନଭୂଇଁରେ ଗୋଟିଏ ବଡ଼ ଜନସଭା କଲି। ଏ ସଭାରେ ରାଣୀଙ୍କୁ ମୋ ନିଜ ବକ୍ତୃତାରେ ଏପରି ପ୍ରୀତ କରିଥିଲି ଯେ ସେ ସଂଗେ ସଂଗେ ସତ୍ୟବାଦୀ ଡାକ୍ତରଖାନାକୁ ବଡ଼ କରିବା ପାଇଁ ଅଢ଼େଇଲକ୍ଷ ଟଙ୍କା ମଂଜୁର କରିଦେଲେ। ଲିଙ୍ଗରାଜ ମିଶ୍ର ସ୍ୱାସ୍ଥ୍ୟମନ୍ତ୍ରୀ ଥିବାରୁ ଏହି ମଂଜୁରୀରେ ମୋ ପାଖେ ବଡ଼ ପ୍ରୀତିଲାଭ କରିଥିଲେ।

ମୁଁ କିନ୍ତୁ ସେତେବେଳେ କଂଗ୍ରେସରେ ନଥିଲି । ସତ୍ୟବାଦୀରୁ ପଣ୍ଡିତ ଲିଙ୍ଗରାଜ ଆସେମ୍ବ୍ଲିକୁ ନିର୍ବାଚିତ ହୋଇ ଆସିଥିଲେ ଓ ମନ୍ତ୍ରୀ ହୋଇଥିଲେ । ମୁଁ ସ୍ୱାଧୀନ ଭାବରେ ସେଇଠାରେ ଠିଆ ହେବାର କଥା । ମୋ ଠିଆ ହେବା କଥା ଶୁଣି ଲିଙ୍ଗରାଜ ବାବୁଙ୍କର କେତେ ସମର୍ଥକ ମୋ ବିରୁଦ୍ଧରେ ଗୋଟିଏ କଂଗ୍ରେସଦଳ ଗଢ଼ିବାର ଉଦ୍ୟମ କଲେ । ମୁଁ ପୂର୍ବରୁ ସତ୍ୟବାଦୀ ସ୍କୁଲ ପରିଚାଳନା କମିଟିର ସଭାପତି ଥିଲି । ସେଇ ଉଦ୍ୟମ ଫଳରେ ମୋ ଅଜ୍ଞାତରେ ମୁଁ ସଭାପତି ପଦରୁ କଟିଯାଇ ଶ୍ରୀଯୁକ୍ତ ହରିହର ମହାପାତ୍ର ସେଥିରେ ସଭାପତି ହେଲେ । ପରେ ଲିଙ୍ଗରାଜ ବାବୁ ସେ ପଦକୁ ଗଲେ । ଏ ସବୁ ସତ୍ତ୍ୱେ ନିର୍ବାଚନ ବେଳକୁ ଲିଙ୍ଗରାଜ ବାବୁ ଆଉ ରାଜ୍ୟ ବିଧାନସଭାକୁ ସତ୍ୟବାଦୀରୁ ଠିଆ ହେଲେ ନାଇଁ । ସେ ଖୋର୍ଦ୍ଧାରୁ ପାର୍ଲାମେଣ୍ଟକୁ ପାର୍ଥୀ ହେଲେ । ମୁଁ ସତ୍ୟବାଦୀରେ କଂଗ୍ରେସ ପାର୍ଥୀଙ୍କ ବିରୁଦ୍ଧରେ ୧୯୫୧ ନିର୍ବାଚନରେ ଠିଆ ହେଲି । କଂଗ୍ରେସ ବିରୁଦ୍ଧରେ ସ୍ୱାଧୀନ ସଭ୍ୟ ଭାବରେ ଠିଆ ହେବା ଯେ କି କଷ୍ଟ, ତା' କହିବା ଦରକାର ନାଇଁ । ମଟରଗାଡ଼ି ମୋର ନଥିଲା । ଗୋଟିଏ ବଳଦଗାଡ଼ିରେ ମତେ ଗାଁ ଗାଁ ବୁଲିବାକୁ ପଡ଼ିଥିଲା । ମାତ୍ର ସତ୍ୟବାଦୀର ଲୋକେ ସେ ନିର୍ବାଚନରେ ମୋ ପାଇଁ ଯାହା କରିଥିଲେ ତା' ଭୁଲିହେବ ନାଇଁ । ନିଜ ହାତରୁ ଖାଇ ଓ ନିଜ ଖର୍ଚ୍ଚରେ ଯାଇ ସତ୍ୟବାଦୀର ସବୁ ଶ୍ରେଣୀର ଲୋକେ ମୋ ପାଇଁ ପ୍ରଚାର ଚଳାଇଥିଲେ । ସେ ନିର୍ବାଚନରେ ମୁଁ ଜିଣିଲି । ତା'ପରେ ୧୯୫୭ ନିର୍ବାଚନରେ ସତ୍ୟବାଦୀ ନିର୍ବାଚନ ମଣ୍ଡଳୀରୁ ମୁଁ ଅପ୍ରତିଦ୍ୱନ୍ଦ୍ୱୀ ସଭ୍ୟଭାବରେ ନିର୍ବାଚିତ ହେଲି ।

୧୩୨। ଗୋପବନ୍ଧୁଙ୍କ ପରେ କଂଗ୍ରେସ

ଗୋପବନ୍ଧୁ ଦାସଙ୍କ ମୃତ୍ୟୁ ପରେ ପଣ୍ଡିତ କୃପାସିନ୍ଧୁ ହୋତାଙ୍କୁ ଆଣି ମହତାବ ଓଡ଼ିଶା ଶାଖା କଂଗ୍ରେସ ସଭାପତି ହେବାକୁ ବସିଲେ । ଖୁବ୍ କମ୍ ଲୋକଙ୍କ ଉପସ୍ଥିତିରେ ମହତାବ ମଧ୍ୟ ସଭାପତି ନିର୍ବାଚିତ ହୋଇଗଲେ । ସମ୍ଭବତଃ ୧୯୩୧ ମସିହା କଥା । ମହତାବ ଏହି ସମୟରେ ବା ଏହାର ଅବ୍ୟବହିତ ପରେ 'ଦଶବର୍ଷର ଓଡ଼ିଶା' ନାମରେ ଖଣ୍ଡେ ବହି ଛପେଇଦେଲେ । 'ପୁରୀ କଂଗ୍ରେସ କମିଟି' ପାଇଁ ମୁଁ ଅଭ୍ୟର୍ଥନା ସମିତିର ସଭାପତି ନିର୍ବାଚିତ ହୋଇଥିବା କଥା ଆଗରୁ କହିଚି । ପୁରୀ କଂଗ୍ରେସ କମିଟି ତ ବେଆଇନ୍ ଘୋଷଣା ହେଲା । ରାଜେନ୍ଦ୍ର ପ୍ରସାଦ ଜୋନାଲ୍ ହେଡ୍ ଥାଇ ସିଂହଭୂମି ଓ ଷଢ଼େଇକଳାର ମିଶ୍ରଣ ନେଇ ଯେଉଁ କମିଟି ଗଠିତ ହୋଇଥିଲା, ସେ କମିଟିରେ ମୁଁ ମୋର ମେମୋରାଣ୍ଡମ ଦେଇ ମଧ୍ୟ ଠିକ୍ ସମୟରେ ସାକ୍ଷ୍ୟ ଦେଇ ପାରିଲିନି କାରଣ ପ୍ରଦେଶ କମିଟି ବସିପାରିଲାନି ।

୧୯୪୬ରେ ମୁଁ ଦିଲ୍ଲୀ ଲୋକସଭା ପାଇଁ ପ୍ରାର୍ଥୀ ହେବାକୁ ସ୍ଥିର କରି ମୋର ପ୍ରାର୍ଥୀପତ୍ର ଆବଶ୍ୟକ ଅମାନତ ସହିତ ପଠାଇଦେଲି। ଏ ସମ୍ବନ୍ଧରେ ମହତାବ ମୋ ପାଖୁ ଯେଉଁ ପତ୍ରଟିଏ ଲେଖିଥିଲେ, ତାହା ପୂର୍ବରୁ କୁହାଯାଇଚି।

ଘଟଣାଟା ବୁଝିବାକୁ ମୋତେ ବାକି ରହିଲାନି। ରାଜନୀତିକୁ କୂଟନୀତି ବୋଲି ଅନେକ କହିଥାନ୍ତି। ଛଳନା, କପଟତା, ଯେ ଏଥିରେ ନ ମିଳେ ତା' ନୁହେଁ। ରୁଦ୍ଧଶ୍ୱାସ ହୋଇ ଧୈର୍ଯ୍ୟର ସହିତ ଧାଇଁବା ଲୋକ ଅଲଗା ଧାତୁରେ ଗଢ଼ା। ମୁଁ ତେଣୁ ଦିକ୍‌ଦାର ହୋଇ ସେଥର ଆଉ କୌଣସି ଆସେମ୍ବ୍ଲିରୁ ଠିଆ ହେଲିନି। ମୋ ପ୍ରତି ଯଥେଷ୍ଟ ଆସ୍ଥା ଓ ମୋର ପ୍ରିୟ ଦେଶବାସୀଙ୍କ ପ୍ରତି ଗଭୀର ବିଶ୍ୱାସ ଥିଲା। ମୁଁ ଠିଆ ହୋଇଥିଲେ ଭୋଟ୍‌ରେ ସହଜେ ଭାଙ୍ଗି ନଥାନ୍ତି, ତଥାପି କୌଣସି କୌଶଳକୁ ସାମ୍ନା କରି ନିଜକୁ ପ୍ରତିଦ୍ୱନ୍ଦ୍ୱୀ କରେଇବାର ଆଗ୍ରହ ମୋର ମରିଗଲା, ମୁଁ ଚୁପ୍ ରହିଲି।

୧୩୩। ସ୍ୱର୍ଗତ ରାଜେନ୍ଦ୍ର ବାବୁ

ବିଶ୍ୱନାଥ ଦାସ ପ୍ରଧାନମନ୍ତ୍ରୀ ହେବାର ସମ୍ଭାବନା ପରେ ଆମେମାନେ ଦିଲ୍ଲୀ All India Congress Committeeକୁ ଯାଇଥିଲୁ। ବିଶ୍ୱନାଥ ଦାସଙ୍କ ସଂଗେ ଆଗରୁ କଥା ଥିଲା, ସେ ମୁଖ୍ୟମନ୍ତ୍ରୀ ପାଇଁ ନିର୍ବାଚିତ ହୋଇଗଲେ, ପରେ ସେ ସ୍ଥାନଟି ଛାଡ଼ିଦେବେ ଓ ମୁଁ ପ୍ରାର୍ଥୀ ହେବି। ମୁଁ ଦିଲ୍ଲୀରେ ରାଜେନ୍ଦ୍ର ପ୍ରସାଦ ଓ ଜବାହରଲାଲଙ୍କ ସଂଗେ ଏଇ ପ୍ରସ୍ତାବ କରି ବିଶ୍ୱନାଥ ଦାସଙ୍କୁ ଛାଡ଼ିବାକୁ ଅନୁମତି ଦିଅନ୍ତୁ ବୋଲି ଅନୁରୋଧ କଲି। ସେଠାରେ ଓଡ଼ିଶାର ଅନ୍ୟାନ୍ୟ ମୁଖ୍ୟମାନେ ମଧ୍ୟ ଥିଲେ, କିନ୍ତୁ କାର୍ଯ୍ୟଗତିରେ ରାଜେନ୍ଦ୍ର ପ୍ରସାଦ ଓ ଜବାହରଲାଲ ନେହେରୁଙ୍କର ଏ ପ୍ରସଙ୍ଗରେ ଯେଉଁ ବ୍ୟବହାର ଦେଖିଲି, ତାହା ଏବେ ମଧ୍ୟ ମୋର ମନେଅଛି। ସେଇଦିନଠାରୁ ମଧ୍ୟ ମୁଁ ଘରୋଇ ବିଚାରରେ ଆଉ ରାଜନୀତିରେ ସଂପର୍କ ରଖିବାକୁ ବରାବର ବିମୁଖ ହେଲି।

ତା'ପରେ ୧୯୪୧ ବେଳକୁ ମାନବେନ୍ଦ୍ର ନାଥ ରାୟ କଟକ ଆସିଥିଲେ। ତାଙ୍କ ଆସିବା ପାଇଁ ଯେଉଁ ସଭା ହୋଇଥିଲା ସେଥିରେ ମୁଁ ସଭାପତି ହୋଇଥିଲି। ଏମ୍: ଏନ୍: ରାୟ ସେତେବେଳକୁ ଗାନ୍ଧି ମତର କେତେକ ବିରୋଧ କରୁଥିଲେ। ମୁଁ ସଭାପତି ହୋଇଥିବା କଥା ଦିଲ୍ଲୀକୁ ରିପୋର୍ଟ ହେଲା। ସେତେବେଳର କଂଗ୍ରେସ ସେକ୍ରେଟାରୀ ଆଚାର୍ଯ୍ୟ କୃପାଳିନୀ ଏଇ ବିଷୟ ଘେନି ମୋତେ କଂଗ୍ରେସରୁ ବହିଷ୍କାର କରିବା ପାଇଁ ପ୍ରସ୍ତାବ ଦେଲେ; କିନ୍ତୁ ଏ ପ୍ରସ୍ତାବ ସଭାରେ ପକାଇବା ପାଇଁ ରାଜେନ୍ଦ୍ର ପ୍ରସାଦ ଖୁବ୍ ଆପତ୍ତି କରି ପକାଇ ଦେଇ ନଥିଲେ। ଏହା ମଧ୍ୟ ମୋର ମନେଅଛି।

ତା'ପରେ ୧୯୫୪-୫୫ ବେଳକୁ ରାଜେନ୍ଦ୍ର ପ୍ରସାଦ ଭୁବନେଶ୍ୱର ଆସିଥିଲେ। ସେତେବେଳେ ଓଡ଼ିଶା ସାହିତ୍ୟ ଏକାଡେମୀ ତଥା ଅନ୍ୟାନ୍ୟ ଅଭିନନ୍ଦନ ପତ୍ର ତାଙ୍କୁ ଦିଆଯାଇଥିଲା। ମୁଁ ନିଜେ ନିଜେ ସଭାରେ ଓଡ଼ିଶା ସାହିତ୍ୟ ଏକାଡେମୀର ଅଭିନନ୍ଦନ ପତ୍ର ପଢ଼ିଥିଲି। ସେତିକିବେଳେ ମୋର ବହୁମୂତ୍ର ରୋଗରେ କେତେଗୁଡ଼ିଏ ଘା' ହୋଇଥିଲା। ଡାକ୍ତରମାନଙ୍କ ପରାମର୍ଶ କ୍ରମେ ମୁଁ ଆଉ ରାଜେନ୍ଦ୍ର ପ୍ରସାଦଙ୍କ ବସାକୁ ଯାଇପାରିବି ନାହିଁ ବୋଲି ତାଙ୍କୁ କହିଲି; କିନ୍ତୁ ବଡ଼ ବ୍ୟାକୁଳ ହୋଇ ସେ କହିଲେ—"ଆପଣଙ୍କର ଆସିବା ଦରକାର ନାହିଁ, ମୁଁ ଯିବି।" ସେଇ ଅନୁକ୍ରମରେ ସେ ମୋ ବସାକୁ ଆସି ଘଣ୍ଟାଏ କାଳ ରହିଥିଲେ। ସେ ଦିନର ଆଳାପରେ ତାଙ୍କର ହୃଦ୍ୟତା ମୁଁ ଭୁଲିପାରିବି ନାହିଁ। ଆଜି ରାଜେନ୍ଦ୍ର ବାବୁ ନାହାନ୍ତି। ଏଇଭଳି ଅନେକ ଘଟଣା ମୋର ଆଂଶିକ ଓ ପୂର୍ଣ୍ଣ ଭାବରେ ତାଙ୍କ ସମ୍ବନ୍ଧରେ ମନେପଡ଼ଚି; ଆଉ ସେ କଥା କହିବା ଦରକାର ନାହିଁ। ତାଙ୍କ ପରି ସୁହୃତ୍ ବଡ଼ ଅଳ୍ପ ମିଳନ୍ତି।

୧୩୪। ବିଭିନ୍ନ ସଭାସମିତିରେ ବକ୍ତୃତା ଦାନ

ଖ୍ରୀ: ୧୯୫୪ ବେଳକୁ ଶାନ୍ତିନିକେତନ ମୋତେ ଡାକି ଜଗନ୍ନାଥ ଧର୍ମ ବିଷୟରେ ଗୋଟିଏ ବକ୍ତୃତା ଦିଆଇଥିଲେ। ସେଇ ବକ୍ତୃତାଟି ଚୀନ୍ ଭବନରେ ହୋଇଥିଲା। ସେଥିରେ ପ୍ରଥମେ ସଭାପତି ଥିଲେ ଡକ୍ଟର ଖିତିମୋହନ ସେନ୍; କେତେ ସମୟ ପରେ ଅସୁବିଧା ହେବାରୁ ସେ ଉଠିଯାଇ ସେଇ ସଭାପତି ଆସନରେ ଅନ୍ନଦାଶଙ୍କର ରାୟଙ୍କୁ ବସାଇଥିଲେ। ଏହା ପୂର୍ବରୁ ସେଇ ଖିତିମୋହନ ସେନଙ୍କ ସଭାପତିତ୍ୱରେ ପୁରୀ କଲେଜର ଗୋଟିଏ ସଭାରେ ବକ୍ତୃତାର ବିଷୟ ଥିଲା, 'ଭାରତର ଶିଷ୍ଟପରଂପରା'। ସେଥିରେ ସେତେବେଳର ଅଧ୍ୟକ୍ଷ ଗିରିଜା ଶଙ୍କର ରାୟ ମୋତେ ପ୍ରଧାନ ବକ୍ତା କରି ଲୋଡ଼ିଥିଲେ। ମୁଁ ଛିଡ଼ାହେବା ପୂର୍ବରୁ ଖିତିମୋହନ ହସି ହସି ରହସ୍ୟ କରି କହିଥିଲେ, "ସେ ତ ଓଡ଼ିଶାର ଇନ୍‌ସାଇକ୍ଲୋପେଡିଆ।"

୧୩୫। ଉତ୍କଳ ବିଶ୍ୱବିଦ୍ୟାଳୟରେ ପରୀକ୍ଷକ

ତା'ପରେ ମୋତେ ଉତ୍କଳ ବିଶ୍ୱବିଦ୍ୟାଳୟରେ ଓଡ଼ିଆ ଏମ୍.ଏ. ଏବଂ ପି.ଏଚ୍.ଡି.ରେ ପରୀକ୍ଷକ କରାଗଲା। ସେଥିରେ ପରୀକ୍ଷକ ବୋର୍ଡରେ ମୁଁ ସଭାପତି ହୋଇଥିଲି; ଥରେ ଗୋଟିଏ ଛାତ୍ରକୁ ଜଣେ ପରୀକ୍ଷକ ଅଧିକ ନମ୍ବର ଦେବାକୁ ଚାହୁଥିଲେ। ମାତ୍ର ମୁଁ ପରୀକ୍ଷକ ହିସାବରେ ତାଙ୍କୁ ଅଳ୍ପ ନମ୍ବର ଦେଇଥିଲି; ସେଇ

କାରଣରୁ ଉତ୍କଳ ବିଶ୍ୱବିଦ୍ୟାଳୟରେ ସେତେବେଳର କୁଳପତି ଚିନ୍ତାମଣି ଆଚାର୍ଯ୍ୟଙ୍କ ଉପସ୍ଥିତିରେ ମୋତେ ଗୋଟିଏ ଈର୍ଷାମୂଳକ ଦୁର୍ବ୍ୟବହାର କରାଯାଇଥିଲା। ସେଇଦିନଠାରୁ ମୁଁ ଆଉ ଉତ୍କଳ ବିଶ୍ୱବିଦ୍ୟାଳୟର ପରୀକ୍ଷକ ହେବା ପାଇଁ ଖାତା ନେବାକୁ ନାରାଜ ହେଲି। ତା'ପରେ ମୋର ଶେଷ ହେଉଚି ଗୋଟିଏ ପି.ଏଚ୍‌ଡି.ରେ ପରୀକ୍ଷକ ହେବା। ଶାନ୍ତିନିକେତନରେ ମଧ୍ୟ ମୁଁ ପି.ଏଚ୍‌ଡି.ରେ ପରୀକ୍ଷକ ଥିଲି।

୧୯୫୫ରେ ଉତ୍କଳ ବିଶ୍ୱବିଦ୍ୟାଳୟ ମୋତେ Pro-chancellor ନିଯୁକ୍ତ କଲେ। ସେହିଦିନଠାରୁ ୧୯୬୨ ପର୍ଯ୍ୟନ୍ତ ମୁଁ ସେଇ ଦାୟିତ୍ୱରେ ଥିଲି।

୧୩୬। ଓଡ଼ିଶା ବିଧାନସଭା ଓ ତହିଁରେ ମୋର ସ୍ଥାନ

୧୯୫୧ରେ ଭାରତ ସାରା ପ୍ରଥମ ଗଣତାନ୍ତ୍ରିକ ନିର୍ବାଚନ ଆରମ୍ଭ ହେଲା। 'ସ୍ୱାଧୀନ ଜନସଂଘ' ନାମରେ ଏକ ଦଳ ଗଠନକରି ପ୍ରାର୍ଥୀ ଭାବରେ ଓଡ଼ିଶା ବିଧାନସଭାକୁ ଠିଆହେଲି। କଂଗ୍ରେସ ପ୍ରାର୍ଥୀ ମୋ ବିରୁଦ୍ଧରେ ଠିଆ ହୋଇ ବହୁସଂଖ୍ୟକ ଅଧିକ ଭୋଟ୍‌ରେ ପରାସ୍ତ ହେଲେ। ମତେ ଜିତେଇବା ପାଇଁ ସତ୍ୟବାଦୀ ଲୋକମାନଙ୍କର ବିପୁଳ ଆଗ୍ରହ ଓ ଉତ୍ସାହ କଥା କହିଚି। ଗୋଦାବରୀଶଙ୍କ ପାଇଁ ବାଣପୁରରେ ବୁଲି ବୁଲି ନିର୍ବାଚନ ପ୍ରଚାର କରୁଥିଲି। ସେ ମଧ ଅଧିକ ଭୋଟ୍‌ରେ ଓଡ଼ିଶା ବିଧାନସଭାକୁ ଆସିଲେ। ପରେ ମୁଁ କଂଗ୍ରେସରେ ଓ ସେ ଗଣତନ୍ତ୍ରରେ ଯୋଗଦେଲୁ। ସେ କଥା ପୂର୍ବରୁ କହିଚି।

୧୯୫୭ର ଦ୍ୱିତୀୟ ସାଧାରଣ ନିର୍ବାଚନରେ ମୁଁ କଂଗ୍ରେସ ତରଫରୁ ଅପ୍ରତିଦ୍ୱନ୍ଦ୍ୱୀ ଭାବରେ ପୁଣି ବିଧାନ ସଭାକୁ ଆସିଲି। ମହତାବଙ୍କ ଅନୁରୋଧକ୍ରମେ କଂଗ୍ରେସ ସଭ୍ୟମାନଙ୍କ ଅନୁମୋଦନ ପାଇ ଏଥର ମୁଁ ବିଧାନ ସଭାର ଅଧକ୍ଷ (ବାଚସ୍ପତି) ନିର୍ବାଚିତ ହେଲି। ମୁଁ ଆସିଲାବେଳକୁ ଦେଖିଲି ବିଧାନସଭାର କୌଣସି ସ୍ୱାତନ୍ତ୍ର୍ୟ ନାହିଁ; କିନ୍ତୁ ଆଇନ୍ ଅନୁସାରେ ତାହା ହେବାର କଥା। ମୁଁ ଏ ସମ୍ବନ୍ଧରେ ଯାହା କରିଥିଲି ତାହା ପ୍ରକାଶିତ ହୋଇ ପ୍ରଚାରିତ ହୋଇଥିଲା।

ମହତାବଙ୍କ ମିଳିତ ମନ୍ତ୍ରୀମଣ୍ଡଳ ଭାଙ୍ଗିଯିବା ପରେ ଓଡ଼ିଶାରେ ଛ' ମାସପାଇଁ ରାଷ୍ଟ୍ରପତି ଶାସନ ଆଇନତଃ ଜାରିହେଲା। ସେହି ସମୟ ଭିତରେ (୧୯୬୦ ମସିହାର ଶେଷ ଭାଗ) ମୁଁ ବାଚସ୍ପତି ରହିବାର କଥା; କିନ୍ତୁ ଓଡ଼ିଶା ସରକାର ଏ ବିଷୟରେ ଭିନ୍ନ ମତ ଦେବାରୁ ମୁଁ ଭାରତ ସମ୍ବିଧାନର ୧୬୯ଧାରା ଦ୍ୱିତୀୟ ଉପଧାରା ଅନୁଯାୟୀ ରାଜ୍ୟପାଳ ସୁକ୍‌ଥଙ୍କରଙ୍କ ଦୃଷ୍ଟି ଆକର୍ଷଣ କରିଥିଲି। ଏହାର ଅବ୍ୟବହିତ ପୂର୍ବରୁ କେରଳ ଓ ପଞ୍ଜାବର ମନ୍ତ୍ରୀମଣ୍ଡଳ ମଧ ଭାଙ୍ଗି ଯାଇଥିଲା ଓ ସେଠାରେ ବାଚସ୍ପତିମାନେ ନୂତନ ମନ୍ତ୍ରୀମଣ୍ଡଳ ଗଠିତ ହେବା ପର୍ଯ୍ୟନ୍ତ ଆଉ କାର୍ଯ୍ୟରେ ନରହିବା କଥା ସ୍ଥିର ହୋଇଥିଲା।

ଫଳରେ ମୁଁ ଓଡ଼ିଶା ସରକାରଙ୍କ ବାଚସ୍ପତି ଗୃହ ଛାଡ଼ିଲି; କିନ୍ତୁ ପରେ କେନ୍ଦ୍ର ସରକାର ସିଦ୍ଧାନ୍ତ କରିବାରୁ ଏହି କାଳରେ ବାଚସ୍ପତି କାର୍ଯ୍ୟରେ ରହିବା କାଏମ ହେଲା। *

୧୩୭। ବହୁ ମାନ ଓ ଉପାଧି ଲାଭ

୧୯୫୫ ମସିହାରେ ଉତ୍କଳ ବିଶ୍ୱବିଦ୍ୟାଳୟର ସିନେଟ୍ ବୈଠକରେ ମୁଁ ଉପାଚାର୍ଯ୍ୟ (Pro-chancellor) ରୂପେ ନିର୍ବାଚିତ ହୋଇଗଲି। ସେହିବର୍ଷ ସମାବର୍ତ୍ତନ ଉତ୍ସବରେ ମତେ ଓ ଗୋଦାବରୀଶଙ୍କୁ ବିଶ୍ୱବିଦ୍ୟାଳୟ ତରଫରୁ ସମ୍ମାନସୂଚକ ଡକ୍ଟରେଟ୍ ଉପାଧି ପ୍ରଦାନ କରାଯାଇଥିଲା। ସେବର୍ଷ ଶ୍ରୀ କୃଷ୍ଣମେନନ୍ ସମାବର୍ତ୍ତନ ଉତ୍ସବରେ ଦୀକ୍ଷାନ୍ତ ଭାଷଣ ଦେବାକୁ ନିମନ୍ତ୍ରିତ ହୋଇ ଆସିଥିଲେ। ତାଙ୍କ ବକ୍ତୃତାରେ ସେ ଉପସ୍ଥିତ ଜନତାଙ୍କୁ ଅତି ମୁଗ୍ଧ କରି ଦେଇଥିବା କଥା ମନେ ହେଉଚି।

ଏହାପରେ ୧୯୫୭ ମସିହାରେ ଭାରତ ସରକାରଙ୍କ ତରଫରୁ ମୁଁ ପଦ୍ମଭୂଷଣ ଉପାଧି ପାଇବା ସ୍ଥିର ହେଲା। ରାଷ୍ଟ୍ରପତି ରାଜେନ୍ଦ୍ର ପ୍ରସାଦ ମୋତେ ଏହି ଉପାଧି ପ୍ରଦାନ କରି ଅତି ଆନନ୍ଦରେ ପୂର୍ବ ସ୍ମୃତି ମନେ ପକେଇଥିଲେ।

୧୩୮। ଶ୍ରୀ ବିଜୟାନନ୍ଦ ପଟ୍ଟନାୟକ

ତା'ପରେ ୧୯୬୧ ସାଧାରଣ ନିର୍ବାଚନ କଥା। ତୃତୀୟ ନିର୍ବାଚନ ୧୯୬୨ରେ ଆସିବା ପୂର୍ବରୁ ମଧ୍ୟବର୍ତ୍ତୀକାଳୀନ ନିର୍ବାଚନ କେରଳ ପରି ଓଡ଼ିଶାରେ ସୁରୁ ହୋଇଗଲା। କଂଗ୍ରେସ ଗଣତନ୍ତ୍ର ମିଳିତ ମନ୍ତ୍ରିମଣ୍ଡଳର ଫଟାଫଟି ପରେ ଓଡ଼ିଶାରେ ଛ'ମାସ ରାଜ୍ୟପାଳଙ୍କ ଶାସନ ଚାଲିଲା। ତା'ପରେ ୧୯୬୧ ମେ ମାସରେ ପୁଣି ପ୍ରଦେଶବ୍ୟାପୀ ସାଧାରଣ ନିର୍ବାଚନ ଆରମ୍ଭ ହୋଇଗଲା। ଏ ନିର୍ବାଚନରେ କିନ୍ତୁ ପୂର୍ବତନ କଂଗ୍ରେସ ମୁଖ୍ୟମନ୍ତ୍ରୀ ମହତାବ ନେତୃତ୍ୱ ନେଲେନି। ତାଙ୍କ ସ୍ଥାନରେ ନେତୃତ୍ୱ ନେଲେ ଶ୍ରୀ ବିଜୟାନନ୍ଦ ପଟ୍ଟନାୟକ। ଓଡ଼ିଶାର ସାଧାରଣ ନାଗରିକ ମନରେ ଏହି ଅଦଳ ବଦଳ ପାଇଁ କେତେ ଆଶା ଆଶଙ୍କା ଯୁଗପତ୍ ଦେଖାଗଲା। ମହତାବ ଭୁବନେଶ୍ୱରରେ ଥାଇ ହୁଏତ ଅଭିମାନରେ ନିର୍ବାଚନରୁ ଦୂରେଇ ରହିଲେ। କଂଗ୍ରେସ ଏତେ ସଂଖ୍ୟାଗରିଷ୍ଠ ଦଳ ରୂପେ ବିଜୟ ହାସଲ କରିପାରିବ ବୋଲି ତାଙ୍କର ପ୍ରଥମେ ବିଶ୍ୱାସ ପାଉ ନଥିଲା। ଯାହାହେଉ ଓଡ଼ିଶାର ରାଜନୈତିକ ଆକାଶରେ ଏଇ ଯେଉଁ

* (ମୁଁ ଏଇ ସଂକ୍ରାନ୍ତରେ ଭାରତ ସରକାରଙ୍କ ସହିତ ଯେଉଁସବୁ ଚିଠି ଆଦାନ ପ୍ରଦାନ କରିଥିଲି ତାହା କଲିକତାର 'Statesman' ଓ ମାନ୍ଦ୍ରାସର 'Hindu' କାଗଜରେ ବାହାରିଥିଲା।)

ଅଦଳ ବଦଳ ଚାଲିଲା; ଏଇ ଯେଉଁ ମୁହଁ ଫଟାଫଟି, ମାନ ଅଭିମାନ ଓ ଛକାପଞ୍ଝା ଚାଲିଲା ସେଥିରେ ସାଧାରଣ ଦେଶବାସୀଙ୍କ ବିସ୍ମୟର ସୀମା ରହିଲାନି।

ଏଥର ପ୍ରଦେଶ କଂଗ୍ରେସ କମିଟି ତରଫରୁ ଗୋଟିଏ ମଣ୍ଡଳ କଂଗ୍ରେସ କମିଟି କେତେକ ଅଞ୍ଚଳକୁ ନେଇ ଗଢ଼ା ଯାଇଥିଲା। ମୁଁ ନିର୍ବାଚନରେ ପ୍ରତିଦ୍ୱନ୍ଦ୍ୱିତା କରିବାକୁ ମଣ୍ଡଳ କଂଗ୍ରେସ କମିଟିମାନଙ୍କର ସୁପାରିଶ ପାଇଥିଲି। ଲୋକମାନଙ୍କର ମଧ୍ୟ ମୋତେ ଜିତେଇବା ପାଇଁ ପୁଣି ଆଗ୍ରହ ଥିଲା; କିନ୍ତୁ ଏଥର କଂଗ୍ରେସ ନେତା ବିଜୁବାବୁ କେଜାଣି କାହିଁକି ମୋ ପ୍ରସ୍ତାବ ବି ଉଠେଇଲେ ନାଇଁ। ମୁଁ କାଟ ଖାଇଗଲି। କେନ୍ଦ୍ର କଂଗ୍ରେସ କମିଟିରୁ ଯେଉଁ ନିର୍ବାଚନ ତଦନ୍ତ ଆସିଥିଲା ସେଥିରେ ମୋ ଦରଖାସ୍ତର କୌଣସି ଆଲୋଚନା ନହୋଇଥିବା ଶୁଣିଲି। ଏ ବୃଦ୍ଧ ବୟସରେ ସ୍ୱାଧୀନ ଭାରତର ନାଗରିକ ହିସାବରେ ମୋ ଦାବି ସାବ୍ୟସ୍ତ କରିବାକୁ ମୋର ଶକ୍ତି ନାଇଁ। ଉତ୍ସାହ ବି କ୍ରମେ ଜଣା ପଡୁଚି; ତେଣୁ ଏସବୁ ଅବିଚାରକୁ ନୀରବରେ ସହି ଚୁପ୍ ରହିବା ସାର ହେଲା। ଗତ ନିର୍ବାଚନରେ ମୁଁ ଅପ୍ରତିଦ୍ୱନ୍ଦ୍ୱୀ (Uncontested) ହୋଇ ନିର୍ବାଚିତ ହୋଇଥିବା ସ୍ଥଳେ ଏ ନିର୍ବାଚନରେ ମୋର ପ୍ରାର୍ଥୀପତ୍ର କାହିଁକି ଓ କିପରି ନାକଚ ହେଲା— ମୁଁ ଭାବି ପାରୁନି। ବୃଦ୍ଧ ହେଲେ ଅବାଞ୍ଛିତ ହୋଇପଡ଼ିବା ଦୁନିଆର ନୀତି। ପିଲାଦିନେ ହଡ଼ା ବଳଦର ଆତ୍ମକାହାଣୀ ଲେଖିଲାବେଳେ ମାଷ୍ଟରଙ୍କଠାରୁ ଶୁଣି କିମ୍ବା ଅନୁମାନରେ ଉଦ୍ଭାବନ କରି ବଳଦର ଅନ୍ତିମ ଜୀବନର ଅସହାୟତା ବିଷୟରେ ଲେଖିବାକୁ ହେଉଥିଲା। ବର୍ତ୍ତମାନ ରାଜନୀତିରେ ହୁଏତ ମୁଁ ସେଇପରି ଅନାବଶ୍ୟକ ହୋଇ ପଡ଼ିଥିବା ଯୁବକ ନେତାମାନେ ଅନୁଭବ କଲେ, ତେବେ ଏସବୁ ଭାବିବାକୁ ଆଉ ଅବସର ନାଇଁ। ବେଳ ଆଖର ହେଲାଣି।

୧୩୯। ଶ୍ରୀମତୀ ରାଧାମଣି ଦେବୀ

ମୋର ପତ୍ନୀ ଶ୍ରୀମତୀ ରାଧାମଣି ଦେବୀଙ୍କ କଥା ଏଠାରେ ଟିକିଏ ସୂଚାଇ ଦେବା ଉଚିତ। ନନାଙ୍କର କାଳ ହେଲା ୧୯୨୮ ମସିହା ଅକ୍ଟୋବର ମାସରେ, ଗୋପବନ୍ଧୁବାବୁଙ୍କ ତିରୋଧାନର କିଛିଦିନ ପରେ। ନନାଙ୍କୁ ସେତେବେଳକୁ ବୟସ ହୋଇଥିଲା ୮୯। ସେତେବେଳ ପର୍ଯ୍ୟନ୍ତ ରାଧାମଣି ତାଙ୍କ ସେବାରେ ଅତ୍ୟନ୍ତ ନିବିଷ୍ଟ ଥିଲେ। ତାଙ୍କ ପରେ ୧୯୩୧ରେ ମୁଁ ପ୍ରସ୍ତାବିତ କଂଗ୍ରେସ ବୈଠକର ଅଭ୍ୟର୍ଥନା ସମିତିର ସଭାପତି ହେବାର ଠିକ୍ ପରେ ସସ୍ତ୍ରୀକ ଗୟାଶ୍ରାଦ୍ଧ କରିବାକୁ ଗଲି। ସେଠାରେ ପୂଜାରେ ପନ୍ଦରଦିନ ମୁଁ ପତ୍ନୀଙ୍କ ସହିତ ଅତି ନିଷ୍ଠାରେ ଗୟାର ସମସ୍ତ କ୍ଷେତ୍ରରେ ଶ୍ରାଦ୍ଧ କରିଚି। କାରଣ ନନାଙ୍କର ସେଥିରେ ବିଶ୍ୱାସ ଥିଲା।

ତା'ପରେ ମୋର ଯାହା ରାଜନୀତିରେ କାର୍ଯ୍ୟ ସେଥିରେ ସେଇକାଳୁ ମୋର ପତ୍ନୀ ମଧ୍ୟ ଅତି ନିଷ୍ଠା ସହିତ କାର୍ଯ୍ୟ କରିଚନ୍ତି। ଏବେ ସେ ସତ୍ୟବାଦୀର ନାରୀମଙ୍ଗଳ

ସମିତିର ବରାବର ସଭାପତି ରହି ଆସିଚନ୍ତି। ତା'ଛଡ଼ା ସତ୍ୟବାଦୀର ବାଳିକା ସ୍କୁଲର ମଧ୍ୟ ସଭାପତି ଅଛନ୍ତି। ସେ ବାଳିକାସ୍କୁଲଟି ଏବେ ଉଚ୍ଚ ଇଂରାଜୀ ବିଦ୍ୟାଳୟ (High School) ହେବାକୁ ଯାଉଚି।

ସେ ୧୯୩୧ରେ ଜେଲ୍ ଯାଇଥିଲେ। ତା ପୂର୍ବରୁ ଓ ପରେ ସେ ବରାବର ଲୋକଙ୍କ ପାଇଁ କାମକରି ଆସୁଚନ୍ତି।

ପରିଶିଷ୍ଟ (ସ୍ମୃତିଚାରଣା)

(୧) ମୋ ଜୀବନ ଦର୍ଶନ

ଖୁଣ୍ଟି-ନାଟି ଘଟଣାର ସ୍ମରଣ ମୋର କେବେ ତୀକ୍ଷ୍ଣ ନଥିଲା ବଡ଼ ଶୀଘ୍ର ଘଟଣାମାନ ଭୁଲିଯାଏ। ମୋ ଜୀବନରେ ମୁଁ ଜାଣେ ସେ ମୋର ସୌଭାଗ୍ୟ। ସେଥିରେ ମୁଁ କାହାପ୍ରତି ତିକ୍ତତା ବା ଶତ୍ରୁତା ପୋଷିପାରେ ନାଇଁ। ମିତ୍ରତାରେ ହୁଏତ ସେଇଆ ହୋଇଥିବ। କିନ୍ତୁ ମୁଁ ତା' କିପରି କହିବି ଅନ୍ୟମାନେ କହିବେ। ମୁଁ ଏତିକି କହିପାରେ ବହୁ କ୍ଷେତ୍ରରେ ପ୍ରାଣର ପ୍ରତିଷ୍ଠିତ ଭାବ ମତେ ବହୁକାଳ ଘାରେ ନାଇଁ। କିମ୍ବା ଭାବାବେଶରେ ଯେଉଁ ସ୍ପନ୍ଦନ ଉଠେ ତାହା ମୋର ହୁଏତ ବଡ଼ ତୀବ୍ର ନୁହେଁ। କିମ୍ବା ଯେତେ ତୀବ୍ର ହେଲେ ମଧ ଖୁବ୍ ସ୍ଥାୟୀ ହୁଏ ନାଇଁ।

ଅନ୍ୟଥା ମଧ ମୁଁ ଯୁକ୍ତିକୁ ଭାବଠାରୁ ବେଶୀ ଆଦର ଓ ସମ୍ମାନ କରେ। ମୋ ବିଚାରରେ ଯୁକ୍ତି ହେଉଚି ମାନବର ବିଶେଷ। ଭାବାବେଶ ପଶୁପକ୍ଷୀଙ୍କର ମଧ ହୁଏ। ବିଶେଷରେ ପୋଷା ଜନ୍ତୁମାନେ ଯୁକ୍ତିରେ ପୋଷକକୁ ମାନନ୍ତି ନାଇଁ। ତାଙ୍କ ପ୍ରାଣରେ ଭାବ ଉଠାଇ ତାକୁଇ ସ୍ଥାୟୀ କରିବାର ଉଦ୍ୟମ ହେଉଚି ପୋଷା ମନାଇବା। ଯୁକ୍ତି ଛାଡ଼ି ଭାବାବେଶ ଧଇଲେ ମାନବ ବେଳେବେଳେ ପଶୁପରି ହୁଏ, ମତ୍ତାନ୍ଧ ହୁଏ। କ୍ରମେ ଯେପରି ମୋର ବୟସ ଓ ବିଚାର ପରିଣତ ହେଲା, ମୁଁ ଏଇ କଥା ଖୁବ୍ ଅନୁଭବ କଲି। ମାନବ ସଭ୍ୟତାର ସମସ୍ତ ବିକାଶ ଭିତରେ ମୋତେ ଦିଶିଲା ମାନବର ଭକ୍ତିଧର୍ମ ଗୋଟିଏ ପଶୁଧର୍ମ। ପଶୁ ବୋଇଲେ ମୁଁ କହୁଚି ମାନବେତର ଜନ୍ତୁ। ମାନବକୁ ପଶୁପରି ମନାଇ ସଂଘବଦ୍ଧ ଭାବରେ ରଖି ଚଳାଇବା ବରାବର ଏଇ ଭକ୍ତିଧର୍ମ ସୂତ୍ରରେ କରାହୋଇ ଆସିଛି। ଯଥାର୍ଥ ମାନବର ଏହା ଧର୍ମ ହେବା ଉଚିତ ନୁହେଁ, ମାନବ ଧର୍ମ ବିଚାରର ବିଶେଷତ୍ୱ ହେଉଚି ଯୁକ୍ତି ଓ ସେହି ଯୁକ୍ତିରୁ ବାହାରୁଥିବା ମାନବର ଦାର୍ଶନିକ ଧର୍ମ ଓ ସେହି ସୂତ୍ରରେ ଆଦିମ ଜୈନଧର୍ମ ପ୍ରତି ମୋର ପ୍ରଗାଢ଼ ଅନୁରାଗ ଜନ୍ମିଲା। ମୁଁ ଦେଖିଲି ଜଗନ୍ନାଥ ଯଥାର୍ଥରେ ଜୈନ ଉପାସ୍ୟର ସଂକେତ ମୈତ୍ରୀରେ। ଭକ୍ତମାନେ ତାଙ୍କୁ କେତେଶ ବର୍ଷହେଲା ପତିତ ପାବନ କରି

ଲୋକଙ୍କୁ ଆଚାରଭ୍ରଷ୍ଟ କରିଚନ୍ତି । ଏହି ସବୁ ବିଚାର ବୁଦ୍ଧି ହୁଏତ ମୋର ପିଲାଦିନର ସେଇ ଯୁକ୍ତି ପଂଥିତ୍ୱର ଭୂୟୋବିକାଶ ।

ମନେପଡୁଚି ପୁରୀର ସ୍ୱକର୍ମ ଧନ୍ୟ ପୁଣ୍ୟଶ୍ଳୋକ ସେକାଳର ମୁକ୍ତାର ରାମଚନ୍ଦ୍ର ଦାସଙ୍କ କଥା । ସେପରି ମନସ୍ୱୀ ଉଦାରଚେତା ପ୍ରାଣବନ୍ତ ପୁରୁଷ ମୁଁ କମ୍ ଦେଖୁଛି । ସେତେବେଳେ ଅବଶ୍ୟ ଓଡ଼ିଶା ଥିଲା ଆମର ଚିନ୍ତାର ବିଷୟ । ଓଡ଼ିଶାର ଦୁର୍ଗତି ପ୍ରତି ପ୍ରୀତି, ଓଡ଼ିଶାର ଭବିଷ୍ୟତରେ ଆଦର ଓ ବିଶ୍ୱାସ ତହିଁ ସଂଗେ ଭାରତ ଓ ସେହି ସୂତ୍ରରେ ମାନବ ସେବାର ମାର୍ଗ । ନାନା ଭାବରେ ବାରମ୍ବାର ସେ ଆମକୁ କହିଥିବା ଆଜି ମୋର କାହିଁ କେବେ ଚଳଚ୍ଚିତ୍ର ଦେଖିଲା ପରି ମନେପଡୁଚି ।

ଚଳଚ୍ଚିତ୍ର କଥାଟା କହିଲି । କିନ୍ତୁ ମୁଁ ତାହା ଦେଖେ ନାଇଁ । ରଙ୍ଗମଞ୍ଚରେ ଅଭିନୟ ବି ଦେଖେ ନାଇଁ । ପିଲାଦିନେ ନୂଆକରି ଇଂରେଜୀ ପଢ଼ିଲାବେଳେ ସେ କାଳର କେଶବ ସେନଙ୍କ ପ୍ରଭାବିତ ନବ ବିଧାନ ପଂଥୀ ପ୍ରତାପ ଚନ୍ଦ୍ର ମଜୁମଦାର ଲେଖିଥିବା "Aids to moral character" ନାମକ ଖଣ୍ଡେ ପୁସ୍ତକ ପଢ଼ିଥିଲି । ସେଥିରେ ପଢ଼ିଥିଲି Novels and dramas raise passions and perverl the use of them. ବାଲ୍ୟତ ମନରେ ଛାପ ପଡ଼ିଯାଏ, ରହିଯାଏ । ପଞ୍ଚତନ୍ତ୍ରରେ ଯଥାର୍ଥ କୁହାଯାଇଚି, "ଯନ୍ନବେ ଭାଜନେ ଲଗ୍ନ ସଂସ୍କାରେ ନାନ୍ୟଥା ଭବେତ୍ । କଥା ଛଳେନ ବାଳାନାଂ ନିତିଃ ସ୍ତଦୀୟ କଥ୍ୟତେ" ମାଟିପାତ୍ର କଞ୍ଚା ଥିଲାବେଳେ ସେଥିରେ ଯାହା ଚିହ୍ନ ଲାଂଛନ ବା ଚିତ୍ର ଅଙ୍କା ହୋଇଥାଏ ପୋଡ଼ିଦେଲେ ତାହା ଚିରନ୍ତନ ଭାବରେ ସେହିପରି ରହିଯାଏ । ବହୁ ଘଟଣା ଘଟିଗଲାଣି, ମୋ ଉପରେ ବହୁ ଯୁକ୍ତିତର୍କର ସ୍ରୋତ, ବିଚକ୍ଷଣତାର ବିଚାରଣା ଓ ଶିକ୍ଷାବିଧାନ ଚର୍ଚ୍ଚାର ସ୍ରୋତ ବହିଗଲାଣି । କିନ୍ତୁ ପ୍ରତାପଚନ୍ଦ୍ର ମଜୁମଦାରଙ୍କର ସେହି ଧାଡ଼ିକର ଛାଞ୍ଚ ମୋ ପ୍ରାଣରୁ ଲିଭି ନାଇଁ । ଜୀବନରେ ଜଣେ ଦୁଇଜଣ ବନ୍ଧୁଙ୍କର ନିମନ୍ତ୍ରଣରେ ଅତି ବାଧ୍ୟବାଧକତାରେ ପଡ଼ି ବୋଧହୁଏ ଥରେ ଦିଲ୍ଲୀରେ ଆଉଥରେ କଲିକତାରେ ଦୁଇଥର ସିନେମା ଦେଖିଚି ଓ ନାଟ୍ୟମନ୍ଦିରରେ ଥରେ ମାତ୍ର ଭାଦୁଡ଼ିଙ୍କର ନାଟ୍ୟ ନାୟକତ୍ୱରେ ଶରତ ଚାଟାର୍ଜୀଙ୍କର ଷୋଡ଼ଶୀର ଅଭିନୟ ଦେଖୁଛି । ଆଉ ଦେଖିବାର ମନେ ହେଉ ନାଇଁ । ତେବେ କେହି କେହି ବ୍ୟବସ୍ଥାପକମାନଙ୍କୁ କାଚ କାରଖାନାରେ କାଚ ତିଆରିଠାରୁ ଲୁହା ଓ ଲୁଗାକଳର କାମ ଚଳଚ୍ଚିତ୍ରରେ ଦେଖାଇବାର ବ୍ୟବସ୍ଥା କରି ଭୋଜୀକୁ ଡାକିବାରେ ତାହା ସବୁ କେତେ ଦେଖିଚି ।

ମାତ୍ର ଏବେ ମଧ୍ୟ ମୁଁ କହିପାରେ ବର୍ତ୍ତମାନ ଦେଶରେ ଯେଉଁ ସିନେମା ଦେଖିବା ଓ ଦେଖାଇବାର ବାତ୍ୟା ଛୁଟିଛି ତା'ର ଯଥା ନିୟନ୍ତ୍ରଣ ନହେଲେ ଭାରତ ଭାରତ

ହୋଇ ରହିବ ନାହିଁ। ଭାରତୀୟ ବାଳକ ବଢ଼ି ଭାରତୀୟ ମନୁଷ୍ୟ ଆଉ ହେବ ବୋଲି ମୋର ମନେ ହେଉ ନାହିଁ। ଶୀଘ୍ର ଭାରତୀୟ ସଂସ୍କୃତିରେ ପରିପ୍ରାଣୀତ ଆମ ଧୁରନ୍ଧରମାନେ ଏ ସବୁର ଯଥାଯଥ ନିୟନ୍ତ୍ରଣ ପାଇଁ ସୁଚିନ୍ତିତ ଓ ଦୃଢ଼ ବ୍ୟବସ୍ଥା କରିବା ଦରକାର।

ସେ କଥା ଛାଡ଼ କହୁଥିଲି ମୋର ଯୁକ୍ତ ପ୍ରୀତି ଓ ସେହି ସଂପର୍କରେ ସ୍ୱର୍ଗତ ରାମଚନ୍ଦ୍ର ଦାସଙ୍କ କଥା। ରାମଚନ୍ଦ୍ରଙ୍କ ପରି କଥୋପକଥନରେ ଯୁକ୍ତି ବାଢ଼ିବା ଲୋକ ଆଉ ମୁଁ ଦେଖି ନାହିଁ। ସେଥିରେ ସେକାଳ ମୁକ୍ତାର, ଇଂରେଜୀ ଜାଣି ନଥିଲେ। ମୁଁ ଯେଉଁକାଳ କଥା କହୁଛି ସେତେବେଳେ ଓଡ଼ିଆଙ୍କ ଭିତରେ ଇଂରେଜୀ ପଢୁଆ ବଡ଼ ବେଶୀ ନଥିଲେ। କେହି ଯଦି Entrance ପାସ୍ କଲା ତେବେ ସେକାଳେ ସ୍ୱର ଉଠୁଥିଲା ସେ ଭାରି ଭଲ ଇଂରେଜୀ ଲେଖେ। କାହିଁକିନା ଆଉ ସବୁ ସେତେବେଳର ଓଡ଼ିଆ କିରାନୀ କର୍ମଚାରୀମାନେ ସେକାଳ High School 3rd, class, 4th କ୍ଲାସ ପାସ୍ ବା ଫେଲ୍‌ବାଲା। ମନେଅଛି ସମସ୍ତେ କହନ୍ତି ସେକାଳ ପୁରୀର ସିରସ୍ତାଦାର (ମଧୁସୂଦନ ମହାନ୍ତି) ଭାରି ଭଲ ଇଂରେଜୀ ଜାଣୁଥିଲେ। ପରେ ଜାଣିଲି ସେ ଗୋଟିଏ ସେ କାଳର ବହୁତ କର୍ମଚାରୀଙ୍କ ପରି ସାଧୁଲୋକ ଥିଲେ ଓ ସବୁ କିରାନି କର୍ମଚାରୀଙ୍କୁ ଯଥାଶକ୍ତି ସାହାଯ୍ୟ କରୁଥିଲେ। ସେ ସାହାଯ୍ୟ କରିବାର ପ୍ରଧାନ କ୍ଷେତ୍ର ଥିଲା ସେ ଦରପାଠୁଆ କିରାନି କର୍ମଚାରୀକର ଇଂରେଜୀ ଲେଖା ସବୁ ସଂଶୋଧନ କରିଦେବା। ତା'ପରେ ଭଲ ଇଂରେଜୀ ଜାଣିବା କଥାଟା ସେତେବେଳେ ଗୋଟାଏ ବଡ଼ ଆଦରର ବସ୍ତୁ ଓ ଗୁଣ ଥିଲା। ଇଂରେଜୀ ଅଧୀନରେ ଆମର ମନୋବୃତ୍ତି ଯାହା ଥିଲା ସେତେବେଳେ ସେଇଆ ହବାର କଥା। ସେ କଥା ସ୍ୱାଧୀନ ଭାରତରେ ଆଜି କେହି କଳ୍ପନା କରିପାରିବେ ନାହିଁ, ବୁଝିବା ଦୂରର କଥା। ସେଇଥିପାଇଁ କହୁଥିଲି ରାମଚନ୍ଦ୍ର ମୁକ୍ତାରେ ଖୁବ୍ ଅଳ୍ପ ଇଂରେଜୀ ପଢ଼ିଥିଲେ ମଧ, ଇଂରେଜୀ ବହି ଓ ସାହେବ ଇଂରେଜୀରେ କହିଲେ ସେ ସବୁର ସେ ମର୍ମାର୍ଥ ବୁଝିଯାଉଥିଲେ। ସେ ମଧ୍ୟ ନିଜେ ଓଡ଼ିଆରେ ସୁବକ୍ତା ଥିଲେ। ସେତେବେଳର ସଭାସମିତି କଥା ଏବେ ଅନେକ ହୁଏତ ପସନ୍ଦକୁ ଆଣିବେ ନାହିଁ। ମୋ ଜୀବନରେ ବୋଧହୁଏ ପୁରୀରେ ସାହି ଓ କନ୍ଦିରେ ପ୍ରାୟ ୧୦/୧୨ ଜାଗା ଓ କଟକରେ ୫/୬ ଜାଗାରେ ମୁଁ ସଭାମାନ କରି ସେଥିରେ କ୍ରମାନ୍ୱୟରେ ସଭାପତି ଓ ସଂପାଦକ ହୋଇଥିଲି। ସର୍ବତ୍ର ଆଲୋଚନା ସଭା। ସର୍ବତ୍ର ସ୍କୁଲ କଲେଜ ପାଠ୍ୟ ବାହାରେ ଥିବା ଅନ୍ୟ ପୁସ୍ତକ ପଢ଼ି ଧର୍ମ, ସମାଜଠାରୁ କୃଷି, ଶିଳ୍ପ ପର୍ଯ୍ୟନ୍ତ, ଜନସେବାଠାରୁ ଧନ ଦାନ ପର୍ଯ୍ୟନ୍ତ ସବୁ ବିଷୟରେ ବିଚାର ଓ ବାଦ ପ୍ରତିବାଦ (Debate) ଚଳାଇବାର ମୋର ମନେଅଛି, ଏଇସବୁ କାର୍ଯ୍ୟରେ ଛାତ୍ରମାନଙ୍କୁ ପ୍ରେରଣା

ଦେବା ପାଇଁ ପୁରୀରେ ସେତେବେଳେ ଏକମାତ୍ର ବ୍ୟକ୍ତି ଥିଲେ ରାମଚନ୍ଦ୍ର ମୁକ୍ତିଆର। ହାଇସ୍କୁଲ ବା ପୁରୀ ଜିଲ୍ଲାସ୍କୁଲ ପିଲାମାନଙ୍କ ସଂଗେ ସେତେବେଳେ ସେ ବହୁତ ମିଶୁଥିଲେ, ତାଙ୍କର ବିଶେଷତ୍ୱ ଥିଲା ପିଲାମାନଙ୍କ ସଂଗେ କଥାବାର୍ତ୍ତା କରି ଯୁକ୍ତିତର୍କ ସୂତ୍ରରେ ତାଙ୍କୁ ପ୍ରଭାବିତ କରିବା। ସେ କଥାବାର୍ତ୍ତାର ପ୍ରଣାଳୀ କି ସୁନ୍ଦର ! ମୁକ୍ତିଆରେ କାହାକୁ କୌଣସି ସାକ୍ଷାତ ଉପଦେଶ ଦେବାର ମୋ ମନେ ହେଉ ନାହିଁ। ସେ ଆରମ୍ଭ କରନ୍ତି, କଥାବାର୍ତ୍ତା ତୀବ୍ରମତ ପ୍ରକାଶ କରିବା ପାଇଁ ପିଲାମାନଙ୍କୁ ଖୁବ୍ ସୁବିଧା ଦିଅନ୍ତି। କିନ୍ତୁ ନିଜ କଥାବାର୍ତ୍ତାରେ ସେ କୌଣସି ମତର ସାକ୍ଷାତ ପ୍ରତିବାଦ କରନ୍ତି ନାହିଁ। ଯେପରିକି ପିଲାଙ୍କ କଥାଟା ମାନିଗଲା ପରି ଯୁକ୍ତିର ଧାରା ଧରି ଚାଲନ୍ତି। ଆଶ୍ଚର୍ଯ୍ୟ କଥା କେତେକ କଥାବାର୍ତ୍ତା ପରେ ପିଲାଟି ଯାହା କହୁନା କାହିଁକି ସେ ମୁକ୍ତିଆରଙ୍କ କଥାଟି କେତେବେଳେ ଜାଣି ନପାରି ମାନିଯାଏ। ହୁଏତ ଏପରି ହୁଏ ପିଲାଟି ପ୍ରଥମରୁ ତିକ୍ତ ଭାବରେ ଯେଉଁ ମତ ପ୍ରକାଶ କରିଥାଏ ତା'ର ଠିକ୍ ବିପରୀତ କଥାଟି ନିଜର କରିନିଏ। ସ୍ତ୍ରୀ ଶିକ୍ଷା, ସ୍ତ୍ରୀ ସ୍ୱାଧୀନତା, ବାଲ୍ୟ ବିବାହ, ଜାତିଭେଦ ଏସବୁ ସେତେବେଳର ପ୍ରଧାନ ବିଚାରବସ୍ତୁ। ତା'ଛଡ଼ା କବିତା କିପରି ଲେଖିବ, ଗଦ୍ୟର ଉପଯୋଗୀତା କ'ଣ, ଜନସେବା କାହିଁକି, କିପରି କରିବ। ଇଂରେଜ ଶାସନର ମୂଲ୍ୟ ଓ ଗତି କ'ଣ, ଭାଙ୍ଗ ଖାଇବା ଦରକାର କି ନୁହେଁ, ପାଚିଲା ଗାମୁଛାର ଉପଯୋଗିତା ପ୍ରଭୃତି ଛୋଟ ବଡ଼ କେତେ ବିଷୟ ତାଙ୍କ ସଂଗେ ଦିନ ପରେ ଦିନ ଏପରିକି ବାରମ୍ବାର ପଡ଼ିଥିବା ଆଜି ମନେ ହେଉଚି। ମହୁମାଛି ଯେପରି ଦିନଯାକ କାହିଁ କୁଆଡ଼େ ବୁଲି ଫୁଲରୁ ମହୁ ସଂଗ୍ରହ କରିସାରି ଆକାଶର ସଙ୍କୁ ସଂକେତହୀନ ମାର୍ଗରେ ପୁଣି ଠିକ୍ ସନ୍ଧ୍ୟାକୁ ସେହି ମଧୁଚକ୍ରକୁ ଫେରିଆସେ, ଆମେ ପିଲାଏ ସେହିପରି ସ୍କୁଲ ସରିଲାମାତ୍ରେ ଅପରାହ୍ଣ କୃତ୍ୟ ଯଥାଶୀଘ୍ର ସାରି କି ଆକର୍ଷଣରେ କେଜାଣି ମୁକ୍ତିଆରଙ୍କ ଘରବାଟେ କୌଣସି ବାହାନା ଧରି ଗଲା ପରି ଯାଉଁ। ତାଙ୍କ ବସାଘରଟା ଥାଏ ପଥୁରିଆ ସାହିମୁଣ୍ଡରେ, କୁଣ୍ଡାଇବେଟ ସାହିର ଗଳିଟା ମିଶିବାଠାରେ, ଡାହାଣପଟ କଣ ଘରଟା। ସେହିଠାରେ ସେ ଯେପରି ପିଲାଙ୍କୁ ଅପେକ୍ଷା କରି ବସିଥାଆନ୍ତି। ବିଶେଷରେ ଶନିବାର ଓ ଛୁଟି ପୂର୍ବଦିନ କଥାବାର୍ତ୍ତାରେ ରାତି ୧୨ଟା ବାଜିଯାଏ। (ସ୍ୱର୍ଗତ ପେନ୍‌ସନ୍ ପ୍ରାପ୍ତ ହେଡ଼ମାଷ୍ଟର) ଜଗନ୍ନାଥ ମହାପାତ୍ର (ଓକିଲ) ପଦ୍ମଚରଣ ପଟ୍ଟନାୟକ ଆମେ ତିନିସଙ୍ଗୀ ଅନେକ ସମୟରେ ସେଠି ଏକତ୍ର ହେଉ।

ମୁକ୍ତିଆରେ ଗୋଟିଏ କିଛି ବିଷୟ ଧରି କଥା ଉଠାଇବା ପାଇଁ ପ୍ରସ୍ତୁତ ହୋଇ ଯେପରି ବସିଥାଆନ୍ତି। ଆଜି ମନେ ପଡ଼ିଯାଉଚି, ଗୋଟିଏ ଶନିବାରରେ ଗଲା ବେଳକୁ ସେ ମଧୁ ବାବୁଙ୍କ ବସନ୍ତ ଗାଥାଟି ଧରି ବସିଥିଲେ। ସେ ରାତିଯାକ ସେଇ ବସନ୍ତ

ଗାଥା ପଢ଼ା ଚର୍ଚ୍ଚା। ପୁରୀଟା ସେତେବେଳେ ଥିଲା ଭାଙ୍ଗ ଖାଇବାର ଜାଗା। ଜଗନ୍ନାଥ ମହାପାତ୍ରେ ଓ ମୁଁ ଦୁହେଁ ସେ ଦିନ ଟିକିଏ ଟିକିଏ ଭାଙ୍ଗ ଖାଇଥିଲୁ। ଅବଶ୍ୟ ୧୯୦୧ ମସିହା ଶେଷଠାରୁ ମୁଁ ଭାଙ୍ଗ କେବେ ଛୁଇଁ ନାଇଁ। କିନ୍ତୁ ସେଦିନ ମନେ ଅଛି ଆମ ଦୁହିଁଙ୍କୁ ନିଶା ଲାଗିଥିଲା। ଆଲୋଚନାରେ କୌଣସିମତେ ହସ ଉଠିଲେ ଆମେ ଦୁହେଁ ନିଶାଗ୍ରସ୍ତ ହୋଇ ଖାଲି ହସୁଥିଲୁ। ମୁକ୍ତିଆରେ ନିଶ୍ଚୟ ଜାଣିପାରିଥିବେ। କିନ୍ତୁ ଜାଣିଛନ୍ତି ବୋଲି ଆମେ କଦାପି ଜାଣି ନାହୁଁ। ପରେ ଆମେ ଆପଣା ଭିତରେ ବିଚାର କରି ସେ କଥା ମନେପକାଇ ସକାଳୁ ବଡ଼ ଲଜ୍ଜିତ ହୋଇ ପରେ ମୁକ୍ତିଆରଙ୍କ ପାଖକୁ ଯିବାରେ ଟିକିଏ ସଂକୋଚ ମଧ୍ଧ ଆମର ହେଲା। କିନ୍ତୁ ଫେରେ ମୁକ୍ତିଆରଙ୍କ ସଂଗେ ମିଳନ ହେଲା। ହେଲେହେଁ ସେ ସଂକୋଚର ଉଲ୍ଲେଖ ସେ କରି ନାହନ୍ତି। ଆମକୁ ମଧ୍ୟ ସେ ସଂକୋଚର ଉଲ୍ଲେଖ କରିବା କୌଣସି ଅବକାଶ ପର୍ଯ୍ୟନ୍ତ ସେ ଦେଇ ନାହାନ୍ତି।

ଏବେ ମନେ ହେଉଛି ସେହିକାଳୁ ସେ ମୋର ଯୁକ୍ତିପରତାକୁ ଖୁବ୍ ଲକ୍ଷ୍ୟ କରିଥିଲେ। କାହିଁକି ନା, ପଦ୍ମଚରଣ ପଟ୍ଟନାୟକଙ୍କୁ ସେ ଡାକୁଥିଲେ 'କବି'। ଜଗନ୍ନାଥ ମହାପାତ୍ରଙ୍କୁ ଡାକୁଥିଲେ ସାଆନ୍ତେ (ସେ ହେଉଚନ୍ତି ସାମନ୍ତ ବ୍ରାହ୍ମଣ) ମତେ ଡାକୁଥିଲେ ଦର୍ଶନୀ ଏହି ଆମୋଦକର ନାମଟି ଭିତରେ ସଂକେତ ଥିଲା ଦର୍ଶନପନ୍ଥୀ। ଅନ୍ୟମାନଙ୍କୁ ସେ ଚିହ୍ନାଇ ଦେଉଥିଲେ, ଏହି ଦରଶନୀ ନୀଳକଣ୍ଠଙ୍କ ସଂଗେ କଥାବାର୍ତ୍ତା ହୁଅ। ପଣ୍ଡିତ ଗୋପବନ୍ଧୁ ସେତେବେଳକୁ ପୁରୀ ଜିଲ୍ଲାସ୍କୁଲରୁ ପାସ୍ କରିସାରି ପୁରୀ ଛାଡ଼ିଥିଲେ। କିନ୍ତୁ ସେତେବେଳେ ମୁକ୍ତିଆରେ ଯେପରିକି ତାଙ୍କର ଥିଲେ ଶ୍ରେଷ୍ଠ ଗୁରୁ। ସେ ଆସି ମୁକ୍ତିଆରଙ୍କ ଘରେ ରହୁଥିଲେ। ଏହିପରି ରହିବାବେଳେ ମୁକ୍ତିଆରେ ମତେ ଚିହ୍ନାଇ ଦେଇଥିଲେ। 'ଗୋପବନ୍ଧୁ ଏ ନୀଳକଣ୍ଠଙ୍କୁ ଜାଣ? ଏ ଏକ ଦର୍ଶନୀ। ମୋର ଆଉ ଗୋପବନ୍ଧୁଙ୍କ ଭିତରେ ପର ଜୀବନରେ ଯେଉଁ ପୁଣ୍ୟ ପାବନ ଆଦାନ ପ୍ରଦାନର ସଂପର୍କ ଫୁଟିଥିଲା ତା'ର ଆଜି ସ୍ଥାନ ଖୁବ୍ ସମ୍ଭବ ଏଇଠାରେ।

କିନ୍ତୁ ମୁଁ କହୁଥିଲି ମୁଁ ପିଲାଦିନୁ ଯଥାର୍ଥରେ ହୋଇଥିଲି ଯୁକ୍ତିପନ୍ଥୀ। ଭାବରାଜ୍ୟରେ ପ୍ରବେଶ କରି ଆତ୍ମବିସ୍ମୃତ ହେବା ମୁଁ ପସନ୍ଦ କରୁ ନଥିଲି। ପିଲାଦିନୁ ମୋର ବ୍ୟକ୍ତିତ୍ୱର ପ୍ରଧାନ ବିଚାର ହେଉଛି କର୍ତ୍ତବ୍ୟ କରିବାକୁ ହେବ। କର୍ତ୍ତବ୍ୟ ଆଗେ ଅଯଥା ଭାବାବେଶର ସ୍ଥାନ ନାହିଁ। Tennysonରେ ପରେ ପଢ଼ିଥିଲି, "Duty, duty clear of consequences." ସେ ଏହା କୌଣସି ସଂପର୍କରେ ଥଟ୍ଟା କରି ଲେଖିଛନ୍ତି।

କିନ୍ତୁ ଗୋଟିଏ କଥା ମନେ ହେଉଛି ମୁଁ ଏହି ଥଟ୍ଟା ପାଇଁ Tennysonଙ୍କୁ ସମାଲୋଚନା କରି ତାଙ୍କର ଭକ୍ତିଭାବକୁ ଦେଖାଇବା ପାଇଁ ତାଙ୍କରି କଥା ଉଦ୍ଧାର

କରି ଲେଖିଥିଲି । ଯେଉଁ Tennyson ଈଶ୍ୱରଙ୍କ ସମ୍ବନ୍ଧରେ ଲେଖିପାରନ୍ତି "By faith and faith alone we embrace, belivingwhere we can not prove." ମୋର ସେତେବେଳର ଇଂରେଜୀ ଅଧ୍ୟାପକ ସ୍ୱର୍ଗତ ଉପନ୍ଦ୍ରନାଥ ମୈତ୍ର । ମୋ ପ୍ରବନ୍ଧ ଲେଖାରେ ଭକ୍ତିଭାବର ଏ ବିରୋଧ ଦେଖି ବିସ୍ମୟ ପ୍ରକାଶ କରିଥିଲେ । କିନ୍ତୁ ମୋର ଏଠି କହିବାର କଥା ମୁଁ ଏହିପରି ଯୁକ୍ତିଭାବ ଭାବିତ ଥିବାରୁ ଅନେକ କ୍ଷେତ୍ରରେ ଅନୁରାଗ ବିଭାଗ ଜଡ଼ିତ ଥିବା ଘଟଣାର ସ୍ମୃତି ମୋର ପ୍ରାଞ୍ଜଳ ନୁହେଁ।

(୨) ଅଧ୍ୟକ୍ଷ ବି: ଭି: ଗୁପ୍ତଙ୍କ ସ୍ମୃତି

(୨ କ)

ମୋ କଲେଜଦିନ କଥାରୁ କିଛି ଲେଖିବି । ମୋର ଡାଏରୀ ନାଇଁ । ଦୈନିକ ବିବରଣୀ ବି ଲେଖି ରଖି ନାଇଁ। ଏସବୁ ସାମାନ୍ୟ ଦୈନନ୍ଦିନ ଘଟଣାର ସ୍ମୃତି ମୋର ବଡ଼ ବେଶି ମନେ ରହେ ନାଇଁ। ତା' ପୁଣି ବିଶେଷରେ ଏ ବୟସରେ ରହୁ ନାଇଁ। ତଦ୍‌ବିଦ୍‌ମାନେ କହନ୍ତି ହାରାହାରି ପଇଁଚାଳିଶ ବର୍ଷ ବୟସ ପରେ ସ୍ମରଣଶକ୍ତି କମିଯାଏ ।

ଯେତେଦୂର ମନେହୁଏ, ୧୯୦୭ ଖ୍ରୀଷ୍ଟାବ୍ଦର ଠିକ୍ ପୂଜା ପୂର୍ବର କଥା । ବ୍ରାହ୍ମଣୀ, ବୈତରଣୀ ଓ ଖରସୁଆଁ-କେନ୍ଦ୍ରାପଡ଼ା; ଯାଜପୁରର ଏ ତିନୋଟି ନଦୀ ବଢ଼ିରେ ମିଶି ଏକାକାର ହୋଇ ଯାଇଥାଏ । ଘାଇ ଭାଙ୍ଗି ଗାଁଗଣ୍ଡାରେ ବଢ଼ିପାଣି ପଶି ଘରଦ୍ୱାର ବୁଡ଼ି ଭାସି ଯାଇଥାଏ । ସେକାଳର କଥା ଆଜିକାଲି ପିଲାଏ ଧାରଣା କରିବା ଦୂରେ ଥାଉ, ବୁଝିପାରିବେ ନାଇଁ। ଆମେ ବଢ଼ି ଅଞ୍ଚଳରେ ପଶିଲାବେଳକୁ ବଢ଼ିପାଣି ଉଚ୍ଚତାରେ ପ୍ରାୟ ପାଞ୍ଚଫୁଟ ଛାଡ଼ି ଯାଇଥାଏ । ଗାଁରୁ ଚାଳମାନ ଭାସିଯାଇ ନାନା ସ୍ଥାନରେ ବିଲରେ ପଡ଼ିଥାଏ। ଗାଁର ପତ୍ତନ କେବେ ଦିଶୁ ନଥାଏ; ତଥାପି କୌଣସି କୌଣସି ଗାଁ ଭିତରେ ନାଆ ଚାଲିଯାଉଥାଏ । ଖଣ୍ଡେ ଖଣ୍ଡେ ବୁଦା ଦିଶୁଥାଏ ଓ ଲୋକେ ସେଠାରେ ଜମା ହୋଇଥାନ୍ତି। ତା' ଛଡ଼ା ଲୋକେ ଥାନ୍ତି ଗଛରେ। ହଇଜା ପ୍ରବଳ ବେଗରେ ଲାଗିଥାଏ। ଲୋକେ ମରିବା ପୂର୍ବରୁ ଗଛରୁ ଖସିପଡ଼ି ମରି ଭାସି ଯାଉଥାନ୍ତି।

ଆମେ କେନ୍ଦ୍ରାପଡ଼ା ବାଟେ ଯାଇ ଇନ୍ଦୁପୁରଠାରୁ ନାଆରେ ଚଢ଼ି ଆଗ ଭଙ୍ଗା କେନାଲବନ୍ଧ ପାରିହୋଇ ବିଲ ଭିତରେ ବଢ଼ିପାଣିରେ ପଡ଼ିଲୁ। ସେଠାରୁ କ୍ରମେ କ୍ରମେ ମାର ବାଟେ ବରୀ, କଳାମାଟିଆ ପ୍ରଭୃତି ଆଡ଼କୁ ନାଆ ଚଳାଇଥିଲୁ। ସଙ୍ଗରେ ଥିଲେ ପଣ୍ଡିତ ଗୋପବନ୍ଧୁ ଦାସ, ପ୍ରଚାରକ ଅନନ୍ତ ମିଶ୍ର ଓ ଏବେ ପେନ୍‌ସନ୍ ପାଉଥିବା

ଡେପୁଟି ଶ୍ରୀ ନାରାୟଣ ନନ୍ଦ। ସାଙ୍ଗରେ ସାମାନ୍ୟ ଚୁଡ଼ା, ଚାଉଳ, ତିନ୍ତୁଳି, ଲୁଣ, କିରାସିନି ପ୍ରଭୃତି ନେଇ ସେ ଅଞ୍ଚଳକୁ ବାଣ୍ଟିବା ପାଇଁ ଯାଇଥିଲୁ। ନାଆ ଉପରେ ଆମେମାନେ ଯେତେଦୂର ମନେହୁଏ, ପ୍ରାୟ ଦଶଦିନ ଥିଲୁ।

ମୁଁ ସେତେବେଳେ କଲେଜ ହଷ୍ଟେଲ (ଏବର କଲେଜିଏଟ୍ ହଷ୍ଟେଲ)ରେ ଥାଏ। ପୁଣି ମୁଁ ଥିଲି ବୃତ୍ତିଭୋଗୀ ଛାତ୍ର। କଲେଜର ପ୍ରିନ୍‌ସିପାଲ ସେତେବେଳେ ଥିଲେ ସ୍ୱର୍ଗତ ବିପିନବିହାରୀ ଗୁପ୍ତ। ସମସ୍ତେ ତାଙ୍କୁ ବି: ଭି: ଗୁପ୍ତ ବୋଲି ଜାଣନ୍ତି। ତାଙ୍କର ଇଂରାଜୀ ପାଟୀଗଣିତ ଅନେକ ଦିନଯାଏ ଏନ୍‌ଟ୍ରାନ୍‌ସ୍ ବା ମାଟ୍ରିକୁଲେଶନ ତଥା ଏଫ୍.ଏ. ବା ଆଇ.ଏ. କ୍ଲାସରେ ପାଠ୍ୟପୁସ୍ତକ ଥିଲା। ଏବେ ହୁଏତ ଛାତ୍ରମାନେ ତାହା ବ୍ୟବହାର କରୁଥିବେ। ବି: ଭି: ଗୁପ୍ତ କଡ଼ା ମିଜାଜର ଲୋକ ଥିଲେ ବୋଲି ସମସ୍ତେ କହୁଥିଲେ। ପୁଣି ସେତେବେଳେ କଲେଜ ତଥା ହଷ୍ଟେଲରେ ଓଡ଼ିଆ ଛାତ୍ରଙ୍କ ସଂଖ୍ୟା ବେଶି ନଥିଲା। ପ୍ରଫେସରମାନଙ୍କ ଭିତରେ ଓଡ଼ିଆ ଆଦୌ ନଥିଲେ କହିଲେ ହୁଏ; ତେଣୁ ବି: ଭି: ଗୁପ୍ତଙ୍କ ଭଳି ପ୍ରିନ୍‌ସିପାଲଙ୍କ ସଂଗେ ମୋ ଭଳି ଛାତ୍ରର ବେଶି ଆତ୍ମୀୟତା ନଥିଲା।

ହେଲେହେଁ ସେଇକାଳରୁ ମୁଁ ଟିକିଏ ସ୍ୱାଧୀନଚେତା ଥିଲି। କଲେଜରେ ପଢ଼ିବା ଦିନରୁ ଏପରିକି କଟକରେ କଲେଜିଏଟ୍ ସ୍କୁଲରେ ଏନ୍‌ଟ୍ରାନ୍‌ସ ସେକେଣ୍ଡ କ୍ଲାସରେ ମୁଁ ପଢୁଥିଲାବେଳୁ ସ୍ୱର୍ଗତ ପଣ୍ଡିତ ଗୋପବନ୍ଧୁ ଦାସଙ୍କ ସାକ୍ଷାତ ସଂପର୍କରେ ଆସି ଦେଶର ଭବିଷ୍ୟତ ଘେନି ବହୁପ୍ରକାର କଳ୍ପନା ଜଳ୍ପନାରେ ପଣ୍ଡିତ ଗୋପବନ୍ଧୁ ଦାସ, ଆଚାର୍ଯ୍ୟ ହରିହର ଦାସ ଓ ପ୍ରଚାରକ ଅନନ୍ତ ମିଶ୍ରଙ୍କ ସଂଗେ ମୋର କାଳ କଟୁଥିଲା। ସେତେବେଳେ ମୋର ତରୁଣ ପ୍ରାଣରେ ଦେଶ ଓ ଜାତିର ଭବିଷ୍ୟତ ସମ୍ବନ୍ଧରେ ଯେଉଁ କଳ୍ପନା ଖେଳୁଥିଲା ଓ ସେଥି ସଂଗେ କାର୍ଯ୍ୟାନୁଷ୍ଠାନର ଯେଉଁ ସବୁ ପନ୍ଥା ଅନୁସନ୍ଧାନ କରାଯାଉଥିଲା, ତାହା ଆଜି ବର୍ଣ୍ଣନା କରି କହିପାରିବି ନାହିଁ। ତା' ଭିତରେ ଗୋଟିଏ ବଡ଼ କଥା ହେଉଚି, ଲୋକସେବା, ରୋଗୀସେବା ଓ ନାନା ସାହିତ୍ୟିକ ଆଲୋଚନା ସଭା କରିବା ଓ ସେ ସବୁରେ ଯୋଗଦେବା।

ଏସବୁ ଭିତରେ ସଂକଳ୍ପ ଥାଏ, 'ସରକାରୀ ଚାକିରି' କରିବାକୁ ହେବ ନାହିଁ। ଏଥିରେ ସ୍ୱାଧୀନ ଚିତ୍ତବୃତ୍ତି ଯେପରି ବିକାଶ ପାଇବାର କଥା ତା' ବୋଧହୁଏ ହେଉ ନଥିଲା।

ବଢ଼ି ଅଞ୍ଚଳରୁ ବୋଡିଂକୁ ଫେରିଆସି ଶୁଣିଲି ପ୍ରିନ୍‌ସିପାଲ ବି: ଭି: ଭାରି ରାଗିଚନ୍ତି। ସେଥିରେ ପୁଣି ଜିଲ୍ଲାମାଜିଷ୍ଟ୍ରେଟ ଥାନ୍ତି ସେତେବେଳେ ଗ୍ୟାରେଟ ବୋଲି ଜଣେ ଇଂରେଜ। ଦେଶଲୋକଙ୍କ ପାଇଁ କାର୍ଯ୍ୟ କଲେ, ବିଶେଷତଃ ବଢ଼ି, ମରୁଡ଼ି,

ମଡ଼କରେ ଲୋକଙ୍କ ସେବା କଲେ ସେଭଳି କାର୍ଯ୍ୟସବୁ ସେକାଳେ ଅନେକ ଇଂରେଜ ଶାସକମାନଙ୍କୁ ବଡ଼ ଅସହ୍ୟ ହେଉଥିଲା। ଗ୍ୟାରେଟ ଥିଲେ ସେଇଭଳି ଜଣେ ଶାସକ। ପୁଣି ସେ ଥିଲେ ଜଣେ ଭାରି ଟାଣୁଆ ଲୋକ।

ଅନେକେ ଜାଣିଥିବେ କି ନାଇଁ ଜାଣେ ନାଇଁ; ସେକାଳେ ଲୋକେ ବଢ଼ି, ମରୁଡ଼ିରେ ପଡ଼ି ଖାଇବାକୁ ନପାଇ ଅଣହେଳାରେ ପୋକମାଛି ପରି ମରୁଥିଲେ; କିନ୍ତୁ ଗୋରା ଜିଲ୍ଲା ମାଜିଷ୍ଟ୍ରେଟମାନେ କୌଣସି ଅଧସ୍ତନ କର୍ମଚାରୀଙ୍କ ରିପୋର୍ଟରେ ମଧ୍ୟ ଏ କଥା ବାହାରିବାଟାକୁ ପସନ୍ଦ କରୁ ନଥିଲେ। ଅନେକେ ଜାଣିଥିବେ, ସ୍ୱର୍ଗତ ଗୋପବନ୍ଧୁ ଚୌଧୁରୀ (ସେକାଳ ଡେପୁଟି) ଏପରି ଏକ ବଢ଼ିରେ ବହୁତଗୁଡ଼ାଏ ଲୋକ ଖାଦ୍ୟାଭାବରେ ପଡ଼ିଥିବାର ରିପୋର୍ଟ କରିଥିଲେ। ଉପରୁ ଜିଲ୍ଲା ମାଜିଷ୍ଟ୍ରେଟଙ୍କ ପାଖରୁ ଆଦେଶ ଯାଇଥିଲା "Fool reduce the number" ଫଳରେ ମନସ୍ୱୀ ଗୋପବନ୍ଧୁ ଚୌଧୁରୀଙ୍କର ଚାକିରି ଛାଡ଼ିବାର କାରଣ ଏହାଇ ଥିଲା। ଏଥିରୁ ସେକାଳ ଶାସନ ଓ ଶାସକମାନଙ୍କ ଅବସ୍ଥା ବୁଝାପଡ଼ିବ। ଅବଶ୍ୟ ଏହା ଏକାଳ କଳ୍ପନାରୁ ଅତୀତ।

ଏଇ ଗ୍ୟାରେଟ୍ ସାହେବ ଆମମାନଙ୍କ ବଢ଼ି ଅଞ୍ଚଳକୁ ଯିବା ଓ ନାଆରେ ବୁଲି ଚୁଡ଼ା, ଚାଉଳ ବାଣ୍ଟିବା କଥାଟାକୁ ଆଦୌ ପସନ୍ଦ କରି ନଥିଲେ। ଲୋକେ ସ୍ୱତଃ ମନେ କରୁଥିଲେ, ସେ ଏ ବିଷୟରେ ଆମ ପ୍ରିନ୍‌ସିପାଲ ବି: ଭି: ଗୁମ୍ଫାକୁ ତାଗିଦ୍ ମଧ୍ୟ କରିଥିଲେ। ମୁଁ ଥିଲି ଗୋଟିଏ ବୃତ୍ତିଭୋଗୀ ଛାତ୍ର। ସେଥିପାଇଁ ମୋର ଦରମା ଛାଡ଼ ମଧ୍ୟ ହୋଇଥିଲା। ପ୍ରିନ୍‌ସିପାଲ ବିଚାରିଥିଲେ ମୋର ଦରମା ଛାଡ଼ ଓ ବୃତ୍ତି କଟିଯାନ୍ତା। ମୋର ଅନୁପସ୍ଥିତିରେ ଯେ କୌଣସି କାରଣରୁ ହେଉ ସମସ୍ତେ ମତେ ମନେ କରିଥିଲେ ଏଣେ କଡ଼ା ବି: ଭି: ଗୁପ୍ତ, ତେଣେ ପୁଣି ଅତି ଅସହିଷ୍ଣୁ ଗ୍ୟାରେଟ ସାହେବ— ଏଥିରେ ମୋର ଆଉ ଦରମା ଛାଡ଼ ବା ବୃତ୍ତି ରହିବ ନାଇଁ। ମତେ କଲେଜରୁ ବାହାର କରି ଦିଆଯିବ।

ମୁଁ ପୁଣି ବୋର୍ଡିଂ ସୁପରିଣ୍ଟେଣ୍ଡେଣ୍ଟ୍ (ସେ କାଳର କଲେଜିଏଟ୍ ସ୍କୁଲ ମାଷ୍ଟର ଶ୍ରୀ ସୁରେଶଚନ୍ଦ୍ର ଗୁପ୍ତ, ବି.ଏ.)ଙ୍କ ଅନୁମତି ପର୍ଯ୍ୟନ୍ତ ଘେନି ଯିବାକୁ ବେଳ ପାଇ ନଥିଲି ପ୍ରିନ୍‌ସିପାଲଙ୍କୁ କହିକରି ଯିବା ତ ଦୂରର କଥା। ମାତ୍ରକ କେନ୍ଦ୍ରାପଡ଼ାରୁ ପ୍ରିନ୍‌ସିପାଲଙ୍କୁ କଟକରୁ ଯିବାବେଳର ସମୟାଭାବ ଜଣାଇ ଖଣ୍ଡେ ସେ କାଳ ପଇସିକିଆ ପୋଷ୍ଟକାର୍ଡ ମାତ୍ର ଲେଖି ଦେଇଥିଲି।

ମୁଁ ଆସି ହଷ୍ଟେଲରେ ପହଞ୍ଚିଲାମାତ୍ରେ ହଷ୍ଟେଲରେ ମୋ ଆଗମନକୁ ଅପେକ୍ଷା କରି ରହିଥିବା ଦୁଇଜଣ ଚପରାଶି ମତେ ଘେନି ପ୍ରିନ୍‌ସିପାଲଙ୍କ ପାଖକୁ ଗଲେ। ଏବେ

କଲେଜିଏଟ୍ ସ୍କୁଲ ହେଡ୍‌ମାଷ୍ଟରଙ୍କର ଯେଉଁ ବସାଘରଟି ଅଛି, ତାହାରି ଦୋ'ତାଲା ଉପରେ ସେ କାଳ କଲେଜ ପ୍ରିନ୍‌ସିପାଲଙ୍କ ଅଫିସ୍ ଥିଲା। ମୁଁ ଚପରାଶି ଦୁଇଜଣଙ୍କ ସଂଗେ ଦୀର୍ଘ ସୋପାନ ଶ୍ରେଣୀଟି ଅତିକ୍ରମ କରି ପ୍ରିନ୍‌ସିପାଲଙ୍କ ଆଗରେ ଯାଇ ପହଞ୍ଚିଲି। ପ୍ରିନ୍‌ସିପାଲ ଅତି ରୁକ୍ଷସ୍ୱରରେ ମତେ ପଚାରିଲେ, "ତୁମେ କୁଆଡ଼େ ଯାଇଥିଲ ?" ମୁଁ କହିଲି, "କେନ୍ଦ୍ରାପଡ଼ା, ଯାଜପୁର ଅଞ୍ଚଳରେ ରାଶି ରାଶି ଲୋକେ ବଢ଼ିରେ ବୁଡ଼ି ମରିଯାଉଥିଲେ। ମୁଁ ତାଙ୍କୁ ଚୁଡ଼ା, ଚାଉଳ ବାଣ୍ଟିବା ପାଇଁ ଗୋପବନ୍ଧୁ ଦାସଙ୍କ ସଂଗେ ଯାଇଥିଲି। ମୁଁ ତ ଆପଣଙ୍କୁ କେନ୍ଦ୍ରାପଡ଼ାଠାରୁ ପୋଷ୍ଟକାର୍ଡ ଲେଖି ଜଣାଇଥିଲି। ଆପଣ ପାଇଥିବେ।" ପ୍ରିନ୍‌ସିପାଲ ଆଗପରି ରୁକ୍ଷସ୍ୱରରେ ପୁଣି ପଚାରିଲେ, "ଏଇପରି କ'ଣ ଜଣାଇବାକୁ ହୁଏ ? ତମେ ଜାଣ ତମର ପିତା ତ ଅଛନ୍ତି। ତୁମକୁ ସେ ଏଠାରେ ରଖାଇ ଦେଇଥିଲେ ଆମର ତତ୍ତ୍ୱାବଧାନରେ। ଧର, ତମର ପିତା ଆସି ଆମକୁ ପଚାରିଥାନ୍ତେ, ଆମେ କ'ଣ ଉତ୍ତର ଦିଅନ୍ତୁ? ତୁମେ ରୁଗ୍ଣ ହୋଇଥାନ୍ତ, ଆମେ କ'ଣ କରନ୍ତୁ? ଇତ୍ୟାଦି"

ମୁଁ ଟିକିଏ ଦୃଢ଼ ଗମ୍ଭୀର ଭାବରେ ଠିଆ ହେଲି। ତା'ପରେ କ'ଣ ଭାବିଲି, ମୋର ମନେ ହେଉ ନାହିଁ। ମୁଁ ହଠାତ୍ କହିଉଠିଲି, "ଲୋକେ ରାଶି ରାଶି ମରିଯାଉଥିଲେ, ମୁଁ ତ ତାଙ୍କରି ସାହାଯ୍ୟ ପାଇଁ ଯାଇଥିଲି। ଅବସ୍ଥା ବଡ଼ ଜରୁର, ମୋର ଜଣାଇବାକୁ ବେଳ ନଥିଲା। ମୋର ଆଉ ଚାରା କ'ଣ ଥିଲା ?" ପ୍ରିନ୍‌ସିପାଲ କହିଲେ, "ତମର ଚାରା ଥିଲା କି ନାହିଁ, ସମୟ ଥିଲା କି ନାହିଁ, ଏକଥା ଆମର ଭାବିବାର ବିଷୟ ନୁହେଁ।" ସେଠାରୁ ମୁଁ କହିଲି, "ପ୍ରବୀଣ ବୟସ୍କମାନେ ଏଇପରି କହନ୍ତି। ପିଲାଏ ଏଇପରି ଯାଆନ୍ତି। ମୁଁ କିଛି ଅପକାର୍ଯ୍ୟ କରିବାକୁ ଯାଇ ନଥିଲି।"

କାହିଁକି କେଜାଣି ବି: ଭି: ଗୁପ୍ତଙ୍କ ପରି ପ୍ରିନ୍‌ସିପାଲ ହଠାତ୍ ଏ କଥାରେ ଖେଁକିନି ହସିଦେଲେ। ମତେ କହିଲେ, "ଦୁଷ୍ଟପିଲା, ଯାଅ ଯାଅ।"

ମୋର ଯେତେଦୂର ମନେ ହେଉଚି, ପ୍ରିନ୍‌ସିପାଲଙ୍କ ସଂଗେ ଏହାର ମୋର ପ୍ରଥମ ଦେଖା। ଓଡ଼ିଆ ପିଲାଙ୍କର ବିଶେଷରେ ମୋ ପରି ତଳକ୍ଲାସ ପିଲାଙ୍କର ସେତେବେଳେ ପ୍ରିନ୍‌ସିପାଲଙ୍କ ଭଳି ଲୋକଙ୍କ ସଂଗେ ଦେଖା ହେବା, କଥାବାର୍ତ୍ତା ହେବା, ସହଜ ନଥିଲା। ମାତ୍ର ଏହା ଦେଖି ଆମ ବୋର୍ଡିଂର ସୁପରିଣ୍ଟେଣ୍ଡେଣ୍ଟଙ୍କୁ ମିଶାଇ ଆଉ ସମସ୍ତେ ତାଜୁବ ହୋଇଗଲେ। ଆଉ ବୋର୍ଡିଂରେ ବା କଲେଜରେ ଏକଥା ପଡ଼ି ନାହିଁ।

ଅଧ୍ୟକ୍ଷ ବି: ଭି: ଗୁପ୍ତଙ୍କ ସ୍ମୃତି
(୨ ଖ)

ଆଉ ଦିନକର କଥା। ଏମଧ୍ୟ ସେଇ ବି: ଭି: ଗୁପ୍ତ, ପ୍ରିନ୍‌ସିପାଲଙ୍କ ସମ୍ବନ୍ଧୀୟ କଥା। ସେକାଳ କଲେଜ ହଷ୍ଟେଲ ବା ଏବଂ କଲେଜିଏଟ୍ ସ୍କୁଲବୋଡିଂ ଗେଟ୍ ପାଖେ ଅଛି ଲଣ୍ଡା ଦେଉଳ। ସେଇ ଲଣ୍ଡା ଦେଉଳରେ କେତେଗୁଡ଼ିଏ ବସା ଥାଏ। କଲେଜ, କଲେଜିଏଟ୍ ସ୍କୁଲ ତଥା ସହର ମଧ୍ୟରେ ଅନ୍ୟାନ୍ୟ ସ୍ଥାନରେ ପଢୁଥିବା କେତେକ ଛାତ୍ର ମଧ୍ୟ ସେଥିରେ ରହୁଥିଲେ। ଥରେ ସେଇ ଛାତ୍ରମାନଙ୍କ ଭିତରେ ହଇଜା ଆରମ୍ଭ ହେଲା। ଏବେ ପଟିଆର ଲୋକନାଥ ଦାସ ଆଡଭୋକେଟ, ରାଜାବଗିଚାରେ ଅଛନ୍ତି। ସେ ଓ ତାଙ୍କ ସଂଗେ ତାଙ୍କର ଗୋଟିଏ ଛୋଟଭାଇ, ଏ ଦୁହେଁ ସେଇ ଲଣ୍ଡାଦେଉଳ ବସାମାନଙ୍କ ଭିତରୁ ଗୋଟିକରେ ଥାନ୍ତି। ସେଇ ଛୋଟ ପିଲାଟିର ହଇଜା ହେଲା। ସେ ସେତେବେଳେ ଟ୍ରେନିଂସ୍କୁଲ ସଂପର୍କରେ ଥିବା ମଡେଲ ସ୍କୁଲ (ମାଇନର ସ୍କୁଲ)ରେ ଗୋଟିଏ ଛାତ୍ର ଥାଏ। ମୁଁ ମଧ୍ୟ ସେ କାଳେ ହଇଜା ରୋଗୀଙ୍କର ବୁଲି ବୁଲି ଚିକିତ୍ସା କରୁଥିବା ଗୋଟିଏ କ୍ଷୁଦ୍ରଦଳରୁ ଜଣେ ଥିଲି। ମୁଁ ବି, ମନେଅଛି, ଅତି ପ୍ରତ୍ୟୁଷରୁ କାଠଯୋଡ଼ିରେ ସ୍ନାନକରି ଗୋଟାଏ ମଠା ପିନ୍ଧି ନୈଷ୍ଠିକ ଭାବରେ ସକାଳୁ ଗୀତା, ଉପନିଷଦ୍ ପ୍ରଭୃତି ଘଣ୍ଟାଏ ଖଣ୍ଡେ ପଢୁଥିଲି। ସକାଳୁ ଯୋଡ଼ାଏ ଖଡ଼ମ ବି ମାଡୁଥିଲି। ସେଇପରି ଗୀତା, ଉପନିଷଦ୍ ପଢୁ ପଢୁ ଖବର ପାଇଲି, ଲଣ୍ଡା ଦେଉଳରେ ଗୋଟିଏ ପିଲାର ହଇଜା ହେଉଚି। ମୁଁ ସେଇପରି ମଠା ପିନ୍ଧି କାନ୍ଧରେ ଗାମୁଛା ପକାଇ ଖଡ଼ମ ମାଡ଼ି ବୋଡିଂରୁ ବାହାରି ଲଣ୍ଡା ଦେଉଳକୁ ଚାଲିଗଲି। ଲଣ୍ଡା ଦେଉଳରୁ ଆଉ ସବୁ ଛାତ୍ରମାନଙ୍କୁ ସ୍ଥାନାନ୍ତରକୁ ଯିବାକୁ କହିଦେଲି। ଲୋକନାଥର ଆଉ ସ୍ଥାନାନ୍ତର ନଥିଲା। ତାକୁ ବୋଡିଂରେ ଯାଇ ମୋ ପାଇଁ ରନ୍ଧା ହୋଇଥିବା ମିଲ୍ ଖାଇ ରହିବାକୁ କହିଦେଲି।

ହଇଜାଗ୍ରସ୍ତ ପିଲାଟିର ନାମ, ମୋ ମନେ ହେଉଚି, ନେତ୍ରାନନ୍ଦ। ମୋ ଛଡ଼ା ତା' ପାଖେ ଆଉ କେହି ରହିଲା ନାଇଁ। ମୁଁ କ୍ରମେ କ୍ରମେ ଆଗ ମୋର ଗାମୁଛା, ତା'ପରେ ବିଛଣା ଚାଦର ପ୍ରଭୃତି ବୋଡିଂରୁ ଆଣି ଚିରି ଚିରି ଖଣ୍ଡ ଖଣ୍ଡ କରି ତା'ର ଝାଡ଼ା ପାଇଁ ପକାଇ ପକାଇ ସବୁ ଶେଷ ହୋଇଗଲା। ସେତେବେଳେ ହଇଜାର ବିଶେଷ କିଛି ପ୍ରତିକାର ନଥିଲା। ପାଖରେ ଥାନ୍ତି ମନ୍ମଥ ବାବୁ, ସେତେବେଳର ଟ୍ରେନିଂ ସ୍କୁଲର ଡ୍ରଇଁ ମାଷ୍ଟର। ସେ କରୁଥାନ୍ତି ଅବୈତନିକ ହୋମିଓପାଥିକ୍ ଚିକିତ୍ସା। ତାଙ୍କଠାରୁ ବରାବର ଔଷଧ ଆଣି ନେତ୍ରାନନ୍ଦକୁ ପାନେ ପାନେ ଦେଉଥାଏ। ପରେ ଜଣାପଡ଼ିଲା, ସେ ଔଷଧ ଦିଆଯାଉଥିଲା ଭାସ୍କର ପାଣି (କର୍ପୂର ସୁବାସିତ ପାଣି)ରେ।

ଏଣେ ସାରା ହଷ୍ଟେଲରେ ଚହଳ ପଡ଼ିଗଲା, ନୀଳକଣ୍ଠ ଲଣ୍ଡା ଦେଉଳରେ ଯାଇ ହଇଜା ରୋଗୀ ଚିକିତ୍ସା କରୁଚି, ସେଇ ଲୁଗା ପିନ୍ଧି ବୋର୍ଡିଂରେ ନିଜ ଘରକୁ ଆସୁଚି ଯାଉଚି କାହାରି କଥା ମାନୁ ନାହିଁ। କ୍ରମେ ଏ କଥା ସୁରେଶ ଗୁପ୍ତ (ସୁପରିଣ୍ଟେଣ୍ଡେଣ୍ଟ) କଲେଜର ପ୍ରିନ୍‌ସିପାଲଙ୍କ କାନକୁ ନେଲେ। ପ୍ରିନ୍‌ସିପାଲ ମଧ୍ୟ ଟିକିଏ ବିଚଳିତ ହୋଇଗଲେ ଓ ସଂଗେ ସଂଗେ ମତେ ଡାକିବା ପାଇଁ ଚପରାଶି ପଠାଇଦେଲେ। ସେତେବେଳକୁ ନେତ୍ରାନନ୍ଦ ବାରମ୍ବାର ପାଣି ମାଗୁଚି। ମୁଁ ମଧ୍ୟ ପାଖରେ କଡ଼ା ପୋଟାସ୍ ପରମାଙ୍ଗାନେଟ୍ ପାଣି ଆଟିକାଏ ରଖିଦେଇ ତା'ର ସେବାରେ ଲାଗିଚି। ପଟାସ୍ ପାଣିରେ ବାରମ୍ବାର ହାତ ଧୋଇ ଧୋଇ ମୋ ହାତ କଳା ପଡ଼ିଯାଇଚି। ମୁଁ ମାଡ଼ିଚି ଖଡ଼ମ। ପିନ୍ଧିଚି ସେଇ ମଠାଟି। ଗାମୁଛା ମଧ୍ୟ କାନ୍ଧରେ ନାହିଁ। ପ୍ରିନ୍‌ସିପାଲ ପଠାଇଥିବା ଚପରାଶି ସଂଗେ ତର ତର ହୋଇ ଚାଲି ଦୋ'ତାଲା ଉପରେ ପ୍ରିନ୍‌ସିପାଲଙ୍କ କୋଠରିକୁ ଉଠିଆସିଲି। ପ୍ରିନ୍‌ସିପାଲଙ୍କୁ ଦେଖିବା ମାତ୍ରେ କହିଲି, "ରୋଗୀଟି ପାଖରେ ଆଉ କେଇ ନାହାନ୍ତି। ସେ ପ୍ରତିକ୍ଷଣରେ ପାଣି ମାଗୁଚି ଓ ଝାଡ଼ା ଯାଉଚି। ମୁଁ ତା' ପାଖରୁ ଆସିଚି। ଶୀଘ୍ର ଫେରିଯିବି।"

ଆପଣ ମୋତେ ଅପରାଧୀ ବୋଲି ବିଚାରୁଥିବେ, କ'ଣ ଦଣ୍ଡ ଦେବାକୁ ଭାବୁଥିବେ। ଆପଣ ଯାହା କରିବେ କରନ୍ତୁ, ମତେ ଛାଡ଼ିଦିଅନ୍ତୁ।"

ପ୍ରିନ୍‌ସିପାଲ ଟିକିଏ ସ୍ତମ୍ଭୀଭୂତ ହେଲା ପରି ରହିଲେ। ମତେ କହିଲେ, "ଯାଅ।"

ତା'ପରେ ସୁପରିଣ୍ଟେଣ୍ଡେଣ୍ଟ୍ ଲଣ୍ଡା ଦେଉଳ ବସା ବାହାରକୁ ଆସି ମତେ ଦଶ ଟୋପା Sulphuric Acid (ସଲଫ୍ୟୁରିକ ଏସିଡ୍) ପିଆଇ ଦେଇଗଲେ। ଆଉ ମତେ କିଛି କହି ନାହାନ୍ତି।

ସେ ପିଲାଟି କଥା ଟିକିଏ କହିଦିଏ। ଠିକ୍ ସନ୍ଧ୍ୟା ପୂର୍ବରୁ ତା'ର ମୃତ୍ୟୁ ହେଲା। ଏ ମଧ୍ୟରେ ଟ୍ରେନିଂ ସ୍କୁଲର ସେକାଳ ଅଧକ୍ଷ ଓ ମଡେଲ ସ୍କୁଲର ସୁପରିଣ୍ଟେଣ୍ଡେଣ୍ଟ୍ ଚନ୍ଦ୍ରମୋହନ ମହାରଣା ଖବର ପାଇଁ ତାକୁ ଦେଖିବାକୁ ଆସିଥିଲେ। ମୁଁ ତାଙ୍କ ସଂଗେ ଯାଇ ଟ୍ରେନିଂ ସ୍କୁଲ ବୋର୍ଡିଂରୁ କେତେକ ଛାତ୍ରଙ୍କୁ ଡାକିଆଣି ରାତ୍ରରେ ଖାନନଗରରେ ତା'ର ଦାହକ୍ରିୟା କରୁ କରୁ ମନେ ଅଛି, ନଈ ମାଡ଼ିଆସିଲା। ଆମେ ଶେଷକୁ ଅକର୍ତ୍ତବ୍ୟରେ ଦାହ କରିବା ଅବସ୍ଥାରେ ସେ ପିଲାଟିକୁ ନଈରେ ଭସାଇଦେଲୁ। ଚନ୍ଦ୍ରମୋହନ ବାବୁ ମଧ୍ୟ ସଂଗେ ଥିଲେ।

ଅଧ୍ୟକ୍ଷ ବି: ଭି: ଗୁପ୍ତଙ୍କ ସ୍ମୃତି
(୨ ଗ)

ମୁଁ ୧୯୦୫ରେ ଏନ୍‌ଟ୍ରାନ୍‌ସ ପାସ୍ କରି ଗୋଟିଏ ପ୍ରାଦେଶିକ ବୃତ୍ତି ପାଉଥିଲି। ସେ ବର୍ଷ ଏଇ ପ୍ରାଦେଶିକ ବୃତ୍ତି ପାଇବାବାଲା ଆଉ ତିନିଜଣ ହେଉଚନ୍ତି, ଏବର ଡକ୍ଟର ସୁଶୀଳ କୁମାର ଦେ। ଆଉ ଜଣେ ହେଉଚନ୍ତି, ପ୍ରତିଷ୍ଠିତ ପଣ୍ଡିତ ଓ ଐତିହାସିକ ଡକ୍ଟର ରମେଶଚନ୍ଦ୍ର ମଜୁମଦାର। ଚତୁର୍ଥ ଜଣଙ୍କ ହେଉଚନ୍ତି ଏବର କଟକର ଆଡଭୋକେଟ୍ ଶ୍ରୀ ଜୀବନାନନ୍ଦ ଦାସ। ଯାହାହେଉ, ଏଇ ପ୍ରାଦେଶିକ ବୃତ୍ତି ମୋର ଏଫ୍.ଏ. (ଏବର ଆଇ.ଏ.) ବେଳକୁ ଥିଲା ମାତ୍ର ଦୁଇଟି। ମୋର ସ୍ଥାନ ଥିଲା ତୃତୀୟ। ତଥାପି ମୁଁ ବି.ଏ. ପଢ଼ିବାକୁ ମନସ୍ଥ କରି ଆସିଥିଲି। ହଠାତ୍ ଦିନେ ପ୍ରିନ୍‌ସିପାଲ, ବି: ଭି: ଗୁପ୍ତ ମତେ ଡକାଇ ପଠାଇଲେ। କହିଲେ, "ମେୟୋ ସାହେବଙ୍କ ନାମରେ ଦୁଇଟି ବୃତ୍ତି ଅଛି। ତମର ସ୍ଥାନ ଅଛି ତୃତୀୟ। ତମେ ଗୋଟିଏ ଦରଖାସ୍ତ ଦେଉ ନାହଁ କାହିଁକି ?" ମୁଁ ସେଠାରୁ ଆସି ଦରଖାସ୍ତ ଖଣ୍ଡିଏ ଲେଖିନେଇ ତାଙ୍କୁ ଦେଲି। ସେ କହିଲେ, "ଦୁଇଟି ସାର୍ଟିଫିକେଟ୍ ଏହା ସଂଗେ ଦେବା ଦରକାର।"

ମୁଁ ତ ଜୀବନରେ କେବେ କାହାରିଠାରୁ ସାର୍ଟିଫିକେଟ୍ ପାଇଁ ଯାଇ ନଥିଲି। ତା'ପରେ ବି ଯାଇ ନାଇଁ। କାରଣ ଅତି ତଳ କ୍ଲାସରୁ ଗୋପବନ୍ଧୁ ବାବୁଙ୍କ ସଂପର୍କରେ ଆସି ମୁଁ ପ୍ରତିଜ୍ଞା କରିଥିଲି ସରକାରୀ ଚାକିରୀ କରିବି ନାଇଁ। କାହାକୁ ସାର୍ଟିଫିକେଟ୍ ନ ମାଗିବାର ଏ ଗୋଟିଏ କାରଣ; କିନ୍ତୁ ପ୍ରିନ୍‌ସିପାଲ ମତେ ବାଧ୍ୟ କଲେ। କାଇଁକିନା, ମେୟୋବୃତ୍ତିର ନିୟମରେ ସେଇଆ ଥିଲା।

ମୋ ମନେଅଛି, ମୁଁ ସେଠାରୁ ମାଣିକଘୋଷ ବଜାରରେ ଥିବା (ଏବେ ଯେଉଁଠାରେ କୋଣାର୍କ ହୋଟେଲ ହୋଇଚି) ବ୍ରଜସୁନ୍ଦର ଦାସଙ୍କ ଘରକୁ ଗଲି। ସେଠାରେ ବ୍ରଜସୁନ୍ଦର ବାବୁ ଓ ଗୋପବନ୍ଧୁ ବାବୁ ଦୁହେଁ ବସି ଆଳାପ କରୁଥିଲେ। ତାଙ୍କୁ କହିବାରେ ସେ ଆଗ ଟିକିଏ ଅପସନ୍ଦ କଲା ପରି କଲେ; ମାତ୍ର ମତେ ଦୁଇଖଣ୍ଡ ସାର୍ଟିଫିକେଟ୍ ଲେଖିଦେଲେ। ମୁଁ ତାକୁ ଆଣି ପ୍ରିନ୍‌ସିପାଲଙ୍କୁ ଦେଲି। ପ୍ରିନ୍‌ସିପାଲ ତାକୁ ଦେଖିଲେ। ମୋ ଆଡ଼କୁ ଚାହିଁ ଟିକିଏ ସ୍ମେରମୁଖରେ ମତେ କହିଲେ, "ହଉ, ବିଧି ରକ୍ଷା ତ ହୋଇଗଲା, ଯାଅ।" ଜଣାଇ ଦେବାକୁ ଚାହେ, ଏଇ ଦରଖାସ୍ତ ଫଳରେ ମୋର ମେୟୋବୃତ୍ତି ହୋଇଥିଲା।

ଅଧ୍ୟକ୍ଷ ବି: ଭି: ଗୁପ୍ତଙ୍କ ସ୍ମୃତି
(୨ ଘ)

ସେଇପରି ରେଭେନ୍‌ସା କଲେଜ ଛାଡ଼ିବା ବେଳେ। କୌଣସି କମିଶନ ଅନୁସାରେ ସଂଶୋଧିତ ହୋଇଥିବା ବିଧିରେ ୧୯୦୯ରେ ପ୍ରଥମେ ବି.ଏ. ପରୀକ୍ଷା ଆରମ୍ଭ ହୋଇଥିଲା। ସେଥିରେ ପରୀକ୍ଷା ଦେଇ ପାସ୍ କରିଥିଲି। ମୋ ପୂର୍ବବର୍ଷ ୧୯୦୮ ପରୀକ୍ଷାରେ ଯେଉଁମାନେ ଅକୃତକାର୍ଯ୍ୟ ହୋଇଥିଲେ, ସେମାନଙ୍କ ପାଇଁ ଗୋଟିଏ ସପ୍ଲିମେଣ୍ଟାରୀ ପରୀକ୍ଷା ହୋଇଥିଲା। ସ୍ୱର୍ଗତ ଓକିଲ ଭୂତପୂର୍ବ ପ୍ରଧାନ ବିଚାରପତି ବୀରକିଶୋର ରାୟ ଓ ଆଡ୍‌ଭୋକେଟ୍ ଶ୍ରୀ ବିଚିତ୍ରାନନ୍ଦ ଦାସ ପ୍ରଭୃତି କେତେକ କଲେଜରେ ସୁପରିଚିତ ଛାତ୍ର ଏଇ ସପ୍ଲିମେଣ୍ଟାରୀରେ ପାସ୍ କରିଥାନ୍ତି।

ସେଇ ବର୍ଷ ପୁଣି କଲିକତାରେ ନୂଆ ହୋଇ ବିଶ୍ୱବିଦ୍ୟାଳୟରେ ଆଇନ୍ କଲେଜ ପ୍ରତିଷ୍ଠିତ ହୋଇଥାଏ ଓ ଓଡ଼ିଶାର ଏକମାତ୍ର ରେଭେନ୍‌ସା କଲେଜର ଛାତ୍ରମାନଙ୍କ ପାଇଁ ମାସକୁ ୩୦ଟଙ୍କା ହିସାବରେ ବି.ଏଲ୍. ପଢ଼ିବା ପାଇଁ ଚାରୋଟି ବୃତ୍ତି ସରକାର ଦେଉଥାନ୍ତି।

ମୁଁ ସେ ବୃତ୍ତି ବିଷୟରେ ବିଶେଷ ମନ ଦେଇ ନଥିଲି, କାଇଁକିନା, ମୋର ଧାରଣା ଥିଲା, ସପ୍ଲିମେଣ୍ଟାରୀରେ ପାସ୍ କରିବା ଛାତ୍ରମାନଙ୍କୁ ନଦେଇ ସେ ବୃତ୍ତିକୁ ଆମକୁ ଦେବେ କାଇଁକି? ତଥାପି ମୁଁ ଏମ୍.ଏ. ପାସ୍ କରିବା ପାଇଁ ଦୃଢ଼ସଂକଳ୍ପ ଥାଏ। ବି.ଏ. ପାସ୍ କରିବା ସଂଗେ ସଂଗେ ସତ୍ୟବାଦୀରେ ମାଇନର୍ ସ୍କୁଲଟି ଗୋପବନ୍ଧୁବାବୁଙ୍କ ସାହଚର୍ଯ୍ୟରେ ପ୍ରତିଷ୍ଠା କରାଯାଇଥିଲା। ସେଇଥିରେଇ ମୋର ପ୍ରଧାନ ଶିକ୍ଷକ ଓ ହଷ୍ଟେଲର ଅଧ୍ୟକ୍ଷ ହେବା କଥା ମୁଁ ନିଶ୍ଚୟ କରି ସାରିଥାଏ; କିନ୍ତୁ ସେତେବେଳେ ଏମ୍.ଏ. ପଢ଼ିବାକୁ ଓଡ଼ିଶାର ପିଲାଏ କଲିକତା ଯାଉ ନଥାନ୍ତି। ମୁଁ ଠିକ୍ କଲି ଏମ୍.ଏ. ପାସ୍ କରି ଆସି ସତ୍ୟବାଦୀ ସ୍କୁଲ ଓ ହଷ୍ଟେଲର ଭାର ନେବି। ସେ ପର୍ଯ୍ୟନ୍ତ ସ୍କୁଲରେ ମାଇନରଠାରୁ ଉପର ଶ୍ରେଣୀ ଖୋଲିବା କଥା, ତେଣୁ ବନ୍ଦ ରଖାଇଲି।

କିନ୍ତୁ ମୋର ପରିବାର ସମ୍ବଳହୀନ। କଲିକତାରେ ପଢ଼ିବି କିମିତି? ଥରେ କଟକରେ ଏଇ ସମ୍ବନ୍ଧରେ ଗୋଟିଏ କୌତୁକାବହ ଘଟଣା ଘଟିଥିଲା। ମୁଁ କଟକରେ ଆସି ସେକାଳର ଇଂରେଜୀ ପ୍ରଫେସର ଶ୍ରୀଯୁକ୍ତ ଗୋପାଳଚନ୍ଦ୍ର ଗାଙ୍ଗୁଲିଙ୍କ ସଂଗେ କଥାବର୍ତ୍ତା ହେଉଥିଲି। ସେ ମୋର ଭବିଷ୍ୟତ କଥା ପଚାରି ବସିଲେ। ମୁଁ କହିଲି, "ସତ୍ୟବାଦୀ ସ୍କୁଲରେ ଅଧ୍ୟକ୍ଷ ରୂପେ ଯୋଗଦେବି ଓ ସେଇ ସ୍କୁଲକୁ

ଜାତୀୟ ବିଦ୍ୟାଳୟ ଭାବରେ ଗଢ଼ିବାପାଇଁ ସ୍ଥିର କରା ହୋଇଚି। ମୁଁ ତା'ଛଡ଼ା ଆଉ କିଛି କରିବି ନାଇଁ।" ସେ ପଚାରିଲେ, "ତେବେ ଏମ୍.ଏ. ପଢ଼ିବା ପାଇଁ କଲିକତା ଯାଉଚ କାଇଁକି? ବି.ଏ. ପାସ୍ ତ ସତ୍ୟବାଦୀ ସ୍କୁଲ ପାଇଁ ଯଥେଷ୍ଟ ହୋଇଯିବ।" ମୁଁ କହିଲି, "ଓଡ଼ିଆ ପିଲାଏ ଏମ୍.ଏ. ପଢ଼ିବାକୁ କଲିକତା ଯାଉ ନାହାନ୍ତି, ଅଥଚ ଏଠାରେ ରେଭେନ୍‌ସା କଲେଜରେ ଏମ୍.ଏ. ପଢ଼ିବାର କୌଣସି ସୁବିଧା ନାଇଁ। ମୁଁ ସ୍ଥିର କରିଚି, କଲିକତା ଯାଇ ଏମ୍.ଏ. ପାସ୍ କରିବା ବିଷୟରେ ବାଟ ଦେଖାଇବି। ମୋର ଆଉ କିଛି ଉଦ୍ଦେଶ୍ୟ ନାଇଁ।" ଗୋପାଳବାବୁ ପଚାରିଲେ, "ଆଚ୍ଛା, ତମର ତ ଅବସ୍ଥା ଭଲ ନୁହେଁ। ତେବେ କଲିକତାରେ ଯାଇ ଖର୍ଚ୍ଚ ଚଳାଇ ପଢ଼ିବ କିପରି?"

ମୁଁ କହିଲି, "ଦେଖାଯାଉ।"

"ଯେନ ଶୁକ୍ଳୀକୃତା ହଂସାଃ
ଶୁକ୍ଳାଶ୍ଚ ହରିତା କୃତାଃ
ମୟୂରାଶ୍ଚିତ୍ରିତା ଯେନ
ସତେ ବୃତ୍ତିଂ ବିଧାସ୍ୟତି।"

କୌଣସିମତେ ଅର୍ଥର ବ୍ୟବସ୍ଥା ହୋଇଯିବ। ଗୋପାଳବାବୁ ଗୋଟାଏ ସନ୍ତୋଷର ପ୍ରସନ୍ନତାରେ କହିଲେ, "ତୋର ଏପରି ଭାବ? ତୁ ଯା, କୌଣସିମତେ ହେଲେ ତୋର ହୋଇଯିବ।"

ବିଚିତ୍ର କଥା। ଠିକ୍ ସେଇଆଡୁ ଆସି ଶୁଣିଲି, ପ୍ରିନ୍‌ସିପାଲ ବି.ଭି. ଗୁପ୍ତ ମତେ ଚାହିଁ ବସିଚନ୍ତି। ମୁଁ ସାଂଗେ ସାଂଗେ ଦୋତାଲା ଉପରକୁ ତାଙ୍କ ଅଫିସରେ ତାଙ୍କୁ ଭେଟିବାକୁ ଗଲି। ସେ କହିଲେ, "କିଓ! ତମେ କାଇଁକି ବି.ଏଲ୍. ବୃତ୍ତି ପାଇଁ ଦରଖାସ୍ତ ଦେଉନାହଁ? ଆଜି ତ ଶେଷ ଦିନ, ମୁଁ ତୁମକୁ ଚାହିଁ ବସିଚି।"

ମୁଁ କହିଲି, " ଅନେକ ତ ପୂର୍ବବର୍ଷ ସପ୍ଲିମେଣ୍ଟାରୀରେ ବି.ଏ. ପାସ୍ କରିଚନ୍ତି। ମୋ ସଂଗେ ଅନ୍ୟାନ୍ୟ ଅନେକ ବି ପାସ୍ କରିଚନ୍ତି। ମୋର ବି ହୁଏତ ପରୀକ୍ଷାରେ କୌଣସି ଉଚ୍ଚସ୍ଥାନ ନଥିବ। ମୁଁ କାଇଁକି ଦରଖାସ୍ତ ଦେବି?" ପ୍ରିନ୍‌ସିପାଲ କହିଲେ, "ଏସବୁ ଯୁକ୍ତି ଛାଡ଼, ଖଣ୍ଡିଏ ଦରଖାସ୍ତ ଦିଅ।" ମୁଁ ସେଇଠାରେ ଖଣ୍ଡେ ଦରଖାସ୍ତ ଦେଇଦେଲି। ପରେ ଗେଜେଟ୍‌ରେ ବାହାରିବାରେ ଦେଖିଲି, ଚାରିଜଣ ବୃତ୍ତି ପାଇବାରେ ମୋର ସ୍ଥାନ ଥିଲା ପ୍ରଥମ।

(ଲେଖା-୨୯-୧୧-୧୯୫୮)

(୩) ନିଶୁଆ ନୀଳକଣ୍ଠ ଦାସ

ମୋର ଜୀବନରେ ସମାଜ ସଂସ୍କାରର ପ୍ରଥମ ପର୍ବ 'ନିଶ' ନାମରେ ଚାରିଆଡ଼େ ବ୍ୟାପ୍ତ ହୋଇଥିଲା। ସେଥିରେ ନିଶ ଶବ୍ଦର ବ୍ୟୁତ୍ପତ୍ତିକ ଅର୍ଥ ସଂଗେ ତା'ର ବିଶେଷ କିଛି ସଂପର୍କ ନଥିଲା। ତା' କିପରି ହେଲା କହିଦେବା ଦରକାର। ପୁରୀର ସେକାଳ ହେଡ଼ପଣ୍ଡିତ ପଣ୍ଡିତ ସଦାଶିବ ମିଶ୍ର ମହାମହୋପାଧ୍ୟାୟ ଆମକୁ ସବୁ ସମୟରେ ବଡ଼ ସୁଖ ପାଉଥିଲେ। ବିଶେଷରେ ବ୍ରାହ୍ମଣମାନଙ୍କ ଶିକ୍ଷା ତହିଁ ସଂଗେ ବ୍ରାହ୍ମଣ ସଂସ୍କୃତି ପ୍ରତି ତାଙ୍କର ଖୁବ୍ ଶ୍ରଦ୍ଧା ଥଲା। ସେ ବୁଢ଼ାଦିନକୁ 'ନୀଳାଚଳ' ବୋଲି ଖଣ୍ଡିଏ କାବ୍ୟ ଲେଖିଥିଲେ। ମତେ ତାକୁ ଦିନେ କୌତୂହଳରେ କେତେକ ପୃଷ୍ଠା ଶୁଣାଇଥିଲେ। ମୁଁ ସେତେବେଳେ କଟକରୁ ଆସି ଏନ୍‌ଟ୍ରାନ୍‌ସ ଫାଷ୍ଟକ୍ଲାସରେ ପୁରୀରେ ପଢୁଥାଏ। ମୋ ମନରେ କିପରି ହେଲା। ସେତେବେଳେ ଗୋପବନ୍ଧୁ ବାବୁ ପୁରୀ ଆସିଥିଲେ। ମୁଁ ଯାଇ ତାକୁ ସେକଥା କହିଲି। ସେ ମତେ ଘେନି ପଣ୍ଡିତଙ୍କ ଘରକୁ ଆସିଲେ। ସେଇକଥା ପକାଇଲେ। ଶେଷକୁ ପଣ୍ଡିତ ମହାଶୟଙ୍କ ସଂଗେ ସ୍ମୃତି ବିଷୟରେ କୌଣସି ନୂତନ କଥା ପକାଇବାର ତାଙ୍କର ମମତା ଦେଖିଲି। ସେଇଥିରୁ ପଣ୍ଡିତ ମହାଶୟଙ୍କ ସେତେବେଳର 'କାଲ୍ୟାପାଧର୍ମସର୍ବସ୍ୱ' ସ୍ମୃତି ଲେଖିବାର ସ୍ଥିର ହେଲା। ସେଇ ସ୍ମୃତି ବା ସେଇଭଳି କୌଣସି ଗ୍ରନ୍ଥ ପାଇଁ କଲିକତାର ସେକାଳର ବଡ଼ ବାରିଷ୍ଟର ଶ୍ରୀ ବ୍ୟୋମକେଶ ଚକ୍ରବର୍ତ୍ତୀ ବଡ଼ ବ୍ୟାକୁଳ ଥିଲେ। ପଣ୍ଡିତ ମହାଶୟ ଲେଖା ଆରମ୍ଭ କଲାଦିନରୁ ତାଙ୍କୁ ଆସ୍ତେ ଆସ୍ତେ ଦେଖାଉଥାନ୍ତି। ସମସ୍ତ ସ୍ମୃତିଟି ଶ୍ରୀ ବ୍ୟୋମକେଶ ଚକ୍ରବର୍ତ୍ତୀ ନାଗରାକ୍ଷରରେ ଛପାଇ ଦେଇଥିଲେ। ସେଥିରେ ଏ କାଲ୍ୟାପଦ୍ କାଳରେ ବ୍ରାହ୍ମଣମାନଙ୍କ ଭିତରେ ଯୁବତୀ ବିବାହ ପ୍ରଭୃତି ଆନୁଷ୍ଠାନିକ ଭାବରେ ସଙ୍ଗତ ବୋଲି ପ୍ରମାଣ କରାହୋଇଥିଲା। ଏଇପରି ସେକାଳକୁ ଚାହିଁ ସେ ସ୍ମୃତି ଖଣ୍ଡି ବଡ଼ ଉପଯୋଗୀ ବୋଲି ମନେ କରାହେଉଥିଲା। ନିଶ ଆନ୍ଦୋଳନର ମୂଳ ହୁଏତ ଏଇଠାରେ ଅଛି।

ତା'ପରେ କଲିକତାରେ ମୁଁ ଏମ୍.ଏ. ପଢ଼ିଲାବେଳେ ଦାଢ଼ି କାଟି ଖାଲି ନିଶ ରଖିଥିଲି। ସେହିପରି ନିଶ ରଖିବାଟା ଗୋଟିଏ ଫେସନ୍ ବୋଲି ମୁଁ ତାହା କରିଥିଲି। ଏଣେ ମଧ୍ୟ 'ଉତ୍କଳ-ସାହିତ୍ୟ' ପ୍ରଭୃତିରେ "ଟିକିଏ ଶୁଣିବେ କି ?" ବୋଲି ବିଜ୍ଞାପନ ଦେଇ ସମାଜର ସଂସ୍କାରମାନଙ୍କ ପ୍ରତି ଲୋକଦୃଷ୍ଟି ଆକର୍ଷଣ କରିଥିଲି। ମୁଁ ନିଶ ରଖି ଆସିବା ପରେ ସତ୍ୟବାଦୀରେ ସ୍କୁଲ କରିବାର ଅଭିପ୍ରାୟଟା ପୁରୀର ପଣ୍ଡିତମାନଙ୍କୁ ସୁଖ ଲାଗି ନଥିଲା। ସେମାନେ ସେଥିରେ ମନେ କରିଥିଲେ, ସମାଜରୁ ସେମାନଙ୍କର ଆଧିପତ୍ୟ ଚାଲିଯିବ; ତେଣୁ ସେମାନେ ବିରୋଧ ଆରମ୍ଭ

କରିଦେଲେ। ପଣ୍ଡିତ ସଦାଶିବ ମିଶ୍ରଙ୍କ ଘରେ ସେତେବେଳେ ଲୋକନାଥ ରଥ ନାମକ ପୁରୀର ଆଉ ଜଣେ ଖ୍ୟାତନାମା ବ୍ରାହ୍ମଣ ରହୁଥିଲେ। ଏହା ସେ ବର୍ଷ (୧୯୧୨ ସାଲ) ପୁରୀ ଷୋଳଶାସନ ଭୋଗର ସାତ ଆଠଦିନ ପୂର୍ବକଥା ହେବ। ମୁଁ ପୁରୀରେ ରହିଲେ, ପଣ୍ଡିତଙ୍କ ଘରେ ଖାଇବାର ସ୍ଥାନ କରିଥାଏ। ସେଥର ପଣ୍ଡିତ ସଦାଶିବ ମିଶ୍ର ନଥିଲେ। ଶୁଣିଲି ଦେଉଳକୁ ଦର୍ଶନକୁ ଯାଇଥିଲେ। ପଣ୍ଡିତ ଲୋକନାଥ ରଥ ଦିଅଁ ବସାଉଥିଲେ। ସେ ଯେପରି ମୋତେ ଦେଖିଲେ, ସେଇପରି ମୋ ନିଶ ରଖିବା ବିଷୟରେ ଏକ ବକ୍ତୃତା ଆରମ୍ଭ କଲେ। ମତେ କହିଲେ, "ନିଶକୁ ଏଇ ପୁରୀରେ କାଟି ଆମେ ପୋଡ଼ିଦେବୁ।" ମୁଁ ଟିକିଏ ହସି କହିଥିଲି, "ମହାଶୟ, ପିମ୍ପୁଡ଼ି ନୁହେଁ ଯେ ମକଚି ଦେବେ, ସାପ ଗାତରେ କିଆଁ ହାତ ପୂରାଉଚନ୍ତି ? ବଡ଼ ଭଲ ହେବନାଇଁ।" ସେ ବଡ଼ ଉଚ୍ଚବାଚ କରି ଆଉ କଥାଏ ଦି'କଥା କହିଲେ। ମୁଁ ସେଠାରେ ନଖାଇ ଚାଲି ଆସିଥିଲି। ତା'ପରେ ମୁକ୍ତିମଣ୍ଡପ ଷୋଳଶାସନ ଭୋଗଦିନ ପୁରୀର ସମସ୍ତ ଶାସନୀ ବ୍ରାହ୍ମଣମାନେ ଏକାଠି ହୁଅନ୍ତି। ସେଦିନ ପୁରୀ ମନ୍ଦିରର ତତ୍କାଳୀନ ମ୍ୟାନେଜର ଶ୍ରୀଯୁକ୍ତ ରାଜକିଶୋର ଦାସ ଜଟଣୀ (ଖୋର୍ଦ୍ଧାରୋଡ଼) ବଙ୍ଗଳାରେ ଥିଲେ। ପଣ୍ଡିତମାନେ ଜଟଣୀ ଲୋକ ପଠାଉଚନ୍ତି ବୋଲି ଶୁଣି ମୁଁ ରାତାରାତି ଜଟଣୀ ଯାଇଥିଲି। ରାଜକିଶୋର ଦାସଙ୍କର ମୋ ପ୍ରତି ଭାରି ଶ୍ରଦ୍ଧା ଥିଲା। ମୋ ସଂଗେ ଡେଲାଙ୍ଗରୁ ଅନନ୍ତ ମିଶ୍ର ମଧ୍ୟ ସେଇଦିନ ନିଶ ରଖି ଯାଇଥିଲେ। ଆମକୁ ରାତିରେ ଖାଇବାକୁ ଦେଇ ଶୋଇଲାବେଳେ ରାଜକିଶୋର ଦାସ କହିଲେ, "ମୁଁ ଯାହା କରିବାର ବ୍ୟବସ୍ଥା କରୁଚି। ଆପଣମାନଙ୍କ ଦେହକୁ କିଛି ଲାଗିବ ନାଇଁ।" ସେ ସେଦିନ ଯେଉଁ ପଣ୍ଡିତ ଗଲେ ତାଙ୍କ ହାତେ ଖବର ପଠାଇଦେଲେ ମନ୍ଦିରରେ କୌଣସି ସଭା ହୋଇପାରିବ ନାଇଁ। ପଣ୍ଡିତମାନେ ହତାଶ ହେଲେ। ଅନି ମାହାରୀଙ୍କ କୋଠା ବୋଲି ଗୋଟିଏ ପୁରୁଣା ବେଶ୍ୟାର ଗୋଟିଏ ଘରେ ମିଛୁ ମିଶ୍ର ବା ଭିକାରୀ ମିଶ୍ରଙ୍କର ମନ୍ଦିର ପଶ୍ଚିମ ଦୁଆରପଟେ ଗୋଟିଏ ବଡ଼ କୋଠା ଥିଲା। ସେଠାରେ ବ୍ରାହ୍ମଣଙ୍କୁ ଏକାଠି କରି ବଡ଼ ସଭା କଲେ। ଠିକ୍ ସେଇଦିନ (ଷୋଳଶାସନ ଭୋଗଦିନ) ମନ୍ଦିରର ପୋଲିସ୍ ଆମ ଦଳ ଲୋକଙ୍କୁ ମନ୍ଦିରରେ ପୂରାଇଲାବେଳେ ବଡ଼ ସମ୍ମାନ କରୁଥାନ୍ତି। ତା' ଦେଖି ପଣ୍ଡିତମାନଙ୍କର ଦିହ ସହିଲା ନାଇଁ। ଆମମାନଙ୍କର ଉତ୍ତରଦ୍ୱାରେ ଥିବା ବାମଦେବ ପଢ଼ିହାରୀଙ୍କର ଗୋଟିଏ କୋଠା ଥିଲା। ସେଥିରେ ବୀରରାମଚନ୍ଦ୍ରପୁରର ଯଜ୍ଞଧର ରଥେ ଶାସନର ଯୁବକ ଗୋଷ୍ଠୀକୁ ଧରି ଆଉ ଗୋଟିଏ ସଭା କରିଥିଲେ। ଏହିଠାରେ କହିଦିଏ, ପଣ୍ଡିତମାନଙ୍କ ପ୍ରତିବାଦ କରିବାକୁ ସେଇକାଲୁ ଦୁଇଜଣ ଲୋକ ଆମର ସଙ୍ଗୀ ଥିଲେ। ଜଣେ ହେଉଚନ୍ତି

ପୁରୀର ସ୍ୱର୍ଗତ ଶ୍ରୀ ବାମଦେବ ପଢ଼ିହାରୀ, ଅନ୍ୟଜଣେ ହେଉଚନ୍ତି ବୀରରାମଚନ୍ଦ୍ର ପୁରର ଶ୍ରୀ ଯଜ୍ଞଧର ରଥ। ଏଇ ସମାଜ ସଂସ୍କାରର ସୂତ୍ରପାତବେଳୁ ଏଇ ଦୁଇଜଣ ମୋର ଅନ୍ତରଙ୍ଗ ସଙ୍ଗୀ ଥିଲେ। ଆଉ ସେଇ ଘଟଣା ପରେ ବାରିପଦାରେ ଥିବାବେଳେ ଗୋପବନ୍ଧୁ ଦାସ ସେଇ ବାରିପଦାରୁ ବାହାରୁଥିବା 'ମନୋରମା' ସାପ୍ତାହିକରେ ଦୁଇସ୍ତମ୍ଭବ୍ୟାପୀ ଏକ ଅତି ସୁନ୍ଦର ପ୍ରବନ୍ଧ ସେଇ ସ୍ଥାନରେ ଥିବା ଶ୍ରୀଯୁକ୍ତ ଧର୍ମାନନ୍ଦ ଆଚାର୍ଯ୍ୟଙ୍କ ନାମରେ ଲେଖିଥିଲେ। ସେ ପ୍ରବନ୍ଧଟି ମଧ୍ୟ ଆଜି ମୋ ପାଖେ ନାହିଁ। ଏଇ ସମ୍ବନ୍ଧୀୟ ଘଟଣାଗୁଡ଼ିକ ପରେ 'ନିଶ' ନାମରେ ପ୍ରଚାର ଲଭୁଥିଲା।

ଏଇ 'ମନୋରମା' ସାପ୍ତାହିକ ସମ୍ବନ୍ଧରେ ଆଉ ଟିକିଏ କଥାକହେ। ଏହାର କିଛିଦିନ ପୂର୍ବରୁ ମୁଁ କଲେଜର ପ୍ରଥମବର୍ଷୀୟ ଶ୍ରେଣୀରେ ପଢ଼ିଲାବେଳେ ସେକାଳର ପ୍ରସିଦ୍ଧ ପଣ୍ଡିତ ଓ ଭାଷାବିତ୍ ପାରଳାର ଶ୍ରୀ ଗୋପୀନାଥ ନନ୍ଦ ମେଘଦୂତର ଅନୁବାଦ ଓଡ଼ିଆରେ ପଦ୍ୟରେ ଛପାଇଥିଲେ। ତାଙ୍କର 'ବିଲ୍‌ହଣୀୟ' କାବ୍ୟ ପରି କାବ୍ୟ ଓ ଅନ୍ୟାନ୍ୟ ପଦ୍ୟ ଲେଖାପରି ତାହା ସଂସ୍କୃତ ଛନ୍ଦରେ ପ୍ରଚାର କରିବା ପାଇଁ ସେ ଖୁବ୍ ଯତ୍ନ କରିଥିଲେ। ସେଇ ମେଘଦୂତ କାବ୍ୟ ଖଣ୍ଡି କିଣିଆଣି ଆମେ ଦିନଯାକ ପଢ଼ିଥିଲୁ। ଗୋପବନ୍ଧୁ ଦାସ ସେତେବେଳେ ବି.ଏଲ୍. ପଢୁଥାନ୍ତି। ତାଙ୍କ ସଂଗେ ଆମେମାନେ ଦିନଯାକ ରହସ୍ୟ କରି ହସିଲୁ। ହଠାତ୍ ଚାରିଟାବେଳକୁ ମୁଁ ପାଇଖାନାକୁ ଯାଇ ଆସି ଯେଉଁ ସମାଲୋଚନାଗର୍ଭକ ଶ୍ଳୋକଗୁଡ଼ିକୁ ଲେଖିଥିଲି, ତାହା ଏବେ ମନେଅଛି। ଯଥା–

"ନନ୍ଦଙ୍କ ଭାଷୀ କୃତ ମେଘଦୂତ;
ଦେଖି ମନେ ଯେ ଭଲ ଭାବ ହେଲା,
ଲୋକଙ୍କୁ ତାହା ଉପହାର ପାଇଁ,
ଯେଉଁ ସମାଲୋଚନ ଏଇ ତାହା,
ମହାଶୟ,
ସାଂପାଦିୟ ଶକତି ତ ବହେ,
କାଣିଅଛେ ମଦିଆ; ଗୋପୀନଂଦେ ବହି କରିଥିବା
ଲୋଚନାକୁ ତ୍ୱ ଦିଏ।
ସ୍ୱାନାପ୍ତିଦ୍ୱେ କୁଶଳ କରଣେ ଖ୍ୟାତ ସମ୍ବାଦପତ୍ରେ,
ଯାଚିଆଁ ଏହା ଉପକୃତ କରି ଜ୍ଞାତଲୋକେ କରାଅ,
ଟୁଙ୍ଗିଗ୍ରଂଥେ ପ୍ରଚଳନ କଥା ସଂସ୍କୃତାଭାଷ ହେତୁ,
ବାରେ ଦେଖି ମନେ କରିଥିଲୁ କେହି ବାହାରିବେଟି,

ଗ୍ରଂଥାକାରେ ପାଇଣ ସବୁଟି କ୍ଷେମ ଆପନ୍ନ ହେଲୁ,
ଭାବି ଭାବି ସ୍ଥିରକରିନେଲୁ ମାର୍ଗ ଦେଖାଇବେଟି ଯେ,-ନଂଦେ
+ + +
କେହି ଲୋକ ମହାଘ୍ରାଣେ; ନନ୍ଦଙ୍କ କବିତା ଫୁଲ,
ମନଃପ୍ରାଣ ବିମୁଗ୍‌ଧତ୍ୱଂ ପାଇ ଲେଖିଗଲା ସୁଖେ। *

ଅବଶ୍ୟ ଏଇ ସତ୍ୟବାଦୀ ସ୍କୁଲବେଳେ ଏଇ ନନ୍ଦଙ୍କ ପ୍ରତି ମୋର ଗଭୀର ଶ୍ରଦ୍ଧା ଓ ଭକ୍ତି ଥିଲା। ମୁଁ ତାଙ୍କ ଶବ୍ଦତତ୍ତ୍ୱବୋଧ ଅଭିଧାନରେ ଗୋଟିଏ ଭଲ ମୁଖବନ୍ଧ ଲେଖିଥିଲି ଓ ତାଙ୍କ ଭାଷାତତ୍ତ୍ୱ ବିଚାରରେ ତାଙ୍କ ଜୀବିତ ଭାଇ ବଳଭଦ୍ର ନନ୍ଦଙ୍କ ଅନୁରୋଧ କ୍ରମେ ବଡ଼ ମୁଖବନ୍ଧଟିଏ ମଧ୍ୟ ଲେଖିଥିଲି। ଭାରତ ଦର୍ପଣ ଗ୍ରନ୍ଥରେ ସେ ଲେଖିଚନ୍ତି, "ଲୋକଙ୍କ ସମାଲୋଚନାରେ ବିବ୍ରତ ହୋଇ ସେ ମୋ ପାଖକୁ ସତ୍ୟବାଦୀକୁ ଦୌଡ଼ି ଆସିଥିଲେ, ଇତ୍ୟାଦି।" ତଥାପି ରସିକତା ଓ ରହସ୍ୟର ପ୍ରେରଣା ଏଡ଼ି ନପାରି ମୁଁ ସେତେବେଳେ ଏଇ ସମାଲୋଚନାଟି ଲେଖିଥିଲି। ଏଥିରେ ସେକାଳ କଲେଜ ହଷ୍ଟେଲରେ ଗୋପବନ୍ଧୁ ବାବୁ, ବାଲୁଙ୍କେଶ୍ୱର ବାବୁ (ସମ୍ବଲପୁରର) ଓ ତ୍ରିବିକ୍ରମ ବାବୁ (ସେଇ ସମ୍ବଲପୁରର) ଓ ବାଙ୍କିର ଦାମୋଦର ମିଶ୍ର ଓ ମୁଁ ଆମର ସମସ୍ତ ସନ୍ଧ୍ୟାଟି ସେଇ ରହସ୍ୟ ଓ ଆମୋଦରେ କଟାଇଥିଲୁ। ପରେ ସଂଗେ ସଂଗେ ଗୋପବନ୍ଧୁବାବୁ ନୂତନ ପ୍ରକାଶିତ 'ମନୋରମା' ସାପ୍ତାହିକରେ ଛପାଇ ଦେବାପାଇଁ ଏହାକୁ ପଠାଇ ଦେଇଥିଲେ।

ପୁରୀ ପଣ୍ଡିତମାନଙ୍କର ଷୋଳଶାସନ ଭୋଗଦିନ ଯେଉଁ ଉଦ୍ୟମ ଆରମ୍ଭ ହୋଇଥିଲା, ତାହା କ୍ରମେ ଚାଲିଥଲା। ସେଥିରେ ମତେ ବାରମ୍ବାର ସଭା କରି ଏକଘରକିଆ (ଅପାଂକ୍ତେୟ) କରିବାକୁ ବହୁ ବହୁ ପ୍ରସ୍ତାବମାନ ହୋଇଥିଲା। ପୁରୀ ପଣ୍ଡିତମାନେ ମଧ୍ୟ ସେକାଳର ରାଜଦ୍ୱାରମାନଙ୍କରେ ଯାଇ ମୋର ବଡ଼ କୁତ୍ସା କରିଥିଲେ ଓ ସେଇ ସବୁ ଫଳରେ ମୋର ଆତ୍ମୀୟସ୍ୱଜନମାନଙ୍କୁ ସଭା (ନିମିତ୍ତାଦିରେ ଏକତ୍ର ଭୋଜୀ)ରେ ଖାଇବାକୁ ନଦେଇ ରାତି ଅଧରେ ଉଠାଇ ଛାଡ଼ିଦେବାର ବହୁ ଉଦ୍ୟମ ହୋଇଥିଲା। ଫଳରେ ମୋର ସେତେବେଳର ପ୍ରାୟ ୭୫ବର୍ଷ ବୟସ୍କ ପିତାଙ୍କୁ ତାଙ୍କର ସାନଭାଇଙ୍କ ଜ୍ୱାଇଁ (ମହାମହୋପାଧ୍ୟାୟ ଶ୍ରୀ ଜଗନ୍ନାଥ ମିଶ୍ରଙ୍କ) ଘରୁ ଗୋଟିଏ ବଡ଼

* "ଗଇଂଠେ ଚାଂଦ୍ରବିଂଦୂନ୍"—ସାନୁସ୍ୱରାଶ୍ଚ ବିସର୍ଗୀଚ ପ୍ରଭୃତି ଇତ୍ୟସ୍ମାତ୍ ପରସ୍ମାତ୍ ଯୋକ୍ତବ୍ୟଂ ତଥା ପାଦାଂତ ଗୋ ପିବା—ଏଥିରେ ହେତୁ, ଦେଖି ଇତ୍ୟାଦିର ଦୀର୍ଘହ୍ରସ୍ୱ ବୁଝିବାକୁ ହେବ।

ଭୋଜିସଭାରୁ ରାତି ୧୧ଟା ବେଳେ ଉଠାଇ ଦେଇ ଦଶ ମାଇଲରୁ ଅଧିକ ତାଙ୍କ ନିଜ ଗ୍ରାମ ଶ୍ରୀରାମଚନ୍ଦ୍ର ପୁରକୁ ପଠାଇ ଦେଇଥିଲେ। ଏ କଥାରେ ମଫସଲରେ ଖୁବ୍ ଚହଳ ପଡ଼ିଯାଇଥିଲା; କିନ୍ତୁ ବଡ଼ ଆଶ୍ଚର୍ଯ୍ୟର କଥା, ଏଥିରେ ମୋର ବୃଦ୍ଧ ପିତା ବା ତାଙ୍କ ସଙ୍ଗୀ ସହଚରମାନଙ୍କୁ କୌଣସି ପ୍ରକାର ବ୍ୟଥିତ ହୋଇଥିବାର କେଇ କେବେ ଦେଖିନାଇଁ। ଅଥଚ ଏଇସବୁ କଥାରୁ ଓଡ଼ିଶାରେ 'ନିଶ' ନାମରେ ସଂସ୍କାର କ୍ରିୟାରେ ଯେ ବାତ୍ୟା ଉଠିଲା, ସେଥିରେ ଏବେ ମଧ୍ୟ ଅତି ଦୂରପଲ୍ଲୀରେ 'ନିଶୁଆ ନୀଳକଣ୍ଠ ଦାସ' କଥାଟି ବି ପ୍ରଚଳିତ ଥିବାର ଦେଖାଯାଏ।

(୪) ଧରଣୀଧର ଭୂୟାଁ

ଆଉ ଗୋଟିଏ ବଡ଼ ମୂଲ୍ୟବାନ୍ ଜିନିଷ—ଛାତ୍ରଜୀବନର ଗୋଟିଏ ଘଟଣା ମୋର ମନେପଡୁଚି। ସ୍କୁଲ ଆରମ୍ଭବେଳ କଥା ହେବ, ସେତେବେଳେ ଦିନେ ଗୋପବନ୍ଧୁବାବୁ ଆସି କହିଲେ, "ପୁରୀକୁ ଜଣେ ସର୍ବଜ୍ଞ ଆସିଚନ୍ତି, ସେ ସବୁ ଆଗତ ଭବିଷ୍ୟ କଥା କହିପାରୁଚନ୍ତି। ଚାଲ ଆମେ ତାଙ୍କୁ ଦେଖି ଆସିବା।" ପୁରୀରେ ଜଣେ ମନୁଷ୍ୟ, ସେ ସର୍ବଜ୍ଞ ହୋଇ ଆଗତ ଭବିଷ୍ୟ କଥା କହିପାରୁଚନ୍ତି, ଏହା ଶୁଣି ମୋତେ ଟିକିଏ ଆଶ୍ଚର୍ଯ୍ୟ ଲାଗିଲା। ତଥାପି ମୁଁ କହିଲି, "ହଉ, ଚାଲ ଯିବା।" ଆମ୍ଭେ ଦୁହେଁ ପୁରୀରେ ଏବେ ମ୍ୟୁନିସିପାଲିଟି ହାଟ ପାଖେ ଥିବା ପଣ୍ଡିତ ଗୋପବନ୍ଧୁ ଦାସଙ୍କ ନିଜ ଘରେ ଯାଇ ରହିଲୁ। ସେଠାରୁ ମହାପୁରୁଷ ଦେଖିବାକୁ 'ଦରିଆ ମହାବୀର' ଗଲୁ। ସେତେବେଳର 'ଦରିଆ ମହାବୀର' ଗୋଟିଏ ନିକାଞ୍ଚନ ସ୍ଥାନ। ଏହା ଏବର B.N.R. Hotel ପାଖେ ସମୁଦ୍ର କୂଳେ ଥିଲା। ସେଠାରେ ଖାଲି ଦରିଆ ମହାବୀରଙ୍କ ଦେଉଳଟି ଓ ପୀଠଟି। ପାଖରେ ଆଉ କିଛି ଦେଖାଗଲା ନାଇଁ। ଅନେକ କ୍ଷଣ ନାହିଁ ଦେଖିବାରୁ ଗୋଟିଏ କୂଅ ଭଳି ଗହୀରିଆ ଜାଗା ଉପରେ ବେଣ୍ଟ ନଥିବା ଛତାଟିଏ ଘୋଡ଼ା ହେଲାପରି ଦିଶିଲା। ଆମ୍ଭେ ଦୁହେଁ ଖୋଜି ଖୋଜି ଯାଇ ସେ ଛତାଟି କାଢ଼ିଦେଲୁ। ଦେଖି ଆଶ୍ଚର୍ଯ୍ୟ ହେଲୁ, ସେଇ କୂଅ ଭିତରେ ପାଣି ନାଇଁ। ଭିତରେ ଜଣେ ସୌମ୍ୟବପୁ, ଶ୍ମଶ୍ରୁଯୁକ୍ତ ପୁରୁଷ ବସିଚନ୍ତି। ଦାଢ଼ି ପାଚିନାଇଁ। ସେ ଆମକୁ ଚାହିଁଲେ। ଗୋପବନ୍ଧୁ ଦାସେ ପଚାରିଲେ, "ଦେଶ କେବେ ସ୍ୱାଧୀନ ହେବ ?" ମହାପୁରୁଷ ଟିକିଏ ଚାହିଁଲେ। କହିଲେ, "ତୁମ୍ଭେମାନେ ଯେବେ ମନୁଷ୍ୟ ହେବ।" ଏହା କହି ତଳକୁ ମୁଣ୍ଡ ପୋତିଦେଲେ। ଆଉ ଚାହିଁଲେ ନାଇଁ କି କିଛି କହିଲେ ନାଇଁ। ଆମେ ପରେ ଜାଣିଲୁ, ଏ ହେଉଚନ୍ତି ଓଡ଼ିଶା କେନ୍ଦୁଝର ଗଡ଼ଜାତ ପ୍ରଜାବିପ୍ଳବର ନେତା-ଶ୍ରୀ ଧରଣୀଧର ଭୂୟାଁ। ଏହାଙ୍କ କଥା ଫକୀରମୋହନ ସେନାପତିଙ୍କ ଆତ୍ମଜୀବନୀ ସଂପର୍କରେ ଲୋକେ ପଢ଼ିବାକୁ ପାଇବେ। ଏହାର କେତେ ବର୍ଷ ପରେ ସେଇ ଧରଣୀଧର ଭୂୟାଁ ଆଳିର ଗୋଟିଏ ବାଉଁଶବୁଦାରେ ପ୍ରାଣତ୍ୟାଗ କରିଥିଲେ ବୋଲି କାଗଜରେ ଆମେ ପଢ଼ିଚୁ।

ମାତ୍ର ଏହିପରି ତଳକୁ ଚାହିଁ ନୀରବ ରହିବାରୁ ଆମେ କୂଅ ଉପରେ ଛତାଟିକୁ ଘୋଡ଼ାଇ ଦେଇ ଚାଲିଆସିଲୁ। ସେ ସୌମ୍ୟବପୁ, ଉଜ୍ଜ୍ୱଳ ଚକ୍ଷୁ ଓ ଗୌର ମୁଖରେ ସୁନ୍ଦର ଶ୍ମଶ୍ରୁ ଆଉ ଭୁଲି ହେବ ନାହିଁ। ସେହି ମୋ ଜୀବନରେ ପ୍ରଥମ ସ୍ପଷ୍ଟ ପ୍ରେରଣା ବୋଲି ମନେ ହୁଏ। ସେହିଦିନଠାରୁ "ତୁମ୍ଭେମାନେ ଯେବେ ମନୁଷ୍ୟ ହେବ, ତେବେ ଯାଇ ଦେଶ ସ୍ୱାଧୀନ ହେବ"—ଏ କଥାଟି ବରାବର ମନେ ଅଛି।

(୫) ୧୯୨୧ରେ ସମ୍ବଲପୁରେ ନଅମାସ

ମୁଁ ୧୯୨୧ ଖ୍ରୀଷ୍ଟାବ୍ଦ ଶେଷଆଡ଼ିକି ବୋଧହୁଏ ଅକ୍ଟୋବର ଆଡ଼ିକି, ସେକାଳ କଲିକତା ବିଶ୍ୱବିଦ୍ୟାଳୟର ସାର୍ ଆଶୁତୋଷ ମୁଖର୍ଜୀଙ୍କ ନିମନ୍ତ୍ରଣ ଓ ଅନୁରୋଧ କ୍ରମେ କଲିକତା ବିଶ୍ୱବିଦ୍ୟାଳୟର ସ୍ନାତକୋତ୍ତର ଶ୍ରେଣୀମାନଙ୍କରେ ଅଧ୍ୟାପକ ଭାବରେ ଯାଇ ଯୋଗଦେଇଥିଲି। ମୁଁ ସତ୍ୟବାଦୀ ସ୍କୁଲ ପାଇଁ ୧୯୦୯ ଜୁନ ମାସଠାରୁ ବରାବର ଜୀବନସାରା ଆତ୍ମନିୟୋଗ କରିବି ବୋଲି ପଣକରି ସେ ସ୍କୁଲ କରିବାରେ ଲାଗିଥିଲି। ମୋ ମନରେ ଏ ଭାବ ଏତେ ଦୃଢ଼ ଥିଲା ଯେ ମୁଁ ଜୀବନରେ କୌଣସି ପ୍ରଫେସର, ପ୍ରିନ୍‌ସିପାଲ ବା ଆଉ କାହାରିଠାକୁ ନିଜର ପ୍ରଶଂସାପତ୍ର ପାଇଁ ଯାଇ ନାହିଁ। ୧୯୦୯ରେ ବି.ଏ. ପାସ୍ କରି ପଣ୍ଡିତ ଗୋପବନ୍ଧୁ ଦାସଙ୍କ ସାହଚର୍ଯ୍ୟରେ ଶ୍ରୀରାମଚନ୍ଦ୍ରପୁର ମଧ୍ୟ ଇଂରେଜୀରେ ପରିଣତ ହେଉଥିବା ମଧ୍ୟ-ଭର୍ଣ୍ଣାକୁଲର ସ୍କୁଲଟିକୁ, କହିଲେ କୁହାଯିବ, ଛୁଞ୍ଚି ଛୁରୀଠାରୁ ଡପ୍ତରି ଓ ପ୍ରଧାନ ଶିକ୍ଷକଙ୍କ ପର୍ଯ୍ୟନ୍ତ ସମସ୍ତଙ୍କୁ ଧରି ସତ୍ୟବାଦୀରେ ମଧ୍ୟ-ଇଂରାଜୀ ରୂପେ ସ୍କୁଲଟିର ପ୍ରତିଷ୍ଠା କରି ମୁଁ ଯାଇଥିଲି। କଲିକତାରେ ଏମ୍.ଏ. ପଢ଼ିବାର ଉଦ୍ଦେଶ୍ୟ ଥିଲା ଦୁଇଟି। ଗୋଟିଏ ଥିଲା କଟକରେ ସେତେବେଳକୁ ଏମ୍.ଏ. ନଥିଲା ଓ ଏମ୍.ଏ. ପଢ଼ିବା ପାଇଁ ଆମ ଓଡ଼ିଆ ପିଲାଏ ସାଧାରଣତଃ କଲିକତା ଯାଉ ନଥିଲେ। ସେତେବେଳକୁ କଟକର ରେଭେନ୍‌ସା କଲେଜଟି କଲିକତା ବିଶ୍ୱବିଦ୍ୟାଳୟର ଅନ୍ତର୍ଭୁକ୍ତ ଥିଲା। ଅନ୍ୟ ଉଦ୍ଦେଶ୍ୟଟି ଥିଲା ସତ୍ୟବାଦୀ ପରି ମଫସଲରେ ହାଇସ୍କୁଲ ଚଳାଇବାକୁ ହେଲେ ସେପରି ସ୍ଥାନରେ ମତେ ସବୁ ବିଷୟ ସବୁ କଥାରେ ସମସ୍ତେ ପଚାରିବେ। ମୁଁ ସେ ସବୁ ପ୍ରଶ୍ନର ସମାଧାନ ପାଇଁ ପ୍ରସ୍ତୁତ ହେବା ଦରକାର। ସେଥିପାଇଁ କେବଳ ଏମ୍.ଏ. ପଢ଼ିବାରେ କଲିକତାରେ ମିଳୁଥିବା ପୁସ୍ତକ ଓ ବିଦ୍ୟାମାନଙ୍କର ଆଲୋଚନା କେବଳ ନୁହେଁ—ଅନେକ ପୁସ୍ତକ ମତେ ପଢ଼ିବାକୁ ହେବ—ବିଦ୍ୟା ହାସଲ କରିବାକୁ ହେବ।

ଯାହାହେଉ, ୧୯୨୦ ଖ୍ରୀଷ୍ଟାବ୍ଦ ସେପ୍‌ଟେମ୍ବର ମାସ ବେଳକୁ ମୁଁ ଗୋପବନ୍ଧୁ ବାବୁ ଓ ଅନ୍ୟାନ୍ୟ ସହକର୍ମୀ ଓ ସହଯୋଗୀମାନଙ୍କ ମତାନୁସାରେ ମାତ୍ରକ ଦୁଇବର୍ଷ ପାଇଁ ସତ୍ୟବାଦୀ ଛାଡ଼ି କଲିକତା ବିଶ୍ୱବିଦ୍ୟାଳୟରେ ନୂତନ ହୋଇ ପ୍ରତିଷ୍ଠିତ ହୋଇଥିବା ଓଡ଼ିଆ ଏମ୍.ଏ. ଶ୍ରେଣୀର ଅଧ୍ୟାପକରୂପେ କଲିକତା

ଯାଇଥିଲି। କଥା ଥିଲା, ଠିକ୍ ଦୁଇବର୍ଷରେ ଗୋଟିଏ ଛାତ୍ର ଓଡ଼ିଆରେ ଏମ୍.ଏ. ପାସ୍ କରିସାରିଲେ ମୁଁ ପୁଣି ସତ୍ୟବାଦୀକୁ ଫେରିଆସିବି। ସେଥିପାଇଁ ଗୋଟିଏ ଛାତ୍ର ମଧ୍ୟ ଓଡ଼ିଶାରୁ ସେଠାକୁ ମୁଁ ଘେନିଯାଇଥିଲି। ସେ ଠିକ୍ ଦୁଇବର୍ଷରେ ଏମ୍.ଏ. ପାସ୍ କରିସାରି ଓଡ଼ିଶାରେ ହାଇସ୍କୁଲର ଶିକ୍ଷକରୂପେ କାର୍ଯ୍ୟ କରି ଏବେ ପ୍ରାୟ ଦୁଇବର୍ଷ ତଳେ ଅବସର ଗ୍ରହଣ କରିଚନ୍ତି। ସେ ହେଉଚନ୍ତି ବିଶ୍ୱନାଥପୁରର। ତାଙ୍କ ନାମ ଶ୍ରୀ ଲୋକନାଥ ମହାପାତ୍ର।

ସାର୍ ଆଶୁତୋଷ ମୁଖାର୍ଜୀଙ୍କ ଡାକରାରେ ମୁଁ ଯାଇ କଲିକତା ବିଶ୍ୱବିଦ୍ୟାଳୟ ସ୍ନାତକୋତ୍ତର (Post Graduate) ଶ୍ରେଣୀରେ ଅଧ୍ୟାପକରୂପେ ଯୋଗଦେଇ ପ୍ରସିଦ୍ଧ ୯ ନମ୍ବର ପଞ୍ଚାନନ ଘୋଷ ଗଳିରେ ଥିବା ବସାରେ ଯାଇ ରହିଲି। ଗୋପବନ୍ଧୁ ବାବୁ ସେତେବେଳକୁ ବିହାର ଓଡ଼ିଶା କାଉନ୍‌ସିଲ ବା ବ୍ୟବସ୍ଥାପକ ସଭାରେ ମେମ୍ବର ଥାନ୍ତି। ସେ ଶେଷଥର ପାଇଁ ସେଇ ସଭାରେ ଯୋଗ ଦେବାକୁ ପାଟନା ଯାଇଥିଲେ। ମୋ ମନେ ଅଛି, ସେ ଖାଉଥାନ୍ତି—ମୁଁ ବିଞ୍ଚି ଦେଉଥାଏ। ଏଇ ଅସହଯୋଗ କଥା ପଡ଼ିଲା। ସେତେବେଳକୁ କଂଗ୍ରେସର କଲିକତାରେ ହୋଇଥିବା ବିଶିଷ୍ଟ ଅଧିବେଶନରେ ମହାତ୍ମା ଗାନ୍ଧି ଅସହଯୋଗ ଆନ୍ଦୋଳନ ମତାଇବାର ସୂଚନା ଦେଇସାରିଥାନ୍ତି। ଗୋପବନ୍ଧୁ ବାବୁ ସେଥିରେ ଯୋଗ ଦେବାର ଏକପ୍ରକାର ସ୍ଥିର ମଧ୍ୟ କରିସାରିଥାନ୍ତି। ସେ କଥା ପ୍ରସଙ୍ଗରେ ମତେ କହିଲେ, "ମୁଁ ଯାଉଚି ଅସହଯୋଗ ଆନ୍ଦୋଳନରେ ଯୋଗଦେବି। ତୁମ୍ଭେ ଯାଅ ସତ୍ୟବାଦୀ ସ୍କୁଲର ନେତୃତ୍ୱ ଗ୍ରହଣ କରି ସେହିଠାରେ ରହ।" କଥାଟା ମତେ କିପରି ଲାଗିଲା। ମୁଁ କହିଲି, "ଜୀବନରେ ସମସ୍ତେ ଏକାନାଆରେ ବସିଥାଇଁ। ଆଉ ସ୍କୁଲ ଲୋଭ କାଇଁକି ? ଆପଣ ଯାହା କରିବାକୁ ବିଚାରିଚନ୍ତି, ମୁଁ ସେଇଆ କରିବି। ମୋର ଇଚ୍ଛା ଆମେମାନେ ସମସ୍ତେ ସେଇଆ କରିବୁ।" ଆଉ ଏ ବିଷୟରେ ସେଦିନ ବିଶେଷ କଥା ହେଲା ପରି ମନେ ହେଉ ନାଇଁ। ସେ ରେଳକୁ ଚାଲିଲେ। ପାଟନାରୁ ଫେରିଆସି ପୁଣି ସତ୍ୟବାଦୀ କେବେ ଓ କିପରି ଗଲେ ତା' ମଧ୍ୟ ମୋ ମନେ ହେଉ ନାଇଁ।

୧୯୨୧ର ଜାନୁୟାରୀ ପହିଲାବେଳକୁ ନାଗପୁର କଂଗ୍ରେସ ଅଧିବେଶନର ଅବ୍ୟବହିତ ପରେ ଅସହଯୋଗ ଆନ୍ଦୋଳନ ଆରମ୍ଭ ହୋଇଗଲା। ସତ୍ୟବାଦୀ ସ୍କୁଲ ସେତେବେଳକୁ ଜାତୀୟ ବିଦ୍ୟାଳୟରେ ପରିଣତ ହୋଇ ନାଇଁ। ହଠାତ୍ ଖବର ଆସି ପହଞ୍ଚିଲା, ସମ୍ବଲପୁରରେ ଅବସ୍ଥା ଅତି ଉତ୍ତେଜିତ ଭାବରେ ଗତି କରିବାର ଆରମ୍ଭ ହେଇଚି। ସମ୍ବଲପୁରର ଭାଗୀରଥ ମିଶ୍ର ସେତେବେଳେ ଛାତ୍ର ଭାବରେ କଲିକତାରେ ମୋ ସଂଗେ ଏକା ବସାରେ ଥିଲେ। ତାଙ୍କ ସଂଗେ ମୋର ବିଚାରରେ ସ୍ଥିର ହେଲା, ତାଙ୍କୁ ଘେନି ମୁଁ ସମ୍ବଲପୁର ଯିବି। ସେଇ ଜିଲ୍ଲାରେ ଅସହଯୋଗ ଆନ୍ଦୋଳନ ଆରମ୍ଭ କରିବି। ଖୁବ୍ ଉତ୍ସାହ ଖେଳିଗଲା। ସଂଗେ ସଂଗେ ଗୋପବନ୍ଧୁ ବାବୁଙ୍କୁ ଟେଲିଗ୍ରାମ

କରାଗଲା, "ଆପଣ ଆସନ୍ତୁ, ସମ୍ବଲପୁର ଯିବା। ସେଇଠାରେ ମୁଁ ଅସହଯୋଗ ଆରମ୍ଭ କରିବି। ଆପଣ ଫେରି ଆସିବେ।" ଜାନୁୟାରୀ ୫ ତାରିଖ ସନ୍ଧ୍ୟାରେ ଗୋପବନ୍ଧୁ ବାବୁ ଯାଇ କଲିକତାରେ ଆମ ପାଖେ ପହଞ୍ଚିଲେ। ଆମେ ତିନିଜଣଯାକ ସମ୍ବଲପୁର ବାହାରିଲୁ।

ଜାନୁୟାରୀ ୬ ତାରିଖ ଦିନ ଆମେମାନେ ସମ୍ବଲପୁର ଯିବା ପାଇଁ କଲିକତା ଛାଡ଼ିଲୁ। ମନେ ହେଉଚି, ୭ ତାରିଖ ସକାଳୁ ସମ୍ବଲପୁରରେ ଉପସ୍ଥିତ ହେଲୁ। କଲିକତାରେ, ବିଶ୍ୱବିଦ୍ୟାଳୟରେ ସମସ୍ତଙ୍କଠାରୁ ମୁଁ ବିଦାୟ ଘେନି ଗଲାବେଳେ ଗୋଟିଏ ବିଶେଷ କଥା ଆଜି ଜ୍ୱଳନ୍ତ ଭାବରେ ମୋ ମନେପଡୁଚି। ଏବର ଡକ୍ଟର ରମେଶଚନ୍ଦ୍ର ମଜୁମଦାର ମୋ ସଂଗେ ଇତିହାସ ଅଧ୍ୟାପକ ଥିଲେ। ତାଙ୍କର ମୋର ଅତ୍ୟନ୍ତ ଆତ୍ମୀୟତା ଥିଲା। ସେ ମୋରି ସଂଗେ କଟକରେ ଏନ୍‌ଟ୍ରାନ୍‌ସ ୨ୟଶ୍ରେଣୀ (ସେ କାଳର ମାଟ୍ରିକୁଲେଶନ ୧୦ମ ଶ୍ରେଣୀ)ରେ ପଢୁଥିଲେ। ଆମେ ଦୁହେଁ ଏକସଙ୍ଗରେ ଏନ୍‌ଟ୍ରାନ୍‌ସ ପାସ୍ କରିଥିଲୁ। କଲିକତାରେ ମୁଁ ବି.ଏ. ପରୀକ୍ଷା ଦେଉଥିଲାବେଳେ ସେ ପ୍ରେସିଡେନ୍‌ସି କଲେଜର ଇଡେନ୍ ହଷ୍ଟେଲରେ ଥିଲେ। ତାଙ୍କ ସଂଗେ ଖୁବ୍ ଭାବାଲାପ ଥିଲା। ବିଦାୟ ଘେନି ଗଲାବେଳେ ସେ ମତେ କହିଲେ, "ନୀଳକଣ୍ଠ, ତୁମେ କ'ଣ ଏସବୁ ଛାଡ଼ିଦେଇ ଯାଉଚ?" ମୁଁ ଆଉ କିଛି ନକହି କହିଲି, "ହଁ।" ସେଥିରେ ତାଙ୍କ ଆଖିରୁ ଟପ୍ ଟପ୍ ହୋଇ ଲୁହ ଗଡ଼ିବାର ମୋର ଏବେ ସ୍ପଷ୍ଟ ମନେପଡୁଚି।

ଏବେ ସମ୍ବଲପୁର ଷ୍ଟେସନରେ ଲୋକେ ଅପେକ୍ଷା କରିଚନ୍ତି। ଲୋକେ ମଧ୍ୟ ଖଣ୍ଡିଏ ମଟରକାର ଆଣିଥିଲେ। ସେଇଠାରୁ ବିରାଟ ଶୋଭାଯାତ୍ରାରେ ସମସ୍ତେ ସମ୍ବଲପୁର ବୁଲିଥିଲୁ। ଦ୍ୱାରେ ଦ୍ୱାରେ ଅଭ୍ୟର୍ଥନା, ଫୁଲମାଳ। କିଏ ଚନ୍ଦନ ଦେଇ ମୁଣ୍ଡରେ ଚାଉଳ ପକାଉଥାଏ ଓ ଛଡ଼ାନଡ଼ିଆ ଆଣି ମୁଣ୍ଡରେ ଲଗାଉଥାଏ। ଯୁବତୀମାନେ ଆସି ମୁଣ୍ଡରେ ଚନ୍ଦନ, ସିନ୍ଦୂର ଦେଉଥାନ୍ତି। ସେ ଶୋଭାଯାତ୍ରାର ଦୃଶ୍ୟ ଭୁଲିବାର ନୁହେଁ। ଜୟଧ୍ୱନିର ସ୍ୱର ବରାବର ଉଠୁଥାଏ। ଶେଷକୁ ଯାଇ ସେକାଳେ ସ୍ୱର୍ଗତ ଓକିଲ ଚନ୍ଦ୍ରଶେଖର ବେହେରାଙ୍କର ଝାଡ଼ୁଆପଡ଼ାରେ ଥିବା ଘରେ ପ୍ରଥମେ ରହିଲୁ। ଗୋପବନ୍ଧୁ ବାବୁ ବୋଧହୁଏ ସେଇଦିନ ସନ୍ଧ୍ୟାକୁ ଚାଲିଆସିଲେ। ମୁଁ ଯେତେଦିନ ଥିଲି, (୯ମାସ କାଳ) ସେଇ ଚନ୍ଦ୍ରଶେଖର ବାବୁଙ୍କ ଘରେ ତାଙ୍କର ସଂଗେ ଥିଲି।

ମୋର ପ୍ରଥମ କାର୍ଯ୍ୟ ହେଉଚି, ଚନ୍ଦ୍ରଶେଖର ବେହେରା ଓ ଧରଣୀଧର ମିଶ୍ର ପ୍ରଭୃତିଙ୍କୁ ଘେନି ସମ୍ବଲପୁର ଜିଲ୍ଲାର କଂଗ୍ରେସ କାର୍ଯ୍ୟ ଓ ସଂଗେ ସଂଗେ ସମ୍ବଲପୁରରେ ଜାତୀୟ ବିଦ୍ୟାଳୟ ଆରମ୍ଭ କରିବା। ଫ୍ଲେଜର କ୍ଲବ୍ ବୋଲି ଗୋଟିଏ ଘର ଥାଏ। ସେଇଠାରେ ଜାତୀୟ ବିଦ୍ୟାଳୟ ଆରମ୍ଭ କରା ହେଲା। ଅନ୍ୟାନ୍ୟ କେତେକ ଶିକ୍ଷକ ଆସି ଉତ୍ସାହରେ ଯୋଗ ଦେଲେ। ସେଥିମଧ୍ୟରେ ଗ୍ରାଜୁଏଟ୍

ଶିକ୍ଷକ ବି ଥିଲେ। ସମସ୍ତେ ଅସହଯୋଗ ବ୍ରତଧାରୀ। ସେଇ ଉତ୍ସାହରେ ଶୋଭାଯାତ୍ରାରେ ସହର ପରିକ୍ରମା ଚାଲିଥାଏ। ମଝେ ମଝେ ବାଲିବନ୍ଧାରେ ତଥା ଅନ୍ୟ ଛକ ଜାଗାମାନଙ୍କରେ ସଭା ମଧ୍ୟ ହେଉଥାଏ। ସହରର ଲୋକଙ୍କର ଆଶାତୀତ ଉତ୍ସାହ ପ୍ରକାଶ ପାଇଲା। ମନେ ହେଉଚି, ଲଦାଭାଇ ଥରିଆ ନାମକ ଜଣେ ମୁସଲମାନ ବ୍ୟବସାୟୀ ଥିଲେ। ତାଙ୍କର ଗୋଟିଏ ଯୁବକ ପୁତ୍ର ଆମ ସଂଗେ ଖୁବ୍ ଯୋଗ ଦେଉଥିଲେ। ସେ ଯୁବକଟି ବଡ଼ ସୁନ୍ଦର ଓ ସୁପୁରୁଷ। ସେ ଥିଲେ ମୁସଲମାନ। ବସ୍ତୁତଃ ସେ ଆନ୍ଦୋଳନରେ ହିନ୍ଦୁ, ମୁସଲମାନ, ଗୁଜୁରାଟୀ, ମାରୱାଡ଼ୀ ସମସ୍ତେ ପୂର୍ଣ୍ଣପ୍ରାଣରେ ଯୋଗ ଦେଉଥିଲେ। ବିରୋଧ ଜମା ନଥିଲା। ସରକାର ପ୍ରତି ଏପରି ବିରୋଧ ଭାବରେ ଏଡ଼େ ଉଦ୍ଦୀପନା ପ୍ରକାଶ ପାଇବ ବୋଲି ମୁଁ ଆଶା ମଧ୍ୟ କରି ନଥିଲି। ଏପରିକି ସ୍ଥାନୀୟ କୃତବିଦ୍ୟ ଓକିଲ ଶ୍ରୀ ଧରଣୀଧର ମିଶ୍ରଙ୍କ ପୁତ୍ର ଶ୍ରୀ ରାମନାରାୟଣ ମିଶ୍ର ମଧ୍ୟ ନିଜର ଦ୍ୱିତୀୟ ପୁତ୍ରକୁ ଅତି ଉତ୍ସାହ ଓ ଆନନ୍ଦରେ ଆମ ଜାତୀୟ ସ୍କୁଲକୁ ପଠାଇଦେଲେ।

ସ୍କୁଲ, କଚେରି, କାଉନ୍‌ସିଲ ଛାଡ଼ିବା ସେତେବେଳେ ଅସହଯୋଗର ଥିଲା ମୁଖ୍ୟମନ୍ତ୍ର। ଏଣେ ସ୍କୁଲକୁ ଖାଲି କରି ଛାତ୍ରଯାକ ଜାତୀୟ ବିଦ୍ୟାଳୟକୁ ଆଣିବାକୁ ହେବ। ଦିନକର ଶୋଭାଯାତ୍ରା ମନେଅଛି। ମୁଁ ଆଗେ ଆଗେ ଚାଲିଥାଏ। ସହଯୋଗୀ ଓ ଛାତ୍ରମାନେ ପଛରେ ଚାଲୁଆନ୍ତି। ମୁଁ ସେତେବେଳେ ଗୀତ ଲେଖୁଥାଏ। ସେ ଗୀତ ଶୋଭାଯାତ୍ରାରେ ବୋଲା ହେଉଥାଏ। ଗୋଟିଏ ଗୀତ ମୋ ମନେପଡୁଚି। କାଇଁକିନା ସେଇ ଗୀତଟି ବୋଲି ପାଦ ପକାଇ ଚାଲିଲାବେଳେ ଛାତ୍ରମାନେ ଜିଲ୍ଲା ସ୍କୁଲରୁ ହେଡ଼ମାଷ୍ଟର ଓ ଅନ୍ୟ ମାଷ୍ଟରମାନଙ୍କୁ ନମାନି ସ୍କୁଲରୁ ବାହାରି ଆମ ସଂଗେ ଚାଲିଲେ। ମନେଅଛି, ପୁରୀ ନିମାପଡ଼ାର ସ୍ୱର୍ଗତ ଶ୍ରୀ ମଧୁସୂଦନ ଦାସ ଥାନ୍ତି ହେଡ଼ମାଷ୍ଟର। ସେ ମଧ୍ୟ ବାହାରକୁ ଆସି ଖାଲି ମତେ ଚାହିଁ ରହିଲେ। ସେତେବେଳେ କିଛି କହିଲେ ନାହିଁ। ଗୀତଟି ଆଠ ପଦରେ ଲେଖିଥିଲି। ଗୀତଟି ଓଡ଼ିଆମିଶା ହିନ୍ଦୀରେ ଲେଖା—କହିଦିଏ।

"ସ୍ୱରାଜ ଭାୟା ଅଲବତ ହୋଗା
        ଛୋଡ଼୍‌କେ ଆଓ ଗୋଲାମୀ,
ଭାରତ ଲଡ଼୍‌କା ଗୋଲାମ ହୋକେ
        କାହେ କରେ ବଦ୍‌ନାମୀ।
ଗୋଲାମ ହୋନେ ମାଲୁମ ନେହିକି
        କୈସେ ହେଁ ରାଜ ବେପାରୀ
ସବ୍‌କୁଛ ଯାଏ ଦରୟାପାରି
        ଘରମେ ହାମ୍‌ଲୋଗ୍ ଭିଖାରୀ।

ସ୍କୁଲ, କଲେଜ, କାଉନ୍‌ସିଲକୋ
ଇୟାଦ୍ ରଖ୍‌ଗୋ ବାପୁଜୀ,
ମାୟା ଏ ସବ୍ ଗୋଲାମୀକା
ଇସ୍‌ମେ ନାଇ ଭୁଲୋଜୀ।
ଦିଲ୍‌ମେ ସ୍ୱାଧୀନ ଦିଲ୍‌ମେ ଗୋଲାମ
ଦିଲ୍‌କା ବନ୍ଧନ ନୌକରୀ।
ଦିଲ୍‌କୋ ମଜା ରଖୋ ଭାଇୟା
ଛୋଡ଼୍ ଦୋ ସବ ସରକାରୀ।

'ଉତ୍କଳ ସେବକ' ବୋଲି ଖଣ୍ଡେ ସାପ୍ତାହିକ ପତ୍ର ସମ୍ବଲପୁରରୁ ବାହାରୁଥିଲା। ଆଉ ଖଣ୍ଡେ ମଧ୍ୟ 'ସାଧନା' ବୋଲି ସେଇପରି ସାପ୍ତାହିକ ପତ୍ର ବାହରିଲା। ଦୁଇଟିଯାକ ଅବଶ୍ୟ କେହି ଇଂରେଜ ସରକାରଙ୍କର ଖଏର ଖାଁ ନଥିଲେ। ତଥାପି ଚନ୍ଦ୍ରଶେଖର ବାବୁ ଓ ଧରଣୀଧର ମିଶ୍ର ଦୁହିଙ୍କ ପରାମର୍ଶରେ ମୁଁ ସେଇଭଳି ଆଉ ଗୋଟିଏ ସାପ୍ତାହିକ ପତ୍ର ମୋରି ନିଜ ସଂପାଦକତ୍ୱରେ ବାହାର କଲି। ଧରଣୀଧର ମିଶ୍ରଙ୍କ 'ମିଶ୍ରପ୍ରେସ୍'ରୁ ତାହା ବାହାରୁଥିଲା। ସମସ୍ତ ଟଙ୍କାପଇସା ପ୍ରଭୃତିର ମାଲିକ ଓ ତତ୍ତ୍ୱାବଧାନରେ ଥିଲେ ସେଇ ଧରଣୀଧର ମିଶ୍ର। ମୋ ସଂଗେ ଥିଲେ କଟକ କଲେଜ ଛାଡ଼ି ଅସହଯୋଗ କରିଥିବା ସ୍ୱର୍ଗତ ଶ୍ରୀ ଚନ୍ଦ୍ରଶେଖର ମିଶ୍ର। ସେ କାଗଜ କାଢ଼ିବାରେ ସେଇ ଏକମାତ୍ର ଥିଲେ ମୋର ସହଯୋଗୀ। ମୁଁ ସମ୍ବଲପୁର ଛାଡ଼ି ଆସିବା ପର୍ଯ୍ୟନ୍ତ ସେ କାଗଜ ବାହାରୁଥିଲା। କହିଦିଏ—ସମସ୍ତ ଓଡ଼ିଶାରେ ସେଇ କାଗଜର ସେତେବେଳେ ଖୁବ୍ ପ୍ରତିଷ୍ଠା ଓ ପ୍ରତିପତ୍ତି ପ୍ରକାଶ ପାଇଥିଲା ଏବଂ ସମ୍ବଲପୁରରେ ମଧ୍ୟ ତା'ର ଖୁବ୍ କାଟତି ଥିଲା। ଦୁଃଖର କଥା ଏବେ ବହୁତ ଖୋଜିଚି। ସେ ପତ୍ର କୌଣସିଠାରେ ସୁରକ୍ଷିତ ଥିବାର ମତେ ଦିଶୁ ନାଇଁ। ସାପ୍ତାହିକଟିର ନାମ 'ସେବା'।

ସେତେବେଳକୁ ସମ୍ବଲପୁର ସହରରୁ ଦୁଇଜଣ ବଡ଼ ଡାକ୍ତର ବାହାରିଥିଲେ। ସେ ଦୁହେଁ ବଡ଼ ସେବାପରାୟଣ, ଜନପ୍ରିୟ ଓ ଉନ୍ନତ ଚରିତ୍ରର ଲୋକ ଥିଲେ। ସେ ଦୁହେଁ ହେଉଚନ୍ତି, ସୁପରିଚିତ ଶ୍ରୀ ସନାତନ ପୂଜାରୀ ଓ ଶ୍ରୀ ଧରଣୀଧର ମିଶ୍ରଙ୍କ କନିଷ୍ଠ ପୁତ୍ର ଶ୍ରୀ ରାମଚନ୍ଦ୍ର ମିଶ୍ର। ତଥାପି ମଫସଲର ଗାଁମାନଙ୍କରେ ହଇଜା ଓ ବସନ୍ତ ପ୍ରଭୃତି ମହାମାରୀର ଭୀଷଣ ଭୟ ସେତେବେଳକୁ ବଡ଼ ତୀବ୍ର ଭାବରେ ଥାଏ। ସେ କଥା ଆଜି ଲୋକେ କଳ୍ପନା କରିପାରିବେ ନାଇଁ। କାହାକୁ ହଇଜା ହେବାର ଦେଖାଗଲେ, ଲୋକେ ସେ ଘର ପାଖଆଖ ଛାଡ଼ି ପଳାନ୍ତି। ବେଳେ ବେଳେ ଗୋରୁରେ ଦଉଡ଼ି ବାନ୍ଧି ସେଥିରେ ହଇଜାମଲୁକୁ ବାନ୍ଧି ଛାଡ଼ି ଦିଅନ୍ତି। ସେ ମଲୁ ଘୋଷାରି ହୋଇ ବାଟରେ ମରି ଗାଁ ବାହାରକୁ ଚାଲିଯାଏ। ହଇଜା ରୋଗୀକୁ କେହି ପାଣି ମୁନ୍ଦାଏ ହେଲେ ଦେବାକୁ ନଥାଏ। ଆଉ ବର୍ଣ୍ଣନା କରିପାରିବି ନାଇଁ।

ଶୁଣିଲି, ମଫସଲର ବଡ଼ଗାଁ ମାନପୁରେ ହଇଜା ଲାଗିଚି। ସ୍କୁଲ ପିଲାଙ୍କୁ ସାଙ୍ଗରେ ଧରି ମୁଁ ହୋମିଓପାଥି ବାକ୍ସ, ଆଉ ଫିନାଇଲ, ପଟାସ ପରମାଙ୍ଗାନେଟ୍ କିଛି ଧରି ସେ ଗାଁକୁ ଚାଲିଲି। ଲୋକେ ତଟସ୍ଥ। କେବଳ ସହର ନୁହେଁ, ଦୂର ମଫସଲ ପିଲାଏ ବି ସାଙ୍ଗରେ ଅଛନ୍ତି। ବଡ଼ ଧନୀଲୋକ ପିଲାଏ ବି ସାଙ୍ଗରେ ଅଛନ୍ତି। କେଇ କିଛି କହିଲେ ନାହିଁ। ମୁଁ ଯାଇ ରୋଗୀମାନଙ୍କୁ ଘରେ ଦେଖି ସବୁ ପରିଷ୍କାର କରି ଧୂପ ଦେଇ ରୋଗୀକୁ ପାଣି ଦେଲି; ତାଜା କଲି। ଫିନାଇଲ, ପଟାସ ପରମାଙ୍ଗାନେଟ୍ ପ୍ରଭୃତିର ବ୍ୟବହାର ଶିଖାଇଲି। ଔଷଧ ଯାହା ବି ଦେଲି, ସେ ତ ନଈ ବଢ଼ିକି ଦିଅଙ୍କ ରାଣ; କିନ୍ତୁ ସେଥିରେ ଅଦ୍ଭୁତ ଫଳ ହେଲା। ଯେଉଁଠାରେ ମୁଁ ଯାହା କହୁଥିଲି, ଲୋକେ ସବୁ ମାନୁଥିଲେ। ଭୟ, ଘୃଣା ପ୍ରଭୃତି ସବୁ ଛାଡ଼ି କାମରେ ଲାଗି ଯାଉଥିଲେ।

ଆଉ ଗୋଟିଏ ଦିନର କଥା। ସେଦିନ ଅପ୍ରେଲ ୫ ତାରିଖ ସନ୍ଧ୍ୟା। ୬ ତାରିଖ ସକାଳୁ ହରତାଳ ହେବାର କଥା। ନଈ ଭିତରେ ବାଲିରେ ସଭା ହେବ ବୋଲି ସହରରେ ଜଣାଇ ଦେଇ ମୁଁ ସେଠାରେ ଗୋଟିଏ ନାତିଦୀର୍ଘ ବକ୍ତୃତା ଦେଇସାରି କହିଲି, "ସମସ୍ତେ ଉଠ, କାଲି ଜାଲିଆନୱାଲାବାଗ ହତ୍ୟାର ଦିବସ। ସେଥିପାଇଁ ସମସ୍ତ ସହରରେ ହରତାଳ ହେବ। କୌଣସି ଦୋକାନ ଖୋଲିବ ନାହିଁ। କେହି କାମ କରିବେ ନାହିଁ।" ଏବେ ମଧ୍ୟ ମନେପଡ଼ିଲେ ଆଶ୍ଚର୍ଯ୍ୟ ଲାଗୁଚି। ସେ ବିରାଟ ଜନତା ସେଇଠାରୁ ମୋ ପଛେ ପଛେ ଉଠିଆସିଲେ। ଆଉ ସହରଯାକ ବୁଲି ସମସ୍ତଙ୍କୁ ହରତାଳ କଥା କହିଦେଲୁ। ତହିଁଆରଦିନ ସହରରେ ପୂର୍ଣ୍ଣ ହରତାଳ।

ଏଣେ କଂଗ୍ରେସ କମିଟିର କାର୍ଯ୍ୟ ମଧ୍ୟ ଲାଗିଥାଏ। ଯେତେଦୂର ମନେହେଉଚି ସଭାପତି ଥାନ୍ତି ଶ୍ରୀଯୁକ୍ତ ଚନ୍ଦ୍ରଶେଖର ବେହେରା। ଶ୍ରୀ ଧରଣୀଧର ମିଶ୍ର ପୂର୍ଣ୍ଣ ସହଯୋଗ କରୁଥାନ୍ତି। ମୁଁ ନିଜେ ଛାପା ଡିମାଇ ଆଠପୃଷ୍ଠାବ୍ୟାପୀ ଗୋଟିଏ ପତ୍ର ଛପାଇ ତାହାର ଦାମ ଦୁଇପଇସା କରିଦେଲି। ସମସ୍ତ କର୍ମୀମାନେ (ସେଇ କର୍ମୀଙ୍କ ଭିତରେ ବାଳକ, ଯୁବକ, ତରୁଣ ଓ ପ୍ରବୀଣ ବୃଦ୍ଧ ମଧ୍ୟ ଥିଲେ) ସେଇ ପତ୍ର ଘେନି ଜିଲ୍ଲାର ଗ୍ରାମେ ଗ୍ରାମେ ବୁଲିଗଲେ। ଏବେ ସେ କର୍ମୀଙ୍କ ଭିତରେ ଜଣେ ଜୀବିତ ଥିବାରୁ ମନେପଡୁଚି—ଆଉ ଅନେକ ଥିବେ—ସେ ଜଣଙ୍କ ହେଉଚନ୍ତି ଏବର ସୁନାମ ପ୍ରସିଦ୍ଧ ଶ୍ରୀ ଶ୍ରଦ୍ଧାକର ସୁପକାରଙ୍କ ପିତା—ତାଙ୍କ ନାମ ଜନାର୍ଦ୍ଦନ ସୁପକାର। ସେ ଏଇ ପତ୍ର ଘେନି ବହୁତ ଇଲାକା ବୁଲିଥିଲେ ଓ ବହୁ ମେମ୍ବର ସଂଗ୍ରହ କରିଥିଲେ। ମେମ୍ବର ଫିସ୍ ଚାରିଅଣା ସଂଗେ କୌଣସି ନିର୍ଦ୍ଦିଷ୍ଟ ଚନ୍ଦା ଛଡ଼ା ଅନ୍ୟକୌଣସି ଚାନ୍ଦା ସଂଗୃହୀତ ହୋଇ ନଥିଲା। ତଥାପି ମୋ ମନେ ଅଛି, ମୁଁ ସମ୍ବଲପୁର ଛାଡ଼ି ଆସିଲାବେଳକୁ କଂଗ୍ରେସ ଫଣ୍ଡରେ ଜମା ହୋଇଥିଲା ପ୍ରାୟ ୧୬୦୦ ଟଙ୍କା (ଏକ ହଜାର ଛଅ ଶହ)। ଅନ୍ୟାନ୍ୟ ସବୁ ଜିଲ୍ଲାଠାରୁ ସମ୍ବଲପୁର ଜିଲ୍ଲାରେ ସେବର୍ଷ କଂଗ୍ରେସ

ଯେପରି ପ୍ରତିଷ୍ଠିତ ହୋଇଥିଲା, ତାହା ମୋର ଯେତେଦୂର ମନେହୁଏ, ଓଡ଼ିଶାର ସବୁ ଜିଲ୍ଲାଠାରୁ ଉତ୍କୃଷ୍ଟ ଥିଲା। ଆଉ ବେଶୀ ଲେଖିପାରୁ ନାହିଁ। ମୁଁ ସେଇବର୍ଷ ସେପ୍‌ଟେମ୍ବର କିମ୍ବା ଅକ୍ଟୋବରରେ ସମ୍ବଲପୁରରେ କଂଗ୍ରେସ ଛାଡ଼ି ପୁରୀ ଓ ତା'ପରେ ଉତ୍କଳ କଂଗ୍ରେସରେ କାମ କରିବାକୁ କଟକ ଆଡ଼େ ଆସିଲି; ଜେଲ୍ ଗଲି। ତା'ପରେ ଅନ୍ୟକୌଣସି କାର୍ଯ୍ୟରେ ଥରେ ଅଳ୍ପ ସମୟ ପାଇଁ ସମ୍ବଲପୁର ଯାଇଚି, ଆଉ ବେଶୀ ଯାଇ ନାହିଁ। କିନ୍ତୁ ଯାହା ଜାଣୁଚି, ଜାତୀୟତାରେ ସମ୍ବଲପୁରର ସ୍ଥାନ ମଧ୍ୟ ଏବେ ଓଡ଼ିଶାରେ ବହୁ ଉଚ୍ଚରେ। ମଙ୍ଗଳ ହେଉ।

(ଲେଖା-ତା ୨୩-୧-୧୯୫୯)

(୬) ମନସ୍ୱୀ ରାମଚନ୍ଦ୍ର

ସତ୍ୟବାଦୀ ସ୍କୁଲର ଅନ୍ୟତମ ପ୍ରତିଷ୍ଠାତା କର୍ମୀ ରାମଚନ୍ଦ୍ର ରଥ ଆଉ ଇହଧାମରେ ନାହାନ୍ତି। ସତ୍ୟବାଦୀ ସ୍କୁଲ ଉତ୍କଳରେ ସୁପରିଚିତ ଥିଲା; ମାତ୍ର ରାମଚନ୍ଦ୍ରଙ୍କୁ ହୁଏତ ଅନେକ ଜାଣି ନଥିବେ। ମାନବସମାଜର ପ୍ରଗତିରେ ଏଇଭଳି ସାଧୁ ମନସ୍ୱୀ ନିଷ୍ଠାପର କର୍ମୀଙ୍କ ବ୍ୟକ୍ତିତ୍ୱ ଓ କର୍ମର ପ୍ରଭାବ ପ୍ରଚ୍ଛନ୍ନ ରହିଯାଏ। ହେଲେହେଁ ସେଇମାନେ ଯଥାର୍ଥରେ ପ୍ରଗତିର ବିଧାତା ଓ ନିୟନ୍ତା। ସେଇଠାରେ ହିଁ ଯଥାର୍ଥ ଆତ୍ମତ୍ୟାଗ, ଯଥାର୍ଥ ସାଧୁତା ଓ ଓ ଯଥାର୍ଥ କର୍ମନିଷ୍ଠା।

ରାମଚନ୍ଦ୍ର ମୋର ପାଞ୍ଚ ଛଅବର୍ଷ କନିଷ୍ଠ। ପୁରୀର ଯେଉଁମାନେ ଶ୍ରେଷ୍ଠତମ ବ୍ରାହ୍ମଣ ବୋଲି ନିଜକୁ ମନେକରନ୍ତି, ସେଇ କୁଳରେ ସତ୍ୟବାଦୀ ପାଖ ବିଶ୍ୱନାଥପୁର ଶାସନରେ ତାଙ୍କର ଜନ୍ମ। ସେ କାଳେ କୌଣସି ବ୍ରାହ୍ମଣ ଘରେ ଅନ୍ନ ଗ୍ରହଣ କରିବା ତାଙ୍କ ପକ୍ଷରେ ନିଷିଦ୍ଧ ଥିଲା। ସମସ୍ତେ ତାଙ୍କ ହାତେ, ତାଙ୍କ ଘରେ ଖାଇବେ—ସେ କାହାରି ଘରେ ଖାଇବେ ନାହିଁ—ଏହାଇ ରୀତି। ହେଲେହେଁ ରାମଚନ୍ଦ୍ର ଅତ୍ୟନ୍ତ ଗରିବ ପରିବାରର ସନ୍ତାନ। କାଲିପରି ମନେଅଛି, ପୁରୀ ଜିଲ୍ଲାସ୍କୁଲର ତଳ ଶ୍ରେଣୀରେ ରାମଚନ୍ଦ୍ର ପଢୁଥାନ୍ତି। ହାତରେ ରାନ୍ଧି ଖାଇଲେ ମଧ୍ୟ, ଅର୍ଥାଭାବରେ ପଢ଼ା ଛାଡ଼ିବାର ବେଳ ଆସିଲା। ସ୍ୱର୍ଗୀୟ ପଣ୍ଡିତ ଗୋପବନ୍ଧୁଙ୍କ ସଂଗେ ସେତେବେଳେ ମୋର ସଂପର୍କ ହୋଇଥିଲା। ମୁଁ ଦେଖିଚି ପଣ୍ଡିତ ଗୋପବନ୍ଧୁ ଶ୍ରମର ମହତ୍ୱ ବିଷୟରେ ବୁଝାଇଦେଲେ। କର୍ମୀ ବାସୁଦେବ ମହାପାତ୍ର ମଧ୍ୟ ରାମଚନ୍ଦ୍ରଙ୍କ ସଂଗେ ସମାନ ଅବସ୍ଥାରେ ଥାଇ ସେ ଉପଦେଶ ଶୁଣିଲେ। ତହିଁ ଆରଦିନ ଠାରୁ ରାମଚନ୍ଦ୍ର, ବାସୁଦେବ ଦୁହେଁ ଦୁଇବେଳା ପୁରୀ ଷ୍ଟେସନରୁ ବୋଝ ବୋହି, ସେଇ ମଜୁରୀରେ ନିଜେ ନିଜର ଖର୍ଚ୍ଚ ଚଳାଇଲେ।

ସେ ଯେଉଁ ବର୍ଷ ମାଟ୍ରିକୁଲେଶନ ପାସ୍ କଲେ (୧୯୧୧), ମୁଁ ସେଇବର୍ଷ ଏମ୍.ଏ. ପାସ୍ କରି ଆସି ସତ୍ୟବାଦୀରେ ଯୋଗ ଦେଇଥିଲି। ରାମଚନ୍ଦ୍ର ପୁରୀ କଚେରିରେ ଆପ୍ରେଣ୍ଟିସ୍ ରୂପେ ଗୃହୀତ ହୋଇ ଅଳ୍ପଦିନ ମଧ୍ୟରେ ଖୋର୍ଦ୍ଧାରେ ପେଷ୍କାର ହେଲେ—

ଦରମା ମାସକୁ ୩୫ଟଙ୍କା। ମୁଁ ଶୁଣି ସୁଖୀ ହେଲି; ମାତ୍ର ହଠାତ୍ ପତ୍ର ପାଇଲି, ସେ ସତ୍ୟବାଦୀରେ ଶିକ୍ଷକ ରୂପେ ଯୋଗ ଦେବାକୁ ଚାହାଁନ୍ତି। ବିସ୍ମିତ ହେଲି। ଚତୁର୍ଥ ଶ୍ରେଣୀ ଫିଟି ନଥାଏ। ୧୯୧୨ ଜାନୁୟାରୀ ପହିଲାରୁ ଫିଟିବ। ମୁଁ ମାଇନର ସ୍କୁଲରେ ଥାଏ। ଆଉ ଶିକ୍ଷକ ପାଇଁ ସେତେବେଳେ ଟଙ୍କା କାହୁଁ ଆସିବ? ଗୋପବନ୍ଧୁ ଦାସ ମୟୂରଭଂଜରେ ରାଜ ଓକିଲ ଥାଆନ୍ତି। ତାଙ୍କ ସଂଗେ ପରାମର୍ଶ କରିବାର ବେଳ ନାଇଁ। ବର୍ଷ ଶେଷ ହୋଇ ଆସୁଥାଏ। ମୁଁ ରାମଚନ୍ଦ୍ରଙ୍କୁ ମନା କରି ନିବର୍ତ୍ତାଇ— ଅନ୍ତତଃ କିଛିଦିନ ହେଲେ ଡକାଇବା ପାଇଁ ଚିଠି ଲେଖିଲି। ସେ ଚିଠି ପାଇ ଆଉ ଉତ୍ତର ବି ଦେଲେ ନାଇଁ। ହଠାତ୍ ଜାନୁୟାରୀ ପହିଲାରେ ଆସି ନିଜେ ହାଜର ହୋଇଗଲେ। ପଚାରିବାରୁ ଧୀର ଭାବରେ କହିଲେ, "ସେ କାମରେ ମୁଁ ରହିଲି ନାଇଁ। ଇସ୍ତଫା ଦେଇଆସିଲି। ସେଠାରେ ଚରିତ୍ର ଖରାପ ହୋଇଯାନ୍ତା।" (ରାମଚନ୍ଦ୍ରଙ୍କ ଚାକିରି ଇସ୍ତଫା ଦେବାର କାରଣ ଅନ୍ୟତ୍ର କୁହାଯାଇଚି)।

ରାମଚନ୍ଦ୍ରଙ୍କର ବଡ଼ ପରିବାର। ବୃଦ୍ଧ ପିତାମାତା ଋଣଭାରରେ ଆକ୍ରାନ୍ତ। ଅର୍ଜ୍ଜନ ପାଇଁ ପୁଅକୁ ଆଶା କରି ବସିଥାନ୍ତି; କିନ୍ତୁ ରାମଚନ୍ଦ୍ର ଆସି ସତ୍ୟବାଦୀରେ ମାସିକ ଛଅଟଙ୍କା ମାତ୍ର ଭତ୍ତାରେ ନିଜ ଜୀବନର ସାର୍ଥକତା ଦେଖିଲେ। ସାରାଜୀବନର ଦାରିଦ୍ର୍ୟ ମଧ୍ୟରେ ମଧ୍ୟ ଏ ଦୃଢ଼ତା ତାଙ୍କର କେବେ ଲୁଚି ନାଇଁ।

ସତ୍ୟବାଦୀ ସ୍କୁଲର ଯେତେଦିନ ଚିହ୍ନବର୍ଣ୍ଣ ଥିଲା, ସେତେଦିନ ସେ ସତ୍ୟବାଦୀ ଛାଡ଼ି ନାହାନ୍ତି। ସତ୍ୟବାଦୀ ଛାପାଖାନା ଯେତେଦିନ ଯାଏ ସତ୍ୟବାଦୀ ବିଦ୍ୟାଳୟରେ ଥିଲା, ସେତେଦିନଯାଏ ରାମଚନ୍ଦ୍ର ସତ୍ୟବାଦୀର ଅନ୍ୟାନ୍ୟ କର୍ମୀଙ୍କ ସହିତ ସେଇ ଛାପାଖାନାରେ ଶ୍ରୀବୃଦ୍ଧିରେ ପ୍ରାଣପଣେ ଲାଗିଥିଲେ। କେତେ କାଳ ପାଇଁ ଛାପାଖାନାର ମାନେଜର ହୋଇ ସେ ଅନୁଷ୍ଠାନଟିକୁ ଦୃଢ଼ ଓ ବଳିଷ୍ଠ କରି ଗଢ଼ିଥିଲେ।

ଆତ୍ମସନ୍ଧାନର ଜ୍ଞାନ ତାଙ୍କର ବରାବର ଅକ୍ଷୁଣ୍ଣ ଥିଲା। ଛାପାଖାନା ଛାଡ଼ି ମଧ୍ୟ ସେ ପଣ୍ଡିତ ଗୋପବନ୍ଧୁଙ୍କ ମୃତ୍ୟୁ ପରେ ଆଉ କିଛିଦିନ ପର୍ଯ୍ୟନ୍ତ ସତ୍ୟବାଦୀରେ ନିଷ୍ଠା ଧରି ପଡ଼ି ରହିଥିଲେ। ମାତ୍ର ଦାରିଦ୍ର୍ୟ ଓ ଋଣଭାର ଆଉ ସହି ନପାରି କଟକ ଚାଲିଆସିଲେ। କେତେଦିନ କଟକରେ ଛାତ୍ରମାନଙ୍କର ଗୃହଶିକ୍ଷକତା କରି ପରେ ଶ୍ରୀଯୁକ୍ତ ଗୋପାଳଚନ୍ଦ୍ର ପ୍ରହରାଜଙ୍କ ଭାଷାକୋଷରେ ସହକର୍ମୀ ରୂପେ କାର୍ଯ୍ୟ କରୁଥିଲେ। ସେ କାର୍ଯ୍ୟ ତାଙ୍କର ଶେଷ ହୋଇ ନାଇଁ। ପରିବାରର ଋଣଭାର ମଧ୍ୟ ଲଘୁ ହୋଇ ନାଇଁ। ଗୋପାଳ ବାବୁ ଆଜି ତାଙ୍କୁ ଝୁରି ହେଉଚନ୍ତି, ପରିବାର ଆଜି ରାମଚନ୍ଦ୍ରଙ୍କୁ ହରାଇ ଅନାଥ।

ଛାତ୍ର ହୁଅନ୍ତୁ, ସହକର୍ମୀ ହୁଅନ୍ତୁ, ବନ୍ଧୁ ବା ସହଚର ହୁଅନ୍ତୁ, ଯେ ରାମଚନ୍ଦ୍ରଙ୍କ ସଂପର୍କରେ ଆସିଚନ୍ତି, ସେ ତାଙ୍କର ବ୍ୟକ୍ତିତ୍ୱ ଓ ଚରିତ୍ରର ଦୃଢ଼ତା, ଗଭୀର ଆତ୍ମସନ୍ଧାନ, ଜ୍ଞାନ, ପ୍ରକୃତିର ମଧୁରତାରେ ମୁଗ୍ଧ ହୋଇଥିବେ। ବିଷୟଜ୍ଞାନ ଓ ଚିନ୍ତା ଚତୁରତା;

ସଂସ୍କାର କ୍ରିୟାରେ ଗମ୍ଭୀର ଓ ସୁଦୃଢ଼ ପ୍ରବଣତା, କ୍ଷିପ୍ର ବିବେଚନା ଓ ନିର୍ବାଚନରେ ବିଚକ୍ଷଣତା ପ୍ରଭୃତି ଦୁର୍ଲ୍ଲଭ ଗୁଣମାନ ରାମଚନ୍ଦ୍ରଙ୍କ କ୍ଷୀଣ ବପୁଷ୍ମତ୍ ବ୍ୟକ୍ତିତ୍ୱକୁ ସୁନ୍ଦର ଓ ଉଦାର କରି ରଖିଥିଲା । ଲୋକଚକ୍ଷୁର ଅନ୍ତରାଳରେ ତାହା ଏବେ ଚିରଦିନ ପାଇଁ ଲୁପ୍ତ ହୋଇ, ଆତ୍ମତ୍ୟାଗବତ୍ ଉଦ୍‌ଯାପନ କରିଅଛି ।

ସତ୍ୟବାଦୀ ସ୍କୁଲ ଏକ ରକ୍ଷଣଶୀଳ କେନ୍ଦ୍ରରେ ଆରମ୍ଭ କରା ହୋଇଥିଲା । ଛାତ୍ରଙ୍କ ମଧ୍ୟରେ ବ୍ୟବହାରାଦିରେ ଜାତିଧର୍ମ ଭେଦ କରିବା ଅସଙ୍ଗତ ବୋଲି ସେଠାରେ କାର୍ଯ୍ୟରେ ପ୍ରଚାର କରାହେଲା । ସମସ୍ତଙ୍କୁ ଏକାଘରେ ଏକ ପଂକ୍ତିରେ ଖାଇବାକୁ ଦିଆହେଲା । ପୁରୀର ବ୍ରାହ୍ମଣମାନେ ପ୍ରତିବାଦ କଲେ । ପ୍ରତିବାଦ ଘୋର ବିଦ୍ୱେଷରେ ପରିଣତ ହେଲା । ମୁଁ ସେତେବେଳେ ବି-ଦାଢ଼ି ନିଶ ରଖିଥିଲି । ପୁରୀର ମୁକ୍ତିମଣ୍ଡପ ପଣ୍ଡିତମାନେ ତାକୁଇ ବାହାନା କରି ମତେ ସମାଜରୁ ବାହାର କରିଦେବାର ଘୋର ଉଦ୍ୟମ ଓ ଆୟୋଜନ କଲେ । ରାମଚନ୍ଦ୍ର ସେତେବେଳେ ନୀତିର ଦୃଢ଼ତାରେ ମୋର ଏକମାତ୍ର ସହଚର । ସେଥିପାଇଁ ସମାଜର ତୀବ୍ରତା ମଧ୍ୟ ତାଙ୍କ ଉପରେ ଅଧିକ ପଡ଼ିଥିଲା । ସେଇସବୁ ପ୍ରତିବାଦ ଓ ତୀବ୍ରତା ଘନୀଭୂତ ହୋଇ ସତ୍ୟବାଦୀର ବୃହତ୍ ସ୍କୁଲଘର ଓ ପୁସ୍ତକାଳୟ ପୋଡ଼ି ଭସ୍ମସାତ୍ କରିଥିଲା; କିନ୍ତୁ ଏକମାତ୍ର ରାମଚନ୍ଦ୍ର ସେତେବେଳେ ଏ ସମସ୍ତ ଭିତରେ ମୁଣ୍ଡଟେକି ନୀତିର ଦୃଢ଼ତା ଓ ଗର୍ବିତ ଦୈନ୍ୟରେ ଠିଆ ହୋଇ ରହିଥିଲେ ।

୧୯୧୨ ଖ୍ରୀଷ୍ଟାବ୍ଦରେ ଜଗନ୍ନାଥଙ୍କ ନୂଆ କଳେବର । ସେ ବର୍ଷ ରଥଯାତ୍ରାର ଜନତା ଆଉ କେବେ ହୋଇ ନାହିଁ । ସେ ବିସୂଚିକା ମଫସଲର ଗ୍ରାମମାନଙ୍କରେ ରନ୍ଧ୍ରେ ରନ୍ଧ୍ରେ ପଶିଯାଇ ଅତି ପ୍ରବଳ ହୋଇଥିଲା । ସେତେବେଳେ ମଧ୍ୟ ରାତିଦିନ ଜୁଲାଇ ମାସର ଖରା ବର୍ଷାରେ ସମାନ ଭାବରେ ଏକମାତ୍ର ରାମଚନ୍ଦ୍ରଙ୍କ ସଂଗେ ଗ୍ରାମେ ଗ୍ରାମେ ବୁଲି ରୋଗୀ ସେବା କରିବା କଥା ଆଜି ମନେପଡୁଚି ଆଜି ରାମଚନ୍ଦ୍ର ଚାଲିଗଲେ; କିନ୍ତୁ ସେ ବ୍ୟକ୍ତିତ୍ୱ, କର୍ମନିଷ୍ଠା ଓ ଆତ୍ମତ୍ୟାଗର ପ୍ରଭାବ ଜୀବନ୍ତ ରହିଚି ବୋଲି ମନେହୁଏ । ରାମଚନ୍ଦ୍ର, ତୁମେ ନିଜେ ନିଃସନ୍ତାନ, ବିଧବାଙ୍କୁ ଗୋଟିଏ ବୃହତ୍ ଦରିଦ୍ର ପରିବାରରେ ଛାଡ଼ିଗଲ । ଯାଅ, କିନ୍ତୁ ତୁମରି ପରି ନୀରବ, ଆତ୍ମତ୍ୟାଗୀ, ନିଷ୍ପାପର, ମନସ୍ୱୀ ଯତି ହିଁ ଏ ଜଗତରେ ପ୍ରଗତିର ଯଥାର୍ଥ ପୀଠ ।

(୭) ସ୍ୱର୍ଗତ ପ୍ରଚାରକ ଅନନ୍ତ ମିଶ୍ର

ଅନନ୍ତ ମିଶ୍ରେ ଚାଲିଗଲେ । ୧୯୩୭ ମେ ମାସ ୬ ତାରିଖରେ ତାଙ୍କର ପରଲୋକ ହେଲା । ଉତ୍କଳର ଜାତୀୟ ଆକାଶରୁ ଗୋଟିଏ ଅତି ଉଜ୍ଜ୍ୱଳ ନକ୍ଷତ୍ର ଲିଭିଗଲା । ତାଙ୍କର ବୟସ ହୋଇ ନଥିଲା । ୧୮୮୪ ଅକ୍ଟୋବର ମାସରେ ତାଙ୍କର ଜନ୍ମ । ବୟସ ମାତ୍ର ୫୨ବର୍ଷ ୬ମାସ । ସେ ଆଜକୁ ୨୫ବର୍ଷରୁ ଅଧିକ କାଳ ବିପତ୍ନୀକ

ଥିଲେ। ଏକମାତ୍ର ପୁତ୍ରଛଡ଼ା ସଂସାରରେ ଯାହାକୁ ନିଜର କହନ୍ତି ସେପରି ତାଙ୍କର ଆଉ କେହି ନଥିଲା। ଯେଉଁମାନେ ତାଙ୍କ ଭିତର କଥା ଜାଣନ୍ତି ସେମାନେ ବୁଝିଥିବେ ଯଥାର୍ଥ ନିଷ୍କାମ ସ୍ୱଦେଶ-ପ୍ରାଣତାରେ ଜୀବନର ଶେଷଦିନଯାଏ ସେ କର୍ମ ଓ ଚିନ୍ତାତତ୍ପର ଥିଲେ। ମାତ୍ର ମୃତ୍ୟୁର ପ୍ରଧାନ କାରଣ ଅଭାବ—ସ୍ୱଚ୍ଛନ୍ଦ ଶାରୀରିକ ବ୍ୟବସ୍ଥା ନିମନ୍ତେ ଏକାନ୍ତ ଅଭାବ। ସିଂହଭୂମି ପାଇଁ ତାଙ୍କର ପ୍ରାଣ ଚିରଜାଗ୍ରତ ଓ ବ୍ୟାକୁଳ ଥିଲା। ସେହି ସିଂହଭୂମି କର୍ମରେ ଆଜକୁ ପ୍ରାୟ ଦଶବର୍ଷ ପୂର୍ବେ ସେ ଯତ୍ କିଞ୍ଚିତ୍ ପୈତୃକ ସଂପତ୍ତି ମଧ୍ୟ ପଣ କରିସାରିଥିଲେ। ଗ୍ରାମରେ ରହିବାର ଘର ମଧ୍ୟ ଏବେ ତାଙ୍କ ନିଜର ନଥିଲା। ଉତ୍ତମର୍ଣ୍ଣଙ୍କଠାରୁ କିଣିଥିବା ଲୋକଙ୍କ ଅନୁଗ୍ରହରେ ସେ ସେଘରେ ଏବେ ରହୁଥିଲେ। ମରିବା ପୂର୍ବରୁ ଯେତେବେଳେ ଜ୍ଞାନ ସମ୍ପୂର୍ଣ୍ଣ ବିଶୃଙ୍ଖଳ ହୋଇ ନଥିଲା, ସେତେବେଳେ ଶ୍ରୀମତୀ ରାଧାମଣି ଦେବୀଙ୍କୁ ଶେଯପାଖେ ଦେଖି କହି ପକାଇଲେ— "ଆପଣ ଆସିଲେ। ଭଲ ହେଲା। ନୀଳକଣ୍ଠ ଦାସଙ୍କୁ ହୁଏତ ଆଉ ଜ୍ଞାନ ଥାଇ ଦେଖିପାରିବି ନାହିଁ। କିନ୍ତୁ ମୋର ଆଜି କି ଆନନ୍ଦ, ଏପରି ଏ ଘରେ ମରିବି ବୋଲି ଜୀବନରେ କେବେ ଆଶା କରି ନଥିଲି। କେଉଁ ଗଛମୂଳେ ପଡ଼ି ଏକାକୀ ନିରାଶ୍ରୟ ଭାବରେ ମରିଥାନ୍ତି। ଆଜି ଆପଣମାନଙ୍କୁ ସମସ୍ତଙ୍କୁ ଦେଖୁଚି। ଶଶି (ତାଙ୍କର ଏକମାତ୍ର ପୁଅ ଶଶିଭୂଷଣ ମିଶ୍ର) ମଧ୍ୟ ମତେ ସେବା କରୁଚି। ଏ ମୋର ବହୁଭାଗ୍ୟ।"

ଶେଷ ମୁହୂର୍ତ୍ତରେ ଏଇଭାବ ତାଙ୍କ ଜୀବନ ଇତିହାସ ପ୍ରଚାର କରୁଚି। ଏହାକୁ ବିଶ୍ଳେଷଣରେ ବୁଝାଇବାର ଦରକାର ନାହିଁ। ଜୀବନରେ ସେ କେବେ ଘରେ ରହିବାର କଳ୍ପନା କରି ନଥିଲେ। ଶେଷଦିନ ମଧ୍ୟ ଆତ୍ମୀୟସ୍ୱଜନଙ୍କ ପରିଚର୍ଯ୍ୟା କଥା ଦୂରେଥାଉ ପାଖେ ରହିବା ମଧ୍ୟ ସେ କଳ୍ପନା କରି ନଥିଲେ। ଏଇକଥା ସଂଗେ ସଂଗେ ପୁଣି ସେ କହିଲେ, "ନୀଳକଣ୍ଠ ଦାସଙ୍କୁ କହିବ ସେ କୌଣସି କଥାରେ ବିଚଳିତ ହେବେ ନାହିଁ। ସେ କାର୍ଯ୍ୟଟିଏ ବିଚାରିଲେ ତାହା କରିପାରନ୍ତି। ମୁଁ ତ ଚାଲିଯାଉଚି। ତାଙ୍କୁ କହିଦେବ, ସିଂହଭୂମି ଓଡ଼ିଶାକୁ ଆସି ନାହିଁ। ଆଉକେତେ ଓଡ଼ିଆ ଭୂମି ବାହାରେ ଅଛି। ଏ କଥା ଯେପରି ଦେଶ ନଭୁଲେ। ମୁଁ ପୁଣି ସିଂହଭୂମି ଯିବାର ସଂକଳ୍ପ କରିଥିଲି; କିନ୍ତୁ ଆଉ ହେଲାନାହିଁ। କାର୍ଯ୍ୟ ଆରମ୍ଭ କଲେ ଅର୍ଥର ଅଭାବ ହେବନାହିଁ।" ଏହାର ଅଳ୍ପ ସମୟ ପରେ ତାଙ୍କର ଜ୍ଞାନ ବିଶୃଙ୍ଖଳ ହେଲା। ମଝିରେ ମଝିରେ ସ୍ପଷ୍ଟ କଥା ସବୁ ମୁହଁରୁ ବାହାରି ଯାଉଥାଏ; କିନ୍ତୁ ବାହ୍ୟ ଜ୍ଞାନ ନଥାଏ। ସବୁ କଥାରେ ସେଇ ସିଂହଭୂମି, ସେଇ ଓଡ଼ିଶା ବାହାରେ ଥିବା ଓଡ଼ିଆ ଭୂମି, ବେଳେ ବେଳେ ଲୋକଙ୍କ ସଂଗେ ଦେଖାକରି ସେଇ ବିଷୟରେ ଅନୁରୋଧ ଓ ଯୁକ୍ତି କରିବା ପ୍ରକାଶ ପାଉଥାଏ।

ମୃତ୍ୟୁର ଅବ୍ୟବହିତ ପରେ ସ୍ଥାନୀୟ ଯୁବକମାନେ ସତ୍ୟବାଦୀର ବହୁ ପଲ୍ଲୀ ମଧ୍ୟରେ ତାଙ୍କ ଶବକୁ ପୁଷ୍ପମଣ୍ଡିତ ବିମାନରେ ରଖି କାନ୍ଧରେ ବହି ଶୋଭାଯାତ୍ରା

କରିଥିଲେ। ନିରୀହ ନିଷ୍କାମକର୍ମୀ ଅନନ୍ତ ମିଶ୍ରଙ୍କର ଶୋକଛାୟା ପଲ୍ଲୀର ନରନାରୀଙ୍କ ମୁଖରେ ସେ ଦିନ ଯେ ଦେଖିଚନ୍ତି, ସେ ଭୁଲିବେ ନାହିଁ। ଲୋକେ କହୁଥାନ୍ତି, ଆହା! ଧନ୍ୟ ଅନନ୍ତ ମିଶ୍ର। ଜୀବନରେ କାମନା ନାହିଁ, ଅଭିଳାଷ ନାହିଁ। ଅନନ୍ତ ମିଶ୍ର କେବଳ କର୍ମହିଁ ଜାଣୁଥିଲେ ଲୋକଙ୍କ ପାଇଁ କର୍ମ। ସେଇ କର୍ମ କରିବାରେ ସେ ଓଡ଼ିଶାରେ କୌଣସି ବନପ୍ରାନ୍ତର ପୁରପଲ୍ଲୀ ବାକି ରଖିନାହାନ୍ତି। ଏପରି ଆଉ କିଏ ହେବ?" ପଲ୍ଲୀବନିତା କାନ୍ଦି କାନ୍ଦି ମଧ୍ୟ ମିଶ୍ରଙ୍କର ଏଇ ଗୁଣ ସୁମରୁଥାଏ। ବାସ୍ତବିକ ଧନ୍ୟ ଅନନ୍ତ ମିଶ୍ର! ନିଷ୍କାମ କର୍ମସେବା ତୁମର ଜୀବନରେ ଏକା କାର୍ଯ୍ୟରେ ଦେଖାଗଲା। ତମପରି ଏ ଦେଶର ପୁରପଲ୍ଲୀ ବନପ୍ରାନ୍ତର ଆଉ କିଏ ଚିହ୍ନିଚି? ସେପରି ଅଭିଳାଷହୀନ ହୋଇ ଦେଶସେବା କେତେଜଣ କରିପାରନ୍ତି? ଦେଶସେବାରେ ସର୍ବସ୍ୱାନ୍ତ ହୋଇ ମଧ୍ୟ ତୁମେ ନିରାଶ ହୋଇ ନଥିଲ। ଶରୀର ଭାଙ୍ଗିଗଲା; ମାତ୍ର ସଂକଳ୍ପ ତୁଟିନାହିଁ। ଆଜି ସେଇ ସଂକଳ୍ପ ଘେନି କୁଆଡ଼େ ଗଲ, ତା'ର ବାକି ପରିଣାମ କିଏ ଜାଣେ?

୧୯୦୨ ଖ୍ରୀଷ୍ଟାବ୍ଦର ଗ୍ରୀଷ୍ମକାଳର ସେ ଚାନ୍ଦିନୀରାତି ଆଜି ମନେପଡୁଚି। ଜୀବନରେ ସେ ସ୍ମରଣୀୟ ଦିନ ତୁମ ସ୍ମୃତି ସଂଗେ ଜୀବିତ ଅଛି, ରହିବ। ଭାର୍ଗବୀର ଏପାଖେ ବଳପୁର ସେ ପାଖେ ସୁଆଣ୍ଡ। ସୁଆଣ୍ଡ ପାଖେ ବନ୍ଧତଳେ ନଈର ଧାର। ତା'ପରେ ବଳପୁର ପଟକୁ ନଈର ବାଲିଶେଯ ରୁପାପରି ଦାଉ ଦାଉ ଦିଶୁଥାଏ। ବଳପୁର ଓ ପାର୍ଶ୍ୱବର୍ତ୍ତୀ ପଲ୍ଲୀରେ ସେତେବେଳେ ଭୀଷଣ ବିସୂଚିକା। ସେଇ ବାଲି ବଳପୁରର ଶ୍ମଶାନ; ଶ୍ମଶାନରେ ଅର୍ଦ୍ଧଦଗ୍ଧ ଶବ ପଡ଼ିଥାଏ। ଲୋକେ ପୋଡ଼ି ପାରୁ ନଥାନ୍ତି। ସେ ରାତିରେ ଶୃଗାଳମାନେ କୋଳାହଳ କରି ସେ ଶ୍ମଶାନରେ ନୃତ୍ୟ କରୁଥାନ୍ତି। ନଈ ଉପରେ ସୁଆଣ୍ଡ ବନ୍ଧ। ବନ୍ଧକୁ ଲାଗି ବନ୍ଧତଳେ ସୁଆଣ୍ଡର ଗ୍ରାମଦେବତା। ସୁଆଣ୍ଡ ସ୍ୱର୍ଗତ ପଣ୍ଡିତ ଗୋପବନ୍ଧୁଙ୍କ ଗ୍ରାମ। ଗୋପବନ୍ଧୁ ପ୍ରତିବର୍ଷ ଗ୍ରୀଷ୍ମାବକାଶରେ ସେତେବେଳେ ସେଇ ଗ୍ରାମ ଦେବସ୍ଥଳୀରେ ୭ଦିନ ହବିଷକରି ସେଇ ସାତଦିନ ମଧ୍ୟରେ ଜଗନ୍ନାଥ ଦାସଙ୍କର ୧୨ଶ ସ୍କନ୍ଧଯାକ ଭାଗବତ ଆବୃତ୍ତି କରୁଥାନ୍ତି। ତାହାକୁ କହନ୍ତି ସପ୍ତା ବସିବା। ସେରାତି ସେବର୍ଷ ସପ୍ତା ବସିବା ମଧ୍ୟରେ ଏକରାତି। ଗୋପବନ୍ଧୁଙ୍କର ବି.ଏ. ଫେଲ୍ ହୋଇଥିବା ଫଳ ବାହାରି ଯାଇଥାଏ, କିନ୍ତୁ ସେଥିରେ ଭ୍ରୂକ୍ଷେପ ନଥାଏ। ସପ୍ତା ବସିବାରେ ତିଳେ ହେଲେ ପ୍ରତ୍ୟବାୟ ନଥାଏ। ସଙ୍ଗରେ ଆଚାର୍ଯ୍ୟ ହରିହର ଦାସ ଥିଲେ। ଦିନବେଳେ ଆମେ ତିନିଜଣ ଯାଇ ସପ୍ତା ଉପରେ ଭାଗବତ ପାଠରେ ନିରତ ଥିବା ପ୍ରସନ୍ନ ଗୋପବନ୍ଧୁଙ୍କୁ ଯେପରି କି କାଲି ଦେଖିଲାପରି ଲାଗୁଚି। ସେଇଦିନ ପୁଣି ପ୍ରଥମେ ସେଇଠାରେ ଭାଗବତକୁ ପୂଜା ହୋଇଥିବା ଭାତ ମହାପ୍ରସାଦ ବ୍ୟବହାର। ଅନଭ୍ୟସ୍ତତା ହେତୁରୁ ରୁଚିରେ ଟିକିଏ ବାଧା ଆସିଥିଲା; କିନ୍ତୁ ଗୋପବନ୍ଧୁଙ୍କର ପ୍ରସନ୍ନ ସୂଚନାରେ ପ୍ରାଣ କିପରି ଅଭିଭୂତ ହୋଇଥିଲା ତାହା ମଧ୍ୟ

ମନେପଡ଼ୁଛି। ସନ୍ଧ୍ୟା ପରେ ଖଣ୍ଡିଏ ମାତ୍ର ଦୋପଟା ଚାଞ୍ଚ ପକାଇ ଚାରିଜଣ ଯାକ ନଈବନ୍ଧ ଉପରେ ବରଗଛ ତଳେ ଶ୍ମଶାନର ସେଇ ଶିବାରବବ ମଧ୍ୟରେ ବସି ଦେଶର ଅବସ୍ଥା ଓ ଜୀବନର ଭବିଷ୍ୟତ କଳ୍ପନା ଓ ଜଳ୍ପନାରେ ରାତ୍ର ଏକାବେଳକେ ପ୍ରଭାତ ହୋଇଯାଇଥିଲା। ପ୍ରଭାତର ଠିକ୍ ପୂର୍ବ ଯାମରେ ସେଇ ସଂକଳ୍ପ କଥା ଆଜି ଅତୀତ ହେଲେ ମୃତ ନୁହେଁ। ସରକାରୀ ଚାକିରି କରିବା ନାହିଁ, ଜନ୍ମବେଳେ ଦେଶକୁ ଯାହା ଦେଖିଥାଇଁ, ନିଜ କର୍ମରେ ମରିବା ପୂର୍ବରୁ ତାହାଠାରୁ ଉନ୍ନତତର ଦେଖିବା ଏଇ ସଙ୍କଳ୍ପର ଦ୍ୱିତୀୟ ସାଥୀ ତୁମର ମଧ୍ୟ ମରିବା ଦିନ ହୋଇଗଲା। ହୁଏତ ଯେଉଁଠାରୁ ଆଉ ଫେରନ୍ତି ନାହିଁ, ସେ ଭୂମିରେ ଗୋପବନ୍ଧୁଙ୍କ ସଂଗେ ଦେଖାହେବ। ଜୀବନର ପ୍ରଥମରେ ଦେଶକୁ କ'ଣ ଦେଖିଥିଲ, ଦେହ ଛାଡ଼ିଲାବେଳେ କି ଅବସ୍ଥାରେ ଦେଖିଲ, ତାହାର ଗଣନା ହୁଏତ କରିବାରେ ତୁମେ ଯାଇ ଗୋପବନ୍ଧୁଙ୍କ ସଂଗେ ସହଯୋଗ କରିବ; କିନ୍ତୁ ତୁମର ସେଇ ସଙ୍କଳ୍ପ ଦିନର ସାଥୀ ଆଉ ଯେ ଦୁଇଜଣ ରହିଲେ ତାଙ୍କର ଗଣନାର ଦିନ କେବେ ଆସିବ ଜଣାନାହିଁ। ମାତ୍ର ଏବର ଗଣନାରେ ତୁମର ସ୍ମୃତି କି ବିଭାବ ମିଶାଇବ ବା ପ୍ରତ୍ୟବାୟ ହେବ କି ସାହାଯ୍ୟ କରିବ, ତାହା ବର୍ଣ୍ଣନା କରିବାର ବସ୍ତୁ ନୁହେଁ।

ମନେପଡ଼ୁଛି ପୁଣି ନିଶ ଆନ୍ଦୋଳନର କଥା। ମୁଁ ଦାଢ଼ି କାଟି ନିଶ ରଖିଲି। ସଂଗେ ସଂଗେ ସତ୍ୟବାଦୀ ସ୍କୁଲ କରି ବସିଲି। ସ୍କୁଲ ଛାତ୍ରାବାସର ଭୋଜନ ବିଧାନରେ ଜାତିଭେଦ ଘେନି ପଂକ୍ତିଭେଦ ଉଠିଗଲା। ସେ କାଳର ପୁରୀର ପଣ୍ଡିତ ସମାଜ ତ୍ରସ୍ତ ଓ ବିବ୍ରତ ହୋଇଉଠିଲେ। ହିନ୍ଦୁ ଧର୍ମର ଦ୍ୱାହି ଦେଇ ପଂକ୍ତି ଭେଦରେ ଭୋଜନବିଧାନ କରିବାକୁ ମୋତେ ଅନୁରୋଧ କଲେ। ମୁଁ ସେତେବେଳେ ଏକା। ଆଚାର୍ଯ୍ୟ ହରିହର ଥିଲେ ପି.ଏମ୍. ଆକାଡେମିର ମାଷ୍ଟର। ଗୋପବନ୍ଧୁ ଥିଲେ ମୟୂରଭଂଜରେ ଓକିଲ। ତୁମେ ଥିଲ ଡେଲାଙ୍ଗ ମାଇନର ସ୍କୁଲରେ। ପଣ୍ଡିତମାନେ ପଂକ୍ତିଭେଦକୁ ମୁଖ୍ୟ କରି ନଧରି, ଧଇଲେ ମୋ ଦାଢ଼ିହୀନ ନିଶକୁ। ସେଥି ସଂଗେ ସାମାଜିକ ନାନାବିଧ ବୈପ୍ଳବିକ ଅତ୍ୟାଚାର କଥା ଯୋଡ଼ା ହେଲା। ପୁରୀ ମନ୍ଦିରର ମୁକ୍ତିମଣ୍ଡପ ଏଥିରେ ଜାଗ୍ରତ ହୋଇ ଉଠିଥିଲେ। ଗୋପବନ୍ଧୁ ମୁକ୍ତିମଣ୍ଡପର ଅଧିକାରୀ ନୁହନ୍ତି। ତୁମେ କିନ୍ତୁ ଶୁଣିବାମାତ୍ରେ ଦାଢ଼ି କାଟିଦେଇ ନିଶ ରଖିଥିଲ। ଆଚାର୍ଯ୍ୟ ହରିହର ମଧ୍ୟ ତାହାଇ କରିଥିଲେ। ପ୍ରଥମରୁ ୧୬ଶାସନ ଭୋଗ ସଂପର୍କରେ ମନ୍ଦିର ମଧ୍ୟରେ ସେଇ ବିରାଟ ବ୍ରାହ୍ମଣ ସଭାର ଆୟୋଜନ କଥା ମନେପଡ଼ୁଛି। ପଣ୍ଡିତମାନେ ସାରାଦିନ ବହୁ ଯତ୍ନ କରି ସୁଦ୍ଧା ତାହା କରାଇ ପାରି ନଥିଲେ। ସେ ସମସ୍ତ ଘଟଣା ମଧ୍ୟରେ ତୁମର ସେଇ ଜ୍ୱଳନ୍ତ ଯୁବଭାବଦୀପ୍ତ ମୁଖମଣ୍ଡଳ ଓ ସେଥିରୁ ନିଃସୃତ ଜନସମାଜ ପ୍ରତି ବାଗ୍ମୀତାର ଅଭୟବାଣୀ ଆଜି ମଧ୍ୟ ମୋର ମନେପଡ଼ୁଛି। ମୋ ମତରେ ସେଇ ଦିନଇ ତୁମର ପ୍ରଚାରକତ୍ୱର ପ୍ରଥମ ପ୍ରତିଷ୍ଠା। ଲୋକଙ୍କୁ ବୁଝାଇ ଶୃଙ୍ଖଳିତ କରିବାର ତୁମର ଯେଉଁ ଶକ୍ତି ପରବର୍ତ୍ତୀ କାଳରେ ତୁମର

ସମସ୍ତ ଜୀବନକୁ ଅନବିଚ୍ଛନ୍ନ କ୍ରିୟା ପ୍ରବାହରେ ପ୍ରାଣିତ କରିଥିଲା, ତାହା ସେଇ ଘଟଣାରେ ପ୍ରଥମେ ପ୍ରକାଶ ପାଇଥିବାର ମୋର ମନେହୁଏ। ସେ ୧୯୧୧ ଖ୍ରୀଷ୍ଟାବ୍ଦର କଥା।

ଯଥାର୍ଥରେ ଏଇ ଘଟଣା ପରେ ତୁମେ ଡେଲାଙ୍ଗ ମାଇନର ସ୍କୁଲ ଛାଡ଼ିଦେଲ ଓ ଏକାନ୍ତ ନୀରବଲମ୍ବ ଭାବରେ ପ୍ରଚାର କାର୍ଯ୍ୟ ଧରି ଦେଶକୁ ବାହାରି ପଡ଼ିଲ। ଏଇ ଘଟଣାର ପ୍ରାୟ ଦେଢ଼ ବର୍ଷ ପରେ ତରଳା ରାଜ୍ୟର ପଣ୍ଡା-ଶାସନ ବା ମୁକ୍ତାପୁର ପଲ୍ଲୀ ସମ୍ମିଳନୀ କଥା ମୋର ମନେ ପଡୁଚି। ଏହା ପୂର୍ବରୁ ତୁମେ ବହୁ ପଲ୍ଲୀ ବୁଲିଥିଲ। ହୁଏତ ନିଜେ ବହୁତ କ୍ଷୁଦ୍ର ବୃହତ୍ ସମ୍ମିଳନୀ କରିଥିଲ। ୧୯୦୨ ସାଲ ପରେ ସତ୍ୟବାଦୀ ଅଞ୍ଚଳରେ ମଧ୍ୟ ବହୁ ପଲ୍ଲୀ ସମ୍ମିଳନୀ ହୋଇଯାଇଥିଲା। ତୁମେ ଏ ସବୁଠାରେ ଥିଲ; କିନ୍ତୁ ସେଦିନ ମୁକ୍ତାପୁର ସମ୍ମିଳନୀରେ ତୁମର ପୁଷ୍କଳକୃତି ସ୍ମରଣୀୟ।

ସେଦିନ ଜଗତରେ ଲୋକସମାଜର ଆଦି ଗଠନଠାରୁ ମାନବ ସଭ୍ୟତାର କ୍ରମୋନ୍ନତି ଧରି ଜନତାକୁ ତୁମେ ଯେପରି ଭଲ ମନ୍ଦ ବାଟେ ଗତି ଓ ନିୟତି ଦେଖାଇଥିଲ ତାହାର ସ୍ମୃତି ଆଜି ଆହା କି ସୁନ୍ଦର; କିନ୍ତୁ କି କରୁଣ। ତିନିଘଣ୍ଟାବ୍ୟାପୀ ତୁମର ସେ ବାଗ୍ମୀତାର ନିସନ୍ଧ୍ୟେ ସ୍ଥିର ଓ ନିର୍ନିମେଷ ଜନତାକୁ କିପରି ମୁଗ୍ଧ ଓ ଅଭିଭୂତ କରିଥିଲା ତାହା ବର୍ଣ୍ଣନା କରିବାର ବସ୍ତୁ ନୁହେଁ।

ତା'ପରେ ତୁମେ ହେଲ ଯଥାର୍ଥ ପ୍ରଚାରକ। ପ୍ରଚାରକ ବୋଲି ତୁମକୁ କେଇ ସଭାକରି ଉପାଧି ଦେଇନାଇଁ। ତୁମର କାର୍ଯ୍ୟରେ ଲୋକେ ତୁମକୁ କହୁଥିଲେ ପ୍ରଚାରକ। ତୁମେ ହେଲ ପ୍ରଚାରକ। ଏ ନିରୁତା ଉପାଧି ସମାଲୋଚନା ନାଇଁ। ତାହା କେହି କେବେ କରିନାଇଁ, ଏବେ ମଧ୍ୟ କରୁନାଇଁ। ଏଇ ପ୍ରଚାରବାର୍ତ୍ତା ଘେନି ତୁମେ ଉତ୍କଳର ପୁରପଲ୍ଲୀ ବନପ୍ରାନ୍ତର ଗିରିନଦୀ ସବୁ ଦେଖିଚ। ପଦବ୍ରଜରେ ଏପରି ପ୍ରଚାରକ ଓଡ଼ିଶାରେ ଆଉ କେଇ ହୋଇନାଇଁ। ହେବ ବୋଲି ଆଶା ନାଇଁ। ଏ ସମସ୍ତ ପ୍ରଚାର ମଧ୍ୟରେ ତୁମର ପ୍ରାଣ ଥିଲା ଓଡ଼ିଆର ଜାତୀୟତା। ଉପାନ୍ତ, ଓଡ଼ିଆ ହେବ ଏହାଇ ତୁମ ପ୍ରଚାରର ଥିଲା ମୂଳମନ୍ତ୍ର। କଂଗ୍ରେସ ଆସିଲା। ସେଥିରେ ପ୍ରାଣପଣେ ଯୋଗ ଦେଇଚ; କିନ୍ତୁ ତୁମର ସେଇ ନିଜର ଆଦର୍ଶରୁ କେବେ ଭ୍ରଷ୍ଟ ହୋଇନାହଁ। ସମସ୍ତ କଂଗ୍ରେସ କାର୍ଯ୍ୟ ମଧ୍ୟରେ ତୁମେ ଓଡ଼ିଆର ସେଇ ଜାତୀୟତାକୁ ଶୟନେ ସ୍ୱପନେ ଜାଗରଣେ ସମ୍ବଳ କରିଥିଲ। ସେଥିପାଇଁ ବିଶେଷରେ ତୁମର କର୍ମକ୍ଷେତ୍ର ହେଲା ସିଂହଭୂମି।

ବାସ୍ତବରେ ତୁମର କାର୍ଯ୍ୟ ବିନା ସିଂହଭୂମିରେ ଆଜି ମଧ୍ୟ ଓଡ଼ିଆ ନାମ ଫୁଟି ନଥାନ୍ତା। ଦୁଃସ୍ଥ ଓ ପୁରୋଦୃଷ୍ଟିହୀନ ସିଂହଭୂମି ଓଡ଼ିଆ ଭାରତ ଜାତୀୟତାର ମନ୍ତ୍ର ଧରି ନିଜର କାର୍ଯ୍ୟ ସାଧନ କରିବାକୁ ବସିଥିଲେ ଆଜି ନିଶ୍ଚୟ ଅବସ୍ଥା ଭିନ୍ନ

ପ୍ରକାର ହୋଇଥାନ୍ତା। ତାହା ହୋଇନାଇଁ, କିନ୍ତୁ ସେ ଦୋଷ ତୁମର ନୁହେଁ। ତୁମେ ପ୍ରଥମେ ଜେଲ ଯାଇଥିଲ ସିଂହଭୂମିରୁ। ଜେଲରୁ ଫେରି ସିଂହଭୂମିର 'ସମ୍ମିଳନୀ' ଖବର କାଗଜ ବାହାର କରି ସେଠାରେ ଜାତୀୟତା ପ୍ରତିଷ୍ଠା କରିବା ପାଇଁ ସଙ୍କଳ୍ପ କଲ। ଦେଶ ଲୋକଙ୍କ ସହଯୋଗରେ ତୁମର ଅଖଣ୍ଡ ବିଶ୍ୱାସ ଥିଲା। ଶେଷରେ ନିଜର ସମସ୍ତ ପୈତୃକ ସଂପତ୍ତି ପର୍ଯ୍ୟନ୍ତ ପଣ କରି ତୁମେ ସିଂହଭୂମିର 'ସମ୍ମିଳନୀ' ସେବା କରିଥିଲ। ବନ୍ଧୁମାନେ ଆଗକୁ ପଛକୁ ଚାହିଁ ତୁମକୁ ନାନା ପରାମର୍ଶ ଦେଇଥିଲେ, ପୈତୃକ ସଂପତ୍ତି ପଣ ନକରିବାକୁ କହିଥିଲେ। ତୁମେ ଶୁଣି ନଥିଲ। ତୁମର ବିଶ୍ୱାସ ଦେଶ ଲୋକେ ନିଶ୍ଚୟ ତୁମ କାର୍ଯ୍ୟରେ ସାଥି ହେବେ। ସେ ବିଶ୍ୱାସ ପାଖେ କୌଣସି ବ୍ୟକ୍ତିଗତ ତ୍ୟାଗ ତୁମକୁ ବଡ଼ ଦିଶୁ ନଥିଲା। ସେଥିପାଇଁ ଶେଷ ଜୀବନ ପର୍ଯ୍ୟନ୍ତ ତୁମେ ନିସ୍ୱ ଓ ତ୍ୟାଗପୂତ ଭାବରେ ଜୀବନର ଆଦର୍ଶ ସେବା କରିଥିଲ।

ତୁମର ବଡ଼ ନେତୃତ୍ୱର ଆକାଂକ୍ଷା ନଥିଲା। ନିଜର ତ୍ୟାଗକୁ ଦେଶରେ ଜଣାଇବାର କଳ୍ପନା ମଧ୍ୟ ନଥିଲା। ଦେଶରେ ବହୁ ବଡ଼ଲୋକେ ହେବେ, ହୋଇ ପାରନ୍ତି; କିନ୍ତୁ ତ୍ୟାଗର ଏ ନିଷ୍ଠା ଆଦର୍ଶ ସାଧନାରେ ପ୍ରଯତ୍ନର ଏ ପରାକାଷ୍ଠା ଜଗତରେ କଦାଚିତ୍ କ୍ୱଚିତ୍ ଦେଖାଯାଏ।

ପ୍ରଚାରକ ଭାବରେ ବହୁକାଳ ତୁମେ ପ୍ରତି ସପ୍ତାହରେ ଡାଇରି ବା ଦୈନିକ ବିବରଣୀ ଲେଖି ଆଶା ପତ୍ରିକାରେ ପ୍ରକାଶ କରୁଥିଲ। ଦେଶର ପୁରପଲ୍ଲୀ ସଂଗେ ନିଜେ ପରିଚିତ ହୋଇ ଲୋକଙ୍କୁ ସେଥିରେ ପରିଚିତ କରାଇବାର ଏ ପ୍ରଚେଷ୍ଟା ଓଡ଼ିଶାରେ ଅନ୍ୟତ୍ର ଦେଖା ନାଇଁ।

ଆଜି ମଧ୍ୟ ସେ ଡାଇରି ସଙ୍କଳିତ ହେଲେ ଦେଶର ସାହିତ୍ୟରେ ଅତ୍ୟନ୍ତ ଆଦରଣୀୟ ହେବ; କିନ୍ତୁ ଓଡ଼ିଶାରେ ଏକେ ସାହିତ୍ୟର ଆଦର ନିମନ୍ତେ ସ୍ଥାନ ଆସିନାଇଁ, ସେଥିରେ ପୁଣି ପ୍ରଚାରକଙ୍କ ଡାଇରି କିଏ ବା ଖୋଜିବ ? ଦେଶର ଅବସ୍ଥା ବା ପରିସ୍ଥିତି ଯାହା ହେଉ ତୁମର କର୍ମର ନିଷ୍କାମତାରେ ଅପଚାପ ହୋଇନାଇଁ। ଏଇ ନିଷ୍କାମତାରେଇ ତୁମର କର୍ମ ବରଂ ପବିତ୍ରତର ଓ ଉଜ୍ଜ୍ୱଳତର ହୋଇଅଛି।

ସାମାଜିକ ଭାବରେ ତୁମକୁ ଦେଖିବାର ଅବକାଶ ଉତ୍କଳରେ ବହୁ ଲୋକଙ୍କର ହୋଇନାଇଁ। ଦେଶର ମୁଖ୍ୟ ରାଜନୀତିକ ଓ ଆର୍ଥିକ ସମସ୍ୟାର ସମାଧାନର ପ୍ରଚେଷ୍ଟା ମଧ୍ୟରେ ବ୍ୟକ୍ତିତ୍ୱର ସେ ବିଭାବ ଏବେ ନ ଦିଶିବାର କଥା; କିନ୍ତୁ ସେଠାରେ ମଧ୍ୟ ତୁମର ଦୃଢ଼ ବ୍ୟକ୍ତିତ୍ୱ ପ୍ରତିଷ୍ଠା ସ୍ମରଣୀୟ। ନିରହଙ୍କାର ଓ ନିଷ୍କାମ ଭାବରେ ତୁମେ ଏ କ୍ଷେତ୍ରରେ ମଧ୍ୟ ଯେ କାର୍ଯ୍ୟ କରୁଥିଲ ତାହାର କଳନା ଏବେ ସମ୍ଭବ ନୁହେଁ। ସର୍ବୋପରି ଦେଖିବାର କଥା ତୁମର ସେଇ ତ୍ୟାଗପୂତ ନିଷ୍ଠା ଓ ନିରାଡ଼ମ୍ବର ସହିଷ୍ଣୁତା। ଯଥାର୍ଥ ଦେଶସେବାରେ ଏକପ୍ରକାର ନିରନ୍ନତା ବରଣ କରି ତୁମେ ମାନବୀୟତାର ଶ୍ରେଷ୍ଠ

ପଦବୀରେ ପାଦଦେଇ ଯେପରି କି ସ୍ୱର୍ଗ ମର୍ତ୍ତ୍ୟର ବ୍ୟବଧାନ ହ୍ରାସ୍ୱକରି ଅକାଳରେ ସ୍ୱର୍ଗ ବରଣ କରିଅଛ। ବଡ଼ ତୁମେ ଥିଲ; କିନ୍ତୁ ବଡ଼ ହୋଇନାହିଁ। ସେଥିରେ ତୁମର କିଛି କ୍ଷତି ବୃଦ୍ଧି ନାହିଁ। ପୁଣି ଆଜି ତ ତୁମେ ସେ ସବୁ କ୍ଷତି ବୃଦ୍ଧିରୁ ଅତୀତ; ମାତ୍ର କର୍ମୀ ପୁରୁଷର କର୍ମମୟ ଜୀବନ ହିଁ ମରଣରେ ଦେଶର ସଂପଦ। ସେ ସଂପଦରେ ଏ ଦେଶ ଅତିଶୀଘ୍ର ଅଧିକାରୀ ହେବବୋଲି ଦେଶାତ୍ମବୋଧ ବିଶିଷ୍ଟ ବ୍ୟକ୍ତିମାତ୍ରେ କାମନା କରିବେ। ବିଧାତା ସେ କାମନାର ପୂରଣରେ ସହାୟ ହୁଅନ୍ତୁ।

(୮) ସ୍ୱର୍ଗତ କୃପାସିନ୍ଧୁ ମିଶ୍ର

ସ୍ୱର୍ଗତ କୃପାସିନ୍ଧୁ ମିଶ୍ର ସତ୍ୟବାଦୀ ସ୍କୁଲର ଜଣେ ବିଶିଷ୍ଟ ଓ ପ୍ରସିଦ୍ଧ କର୍ମୀ ଥିଲେ। ପରେ ଯେତେବେଳେ ୧୯୨୧ରେ ଏଇ ସ୍କୁଲଟି 'ସତ୍ୟବାଦୀବିହାର' ନାମରେ ଉତ୍କଳର ଜାତୀୟ ବିଦ୍ୟାଳୟର କେନ୍ଦ୍ର ହେଲା, ସେତେବେଳେ ସେ ଥିଲେ ସେଇ ବିହାରର ପ୍ରଧାନ। ଏହାପୂର୍ବରୁ ସେ ଉପାନ୍ତ ଓଡ଼ିଆଭୂମିରେ ଓଡ଼ିଆ ଭାଷାର ପ୍ରଚାର ଉଦ୍ଦେଶ୍ୟ ଘେନି ସେତେବେଳେ ନୂତନ ସ୍ଥାପିତ ମେଦିନୀପୁରର ବାହାଡ଼ାଗୋଡ଼ା ଓଡ଼ିଆ ଉଚ୍ଚଇଂରାଜୀ ବିଦ୍ୟାଳୟର କେତେଦିନ ପ୍ରଧାନ ଶିକ୍ଷକ ଥିଲେ।

ଯେତେଦୂର ମନେହୁଏ, ଆଜକୁ ୩୨ବର୍ଷ ତଳେ ୧୯୨୬ ଫେବୃୟାରୀରେ ନିଜଗ୍ରାମ ବୀରପ୍ରତାପପୁରଠାରେ ତାଙ୍କର ତିରୋଧାନ ଘଟିଥିଲା। ସେଇ ହିସାବରେ ଆଜି ତାଙ୍କ ମୃତ୍ୟୁର ୩୩ଶ ସାମ୍ବତ୍ସରିକ। ତାଙ୍କ ତିରୋଧାନ ବେଳେ ମୁଁ ଥିଲି ଦିଲ୍ଲୀରେ। ହଠାତ୍ ଦିନେ ସନ୍ଧ୍ୟାରେ ପଣ୍ଡିତ ଗୋପବନ୍ଧୁଙ୍କଠାରୁ ସତ୍ୟବାଦୀରୁ ଟେଲିଗ୍ରାମରେ ପାଇଲି କୃପାସିନ୍ଧୁଙ୍କ ମୃତ୍ୟୁଖବର। ଠିକ୍ ଭାଷାଟି କ'ଣ ଥିଲା ମନେନାହିଁ। ବୋଧହୁଏ ସେଥିରେ ଥିଲା, "Now all is over, Krupasindhu expired" ଏଇ ଦାରୁଣ ଓ ମର୍ମଭେଦୀ ସମ୍ବାଦ ମୋର ଏକାବେଳକେ ଅନାଶଙ୍କିତ ଥିଲା। ତଥାପି ସେଠାରୁ ଆଜିଯାଏ କୃପାସିନ୍ଧୁଙ୍କ ମୃତ୍ୟୁ ବିଷୟରେ ଆଉ କିଛି ଚିନ୍ତା ବା ପ୍ରକ୍ରିୟାର ବିଶେଷ କିଛି ଆରମ୍ଭ ବା ସମାରୋହ ହୋଇଥିବାର ମୋ ମନେନାହିଁ।

ଏବେ ପ୍ରାୟ ମାସକତଳେ ଖଣ୍ଡେ ଚିଠି ପାଇଲି। ତା' ଲେଖିଥିଲେ ଜାଣିଲି କୃପାସିନ୍ଧୁଙ୍କ ଧର୍ମପତ୍ନୀ ସାବିତ୍ରୀ। ସେ ଲେଖାରୁ ଜାଣିଲି କୃପାସିନ୍ଧୁଙ୍କ ମୃତ୍ୟୁବେଳେ ସ୍ୱର୍ଗତ ପଣ୍ଡିତ ଗୋପବନ୍ଧୁ ଦାସ ତାଙ୍କ ଘରକୁ ଯାଇ ସାବିତ୍ରୀକୁ କହିଥିଲେ, "ଏ ଅସ୍ଥି ରଖିଥା। ହଜାଇଦେବୁ ନାହିଁ। କେତେବେଳେ କାମରେ ଲାଗିବ।" ଚିଠି ଖଣ୍ଡିପଢ଼ି ମୁଁ ସ୍ତମ୍ଭୀଭୂତ ହୋଇଗଲି। ସଂଗେ ସଂଗେ ଗୋପବନ୍ଧୁଙ୍କ ଦିବ୍ୟ ପୁରୋଦୃଷ୍ଟି ଓ ଭବିଷ୍ୟତ କଳ୍ପନାର ବଳିଷ୍ଠତା ମନେପଡ଼ିଲା ଏତେଦିନ ପରେ ମଧ୍ୟ ବିଶେଷରେ ସ୍ୱର୍ଗତ ଗୋଦାବରୀଶଙ୍କ ମୃତ୍ୟୁଠାରୁ ଯେ ଉତ୍କଳବ୍ୟାପୀ ଚହଳ ଆରମ୍ଭ ହେଲା ଓ ସେଥିରେ ବିଶେଷରେ "ସମାଜ" ଓ ସମାଜର ମୁଖ୍ୟ ତଥା ଅନ୍ୟ କର୍ମୀବର୍ଗ ଯେପରି କ୍ରିୟାବାନ୍ ହେଲେ ଓ ତାଙ୍କ ପ୍ରଭାବରେ

ଦେଶ ଯେପରି ସତେ କି ଆଉଥରେ ସତ୍ୟବାଦୀର ସେକାଳର ପୁଣ୍ୟ ପ୍ରଭାବରେ ପ୍ରଭାବିତ ହେଲା। ମୁଁ ଏସବୁ କଥା ଚିନ୍ତାକରି ଏ ଚିଠିର କଥା ଶ୍ରୀ ରାଧାନାଥ ରଥଙ୍କୁ ଫୋନ୍‌ରେ କହିବା ପାଇଁ ଚେଷ୍ଟା କଲି। ସେ ନଥିଲେ। ତହୁଁ ଶ୍ରୀ ଶ୍ରୀହର୍ଷ ମିଶ୍ରଙ୍କୁ ଫୋନ୍ କରି କୃପାସିନ୍ଧୁଙ୍କ ଧର୍ମପତ୍ନୀ ଲେଖିଥିବା ଚିଠିର ଉଦ୍ଦେଶ୍ୟଟି ଜଣାଇଦେଲି। କହିଲି, ସେ ଲେଖିଛନ୍ତି ଯଦି ଅସ୍ଥିର ବ୍ୟବହାର କିଛି ନହୁଏ, ସେ ନିଜେ ତାହାର ବ୍ୟବସ୍ଥା କରିବେ। କିନ୍ତୁ ଶ୍ରୀହର୍ଷ ମିଶ୍ର ହଠାତ୍ ଅତି ଆଗ୍ରହରେ ଏକଥା ଶୁଣିଲେ ଓ ସେ ଅସ୍ଥି ଆସି କିପରି ସତ୍ୟବାଦୀରେ ଯଥାସ୍ଥାନରେ ଓ ଯଥା ସମ୍ମାନରେ ରହିବ, ତାହାର ବ୍ୟବସ୍ଥା କରିବେ ବୋଲି କହିଲେ। ମୁଁ ସେଇ ମର୍ମରେ ସାବିତ୍ରୀଦେବୀଙ୍କୁ ଲେଖିଦେଲି। ଏବେ ଆଜି ୧୮ ତାରିଖ ଫେବୃୟାରୀରେ ସେଇ ଅନୁସାରେ କାର୍ଯ୍ୟ ହେଉଚି।

କୃପାସିନ୍ଧୁ ମୋ ଠାରୁ ଦୁଇ ବରଷ ଛୋଟ-ପାଠ ପଢ଼ାରେ ତିନିବରଷ। ସେ ୧୯୧୪ରେ ଏମ.ଏ. ପାସ୍ କଲା ସଂଗେ ସଂଗେ ଆସି ସତ୍ୟବାଦୀ ସ୍କୁଲରେ ଯୋଗ ଦେଇଥିଲେ। ସେ ଥିଲେ ଇତିହାସରେ ଏମ୍.ଏ.। ସେ ପରୀକ୍ଷାରେ ଉଚ୍ଚସ୍ଥାନ ପାଇଥିଲେ। ସେତିକି ନୁହେଁ, ଇତିହାସ ଆଲୋଚନାରେ ସେକାଳକୁ ଚାହିଁ ତାଙ୍କର ଖୁବ୍ ଗଭୀରତା ଓ ମୌଳିକତା ଥିଲା। ତାହାର ନିଦର୍ଶନ ସ୍ୱରୂପ ବାରବାଟୀ ଦୁର୍ଗ, ଓଡ଼ିଶାର ଇତିହାସ ଓ କୋଣାର୍କ—ତାଙ୍କର ଏ ତିନିଖଣ୍ଡ ପୁସ୍ତକ ଏବେ ମଧ୍ୟ ଜୀବିତ ଅଛି। ଏହାଛଡ଼ା ପାଠ୍ୟପୁସ୍ତକ ହେବାପାଇଁ ସେ ଇଂରେଜୀରେ ସେକାଳେ ଗୋଟିଏ 'ଇଂଲଣ୍ଡ ଇତିହାସ' ଲେଖିଥିଲେ।

ସତ୍ୟବାଦୀ ସ୍କୁଲରେ ସେ ଯୋଗ ଦେଇଥିଲେ ଅତି ଆନ୍ତରିକ ଭାବରେ। ସତ୍ୟବାଦୀ ସ୍କୁଲ ସମ୍ବନ୍ଧରେ ମୂଳରୁ ସ୍ୱର୍ଗତ ପଣ୍ଡିତ ଗୋପବନ୍ଧୁ ଦାସଙ୍କ ସଂଗେ ସ୍ୱର୍ଗତ ପ୍ରଚାରକ ଅନନ୍ତ ମିଶ୍ର, ଆଚାର୍ଯ୍ୟ ହରିହର ଦାସ ଓ ମୁଁ ଏଇ ତିନିଜଣ ଅଙ୍ଗାଙ୍ଗୀ ଭାବେ ଜଡ଼ିତ ଥିଲୁ। ସେଥିପାଇଁ ଆମେ ଭିନ୍ନ ଭିନ୍ନ ଆଡ଼େ କୃତବିଦ୍ୟ ଯୁବକମାନଙ୍କୁ ବାଛିବାରେ ମଧ୍ୟ ଲାଗିଥିଲୁ। ସତ୍ୟବାଦୀ ସ୍କୁଲରେ ମୁଁ ଆସି ଯୋଗ ଦେଲାପରେ, ଅର୍ଥାତ୍ ୧୯୧୧ର ଶେଷାର୍ଦ୍ଧଠାରୁ ଆମେ ଦରକାର ଅନୁସାରେ ଯୁବକମାନଙ୍କୁ ଉଚ୍ଚଶିକ୍ଷାରେ ଯଥାର୍ଥ ସାହାଯ୍ୟ କରିଥିଲୁ। କିନ୍ତୁ ସ୍ୱର୍ଗତ କୃପାସିନ୍ଧୁଙ୍କ ବିଶେଷତ୍ୱ ଥିଲା ଯେ, ସେ ଆମମାନଙ୍କ ସଂପର୍କରେ ଆସିଲା ଦିନଠାରୁ ସତ୍ୟବାଦୀ ସ୍କୁଲ ଛଡ଼ା ଆଉ କୌଣସି କଥା କେବେ ଭାବି ନାହାନ୍ତି; ଚାକିରି କରିବା, ଓକିଲାତି କରିବା ବା ଅନ୍ୟ ବ୍ୟବସାୟ କରିବା ତ ଦୂରର କଥା।

କୃପାସିନ୍ଧୁ ମୋର ପ୍ରତିବେଶୀ ଦଦେଇପୁଅ ଭାଇଙ୍କର ଭଣଜା। ଅତଏବ ଆମେ ଦୁହେଁ ବସ୍ତୁତଃ ମାମୁଁ ଭଣଜା ଥିଲୁ। ସେ ଥିଲେ, ଏକ ଭଉଣୀର ଜନ୍ମିତ ପୁଅ। ତାଙ୍କ ଘର ବୀରହରେକୃଷ୍ଣପୁର। ସେ ପୋଷ୍ୟପୁତ୍ର ହୋଇଥିଲେ, ଆଉ ଗୋଟିଏ ଭଉଣୀର। ତାଙ୍କ ଘର ବୀରପ୍ରତାପପୁର। ଏବେ ବୀରପ୍ରତାପପୁରେ ତାଙ୍କ ଘରେ ତାଙ୍କ ଧର୍ମପତ୍ନୀ ସାବିତ୍ରୀ ପୋଷ୍ୟପୁତ୍ର ପୁରୀର ଓକିଲ ଜଗନ୍ନାଥ ମିଶ୍ରଙ୍କୁ ଘେନି ଅଛନ୍ତି। ପୁରୀର

ଆଡଭୋକେଟ୍ ହରିହର ଦାସ ତାଙ୍କର ଆଉ ଗୋଟିଏ ପୋଷ୍ୟପୁତ୍ର ହୋଇ ଯାଇଥିବା ଜନ୍ମିତ ଭାଇ। ଜନ୍ମତଃ କୃପାସିନ୍ଧୁ ଥିଲେ, କୃପାସିନ୍ଧୁ ରଥ।

ଅତି ପିଲା ଦିନରୁ କୃପାସିନ୍ଧୁ ମାମୁଁଙ୍କ ଘରେ ରହି ବିଦ୍ୟାଶିକ୍ଷା କରୁଥିଲେ, କାରଣ ତାଙ୍କ ପିତା ଧନୀ ନଥିଲେ କିମ୍ବା ତାଙ୍କ ଗ୍ରାମରେ ପଢ଼ିବାର ସେପରି କିଛି ସୁବିଧା ନଥିଲା। ପୁଣି ସେକାଳେ ଅନେକ ସ୍ଥାନରେ ଭଣଜାମାନେ ପିଲାଦିନୁ ମାମୁଁଘରେ ରହି ପ୍ରାଏ ମଣିଷ ହେଉଥିଲେ।

ମୁଁ ପୁରୀଜିଲ୍ଲା ସ୍କୁଲର ଉଚ୍ଚଶ୍ରେଣୀରେ ପଢ଼ିଲାବେଳେ କୃପାସିନ୍ଧୁ ତଳ ଶ୍ରେଣୀରେ ପଢୁଥାନ୍ତି। ଦିନେ ହଠାତ୍ କୌଣସି ଦଣ୍ଡ ଦେବାପାଇଁ ଶିକ୍ଷକ ତାଙ୍କୁ ଦିନତମାମ୍ ବେଞ୍ଚ ଉପରେ ଛିଡ଼ା କରିଦେଲେ। ତାଙ୍କ ଗୋଡ଼ ଫୁଲିଗଲା। ଘରେ ଆସି ସେ ପ୍ରଥମ ଥର ପାଇଁ ବାତଜ୍ୱରରେ ପଡ଼ିଲେ। ସେଇଦିନଠାରୁ ତାଙ୍କର ଗୋଦର ଗୋଡ଼ ହୋଇଗଲା। ଶେଷ ପର୍ଯ୍ୟନ୍ତ ତାହା ଥିଲା। ମନେଅଛି, ତତ୍କାଳୀନ ସୁଦକ୍ଷ ଓ ଶିଷ୍ୟପ୍ରେମୀ ହେଡ଼ମାଷ୍ଟର ସ୍ୱର୍ଗତ ଚନ୍ଦ୍ରମୋହନ ମହାରଣା କୃପାସିନ୍ଧୁଙ୍କୁ ଯେତେବେଳେ ଦେଖନ୍ତି ସେତେବେଳେ ଟିକିଏ ତାଙ୍କ ଗୋଡ଼ ଆଉଁସି ଦିଅନ୍ତି।

ସତ୍ୟବାଦୀ ସ୍କୁଲ ଆରମ୍ଭ କଲାବେଳେ ଆମ୍ଭେମାନେ ନିଜ ଖର୍ଚ୍ଚମାଫିକ୍ ବେତନ ନବାପାଇଁ କଥା କରିଥିଲୁ। କାରଣ ଆମେ ନିଜେ ଅର୍ଥ ସଂଗ୍ରହ କରି ସେକାଳରେ ସେଥିରୁ ବିଶେଷ ଖର୍ଚ୍ଚ କରିବା ପାଇଁ ମନ କରି ନଥିଲୁ। ମୁଁ ନେଉଥିଲି ମାସକୁ ୩୦ଟଙ୍କା। ତା'ଛଡ଼ା ପଣ୍ଡିତ ଗୋପବନ୍ଧୁ ଦାସ ମୋତେ ବାଧ୍ୟ କରି ଦେଉଥିଲେ ନିଜହାତରୁ ମାସକୁ ଆଉ ଦଶଟଙ୍କା। ସ୍ୱର୍ଗତ ରାମଚନ୍ଦ୍ର ରଥେ ସେତିକିବେଳେ ନିଜ ଚରିତ୍ରର ସାଧୁତା ରକ୍ଷା କରିବା ପାଇଁ ସତ୍ୟବାଦୀରେ ଆସି ଯୋଗ ଦେଇଥିଲେ। ସେ ଏନ୍‌ଟ୍ରାନ୍‌ସ ପାସ୍ କରିଥିଲେ ମଧ୍ୟ ବଡ଼ ସୁଦକ୍ଷ ଓ ଅଖଣ୍ଡ ଚରିତ୍ରବାନ୍ ଶିକ୍ଷକ ଥିଲେ। ସେ ନେଉଥିଲେ ମାସକୁ ୭୦ଟଙ୍କା। ସେକଥା ମୁଁ ଅନ୍ୟତ୍ର ତାଙ୍କ ମୃତ୍ୟୁବେଳେ ଲେଖିଚି। ତା'ପରେ ଆସିଲେ ଆଚାର୍ଯ୍ୟ ହରିହର ଦାସ। ସେ ତା'ପୂର୍ବରୁ କଟକ ପି.ଏମ୍. ଏକାଡେମୀରେ ମାସକୁ ୪୦ ଟଙ୍କାରେ ଚାକିରି କରୁଥିଲେ। ତାଙ୍କୁ ସେଇଆ ଦିଆହେଲା। ପରେ ସ୍ୱର୍ଗତ ଗୋଦାବରୀଶ ଆସି ସପରିବାରେ ରହିଲେ। ତାଙ୍କ ପାଇଁ ପରିବାରର ସମସ୍ତ ଖର୍ଚ୍ଚ ଦେବାକୁ ହେବ। ମୋ ମନେଅଛି, ତାଙ୍କ ପାଇଁ ମାସକୁ ୮୦ଟଙ୍କା ସ୍କୁଲରୁ ଦିଆହେଲା ଓ ଆଚାର୍ଯ୍ୟ ହରିହର ଦାସ ସେ ଖର୍ଚ୍ଚ ତୁଲାଇ ତାଙ୍କୁ ବସାରେ ରଖିବାର ଭାର ବହନ କଲେ। ସେ ଛାତ୍ରାବାସରେ କେବେ ରହି ନଥିଲେ; କିନ୍ତୁ ବର୍ଷ ଶେଷରେ ଦେଖାଗଲା ମାସିକ ଅନ୍ତତଃ ୧୨୦ଟଙ୍କା ନହେଲେ, ତାଙ୍କ ପରିବାର ଖର୍ଚ୍ଚ ଚଳିବ ନାହିଁ। ତାଙ୍କୁ ସେଇୟା ଦିଆଗଲା। ସ୍ୱର୍ଗତ କୃପାସିନ୍ଧୁ ମିଶ୍ର ତା'ର ଦୁଇବର୍ଷ ପରେ ଏମ୍.ଏ. ପାସ୍ କରି ଆସି ସଂଗେ ସଂଗେ ସ୍କୁଲରେ ଯୋଗଦେଲେ। ତାଙ୍କର ମଧ୍ୟ ପରିବାରରେ ଆଉ କେହି ନଥିଲେ। କଥାହେଲା ସେ ବସାକରି ସସ୍ତ୍ରୀକ

ରହିବେ। ଅତଏବ ମାସକୁ ୮୦ଟଙ୍କା ବା ୧୨୦ଟଙ୍କା ଭଳି କିଛି ତାଙ୍କୁ ଦେବାର ବିଚାର ହେଲା। କିନ୍ତୁ ସେ କହିଲେ, "ନା, ମାସକୁ ୫୦ଟଙ୍କାରୁ ବେଶି ମୋର ଦରକାର ହେବନାହିଁ।" ଏ ଅଦ୍ଭୁତ କଥାଟି ଆଜିଯାଏ ମୋର ସ୍ପଷ୍ଟ ମନେଅଛି। ହୁଏତ ଆଚାର୍ଯ୍ୟ ହରିହର ଦାସଙ୍କର ମନେଥିବ। ସ୍କୁଲର ତତ୍କାଳୀନ କିରାଣୀ, ସମସରପୁରର ଶ୍ରୀରଘୁନାଥ ମିଶ୍ର ବଞ୍ଚିଚନ୍ତି। ଥିଲେ ଅବା ତାଙ୍କର ମନେଥିବ। ଏସବୁ କଥାର ଭାବ ଓ ପ୍ରଭାବ ଧରି ରଖିବାର କଥା ଦୂରେଥାଉ, ଆଉ କାହାରି ହୁଏତ ଏହା ମନେ ନଥିବ।

ଟଙ୍କା ବେଶି କମ୍ ନେବା ନ ନେବା କଥା ସତ୍ୟବାଦୀ ସ୍କୁଲରେ ନଥିଲା। ଯାହାର ଯାହା ଦରକାର ବୋଲି ମନେ କରାଯାଉଥିଲା ବା ଯେ ଯାହା ଦରକାର ବୋଲି ଦାବି କରୁଥିଲା, ତାକୁ ତା' ଦିଆଯାଉଥିଲା। ଅନେକ ଏବେ ବି କହନ୍ତି ଓ ଲେଖନ୍ତି, ସତ୍ୟବାଦୀର ଶିକ୍ଷକମାନେ ଅତି ଅଳ୍ପ ବେତନରେ କାମ କରୁଥିଲେ। ତାହାଇ ଥିଲା ସତ୍ୟବାଦୀର ବିଶେଷତ୍ୱ; କିନ୍ତୁ ତା' ନୁହେଁ। ସତ୍ୟବାଦୀର ଉଦ୍ଦେଶ୍ୟ ଓ ଆଦର୍ଶ ଥିଲା ଏଥିରୁ ଭିନ୍ନ। ଉପରେ ଯେଉଁସବୁ କଥା କୁହାଗଲା, ସେଥିରୁ ଲୋକ କେତେକ ପରିମାଣରେ ଏ କଥାର ତାତ୍ତ୍ୱିକତା ଓ ତାତ୍ପର୍ଯ୍ୟ ବୁଝିପାରିବେ।

ସେଇପରି ବଡ଼ ବଡ଼ ଚାକିରି ପାଇବାର ସୁବିଧା ଥାଇ ତାକୁ ଛାଡ଼ିବା ମଧ୍ୟ ସତ୍ୟବାଦୀର ସେ କାଳର ଶିକ୍ଷକଙ୍କର ମଧ୍ୟ ବିଶେଷତ୍ୱ ନୁହେଁ। କୃପାସିନ୍ଧୁଙ୍କ ଜୀବନରେ ସ୍ପଷ୍ଟ ଦେଖାଯାଏ, ତାଙ୍କର ଏପରି କଦାକାଂକ୍ଷୀ କେବେ ପ୍ରକାଶ ପାଇନାହିଁ। ଏଇ ଆଧ୍ୟାତ୍ମିକତାର ବଳହିଁ ସତ୍ୟବାଦୀର ପ୍ରକୃତ ସମ୍ବଳ। ଇତରବିଶେଷ ପରିମାଣରେ ଏଇଭାବ ଓ ପ୍ରଭାବ ସେକାଳ ସତ୍ୟବାଦୀରେ ପୂର୍ଣ୍ଣ ପ୍ରକାଶ ପାଇଲା।

ନୀରଳସଭାବରେ ଅଧ୍ୟୟନ ତଥା ଗବେଷଣାରେ ନିବିଷ୍ଟ ରହିବା କୃପାସିନ୍ଧୁଙ୍କର ଥିଲା ବିଶେଷତ୍ୱ। ମନେଅଛି, ଘରେ କୋଣାର୍କ ପରି ଗ୍ରନ୍ଥ ସେ କଳ୍ପନା କରନ୍ତି, ରଚନା କରନ୍ତି; କିନ୍ତୁ ସେସବୁ ରଚନା ସେ ଡାକିଯାନ୍ତି। ରାତିରେ ତାଙ୍କ ଧର୍ମପତ୍ନୀ ଏଇ ସାବିତ୍ରୀ ଦେବୀ ତା'ସବୁ ଶ୍ରୁତଲେଖନ ଭଳି ଲେଖନ୍ତି। ସେକାଳେ ଏପରି ପାରିବାରିକ ସାହଚର୍ଯ୍ୟ ବେଶି ଲୋକଙ୍କର ନଥିଲା। ଆମମାନଙ୍କ ମଧ୍ୟରେ ଅର୍ଥାତ୍ ସତ୍ୟବାଦୀର କର୍ମୀମାନଙ୍କ ମଧ୍ୟରେ ଆଉ କାହାରି ନଥିଲା। ଅବଶ୍ୟ କୃପାସିନ୍ଧୁଙ୍କ ପତ୍ନୀ ମୂଳରୁ ଖୁବ୍ ଶିକ୍ଷିତା ନଥିଲେ, କିନ୍ତୁ ପରିବାରହୀନ କୃପାସିନ୍ଧୁ ନିଜପାଇଁ ଏ ପାରିପାର୍ଶ୍ୱିକ ଅବସ୍ଥା ସୃଷ୍ଟି କରି ପୁଷ୍ଟ କରିଥିଲେ ବୋଲି ମନେହୁଏ। ତାଙ୍କ ଜୀବନରେ ଏହା ଥିଲା ଗୋଟିଏ ବିଶେଷତ୍ୱ। ଅପଠିତଙ୍କୁ ପାଠ ପଢ଼ାଇ ମନୁଷ୍ୟ ଓ ମନୁଷ୍ୟ ପରି ଯଥା କର୍ମକ୍ଷମ କରିବା ବିଷୟରେ କୃପାସିନ୍ଧୁଙ୍କର ଏ ବିଶେଷତ୍ୱଟି ମଧ୍ୟ ସ୍ମରଣୀୟ।

ଆଜି ଆଉ ବିଶେଷ କହିବାର ହୁଏତ ଅବକାଶ ନାହିଁ। କ୍ରମେ ସମାଜ ଓ ଦେଶବାସୀଙ୍କ ଆନୁକୂଲ୍ୟରେ ଏହା କ୍ରମବିକାଶରେ ବଢ଼ିବ।

(ଲେଖା-୧୯୫୮ ଫେବୃଆରୀ)

(୯) ଗୋଦାବରୀଶ ସ୍ମରଣେ

ଗୋଦାବରୀଶ ମୋ ସାଙ୍ଗ—କେବଳ ସାଙ୍ଗ ନୁହନ୍ତି, ସେ ଥିଲେ ମୋର ଚିର ସହଚର। ତାଙ୍କ ସମ୍ବନ୍ଧରେ ତାଙ୍କ ପିଲାଦିନୁ ମୃତ୍ୟୁ ପର୍ଯ୍ୟନ୍ତ ମୁଁ ଯେତେକଥା ସାକ୍ଷାତ ଭାବରେ ଜାଣେ ହୁଏତ ଏବେ ବଞ୍ଚିଥିବା ଲୋକଙ୍କ ମଧ୍ୟରେ ଆଉ କେଇ ଜାଣନ୍ତି ନାହିଁ। ହରି ଭାଇନା (ଆଚାର୍ଯ୍ୟ ହରିହର ଦାସ) ବହୁତ କଥା ଜାଣିଥିବେ, ଅବଶ୍ୟ ମୋଠାରୁ ବେଶି ନୁହେଁ; ମାତ୍ର ସେ ପ୍ରକାଶ କରିବା ଅବସ୍ଥା ବା ପରିସ୍ଥିତିରେ ନାହାଁନ୍ତି; ମୁଁ ଅଛି।

ଗୋଦାବରୀଶଙ୍କ ମୃତ୍ୟୁ ଅଳ୍ପଦିନର କଥା। ତାଙ୍କ ଜୀବନର ଯୌବନକାଳର ପର କଥା ହୁଏତ ଅନେକ ଜାଣିଥିବେ; ମାତ୍ର ଯେତେ ଜାଣିଲେ ବି ସେ ଜଣା ଅନ୍ତରଙ୍ଗ ବୋଲି ମୋର ମନେ ହେଉନାହିଁ। ଅନ୍ୟ ଆଗେ ନିଜର କ୍ରିୟାକଳାପ ଯଥାଯଥ ଭାବରେ ସେ ପ୍ରକାଶ କରୁନଥିଲେ। ତାଙ୍କର ବହୁକଥା ଅକୁହା ଓ ଅପ୍ରକାଶିତ ରହୁଥିଲା। ଏହା ତାଙ୍କର ପ୍ରକୃତି ଏପରିକି ତାଙ୍କର ସରସତା ଓ ରସିକତା ମଧ୍ୟ ବଡ଼ ଗଭୀର ଥିଲେ ମଧ୍ୟ ବଡ଼ ସ୍ପଷ୍ଟ ନଥିଲା। ଇଂରେଜିରେ ଯାହାକୁ humour କହନ୍ତି, ସେଇୟାକୁ ମୁଁ କହୁଚି ବ୍ୟବହାରରେ ରସିକତା। ତାଙ୍କର ପ୍ରତ୍ୟେକ ଦୈନନ୍ଦିନ ବ୍ୟବହାର ଓ କଥାବାର୍ତ୍ତା ଏଇ ରସିକତାରେ ପୂର୍ଣ୍ଣ ଥିଲା; କିନ୍ତୁ ତାକୁ ଜାଣିବା, ଅନୁଭବ କରିବା ପାଇଁ ଯେଉଁ ଉପାଦାନ ଦରକାର, ତା'ହୁଏତ ଅନେକଙ୍କର ନଥିଲା, କିମ୍ବା ସେ ନିଜେ କହିଲାବେଳେ କଥାରେ ରସିକତା ଅଛି ବୋଲି କୌଣସି ଭାବ ବା ଅଭିବ୍ୟକ୍ତି ପ୍ରକାଶ କରୁ ନଥିଲେ। ଏହା ତାଙ୍କର ଗୋଟିଏ ଅଦ୍ୱିତୀୟ ଗୁଣ, ଖାଲି ଗୁଣ କାହିଁକି, ଏ ଶକ୍ତି ମଧ୍ୟ ଥିଲା ତାଙ୍କର ଅସାମାନ୍ୟ।

ଆଳାପ, ଆହାର, ବ୍ୟବହାରରେ ସେ ଥିଲେ ଅତି ଉନ୍ନତ ଓ ସଦାଚାରୀ। ଇଂରେଜିରେ ଯାହାକୁ କହନ୍ତି 'Perfect gentle man', ସେ ଥିଲେ ସେଇୟା। ମୋର ଯେତେଦୂର ମନେହୁଏ, କେବେ କେଇ ତାଙ୍କ ସଂଗେ ଆଳାପ କରି ବିମୁଖ ହୋଇ ଫେରିନାହିଁ। ସମାଲୋଚନା କରି ବହୁତ କଥା ସେ କହନ୍ତି। ତୀବ୍ରତା ଓ ରୂଢ଼ତା ସେଥିରେ ନ'ଥାଏ ନୁହେଁ; କିନ୍ତୁ ସାଧାରଣରେ ତା' ଦେଖିପାରିବା ଭଳି ଜିନିଷ ନୁହେଁ। ଅନ୍ୟ ସମ୍ବନ୍ଧରେ କଥା କହିଲାବେଳେ ଏ ତୀବ୍ରତା ଓ ରୂଢ଼ତା ଅନେକବେଳେ ହଠାତ୍ ବାହାରକୁ ଜଣାପଡ଼େ ନାହିଁ। ଜଣାପଡ଼ିଲେ ମଧ୍ୟ ସେସବୁ ପ୍ରକାଶରେ ଅତି ମଧୁର ଓ କୌତୂହଳ ଉଦ୍ଦୀପକ। ବେଳେବେଳେ ବୁଝିବା ପାଇଁ ସେଥିରେ ବହୁତ ବୁଦ୍ଧି ବିଚକ୍ଷଣତା ମଧ୍ୟ ଦରକାର। ମୁଁ ତାଙ୍କ ସଂଗେ ଆଳାପରେ ବହୁତ ଆଲୋଚନା ସମାଲୋଚନା ଶୁଣିଚି। ଆଉ ସମସ୍ତେ କେତେ ଶୁଣିଥିବେ ବା କେତେ ଜାଣିଥିବେ ମୁଁ କହିପାରୁ ନାହିଁ। କିନ୍ତୁ ଦେଖିଚି, ରସିକତା ନଥାଇ ଯେଉଁ ଆଲୋଚନା ତାଙ୍କଠାରୁ ବାହାରେ ସେ ଅନେକବେଳେ ନିଜ ସମ୍ବନ୍ଧରେ। ସେତେବେଳେ ସେ ବଡ଼ ସ୍ପଷ୍ଟ ଓ ନିଃସଂକୋଚଭାବରେ କଥା କହିବାର ମୁଁ ଶୁଣିଚି। ରସିକତାର ଦୂର ସମ୍ବନ୍ଧ ବି ମୁଁ ସେଥିରେ ଦେଖିନାହିଁ। ସେତେବେଳେ ସେ ବଡ଼ ଖୋଲାଖୋଲି କଥା କହନ୍ତି। ଅବଶ୍ୟ ସେପରି ଆଳାପ ବଡ଼ କଦାଚିତ୍ ତାଙ୍କଠାରୁ

ବାହାରେ। ହେଲେହେଁ, ସେ ସବୁଥିରେ ସେ ଥିଲେ ମହାଶୟ ବ୍ୟକ୍ତି। ଏପରି ବ୍ୟକ୍ତିତ୍ୱ ଅନ୍ୟତ୍ର ମୁଁ ଦେଖିଚି ବୋଲି ମନେ ହେଉନାଇଁ। ଦେଖିଚି ଅନେକ ଥାନ୍ତି ଖୋଲାଲୋକ; କିନ୍ତୁ ଗୋଦାବରୀଶ ତା' ନଥିଲେ। ତାଙ୍କର ରୁଦ୍ଧ ମାନସିକତା ଭିତରୁ ଏପରି ଫୁଲ ଫୁଟିଲା ଭଳି ମହାବ୍ୟକ୍ତିତ୍ୱର ପ୍ରକାଶ ଅବଶ୍ୟ ବର୍ଣ୍ଣନା କରିବା ସେତେ ସହଜ ନୁହେଁ। ଏହା ଯେ ଦେଖିଚି, ସେଇ କେବଳ ଜାଣିଚି।

ପ୍ରାରମ୍ଭିକ ଜୀବନରେ ସେ ଥିଲେ ବଡ଼ ଅର୍ଥହୀନ। ପୁରୀଜିଲ୍ଲା ସ୍କୁଲରେ ପଢ଼ିଲାବେଳୁ ମୁଁ ତାଙ୍କୁ ଭଲକରି ଜାଣେ। ତାଙ୍କ ପିତାଙ୍କୁ ମଧ୍ୟ ଦେଖିଚି। ଖାଲି ଦେଖିନାଇଁ—ପୁଅର ଶିକ୍ଷାପାଇଁ ଭିକ୍ଷାର୍ଥୀ ହେବାର ମଧ୍ୟ ତାଙ୍କୁ ଦେଖିଚି; କିନ୍ତୁ ପିତାପୁତ୍ର ଦୁହିଙ୍କଠାରେ ଦାରିଦ୍ର୍ୟ ଥିଲେ ମଧ୍ୟ ଦୈନ୍ୟ ନଥିଲା। ଅଳ୍ପଦିନ ପରେ ପିତାଙ୍କର ତିରୋଧାନ ହୋଇଥିଲା; କିନ୍ତୁ ଏ ଦୈନ୍ୟର ଅଭାବ ମୁଁ ବାଳକ ଗୋଦାବରୀଶଙ୍କ ଠାରେ ଯାହା ଦେଖିଥିଲି ତା' ଆଜି ବର୍ଣ୍ଣନା କରିପାରିବି ନାଇଁ। ଦୋଷ ଦୁର୍ବଳତା ତାଙ୍କର ନଥିଲା ନୁହେଁ; ତା' ଥିଲା କିନ୍ତୁ ସେ ସମସ୍ତ ଭିତରେ ମୁଁ ସେତେବେଳେ ମଧ୍ୟ ଜାଣି ପାରିଥିଲି ଓ ଉଦାହରଣସ୍ୱରୂପ ମୋ ମନେପଡୁଚି; କୌଣସି ଘଟଣାରେ ତତ୍କାଳୀନ ପୁରୀ ଜିଲ୍ଲା ସ୍କୁଲ ହେଡ଼ମାଷ୍ଟର ସ୍ୱର୍ଗତ ଚନ୍ଦ୍ରମୋହନ ମହାରଣା ଓ ହେଡ଼ପଣ୍ଡିତ ସ୍ୱର୍ଗତ ମହାମହୋପାଧ୍ୟାୟ ଶ୍ରୀ ସଦାଶିବ ମିଶ୍ର ଏ ଦୁହିଙ୍କୁ ସ୍ପଷ୍ଟବାକ୍ୟରେ ତାଗିଦ୍ କରି କହିଲା ପରି କହିବା ମୋ ମନେଅଛି—"ଗୋଦାବରୀଶ ବାଳକ ହେଲେ ମଧ୍ୟ ଆପଣ ତାଙ୍କୁ ସାଧାରଣ ବାଳକ ବୋଲି ବିଚାରିବେ ନାଇଁ। ତା'ଭିତରେ ଏପରି କିଛି ଅଛି, ହୁଏତ ସେ ଦିନେ ଖୁବ୍ ବଡ଼ ମଣିଷ ହେବ। ଆପଣ ଏକଥା ମନେ ରଖି ତା' ପ୍ରତି ବ୍ୟବହାର କରନ୍ତୁ। ତା' ନହେଲେ ହୁଏତ ପରେ ଅନୁତାପ କରିବେ।" ମୁଁ ସେତେବେଳେ ଏନ୍‌ଟ୍ରାନ୍‌ସ ପରୀକ୍ଷା ଦେବାପାଇଁ ପ୍ରଥମଶ୍ରେଣୀ (ବର୍ତ୍ତମାନର ଏକାଦଶ ଶ୍ରେଣୀ)ରେ ପଢୁଥାଏ। ଗୋଦାବରୀଶ ମୋଠାରୁ ଗୋଟିଏ କ୍ଲାସ୍ ତଳେ ପଢୁଥିଲେ। ସେ ଥାନ୍ତି ଦ୍ୱିତୀୟ (ଏବର ଦଶମ) ଶ୍ରେଣୀରେ। ଗୋଦାବରୀଶଙ୍କର କୌଣସି ଦୋଷ ଦେଖି ହେଡ଼ମାଷ୍ଟର ଓ ହେଡ଼ପଣ୍ଡିତ ଦୁହେଁ ଅତ୍ୟନ୍ତ ବିମନା ହୋଇ ଗୋଦାବରୀଶଙ୍କୁ ଦଣ୍ଡ ଦେବାକୁ ଯାଉଥିଲାବେଳେ ମୁଁ ଏକଥା କହିଥିଲି। ମୋ ମନେଅଛି, ମୋର ଏ କଥା ଅତି ଅଦ୍ଭୁତ ଭାବରେ ଫଳପ୍ରଦ ହୋଇଥିଲା। ଗୋଦାବରୀଶଙ୍କୁ ସମସ୍ତ ଦଣ୍ଡରୁ ଅବ୍ୟାହତି ମିଳିଥିଲା। ସେତିକି ନୁହେଁ କୌଣସି ଦୋଷ ସେ କରିଚନ୍ତି, ତାଙ୍କୁ ଜଣାଇ ପର୍ଯ୍ୟନ୍ତ ଦିଆଯାଇ ନଥିଲା। ପୁରୀଜିଲ୍ଲା ସ୍କୁଲର ସେତେବେଳେ ଯେଉଁ ହଷ୍ଟେଲ ବା ବୋର୍ଡିଂ ହାଉସ୍ ଥିଲା, ସେଥିରେ ମୁଁ ଥିଲି ସେତେବେଳକୁ ଏକମାତ୍ର ମନିଟର ଓ ଗୋଦାବରୀଶ ଥିଲେ ଜଣେ ଅନ୍ତେବାସୀ।

ସେଇ ସମୟରେ ଆଉ ଗୋଟିଏ କଥା ମନେପଡୁଚି। କହିଚି, ଗୋଦାବରୀଶଙ୍କର ପିତୃବିୟୋଗ ହୋଇ ସାରିଥିଲା। ସେ ବଡ଼ ଅର୍ଥାଭାବରେ ଥାନ୍ତି। ଅବଶ୍ୟ ଆଜିକାଲିର

ଅର୍ଥାଭାବ ସଂଗେ ତା'ର ତୁଳନା ନାହିଁ। ସେତେବେଳେ ଆମ ବୋଡିଂରେ ଦୁଇଟି ମେସ୍ ଥାଏ। ଆମ ମେସ୍‌ଟି ବଡ଼ ମେସ୍। ସେଥିରେ ପ୍ରାୟ ୧୦ଜଣ ଥାନ୍ତି। ଥରେ ମାସ ଶେଷରେ ଜଣ ପିଛା ଟଙ୍କାଏ ନ'ଅଣା ଖର୍ଚ୍ଚ ପଡ଼ିଯିବାରୁ ଆମ ମେସ୍‌ର ସଭା ବସିଗଲା। ଏତେ ବେଶି ଖର୍ଚ୍ଚ କାହିଁକି ପଡ଼ିଲା ବୋଲି ଥିବା ମ୍ୟାନେଜରକୁ ଛଡ଼ାଇ ଆଉ ଜଣକୁ ମ୍ୟାନେଜର କରାଗଲା। ଯେତେଦୂର ମନେହୁଏ, ସେତେବେଳେ ଚାଉଳ ଥିଲା ଟଙ୍କାକୁ କଟକୀ ୧୭ ସେର ଓ ହାଟରେ ମାଛ ଥିଲା ବିଛାବାଲିଆ ବଡ଼ ଚିଙ୍ଗୁଡ଼ି ପଇସାକୁ ୧୦ଟି। ସେଇ ଅନୁସାରେ ଡାଲି, ପରିବା ପ୍ରଭୃତି ମିଳୁଥିଲା। ମନେଅଛି, ଶ୍ରୀ ବୀରବଳଭଦ୍ରପୁରର କଟକ ଟ୍ରେନିଂ ସ୍କୁଲର ଅବସରପ୍ରାପ୍ତ ହେଡ଼ମାଷ୍ଟର, ଶ୍ରୀ ଜଗନ୍ନାଥ ମହାପାତ୍ର, ବି.ଏ. ମୁଁ ଯେଉଁବର୍ଷ ଭର୍ଣ୍ଣାକ୍ୟୁଲର ବୃତ୍ତି ପାଇଥିଲି, ସେଇବର୍ଷ ବୀରନରସିଂହପୁର ମିଡିଲ ଭର୍ଣ୍ଣାକ୍ୟୁଲର ସ୍କୁଲରୁ ବୃତ୍ତି ପାଇ ମୋ ସଂଗେ ପଢୁଥିଲେ। ସେ ମଧ୍ୟ ବୋଡିଂରେ ଥିଲେ। ବୃତ୍ତିର ପରିମାଣ ମାସକୁ ୪ଟଙ୍କା। ଜଗନ୍ନାଥ ମହାପାତ୍ରେ ଅତି ଦରିଦ୍ର ପରିବାରର ସନ୍ତାନ ଥିଲେ। ତାଙ୍କର ବୃଦ୍ଧପିତା ମଧ୍ୟ ବଞ୍ଚିଥିଲେ। ସେ ମଧ୍ୟ ଅଭ୍ୟାସ କରି ନିଜେ ଟିକିଏ ପାନ ଖାଉଥିଲେ। ମାସକୁ ୪ଟି ମାତ୍ର ଟଙ୍କାରେ ତାଙ୍କର ମେସ୍ ଖର୍ଚ୍ଚ, ଜଳଖିଆ, ପାନ ପ୍ରଭୃତି ସବୁ ଚଳେ। ତା'ବାଦ୍ ସେ ପିତାଙ୍କୁ ପରିବାରରେ ସାହାଯ୍ୟ କରିବା ପାଇଁ ପ୍ରତି ଶନିବାର ସନ୍ଧ୍ୟାରେ ପୁରୀରୁ ଯାଉଁଳିଏ ପରିବା କିଣିକରି ନେଇ ଗାଁକୁ ଯାନ୍ତି ଓ ସୋମବାର ଦିନ ସକାଳୁ ପୁଣି ବୋଡିଂକୁ ଆସନ୍ତି।

ଏଇ ପରିସ୍ଥିତିରେ ଦରିଦ୍ର ପିତୃହୀନ ଗୋଦାବରୀଶ ଥିଲେ ମୋ ତଳ ଶ୍ରେଣୀର ଛାତ୍ର। ସେ ମଧ୍ୟ ବୋଡିଂରେ ଥିଲେ; କିନ୍ତୁ ସେ ବୃତ୍ତି ପାଉ ନଥିଲେ। ଖୋର୍ଦ୍ଧା ସବ୍‌ଡିଭିଜନରେ କିଏ ଗୋଟିଏ ଖଣ୍ଡାୟତ ପିଲା—ଆକୃତିଟି ମନେ ପଡୁଥିଲେ ମଧ୍ୟ ନାମ ମନେ ହେଉନାହିଁ— ସ୍କୁଲରେ ପଢୁଥିଲେ ଓ ବୋଡିଂରେ ଥିଲେ। ବୋଡିଂରେ ମୁଁ ମନିଟର ଥିଲାବେଳେ ମଧ୍ୟ ମଧ୍ୟ ବିଶେଷତଃ ରବିବାରରେ ସବୁ ପିଲାଙ୍କୁ ଏକାଠି କରି ଆଳାପ ଆଲୋଚନା ପ୍ରଭୃତିରେ ପ୍ରାୟ ଘଣ୍ଟାଏ ଖଣ୍ଡେ କଟାଉଥିଲି। ସେଥିରେ ବେଳେବେଳେ ଚରିତ୍ର ପ୍ରକାଶ ଓ ପ୍ରତିଷ୍ଠା ବିଷୟରେ ଆଲୋଚନାମାନ ମଧ୍ୟ ଚାଲୁଥିଲା।

କବିଏ ସ୍ୱଭାବତଃ ଭାବପ୍ରବଣ। ଗୋଦାବରୀଶ ଥିଲେ କବି! ଯୌବନରେ ସେ ଥିଲେ ଯଥାର୍ଥ କବି। ଯୌନସଂକେତ ଘେନି ପାଠକ ପ୍ରାଣରେ ସେଇ ଭାବରେ ତରଙ୍ଗ ଉଠାଇବା ଓ ସେଥିରେ କୃତିତ୍ୱ ଫୁଟାଇବାକୁ ପ୍ରଯତ୍ନ କରିବା ଅନେକ ସ୍ଥଳରେ ହେଉଚି କଳାରାଜ୍ୟରେ କବିତାର ପ୍ରାଣପ୍ରକାଶ। ଏ ଭାବରେ ପ୍ରାଣର ସ୍ପନ୍ଦନ ଅନୁଭବ କରିବା ଓ କରାଇବା ଜୀବୀମାନବ ପକ୍ଷରେ ଏତେ କଷ୍ଟ ନୁହେଁ—ବରଂ ସହଜ। ଆଜି ଅନେକ କଳାକାର ଓ କବି କବିତା, ନାଟକ ଓ ଗଳ୍ପରେ ଏହାକୁଇ ସମ୍ବଳ କରି ପାଠକର ମନ ଓ ଚିନ୍ତା ଅଧିକାର କରନ୍ତି। ଏହାରି କୃତିତ୍ୱର ଇତର ବିଶେଷରେ ସେ ସବୁ କଳାରେ ତାଙ୍କର ସ୍ଥାନ ନିରୂପିତ ହୁଏ। ସାଧାରଣ ନୀରସ କବିତା ଭିତରେ

ଏହାଇ ତାଙ୍କର ସରସତା ବୋଲି ଧରାଯାଏ; କିନ୍ତୁ ଗୋଦାବରୀଶ ସେ ଶ୍ରେଣୀର କବି ନଥିଲେ, ବରଂ ଏ ବିଭବ ତାଙ୍କର କବିତାମାନଙ୍କରେ ଫୁଟି ନଥିଲା। ଏ ସହଜ ଧନ ଧରି ପାଠକର ହୃଦୟକୁ ଆପଣାର କରିବାରେ ସେ ପ୍ରଯତ୍ନଶୀଳ ନଥିଲେ। ସତ୍ୟବାଦୀ ସ୍କୁଲରେ ହଇଜାରେ ଗୋଟିଏ କଳାହାଣ୍ଡିର ବାଳକ ମରି ଯାଇଥିଲା। ତାକୁ ଆମ୍ଭେମାନେ ଶ୍ମଶାନକୁ ନେଇ ତା'ର ଦାହକ୍ରିୟା କରିଥିଲୁ। ଗୋଦାବରୀଶ ସେ ଦଳରେ ଥିଲେ। ସେଆଡୁ ଆସି ସେ ଯେଉଁ କବିତାଟି ଲେଖି ପକାଇଥିଲେ ତା' ପଢ଼ିଲାବେଳେ ମୋର ଏବେ ମଧ୍ୟ ହୃଦୟ ସ୍ପନ୍ଦିତ ହୁଏ ଓ ଆଖିରୁ ଲୁହ ଗଡ଼ିପଡ଼େ।

ବରାଦ ଅନୁସାରେ ବା ଏପରି ଦରକାର ବୋଲି କବିତାମାନ ସେ ବେଳେବେଳେ ଲେଖିଚନ୍ତି; କିନ୍ତୁ ସେ ସବୁ ଯଥାର୍ଥରେ ବରାଦିକାଟର ହୋଇନାଇଁ। 'ପୁରୁଷୋତ୍ତମ ଦେବ ନାଟକରେ ତାଙ୍କର କବିତ୍ୱ ଖୁବ୍ ପ୍ରକାଶ ପାଉଚି। ଏହା ତାଙ୍କର ପ୍ରଥମ ନାଟକ ଲେଖା। ଏଠାରେ କହିଦିଏ ସତ୍ୟବାଦୀ ସ୍କୁଲର ମୁଁ ଆସିବାର ୩ୟ ବର୍ଷ ସ୍ୱର୍ଗତ ଗୋଦାବରୀଶ ଓ ୪ର୍ଥ ବର୍ଷ ଆସିଥିଲେ ସ୍ୱର୍ଗତ କୃପାସିନ୍ଧୁ। ତା'ପରେ ଆରମ୍ଭ ହୋଇଥିଲା 'ସତ୍ୟବାଦୀ' ମାସିକ ପତ୍ର। ଏ ସବୁର ମୂଳରେ ଗୋଟିଏ ସ୍ପଷ୍ଟ ଉଦ୍ଦେଶ୍ୟ ଓ ଆଦର୍ଶ ଥିଲା। ତା'ହେଉଚି, ଓଡ଼ିଆରେ ଯଥାର୍ଥ ସାହିତ୍ୟର ସ୍ତର ଫିଟାଇବା।

ସେ କାଳର ମଧୁ ରାଧାନାଥୀ ସାହିତ୍ୟରେ ଆମ୍ଭେମାନେ ବଡ଼ ବିମନା ଥିଲୁ। ମୁଁ ଜାଣିଥିଲି, ରାଧାନାଥ ବଙ୍ଗଳାରେ ଲେଖି, ସେଠାରେ ପ୍ରତିପତ୍ତି ନପାଇ, ଓଡ଼ିଆ ସାହିତ୍ୟକୁ ନିଜ ଶିକ୍ଷା ବିଭାଗ କର୍ତ୍ତୃତ୍ୱର ଅନ୍ୟ ଉପଜୀବ୍ୟ କରିଥିଲେ। ଅବଶ୍ୟ କିଛିଦିନ ପରେ ଅନୁସନ୍ଧାନ କରୁ କରୁ ଜାଣିଥିଲି, ସେ ରୋମାନ କବି ଓଭିଡ଼ଂ (Ovid)କର ଗ୍ରୀକ୍ ସାହିତ୍ୟ ପ୍ରଭାବିତ ପ୍ରକାଣ୍ଡ କାମକଳାର କାହାଣୀସବୁ ଓଡ଼ିଆରେ ଜାତୀୟ ତଥା ଐତିହାସିକ ସାହିତ୍ୟରୂପେ ପ୍ରଚାର କରିଥିଲେ ଓ ସେଥିରେ ବିଶେଷରେ ନିଜେ ଶିକ୍ଷା ବିଭାଗର କର୍ତ୍ତା ଥିବାରୁ ସମସ୍ତ ଦେଶଟାକୁ ମୁହ୍ୟମାନ କରି ରଖିଥିଲେ। ସେଥିରୁ ଏବେ ମଧ୍ୟ ସଂପୂର୍ଣ୍ଣ ମୋହ ଭଙ୍ଗ ହୋଇନାଇଁ।

ତା'ପରେ ମଧୁବାବୁଙ୍କ କଥା। ମଧୁବାବୁଙ୍କର କବିତାଗୁଡ଼ିକ କେତେ ନିଜର ତାହା କହିବା ଦୁଃସାଧ୍ୟ। ସେକାଳେ ବ୍ରାହ୍ମମାନଙ୍କର ବଙ୍ଗଳାରେ ବହୁତ ଏପରି କବିତା, କ୍ଷୁଦ୍ର ମାସିକ ତଥା ସାମୟିକ ପତ୍ରପତ୍ରିକାଦିରେ ପ୍ରକାଶ ପାଉଥିଲା। '"ଆକାଶ ପ୍ରତି' ଓ 'ଜୀବନ ଚିନ୍ତା' ଭଳି କବିତାମାନ ସେକାଳେ ବଙ୍ଗଳାରେ ଦେଖିଥିବା ମୋ ମନେ ହେଉଚି। ସେସବୁରେ ବ୍ରାହ୍ମଭାବ ଓ ଭାଷା ଓଡ଼ିଶାରେ ପୂରାଇବାର ଖୁବ୍ ଉଦ୍ୟମ କରାଯାଉଥିଲା। ତାଙ୍କ ଗଦ୍ୟରେ ମଧ୍ୟ ବିଶୁଦ୍ଧତା ବୋଲି ଯାହା ପଶିଚି, ତାହା ମନୁଷ୍ୟର ଗଦ୍ୟ ଭାଷା ପକ୍ଷରେ ହୁଏତ ସହ୍ୟ ନୁହେଁ। ବ୍ରାହ୍ମଙ୍କ ତଥାକଥିତ ପବିତ୍ର ଭାଷା ଛଡ଼ା ବିଦ୍ୟାସାଗରଙ୍କ ଭଳି ଲୋକଙ୍କର ସଂସ୍କୃତାନୁବାଦିତ ଭାଷାରୁ ମଧ୍ୟ ବହୁ ଅନୁକୃତି ତାଙ୍କ ଗଦ୍ୟରେ ଦେଖାଯାଏ। ଓଡ଼ିଶାରେ ବିଶ୍ୱନାଥ କର ଥିଲେ ଏଇ ଦୁଇପ୍ରକାର ସାହିତ୍ୟର ପୂଜାରୀ ଓ ପ୍ରଚାରକ ମଧ୍ୟ।

ଥରେ ମନେଅଛି, ଗୋଦାବରୀଶ ଗୋଟିଏ କବିତା ଲେଖିଥିଲେ। ସେଥିରେ ସେ ଲେଖିଥିଲେ 'ଯୁବାଯୌବନୀ'। ସେଉଟି ବିଶ୍ୱନାଥ କରଙ୍କ ଉତ୍କଳ ସାହିତ୍ୟରେ ଛପା ହୋଇଥିଲା; କିନ୍ତୁ ତଥାକଥିତ ଶୁଦ୍ଧ ଓଡ଼ିଆଭାଷୀ ବିଶ୍ୱନାଥ ସଂଶୋଧନ କରି ତାକୁ ଶିଖିଥିଲେ 'ଯୁବାଯୁବତୀଏ'। ମୁଁ ଦେଖି ଅତ୍ୟନ୍ତ ବିରକ୍ତ ହୋଇଥିଲି—ଗୋଦାବରୀଶଙ୍କ ପ୍ରତି। 'ତୁମେ କାହିଁକି ତମ କବିତ୍ୱର ଭାଷାରେ ବିଶ୍ୱନାଥ କରଙ୍କୁ ବିଚାରକ ହେବାର ଅଧିକାର ଦେଲ?' ଏହାହିଁ ଥିଲା ମୋ ବିରକ୍ତିର ମୂଳଦୁଆ। ଗୋଦାବରୀଶ ତା'ପରେ ଆଉ 'ଉତ୍କଳ ସାହିତ୍ୟ'କୁ ପ୍ରକାଶ ପାଇଁ କବିତା ଦେଇଚନ୍ତି ବୋଲି ମୋ ମନେ ହେଉନାଇଁ। ତଥାପି ଗୋଦାବରୀଶ ଥିଲେ କବି ସୁଲଭ ଭାବପ୍ରବଣ; ତେଣୁ ସେ ପ୍ରଭାବରେ ଖୁବ୍ ପ୍ରଭାବିତ ହେଉଥିଲେ। ମାତ୍ର କ୍ରମେ କ୍ରମେ ତାଙ୍କର ମଧୁର ସୁନ୍ଦର ସାହିତ୍ୟରେ ପରେ ଯେଉଁ ସ୍ୱାଧୀନତା ଫିଟିଥିଲା ତାହା ଆଜିକାଲିର ଯୁବକମାନେ ଜାଣନ୍ତି। କହିବା ଦରକାର ନାଇଁ।

ସୂଚନାରେ କହିଚି, ସେତେବେଳେ ସତ୍ୟବାଦୀର ଗୋଟିଏ ସ୍ୱତନ୍ତ୍ର ସାହିତ୍ୟ ଶୈଳୀ ବାହାର କରିବା ଆମ କଳ୍ପନାରେ ଖୁବ୍ ଥିଲା। ଗୋଦାବରୀଶ ଲେଖିଲେ, 'ପୁରୁଷୋତ୍ତମ ଦେବ' ନାଟକ ଓ କବିତା। କୃପାସିନ୍ଧୁ ଆଗରୁ 'ବାରବାଟୀ ଦୁର୍ଗ' ପୁସ୍ତକଟି ଲେଖିଥିଲେ। ସତ୍ୟବାଦୀରେ ଲେଖିଲେ 'କୋଣାର୍କ'। ଏଇଟି କୋଣାର୍କର ଇତିହାସ। ମୁଁ ନିଜେ କିଛି ସେତେବେଳେ ଲେଖିଛି ବୋଲି ମନେ ହେଉନାଇଁ। କେବଳ 'ଗଣେଶ ଚତୁର୍ଥୀ', 'ଶ୍ରୀପଞ୍ଚମୀ' ପରି ଉତ୍ସବମାନଙ୍କରେ ମୁଁ ସଂସ୍କୃତରେ ଓ ସଂସ୍କୃତ ଗୁରୁ ଲଘୁ ନିୟମରେ ଓଡ଼ିଆ ସଙ୍ଗୀତମାନ ଲେଖେ। କାରଣ ସେପରି ବନ୍ଧ ନିୟମରେ ଅନ୍ୟମାନେ ଲେଖିପାରନ୍ତି ନାଇଁ। ସ୍କୁଲରେ ବ୍ୟବହାର ପାଇଁ ଅବଶ୍ୟ 'ଉପାସନା' ଲେଖିଥିଲି। ତାହା ସେଇ ସଂପର୍କୀୟ 'ଭକ୍ତିଗାଥା' ଭଳି ମୋର କେତେକ କବିତା ମଧ୍ୟ ସେକାଳ ଉତ୍କଳ ସାହିତ୍ୟରେ ବାହାରି ନଥିଲା ନୁହେଁ। ମାତ୍ର ସତ୍ୟବାଦୀ ସ୍କୁଲ ଜୀବନରେ 'ସତ୍ୟବାଦୀ' ମାସିକ ପତ୍ରଟି ବାହାରିବା ପରେ ମୁଁ ସେଥିରେ ପ୍ରବନ୍ଧମାନ ଲେଖିଚି। ତହିଁ ଭିତରୁ ଖଣ୍ଡିଏ ସଙ୍କଳିତ ପ୍ରବନ୍ଧ ହେଉଚି 'ଆର୍ଯ୍ୟଜୀବନ'। ତା' ୧୯୨୧ରେ ସଙ୍କଳିତ ହୋଇ ପ୍ରକାଶିତ ହୋଇଥିଲା।

କିନ୍ତୁ ସଂସ୍କୃତ ଗୁରୁ ଲଘୁ ନିୟମରେ ଲେଖିବାର ଓ ଅନ୍ୟମାନେ ଏପରିକି ଗୋଦାବରୀଶ ତାହା ଲେଖି ନ'ପାରିବାର ଗୋଟିଏ ଉଦାହରଣ ଆଜି ମନେପଡୁଚି। ସେଥିରୁ ଜଣାଯିବ ଗୋଦାବରୀଶ ସେ ଛନ୍ଦରେ ଲେଖି ପାରୁ ନଥିଲେ ନୁହେଁ, ତାଙ୍କର ଛନ୍ଦର ଧାରଣା ଓଡ଼ିଆ ଭାଷାର ସ୍ୱାଧୀନ ପ୍ରକାଶ ସଂଗେ କିପରି ଜଡ଼ିତ ଥିଲା ଓ ତେଣୁ ସେ ଧାରଣା କିପରି ଅସାମାନ୍ୟ ଥିଲା, ତା' ନିମ୍ନଲିଖିତ କଥାଟିରୁ ଜଣାପଡ଼ିବ।

ଗୋଦାବରୀଶ ଓ କୃପାସିନ୍ଧୁ ଯାହା ଲେଖନ୍ତି ସେ ଦୁହେଁ ମୋତେ ଦେଖାଇ ମୋ ସଂଗେ ଆଲୋଚନା କରି ତାକୁ ବେଳେବେଳେ ପୂର୍ଣ୍ଣାଙ୍ଗ କରନ୍ତି। ଆଜି

ମଧ୍ୟ ମନେ ଅଛି, କୃପାସିନ୍ଧୁ 'କୋଣାର୍କ' ଲେଖୁ ଲେଖୁ ବିସନ୍ ସ୍ୱରୂପଙ୍କ 'କୋଣାର୍କ' ପୁସ୍ତକରେ ଅର୍କକୋଣ ସଂପର୍କରେ ସୂର୍ଯ୍ୟର ଗତି ଓ ସ୍ଥିତି ବିଚାରର ସୂର୍ଯ୍ୟର ଯେଉଁ ପଶ୍ଚିମରୁ ପୂର୍ବକୁ ଗତି (Law of Precession) ବିଷୟ ହିସାବ କରାଯାଇଥିଲା, ତା' ବୁଝି ନ'ପାରି ମୋ ପାଖକୁ ଆସିଥିଲେ। ମୁଁ ବୁଝାଇ ଦେବାପରେ ସେ ସେ ଅଂଶଟି ଲେଖି ତାଙ୍କ ନିଜ ପୁସ୍ତକରେ ସଂଶୋଧନ କରି ପୁଣି ଲେଖିଥିଲେ।

ସ୍ୱର୍ଗତ ଗୋପବନ୍ଧୁଙ୍କର ବଡ଼ଝିଅ ବିଭାଘର ସରିଥାଏ। ବ୍ରହ୍ମପୁରର ସ୍ୱର୍ଗତ ଶଶିଭୂଷଣ ରଥଙ୍କ ସଂଗେ ଗୋପବନ୍ଧୁବାବୁ ଓ ମୁଁ ବୋଡିଂରେ (ସତ୍ୟବାଦୀ ସ୍କୁଲ ହଷ୍ଟେଲରେ) ମୋ ଘରେ ତିନୋଟି ଖଟରେ ଶୋଇଥିଲୁ। ଗୋପବନ୍ଧୁ ବାବୁ ନିଜେ ବଡ଼ ଭକ୍ତି ଅଂଶର ଲୋକ ଥିଲେ। ଠିକ୍ ରାତି ପାହିଲା ବେଳକୁ ଉଠି ସେ ଖଟ ଉପରେ ବସି ଈଶ୍ୱରଙ୍କୁ ପ୍ରାର୍ଥନା କରୁ କରୁ କାନ୍ଦି କାନ୍ଦି ନିଜର ତାତ୍କାଳିତ ରଚିତ ଗୋଟିଏ ଅତି ସୁନ୍ଦର ଭାବୋଦ୍ରେକଗର୍ଭକ ଗୀତ ବୋଲିଗଲେ। ସେ ଗୀତଟି ଚାରିଧାଡ଼ି। ତା'ର ମୂଳ ହେଉଚି—

"ଯେତେବେଳେ ଯାହା କହୁଚ ବିଧାତା
ସେତେବେଳେ ତାହା କରୁଚି।"

(ଚାରିଧାଡ଼ିଯାକ 'ପୁରୁଷୋତ୍ତମ ଦେବ' ନାଟକରେ ଅଛି।) ହଠାତ୍ ସେ ସ୍ୱରୋଚ୍ଛ୍ୱାସ ସଂଗେ ସଂଗେ ଶଶୀ ବାବୁଙ୍କର ଓ ମୋର ଦୁହିଙ୍କ ନିଦ ଭାଙ୍ଗିଗଲା। ମୁଁ କହିଲି, "ରଥେ ! ଶୀଘ୍ର ଶୀଘ୍ର ଏ ଗୀତଟା ଲେଖି ପକାଅ।" ସେ ଲେଖି ପକାଇଲେ। ସଂଗେ ସଂଗେ 'ପୁରୁଷୋତ୍ତମ ଦେବ'ର ପାଣ୍ଡୁଲିପି ଘେନି ସେଠାକୁ ଆସିବା ପାଇଁ ଗୋଦାବରୀଶଙ୍କୁ ଡକାଇ ପଠାଇଲି। ସେଥିରେ ଥିବା ପୁରୁଷୋତ୍ତମ ଦେବଙ୍କର ଗୋଟିଏ 'ସ୍ୱଗତ' Soliloquy କଥାଟି ମୋ ମନେ ପଡ଼ିଯାଇଥିଲା। ମୁଁ ଗୋଦାବରୀଶଙ୍କୁ କହିଲି, ସେଇ 'ସ୍ୱଗତ' ଶେଷକୁ ଏ ଗୀତଟି ଯୋଡ଼ିଦିଅ। ସେ ତା' କଲେ।

ସେଇ 'ପୁରୁଷୋତ୍ତମ ଦେବ' ସମ୍ବନ୍ଧରେ ଆଉ ଗୋଟିଏ କଥା କହେ। ପୁରୁଷୋତ୍ତମ ଦେବରୁ ବିଷୟାଂଶମାନ ବାଛି ଗଣେଶ ଓ ସରସ୍ୱତୀ ଉତ୍ସବରେ ପିଲାଙ୍କୁ ଅଭିନୟ କରାହୁଏ। ଦରକାର ଅନୁସାରେ ସେଇ ଅଭିନୟ ଦେଖି ଭାଷା ଓ ପ୍ରକାଶରଙ୍ଗୀରେ ସଂଶୋଧନ ମଧ୍ୟ କରାଯାଏ। ଥରେ ଏହିପରି ଗୋଟିଏ ଅଭିନୟର ଆବୃତ୍ତି (Rehearsal) ଦେଖୁ ଦେଖୁ ମୋତେ ଲାଗିଲା, ସେଠାରେ ଗୋଟିଏ ସୈନ୍ୟମାନଙ୍କର ପଦନିକ୍ଷେପଗତ ଗୀତ (Marching song) ଯୋଡ଼ାହେବା ଦରକାର। ସେକଥା ମୁଁ କହିଲି। ଗୋଦାବରୀଶ ମୋତେ ଅନୁରୋଧ କଲେ। ଏଇପରି ଗଣ୍ଠିସନ୍ଧି ବେଳମାନଙ୍କରେ ଯେତେବେଳେ ମୋତେ ନୂଆକଥା କରିବାର ହୁଏ, ସେତେବେଳେ ମୁଁ ପାଇଖାନାକୁ ଚାଲିଯାଏ। ମୁଁ ଗଲି। ତା'ପରେ ମୋ ମନେଅଛି, ସେଆଡୁ ଆସି ହଠାତ୍ ଡାକିଦେଲି—

"ରଂଜିତ ଅସି ଧାରେ
ଶତ୍ରୁ ରକ୍ତଗାରେ
ଲେଖ ଆଜି ବିଜୟ ବିଭବ ଜନ୍ମଭୂମି ଭାଲେ ।
ନିର୍ମଳ ଦିଶୁ ଧ୍ୱାନ୍ତ ଗଗନ
ବର୍ଷ ତପନ ପୁଣ୍ୟ କିରଣ ।"

ଏତିକି କହୁ କହୁ ସ୍ୱାଧୀନଚେତା—ବିଶେଷତଃ ଭାଷାରେ ସେଇ ସ୍ୱାଧୀନତାର ଅବତାର—ଗୋଦାବରୀଶ କହିଉଠିଲେ, "ଭାଇନା ! (ମୋତେ ସେ ଭାଇନା ବୋଲି ଡାକୁଥିଲେ) ତମେ ସଂସ୍କୃତ ଗୁରୁ ଲଘୁରେ ଏତେ ଜୋର ଦିଅନାଇଁ । ଓଡ଼ିଆ ଲୋକେ କହିବେ, ଓଡ଼ିଆରେ କହିବେ ।" ସେଠାରୁ ସେ ତୃତୀୟ ଧାଡ଼ିରେ ଗୋଟିଏ 'ହେ' ଲଗାଇ କହିଲେ—

"ଲେଖ ହେ ଆଜି ବିଜୟ ବିଭବ ଜନ୍ମଭୂମି ଭାଲେ ।"

ଏଥିରେ 'ହେ' ଓ 'ଆ' ଦୁଇଟିଯାକ ଉଚ୍ଚାରଣରେ ହ୍ରସ୍ୱ ହୋଇଗଲା । ଓଡ଼ିଆରେ ଏହାହିଁ ହେବାକଥା । ସେଠାରୁ ସେ ଓ ମୁଁ ଦୁହେଁ ମିଶି ଲେଖିଲୁ—

"ନିର୍ମଳ ଆଜି ଧ୍ୱାନ୍ତ ଗଗନ
ବର୍ଷେ ତପନ ପୁଣ୍ୟ କିରଣ,
ଶତ୍ରୁ ଆଜି ଦଳିତ ଚରଣେ ଚିହ୍ନ ଏ କରବାଳେ ।"

ଏଠାରେ 'ଆ', 'ଣେ' ଓ 'ଏ' ପ୍ରଭୃତି ହ୍ରସ୍ୱ ହୋଇଚି । ତା'ପରେ ଏଇ ଗୋଦାବରୀଶ ରୀତିରେ ସମସ୍ତ ଗୀତଟି ଆମ୍ଭେମାନେ ପୂର୍ଣ୍ଣ କରିଥିଲୁ । ତା' ପାଠକେ 'ପୁରୁଷୋତ୍ତମ ଦେବ' ନାଟକରେ ପଢ଼ିଚନ୍ତି ଓ ପଢ଼ିବେ । ସାହିତ୍ୟ ଚର୍ଚ୍ଚା ଓ ସାହିତ୍ୟର ନବ ନବ ଉନ୍ମେଷରେ ଏ ଖାତିରି ସଂଗେ ଏ ପ୍ରତିଭା ଅସାମାନ୍ୟ ନୁହେଁ କି ?

ମନେ ହେଉଚି ୧୯୦୨ ବା ୧୯୦୩ ସାଲର ଗ୍ରୀଷ୍ମକାଳରେ ଗୋଟିଏ ଚାନ୍ଦନୀ ରାତିରେ ଚାରିଆଡ଼େ ହଇଜା ଲାଗିଥିଲା ବେଳେ ପଣ୍ଡିତ ଗୋପବନ୍ଧୁଙ୍କ ଗ୍ରାମମୁଣ୍ଡ ଜାଗେଶ୍ୱରୀଙ୍କ ପାଖେ ନଈବନ୍ଧ ଉପରେ ଗୋଟିଏ ବରଗଛ ତଳେ ଚାଞ୍ଚ ପକାଇ ପଣ୍ଡିତ ଗୋପବନ୍ଧୁଙ୍କ ସଂଗେ ପ୍ରଚାରକ ଅନନ୍ତ ମିଶ୍ର, ଏବର ଆଚାର୍ଯ୍ୟ ହରିହର ଓ ମୁଁ ତିନିଜଣଯାକ କଥାବାର୍ତ୍ତାରେ ରାତି ପୁହାଇ ଦେଇଥିଲୁ । ସେ ଦିନ ଆମେ ସରକାରୀ ଚାକିରି କରିବା ନାଇଁ ଓ ଦେଶକୁ ଯାହା ଦେଖୁଥାଇ, ମରିବା ପୂର୍ବରୁ ତା'ଠାରୁ ଭଲ ଦେଖିବା ବୋଲି ସଙ୍କଳ୍ପ କରିଥିଲୁ । ସେଇଦିନ ଠାରୁ ଗୋଟିଏ ସଂଘବଦ୍ଧ ଭାବରେ କୌଣସି ଦେଶ ଓ ଦେଶପାଇଁ କାର୍ଯ୍ୟର କଳ୍ପନା ଆମମାନଙ୍କୁ ଖୁବ୍ ପ୍ରଭାବିତ କରିଥିଲା । ମୋ ନିଜ କଥା ମୁଁ କହୁଚି । ସେଇ ଅନୁଷ୍ଠାନ ନିମନ୍ତେ ମୋ ସାଙ୍ଗକୁ ମୁଁ ଯୁବକମାନଙ୍କୁ ସଂଗ୍ରହ କରିବାରେ ଲାଗିଯାଇଥିଲି । ଏଇ ସଂଗୃହୀତ ଯୁବକମାନଙ୍କ ମଧ୍ୟରୁ ପ୍ରଥମଟି ହେଉଚନ୍ତି ଗୋଦାବରୀଶ; କିନ୍ତୁ ମୁଁ ବରାବର ଦେଖିଥିଲି, ସେ ବଡ଼ ଦରିଦ୍ର ହୋଇ ଜନ୍ମ ହୋଇଥିଲେ । ଅବଶ୍ୟ ଆମ ସମାଜରେ ଦରିଦ୍ର

ବୋଇଲେ ଯାହା ବୁଝାଯାଏ ସେଇଆ। କାଇଁକିନା ଆମ ଭିତରେ ଯେ ବଡ଼ ଧନୀ, ସେ ବି ଏକ ଦରିଦ୍ର। କିନ୍ତୁ ମୁଁ ଦେଖିଚି, ଦାରିଦ୍ର୍ୟର ଭାବଟି ଗୋଦାବରୀଶଙ୍କୁ ସବୁବେଳେ ବଡ଼ ଘାରୁଥିଲା। ହେଲେ ହେଁ ଭାବରାଜ୍ୟରେ ପରପ୍ରାଣତା ତାଙ୍କର ଅତ୍ୟନ୍ତ ପ୍ରବଳ ଥିଲା। ସେ ତଥାପି ଏ ସମସ୍ତ ପରପ୍ରାଣତା ମଧ୍ୟରେ କୌଣସି ପ୍ରକାରେ ଟଙ୍କା ରୋଜଗାର କରି ବଡ଼ ହେବା ଓ ସେଥିପାଇଁ ଚାକିରିମାନ କରିବା ଭାବଟି ତାଙ୍କ ଭିତରେ ଏକପ୍ରକାର ବଦ୍ଧମୂଳ ଥିଲା। ମରିବାର ଶେଷ ବର୍ଷ ପର୍ଯ୍ୟନ୍ତ ମୁଁ ଜାଣେ ସେ ପ୍ରତିମାସରେ 'ବମ୍ବେ ଟାଇମ୍‌ସ'ର 'Illustrated weekly' ସାପ୍ତାହିକରେ ବାହାରୁଥିବା (Cross word puzzle) ଶବ୍ଦନିର୍ମାଣ ପ୍ରହେଳିକାଟି ତନ୍ନ ତନ୍ନ କରି ଦେଖୁଥିଲେ ଓ ପ୍ରତିଥର ଟଙ୍କା ଖର୍ଚ୍ଚ କରି ସେ ଶବ୍ଦଧନ୍ଦାର ଭିନ୍ନ ଭିନ୍ନ ସମାଧାନ ସବୁ ପୁରସ୍କାର ପାଇବା ଆଶାରେ ପଠାଉଥିଲେ। ଅବଶ୍ୟ ସମସ୍ତେ ଜାଣନ୍ତି, ସେ ପୁରସ୍କାର ସବୁ ବଡ଼ ବିରାଟ। ସମାଧାନଟି ଠିକ୍ ହେଲେ ପ୍ରାୟ କୋଡ଼ିଏ ତିରିଶ ହଜାର ଟଙ୍କା ବା ତହିଁରୁ ବେଶି ପୁରସ୍କାର ମିଳେ। ଏପରି ଶବ୍ଦ ସମାଧାନ ପଠାଇବାର ଦେଖି ଦିନେ ମୁଁ ପଚାରିଥିଲି, "ଏସବୁ ପାଇବା ବହୁତ କମ୍ ଲୋକଙ୍କ ଭାଗ୍ୟରେ ମାତ୍ର ଘଟେ। ତମ ଭଳି ଲୋକଙ୍କର ଏ ଚେଷ୍ଟା କିଆଁ?" ସେ ଟିକେ ମୁରକି ହସି ମତେ ଉତ୍ତର ଦେଇଥିଲେ, "ଅତି କମ୍ ଲୋକଙ୍କୁ ହେଲେ ମଧ୍ୟ କାହାକୁ ତ ମିଳେ। କିଏ ଜାଣେ ସେଇ ଜଣକ ଦିନେ ମୁଁ କାହିଁକି ନ ହେବି?" ତା'ପରେ ମନୁଷ୍ୟର ଭାଗ୍ୟ ଓ ପୁରୁଷକାର ସମ୍ବନ୍ଧରେ ସେଦିନ ବହୁତ କଥାବାର୍ତ୍ତା ହୋଇଥିଲା। ମୁଁ ଦେଖି ବିସ୍ମିତ ମଧ୍ୟ ହୋଇଥିଲି। ଭାଗ୍ୟ ଉପରେ ବହୁତ ଲୋକ ଏ ବିଷୟରେ ଲେଖିଚନ୍ତି। ଲୋକେ ସବୁକଥା ନିଜ ଭାବ ଅନୁସାରେ ବ୍ୟାଖ୍ୟା କରି ଲେଖିଯାନ୍ତି। ସେଇ ଲେଖାମାନଙ୍କରୁ ଲୋକେ ଜାଣି ଯାଇଚନ୍ତି ସତ୍ୟବାଦୀ ସ୍କୁଲର ଶିକ୍ଷକମାନେ ଅଳ୍ପ ଟଙ୍କା ପାଇଁ କାମ କରିବା ସତ୍ୟବାଦୀ ବିଦ୍ୟାଳୟର ଗୋଟିଏ ମୁଖ୍ୟ ଲକ୍ଷଣ ଥଲା। କିନ୍ତୁ ମୁଁ କହୁଚି ତା' ନୁହେଁ। ଛାତ୍ରମାନଙ୍କ କମ୍ ଖର୍ଚ୍ଚରେ କିପରି ସେମାନଙ୍କ ଉଚ୍ଚ ଚିନ୍ତା ଓ ଚରିତ୍ରପାଇଁ କ୍ଷେତ୍ର ପ୍ରସ୍ତୁତ କରିପାରିବ ସେ ବିଷୟ ପ୍ରତି ଦୃଷ୍ଟି ଥିଲା; କିନ୍ତୁ ଶିକ୍ଷକମାନଙ୍କ ସମ୍ବନ୍ଧରେ ଏଭଳି କଟକଣା ପ୍ରତି ଆଦୌ ନଜର ନଥିଲା। ମୁଁ ପ୍ରଥମେ ସତ୍ୟବାଦୀ ସ୍କୁଲ ଆରମ୍ଭ କରିଥିଲି। ମୁଁ ନିଜେ ହାତଖର୍ଚ୍ଚ ପାଇଁ ମାସକୁ ୩୦ଟଙ୍କା ମାତ୍ର ନେଉଥିଲି। ମୋ ଘରେ ବରଷକ ଖାଇବା ଭଳି ଥିଲା। ଆମ ନନା (ମୋ ପିତା) ମଧ୍ୟ ମୋର ଦେଶ ସେବାରେ ଅତ୍ୟନ୍ତ ଆନନ୍ଦିତ ଥିଲେ ଓ ସେଥିପାଇଁ ଅତି ବୃଦ୍ଧ ବୟସରେ ତାଙ୍କର କର୍ମଦକ୍ଷତା ଆହୁରି ବଢ଼ି ଯାଇଥିଲା। (ତାଙ୍କ ଜନ୍ମ ହେଉଚି ଖ୍ରୀଷ୍ଟାବ୍ଦ ୧୮୩୯ରେ।) ପଣ୍ଡିତ ଗୋପବନ୍ଧୁ ମଧ୍ୟ ତାଙ୍କର ଆଶୀର୍ବାଦ ପାଇ କୃତାର୍ଥ ହେଉଥିଲେ। ଏ ତିରିଶ ଟଙ୍କା ମତେ କେହି ପଚାରି ବୁଝିଦେଇ ନଥିଲା। ମୁଁ କିରାଣୀକୁ କହିଦେଇଥିଲି ମୁଁ ଏତିକି ନେବି।

ତା'ପରେ ଆଚାର୍ଯ୍ୟ ହରିହର ଦାସଙ୍କ କଥା। ତାଙ୍କର ଘରେ ସେପରି କିଛି ଅଭାବ ନଥିଲେ ମଧ୍ୟ କିଛି ଥିଲା। ସେକାଳର ଏଫ୍.ଏ. ପାସ୍ କରିଥିଲେ ମଧ୍ୟ ସେ

ବଡ଼ ଭଲ ଶିକ୍ଷକ ଥିଲେ। ସେ କଟକର ପି.ଏମ୍. ଏକାଡେମୀରେ ମାସକୁ ୪୫ଟଙ୍କା ବେତନରେ ଶିକ୍ଷକ ଥାଇ ସେକାଳେ ପ୍ରାଇଭେଟ ଟିଉସନ୍‌ରୁ ଆହୁରି ମାସକୁ ୯୦ଟଙ୍କା ଅଧିକ ରୋଜଗାର କରୁଥିଲେ। ତେଣୁ ପିତା କାଳେ ଅସନ୍ତୁଷ୍ଟ ହେବେ ବୋଲି ସେ ସେ ଚାକିରୀ ଛାଡ଼ି ପାରି ନଥିଲେ। ୧୯୧୨ ଖ୍ରୀଷ୍ଟାବ୍ଦର ଜୁଲାଇ ମାସରେ ତାଙ୍କ ପିତାଙ୍କର ମୃତ୍ୟୁ ହୋଇଗଲା। ତା'ପରେ ଆଚାର୍ଯ୍ୟ ମହାଶୟ ପି.ଏମ୍. ଏକାଡେମୀ ଛାଡ଼ି ଓ ତହିଁ ସଂଗେ ମାସକୁ ୯୦ଟଙ୍କା ଟିଉସନ୍‌ର ଲୋଭ ଅକାତରରେ ଛାଡ଼ି, ସତ୍ୟବାଦୀରେ ଆସି ଶିକ୍ଷକ ହେଲେ। ସେ କଥା କରି ନେଲେ ମାସକୁ ୪୦ଟଙ୍କା।

ତା'ପରେ ଗୋଦାବରୀଶ ମିଶ୍ର। ୧୯୧୨ ଶେଷକୁ ଏମ୍.ଏରେ ପରୀକ୍ଷା ଦେଲେ। ତାଙ୍କର ଏମ୍.ଏ.ରେ ବିଷୟ ଥିଲା ଇକୋନମିକ୍‌ସ ବା ଅର୍ଥଶାସ୍ତ୍ର। ସେ ସେଇ ଶାସ୍ତ୍ରର ପ୍ରଣାଳୀକୁ ଧରି ବହୁପ୍ରକାର ଅର୍ଥାଗମର ଉପାୟ ଭାବୁଥାନ୍ତି। ତା' ମଧ୍ୟରୁ ଗୋଟିଏ ହେଉଚି— ସେ ବହୁବାରେ ଜୀବନବୀମା କରି ସେଇ ବୀମାଟି ବନ୍ଧାପକାଇ ବିଲାତ ଯିବେ, ଇତ୍ୟାଦି। ଏମ୍.ଏ. ପଢ଼ିବା ଅବସ୍ଥାରେ ଏ ବିଷୟରେ ବହୁତ ମୋ ସଂଗେ ଯୁକ୍ତିତର୍କ ହୋଇଥିଲା ଓ ମୁଁ ସେଥିର ତାଙ୍କୁ ନିବର୍ତ୍ତାଇ ଥିଲି। ତାଙ୍କ ଏମ୍.ଏ. ଦୁଇବର୍ଷ ଭିତରୁ ମୁଁ ପ୍ରଥମ ବର୍ଷଟି ତାଙ୍କ ସଂଗେ କଲିକତାରେ ଥିଲି। ତା'ପରେ କଲିକତାରୁ ଆସି ସତ୍ୟବାଦୀ ସ୍କୁଲରେ ସ୍ପଷ୍ଟ ଯୋଗଦେବା ପରେ ସେ ସ୍ଥିର କରିଥିଲେ କଲିକତାରେ Deaf & Dumb (ମୂକ ବଧିର) ସ୍କୁଲର ଅଧ୍ୟକ୍ଷ ହୋଇ ସେଇ ସୂତ୍ରରେ ସେଇ ଶିକ୍ଷାର ବିଶେଷ ଜ୍ଞାନ ପାଇଁ ବିଲାତ ଯିବେ। ସେ ଏମ୍.ଏ. ପରୀକ୍ଷା ଦେବାପରେ ଏ କଥା ମୋତେ ଜଣାପଡ଼ିଲା। ମୁଁ ମଧ୍ୟ ଗୋପବନ୍ଧୁ ବାବୁଙ୍କୁ କହିଲି। ଗୋଦାବରୀଶ ଇଂରେଜି ଭାଷାରେ (ବିଶେଷରେ ଉଚ୍ଚାରଣ ଓ ସ୍ୱରପ୍ରକାଶ ରଙ୍ଗୀରେ) ବଡ଼ ଦକ୍ଷ ଥିଲେ। ସେଥିପାଇଁ ସେ ଥିଲେ ଆମର ଆଦରର ଧନ।

ମୁଁ ପୁରୀଜିଲ୍ଲା ସ୍କୁଲରେ ପଢ଼ିଲାବେଳୁ କଲିକତାର ସ୍ୱର୍ଗତ ଶଶିଭୂଷଣ ରାୟ ଚୌଧୁରୀ ବୋଲି ଜଣେ ଆଦିମ ଯୁଗର ବିପ୍ଳବୀ ମୋ ସଂଗେ ବଡ଼ ଘନିଷ୍ଠ ସଂପର୍କରେ ଥିଲେ। ସେଇ ସୂତ୍ରରେ ଗୋଦାବରୀଶଙ୍କ ସଂଗେ ତାଙ୍କର ଭାରି ପରିଚୟ ହୋଇଥିଲା। ଗୋଦାବରୀଶ ମଧ୍ୟ ତାଙ୍କ ପ୍ରଭାବରେ ପ୍ରଭାବିତ ହୋଇଥିଲେ। ମୁଁ କଲିକତାରେ ତାଙ୍କ ପାଖକୁ ଲେଖି ତାଙ୍କୁ ଧରି ଗୋଦାବରୀଶଙ୍କୁ ସେଠାରେ ଭେଟିଲି। ମନେ ଅଛି, ବହୁ ଯୁକ୍ତିତର୍କ କଥାବାର୍ତ୍ତା ପରେ ଆମେ ଦୁହେଁ ସେ କାର୍ଯ୍ୟରୁ ତାଙ୍କୁ ନିବର୍ତ୍ତାଇ ତାଙ୍କୁ ଘେନି ଆସି ଗୋପବନ୍ଧୁ ବାବୁଙ୍କୁ ଚିଠି ଲେଖି ସତ୍ୟବାଦୀରେ ଆସି ପହଞ୍ଚିଲୁ। ଗୋପବନ୍ଧୁ ବାବୁ ଆସି ପହଞ୍ଚିଗଲେ। ଗୋଦାବରୀଶଙ୍କର ସତ୍ୟବାଦୀରେ ରହିବାର ସ୍ଥିର ହେଲା।

ବାଣପୁର ଗୋଦାବରୀଶଙ୍କର ନିଜ ସ୍ଥାନ। ସେଠାରେ ତାଙ୍କର ଅତି ଛୋଟ ଘର ବଖରାଏ ମାତ୍ର ଥିଲା। ଜମିବାଡ଼ି ବୋଲି କିଛି ନଥିଲା। ସହାୟ ବୋଲି କେହି ନଥିଲେ। ସଂପତ୍ତି ବୋଲି ଘରେ ଧର୍ମପତ୍ନୀ ଓ ଗୋଟିଏ ଶିଶୁକନ୍ୟାଙ୍କ ଛଡ଼ା ଆଉ କେହି ନଥିଲେ। ତାଙ୍କ ପାଇଁ ସତ୍ୟବାଦୀରେ ଭଡ଼ାଘର ଠିକ୍ କରାଗଲା।

ଏଇପରି ଅନ୍ୟତ୍ର ବସାଘର କରି ସ୍କୁଲର ମାଷ୍ଟର ହେବା ଲୋକଙ୍କ ଭିତରେ ଗୋଦାବରୀଶ ସେତେବେଳେ ଥିଲେ ଏକମାତ୍ର। ତା'ର ଦୁଇବର୍ଷ ପରେ ସ୍ୱର୍ଗତ କୃପାସିନ୍ଧୁ ଇତିହାସ ଶାସ୍ତ୍ରରେ ଏମ୍.ଏ. ପରୀକ୍ଷା ଦେଇ ଉଚ୍ଚସ୍ଥାନ ଲାଭ କରି ସତ୍ୟବାଦୀକୁ ଆସି ଶିକ୍ଷକ ମଧ୍ୟ ସତ୍ୟବାଦୀରେ ଅନ୍ୟତ୍ର ବସା ଭଡ଼ାନେଇ ନିଜେ ସେସବୁ ହିସାବ କରି ନିଜେ ମାସକୁ ୫୦ଟଙ୍କା ନେବେ ବୋଲି କହିଥିଲେ ଓ ତାହାଇ ତାଙ୍କୁ ଦିଆଯାଇଥିଲା। ଏହାଇ ମୋଟାମୋଟି ଥିଲା ସତ୍ୟବାଦୀ ସ୍କୁଲର ଶିକ୍ଷକମାନଙ୍କ ଦରମାର ଆଦର୍ଶ ଓ ଇତିହାସ।

ସତ୍ୟବାଦୀ ସ୍କୁଲର ମାଷ୍ଟରମାନଙ୍କ ଉପରେ ସେକାଳ ସରକାରଙ୍କର ବଡ଼ କଡ଼ା ନଜର ଥିଲା। ସେ ନାନା ପ୍ରତିବନ୍ଧକ ଆଣି ଯୁଟାଉଥାନ୍ତି। ଥରେ ଇନିସ୍‌ପେକ୍ଟର କହିଲେ, "ଶିକ୍ଷକମାନଙ୍କ ଭିତରେ ଶିକ୍ଷା ବିଧାନରେ ତାଲିମ ହୋଇଥିବା (B.T. ପାସ୍ କରିଥିବା ଶିକ୍ଷକ ଦରକାର।" ୧୯୧୭ରେ ଗୋଦାବରୀଶଙ୍କୁ B.T.ରେ ତାଲିମ ହେବାପାଇଁ କଲିକତାକୁ ପଠାଗଲା। ୧୯୧୮ରେ ସେ ଫେରିଲେ। ୧୯୧୮ର ଜୁନ୍‌ମାସ ପରେ ଖୋର୍ଦ୍ଧା ହାଇସ୍କୁଲରେ ହେଡ଼ମାଷ୍ଟର ହେବା ପାଇଁ ସେ କାହାକୁ କିଛି ନକହି ଦରଖାସ୍ତ କରିଦେଲେ। ଗୋପବନ୍ଧୁ ବାବୁ ଜାଣିଲେ। ମୋ ମନେଅଛି, ସାକ୍ଷୀଗୋପାଳ ଡାକବଙ୍ଗଳାରେ ଗୋପବନ୍ଧୁ ବାବୁ, ଗୋଦାବରୀଶ, କୃପାସିନ୍ଧୁ, ହରିହର ଦାସ ଓ ମୁଁ ସମସ୍ତେ ବସି ସେଇ କଥା ପକାଇଲୁ। କଥା କହୁ କହୁ ଭାବପ୍ରବଣ ଗୋପବନ୍ଧୁ ଦାସ ଭୋ' ଭୋ' ହୋଇ ଉଚ୍ଚସ୍ୱରରେ କାନ୍ଦିଲେ। ଆମ୍ଭେ ସମସ୍ତେ କାନ୍ଦିଲୁ। ସେଦିନ ଗଲା। ମାତ୍ର ଫଳରେ ସ୍ଥିର ହେଲା ସତ୍ୟବାଦୀ ସ୍କୁଲରେ ଆମେ ତିନି ଏମ୍.ଏ.ଙ୍କ କୃପାସିନ୍ଧୁ, ଗୋଦାବରୀଶ ଓ ମୁଁ ବର୍ଷକୁ ଜଣେ ଜଣେ ପର୍ଯ୍ୟାୟକ୍ରମେ ହେଡ଼ମାଷ୍ଟର ଓ ହଷ୍ଟେଲର ସୁପରିଣ୍ଟେଣ୍ଡେଣ୍ଟ୍ ହେବେ। ମନେଅଛି, ସେଇ ବ୍ୟବସ୍ଥା ଅନୁସାରେ ମତେ ସେ ଦୁଇପଦ ଛାଡ଼ି ସେଇ ସମୟରେ ଶ୍ରୀରାମଚନ୍ଦ୍ରପୁରରେ ମୋ ଘରେ ଆସି ରହିବାକୁ ହୋଇଥିଲା। ଏଇପରି ଭୋଗର ତୃଷ୍ଣା ଓ ତହିଁ ସଂଗେ ସଂଭୋଗର ସ୍ପୃହା ଗୋଦାବରୀଶଙ୍କ ଭିତରେ ବରାବର ପ୍ରଚ୍ଛନ୍ନ ଭାବରେ ଜୀବନ୍ତ ଥିବାର ମୁଁ ଦେଖିଚି। ସଂଗେ ସଂଗେ ସେଇ ଭୋଗର ତ୍ୟାଗ ବିଷୟରେ ମଧ୍ୟ ତାଙ୍କ ପ୍ରକୃତି ବଡ଼ ନମନୀୟ ଥିଲା। ଶିଷ୍ଟାଚାରରେ ସେ ଅତ୍ୟନ୍ତ ଉନ୍ନତ ଓ ମାର୍ଜିତ ଥିବାରୁ ଏ ତୃଷ୍ଣା ଘେନି ତାଙ୍କର କୌଣସି କର୍ମପଟୁତା କେବେ ବ୍ୟାହତ ହୋଇଥିବାର ମୋ ମନେନାହିଁ। ଏ ସମସ୍ତ ଭିତରେ ପୁଣି ମୋ ମନେଅଛି, ଶିକ୍ଷକତାରେ ତାଙ୍କର ଅନନ୍ୟ ସାଧାରଣ ପ୍ରତିଭା। ସେପରି ସୁଦକ୍ଷ, ରୁଚିମନ୍ତ ଶିକ୍ଷକ ମୁଁ ଆଉ ଦେଖିଚି ବୋଲି ମନେ ହେଇନାହିଁ।

ଆଜି ଆଉ ପୁଣ୍ୟଶ୍ଳୋକ ଗୋଦାବରୀଶଙ୍କ ସମ୍ବନ୍ଧରେ ବିଶେଷ ବୟାନ କରିବାର ଦିନ ନୁହେଁ; କିନ୍ତୁ ଗୋଟିଏ କଥାପ୍ରତି ମୁଁ ତାଙ୍କର ପଦାନୁସାରୀ ସ୍ତୁତିପରାୟଣ ଦେଶବାସୀମାନଙ୍କୁ ସାବଧାନ କରି ଦେଉଚି। ମାନବସମାଜରେ ଭକ୍ତି ଗୋଟିଏ ବିପଦଜନକ ବସ୍ତୁ। ଭକ୍ତ ବଡ଼ ଅସହିଷ୍ଣୁ। ସେ ନିରାଟ ମିଥ୍ୟାବାଦୀ। ସେ ବହୁତ ଅଦ୍ଭୁତ କୃତି କଳ୍ପନା କରେ ଓ ସତ ବୋଲି

କହେ। ନିଜର ଆଦର୍ଶବାଦରେ ଉପାସ୍ୟକୁ ଜଡ଼ିତ କରି ସାଧାରଣଙ୍କ ଆଗେ ଥୁଏ। ମାନବ ସମାଜର ଏ ଗୋଟିଏ ସାଧାରଣ ଦୁର୍ବଳତା ଓ ଦୁରାରୋଗ୍ୟ ବ୍ୟାଧି। ଏ ସମ୍ବନ୍ଧରେ ମୁଁ ଓଡ଼ିଆ ସାହିତ୍ୟର କ୍ରମ ପରିଣାମ ପୁସ୍ତକର ୨ୟ ଭାଗରେ ବହୁତ ଲେଖିଚି। ଏବେ ସୂଚାଇ ଦେଉଚି କେବଳ ସତ୍ୟବାଦୀଙ୍କ ପାଖେ ଛିଡ଼ା ହୋଇଥିବା ରାଧାମୂର୍ତ୍ତି। ସମସ୍ତେ ତ ଜାଣନ୍ତି ଭକ୍ତର କଳ୍ପନାରେ ସେ ଗୋଟିଏ ସତ୍ୟ ରୂପେ ଠିଆ ହୋଇଥିବା ମହା ଅପଚାରର ପ୍ରକାଶ। କୌଣସି ସେବକଙ୍କର ଲକ୍ଷ୍ମୀନାମ୍ନୀ ଗୋଟିଏ ବାଳ-ବିଧବା କନ୍ୟାର ଗର୍ଭପାଇଁ ନିଜେ ୧୮୬୨ ଖ୍ରୀଷ୍ଟାବ୍ଦରେ ସତ୍ୟବାଦୀ ମନ୍ଦିରରେ ପ୍ରତିଷ୍ଠିତ ହୋଉଥିବା ପ୍ରସ୍ତରମୟ ଗୋପୀନାଥ ଦାୟୀ ହୋଇଥିଲେ। ତା'ପରେ ସେଇ ଲକ୍ଷ୍ମୀରେ ଆବିର୍ଭୂତ ହୋଇଥିବା ରାଧା ଏବେ ମନ୍ଦିରରେ ବସିଚନ୍ତି। ସ୍ୱର୍ଗତ ରାଧାନାଥ ରାୟଙ୍କଠାରୁ ଆରମ୍ଭ କରି ଏବର କବି ମାୟାଧର ମାନସିଂହଙ୍କ ପର୍ଯ୍ୟନ୍ତ ସମସ୍ତେ ସେଇ ବ୍ୟଭିଚାରର କଳ୍ପନାରେ ମୁହ୍ୟମାନ ଓ ସେଥିପାଇଁ ସେମାନେ କବି। ସେକଥା ସତ୍ୟ ହୋଇ ନପାରେ ବୋଲି ଆଜି ଯୁକ୍ତି କରି ବସିଲେ ଗୌଡ଼ୀୟ ବୈଷ୍ଣବମାତ୍ରେ ମାରିବେ କି ମରିବେ। ସେଇପରି ମୁଁ ଏବେ ଅନୁସନ୍ଧାନ କରି ଦେଖୁଚି, ୧୬ଶ ଶତାବ୍ଦୀ ପ୍ରାରମ୍ଭରେ ଓଡ଼ିଶାକୁ ସଙ୍କୀର୍ତ୍ତନ କରି କରି ଓ ସେଇ ସଙ୍କୀର୍ତ୍ତନରେ ବାରମ୍ବାର ଅଜ୍ଞାନ ହୋଇ ପଡ଼ି ପଡ଼ି ଆସିଥିବା ଚୈତନ୍ୟଙ୍କ କଥା। ଚୈତନ୍ୟ ସଂସ୍କୃତ ଜାଣିଥିବାର ବା ଜାଣିଥିଲେ ଭଲକରି ଜାଣିଥିବାର କୌଣସି ପ୍ରମାଣ ମିଳୁନାହିଁ। ସେ ଗୌଡ଼ୀୟ ବୈଷ୍ଣବ ନଥିଲେ। ତଥାପି ଶିଷ୍ୟମାନେ ତାଙ୍କ ସମ୍ବନ୍ଧରେ କ'ଣ ନ କହିଚନ୍ତି, କ'ଣ ନ କହୁଚନ୍ତି? ସେ ମରିବାର ପ୍ରାୟ ୭୦ ବର୍ଷ ପରେ ତାଙ୍କ ଜୀବନଚରିତ ଲେଖକ କୃଷ୍ଣଦାସ କବିରାଜ କାଶୀରେ ଥାଇ ଲେଖିଥିଲେ, 'ଚୈତନ୍ୟ ଚରିତାମୃତ'। ସେ ଚରିତକୁ ଅମୃତ କୁହାଯାଇ ପାରେ। କାଇକିନା ସେଉଟା ଭକ୍ତର ପରିପ୍ରଚାର; କିନ୍ତୁ ସେଥିରେ ସତ୍ୟ ଅଛି ବୋଲି ପ୍ରମାଣ କ'ଣ? ଏବେ କଟକର କାଳିଦାସ ରାୟ ବୋଲି ଜଣେ ଗୌଡ଼ୀୟ ବୈଷ୍ଣବ ସ୍ପଷ୍ଟ ଭାବରେ ମତେ ଗୌଡ଼ୀୟ ବୈଷ୍ଣବ କରିବା ପାଇଁ ମୋ ଘରକୁ ଆସିଥିଲେ। ତାଙ୍କୁ ଏଇପରି ଚୈତନ୍ୟଙ୍କ ଜୀବନୀ ସମ୍ବନ୍ଧରେ ଲିଖିତ କୌଣସି ତଥ୍ୟ ପ୍ରତି ଅଙ୍ଗୁଳି ନିର୍ଦ୍ଦେଶ କରି ଏହାର ଭିତ୍ତି କ'ଣ ବୋଲି ପଚାରିବାରେ, ଭକ୍ତିରେ ମୋହଗ୍ରସ୍ତ ରାୟ ମହାଶୟ ମୋତେ କହିଲେ, "ସେସବୁ ଭକ୍ତମାନଙ୍କ ମନରୁ ବାହାରେ। ସେଥିରେ ପ୍ରମାଣ, ପଚାରିବା ଉଚିତ ନୁହେଁ।"

ଅନେକ ଦେଖିଥିବେ ସେଦିନ ସ୍ୱର୍ଗତ ଗୋପବନ୍ଧୁଙ୍କ ମୂର୍ତ୍ତି ଉଦ୍‌ଘାଟନବେଳେ କଟକରେ ପଢ଼ା ହୋଇଥିବା ଗୋଟିଏ ଗୋପବନ୍ଧୁ ସମ୍ବନ୍ଧୀୟ ଇଂରେଜି ଲେଖାରେ ଦେଖିଥିଲି, ଗୋପବନ୍ଧୁଙ୍କର ଏକମାତ୍ର ପୁତ୍ର ୧୯୦୪ ମସିହାରେ ମୃତ୍ୟୁମୁଖରେ ପଡ଼ିଥିଲାବେଳେ ଦେଶରେ କୌଣସିଠାରେ ବନ୍ୟା ହେବାର ଖବର ଆସିଲା। ଗୋପବନ୍ଧୁ ମୁମୂର୍ଷ ପୁତ୍ରକୁ ପରିତ୍ୟାଗ କରି ଦେଶରେ ଏତେ ପୁତ୍ର ଭାସି ଯାଉଚନ୍ତି ବୋଲି କହି, କିଛି ଆଉ ନମାନି ବଢ଼ି ଅଞ୍ଚଳ ଚାଲିଗଲେ। ସ୍ୱର୍ଗତ ଲିଙ୍ଗରାଜ ମିଶ୍ର କୌଣସି ଗୋପବନ୍ଧୁ ବାର୍ଷିକ ପତ୍ରରେ ପ୍ରବନ୍ଧରେ ଏହା ଲେଖିଥିଲେ। ତା'ପରେ ରାଧାମୋହନ ଗଡ଼ନାୟକ ଏଇ ଗଳ୍ପ ଧରି

କବିତା ଲେଖିଲେ। ଏହିପରି 'ଚୈତନ୍ୟ ଚରିତାମୃତ'ର କଥାପରି ଏହାର ପ୍ରଚାର ଚାଲିଛି। ଲିଙ୍ଗରାଜ ବାବୁ ଗୋପବନ୍ଧୁଙ୍କୁ ସେ ସମୟକୁ ଦେଖି ନଥିଲେ—୧୯୨୧ ମସିହା ପୂର୍ବରୁ ସେ ଭଲକରି ସେ ଦେଖିଥିଲେ କି ନା ମୁଁ କହି ପାରୁନାଇଁ। କିନ୍ତୁ ୧୯୦୮ରେ କନ୍ଦ୍ରାପଡ଼ା, ଯାଜପୁର ବଢ଼ି ପୂର୍ବରୁ ଗୋପବନ୍ଧୁ କଟକରେ 'Young Utkal Association'ର ପ୍ରତିଷ୍ଠା କରିବା ପୂର୍ବରୁ ସେ କୌଣସି ବଢ଼ି, ମରୁଡ଼ିରେ ନିଜକୁ ନିୟୋଜିତ କରିନାହାନ୍ତି। ପୁଣି ମଧ୍ୟ ଗୋପବନ୍ଧୁ କେବେ ଏପରି ହୃଦୟହୀନ ଥିବାର ମୁଁ ଦେଖିନାଇଁ, କିମ୍ବା ହୃଦୟର ଭାବାବେଗ ଲୁଚାଇ ନିଜକୁ ଅନ୍ୟ ପ୍ରକାର ଦେଖାଇହେବା ହୁଏତ ତାଙ୍କର ପ୍ରକୃତି ନଥିଲା। ତାଙ୍କର କବି ହୃଦୟ ଅତି କୋମଳ ଥିଲା। ମୁଁ ଦେଖିଚି—ସ୍ୱର୍ଗତ ରାମଚନ୍ଦ୍ର ଦାସ ମୁକ୍ତାର, ସ୍ୱର୍ଗତ ପଣ୍ଡିତ ମହାମହୋପାଧ୍ୟାୟ ସଦାଶିବ ମିଶ୍ର ଓ ମୋ ଆଗରେ ମଧ୍ୟ ତାଙ୍କ ସ୍ତ୍ରୀଙ୍କ କୋଳରେ ପୁତ୍ରଟିର ଅତିସାରରେ ମୃତ୍ୟୁ ହେଲା। ସେଦିନ ସେ ଓ ତାଙ୍କ ଧର୍ମପତ୍ନୀ ଯେ ବ୍ୟାକୁଳତା ପ୍ରକାଶ କରିଥିଲେ ତା' ଏଠାରେ କହିବା ଅନାବଶ୍ୟକ।

ସେଇପରି ସେଇ ଇଂରେଜି ପୁସ୍ତକରେ ଲେଖାଥିବାର ଦେଖିଲି ଗୋପବନ୍ଧୁ ପୁତ୍ରର ମୃତ୍ୟୁପରେ ଓ ୧୯୦୮ରେ ବଢ଼ି ପୂର୍ବରୁ କେବେ ଗେରୁଆ ପିନ୍ଧି ସନ୍ନ୍ୟାସୀ ବେଶରେ ଦେଶକଥା ପ୍ରଚାର କରି ବୁଲୁଥିଲେ। ଏହା ମଧ୍ୟ ସଂପୂର୍ଣ୍ଣ ମିଥ୍ୟା। କଥାଟି ହେଉଚି, ୧୯୦୭ ଆରମ୍ଭରେ ଏଫ୍.ଏ. ପରୀକ୍ଷା ଦେବାପରେ, ବି.ଏ. ପଢ଼ିବାକୁ ଯିବା ପର୍ଯ୍ୟନ୍ତ—ଏଇ ସମୟ ମଧ୍ୟରେ ମୁଁ କେବେ କେବେ ପ୍ରଚାରକ ଅନନ୍ତ ମିଶ୍ରଙ୍କୁ, କେତେବେଳେ ପୁଣି ସ୍ୱର୍ଗତ ପଣ୍ଡିତ ଫକୀର ମିଶ୍ରଙ୍କୁ ସଙ୍ଗରେ ଧରି ସନ୍ନ୍ୟାସୀ ବେଶରେ ବଙ୍ଗଦେଶର ସେକାଳ ବିପ୍ଲବୀମାନଙ୍କ ପ୍ରେରଣା ଘେନି ସ୍ୱଦେଶୀ ପ୍ରଚାରକରି ଗେରୁଆ ପିନ୍ଧି ବୁଲୁଥିଲି। ଗୋପବନ୍ଧୁ ସେତେବେଳେ ପୁରୀରେ ଓକିଲ ଥିଲେ। ତାଙ୍କର ପ୍ରେରଣା ମଧ୍ୟ ଏଥିରେ ନଥିଲା ନୁହେଁ।

ତେଣୁ କହେ ଗୋଦାବରୀଶ ବହୁ ଭକ୍ତଙ୍କର ଉପାସ୍ୟ ପୁରୁଷ। ଭକ୍ତମାନେ ତାଙ୍କୁ ଏପରି ବିପଦରୁ ରକ୍ଷା କରନ୍ତୁ।

କ୍ୟାମ୍ପ—ଶ୍ରୀରାମଚନ୍ଦ୍ରପୁର, ପୁରୀ,
ତା, ୧୩/୭/୧୯୫୮

(୧୦) ସ୍ୱର୍ଗତ ପଣ୍ଡିତ ଲିଙ୍ଗରାଜ ମିଶ୍ର

ମତେ ଛାଡ଼ି ପଣ୍ଡିତ ଲିଙ୍ଗରାଜ ବହୁ ଆଗରୁ ଚାଲିଗଲେ। ସେ ମୋଠାରୁ ୧୧ ବର୍ଷ ସାନ। ସେ ମୋର ନିଜ ଗ୍ରାମବାସୀ। ତାଙ୍କର ପିତା ଶ୍ରୀ ନୀଳକଣ୍ଠ ମିଶ୍ରେ ଜଣେ ସେ କାଳର ମଧ୍ୟଭର୍ଣ୍ଣାକ୍ୟୁଲର ସ୍କୁଲର ପଣ୍ଡିତ ଥିଲେ। ସଂସ୍କୃତ ସେ ଜାଣି ନଥିଲେ। ତଥାପି ଓଡ଼ିଆ ଭାଷାର ବ୍ୟାକରଣାଦିରେ ତଥା ସେକାଳ ମଧ୍ୟଭର୍ଣ୍ଣାକ୍ୟୁଲର ସ୍କୁଲର ଗଣିତରେ ତାଙ୍କର ବିଶେଷ ଦକ୍ଷତା ଥିଲା।

ଆମ ଗ୍ରାମରେ ସେ କାଳର ସ୍ୱର୍ଗତ ପଣ୍ଡିତ ହରିହର ଦାସ ଗୋଟିଏ ମଧ୍ୟ-ଭର୍ଣ୍ଣାକ୍ୟୁଲର ସ୍କୁଲ ବସାଇ ସେଇ ସୂତ୍ରରେ ବିଦ୍ୟା ଓ ବିଦ୍ୟାଳୟ ପ୍ରଚାରରେ ଖୁବ୍ ପ୍ରଯତ୍ନଶୀଳ ଥିଲେ। ମୋର ଯେତେଦୂର ମନେହୁଏ, ସେ ଏହାକୁଇ ସେ ସ୍କୁଲର ୨ୟ ଶିକ୍ଷକରୂପେ ବାଛିଥିଲେ। ବିବାହପରେ ସନ୍ତାନହୀନ ଅବସ୍ଥାରେ ନୀଳକଣ୍ଠ ମିଶ୍ରଙ୍କର ପ୍ରଥମ ପତ୍ନୀର ବିୟୋଗ ହୋଇଥିଲା। ତା'ପରେ ନୀଳକଣ୍ଠ ମିଶ୍ର ସେ କାଳର ଭୁବନେଶ୍ୱରର ମଧ୍ୟ-ଭର୍ଣ୍ଣାକ୍ୟୁଲର ସ୍କୁଲକୁ ହେଡ଼ପଣ୍ଡିତ ରୂପେ ବଦଳି ହୋଇଥିଲେ। ଲିଙ୍ଗରାଜ ପିଲାଦିନେ ସେଇଠାରେ ଶିକ୍ଷିତ ହୋଇ ସେଇଠାରୁ ବୃତ୍ତି ପାଇ ପୁରୀ ଜିଲ୍ଲା ସ୍କୁଲରେ ଭର୍ତ୍ତି ହୋଇଥିଲେ।

ମୋ ମନେ ଅଛି, ମୁଁ ସତ୍ୟବାଦୀ ସ୍କୁଲରେ ପ୍ରଧାନ ଶିକ୍ଷକ (ସେକାଳେ ସୁପରିଣ୍ଟେଣ୍ଡେଣ୍ଟ) ହେବାର କିୟତ୍ ପୂର୍ବରୁ ସେ ଜିଲ୍ଲାସ୍କୁଲ ଉପର କ୍ଲାସ୍‌ରେ ଥାଇ ଇଂରେଜୀ ଭାଷାର ରଚନା ଓ ଅନୁବାଦ ପ୍ରଭୃତି ଶିଖିବାକୁ ମୋ ପାଖକୁ ବରାବର ଆସୁଥିଲେ। ମୁଁ ସେତେବେଳେ ସ୍ପଷ୍ଟ ଦେଖି ପାରିଥିଲି, ତାଙ୍କର ବୁଦ୍ଧି ଥିଲା ବଡ଼ ବିଚକ୍ଷଣ ଓ ଗ୍ରହଣ କରିବାର ଶକ୍ତି ମଧ୍ୟ ଥିଲା ଟିକିଏ ଅନନ୍ୟସାଧାରଣ। ସେଇ ସମୟରେ ଗୋପବନ୍ଧୁ ବାବୁଙ୍କ ସଂଗେ ମୁଁ ତାଙ୍କୁ ନେଇ ମେଳାପରେ ଦେଖାକରାଇ ଦେଇଥିଲି ଓ ଏସବୁ କଥା ପରୋକ୍ଷରେ ପଣ୍ଡିତ ଗୋପବନ୍ଧୁ ଦାସଙ୍କୁ କହିଥିଲି। ଏହାର କାରଣ ହେଉଚି, ଗୋପବନ୍ଧୁ ବାବୁଙ୍କ ସଂଗେ ମୁଁ, ଆଚାର୍ଯ୍ୟ ହରିହର ଦାସ ଓ ପ୍ରଚାରକ ଅନନ୍ତ ମିଶ୍ର ଏଇ ତିନିଜଣ ଯାକ ସେତେବେଳକୁ ମୁଖ୍ୟଭାବରେ ଏଇପରି ବୁଦ୍ଧିମାନ୍ ବିଚକ୍ଷଣ ବାଳକମାନଙ୍କୁ ଧରି ଦଳକରି ଦେଶରେ ସତ୍ୟବାଦୀ ସ୍କୁଲପରି ଗୋଟିଏ ଅନୁଷ୍ଠାନ ଗଢ଼ିବାକୁ ବଦ୍ଧପରିକର ଥିଲୁ ଓ ସେଥିପାଇଁ ବ୍ୟକ୍ତି ସଂଗ୍ରହ କରୁଥିଲୁ। ଅନେକ ବ୍ୟକ୍ତିଙ୍କ କଥା ଆଜି ମନେପଡୁଚି। କିନ୍ତୁ, ବିଶେଷ ଭାବରେ ମନେପଡୁଚି ଆଗ ପଣ୍ଡିତ ଗୋଦାବରୀଶ ଓ ସଂଗେ ସଂଗେ ପଣ୍ଡିତ ଲିଙ୍ଗରାଜଙ୍କ କଥା।

ପଣ୍ଡିତ ଲିଙ୍ଗରାଜ ଖୁବ୍ ଯୋଗ୍ୟତାରେ କଟକ କଲେଜରୁ ଉତ୍ତୀର୍ଣ୍ଣ ହୋଇ କଲିକତା ବିଶ୍ୱବିଦ୍ୟାଳୟରେ ସଂସ୍କୃତରେ ଏମ୍.ଏ. ପରୀକ୍ଷା ଦେଇ ଏପିଗ୍ରାଫି (ଶିଳାଲିପି ଓ ତାମ୍ରଲିପି ପ୍ରଭୃତି) ବିଭାଗରେ ବିଶ୍ୱବିଦ୍ୟାଳୟର ପ୍ରଥମସ୍ଥାନ ଅଧିକାର କରିଥିଲେ। ବିଶ୍ୱବିଦ୍ୟାଳୟରେ ଯେ ପ୍ରଥମେ ହୁଏ, ସେ ସେଥିପାଇଁ ଗୋଟିଏ ସ୍ୱର୍ଣ୍ଣପଦକ ପୁରସ୍କାର ପାଏ। ଯେ ଦ୍ୱିତୀୟ ହୁଏ, ସେ ପାଏ ଗୋଟିଏ ରୌପ୍ୟ ପଦକ। ଲିଙ୍ଗରାଜ ବିଶ୍ୱବିଦ୍ୟାଳୟରେ ପ୍ରଥମ ସ୍ଥାନ ଅଧିକାର କରିଥିଲେ ମଧ୍ୟ ସେ ପ୍ରଥମ ସ୍ଥାନରେ ଏକା ନଥିଲେ। ତାଙ୍କ ସଂଗେ ଆଉ ଜଣେ ଥିଲେ। ସେ ହେଉଚନ୍ତି ଏବର ସ୍ୱନାମଧନ୍ୟ ଡକ୍ଟର ବିନୟତୋଷ ଭଟ୍ଟାଚାର୍ଯ୍ୟ। ଅନେକେ ଚିହ୍ନିଥିବେ ଏଇ ବିନୟତୋଷ ହେଉଚନ୍ତି, ସ୍ୱର୍ଗତ ମହାମହୋପାଧ୍ୟାୟ ହରପ୍ରସାଦ ଶାସ୍ତ୍ରୀଙ୍କ ପୁତ୍ର ଓ ବରୋଦାରେ ଗାଇକୋୱାର୍ଡ ଓରିଏଣ୍ଟାଲ ସିରିଜର ଏ ଥିଲେ ସଂପାଦକ। ସେଇ ସୂତ୍ରରେ ପୂର୍ବ ଭାରତୀୟ ବୌଦ୍ଧତନ୍ତ୍ର ଶାସ୍ତ୍ରର ବହୁଗ୍ରନ୍ଥ ସେ ଆବିଷ୍କାର ଓ ପ୍ରକାଶ କରିଚନ୍ତି।

ସେ ବର୍ଷ ତେଣୁ ସ୍ୱର୍ଣ୍ଣପଦକ ତଥା ରୌପ୍ୟପଦକ ଯୋଡ଼ିକଯାକର ମୂଲ୍ୟ ମିଶାଇ ବିଶ୍ୱବିଦ୍ୟାଳୟ ଦୁଇଟି ସ୍ୱର୍ଣ୍ଣପଦକ ତିଆରି କରି ଲିଙ୍ଗରାଜ ମିଶ୍ର ଓ ବିନୟତୋଷ ଭଟ୍ଟାଚାର୍ଯ୍ୟ ଦୁହିଁଙ୍କୁ ପ୍ରଦାନ କରିଥିଲେ।

ଲିଙ୍ଗରାଜ ଏମ୍.ଏ. ପାସ୍ କରିସାରି ଆମମାନଙ୍କ ପାଖେ ଆମବଳରେ ଆସି ପହଞ୍ଚିଲେ। ସେତେବେଳକୁ ଆମେମାନେ ସମସ୍ତେ ସତ୍ୟବାଦୀ ସ୍କୁଲରେ କେନ୍ଦ୍ରୀକୃତ। ଲିଙ୍ଗରାଜଙ୍କର ଯୋଡ଼ିଏ କର୍ତ୍ତବ୍ୟ ଥିଲା। ପିତାଙ୍କ କରଜ ଶୁଝିବା ଓ ନିଜର ଭିଣୋଇ ଶ୍ରୀ ଗୋବିନ୍ଦ ତ୍ରିପାଠୀକୁ ପଢ଼ାଇବା। ତାଙ୍କର ପିତା ଜୀବିତ ଥିଲେ ମଧ୍ୟ ସେ ବଡ଼ ରୁଗ୍ଣ ଥାନ୍ତି। ତେଣୁ ଆମେମାନେ ତାଙ୍କର ଏ ଭିଣୋଇକୁ ବିଶ୍ୱବିଦ୍ୟାଳୟରେ ପଢ଼ାଇବାର ଭାର ସତ୍ୟବାଦୀ ସ୍କୁଲରୁ ଗ୍ରହଣ କଲୁ। ବହୁ ବିଚାର ପରେ ପିତାଙ୍କ ଋଣ ପରିଶୋଧ ପାଇଁ ତାଙ୍କୁ କେତେଦିନ ଚାକିରି କରିବାକୁ ଛାଡ଼ି ଦିଆଗଲା।

ଠିକ୍ ପିତାଙ୍କ କରଜତକ ଶୁଝିସାରିବା ପର୍ଯ୍ୟନ୍ତ ସେ ଏ ଚାକିରିରେ ଥିଲେ। ଏ ଚାକିରି ସେ ଛାଡ଼ିଥିଲେ ୧୯୨୧ ସେପ୍ଟେମ୍ବର ମାସରେ।

ଏଣେ ୧୯୨୧ ଜାନୁୟାରୀରୁ ଦେଶରେ ଅସହଯୋଗ ଆନ୍ଦୋଳନ ଆରମ୍ଭ ହୋଇ ଯାଇଥିଲା ଓ ସତ୍ୟବାଦୀ ସ୍କୁଲ ସେଇ ଜାନୁୟାରୀ ୧ମ ଭାଗରେ ଜାତୀୟ ବିଦ୍ୟାଳୟରେ ପରିଣତ ହୋଇ ସେତେବେଳେ ସମସ୍ତ ଓଡ଼ିଶା ପାଇଁ କଳ୍ପନା କରାଯାଇଥିବା ଏକ ଜାତୀୟ ବିଶ୍ୱବିଦ୍ୟାଳୟର କେନ୍ଦ୍ରରୂପେ 'ସତ୍ୟବାଦୀ ବିହାର' ନାମରେ ପ୍ରତିଷ୍ଠିତ ହୋଇଯାଇଥିଲା। ଲିଙ୍ଗରାଜ ସରକାରୀ ଚାକିରିରୁ ଆସି ଏଇ 'ବିହାର' ତଥା ଏଇ ବିଶ୍ୱବିଦ୍ୟାଳୟରେ ଯୋଗ ଦେଇଥିଲେ।

ତା'ପରେ ଦେଶରେ କଂଗ୍ରେସ କାର୍ଯ୍ୟର ପ୍ରସାର ଅନୁସାରେ ସେ ପୁରୀଜିଲ୍ଲା କଂଗ୍ରେସ କମିଟିରେ ସଂପାଦକ ରୂପେ କେତେଦିନ କାର୍ଯ୍ୟ କରିଥିଲେ। ସେ ବଡ଼ ପିତୃଭକ୍ତ ଥିଲେ। ତାଙ୍କର ପିତା ଅତ୍ୟନ୍ତ ରୁଗ୍ଣ ହୋଇ ବହୁକାଳ ଜୀବିତ ଥିଲେ। ସେଥିପାଇଁ ପିତା ବଞ୍ଚିଥିବାତକ ସେ କେବେ ଜେଲ ଯିବାକୁ ଇଚ୍ଛାପ୍ରକାଶ କରିନଥିଲେ। ମାତ୍ର ପିତାଙ୍କ ମୃତ୍ୟୁ ପରେ ସେ ସରକାର ବିରୁଦ୍ଧରେ ଲଢ଼ିବାରେ ନାନାଭାବରେ ବାରମ୍ବାର କାରାବରଣ କରିଥିଲେ।

ଗୋପବନ୍ଧୁ ଦାସ ଥିଲେ ୧୯୨୩ରୁ କଂଗ୍ରେସ ଭିତରେ ସି.ଆର୍. ଦାସଙ୍କ ପ୍ରତିଷ୍ଠିତ ସ୍ୱରାଜ୍ୟ ପାର୍ଟି ମତାବଲମ୍ବୀ ଲୋକ। ମୁଁ ସେତେବେଳେ ହଜାରିବାଗ୍ ଜେଲରେ ଥାଇ ବହୁଦିନ ତାଙ୍କ ସଂଗେ ତଥା ସେଠାରେ ଥିବା ଅନ୍ୟାନ୍ୟ ବନ୍ଧୁମାନଙ୍କ ସଂଗେ ବହୁ ଆଲୋଚନା କରି ଶେଷକୁ ସ୍ୱରାଜପାର୍ଟିରେ ଯୋଗଦେଇ ଆସେମ୍ବ୍ଲିକୁ ଯିବାପାଇଁ ସ୍ପଷ୍ଟ ନିର୍ଦ୍ଦେଶ ପାଇଥିଲି ଓ ସେଇ ନିର୍ଦ୍ଦେଶମତେ ୧୯୨୪ରେ କେନ୍ଦ୍ର ଆସେମ୍ବ୍ଲିକୁ ଯାଇଥିଲି। ସେଇ ସ୍ୱରାଜପାର୍ଟି ୧୯୨୭ବେଳକୁ କଂଗ୍ରେସରେ ମିଶିଯାଇ ବ୍ୟବସ୍ଥାସଭାମାନଙ୍କର କଂଗ୍ରେସପାର୍ଟି ରୂପେ ପରିଣତ ହୋଇଯାଇଥିଲା। ସେତିକିବେଳେ

ପଣ୍ଡିତ ଗୋପବନ୍ଧୁ ଦାସ ଲିଙ୍ଗରାଜ ମିଶ୍ରଙ୍କୁ ପୁରୀରୁ ବିହାର-ଓଡ଼ିଶା ବ୍ୟବସ୍ଥାସଭା ପାଇଁ ଛିଡ଼ା କରାଇଥିଲେ ଓ ବଡ଼ କୃତିତ୍ୱର ସହିତ ନିର୍ବାଚିତ କରାଇଥିଲେ।

ଗୋପବନ୍ଧୁ ଦାସଙ୍କ ମୃତ୍ୟୁ ଘଟିଲା ୧୯୨୮ ମସିହା ଜୁନ୍ ମାସରେ। ସେତେବେଳକୁ ସତ୍ୟବାଦୀ ସ୍କୁଲର ଆଉ ବିଶେଷ କିଛି ଦେଖିବା ଭଳି ଅବଶେଷ ନଥିଲା। କେବଳ ଥିଲା ସତ୍ୟବାଦୀ ଛାପାଖାନାଟି। ତା' ପୁଣି ସତ୍ୟବାଦୀରୁ ପୁରୀ ଓ ତା'ପରେ ପୁରୀରୁ କଟକ ଆସି ଯାଇଥିଲା। ମଲାବେଳେ ପଣ୍ଡିତ ଗୋପବନ୍ଧୁ ଏଇ ଛାପାଖାନାଟିକୁ ସେ ଏହା ପୂର୍ବରୁ ନିଜେ ଉପସଭାପତି ରୂପେ ଯୋଗ ଦେଇଥିବା ପଞ୍ଜାବର ଲୋକସେବକ ସମାଜ ହାତେ ଛାଡ଼ି ଦେଇଥିଲେ। ସେଇ ସଂପର୍କରେ ସେ ନିଜ ଉଇଲରେ, ମୋର ଯେତେଦୂର ମନେହୁଏ, ଅନ୍ୟାନ୍ୟମାନଙ୍କ ଭିତରେ ଲିଙ୍ଗରାଜ ମିଶ୍ରଙ୍କ ନାମ ଉଲ୍ଲେଖ କରିଯାଇଥିଲେ।

ଗୋପବନ୍ଧୁ ବାବୁ ମଲାବେଳକୁ ସତ୍ୟବାଦୀରୁ ପ୍ରଥମ ପ୍ରକାଶିତ ହୋଇଥିବା ସାପ୍ତାହିକ ସମାଜର ଥିଲେ ସଂପାଦକ। ତାଙ୍କ ମୃତ୍ୟୁପରେ ମୁଁ ଓ ସ୍ୱର୍ଗତ ପଣ୍ଡିତ ଗୋଦାବରୀଶ ମିଶ୍ର ପରେ ପରେ ସଂପାଦକ ହୋଇଥିଲୁ। ଏଇ ସମୟରେ ପଞ୍ଜାବର ଲୋକସେବକ ସମାଜର ଶ୍ରୀ ମୋହନଲାଲ ଆସି ମତେ ଲୋକସମାଜର ସଭ୍ୟ ହୋଇ "ସମାଜ"ର ସମସ୍ତ ଭାର ଗ୍ରହଣ କରିବାକୁ ଅନୁରୋଧ କରିଥିଲେ; କିନ୍ତୁ ନାନା କାରଣରୁ ମୁଁ ସେଥିରେ ରାଜି ହୋଇ ନଥିଲି। କିଛିଦିନ ପରେ ପଣ୍ଡିତ ଲିଙ୍ଗରାଜ ମିଶ୍ର ସେଇ ସେବକସମାଜ ମେମ୍ବର ଓ ସେଇ ହିସାବରେ ସମାଜର ମୁଖ୍ୟ ବ୍ୟକ୍ତି ଓ ସଂପାଦକ ହେଲେ।

୧୯୩୨ ପ୍ରାରମ୍ଭରେ ଦେଶରେ ହେଲା ସତ୍ୟାଗ୍ରହ। ସେଇ ସତ୍ୟାଗ୍ରହ ପରିଚାଳନା ନିମନ୍ତେ ମୁଁ ଜେଲ ଯିବାବେଳେ ତାଙ୍କୁ ଓଡ଼ିଶାର ଡିରେକ୍ଟର ପଦରେ ରଖିଦେଇ ଜେଲ ଯାଇଥିଲି।

ଏହାପରେ କାରାବରଣ ଓ ବ୍ୟବସ୍ଥାପକତା ଭିତରେ ବହୁଦିନ ରହି ଦେଶର ସ୍ୱାଧୀନତାର ଆଦ୍ୟପ୍ରସ୍ଥରେ ୧୯୪୬ଠାରୁ ୧୯୫୨ ପର୍ଯ୍ୟନ୍ତ ସେ ହୋଇଥିଲେ ଓଡ଼ିଶାର ଶିକ୍ଷା ଓ ସ୍ୱାସ୍ଥ୍ୟମନ୍ତ୍ରୀ। ତା'ପରେ ସେ ନିର୍ବାଚିତ ହେଲେ ପାର୍ଲିଆମେଣ୍ଟର ଲୋକସଭାକୁ। ଏବେ ମୃତ୍ୟୁ ପର୍ଯ୍ୟନ୍ତ ସେ ସେଇ ପାର୍ଲିଆମେଣ୍ଟର ରାଜ୍ୟସଭାରେ ମେମ୍ବର ଥିଲେ।

ସେ ବଡ଼ ସୁସ୍ଥ, ସବଳ ଓ ସୁପୁରୁଷ ଥିଲେ। ଜୀବନର ଶେଷଆଡ଼କୁ କେତେକ ବର୍ଷ ସେ ରୋଗ ଯନ୍ତ୍ରଣାରେ ବହୁ ଦୁଃଖ ପାଇଥିଲେ; କିନ୍ତୁ ତାଙ୍କର ଉତ୍ସାହ ଭଙ୍ଗୀ ଓ ନିର୍ମଳ ଦୃଷ୍ଟି କେବେ ଆବିଳ ହୋଇ ନଥିଲା। ସେ ଥିଲେ ସର୍ବଦା କର୍ମକ୍ଷମ ଓ କର୍ମଠ ତଥା ଅତ୍ୟନ୍ତ ସଦାଳାପୀ ଓ ସମଦର୍ଶୀ। ସବୁପ୍ରକାର ଲୋକଙ୍କର ଉପକାର କରିବାରେ ସେ ସର୍ବଦା ତତ୍ପର ଥିଲେ। ସାମାଜିକ ଜୀବନରେ ତାଙ୍କ ସାମ୍ୟଭାବ ଓ ସମବେଦନା ଗୋଟିଏ ସ୍ମରଣୀୟ ବସ୍ତୁ। ସେଥିପାଇଁ ଲୋକେ ତାଙ୍କୁ ବହୁଦିନ ମନେ ରଖିବେ।

(ଲେଖା—୨୧/୧୨/୫୭)

ଉତ୍କଳମଣି ପଣ୍ଡିତ ଗୋପବନ୍ଧୁ ଦାସ

ପଣ୍ଡିତ ଗୋପବନ୍ଧୁଙ୍କର ମରିବା ଦିନ ଆଜି ୩୨ବର୍ଷ ପୂରିଗଲା। ମୁଁ ତାଙ୍କର ଶ୍ରେଷ୍ଠ ସହକର୍ମୀ। ମୁଁ ଆଜି ଲେଖୁଛି। ଗୋପବନ୍ଧୁ ବଡ଼ ଦେଶସେବୀ ଓ ଦେଶପ୍ରାଣ ଥିଲେ। କେବଳ ଦେଶ ଓ ଲୋକଙ୍କ ପାଇଁ ବଞ୍ଚିଥିଲେ, କହିଲେ ହୁଏ। ସେ ଓଡ଼ିଶାରେ ଗୋଟିଏ ନୂତନ ଯୁଗ ପ୍ରବର୍ତ୍ତକ ଥିଲେ। ସେତିକି ନୁହେଁ ସେ ଥିଲେ ଗୋଟିଏ ନିର୍ଦ୍ଦିଷ୍ଟ ପରଂପରାର ପ୍ରତୀକ।

ପୁରୀର ଜଗନ୍ନାଥ ସେଇ ପରଂପରାଟିର ରୂପ କହିଲେ ଚଳେ। ଚାରି ପାଞ୍ଚ ହଜାର ବର୍ଷ ତଳରୁ ପୁରୀ ହେଉଛି, 'ପୁରୁଷୋତ୍ତମ କ୍ଷେତ୍ର'। କିଛି କାଳପରେ ସେଥିରେ ମିଶିଥିଲା ଜଗନ୍ନାଥଙ୍କର ତାତ୍ତ୍ୱିକ ରୂପ। ଏ ଦୁଇଟି ମିଶି ପୁରୀ ଥିଲା କେବଳ ଭାରତରେ କାହିଁକି ପୃଥିବୀରେ ବୈଜ୍ଞାନିକ ଧର୍ମ କେନ୍ଦ୍ର। ମାନବସମାଜ ତଥା ସଂସ୍କୃତିର ଏହାଥିଲା ଯଥାର୍ଥ ପୀଠଭୂମି।

ସଭ୍ୟତା ଓ ସଂସ୍କୃତିର ଏଇ ମୁଖ୍ୟ ଓ ବଳିଷ୍ଠ କେନ୍ଦ୍ର ମୋଗଲ ଶାସନ କାଳରେ (୧୫୯୦) ନାନା ଧର୍ମାନ୍ଧ ବିଘାତର ସମ୍ମୁଖୀନ ହୋଇ କ୍ରମେ ଜାତୀୟତାର ଏକ ପୀଠରେ ପରିଣତ ହେଲା। ୧୮୫୭ ବେଳେ ତଥାକଥିତ ସିପାହୀ ବିଦ୍ରୋହ ନାମରେ ଯେଉଁ ଜାତୀୟ ବିଦ୍ରୋହ ଉଠିଥିଲା ସେଥିରେ ଯଥାର୍ଥ ଧର୍ମଗୁରୁ—ଏପରିକି ହିନ୍ଦୁ ମୁସଲମାନ ମିଳନର ପୁଣ୍ୟ ପ୍ରକାଶରୂପେ ଉଠିଥିଲେ, ପୁରୀର ଚନ୍ଦନ ହଜୁରୀ। ସେତେବେଳେ ଓଡ଼ିଶାର ଅବସ୍ଥା ଯାହା ଥିଲା, ସେଥିରେ ଚନ୍ଦନ ହଜୁରୀଙ୍କୁ ହୁଏତ ସ୍ପଷ୍ଟ ଜାତୀୟତାର ପ୍ରତୀକରୂପେ କେହି ମନେରଖି ନଥାଇ ପାରନ୍ତି। କିନ୍ତୁ ଯଥାର୍ଥରେ ସେ ବିଦ୍ରୋହରେ ତାଙ୍କ ବ୍ୟକ୍ତିତ୍ୱ ତଥା ଦୂରଦୃଷ୍ଟିର ପଟାନ୍ତର ନାହିଁ।

ଏହାପରେ ସାଂସ୍କୃତିକ ଭାବରେ ସେଇ ଜାତୀୟତାର ଯେପରିକି ବଂଶଧର ଥିଲେ, ସ୍ୱର୍ଗତ ସ୍ୱନାମଧନ୍ୟ ପଣ୍ଡିତ ହରିହର ଦାସ। ଅବଶ୍ୟ ୩୧ ବର୍ଷ ବୟସରେ ତାଙ୍କର ମୃତ୍ୟୁ ହୋଇଥିଲା; କିନ୍ତୁ ତାଙ୍କର ଭାରତବ୍ୟାପୀ ସଂସ୍କୃତ ଓ ହିନ୍ଦୀରେ ବାଗ୍ମୀତା ତଥା ପୁରୀରେ ସଂସ୍କୃତ ବିଶ୍ୱବିଦ୍ୟାଳୟ ବସାଇବାର ଦୂରଦୃଷ୍ଟି ଏବେ ମଧ୍ୟ ଲୋକେ ମନେ ରଖିଚନ୍ତି। କ୍ଷେତ୍ରରେ ତାଙ୍କର ଉତ୍ତରାଧିକାରୀ ଥିଲେ ପୁରୀର ସୁପରିଚିତ ମୁକ୍ତାର ସ୍ୱର୍ଗତ ରାମଚନ୍ଦ୍ର ଦାସ। ସେ ମଧ୍ୟ ହରିହରଙ୍କ ପରି ୧୯୦୬ରେ ମାତ୍ର ୩୯ ବର୍ଷ ବୟସରେ ଇହଲୀଳା ସାଙ୍ଗ କରିଥିଲେ। ଗୋପବନ୍ଧୁ ଏଇ ରାମଚନ୍ଦ୍ରଙ୍କ ସାକ୍ଷାତ ଓ ପଟ୍ଟଶିଷ୍ୟ। ହରିହରଙ୍କୁ ଗୋପବନ୍ଧୁ ଦେଖି ନଥିଲେ। କାରଣ ହରିହରଙ୍କ ମୃତ୍ୟୁ ୧୮୭୪ରେ। ମାତ୍ର ଗୋପବନ୍ଧୁଙ୍କ ଜନ୍ମ ୧୮୭୭ ମସିହାରେ, କିନ୍ତୁ ପିଲାଦିନୁ ସେ ହରିହରଙ୍କର ଅତ୍ୟନ୍ତ ଭକ୍ତ ଥିଲେ ଓ ବର୍ଷକୁ ବର୍ଷ କୁମାରପୂର୍ଣ୍ଣମୀ ଦିନ ହରିହରଙ୍କ ମୃତ୍ୟୁଦିବସ ପାଳନ କରି ସୁନ୍ଦର ବକ୍ତୃତାମାନ ଦେଇ ବୁଲୁଥିଲେ। ବିଶେଷରେ ସାକ୍ଷୀଗୋପାଳ ପାଖ ଶ୍ରୀରାମଚନ୍ଦ୍ରପୁର ହରିହରଙ୍କ ଜନ୍ମସ୍ଥାନ ଥିବାରୁ

ସେଇ ଗ୍ରାମ ତାଙ୍କର ଏଇ ବକ୍ତୃତାର କେନ୍ଦ୍ର ଥିଲା । ନିଜେ ହରିହର ମୋର ପିତୃବ୍ୟ । ମୁଁ ତାଙ୍କୁ ଦେଖିନାଇଁ; ମାତ୍ର କୈଶୋରରେ ସେର ହରିହରଙ୍କ ଜନ୍ମ ଉପଲକ୍ଷରେ ଗୋପବନ୍ଧୁଙ୍କ ବକ୍ତୃତା ଶୁଣିଚି । ଆଜି ସେ ବକ୍ତୃତା ମନେପଡ଼ିଲେ ମୋର ଶରୀରରେ ରୋମାଞ୍ଚ ହୁଏ । ଶ୍ରୋତାମାନେ ସେଥିରେ ଯେପରି ପ୍ରଭାବିତ ହୋଇଯାତି, ତା'ର ସ୍ମୃତି ମଧ୍ୟ ଆଜି ମୋ ପକ୍ଷରେ ଅତି ମହନୀୟ । ପିଲାଦିନୁ ଗୋପବନ୍ଧୁ ଅତ୍ୟତ ସୁବକ୍ତା ଥିଲେ ଓ ଶିକ୍ଷିତ କଥା ସାଧାରଣ ସମସ୍ତେ ତାଙ୍କ ବକ୍ତୃତାରେ ମୁଗ୍ଧ ଓ ପ୍ରାଣିତ ହୋଇ ଯାଉଥିଲେ ।

ମୋ ମନେଅଛି, କଟକ କଲେଜରେ ପଢ଼ିବାଦିନୁ ନାନା ଲୋକସେବା ଅନୁଷ୍ଠାନମାନ ଗଢ଼ି ସେ ତହିଁରେ ଆତ୍ମନିୟୋଗ କରୁଥିଲେ । ସେ ସବୁ ଅନୁଷ୍ଠାନମାନ, ସେତେବେଳକୁ ଚାହିଁଲେ, ଅତି ସାଧାରଣ ଥିଲା । ଥରେ ସେ ଗୋଟିଏ ଦଳ ତିଆରି କରି ସହରରେ ହଇଜା ରୋଗୀମାନଙ୍କୁ ଚିକିତ୍ସା କରୁଥିଲେ ଓ କେହି ମୋର ବୋଲି ନ କହୁଥିବା ଶବମାନଙ୍କୁ ଖୋଜି ଖୋଜି ସତ୍କାର କରୁଥିଲେ ।

ସେ ଥିଲା, ଇଂରେଜ ଆଇ.ସି.ଏସ୍‌ଙ୍କ ଦିନ । ଏଇ ଆଇ.ସି.ଏସ୍‌ମାନେ ସାଧାରଣତଃ ଜିଲ୍ଲାମାଜିଷ୍ଟ୍ରେଟ୍ ରୂପେ ସେକାଳର ଦୃଢ଼ ଇଂରେଜ ଶାସନ କାଳର ଗୋଟିଏ ଗୋଟିଏ ଅଂଶ ଥିଲେ । ତାଙ୍କ ତଳେ ଯେଉଁ ଡେପୁଟି ମାଜିଷ୍ଟ୍ରେଟ୍‌ମାନେ ଥିଲେ, ସେମାନେ ଏଇ ଜିଲ୍ଲାମାଜିଷ୍ଟ୍ରେଟଙ୍କ ଭୟରେ କୌଣସି ଦୁର୍ଭିକ୍ଷର ରିପୋର୍ଟ ଦେଉ ନଥିଲେ । ଅନାହାର ମୃତ୍ୟୁ କଥା ଲେଖି ରିପୋର୍ଟ ଦେବା ତ ଦୂରର କଥା ।

ଏ ଗ୍ୟାରେଟ୍ ବୋଲି କଟକରେ ଏଇପରି ଜଣେ ଜିଲ୍ଲା ମାଜିଷ୍ଟ୍ରେଟ ଥିଲେ । ସେ ଏ ଦେଶୀ ଲୋକଙ୍କୁ ଘୃଣା କରୁଥିଲେ । ଏହା ୧୯୦୭ ଓ ୧୯୦୮ ସାଲର କଥା, ନଈବଢ଼ି ହେଲା । ଗୋପବନ୍ଧୁ ଜ୍ୱରାକ୍ରାନ୍ତ ଥାଇ ମଧ ଆମମାନଙ୍କୁ ସଙ୍ଗରେ ଧରି କେନ୍ଦ୍ରାପଡ଼ା ଓ ଯାଜପୁର ବଢ଼ିଅଞ୍ଚଳକୁ ନୌକାରେ ଚୁଡ଼ା, ଚାଉଳ ଧରି ଚାଲିଲେ । ଏଇ ଚୁଡ଼ା-ଚାଉଳ ଅବିଶ୍ରାନ୍ତ ବୃଷ୍ଟି ଭିତରେ ମାଗି ବୁଲୁଥିଲେ, ଅନ୍ୟମାନଙ୍କ ଭିତରେ ସ୍ୱର୍ଗତ ଅଭିରାମ ଭଂଜ, ଏମ୍.ଏ. ଓ ସ୍ୱର୍ଗତ ବ୍ରଜସୁନ୍ଦର ଦାସ, ବି.ଏ. । ଏ ସମସ୍ତଙ୍କୁ ମିଶାଇ ଏଥପାଇଁ ପଣ୍ଡିତ ଗୋପବନ୍ଧୁ ୟଙ୍ଗ ଉତ୍କଳ ଆସୋସିଏସନ୍ (Young Utkal Association) ବୋଲି ଗୋଟିଏ ଅନୁଷ୍ଠାନ ଗଢ଼ି ପକାଇଥିଲେ ।

ନୌକାରେ ଏଇ ଚୁଡ଼ା ଚାଉଳ ବଣ୍ଟାବେଳକୁ ବଢ଼ିପାଣି ପ୍ରାୟ ଚାରିଫୁଟ କମି ଯାଇଥିଲା । ହଇଜା ମଲୁମାନେ ସ୍ଥାନେ ସ୍ଥାନେ ଗଛ ଉପରୁ ପଡ଼ି ଏ ବଢ଼ିରେ ଭାସି ଯାଉଥିଲେ । ତଥାପି ସେଇ ବାଡ଼ିମଡ଼ାଙ୍କ ଭିତରେ ଏଇ ସାହାଯ୍ୟର ନୌକା ଚାଲୁଥିବାର ଆଜି ମନେପଡୁଚି । ଗୋପବନ୍ଧୁଙ୍କ ପ୍ରେରଣାରେ ଏସବୁ କଷ୍ଟକାର୍ଯ୍ୟ ସେତେବେଳେ ଜଣାପଡୁ ନଥିଲା ।

ନଈବଢ଼ି ପରେ ହେଲା ମରୁଡ଼ି। ଏସବୁ ବିଷୟ ଗୋପବନ୍ଧୁ ସେତେବେଳେ କଲିକତାର ଷ୍ଟେଟ୍‌ସମ୍ୟାନ୍ ଖବରକାଗଜରେ ଛପାଇ ଚହଳ ପକାଇଦେଲେ। ଷ୍ଟେଟ୍‌ସମ୍ୟାନ୍ ପ୍ରତିନିଧି ବଢ଼ି ମରୁଡ଼ି ଅଞ୍ଚଳରେ ଆସି ନିଜେ ବୁଲିଲେ। କଟକରେ ସଭା ହେଲା। ଜିଲ୍ଲା ମାଜିଷ୍ଟ୍ରେଟ ଗ୍ୟାରେଟ୍ ସାହେବ ରାଗରେ ଗରଗର ହେଉଥାନ୍ତି। ଗୋପବନ୍ଧୁ ଓ ତାଙ୍କ ସଙ୍ଗୀମାନଙ୍କୁ କିପରି ଦଣ୍ଡ ଦେବେ, ସେଥିପାଇଁ ବ୍ୟାକୁଳ ହୋଇ ନାନା କାର୍ଯ୍ୟାନୁଷ୍ଠାନ ମଧ୍ୟ କରୁଥାଆନ୍ତି; କିନ୍ତୁ କିଛି ହୋଇ ନଥିଲା।

ଗୋପବନ୍ଧୁ ବଡ଼ ସାହସୀ ଓ ସ୍ୱାଧୀନଚେତା ଥିଲେ। ତାଙ୍କର ଓଡ଼ିଶାର ଉପକୂଳ ଅଞ୍ଚଳରେ ଏଇପରି ବଢ଼ି ମରୁଡ଼ିର କ୍ରମାଗତ ସାହାଯ୍ୟକାର୍ଯ୍ୟ ଶେଷକୁ ୧୯୧୯, ୧୯୨୦ରେ ସାରା ଭାରତର ଦୃଷ୍ଟି ଆକର୍ଷଣ କରିଥିଲା। ଫଳରେ ମହାତ୍ମାଗାନ୍ଧି କହିଥିଲେ, "ଓଡ଼ିଶା ହେଉଚି ଭାରତରେ ସବୁଠାରୁ ବଳି ଦରିଦ୍ର ଦେଶ।"

କଲେଜ ଛାତ୍ର ଥିବା ଦିନରୁ ଗୋପବନ୍ଧୁ ଦେଶରେ ନୂତନ ଜାତୀୟ ଆଦର୍ଶ ଓ ଦୃଷ୍ଟି ଘେନି ଶିକ୍ଷାନୁଷ୍ଠାନ ସ୍ଥାପନ କରିବାକୁ ବରାବର ବିଚାରୁଥିଲେ। ସେଥିପାଇଁ ଯୁବକମାନଙ୍କୁ ପ୍ରଭାବିତ କରୁଥିଲେ। ପ୍ରଚାରକ ଅନନ୍ତ ମିଶ୍ର, ଆଚାର୍ଯ୍ୟ ହରିହର ଦାସ ଓ ମୁଁ ଏ ତିନିହେଁ ପ୍ରଥମେ ତାଙ୍କ ଦୀକ୍ଷାରେ ବ୍ରତୀ ହୋଇଥିଲୁ। ତା'ପରେ ପଣ୍ଡିତ କୃପାସିନ୍ଧୁ ମିଶ୍ର ଓ ପଣ୍ଡିତ ଗୋଦାବରୀଶ ମିଶ୍ର ପ୍ରଭୃତି କୃତବିଦ୍ୟ ଲୋକମାନେ ସେଥିରେ ଯୋଗ ଦେଇଥିଲେ। ବହୁ ବିଚାର ପରେ ସତ୍ୟବାଦୀ ମନ୍ଦିରର ଗୁପ୍ତ ବୃନ୍ଦାବନ ନାମଧେୟ ବକୁଳ, ତମାଳ ଓ ଛୁରୀଅନା ପୁଞ୍ଜି ଏଇ ବିଦ୍ୟାନୁଷ୍ଠାନର ସ୍ଥାନ ରୂପେ ନିର୍ବାଚିତ ହୋଇଥିଲା। ଏହାର ହେଉଚି କେବଳ ଓଡ଼ିଶାରେ ନୁହେଁ; ସମଗ୍ର ଭାରତରେ ପ୍ରଥମ ବନବିଦ୍ୟାଳୟ। ଏହା ଥିଲା ଗୋଟିଏ ଉଚ୍ଚ ଇଂରେଜୀ ବିଦ୍ୟାଳୟ। ସମସ୍ତ ବର୍ଷ ପାଇଁ ଏହା ବସୁଥିଲା ବକୁଳ, ତମାଳ ବଣ ଭିତରେ। କେବଳ ବର୍ଷାଦିନ ପାଇଁ ଗୋଟିଏ ଚାଳିଆ କରାଯାଇଥିଲା। ଏହାର ମଧ୍ୟ ଛାତ୍ରାବାସ ଥିଲା। ତ ପୁଣି ଦେଶ ଗ୍ରାମ୍ୟଘର ରୀତିରେ, ଏ ଥିଲା ବଡ଼ ସୁନ୍ଦର ଦୃଶ୍ୟ ଓ ଏହାର ବ୍ୟବସ୍ଥା ମଧ୍ୟ ଥିଲା ଅତି ଚମତ୍କାର। ସେକାଳ ପ୍ରାକୃତିକ ଓଡ଼ିଶାର ଚାରିଆଡ଼ୁ ତଥା ବଙ୍ଗ, ମାନ୍ଦ୍ରାଜ ଓ ସେକାଳ ମଧ୍ୟପ୍ରଦେଶରୁ ଛାତ୍ରମାନେ ଏଠାରେ ଆସି ଜମା ହୋଇଥିଲେ। ବଡ଼ ବଡ଼ ଲୋକେ ନିଜ ପିଲାଙ୍କୁ ଆଣି ଏଇଠାରେ ରଖି ଦେଇ ଯାଉଥିଲେ। ବିଶେଷରେ ସିଂହଭୂମିରୁ ମଧ୍ୟ ପିଲାମାନେ ଏଠାକୁ ଆସୁଥିଲେ। ୧୯୧୬ ବେଳକୁ ଏଇ ସତ୍ୟବାଦୀ ସ୍କୁଲର ଯୋଡ଼ିଏ ଶାଖା ସ୍କୁଲ ସ୍ଥାପିତ ହୋଇଥିଲା। ଗୋଟିଏ ସିଂହଭୂମିର ଚକ୍ରଧରପୁରରେ, ଆଉ ଗୋଟିଏ ମେଦିନୀପୁରର ବାହାଡ଼ାଗୋଡ଼ାରେ।

ଏଇ ବିଦ୍ୟାଳୟ ସୂତ୍ରରେ ବହୁପ୍ରକାର ଉନ୍ନତି ସାମାଜିକ ସଂସ୍କାର ପ୍ରକାଶ ପାଇଥିଲା। ଏଇ ସଂସ୍କାର ଫଳରେ ସମସ୍ତ ଓଡ଼ିଶାରେ ନୂତନ ଜୀବନର ଏକ ତରଙ୍ଗ ଖେଳି ଯାଇଥିଲା। ସାକ୍ଷୀଗୋପାଳ ଓଡ଼ିଶାରେ ରକ୍ଷଣଶୀଳଙ୍କର ପ୍ରଧାନ କେନ୍ଦ୍ର। ମାତ୍ର ସ୍କୁଲରେ—ଏପରିକି ଛାତ୍ରାବାସର ଭୋଜନଶାଳାରେ—କୌଣସି ଜାତିଧର୍ମର

ଭେଦାଭେଦ ନଥିଲା । ପୁରୀର ବ୍ରାହ୍ମଣମାନେ ହା'ହତାଶ ହେଲେ । ବିଶେଷରେ ମୁଁ ନିଜେ ସେଇ ରକ୍ଷଣଶୀଳଙ୍କ ଭିତରୁ ଥିଲି ଜଣେ ଶାସନୀ ବ୍ରାହ୍ମଣ, ତଥା ଏଇ ଆନ୍ଦୋଳନର ଥିଲି ଜଣେ ଅଗ୍ରଣୀ । ପୁଣି ଏଣେ ଥିଲି ସ୍କୁଲ ଓ ଛାତ୍ରାବାସର ସର୍ବମୁଖ୍ୟ । ଫଳରେ ପ୍ରଥମ ସ୍କୁଲ ଘରକୁ ଅତି ମୂଲ୍ୟବାନ ଗ୍ରନ୍ଥାଳୟ ସହିତ ଗୁପ୍ତରେ ନିଆଁ ଲଗାଇ ଦିଆଯାଇଥିଲା । ଗୋପବନ୍ଧୁ ଏଥରେ ଦବିଗଲେ ନାଇଁ । ତାଙ୍କ ସହଯୋଗୀମାନେ ମଧ୍ୟ ପୁଣି ଉତ୍ସାହରେ କାମରେ ଲାଗିଗଲେ । ସମସ୍ତ ଓଡ଼ିଶା, ବିଶେଷତଃ ଗଂଜାମର ଲୋକେ, ନିବେଦନ ଫଳରେ ଖୁବ୍ ସାହାଯ୍ୟ କରିଥିଲେ ଓ ସ୍କୁଲଗୃହ ପୁଣି ତିଆରି ହୋଇଥିଲା ।

ସେକାଳର ଯେକୌଣସି ଆଦର୍ଶମୂଳକ ଅନୁଷ୍ଠାନରେ ହେଲାଭଳି ସତ୍ୟବାଦୀ ସ୍କୁଲର ଗୋପବନ୍ଧୁ ଓ ତାଙ୍କର ସହଯୋଗୀମାନଙ୍କ ପଛେ ପଛେ ପୁଲିସ ଏବଂ ଗୋଇନ୍ଦାମାନେ ଲାଗିଥିଲେ । ଏ ହେଉଚି ପୁଣି ବଙ୍ଗଳାର ବିପ୍ଳବୀମାନଙ୍କ କାଳ । ଗୋପବନ୍ଧୁ ଓ ତାଙ୍କ ସହଯୋଗୀମାନେ ପୁଣି ସେତେବେଳେ ବଙ୍ଗଳାରେ ଥିଲେ ସୁପରିଚିତ । ଶିକ୍ଷାବିଭାଗ ସେକାଳ ରୀତି ଧରି ସତ୍ୟବାଦୀ ସ୍କୁଲ ଉପରେ ଆଖିଦୃଶିଆ ଆର୍ଥିକ ସାହାଯ୍ୟ ବା ଗ୍ରାଣ୍ଟ-ଇନ୍‌ଏଡ୍ (Grant-in-aid) ଲଦି ଦେବାକୁ ବସିଥିଲେ; କିନ୍ତୁ ସ୍କୁଲ କମିଟି ତାହା ଅଗ୍ରାହ୍ୟ କରିଥିଲେ । ସେତିକି ନୁହେଁ, ସେତିକିବେଳର କଲିକତା ବିଶ୍ୱବିଦ୍ୟାଳୟର ଭାଇସ୍ ଚାନ୍‌ସେଲର ସ୍ୱର୍ଗତ ଦେବପ୍ରସାଦ ସର୍ବାଧିକାରୀଙ୍କୁ ଡାକିଆଣି ଶିକ୍ଷାବିଭାଗରେ ଅଜ୍ଞାତରେ ସ୍କୁଲଟି ମଂଜୁର କରାଇ ନିଆ ହୋଇଥିଲା । ସେଥିରେ ମଧ୍ୟ ସେକାଳ ଇଂରେଜ କର୍ତ୍ତାମାନଙ୍କର ସଂଦେହ ବଢ଼ିଯାଇଥିଲା । ଶେଷକୁ ବିହାର ଓଡ଼ିଶାର ସେକାଳ ଇଂରେଜ ଲେଫ୍‌ଟନାଣ୍ଟ ଗଭର୍ଣ୍ଣର ସାର୍ ଏଡ୍‌ୱାର୍ଡ ଗେଟ୍ ସତ୍ୟବାଦୀ ସ୍କୁଲ ଦେଖିବାକୁ ଆସିଥିଲେ (ବୋଧହୁଏ ୧୯୧୮ରେ) ଓ କହିଥିଲେ, "ଗୋପବନ୍ଧୁ ବାବୁ, ଆପଣଙ୍କ ସ୍କୁଲ ବିରୁଦ୍ଧରେ ଗୋଇନ୍ଦା ଯେଉଁ ରିପୋର୍ଟ କରିଚନ୍ତି, ତାହା ପ୍ରାୟ ଆଣ୍ଠୁଏ ଉଚ୍ଚ । ଏବେ ମୁଁ ବୁଝିଗଲି । ଯାଉଚି, ତାହା ସବୁ ନଷ୍ଟ କରିଦେବାକୁ ଆଦେଶ ଦେବି ।"

୧୯୨୧ ଆଦ୍ୟରେ ହେଲା କଂଗ୍ରେସର ଅସହଯୋଗ ଆନ୍ଦୋଳନ । ସେତିକିବେଳେ ଏ ସ୍କୁଲକୁ ଜାତୀୟ ବିଦ୍ୟାଳୟ କରିଦେବାରେ କ୍ରମେ ଏହା ନଷ୍ଟ ହୋଇଗଲା । ଏବେ ସତ୍ୟବାଦୀ ସ୍କୁଲ ନାମରେ ଯେଉଁ ଉଚ୍ଚ ଇଂରେଜି ବିଦ୍ୟାଳୟଟି ଅଛି, ତାହା ସେଇ ପୂର୍ବ ସତ୍ୟବାଦୀ ସ୍କୁଲର ଶ୍ମଶାନ ଉପରେ ହୋଇଚି କହିଲେ ଚଳେ ।

ଏଇ ବିଦ୍ୟାଳୟକୁ ଧରି ଅତି ଉଚ୍ଚଦରର ଗୋଟିଏ ସାହିତ୍ୟିକ ପ୍ରଚେଷ୍ଟା ମଧ୍ୟ ଆରମ୍ଭ ହୋଇଥିଲା । ୧୯୧୩ ବେଳକୁ 'ସତ୍ୟବାଦୀ' ବୋଲି ସାହିତ୍ୟପତ୍ର ପଣ୍ଡିତ ଗୋପବନ୍ଧୁଙ୍କ ସଂପାଦକତ୍ୱରେ ବାହାରିଥିଲା । ଏଇ 'ସତ୍ୟବାଦୀ' ଓଡ଼ିଆ ସାହିତ୍ୟ ଓ ଭାଷାରେ ଗୋଟିଏ ନୂତନଯୁଗ ଆରମ୍ଭ କରିଥିଲା । କେତେଦିନ ପରେ ସତ୍ୟବାଦୀ ସ୍କୁଲଟି ଜାତୀୟ ବିଦ୍ୟାଳୟ ହେବା ପୂର୍ବରୁ 'ସମାଜ' ବୋଲି ସାପ୍ତାହିକ ଏଇ ସ୍କୁଲର

ଗୋଟିଏ ପ୍ରାଣପ୍ରକାଶ। ଏଇ ମାସିକ ଓ ସାପ୍ତାହିକ ସଂଗେ ସତ୍ୟବାଦୀର ନାନା ବିଷୟ ସାହିତ୍ୟ ଗ୍ରନ୍ଥମାନ ପ୍ରକାଶିତ ହୋଇଥିଲା। ଏହାର ନାମ ସତ୍ୟବାଦୀ ଗ୍ରନ୍ଥମାଳା। ଏଥିରେ କବିତା, ନାଟକ, ଇତିହାସ, ସମାଲୋଚନା ପ୍ରଭୃତି ସଂଗେ ପାଠ୍ୟପୁସ୍ତକ ଓ ସେଇଭଳି ଅନ୍ୟାନ୍ୟ ପୁସ୍ତକମାନ ମଧ୍ୟ ପ୍ରକାଶ ପାଇଥିଲା। ଏବେ ମଧ୍ୟ ଓଡ଼ିଶାର ସାହିତ୍ୟରେ 'ସତ୍ୟବାଦୀ ପ୍ରକାର' ବା ବିଭାଗ କଥାଟି ସର୍ବତ୍ର ସୁବିଦିତ। ଏଇପରି ନାନାଭାବରେ ଗୋପବନ୍ଧୁ ଓଡ଼ିଆ ସାହିତ୍ୟ ଓ ଭାଷାର ପଥପ୍ରଦର୍ଶକ ରୂପେ ଏବେ ବି ପୁଣ୍ୟ ପ୍ରଭାବରେ ବଞ୍ଚି ରହିଚନ୍ତି କହିଲେ ଚଳେ।

ଓଡ଼ିଶାର ରାଜନୀତିରେ ଗୋପବନ୍ଧୁଙ୍କ ବେଳକୁ କଂଗ୍ରେସ ନଥିଲା। ପ୍ରବୀଣ ମଧୁସୂଦନ ଦାସ ଉତ୍କଳ ସମ୍ମିଳନୀ ଆନ୍ଦୋଳନ ଆରମ୍ଭ କରିଥିଲେ। ଗୋପବନ୍ଧୁ ୧୯୦୩ ଖ୍ରୀଷ୍ଟାବ୍ଦଠାରୁ ସେଥିରେ ପୂର୍ଣ୍ଣପ୍ରାଣରେ ଯୋଗ ଦେଇଥିଲେ। ମାତ୍ର ଏସବୁ ସତ୍ତ୍ୱେ ତାଙ୍କର ମହାଭାରତୀୟ ଭାବ ବରାବର ଜାଗ୍ରତ ରହିଥିଲା। ଜାତୀୟ ମହାସଭା ବା କଂଗ୍ରେସ ପ୍ରତି ତାଙ୍କର ଭକ୍ତି ଅକ୍ଷୁଣ୍ଣ ଥିଲା। ସମ୍ମିଳନୀ ପରି ଅନୁଷ୍ଠାନରେ ଭାଷା ସୂତ୍ରରେ ପ୍ରବେଶଗଠନ ପାଇଁ ସେ ଅତ୍ୟନ୍ତ ତତ୍ପର ଥିଲେ ମଧ୍ୟ ଏହାକୁଇ ଶେଷ ବୋଲି ସେ କେବେ ବୁଝି ନଥିଲେ। ଏହା ମହାଭାରତୀୟ ଜାଗରଣର ଅଙ୍ଗ ବୋଲି ସେ ବୁଝୁଥିଲେ ଓ ସେଇ ହିସାବରେ ୧୯୧୭ଠାରୁ ସେ ମହାଭାରତୀୟ ଜାତୀୟ ମହା ସଭାରେ (କଂଗ୍ରେସରେ) ଯୋଗ ଦେଇଥିଲେ।

୧୯୨୦ ମସିହାରେ ପ୍ରଥମେ ମହାତ୍ମା ଗାନ୍ଧି ଯେଉଁ ଅସହଯୋଗ ଆନ୍ଦୋଳନ ପ୍ରଚାର କଲେ, ଗୋପବନ୍ଧୁ ସେଇ ଆନ୍ଦୋଳନରେ ପୂର୍ଣ୍ଣପ୍ରାଣରେ ଯୋଗ ଦେଇଥିଲେ। ମହାତ୍ମା ଗାନ୍ଧିଙ୍କ ନେତୃତ୍ୱରେ କଂଗ୍ରେସ ନାଗପୁରଠାରେ ୧୯୨୦ ଶେଷକୁ ଭାଷା ସୂତ୍ରରେ ପ୍ରଦେଶ ଗଠନକୁ ନୀତି ବୋଲି ଗ୍ରହଣ କଲା। ଠିକ୍ ସେଇ କଂଗ୍ରେସ ପରେ, ଚକ୍ରଧରପୁରଠାରେ ଉତ୍କଳ ସମ୍ମିଳନୀରେ ଯେଉଁ ଅଧିବେଶନ ବସିଥିଲା, ସେଥିରେ ନିଜେ ଗୋପବନ୍ଧୁ ନାଗପୁରରୁ ଆସି କଂଗ୍ରେସ ନୀତିକୁ ସମ୍ମିଳନୀର ନୀତି ବୋଲି ଗ୍ରହଣ କରାଇ ନେଇଥିଲେ। ଠିକ୍ ପରେ ପରେ ପ୍ରସିଦ୍ଧ ସତ୍ୟବାଦୀ ବିଦ୍ୟାଳୟଟି ଜାତୀୟ ବିଦ୍ୟାଳୟରେ ପରିଣତ ହୋଇଥିଲା। ସେତିକି ନୁହେଁ, ଏଇ ସ୍କୁଲର ଶିକ୍ଷକ ଓ ଛାତ୍ରମାନେ ଏଇ ଅସହଯୋଗ ଆନ୍ଦୋଳନରେ କର୍ମୀ ଓ ନେତାରୂପେ ଓଡ଼ିଶାର ଚାରିଆଡ଼େ ଖେଳି ଯାଇଥିଲେ ଏବଂ ସେଇ ବଳରେ ଓ ଫଳରେ ଅସହଯୋଗ ଆନ୍ଦୋଳନ ଏପ୍ରାନ୍ତରେ କେବଳ ଦୃଢ଼ ହୋଇ, ହୋଇଥିଲା ନୁହେଁ, କୃତିତ୍ୱ ହାସଲ କରିଥିଲା।

୧୯୨୨ରୁ ୧୯୨୪ ପର୍ଯ୍ୟନ୍ତ ଗୋପବନ୍ଧୁ ରାଜନୀତିକ ବନ୍ଦୀରୂପେ ହଜାରିବାଗ୍ ଜେଲ୍‌ରେ ଥିଲେ। ୧୯୨୪ରେ ସେଇ ହଜାରିବାଗ୍‌ରୁ ସଂଗେ ସଂଗେ ଆସି ସେ କଟକ ପ୍ରାଦେଶିକ କଂଗ୍ରେସ ମେଳାରେ ଯୋଗ ଦେଇଥିଲେ। ସେଠାରେ ସଭାପତି ଥିଲେ, କଲିକତାର ସାର୍ ପ୍ରଫୁଲ୍ଲଚନ୍ଦ୍ର ରାୟ। ସେ ଗୋପବନ୍ଧୁଙ୍କୁ

ଦେଖିବାମାତ୍ରେ ତାଙ୍କୁ 'ଉତ୍କଳମଣି ଗୋପବନ୍ଧୁ' ବୋଲି ସଂବୋଧନ କରି ପ୍ରକାଶ୍ୟ ଭାବରେ ସମସ୍ତଙ୍କୁ ଜଣାଇ ଦେଇଥିଲେ। ସେଇଦିନଠାରୁ ସେ ହୋଇଚନ୍ତି 'ଉତ୍କଳମଣି ଗୋପବନ୍ଧୁ ଦାସ'।

ତାଙ୍କ ଜୀବନର ଶେଷ ଦୁଇବର୍ଷ ଭିତରେ ପଞ୍ଜାବକେଶରୀ ଲାଲ ଲଜପତ୍ ରାୟଙ୍କ ସଂଗେ ତାଙ୍କର ପରିଚୟ ହୋଇଥିଲା। ଫଳରେ ସେଇ ଲଜପତ୍ ରାୟଙ୍କ ପ୍ରତିଷ୍ଠିତ ଲୋକସେବକ ସମାଜର ଲଜପତ୍ ରାୟ ଥିଲେ ସଭାପତି ଓ ଗୋପବନ୍ଧୁ ଦାସ ଥିଲେ ଉପସଭାପତି। ଗୋପବନ୍ଧୁ ମୃତ୍ୟୁ ପୂର୍ବରୁ ଏଇ ଉପସଭାପତି ପଦରେ ଥିଲେ ଓ ମୃତ୍ୟୁଶଯ୍ୟାରେ ସେ ଯେଉଁ 'ଉଇଲ' ଡାକିଦେଇ ସତ୍ୟବାଦୀ ସ୍କୁଲ କାଳରୁ ହୋଇଥିବା ଓ ସେତେବେଳକୁ ଗୋପବନ୍ଧୁଙ୍କ ହାତରେ ଥିବା ପ୍ରେସ୍‌ଟିକୁ ସେଇ ଲୋକସେବକ ସମାଜ ହାତେ ଦେଇ ଯାଇଥିଲେ (୧୯୨୮)। ଏବେ ସେଇ ସତ୍ୟବାଦୀ ପ୍ରେସ୍‌ଟି ସତ୍ୟବାଦୀରୁ ପୁରୀ ଓ ପୁରୀରୁ କଟକ ଆସି ସେଇ କଟକରେ ଅଛି। ସାପ୍ତାହିକ 'ସମାଜ କାଗଜଟି' ଏ ମଧ୍ୟରେ ଦୈନିକ ହୋଇଛି ଓ ଏବେ ମଧ୍ୟ ସେଇ ଦୈନିକ 'ସମାଜ'ଟି ସେଇ ସତ୍ୟବାଦୀ ପ୍ରେସ୍ ବାହାରୁଛି।

(ଲେଖା-୧୪/୬/୬୦)

ଟିକିଏ ବ୍ରଜସୁନ୍ଦର ସ୍ମୃତି

ସ୍ୱର୍ଗତ ବ୍ରଜସୁନ୍ଦର ଦାସଙ୍କ ସଂଗେ ମୋର ତରୁଣ ବୟସଠାରୁ ଖୁବ୍ ସମ୍ବନ୍ଧ ଥିଲା। ସେ ସ୍ମୃତି ମୋ ପକ୍ଷରେ ଦୁର୍ମୂଲ୍ୟ। ସେ ଥିଲେ ପଣ୍ଡିତ ଗୋପବନ୍ଧୁ ଦାସଙ୍କ ସହାଧ୍ୟାୟୀ ଓ ସାଙ୍ଗ। ମୁଁ କଟକରୁ ଆସିଲାବେଳକୁ ତାଙ୍କ 'କର୍ତ୍ତବ୍ୟ ବୋଧିନୀ' ସମିତିର ଗୋଟିଏ ବଡ଼ କାର୍ଯ୍ୟ ହୋଇ ଯାଇଥାଏ। ତା'ହେଉଚି କଲିକତା ବିଶ୍ୱବିଦ୍ୟାଳୟରେ ସେତେବେଳେ ବି.ଏ. ଅତିରିକ୍ତ ପ୍ରଶ୍ନପାଇଁ ଓଡ଼ିଆ ଭାଷାକୁ ଗ୍ରହଣ କରାଯାଇଥାଏ। ଏଇ କର୍ତ୍ତବ୍ୟବୋଧିନୀ ସମିତି ପଣ୍ଡିତ ଗୋପବନ୍ଧୁ ଦାସ ଓ ବ୍ରଜସୁନ୍ଦର ଦାସ ପ୍ରଭୃତି ଆରମ୍ଭ କରି ଖୁବ୍ ଜୋର୍‌ରେ କାର୍ଯ୍ୟ ଚଳାଇଥିଲେ। କହିପାରୁନାହିଁ ସେତେବେଳକୁ ବ୍ରଜସୁନ୍ଦର ବାବୁ କଲିକତାରେ ଥାଆନ୍ତି କିମ୍ବା ବି.ଏ. ପରୀକ୍ଷା ଦେଇ କଟକକୁ ଠିକ୍ ଫେରି ଆସିଥାଆନ୍ତି; କାରଣ ସେ ଓ ପଣ୍ଡିତ ଗୋପବନ୍ଧୁ କଟକ ରେଭେନ୍‌ସା କଲେଜରୁ ଆଇ.ଏ. ବା ସେତେବେଳର ଏଫ୍.ଏ. ଏକାସଙ୍ଗେ ପାସ୍ କରିଥିଲେ। ତା'ପରେ ବ୍ରଜସୁନ୍ଦର ବାବୁ କଲିକତା ପ୍ରେସିଡେନ୍‌ସି କଲେଜରେ ଯାଇ ବି.ଏ. ପଢ଼ି ପାସ୍ କରିଥିଲେ; ମାତ୍ର କଟକ ଆସିଲା ପରେ ମଧ୍ୟ ପଣ୍ଡିତ ଗୋପବନ୍ଧୁକ ସଂଗେ ବ୍ରଜବାବୁଙ୍କ ଘନିଷ୍ଠତା ଅକ୍ଷୁଣ୍ଣ ଥିଲା। ସେ ଦୁହେଁ ଅତି ଆତ୍ମୀୟ ପରି ସବୁକଥା କରୁଥିଲେ।

କର୍ତ୍ତବ୍ୟବୋଧିନୀର ପ୍ରଥମ କାର୍ଯ୍ୟଟି ହେଉଚି—ସେତେବେଳକୁ କଲିକତା ବିଶ୍ୱବିଦ୍ୟାଳୟର ବି.ଏ, ପରୀକ୍ଷାରେ ଦେଶଭାଷା ସଂପର୍କରେ ଗୋଟିଏ ସ୍ୱତନ୍ତ୍ର ପ୍ରଶ୍ନ

ଦିଆଯିବାର ହୋଇଥିଲା; ମାତ୍ର ସେଥିରେ କଲିକତା ସିନେଟର ଲୋକେ ଓଡ଼ିଆକୁ ସ୍ୱତନ୍ତ୍ର ଭାଷାରୂପେ ଗ୍ରହଣ କରିବାରେ ବଡ଼ ନାରାଜ ଥିଲେ। ଏଇ ଓଡ଼ିଆକୁ ସ୍ୱତନ୍ତ୍ର ଭାଷାରୂପେ ଗ୍ରହଣ କରିବା ପାଇଁ କଟକର କର୍ତ୍ତବ୍ୟବୋଧିନୀ ସମିତି (କେତେକ ବି.ଏ. ପଢୁଥିବା ଓ ବି.ଏ. ପାସ୍ କରିଥିବା ବ୍ୟକ୍ତିଙ୍କ ଗଠିତ ସମିତି) ଖୁବ୍ ଚେଷ୍ଟା କରିଥିଲେ। ଶେଷକୁ କଲିକତା ବିଶ୍ୱବିଦ୍ୟାଳୟର ସିନେଟ ନବୁଝିବାରୁ ନିଜେ ବଙ୍ଗଳାର ସେତେବେଳର ଲାଟ (ଯେତେଦୂର ମନେହୁଏ ସାର୍‌ଜନ୍ ଉଡ୍‌ବର୍ଣ୍ଣ) ବିଶ୍ୱବିଦ୍ୟାଳୟର ରେକ୍ଟରରୂପେ ହସ୍ତକ୍ଷେପ କରି ଏହା ଗୃହୀତ ହେବ ବୋଲି ଧାର୍ଯ୍ୟ କରାଇ ନେଇଥିଲେ।

ଆଉ ଗୋଟିଏ ମନେପଡୁଥିବା କଥା ଏ ସମ୍ବନ୍ଧରେ କହିଦିଏ। ପ୍ରଥମ ବର୍ଷ ଏଥିରେ ଯେଉଁ ପ୍ରଶ୍ନ ପଡ଼ିଥିଲା, ତାହାର ପ୍ରାଶ୍ନିକ ଥିଲେ ସ୍ୱର୍ଗତ ମଧୁସୂଦନ ରାଓ। ତାଙ୍କ ନାମ ତଥା ଶ୍ରୀଯୁକ୍ତ ରାଧାନାଥ ରାୟଙ୍କ ନାମ ସେତେବେଳେ କଲିକତା ଗେଜେଟ ପ୍ରଭୃତିରେ ଏମ୍.ଏ ବୋଲି ଛପା ହେଉଥିଲା (କିନ୍ତୁ ସେ ଦୁହେଁ ଥିଲେ ସେକାଳର ଏଫ୍.ଏ.)-ବସ୍ତୁତଃ ସେତେବେଳକୁ କଟକର ଓକିଲ ଶ୍ରୀଯୁକ୍ତ ମଧୁସୂଦନ ଦାସ ତଥା କଟକର ଅନ୍ୟତ୍ର ଡେପୁଟି ଭାବରେ ଥିବା ତାଙ୍କ ଭାଇ ଶ୍ରୀଯୁକ୍ତ ଗୋପାଳଚନ୍ଦ୍ର ଦାସ ଓ ଖୋର୍ଦ୍ଧାର ଅଭିରାମ ଭଂଜ, ଏଇ ତିନିଜଣକ ଛଡ଼ା ସେତେବେଳର ଓଡ଼ିଶାରେ ଅନ୍ୟ କେଇ ଏମ୍.ଏ. ନଥିଲେ। ବଡ଼ କୌତୁକର କଥା ମନେ ହେଉଚି। ପଣ୍ଡିତ ଗୋପବନ୍ଧୁ ଦାସ ଓ ପୂର୍ବେ ଡେପୁଟି ଇନିସ୍‌ପେକ୍ଟର ଥିବା ଓ ଏବେ ବଞ୍ଚିଥିବା ବଡ଼ମ୍ବାର ଶ୍ରୀଯୁକ୍ତ ଲୋକନାଥ ପଟ୍ଟନାୟକ ଏଇ ଦୁହେଁ ସେ ବର୍ଷ ବି.ଏ. ପରୀକ୍ଷାର୍ଥୀ ଥିଲେ ଓ ସେଇ ଅତିରିକ୍ତ ଓଡ଼ିଆ ପ୍ରଶ୍ନଟିର ଆନନ୍ଦ ଓ ଉତ୍ସାହରେ ଉତ୍ତର ଦେଇଥିଲେ। କାରଣ ସେ ଦୁହେଁ ଥିଲେ କର୍ତ୍ତବ୍ୟବୋଧିନୀ ସମିତିର ବଡ଼ ଦକ୍ଷ ସଦସ୍ୟ; ମାତ୍ର ଏ ଦୁହେଁଯାକ ପରୀକ୍ଷକ ମଧୁସୂଦନ ରାଓଙ୍କ ହାତେ ଫେଲ ହୋଇଥିଲେ। ହେଲେହେଁ, ଏ ଦୁହେଁ ସେତେବେଳକୁ ଓଡ଼ିଆରେ ଖୁବ୍ କୁଶଳ ଥିଲେ। କେଇ (ବୋଧହୁଏ ବ୍ରଜସୁନ୍ଦର ଦାସ) ବିସ୍ମିତ ହୋଇ ଏକଥା ମଧୁସୂଦନ ରାଓକୁ ଯାଇ ପଚାରିବାରେ ସେ ନିଜେ ବଡ଼ ବିସ୍ମିତ ଓ ଦୁଃଖିତ ହୋଇ ଉତ୍ତର ଦେଇଥିଲେ, "ସେ ଦୁଇ ପରୀକ୍ଷାର୍ଥୀଙ୍କ ଲେଖା ବଡ଼ ଉତ୍ତମ ହୋଇଥିଲା; କିନ୍ତୁ ଶତକଡ଼ା ୫୦ପାଇଲେ ପାସ୍ ହେବ ବୋଲି ମଧୁବାବୁ ଜାଣିପାରି ନଥିଲେ। ସେ ୩୩ ନମ୍ବର ମାତ୍ର ଦେଇଥିଲେ, ପାସ୍ ନମ୍ବର ବୋଲି ବିଚାରି।" କଟକରେ ଏଣେ କର୍ତ୍ତବ୍ୟବୋଧିନୀର ତୀବ୍ର ଆନ୍ଦୋଳନ, ତେଣେ ପ୍ରାଶ୍ନିକ ଓ ପରୀକ୍ଷକ ମଧୁ ରାଓଙ୍କର ଏପରି ପ୍ରାଣରେ ସେ ବିଷୟରେ ଉଷ୍ମତାର ଅଭାବ, ଏ ଦୁଇଟି ବିଷୟ ଘେନି ସେ ସମୟରେ ଏକାଧିକ ସନ୍ଧ୍ୟାରେ ମାଣିକଘୋଷ ବଜାରରେ ଥିବା ସେତେବେଳର ବ୍ରଜସୁନ୍ଦର ଦାସଙ୍କ ଘରେ (ଏବ କୋଣାର୍କ ହୋଟେଲ) ବଡ଼ କୌତୁକମୟ ଆଲୋଚନା ଚାଲିଥିଲା।

ତା'ପରେ ଗୋଟିଏ ଘଟଣା ମନେ ହେଉଚି। ସେ ହେଉଚି, ୟଙ୍ଗ ଉତ୍କଳ ଆସୋସିଏସନ୍ (Young Utkal Association) ବା ଯୁବକ ଉତ୍କଳ ସମିତିର ପ୍ରତିଷ୍ଠା। ଏହାର କର୍ତ୍ତା ଥିଲେ ମୁଖ୍ୟତଃ ପଣ୍ଡିତ ଗୋପବନ୍ଧୁ ଦାସ। ବ୍ରଜସୁନ୍ଦର ଦାସଙ୍କ ଘରେ ତଥା ବ୍ରଜସୁନ୍ଦର ଦାସଙ୍କ ଆନ୍ତରିକ ସାହଚର୍ଯ୍ୟ ଓ ସହଯୋଗିତାରେ ଏହାର ପ୍ରତିଷ୍ଠା ହୋଇଥିଲା। ସେତିକିବେଳକୁ କେନ୍ଦ୍ରାପଡ଼ା, ଯାଜପୁରରେ ପ୍ରବଳ ନଈବଢ଼ି। ଏହା ୧୯୦୭ କିମ୍ବା ୧୯୦୮ରେ ହେବ। ବଢ଼ିରେ ଗାଁଗଣ୍ଡା ବୁଡ଼ି ସେସବୁ ଉପରେ ୨/୩ ହାତ ପାଣି ମାଡ଼ି ଯାଇଥିଲା। ସେକାଳେ ଇଂରେଜମାନେ ହେଉଥିଲେ ଜିଲ୍ଲାର କର୍ତ୍ତା। ସେମାନେ ପୋକ ମାଛି ପରି ଲୋକ ମଲେ ମଧ ତା' ଜାଣି ସୁଦ୍ଧା ପ୍ରକାଶ କରୁ ନଥିଲେ। ଯେଉଁ ଗୋପବନ୍ଧୁ ଚୌଧୁରୀଙ୍କର ଦୁଇବର୍ଷ ତଳେ କଟକରେ କାଳ ହୋଇଯାଇଚି, ସେ ଥିଲେ ପହିଲେ ଡେପୁଟି ଓ ଯାଜପୁରର ସେକାଳର Sub-Divisional Officer। ଏଇପରି ଥରେ ମହାଦୁର୍ଭିକ୍ଷରେ ସେ ଗୋଟିଏ ରିପୋର୍ଟ ଦେଇଥିଲେ। ସେଥିରେ ଥିଲା ବହୁତଗୁଡ଼ିଏ ଲୋକ ବଢ଼ିରେ ଓ ଖାଦ୍ୟାଭାବରେ ମରି ଯାଇଚନ୍ତି। କଥାରେ କି ଲେଖାରେ ମନେହେଉ ନାହିଁ। କଟକଜିଲ୍ଲା ମାଜିଷ୍ଟ୍ରେଟଙ୍କଠାରୁ (ବୋଧହୁଏ ଏ ଗ୍ୟାରେଟ ସାହେବଙ୍କଠାରୁ) ମନେହୁଏ ତାଙ୍କୁ ନିର୍ଦ୍ଦେଶ ମିଳିଥିଲା "Fool, reduce the number" (ନିର୍ବୋଧ, ଏ ସଂଖ୍ୟା କମାଇକରି ରିପୋର୍ଟ ଦିଅ)। ବୋଧହୁଏ ଏଇ ବା ଏଇଭଳି କାର୍ଯ୍ୟମାନଙ୍କ ଫଳରେ କ୍ରମପରିତାପରେ କ୍ଳାନ୍ତ ହୋଇ ଶେଷକୁ ୧୯୨୧ ବେଳକୁ ଗୋପବନ୍ଧୁ ଚୌଧୁରୀ ଚାକିରିରୁ ଇସ୍ତଫା ଦେଇଥିଲେ।

ସେକଥା ଥାଉ। ଏଇ କେନ୍ଦ୍ରାପଡ଼ା, ଯାଜପୁର ପ୍ରଥମ ବଢ଼ିବେଳେ ଆମ୍ଭେମାନେ ହୋଇଥାଉ କଲେଜ ଛାତ୍ର। ଆମ ସଂଗେ ଗୋପବନ୍ଧୁ ଦାସ, ବ୍ରଜସୁନ୍ଦର ଦାସ ତଥା ଅଭିରାମ ଭଂଜ କଟକ ସହରରେ ଘୋର ବର୍ଷା ଭିତରେ ମଧ ଦ୍ୱାରେ ଦ୍ୱାରେ ବୁଲି ପଇସା, ଚାଉଳ, ପୁରୁଣା ଲୁଗା ପ୍ରଭୃତି ସଂଗ୍ରହ କରି ନିଜେ ଘେନି ବଢ଼ି ଅଞ୍ଚଳକୁ ଯିବାର ମୋ ମନେଅଛି। ସ୍ପଷ୍ଟ ମନେ ଅଛି, ଏଇଥିପାଇଁ ଥରେ ବାଲୁବଜାରରେ ଥିବା ସ୍ୱର୍ଗତ ଶ୍ରୀ ବିଶ୍ୱନାଥ କରଙ୍କ ପ୍ରେସ୍‌କୁ ଆମ୍ଭେମାନେ ଯାଇଥିଲୁ। ସ୍ୱର୍ଗତ ଅଭିରାମ ଭଂଜ ସଙ୍ଗରେ ଥିଲେ। ବର୍ଷା ହେଉଥିଲା। ଭିକ୍ଷା ପାଇଁ ବାହାରିବାକୁ ବିଶ୍ୱନାଥ କରଙ୍କୁ ସଙ୍ଗରେ ଡାକିବାରୁ ସେ ଟିକିଏ ନିଜର ପରିଷ୍କାର ଯୋତାକୁ ଚାହିଁଲେ। ତା'ପରେ ନୂଆ ଧୋବାଘରୁ ଆସିଥିବା ଲୁଗା ଓ କାମିଜକୁ ଚାହିଁଲେ। କହିଲେ, "ଏ ବର୍ଷାଟା ଛାଡ଼ିଯାଉ, ଏଥିରେ ଲୁଗା ଯୋଗ ସବୁ ଖରାପ ହୋଇଯିବ।" ଏତିକିରେ ଆମେ ସମସ୍ତେ ନମସ୍କାର ହୋଇ ବିଶ୍ୱନାଥ କରଙ୍କ ଘରୁ ଚାଲିଆସିଲୁ। ଅବଶ୍ୟ ଆମ ଗୋଡ଼ରେ ଯୋତା ନ'ଥିଲା। ଏମ୍.ଏ. ଅଭିରାମ ଭଂଜ ମଧ ସେଦିନ ବିନା ଯୋତାରେ ଆମ ସଙ୍ଗରେ ବୁଲୁଥିଲେ। ମାତ୍ର ତାଙ୍କର ପରିଧେୟ ଥିଲା,

ଯେପରି ସବୁବେଳେ ଥାଏ, ଗୋଟିଏ ଧୋବାଘରୁ ଆସିଥିବା ରଙ୍ଗଧଡ଼ି ପଖାଳକରା ଲୁଗା । ବିଶ୍ୱନାଥ କରଙ୍କର ଲୁଗାପଟାର ଆକାର ବିଭିନ୍ନ ଥିଲା । ତାହା ସେତେବେଳର କଲିକତାର ଧନୀକ ଓ ପଦସ୍ଥ ବଙ୍ଗାଳୀଙ୍କର ଅନୁକରଣରେ । ମନେହେଉଚି, ବଙ୍ଗଳାରୁ ସ୍ୱଦେଶୀ ହାଉଆ ଆମ ସମସ୍ତଙ୍କୁ ଖୁବ୍ ଗ୍ରାସ କରିଥିଲା । ବିଶ୍ୱନାଥ ବାବୁ ସେଇ ସ୍ୱଦେଶୀରେ ଜଣେ ଅଗ୍ରଣୀ ଥିଲେ । ସେତେବେଳେ ଦେଶୀ କଳ ଲୁଗାକୁ ସ୍ୱଦେଶୀ ବୋଲି ଧରା ଯାଉଥିଲା । ତଥାପି ବିଶ୍ୱନାଥ ବାବୁ ଅତି ସୂକ୍ଷ୍ମ, ସନ୍ଦର ଓ ରୁଚିକର ଲୁଗା ବ୍ୟବହାର କରୁଥିଲେ ।

ସେତେବେଳର ଏନ୍‌ଟ୍ରାନ୍‌ସ ବା ମାଟ୍ରିକୁଲେଶନ୍ ପରୀକ୍ଷା ଦେବାପାଇଁ କଟକ ଗୋଟିଏ ମାତ୍ର କେନ୍ଦ୍ର ଥିଲା । ସେଇ କେନ୍ଦ୍ରରେ ଆମ୍ଭେମାନେ 'ୟଙ୍ଗ ଉତ୍କଳ ଆସୋସିଏସନ୍' ତରଫରୁ ଏନ୍‌ଟ୍ରାନ୍‌ସ ପରୀକ୍ଷା ଶେଷଦିନ ପ୍ରାର୍ଥୀମାନଙ୍କ ପାଇଁ ଉତ୍ସବ ଓ ଜଳଯୋଗର ବ୍ୟବସ୍ଥା କରିଥିଲୁ । ପ୍ରଥମବର୍ଷ, ମନେଅଛି, ସେତେବେଳର କଲେଜର ନୂଆଛାତ୍ର ଗୋଦାବରୀଶ ମିଶ୍ର ମ୍ୟାକଲେଙ୍କ "ହୋରେସସ" ଆବୃତ୍ତି କରିଥିଲେ ଓ ପୂର୍ବ ବଙ୍ଗର କେତେକ ବଙ୍ଗାଳୀ ଯୁବକ ସେ ସଭାରେ ଯୋଗ ଦେଇଥିଲେ ଓ ସେମାନଙ୍କ ମଧ୍ୟରୁ ଜଣେ (ନାମଟି ମନେ ହେଉନାଇଁ) ଗୋଟିଏ ବଡ଼ ଜାତୀୟ ଭାବଉଦ୍ଦୀପକ ବଙ୍ଗଳାର ଲେଖା ଆବୃତ୍ତି କରିଥିଲେ । ତାହା ଅତି ସୁନ୍ଦର ଓ ହୃଦୟଗ୍ରାହୀ ହୋଇଥିଲା । ତାହାର ମୂଳଧାଡ଼ି ଦିଓଟି ହେଉଚି–

"ବାସନ୍ତୀ ଚନ୍ଦ୍ରିକାଧୌତ ସାରା ଭୂମଣ୍ଡଳ
ଆମାଦେର ଜୀର୍ଣ୍ଣ ଗୃହେ ସୁଧୁ ଅନ୍ଧକାର ।"

ଓଡ଼ିଆ ସାହିତ୍ୟରେ ଗୋପବନ୍ଧୁ ତଥା ବ୍ରଜସୁନ୍ଦର ଦୁହେଁ ଥିଲେ ସେତେବେଳକୁ ଆସନ୍ତା ନବଯୁଗର ପ୍ରତୀକ । ପ୍ରାୟ ପ୍ରତିଦିନ ବ୍ରଜବାବୁଙ୍କ ଘରେ ଆମର ଆଡ୍‌ଡା ଜମୁଥିଲା । ସେଇ ଆଡ୍‌ଡାରେ ଯେଉଁ ପ୍ରେରଣା ଫୁଟୁଥିଲା, ତାହାରି ଫଳ ହେଉଚି ସେ କାଳର 'ମୁକୁର' ମାସିକ ପତ୍ରିକା । ବିଶ୍ୱନାଥବାବୁଙ୍କ ଉତ୍କଳସାହିତ୍ୟ ମାସିକ ପତ୍ରିକା ତଥା ତତ୍କାଳୀନ ମଧୁ ରାଧାନାଥ ଶୃଙ୍ଖଳରୁ ଓଡ଼ିଆଙ୍କୁ ଫିଟାଇ ଛାଡ଼ିଦେବା ଏହା ପ୍ରଥମ ସ୍ପଷ୍ଟ ଉଦ୍ୟମ । ବିଶ୍ୱନାଥ ବାବୁ କଥାରେ ବରାବର କହନ୍ତି, 'ୟକେବାରେ' (ଏକାବେଳକେ) । ପୁଣି ତାଙ୍କର ବଡ଼ ବ୍ୟାକରଣଗତ ପ୍ରୟୋଗ ହେଉଚି କହାଯାଏ (କୁହାଯାଏ), ତଥା ଏଠାକାର (ଏଠା ବା ଏଠାର), କାଳିକାର ପ୍ରଭୃତି । ସେତେବେଳେ 'ମୁକୁର' ବାହାରିବା ପୂର୍ବରୁ ଓ 'ମୁକୁର' ବାହାରିବା କାଳରେ ମଧ୍ୟ ବାରମ୍ବାର ଏଇ ବିଷୟମାନଙ୍କର ଆଲୋଚନା ଓ ତହିଁ ସଂଗେ ହାସ୍ୟରୋଳର କଥା ମୋର ଏବେ ମନେପଡୁଚି ।

ଆଉ ଗୋଟିଏ ଘଟଣା—

ତା' ବହୁଦିନ ପରେ ଏହା ବୋଧହୁଏ ୧୯୨୭ ମସିହା ଶେଷ ଭାଗର ଘଟଣା। ଅସହଯୋଗ ଆନ୍ଦୋଳନ ହୋଇଯାଇଥାଏ। ସେଥିରେ ପଣ୍ଡିତ ଗୋପବନ୍ଧୁ ଓଡ଼ିଶାର ଅଦ୍ୱିତୀୟ ନେତା। ବ୍ରଜସୁନ୍ଦର ବାବୁ ସାକ୍ଷାତ ଭାବରେ ଅସହଯୋଗରେ ଯୋଗ ଦେଇଥିଲେ ବୋଲି ମନେହେଉ ନାହିଁ। ତଥାପି ସେ ଜୀବନରେ କେବେ ଚାକିରି କରି ନ' ଥିଲେ। ଚାକିରି ପାଇଁ ଉଦ୍ୟମ ମଧ୍ୟ କରି ନ ଥିଲେ। ସେ ଥିଲେ ବଡ଼ ସ୍ୱାଧୀନଚେତା। ସେ ଯାହା ହେଉ, ଅସହଯୋଗୀ ଗୋପବନ୍ଧୁ ଦାସ ଓ ସ୍ୱାଧୀନଚେତା ବ୍ରଜସୁନ୍ଦର ଦାସ ଏ ଦୁହିଙ୍କ ଭିତରେ ହୃଦ୍ୟତା ଅକ୍ଷୁଣ୍ଣ ଥିଲା। ଉତ୍କଳ ପ୍ରାଦେଶିକ କଂଗ୍ରେସ କମିଟିର ସଭାପତି ଭାବରେ ଶେଷକୁ କଟକରେ କେତେକ ଉପନେତା ଗୋପବନ୍ଧୁ ଦାସଙ୍କୁ ସହି ନଥିଲେ। ସେଥିପାଇଁ କୋମଳପ୍ରାଣ ଗୋପବନ୍ଧୁ ସେ କମିଟିରୁ ବାରମ୍ବାର କାନ୍ଦି କାନ୍ଦି ଫେରୁଥିଲେ। ତୃତୀୟଥର କାନ୍ଦିକରି ଫେରିବା ପରେ ସେ ସଙ୍କଳ୍ପ କଲେ, ଆଉ ସଭାପତି ଭାବରେ ପ୍ରାଦେଶିକ କଂଗ୍ରେସ କମିଟିକୁ ଯିବେନାହିଁ। ସେଇଦିନ କାନ୍ଦି କାନ୍ଦି ଆସି ବ୍ରଜସୁନ୍ଦର ଦାସଙ୍କ ଘରେ ବ୍ରଜସୁନ୍ଦର ଦାସଙ୍କୁ ଆବେଗପୂର୍ଣ୍ଣ ସ୍ୱରରେ କହିଥିଲେ, "ଦାସେ, ସତ୍ୟବାଦୀ ଯାଉଚି, ଆଉ କଟକ ଫେରିବି ନାହିଁ।" ବସ୍ତୁତଃ ସେ ଆଉ କଟକକୁ ଫେରି ନାହାନ୍ତି ବୋଲି ମନେ ହେଉଚି। ସେ ଯାହା ହେଉ, ପ୍ରାଦେଶିକ କଂଗ୍ରେସ କମିଟିର ସଭାପତି ଭାବରେ ଆଉ ଫେରି ନାହାନ୍ତି। ଏକଥା ତାଙ୍କ ମୃତ୍ୟୁପରେ ବୋଧହୁଏ—ଦଶାହଶ୍ରାଦ୍ଧ ସଭାରେ—ବ୍ରଜସୁନ୍ଦରବାବୁ ନିଜେ ଅତି ଆବେଗରେ ରୁଦ୍ଧକଣ୍ଠରେ ଉଚ୍ଚସ୍ୱରରେ ପ୍ରକାଶ କରିଥିଲେ।

(ଲେଖା- ୨୯/୮/୧୯୫୯)

ଉପସଂହାର

(୧) ନୀଳକଣ୍ଠଙ୍କ ବଂଶାବଳୀ

ସତ୍ୟବାଦୀ-ଶ୍ରୀରାମଚନ୍ଦ୍ରପୁର ଶାସନ ଗ୍ରାମର କୌସିକ ଦାସ ବଂଶ
ପ୍ରଥମ ପୁରୁଷ— ୧—ପଣ୍ଡିତ ଜଗନ୍ନାଥ ଦାସ
                    ୨
                    ୩
ବିଶ୍ୱନାଥ............   ୪   ଧରାଧର
ଦୟାନିଧି............   ୫
                    ୬
                    ୭
                    ୮
                    ୯........ ବନମାଳୀ ଦାସ   ଜଗନ୍ନାଥ ଦାସ
ଆଦିଜ୍ୟୋତି ହରିହର ...   ୧୦...... ଆନନ୍ଦ ଦାସ
ମହାଦେବ ବ୍ରହ୍ମା
(ଡେପୁଟି)
ସାଧୁ ଗୋପୀନାଥ ଦାସ..... ୧୧...... ପଣ୍ଡିତ ନୀଳକଣ୍ଠ ଆଚାର୍ଯ୍ୟ ହରିହର
                            (ଓ ଶ୍ରୀମତୀ ରାଧାମଣି)
                    ୧୨...... ଅଶୋକ   ବିକ୍ରମ

ପଣ୍ଡିତ ଜଗନ୍ନାଥ ଦାସ— ଭୋଇବଂଶ ଗଜପତି ଶ୍ରୀ ରାମଚନ୍ଦ୍ର ଦେବଙ୍କର ମୁକ୍ତିମଣ୍ଡପ ପାଇଁ ୧୫୮୯-୯୨ ପ୍ରତିଷ୍ଠିତ ଦ୍ୱିତୀୟ ଶାସନ ଗ୍ରାମର କୌସିକ ବଂଶର ପ୍ରଥମ ଦାନାଧ୍ୟକ୍ଷ ପ୍ରତିଷ୍ଠାତା ଜାଗି ଦାସ (ପଣ୍ଡିତ ଜଗନ୍ନାଥ ଦାସ)।

ଆଦିଜ୍ୟୋତି ହରିହର— ମହାନ୍ ଦିଗ୍‌ବିଜୟୀ ସଂସ୍କୃତ ପଣ୍ଡିତ ଇଂରେଜୀ, ଗ୍ରୀକ, ହିନ୍ଦୀ, ବଙ୍ଗଳା ପ୍ରଭୃତି ବହୁଭାଷା ପ୍ରବୀଣ ସଂସ୍କାରକ। ପୁରୀ ସଂସ୍କୃତ ଅନୁଷ୍ଠାନର ପ୍ରତିଷ୍ଠାତା ବଙ୍ଗ ପ୍ରେସିଡେନ୍ସିର ଓଡ଼ିଆ ଏଜୁକେଶନ ଲିଗର ସଦସ୍ୟ ଭାବରେ ଓଡ଼ିଶାରେ ନବ ଶିକ୍ଷାର ପ୍ରସାର ପାଇଁ ଓଡ଼ିଶାରେ ଭର୍ଣ୍ଣାକ୍ୟୁଲର ସ୍କୁଲମାନଙ୍କର ପ୍ରତିଷ୍ଠାତା। (ତାଙ୍କ

ତିରୋଧାନ ପରେ, ଜନ୍ମ ସତ୍ୟବାଦୀ ପଞ୍ଚସଖା। ହରିହରଙ୍କ ଦ୍ୱାରା ପ୍ରତିଷ୍ଠିତ ଭର୍ଣ୍ଣାକ୍ୟୁଲର ସ୍କୁଲକୁ ସତ୍ୟବାଦୀକୁ ଉଠାଇ ନେଇ ବନବିଦ୍ୟାଳୟ ପ୍ରତିଷ୍ଠା କରିଥିଲେ।)

ସାଧୁ ଗୋପୀନାଥ ଦାସ— ପଣ୍ଡିତ ଗୋପବନ୍ଧୁଙ୍କ ସହପାଠୀ, ସେ କାଳର ଡେପୁଟି ମାଜିଷ୍ଟ୍ରେଟ ଥାଇ ମଧ୍ୟ ସ୍ୱାଧୀନଚେତା ଭାବରେ ବନବିଦ୍ୟାଳୟର ପୃଷ୍ଠପୋଷକ ଥିଲେ।

ଋଷିପ୍ରତିମ ଆଚାର୍ଯ୍ୟ ହରିହର ଦାସ— ହରିହରଙ୍କ ପ୍ରପିତା ଜଗନ୍ନାଥଙ୍କୁ ପୁରୀ ଗଜପତି ପାଣ୍ଡିତ୍ୟ ପାଇଁ ପୁରସ୍କାର ରୂପେ ଜଗନ୍ନାଥଙ୍କ ପୁତ୍ର ମହାଦେବଙ୍କ ବଂଶକୁ ବ୍ରହ୍ମା ଉପାଧିରେ ମଣ୍ଡିତ କରିଥିଲେ। ମହାଦେବଙ୍କ ଜ୍ୟେଷ୍ଠପୁତ୍ର ହରିହର ବ୍ରହ୍ମା ପଞ୍ଚସଖାଙ୍କ ଅନ୍ୟତମ ଭାବରେ ଆଚାର୍ଯ୍ୟ ହରିହର ଭାବରେ ପରିଚିତ। ସେ ଋଷିପ୍ରତିମ ଗାନ୍ଧିବାଦୀ ଓ ବିଶିଷ୍ଟ ଉଦାର ନେତା ଥିଲେ।

ପଣ୍ଡିତ ନୀଳକଣ୍ଠ ଦାସ— ପ୍ରପିତା—ସମାଜସେବୀ ବନମାଳୀ ଦାସ, ଇଂରେଜ ଶାସନ ପ୍ରାରମ୍ଭରେ ଖଜଣା ଦେବା ଅନଭ୍ୟସ୍ତ ଗ୍ରାମବାସୀଙ୍କ ଜମିସବୁ ନିଲାମରୁ ରକ୍ଷା ପାଇଁ ନିଜ ସଂପତ୍ତି ବନ୍ଧକ ଦେଇ ଠିକ୍ ସମୟରେ ଖଜଣା ଦେଉଥିଲେ। ଜମିରୁ ଫସଲ ଆଦାୟ ପରେ ନିଜ ଜମି ମୁକୁଳାଇ ଆଣୁଥିଲେ। ହଠାତ୍ ୨୮ ବର୍ଷ ବୟସରେ ହଇଜା ରୋଗରେ ବନମାଳୀ ଜମି ବନ୍ଧକ ଥିବା ଅବସ୍ଥାରେ ନିଜ ପରିବାରକୁ ୨/୪ ବର୍ଷର ଦୁଇଟି ଶିଶୁପୁତ୍ର ଓ ୨୨ ବର୍ଷର ବିଧବା ପତ୍ନୀକୁ ଛାଡ଼ି ସ୍ୱର୍ଗାରୋହଣ କଲେ।

ପିତା— ଆନନ୍ଦ ଦାସ କିଶୋରୀ ମାତାଙ୍କ କଠୋର ପରିଶ୍ରମ ଓ ନିଜର ଅଦମ୍ୟ ଚେଷ୍ଟା ଯୋଗୁ ନିଜ ଗୋଡ଼ରେ ଠିଆ ହୋଇ ମଣିଷ ହେଲେ। ପୁତ୍ର ନୀଳକଣ୍ଠଙ୍କୁ ସ୍ୱାଧୀନଚେତା ସମାଜସେବୀ ଓ ଜ୍ଞାନୀ ପଣ୍ଡିତ କରି ଗଢ଼ିବା ପାଇଁ ପ୍ରାଣପଣେ ଚେଷ୍ଟା କରିଥିଲେ।

ମନୀଷୀ ନୀଳକଣ୍ଠ— ନବ ଓଡ଼ିଶାର ଅନ୍ୟତମ ନିର୍ମାତା ପଞ୍ଚସଖାରୁ ଅନ୍ୟତମ।

ଶ୍ରୀମତୀ ରାଧାମଣି ଦେବୀ— ନୀଳକଣ୍ଠଙ୍କ ଧର୍ମପତ୍ନୀ ସ୍ୱାଧୀନତା ସଂଗ୍ରାମୀ, ସମାଜସେବୀ, ସତ୍ୟବାଦୀ ବାଳିକା ବିଦ୍ୟାଳୟର ପ୍ରତିଷ୍ଠାତା, ସର୍ବଦା ନୀଳକଣ୍ଠଙ୍କ ଅନୁଗାମିନୀ ଥାଇ ସତ୍ୟବାଦୀର ମାତା ଭାବରେ ଅଭିହିତ ହୋଇଥିଲେ।

ଅଶୋକ ଦାସ— ନୀଳକଣ୍ଠଙ୍କ ଜ୍ୟେଷ୍ଠପୁତ୍ର ଆଡଭୋକେଟ ଅଶୋକ ଦାସ ବିପ୍ଳବୀ ଛାତ୍ରନେତା ସୁଭାଷପନ୍ଥୀ ରାଜନୀତିଜ୍ଞ ଓ ଓଡ଼ିଶା ସରକାରଙ୍କ ଆଡଭୋକେଟ ଜେନେରାଲ ପଦରେ ଅଭିଷିକ୍ତ ହୋଇଥିଲେ।

ବିକ୍ରମ ଦାସ— ନୀଳକଣ୍ଠଙ୍କ କନିଷ୍ଠ ପୁତ୍ର ଡାକ୍ତର ବିକ୍ରମ ଦାସ, ସ୍ୱାଧୀନତା ସଂଗ୍ରାମୀ ନୀଳକଣ୍ଠଙ୍କ କନିଷ୍ଠ ସହକର୍ମୀ ଓ ସାହିତ୍ୟ-ସାଧକ, ଚିକିତ୍ସା ବିଦ୍ୟାରେ ସ୍ନାତକ ଓ ଆମେରିକାରୁ ସ୍ନାତକୋତ୍ତର ଉପାଧିଧାରୀ ବିଶିଷ୍ଟ ଚିକିତ୍ସକ ଓ ଓଡ଼ିଶା ସରକାରଙ୍କ ମେଡ଼ିକାଲ କଲେଜର ପ୍ରାଧ୍ୟାପକ ଓ ବିଭାଗୀୟ ମୁଖ୍ୟ ଥିଲେ। ସେ ସାହିତ୍ୟ ସାଧନା ଓ ବହୁ ପୁସ୍ତକ ପ୍ରଣୟନରେ ବ୍ରତୀ ରହିଛନ୍ତି।

(୨) ନୀଳକଣ୍ଠଙ୍କ ଜୀବନ ପଂଜି

ଜନ୍ମସ୍ଥାନ—୧୫୯୦ରେ ଭୋଇବଂଶ ଗଜପତି ପ୍ରଥମ ରାମଚନ୍ଦ୍ର ଦେବଙ୍କ ପ୍ରତିଷ୍ଠିତ ସାକ୍ଷୀଗୋପାଳର ଶ୍ରୀରାମଚନ୍ଦ୍ରପୁର ବ୍ରାହ୍ମଣ ଶାସନ।

ବଂଶ—ପୁଣ୍ୟଶ୍ଳୋକ ବାଗ୍ମୀ, ସଂସ୍କାର ପଣ୍ଡିତ ହରିହର ଦାସ (୧୮୪୨-୭୪)ଙ୍କ କୌସିକ ଦାସ ବଂଶ।

ପିତାମହ—ସମାଜସେବୀ ଶ୍ରୀ ବନମାଳୀ ଦାସ।

ପିତାମାତା—ପିତା-ଶ୍ରୀ ଆନନ୍ଦ ଦାସ ମାତା-ଶ୍ରୀମତୀ ହୀରା ଦେବୀ।

ଜନ୍ମ—୧୮୮୪ ଅଗଷ୍ଟ ତା୫ରିଖ ସୋମବାର ଗହ୍ମାପୂର୍ଣ୍ଣମୀ ପୂର୍ବଦିନ ମାତାଙ୍କ ଅଷ୍ଟମ ଗର୍ଭରେ ଆବିର୍ଭାବ।

ନାମକରଣ—ପୁତ୍ର ହେବା ଆଶାରେ ପୁରୀଜିଲ୍ଲାର ବାଲିଆନୀଳକଣ୍ଠଙ୍କ ନିକଟରେ କଠିନ ସାଧନା ଓ ଦେବୋପାସନା କରି ୪୮ ବର୍ଷ ବୟସରେ ପୁତ୍ର ପାଇଥିବାରୁ ନୀଳକଣ୍ଠଙ୍କ ନାମ ସେଇ ଦେବତାଙ୍କ ନାମରେ ନାମିତ ହୋଇଥିଲା।

୧୮୮୯-୯୯—ଗ୍ରାମ ଚାଟଶାଳୀ ଓ ଭର୍ଣ୍ଣାକୁଳର ସ୍କୁଲରେ ଶିକ୍ଷା ସମାପନ କରି ମେଧାବୀବୃତ୍ତି ପାଇଥିଲେ।

୧୮୯୯—ପୁରୀ ଜିଲ୍ଲା ସ୍କୁଲରେ ଅଧ୍ୟୟନ କଲେ। ଖ୍ରୀଷ୍ଟିଆନ ଓ ହିନ୍ଦୁ ପ୍ରାର୍ଥନାର ପାର୍ଥକ୍ୟ ଜାଣିବାକୁ ଗୀର୍ଜାରେ ପ୍ରବେଶ କରି ସଂସ୍କୃତ ପଣ୍ଡିତଙ୍କ ଚକ୍ଷୁଶୂଳ ହେଲେ।

୧୯୦୨—ଗ୍ରୀଷ୍ମବକାଶରେ ଗୋପବନ୍ଧୁ, ହରିହର ଓ ଅନନ୍ତଙ୍କ ସହିତ ଭବିଷ୍ୟତ ଦେଶସେବା ପାଇଁ ଶପଥ ନେଲେ।

୧୯୦୪—ସରକାରୀ ବୃତ୍ତି ପାଉଥିଲେ ମଧ୍ୟ ଉତ୍କଳ ଗୌରବ ମଧୁସୂଦନଙ୍କ ସ୍ୱଦେଶୀ ଦ୍ରବ୍ୟ ବ୍ୟବହାର ପ୍ରତିଜ୍ଞା ଗ୍ରହଣ କଲେ।

୧୯୦୫—(କ) ବଂଶରକ୍ଷା ପାଇଁ ନିଜର ପିତା ଓ ଗୁରୁ ଗୋପବନ୍ଧୁଙ୍କ ବାଧ୍ୟବାଧକତାରେ ଫେବୃୟାରୀ ତା୫ରିଖରେ ବୀରପୁରୁଷୋତ୍ତମପୁରର ଶ୍ରୀ ସୋମନାଥ ମିଶ୍ରଙ୍କ କନ୍ୟା ଶ୍ରୀମତୀ ରାଧାମଣି ଦେବୀଙ୍କ ପାଣି ଗ୍ରହଣ କଲେ। (ଖ) ଫେବୃୟାରୀ ୧୫ ତାରିଖରେ ମାଟ୍ରିକ ପରୀକ୍ଷାଦେଇ ସେଥିରେ ବୃତ୍ତି ପାଇ ରେଭେନ୍ସା କଲେଜରେ ଏଫ୍.ଏ. ପଢ଼ିଲେ।

୧୯୦୫/୬—ବିପ୍ଳବୀ ଛାତ୍ରସଂଘ ଗଠି ପରେ ଫାଂସି ପାଇଥିବା ବିପ୍ଳବୀ ନେତା ଖୁଦିରାମ ବୋଷକୁ ସଂଗେ ଘେନି ଶୋଭାଯାତ୍ରାରେ କଟକ ସହର ପରିକ୍ରମା କରିଥିଲେ।

୧୯୦୭—ମେଓ ବୃତ୍ତି ସହିତ ଏଫ୍.ଏ. ପାସ୍‌କରି, ଛାତ୍ରାଭାବରୁ କଟକ ଓଡ଼ିଶାରୁ ବିଜ୍ଞାନ ଉଠିଯିବାକୁ ଥିବାରୁ ସଂସ୍କୃତ ଛାଡ଼ି ଦର୍ଶନ ସହିତ ରାସାୟନିକ ବିଦ୍ୟାନେଇ ରେଭେନ୍‌ସା କଲେଜରେ ବି.ଏ. ପଢ଼ିଲେ।

୧୯୦୮—ନାନା ଛାତ୍ର ସଙ୍ଗଠନ ଗଢ଼ି, ସାହିତ୍ୟ ଆଲୋଚନା, ରୋଗୀ ଓ ଦୁସ୍ଥଜନ ସେବାରେ ସକ୍ରୀୟ ଅଂଶ ଗ୍ରହଣ କରି ୟଙ୍ଗ ଉତ୍କଳ ଆସୋସିଏସନ୍ ମାଧ୍ୟମରେ ଗୋପବନ୍ଧୁଙ୍କ ସହିତ କଟକ ଜିଲ୍ଲା ବନ୍ୟାବିପନ୍ନ ଅଞ୍ଚଳରେ ସେବାକାର୍ଯ୍ୟ କଲେ।

୧୯୦୯—ଓଡ଼ିଶାରେ ମଣିଷ ଗଢ଼ିବା ପାଇଁ ଏକ ଶିକ୍ଷା ଅନୁଷ୍ଠାନ ଗଢ଼ିବାକୁ ଗୋପବନ୍ଧୁଙ୍କ ସଂଗେ ନିଜଗ୍ରାମର ଭର୍ଣ୍ଣାକୁଲର ସ୍କୁଲକୁ ସତ୍ୟବାଦୀ ଉଠାଇ ଆଣି ସତ୍ୟବାଦୀ ବିହାରର ମୂଳଭିତ୍ତି ସ୍ଥାପନ କଲେ।

୧୯୧୧—ଅକ୍ଟୋବର ତା ୧୧ରିଖରେ ଦର୍ଶନରେ କଲିକତାରୁ ଏମ୍.ଏ. ପାସ୍ କରି ଆଉ ଏକ ବର୍ଷର ଓକିଲାତି ପଢ଼ା ଓ ବୃତ୍ତିକୁ ଛାଡ଼ି ସରକାରୀ ଚାକିରିର ପ୍ରଲୋଭନ ଏଡ଼ି ସତ୍ୟବାଦୀ ଅନୁଷ୍ଠାନର ଭାର ହାତକୁ ନେଲେ।

୧୯୧୨—ଜାତି ଧର୍ମ ନିର୍ବିଶେଷରେ ଛାତ୍ରୀଙ୍କୁ ଏକାଠି ରହିବା ଓ ଖାଇବା ପିଇବାର ବ୍ୟବସ୍ଥା କରିବା ଦ୍ୱାରା ରକ୍ଷଣଶୀଳ ସମାଜପତିମାନେ ତାଙ୍କ ସମାଜ ସଂସ୍କାରକୁ ବିରୋଧ କରି ତାଙ୍କୁ ସମାଜରୁ ବାସନ୍ଦ କରିବାକୁ ଚେଷ୍ଟାକରି ବିଫଳ ହେବାରୁ ତାଙ୍କ ସ୍କୁଲ ଓ ଲାଇବ୍ରେରୀ ପୋଡ଼ିଦେଲେ। ସେ ସବୁରେ ସେ ଓ ତାଙ୍କ ସାଥୀମାନେ ଅବିଚଳିତ ରହି ବନବିଦ୍ୟାଳୟରେ ଗଛମୂଳେ ଶିକ୍ଷାଦେବା ଆରମ୍ଭ କଲେ।

୧୯୧୪—(କ) ୧୯୧୮ ପର୍ଯ୍ୟନ୍ତ କୁଳପତି ଭାବରେ ସ୍କୁଲ ପରିଚାଳନା ଭାର ନେଇ ଛାତ୍ରାବାସରେ ରହି ପିଲାଙ୍କୁ ଗଢୁଥିଲେ। (ଖ) ଅକ୍ଟୋବର ତା ୧୭ରିଖରେ ସାଥୀ ଗୋଦାବରୀଶଙ୍କୁ ସ୍କୁଲ ଭାର ଦେଇ ଜନସେବା ଓ ସାହିତ୍ୟ ସାଧନାରେ ମନୋନିବେଶ କଲେ।

୧୯୧୯—(କ) ପୁରୀଜିଲ୍ଲାର କରାଳ ଘୋର ଦୁର୍ଭିକ୍ଷରେ ଛାତ୍ର ଓ ସ୍ୱେଚ୍ଛାସେବକଙ୍କୁ ଧରି ସେବାକାର୍ଯ୍ୟ ଚଳାଇ, ବିହାର ଓଡ଼ିଶା ଲାଟଙ୍କୁ ନେଇ ନିଜ ହାତ ତିଆରି ମାନଚିତ୍ର ଅନୁସାରେ ସେ ଅଞ୍ଚଳ ଦେଖାଇ ଲୋକଙ୍କ ଦୁରବସ୍ଥା ଜଣାଇଲେ। (ଖ) ତାଙ୍କର ଦେଶର ବିଭିନ୍ନ ପତ୍ର ପତ୍ରିକାର ଦୁର୍ଭିକ୍ଷ ବିଷୟ ପ୍ରକାଶିତ ହେବାରୁ ସରକାର ତାଙ୍କ ନାମରେ ନାନା ମୋକଦମା ରୁଜୁ କଲେ। (ଗ) ଦୁର୍ଭିକ୍ଷ ଅଞ୍ଚଳ ଦେଖିବାକୁ ସାବରମତି ଆଶ୍ରମରୁ ମହାତ୍ମାଗାନ୍ଧି ଗୋବିନ୍ଦ ମିଶ୍ର ଓ ତାଙ୍କର ବାପାଙ୍କୁ ପଠାଇ ନୀଳକଣ୍ଠ ଓ ଗୋପବନ୍ଧୁଙ୍କ ସଂଗେ ସଂପର୍କ ସ୍ଥାପନ କରି ଓଡ଼ିଶାରେ କଂଗ୍ରେସର ଦୃଢ଼ ମୂଳଦୁଆ ପକାଇଲେ।

୧୯୨୦—କଲିକତା ବିଶ୍ୱବିଦ୍ୟାଳୟର କୁଳପତି ଆଶୁତୋଷ ମୁଖାର୍ଜୀଙ୍କ ଆମନ୍ତ୍ରଣ କ୍ରମେ ଦୁଇବର୍ଷ କଷ୍ଟକରି ପ୍ରାଚ୍ୟଶିକ୍ଷା ଓ ଭାଷାତତ୍ତ୍ୱ ବିଭାଗ ପ୍ରତିଷ୍ଠା କରିବାକୁ ସୋନପୁର ଚେୟାରର ସମ୍ମାନିତ ଅଧ୍ୟାପକ ଆସନ ଗ୍ରହଣ କଲେ ଓ ସେଠାରେ ଓଡ଼ିଆ ଭାଷାରେ ଏମ୍.ଏ. ଶ୍ରେଣୀ ଖୋଲିଲେ।

୧୯୨୧—ଜାନୁଆରୀ ତା୬ରିଖରେ କଲିକତା ଛାଡ଼ି ସମ୍ବଲପୁରରେ କଂଗ୍ରେସ ସଙ୍ଗଠନ ଗଢ଼ି ଅସହଯୋଗ ଆନ୍ଦୋଳନର ଭାର ନେଲେ। ସେଠାରେ ଜାତୀୟ

ବିଦ୍ୟାଳୟ ପ୍ରତିଷ୍ଠା, କଂଗ୍ରେସ ମୁଖପତ୍ର, ସେବାକାଗଜ ସଂପାଦନା ଓ ବିପନ୍ନ ଲୋକଙ୍କ ସେବାରେ ଲାଗିଲେ ।

୧୯୨୨—(କ) ପୁରୀ କଂଗ୍ରେସ କମିଟିର ସଂପାଦକ ଓ ପରେ (ଖ) ଉତ୍କଳ କଂଗ୍ରେସର ସଭାପତି ଦାୟିତ୍ୱ ଗ୍ରହଣ କଲେ । (ଗ) ରାଜଦ୍ରୋହୀ ଭାବରେ ଅଟକବନ୍ଦୀ ହେଲେ ।

୧୯୨୩—ମହାତ୍ମା ଗାନ୍ଧିଙ୍କ ସହିତ ସତ୍ୟବାଦୀରୁ କଟକ ପଦଯାତ୍ରା ପରେ ରାଜବନ୍ଦୀ ଭାବରେ ଜୋରିମାନା ସହ ୪ମାସ କାରାଦଣ୍ଡ ଭୋଗ କଲେ ।

୧୯୨୪—(କ) ସ୍ୱରାଜ ଦଳରୁ କେନ୍ଦ୍ର ଆସେମ୍ବ୍ଲିକୁ ନିର୍ବାଚିତ ହୋଇ ମୋତିଲାଲ ନେହେରଙ୍କ ନେତୃତ୍ୱରେ ସେ ଦଳର ସାଧାରଣ ସଂପାଦକ ହେଲେ । (ଖ) ଦିଲ୍ଲୀ ବିଶ୍ୱବିଦ୍ୟାଳୟକୁ ସଦସ୍ୟ ଭାବରେ କେନ୍ଦ୍ର ଆସେମ୍ବ୍ଲିରୁ ନିର୍ବାଚିତ ହେଲେ । (ଗ) କିଛିକାଳ ପରେ କଂଗ୍ରେସ ଆହ୍ୱାନରେ କେନ୍ଦ୍ର ବିଧାନସଭା ସଦସ୍ୟ ପଦରୁ ଇସ୍ତଫା ଦେଲେ ।

୧୯୨୭—(କ) କଂଗ୍ରେସର ଆହ୍ୱାନରେ ନିର୍ବାଚନ ଲଢ଼ି ପୁଣି କେନ୍ଦ୍ର ଆସେମ୍ବ୍ଲିରେ କଂଗ୍ରେସ ଦଳର ସଂପାଦକ ହେଲେ । (ଖ) ଫେବୃୟାରୀ ଆଠ ତାରିଖରେ ଓଡ଼ିଶା ପ୍ରଦେଶ ଗଠନ ପାଇଁ ପ୍ରସ୍ତାବ ପାଶ୍ କରାଇ ଓଡ଼ିଶା ପ୍ରଦେଶ ଗଠନର ରାସ୍ତା ଉନ୍ମୁକ୍ତ କଲେ ।

୧୯୨୮—(କ) ପ୍ରଧାନ ସଖା ଓ ଗୁରୁ ଗୋପବନ୍ଧୁଙ୍କ ମହାପ୍ରୟାଣ ପରେ ତାଙ୍କ ସଂଗ୍ରାମୀ ଦଳର ସମସ୍ତ ଭାର ଗ୍ରହଣ କଲେ । (ଖ) ଗୋପବନ୍ଧୁଙ୍କ ପ୍ରତିଷ୍ଠିତ ସମାଜ କାଗଜର ସଂପାଦକତ୍ୱ ମଧ୍ୟ କିଛିଦିନ ପାଇଁ ବହନ କଲେ । (ଗ) ଗୋପବନ୍ଧୁ ମେମୋରିଆଲ ନାମକ ଏକ ମହାଭାରତୀୟ ଜାତୀୟ କର୍ମୀ ଅନୁଷ୍ଠାନ ଗଠନ ପାଇଁ ପଣ୍ଡିତ ମଦନ ମୋହନ ମାଲବ୍ୟ, ଠକକ୍‌ର ବାପା, ସରୋଜିନୀ ନାଇଡୁ, ସେଠ ଗୋବିନ୍ଦ ଦାସ କୋଷାଧ୍ୟକ୍ଷ, ସୁଭାଷଚନ୍ଦ୍ର ବୋଷ ପ୍ରଭୃତିଙ୍କୁ ଘେନି ଏକ କମିଟି ଗଢ଼ାଇଲେ । (ଘ) ସତ୍ୟବାଦୀରେ ଗୋପବନ୍ଧୁ ସେବାସଦନ ଆଶ୍ରମ ଗଢ଼ାଯାଇ ଅନ୍ୟ କର୍ମୀମାନଙ୍କ ସହିତ ସେଠାରେ ନୀଳକଣ୍ଠ ସପରିବାର ରହିବାର ବ୍ୟବସ୍ଥା କଲେ । (ଙ) ଗୋପବନ୍ଧୁଙ୍କ ଶ୍ମଶାନ ସ୍ଥଳୀରେ ସ୍ମୃତିମନ୍ଦିର ପ୍ରତିଷ୍ଠା ହେଲା ।

୧୯୨୯—କଲିକତାରେ ଶ୍ରମିକ ସଙ୍ଗଠନ ଓ ଟାଟାରେ ଟିନ୍‌ପ୍ଲେଟ ଧର୍ମଘଟ ପରିଚାଳନା କଲେ ।

୧୯୩୦—(କ) ଓଡ଼ିଶା ସର୍ବଦଳୀୟ ସମ୍ମିଳନୀରେ ସଭାପତି ଭାବରେ କେନ୍ଦ୍ର ସରକାରଙ୍କଠାରେ ଓଡ଼ିଶା ସ୍ୱତନ୍ତ୍ର ପ୍ରଦେଶ ପାଇଁ ଦୃଢ଼ ଦାବି ଜଣାଇଲେ । (ଖ) ଜାତୀୟ କଂଗ୍ରେସର ପ୍ରସ୍ତାବିତ ପୁରୀ ଅଧିବେଶନର ଅଭ୍ୟର୍ଥନା ସମିତି ସଭାପତି ରୂପେ ନିର୍ବାଚିତ ହେଲେ ।

୧୯୩୧—(କ) ବଡ଼ଲାଟ ସଭାରେ ତାଙ୍କର ଅଖଣ୍ଡ ପ୍ରତିପତ୍ତି ଯୋଗୁ ବଡ଼ଲାଟ ପରୋକ୍ଷରେ ଶ୍ରେଷ୍ଠ ରାଜସମ୍ମାନ ଯାଚିବାରୁ ସେ ତାହା ପ୍ରତ୍ୟାଖ୍ୟାନ କରି

ବହୁ ନିର୍ଯ୍ୟାତନାର ସମ୍ମୁଖୀନ ହେଲେ। (ଖ) ପୁରୀଜିଲ୍ଲା କାକଟପୁର ଅଞ୍ଚଳର ଅସ୍ତରଙ୍ଗ ସମୁଦ୍ରକୂଳରେ ଲବଣ ସତ୍ୟାଗ୍ରହ ପରିଚାଳନା କରି ହଜାରୀବାଗ ଜେଲ୍‌ରେ ଦୀର୍ଘ ଦେଢ଼ବର୍ଷ କାରାଦଣ୍ଡ ଭୋଗ କଲେ। (ଗ) ତାଙ୍କ ଆଦର୍ଶରେ ଅନୁପ୍ରାଣିତ ହୋଇ ସତ୍ୟାଗ୍ରହ କରି ତାଙ୍କ ସହଧର୍ମିଣୀ ଶ୍ରୀମତୀ ରାଧାମଣି ଦେବୀ ଓ ଜ୍ୟେଷ୍ଠପୁତ୍ର ଛାତ୍ରନେତା ଅଶୋକ କାରାବରଣ କଲେ।

୧୯୩୩—ଦୀର୍ଘ କାରାଜୀବନ ହଜାରୀବାଗ ପାଟନା ଜେଲରେ ବିଦ୍ୟାଚର୍ଚ୍ଚାରେ କଟାଇ ବହୁ ଉପାଦେୟ ପୁସ୍ତକ ଓ ଗୀତାରଭାଷ୍ୟ ଲେଖିସାରି କାରାଗାରରୁ ମୁକ୍ତ ହେଲେ।

୧୯୩୪—(କ) ଉତ୍କଳ କଂଗ୍ରେସର ସଭାପତି ଦାୟିତ୍ୱ ଗ୍ରହଣ କଲେ। (ଖ) "ନୀଳକଣ୍ଠ ତୁମକୁ ଓଡ଼ିଶା ଲାଗିଲା କହି" କୁଳବୃଦ୍ଧ ମଧୁସୂଦନ ଆଖି ମୁଦିଲେ। (ଗ) ନୀଳକଣ୍ଠ ନବଭାରତ ପ୍ରେସ ବସାଇ ନବଭାରତ ମାସିକ ପତ୍ରିକା ପ୍ରକାଶ କଲେ। (ଘ) ଡିସେମ୍ବରରେ ପୁଣି ନିର୍ବାଚନ ଲଢ଼ି କେନ୍ଦ୍ର ଆସେମ୍ଲିରେ ବୁଲାଭାଇ ଦେଶାଇଙ୍କ ନେତୃତ୍ୱରେ କଂଗ୍ରେସ ଦଳର ସଂପାଦକ ଭାବରେ ନିର୍ବାଚିତ ହେଲେ।

୧୯୩୫—(କ) ଜେଲରେ ଲେଖିଥିବା ତାଙ୍କ ଆଦର୍ଶ ଶିକ୍ଷା ପ୍ରବନ୍ଧ କାଶୀରେ ଅନୁଷ୍ଠିତ ପ୍ରାଚ୍ୟଶିକ୍ଷା ସମ୍ମିଳନୀରେ ପାଠ କଲେ। (ଖ) ଆନ୍ଧ୍ର ବିଶ୍ୱବିଦ୍ୟାଳୟର ଅନୁରୋଧରେ ସମ୍ମାନିତ ବକ୍ତାଭାବରେ ତାଙ୍କର ନିବନ୍ଧ ପାଠ କଲେ।

୧୯୩୬—(କ) ଏପ୍ରିଲ ପହିଲାରେ ସ୍ୱତନ୍ତ୍ର ଓଡ଼ିଶା ପ୍ରଦେଶ ଗଠିତ ହୋଇ ସେହି ବର୍ଷ ଶେଷଭାଗରେ ପ୍ରାଦେଶିକ ବିଧାନ ସଭାର ନିର୍ବାଚନ ଘୋଷିତ ହେଲା। (ଖ) ନିସ୍ୱ ଉତ୍କଳ କଂଗ୍ରେସର ସଭାପତି ଭାବରେ ନିର୍ବାଚନ ଦାୟିତ୍ୱରେ ରହି ଓଡ଼ିଶା ସାରା ବୁଲି ପ୍ରତିନିଧି ବାଛି ପ୍ରଭାବଶାଳୀ ଧନୀ ଜମିଦାରଙ୍କ ବିରୁଦ୍ଧରେ ପ୍ରାର୍ଥୀ ଠିଆ କରାଇଲେ। ତାଙ୍କର ବାଗ୍ମୀତା, ଦୃଢ଼ତା ଓ ସାଙ୍ଗଠନିକ ଶକ୍ତି ପ୍ରଭାବରେ ଦାଢ଼ିଆ ଗାନ୍ଧି କହିଯାଇଚି କଂଗ୍ରେସକୁ ଭୋଟଦିଅ ଧ୍ୱନିରେ କଂଗ୍ରେସର ଶେଷପର୍ଯ୍ୟନ୍ତ ସମର୍ଥନ ଥିବା ସମସ୍ତ ପ୍ରାର୍ଥୀ ଜୟଯୁକ୍ତ ହୋଇ କଂଗ୍ରେସଦଳ ସଂଖ୍ୟା ଗରିଷ୍ଠ ହେଲା। (ଗ) ଏହି ସମୟରେ ତାଙ୍କର ମୁଖ୍ୟ ସଂପାଦକତ୍ୱରେ କଂଗ୍ରେସର ମୁଖପତ୍ର 'ଲୋକମତ' ପ୍ରକାଶିତ ହୋଇଥିଲା।

୧୯୩୭—(କ) କେନ୍ଦ୍ର କଂଗ୍ରେସ ନେତୃବୃନ୍ଦ ନିର୍ବାଚିତ ସଭ୍ୟମାନଙ୍କ ଉପରୁ ପ୍ରାଦେଶିକ କର୍ତ୍ତୃତ୍ୱ କାଢ଼ିନେଇ କେନ୍ଦ୍ର ପାର୍ଲିଆମେଣ୍ଟାରୀ ବୋର୍ଡ ହାତରେ ସମସ୍ତ କ୍ଷମତା ଠୁଳ କରିବାରୁ ନିର୍ବାଚିତ ସଭ୍ୟମାନେ ସେ ବୋର୍ଡର ହାତବାରେଶୀ ରୂପେ କାର୍ଯ୍ୟ କରିବା ଦ୍ୱାରା ସେଥିରେ ପ୍ରଦେଶର ସ୍ୱାର୍ଥରେ ବାଧା ପଡ଼ିବ ବୋଲି ନୀଳକଣ୍ଠ ଦୃଢ଼ ପ୍ରତିବାଦ କଲେ। (ଖ) ସେ ଯୋଗୁ କୌଶଳକ୍ରମେ ତାଙ୍କୁ ପ୍ରାଦେଶିକ ସଭାପତି ପଦରେ ପୁନ ନିର୍ବାଚିତ କରାଇ ଦିଆଗଲା ନାହିଁ। (ଗ) ସେ ବିଧାନସଭାରେ ପ୍ରବେଶ କରିବା ବାରଣ କରାଯାଇ ପ୍ରସ୍ତାବ ପାଶ୍ କରାଗଲା।

୧୯୩୮—(କ) ଓଡ଼ିଶାରେ ଶିକ୍ଷାର ଉନ୍ନତି ପାଇଁ ଗୋଟିଏ ବେସରକାରୀ କମିଟି ଗଢ଼ାଯାଇ ପୂର୍ବରୁ ନୀଳକଣ୍ଠ ତାର ସଭାପତି ଥିଲେ। କଂଗ୍ରେସ ସରକାରଙ୍କ ସରକାରୀ ବିଶ୍ୱବିଦ୍ୟାଳୟ କମିଟିରେ ସେ ସଭାପତି ହୋଇ ତାଙ୍କ ରିପୋର୍ଟ ପ୍ରଦାନ କଲେ। (ଖ) କଂଗ୍ରେସ ମନ୍ତ୍ରୀମଣ୍ଡଳର ଇସ୍ତଫାଯୋଗୁ ବିଶ୍ୱବିଦ୍ୟାଳୟ ଗଠନ ହୋଇପାରି ନଥିଲା। (ଗ) ସେ ରେଭେନ୍‌ସା କଲେଜରେ ଭାରତୀୟ ସଂସ୍କୃତି ଓ ଜ୍ଞାନ ଉପରେ ଚାରିଗୋଟି ଗବେଷଣାମୂଳକ ଏକସଟେନସନ୍ ବା ସମ୍ମାନିତ ବକ୍ତୃତା ପ୍ରଦାନ କରିଥିଲେ।

୧୯୩୯—(କ) ପୁଣି ଉତ୍କଳ କଂଗ୍ରେସ ସଭାପତି ଭାବରେ ନିର୍ବାଚିତ ହେବାପରେ ଜାତୀୟ କଂଗ୍ରେସର ସଭାପତି ନେତାଜୀ ସୁଭାଷଚନ୍ଦ୍ର ବୋଷଙ୍କ ବୈପ୍ଳବିକ ନୀତିକୁ ସମର୍ଥନ ଜଣାଇଲେ। (ଖ) ସେପ୍‌ଟେମ୍ବର ମାସରେ ସଭାପତି ପଦରୁ ଓହରି ଆସିଥିବା ସୁଭାଷଚନ୍ଦ୍ର ବୋଷଙ୍କ ମତ ପ୍ରଦେଶବାସୀଙ୍କୁ ଶୁଣାଇବା ପାଇଁ ଓଡ଼ିଶାକୁ ନିମନ୍ତ୍ରଣ କରି ବିପୁଳ ସମ୍ବର୍ଦ୍ଧନା ଦେଇ କଂଗ୍ରେସର ରକ୍ଷଣଶୀଳ ବଙ୍ଗନେତାମାନଙ୍କର ଚକ୍ଷୁଶୀଳ ହେଲେ। (ଗ) ଉତ୍କଳ କଂଗ୍ରେସ ସଭାପତି ପଦରୁ ଇସ୍ତଫା ଦେଇ ଓଡ଼ିଶାରେ ନେତାଜୀଙ୍କ ଫରୱାର୍ଡ ବ୍ଲକ ପରିଚାଳନାର ଭାର ନେଲେ।

୧୯୪୦—(କ) ସୁଭାଷଙ୍କ ମତ ବିରୋଧରେ କଂଗ୍ରେସ ପ୍ରାଦେଶିକ ସରକାରମାନଙ୍କରୁ ଓହରିଯାଇ, କେନ୍ଦ୍ର ଇଂରେଜ-ସରକାରଙ୍କ ଯୁଦ୍ଧ ଉଦ୍ୟମକୁ ପରୋକ୍ଷରେ ସାହାଯ୍ୟ କରୁଥିବାରୁ ପୂର୍ବଦିଗରୁ ଆକ୍ରମଣର ଆଶଙ୍କା ଥିବା ପ୍ରଦେଶମାନଙ୍କରେ ସବୁଦଳଙ୍କୁ ଘେନି ମିଳିତ ମନ୍ତ୍ରୀ ଗଢ଼ି ଦେଶବାସୀଙ୍କୁ ଆକ୍ରମଣ ସମୟରେ ରକ୍ଷା କରିବା ପାଇଁ ସୁଭାଷ ଗୁପ୍ତ ଯୋଜନା କରିଥିଲେ। (ଖ) ସେହି ଯୋଜନା ଅନୁସାରେ ସୁଭାଷ ଦେଶଛାଡ଼ି ଚାଲିଯିବା ସମୟରେ ନୀଳକଣ୍ଠ ମୁସଲିମ୍ ଲିଗ ହିନ୍ଦୁ ଗୋଷ୍ଠୀ ଓ କଂଗ୍ରେସର କେତେକ ବଳିଷ୍ଠ ଜନସେବୀଙ୍କୁ ଏକତ୍ର କରାଇ ଏକ ମିଳିତ ମନ୍ତ୍ରୀମଣ୍ଡଳ ଗଢ଼ାଇ ଓଡ଼ିଶାର ଜାତୀୟବାଦୀ ଯୁବକମାନଙ୍କୁ ଇଂରେଜ ସେନା ବାହିନୀରେ ଭର୍ତ୍ତିକରିବା ପାଇଁ ଏକ ଜାତୀୟ ଯୁଦ୍ଧ ସାମୁଖ୍ୟ ଗଢ଼ାଇଲେ।

୧୯୪୧—ତାଙ୍କ ପ୍ରେସରେ ସୁଭାଷ ବୋଷଙ୍କ ଜୀବନୀ ଛପାଇବା ଓ ଇଂରେଜ ସରକାରଙ୍କ ବିରୁଦ୍ଧରେ ଅନ୍ୟାନ୍ୟ ଗୁପ୍ତ ଷଡ଼ଯନ୍ତ୍ର ସବୁର ସୁରାକ ପାଇ ତତ୍କାଳୀନ ଗୋରାଲାଟ ଲୁଇସ୍, ମିଳିତ ମନ୍ତ୍ରୀମଣ୍ଡଳ ଥିଲେ ମଧ୍ୟ ନାନା ବାହାନାରେ ତାଙ୍କ ପ୍ରେସ ଖାନତଲାସ କରାଇ ଆପତ୍ତିଜନକ କାଗଜପତ୍ର ପାଇଁ ତାଙ୍କ ପୁତ୍ର ଅଶୋକ ଦାସଙ୍କୁ କାରାରୁଦ୍ଧ କରିଥିଲେ। ପରେ ଅନ୍ୟାନ୍ୟ ଫରୱାର୍ଡ଼ବ୍ଲକର ପୂର୍ବତନ କର୍ମୀମାନଙ୍କୁ ମଧ୍ୟ ଷଡ଼ଯନ୍ତ୍ର ପାଇଁ ବନ୍ଦୀ କରିଥିଲେ। ମିଳିତ ମନ୍ତ୍ରୀମଣ୍ଡଳ ଥିବାରୁ ନୀଳକଣ୍ଠଙ୍କୁ ବନ୍ଦୀ କରିପାରି ନଥିଲେ, ତଥାପି ଜାତୀୟ ଯୁଦ୍ଧ ସାମୁଖ୍ୟକୁ ତାଙ୍କ ହାତରୁ କାଢ଼ି ନେଇ ଜଣେ ପୂର୍ବତନ ପୋଲିସ ଅଫିସରଙ୍କ ହାତରେ ଦେଇଥିଲେ।

୧୯୪୩—(କ) ନୀଳକଣ୍ଠଙ୍କ ରିପୋର୍ଟ ଭିତ୍ତିରେ ଉତ୍କଳ ବିଶ୍ୱବିଦ୍ୟାଳୟ ପ୍ରତିଷ୍ଠା ହେଲା। (ଖ) ବିଶ୍ୱଯୁଦ୍ଧର ସମାପ୍ତି ହେବାରୁ ମିଳିତ ମନ୍ତ୍ରୀମଣ୍ଡଳ ଭାଙ୍ଗି ଦେବାକୁ ସେ ପ୍ରସ୍ତାବ ଦେଲେ। (ଗ) ପୂର୍ଣ୍ଣପ୍ରାଣରେ ନବଭାରତ ସାହିତ୍ୟ ଅନୁଷ୍ଠାନରେ ଲାଗିରହି ନବଭାରତ ଦୈନିକ ସହିତ ପତ୍ରିକା ସଂପାଦନା ଓ ସାହିତ୍ୟ ଗବେଷଣାରେ ମନୋନିବେଶ କରି ବହୁ ସାରଗର୍ଭକ ପୁସ୍ତକ ପ୍ରଣୟନ କଲେ।

୧୯୪୬—(କ) ୧୯୩୫-କେନ୍ଦ୍ର ବ୍ୟବସ୍ଥାପକ ସଭାର ସଦସ୍ୟ ରହି ସେ ସଭା ଭାଙ୍ଗିଯିବାରୁ ସେ ଦାୟିତ୍ୱରୁ ମୁକ୍ତ ହେଲେ। (ଖ) କଂଗ୍ରେସ ପ୍ରାର୍ଥୀ ଲଢ଼ିବାକୁ ଇଚ୍ଛାକରି ସୁବିଧା ନପାଇବାରୁ ଆଗରୁ ଦରଖାସ୍ତ କରିଥିବା ନିର୍ବାଚନ ନଲଢ଼ି ନୀରବ ରହିଲେ।

୧୯୫୧—(କ) ପୁରୀ କର୍ମୀ ସମ୍ମିଳନୀରେ 'ଉତ୍କଳ ଗୁରୁ' ଉପାଧିରେ ଭୂଷିତ ହେଲେ। (ଖ) ସେଠାରେ ସ୍ୱାଧୀନ ଜନସଙ୍ଗ ଦଳ ଗଢ଼ାଯାଇ ସେ ସଭାପତି, ପଣ୍ଡିତ ଗୋଦାବରୀଶ ମିଶ୍ର ଉପସଭାପତି ଓ ଶ୍ରୀ ଭାବରେ ଯଦୁମଣି ମଙ୍ଗରାଜ କୋଷାଧକ୍ଷ ହୋଇ ସେ ଦଳ ପକ୍ଷରୁ ନିର୍ବାଚନ ଲଢ଼ିବାର ସ୍ଥିର ହେଲା।

୧୯୫୨—ସେ ଦଳ ପକ୍ଷରୁ ଗୋଦାବରୀଶଙ୍କ ସହିତ ବିପୁଳ ଭୋଟରେ ଜିଣି ବିଧାନ ସଭା ସଦସ୍ୟ ହେଲେ।

୧୯୫୫—(କ) ଶ୍ରୀ ବନମାଳୀ ପଟ୍ଟନାୟକଙ୍କ ସଭାପତିତ୍ୱରେ ଉତ୍କଳ କଂଗ୍ରେସ କମିଟି ନୀଳକଣ୍ଠଙ୍କୁ ପୁଣି କଂଗ୍ରେସରେ ଯୋଗଦେବାକୁ ଅନୁରୋଧ କରି ପ୍ରସ୍ତାବ ପାଶ୍ କଲେ। (ଖ) କଂଗ୍ରେସ ସଭାପତି ଓ ପ୍ରଧାନମନ୍ତ୍ରୀ ପଣ୍ଡିତ ଜବାହରଲାଲ ନେହେରୁଙ୍କ ଅନୁରୋଧରେ ନିଜ ନିର୍ବାଚନ ମଣ୍ଡଳୀର ମତ ନେଇ ସେ କଂଗ୍ରେସରେ ଯୋଗ ଦେଲେ। (ଗ) ଉତ୍କଳ ବିଶ୍ୱବିଦ୍ୟାଳୟର ସମ୍ମାନିତ ପ୍ରୋଚାନସେଲର ସମ୍ମାନ ଲାଭ କଲେ। (ଘ) ୨୦/୧୨/୫୫ରେ ଉତ୍କଳ ବିଶ୍ୱବିଦ୍ୟାଳୟରୁ ସମ୍ମାନିତ ଡକ୍ଟରେଟ୍ ଉପାଧି ପାଇଲେ।

୧୯୫୬—ଅଗଷ୍ଟ ଆଠ ତାରିଖରେ ତାଙ୍କର ପ୍ରଧାନ ସାଥୀ ପଣ୍ଡିତ ଗୋଦାବରୀଶଙ୍କ ତିରୋଧାନ ଘଟିଲା।

୧୯୫୭—(କ) ନିଜର ପୂର୍ବତନ ସତ୍ୟବାଦୀ ନିର୍ବାଚନ ମଣ୍ଡଳୀରୁ ନିର୍ଦ୍ୱନ୍ଦ୍ୱରେ ନିର୍ବାଚିତ ହୋଇ ଓଡ଼ିଶା ବିଧାନ ସଭାର ବାଚସ୍ପତି ହେଲେ। (ଖ) ତାଙ୍କ ଉଦ୍ୟମରେ ବିଧାନ ସଭାର ମାନ ବୃଦ୍ଧି ହୋଇ ବିଧାନସଭା ଦପ୍ତର ସ୍ୱତନ୍ତ୍ରତା ଲାଭ କଲା। (ଗ) ଓଡ଼ିଶା ସାହିତ୍ୟ ଏକାଡ଼େମୀ ପ୍ରତିଷ୍ଠା ହୋଇ ସେ ତାର ପ୍ରଥମ ସଭାପତି ହେଲେ। (ଘ) ଭାରତ ସରକାର ତାଙ୍କୁ ପଦ୍ମଭୂଷଣ ଉପାଧିରେ ସମ୍ମାନିତ କଲେ।

୧୯୫୯—ଅଗଷ୍ଟ ପାଞ୍ଚ ତାରିଖରେ ନୀଳକଣ୍ଠ ଜୟନ୍ତୀ କମିଟି ଗଠନ ହୋଇ ଓ ଭାରତରେ ପ୍ରଧାନମନ୍ତ୍ରୀ ଜବାହରଲାଲ, ସ୍ୱରାଷ୍ଟ୍ରମନ୍ତ୍ରୀ ଗୋବିନ୍ଦ ବଲ୍ଲଭ ପନ୍ଥ, ଓଡ଼ିଶାର ଲାଟ ଭୀମସେନ ସାଚାର, ମୁଖ୍ୟମନ୍ତ୍ରୀ ମହତାବ ପ୍ରଭୃତି ସମ୍ବର୍ଦ୍ଧନା ଜ୍ଞାପନ କଲେ।

୧୯୬୩—(କ) ଶ୍ରୀରାମଚନ୍ଦ୍ର ଭବନରେ ଅଧ୍ୟାପକ ବିପିନବିହାରି ରାଏଙ୍କ ଦ୍ୱାରା ଉତ୍କଳ ସାହିତ୍ୟ ସମାଜ ପକ୍ଷରୁ ତାଙ୍କର ପ୍ରତିକୃତି ଉନ୍ମୋଚିତ ହେଲା। (ଖ) ନୀଳକଣ୍ଠଙ୍କ ଆତ୍ମଜୀବନୀ ପ୍ରକାଶିତ ହେଲା। (ଗ) ଗ୍ରନ୍ଥାବଳୀ ସଙ୍କଳନ ଆରମ୍ଭ ହେଲା।

୧୯୬୪—ଲୋକସେବକ ମଣ୍ଡଳକୁ ଓଡ଼ିଶାର ସାହିତ୍ୟ ଓ ସଂସ୍କୃତିର ସଂବୃଦ୍ଧିରେ ସାହାଯ୍ୟ କରିବା ପାଇଁ ତାଙ୍କର ନବଭାରତ ପ୍ରେସକୁ ଦାନ କରାଗଲା।

୧୯୬୫—ମାର୍ଚ୍ଚ ପନ୍ଦର ତାରିଖ ଦିନ ତାଙ୍କ ରଚିତ ଆତ୍ମଜୀବନୀ ପାଇଁ କେନ୍ଦ୍ର ସାହିତ୍ୟ ଏକାଡ଼େମୀ ଆନୁଷ୍ଠାନିକ ଭାବେ ସାହିତ୍ୟ ପୁରସ୍କାର ପ୍ରଦାନ କଲେ।

୧୯୬୭—ନଭେମ୍ବର ୬ତାରିଖ ସୋମବାର ପୁଣ୍ୟ କାର୍ତ୍ତିକ ଶୁକ୍ଳପଞ୍ଚମୀ ଅପରାହ୍ଣ ୪ଘଣ୍ଟା ସମୟରେ ନୀଳକଣ୍ଠଙ୍କ ମହାନ୍ ଆତ୍ମା ସ୍ୱର୍ଗଗାମୀ ହେଲା

*

(୩) ଶ୍ରଦ୍ଧାଞ୍ଜଳି

ତାଙ୍କର ତିରୋଧାନବାର୍ତ୍ତା ପବନ ବେଗରେ ଚାରିଆଡ଼େ ବ୍ୟାପୀ ଯାଇଥିଲା। ରେଡ଼ିଓ ଓ ଲୋକମୁଖରୁ ଶୁଣି ବହୁ ନରନାରୀ ବାଳକ ବାଳିକା ତାଙ୍କର ଶେଷଦର୍ଶନ ପାଇଁ ତାଙ୍କ ବାସଭବନକୁ ଆସି ମରଶରୀରରେ ପୁଷ୍ପାଞ୍ଜଳି ଅର୍ପଣ କରିଥିଲେ।

ଓଡ଼ିଶା ସରକାରଙ୍କ ମୁଖ୍ୟମନ୍ତ୍ରୀ ଶ୍ରୀ ରାଜେନ୍ଦ୍ର ନାରାୟଣ ସିଂହଦେଓ ସଂଗେ ସଂଗେ ଆସି ନିଜର ଶ୍ରଦ୍ଧାଞ୍ଜଳି ଜଣାଇବା ପରେ ଜାତୀୟ ଶୋକ ପାଳନ ପାଇଁ ପ୍ରଧାନ ସଚିବଙ୍କୁ ନିର୍ଦ୍ଦେଶ ଦେଲେ। ବିଦେଶୀ-ସଚିବ ଓ ଅନ୍ୟ ସରକାରୀ ଅଫିସରମାନେ ସେପରି ସମ୍ମାନ କେବଳ ସରକାରୀ ଅତ୍ୟୁଚ୍ଚ କର୍ମକର୍ତ୍ତାଙ୍କୁ ଦିଆଯାଏ ଓ ନୀଳକଣ୍ଠ କେବେ ସେପରି କର୍ମକର୍ତ୍ତା ନଥିଲେ ତେଣୁ ଅସୁବିଧା ହେବ ବୋଲି ଜଣାଇଲେ। ଦେଶପ୍ରାଣ ସିଂହଦେଓ ଆଜି କାହା ଯୋଗରୁ ଏ ଓଡ଼ିଶା ଓ ତୁମେମାନେ ସଚିବ। ଜାତିର ଜନକ ମହାତ୍ମାଗାନ୍ଧି ମଧ୍ୟ କୌଣସି କର୍ମକର୍ତ୍ତା ନଥିଲେ ତାଙ୍କ ପାଇଁ ଜାତି କାନ୍ଦିଥିଲା। ନୀଳକଣ୍ଠ ଓଡ଼ିଶାର ଜନକ ତାଙ୍କୁ ଏ ସମ୍ମାନ ଦେଲେ ଓଡ଼ିଶା ଗୌରବାନ୍ୱିତ ହେବ।

ନୀଳକଣ୍ଠଙ୍କ ମରଶରୀରକୁ ଜାତୀୟ ସମ୍ମାନ ଦିଆଯାଇ ମିଲିଟାରୀ ପୋଲିସଙ୍କ ଗହଣରେ କଟକ ସହର ପରିକ୍ରମା କରାଯାଇଥିଲା। ପ୍ରତ୍ୟେକ ଛକମାନଙ୍କରେ ଶତ ଶତ ଲୋକ ଓ ଅନୁଷ୍ଠାନ ପୁଷ୍ପାଞ୍ଜଳି ଅର୍ପଣ କରିବାର ସୁଯୋଗ ପାଇଥିଲେ। ପୋଲିସ ସୈନ୍ୟମାନେ ଦୁଃଖ ସଙ୍ଗୀତର ବାଜା ବଜାଇ ବନ୍ଧୁକମୁନ ତଳକୁ କରି ଆଗେ ଆଗେ ଚାଲିଥିଲେ। ଭୁବନେଶ୍ୱରରେ ବିଶ୍ୱବିଦ୍ୟାଳୟ ବିଧାନସୌଧ ସଚିବାଳୟ ଜନାକୀର୍ଣ୍ଣ

ହୋଇଥିଲା, ସେଠାରେ ସୈନ୍ୟମାନେ ସମ୍ମାନ ସୂଚକ ଅଭିବାଦନ ପରିଦର୍ଶନ କରିସାରି ଶବଧାରକୁ ଘେନି ସତ୍ୟବାଦୀ ପଞ୍ଚସଖା ଶ୍ମଶାନ ପୀଠକୁ ଚାଲିଥିଲେ । ଶୀତଦିନ ରାତିରେ ସଡ଼କର ଦୁଇପଟେ ଗ୍ରାମବାସୀମାନେ ଖୋଳ କରତାଳ ଓ ପୁଷ୍ପମାଳା ଧରି ତାଙ୍କର ପ୍ରିୟ ନେତାଙ୍କର ଦର୍ଶନ ଲାଗି ବ୍ୟାକୁଳ ଚିତ୍ତରେ ଅପେକ୍ଷା କରୁଥିଲେ ।

ସାକ୍ଷୀଗୋପାଳରେ ପହଞ୍ଚିଲା ବେଳକୁ ପ୍ରାୟ ରାତ୍ରି ୨ଟା ହୋଇଥିଲା । କିନ୍ତୁ ସେଠାରେ ଅପେକ୍ଷା କରିଥିବା ପୁରୀର ବହୁ ଅନୁଷ୍ଠାନର କର୍ମକର୍ତ୍ତା, ଭଦ୍ରବ୍ୟକ୍ତି ଓ ଆଖପାଖ ଗ୍ରାମର ହଜାର ହଜାର ଲୋକ ଶବ ଶୋଭାଯାତ୍ରାରେ ଯୋଗ ଦେଇଥିଲେ । ବକୁଳ ଶ୍ମଶାନରେ ହଜାର ହଜାର ଶୋକାକୁଳ ଜନତାଙ୍କ ଗହଣରେ ତୋପଧ୍ୱନି ସହିତ ରାତି ୪ଟା ସମୟରେ ମୁଖାଗ୍ନି ଦିଆଯାଇଥିଲା । ମୁଖ୍ୟମନ୍ତ୍ରୀଙ୍କ ଚିତାଗ୍ନିରେ ଘୃତାହୁତି ଓ ଲୋକଙ୍କ ବ୍ୟାକୁଳ କ୍ରନ୍ଦନ ଓ ଶ୍ରଦ୍ଧାଞ୍ଜଳି ପରିସ୍ଥିତିକୁ ଅତି କରୁଣରୁ କରୁଣତର କରି ଦେଇଥିଲା ।

ସବୁ ସ୍କୁଲ, କଲେଜ, ସରକାରୀ ଓ ବେସରକାରୀ କାର୍ଯ୍ୟାଳୟ ପରଦିନ ଶୋକ ପାଳନ କରି ନିଜର କାର୍ଯ୍ୟ ବନ୍ଦ କରିଥିଲେ । ଜାତୀୟ ପତାକା ଅର୍ଦ୍ଧନିମୀଳିତ ହୋଇଥିଲା । ୧୨ ଦିନ କାଳ ପ୍ରଦେଶ ଓ ପ୍ରଦେଶ ବାହାରେ ବହୁ ଶୋକସଭା ହୋଇ ଓଡ଼ିଶାର ସବୁ ଖବର-କାଗଜ ଶୋକବାର୍ତ୍ତା ଓ ପ୍ରବନ୍ଧ ନିବନ୍ଧରେ ପୂର୍ଣ୍ଣ ହୋଇଯାଇଥିଲା । ତାଙ୍କ ସମ୍ବନ୍ଧରେ ବହୁ ପ୍ରବନ୍ଧ ଓ କବିତା ପ୍ରକାଶିତ ହୋଇଥିଲା । ସେଥିରୁ ଗୋଟିଏ ମାତ୍ର କବିତା ଏଥିସଂଗେ ଦିଆଗଲା—

(୪) ଲୋତକାଞ୍ଜଳି

ଏହିତ ଉତ୍କଳ ଧରଣୀ; ଏହି ସିକତାବେଳା
ନୀଳ ମହୋଦଧି ସଂଭାଷେ ତୁଙ୍ଗ ସେ ଗିରିମାଳା
ସହିତ ତଟିନୀ ଯାଉଛି ବହି ନୀଳ ସାଗରେ
ଏହିତ କୃଷକ ବସିଛି ବିଲ ପାଟ ପ୍ରାନ୍ତରେ ।

ଏହି ସେ ଅମର ଲେଖନୀ କେତେ ଯାଇଛି ଲେଖି
ଭାଷା କୋଣାରକେ ରଖିଛି କେତେ ପାଷାଣ ସାକ୍ଷୀ
ମରଣ ସାଗରେ ମିଳିଛି, ତା'ର ଜୀବନ ସୁଅ,
ଦେଶବାସୀ ବସି ଝୁରଇ, ଛୁଟେ ନୟନୁ ଲୁହ ।

ସାହିତ୍ୟ ସରସ ଭଣ୍ଡାରେ କିଏ ମନ୍ଥିବ ଆଉ ?
ବିପଥରେ ପଥ ସୃଜିବ ସହି ସମାଜ ଦାଉ !
ଭାରତ ଭୂଇଁରେ ପ୍ରଚାରି 'ନବଭାରତ' ବାଣୀ,
ସରଜିବ ନୂଆ ସରଣୀ ପଥ କଣ୍ଟକ ହାଣି

'ବାପା' ବୋଲି କିଏ ଡାକିବ ପଥ ଶ୍ରାନ୍ତ ବାଳକେ
ଜାତି ଗଉରବ ଗୀତିକା ଥାପି-ଚିର ଫଳକେ ?
ବକୁଳ ବନେ କେ ପୂଜକ ନେବ ଆଶ୍ରମ ଭାର
ଦେଶ ମାତୃକାର ପୂଜନେ ରଚି ପୂଜା ସମ୍ଭାର ?

ଦିଗ ଦର୍ଶାଇବ କିଏ ସେ ସମାଲୋଚନା ପାଇଁ
ସତ୍ୟର ବିଜୟ ଭାଷଣେ ଭୟ ନାଇଁରେ ନାଇଁ।
ସାହିତ୍ୟ ରତନ ଭଣ୍ଡାର କିଏ ତୁଳିବ ବସି,
ଭଲ ଭେଲ ସୂକ୍ଷ୍ମ ବିଚାରେ ହେଲେ କଳିବ କଷି,

ପନ୍ଥ ପଥଚାରୀ ପାଇଁ ଯେ ଆଗେ ଦେଲା ଆଲୋକ
ସେ ମହାପୁରୁଷ ପ୍ରୟାଣେ ଜାତି କରଇ ଶୋକ।
ନୀଳକଣ୍ଠ ସ୍ୱର କି ଆଉ ଶୁଭିବ ନାହିଁ
ପ୍ରାଣେ ପ୍ରାଣେ ଗୁରୁ ଗମ୍ଭୀରେ ପ୍ରତିଧ୍ୱନି ଜଣାଇ।

ଲକ୍ଷ ଲକ୍ଷ ଚକ୍ଷୁ ଫିଟାଇ ଶେଷେ ମୁଦିଲା ଡୋଳା,
କାନ୍ଦେ ବନଭୂମି, କାନ୍ତାର, କାନ୍ଦେ ସାଗର ବେଳା।
କାନ୍ଦଇ ଉତ୍କଳ ଜନନୀ, ଶୋକ ବିହ୍ୱଳା ବାଣୀ
ବରପୁତ୍ର ପାଇଁ ବିଳପେ କଳା ପରଦା ଟାଣି -

ଯୁଗ-ଯବନିକା-ପାତନେ ତୋଳି କରୁଣ ତାନ
ଜନତାର ଲୁହେ ଗାଏ ସେ କବି-ଅନ୍ତିମ ଗାନ।
ଯାଅ ନାହିଁ ଗୁରୁ ଥାଅ ହେ ଆମ ହୃଦୟ ତୀରେ
ଆଲୋକର ସ୍ତମ୍ଭ ପରାଏ ଜାତି-ମୋହ ତିମିରେ।
(ଶ୍ରୀ ଭୁବନେଶ୍ୱର ମିଶ୍ର, ତା୧୨-୧୧-୧୯୬୭)

*

(୫) ସ୍ମୃତିରକ୍ଷା ଓ ଶତବାର୍ଷିକୀ

ସ୍କୁଲଛାତ୍ରଟିଏ ଥିଲାବେଳେ ମଧ୍ୟ ନୀଳକଣ୍ଠଙ୍କ ମନରେ ଦେଶପ୍ରୀତି ଜାଗରିତ ହୋଇଥିଲା । ସେତେବେଳେ ଦେଶର ସର୍ବାଙ୍ଗୀନ ଉନ୍ନତି ପାଇଁ ଜୀବନୋତ୍ସର୍ଗ କରିବାକୁ ସେ ଶପଥ ନେଇଥିଲେ ଓ ଶେଷ ନିଃଶ୍ୱାସ ତ୍ୟାଗ ପର୍ଯ୍ୟନ୍ତ ସେହି ଆଦର୍ଶ ପଥରେ ଆଗେଇ ଚାଲିଥିଲେ । ଓଡ଼ିଶା ପ୍ରଦେଶ ଗଠନ, ପ୍ରଥମ ଗଣତାନ୍ତ୍ରିକ ନିର୍ବାଚନ ବିଶ୍ୱବିଦ୍ୟାଳୟ ସ୍ଥାପନ, ଓଡ଼ିଶା ସାହିତ୍ୟ ଏକାଡେମୀ ପ୍ରତିଷ୍ଠା, ବିଧାନ ସଭାର ସ୍ୱତନ୍ତ୍ରତା ଓ ମର୍ଯ୍ୟାଦା ବୃଦ୍ଧି ପ୍ରଭୃତି ଗତ ଅର୍ଦ୍ଧଶତାବ୍ଦୀର ଓଡ଼ିଶାର ସମସ୍ତ କ୍ରମୋନ୍ନତି ଓ ଅଭିବୃଦ୍ଧିରେ ନୀଳକଣ୍ଠଙ୍କ ଅବଦାନ ଅବିସ୍ମରଣୀୟ ।

ସେ ଥିଲେ ଦୁସ୍ଥଜନ ସେବୀ, ସମାଜ ସଂସ୍କାରକ, ଆଦର୍ଶ ଶିକ୍ଷକ, ଶିକ୍ଷାବିତ୍, ବିପ୍ଳବୀ, ରାଜନୀତିଜ୍ଞ ବ୍ୟବସ୍ଥାପକ, ସାମ୍ବାଦିକ ସଙ୍ଗଠନ ରଥୀ ବାଗ୍ମୀ, ଚିନ୍ତକ ଜଗନ୍ନାଥଧର୍ମୀକବି, ସାହିତ୍ୟିକ, ପ୍ରାବନ୍ଧିକ, ଦାର୍ଶନିକ, ଐତିହାସିକ ଭାଷାତତ୍ତ୍ୱବିତ ଓ ସର୍ବୋପରି ଏକ ଦୂରଦର୍ଶୀ ଗବେଷକ । ଜୀବନର ଶେଷ ମୁହୂର୍ତ୍ତ ପର୍ଯ୍ୟନ୍ତ ଅଧ୍ୟୟନ ହିଁ ତାଙ୍କର ଏକମାତ୍ର ବିକାଶ ଥିଲା । ତାଙ୍କର ଅଦମ୍ୟ ସାହସ କର୍ମତତ୍ପରତା, କଠୋର ସାଧନା, ତୀକ୍ଷ୍ଣସ୍ମୃତି ଶକ୍ତି ବଳରେ ସେ ଅସାଧାରଣ ବ୍ୟକ୍ତିତ୍ୱ ଓ ପାଣ୍ଡିତ୍ୟର ଅଧିକାରୀ ହୋଇଥିଲେ ।

ଉଦ୍ଭିଦ ବିଜ୍ଞାନ କୃଷିବିଜ୍ଞାନ ରାସାୟନିକ ବିଜ୍ଞାନଠାରୁ ଆରମ୍ଭ କରି ଗଣିତ ଜ୍ୟୋତିଷ ଇତିହାସ ଦର୍ଶନ ଓ ସଂସ୍କୃତ ପର୍ଯ୍ୟନ୍ତ ସବୁ ଶାସ୍ତ୍ରର ଆଲୋଚନାରେ ସେ ସକ୍ରିୟ ଭାଗ ନେଇ ଦିଗ୍‌ଦର୍ଶନ ଦେଇପାରୁଥିଲେ । ତାଙ୍କର ସେହି ଅଗାଧ ପାଣ୍ଡିତ୍ୟ ପାଇଁ ଓଡ଼ିଆ ଗର୍ବ ଅନୁଭବ କରୁଥିଲା । ଦେଶ ବିଦେଶରେ ସେଥିପାଇଁ ସେ ସମ୍ମାନ ଲାଭ କରିଥିଲେ । ଥରେ ଶ୍ରୀ ମୁରାରୀ ତ୍ରିପାଠୀ ଜଗନ୍ନାଥ ପାଣ୍ଡେ ପ୍ରଭୃତି କଂଗ୍ରେସ କର୍ମୀମାନେ ଏକ ନିଷ୍କଳ ଭାରତ କଂଗ୍ରେସ ଅଧିବେଶନକୁ ଯିବା ପାଇଁ ବାହାରିଥିବା ବେଳେ ନୀଳକଣ୍ଠଙ୍କ ଗୁରୁ ପଣ୍ଡିତ ଗୋପବନ୍ଧୁ ସେମାନଙ୍କୁ କହିଥିଲେ, "ତୁମେ କେଉଁଠାରୁ ଆସିଛ ବୋଲି ସେହି ଅଧିବେଶନରେ କେହି ପଚାରିଲେ ତୁମେ କହିବ, ଯେଉଁ ସ୍ଥାନରେ ନୀଳକଣ୍ଠ ଦାସଙ୍କ ପରି ଜଣେ ବିରାଟ ବିଦ୍ୱାନ୍ ଅଛନ୍ତି ଆମେ ସେହିଠାରୁ ଆସିଛୁ, ତାହାହେଲେ ତୁମକୁ ସମସ୍ତେ ଚିହ୍ନିବେ ।" ସେତେବେଳକୁ ନୀଳକଣ୍ଠ କେନ୍ଦ୍ର ବଡ଼ଲାଟ ସଭାର ସ୍ୱରାଜ ଦଳ (କଂଗ୍ରେସ)ର ଏକ ମହାରଥୀ ଭାବରେ, ତାଙ୍କର ବାଗ୍ମୀତା ଓ ପାଣ୍ଡିତ୍ୟ ଦେଶସାରା ଚହଲ ପକାଇ ସାରିଥିଲା । କେନ୍ଦ୍ର ସଭାରୁ ଜଣେ ବିଖ୍ୟାତ ବିଦ୍ୱାନ ଭାବରେ ନିର୍ବାଚିତ ହୋଇ ସେ ବଡ଼ଲାଟଙ୍କ ଦିଲ୍ଲୀ ବିଶ୍ୱବିଦ୍ୟାଳୟର ସଦସ୍ୟ ଆସନ ଲାଭ କରିଥିଲେ । ଗୋପବନ୍ଧୁ ନୀଳକଣ୍ଠଙ୍କ ଛଡ଼ା ଆଉ କାହାକୁ ପଣ୍ଡିତ

ବୋଲି ଯେପରିକି ସ୍ୱୀକାର କରିବାକୁ ରାଜି ନଥିଲେ। ସେ ତାଙ୍କର ଶେଷ Willରେ ତାଙ୍କ Willକୁ କାର୍ଯ୍ୟକାରୀ କରାଇବାକୁ କେତେକ ନାମ ଉଲ୍ଲେଖ କଲାବେଳେ ମଧ୍ୟ କେବଳ ନୀଳକଣ୍ଠଙ୍କ ନାମ ପଛରେ ପଣ୍ଡିତ ଶବ୍ଦ ଲେଖାଇ ଥିଲେ।

ଭାଷାତତ୍ତ୍ୱ ବିଜ୍ଞାନ, ପାଠାଗାର ବିଜ୍ଞାନ, ନୂତନ ଶିକ୍ଷାପଦ୍ଧତି, ସମାଲୋଚନା, ସାହିତ୍ୟ ଗଣତାନ୍ତ୍ରିକ ରାଜନୀତି ପ୍ରଭୃତିର, ସେ ଥିଲେ ଓଡ଼ିଶାରେ ଜଣେ ଆଦି ପ୍ରବର୍ତ୍ତକ। ସେ ଯେଉଁ କ୍ଷେତ୍ରରେ ହାତ ଦେଇଥିଲେ ସେଥିରେ ନୂତନତା ପ୍ରଦର୍ଶନ କରି ନୂଆପଥ ଦର୍ଶାଇବା ଥିଲା ତାଙ୍କ ବିଶେଷତ୍ୱ। ସବୁ ବାଧାବିଘ୍ନ ଏଡ଼ି ଆଗେଇ ଚାଲିବାରେ ସେ ଥିଲେ ଏକ ନିର୍ଭୀକ ଯାତ୍ରୀ। ନିନ୍ଦନ୍ତୁ ନୀତି ନିପୁଣା ଯଦିବା ସ୍ତୁବନ୍ତୁ ଲକ୍ଷ୍ମୀ ସମାବିଶତୁ ଗଚ୍ଛତୁ ବା ଯଥେଷ୍ଟ ଅଦୈବ ବା ମରର ମସ୍ତୁଯୁଗାନ୍ତ ଶେବା ନାୟାତପଥି ପ୍ରବିଞ୍ଚଳିତ ନଃ ଧୀରା। ଏହି ବାକ୍ୟ ତାଙ୍କ ଜୀବନରେ ସାର୍ଥକତା ଲାଭ କରିଥିଲା। ବଡ଼ଲାଟଙ୍କ ପ୍ରସ୍ତାବିତ ସମ୍ରାଟଙ୍କଠାରୁ ଉଚ୍ଚ ଉପାଧିପ୍ରାପ୍ତି ପ୍ରଲୋଭିତ କରି ନଥିଲା। ପରବର୍ତ୍ତୀ କାଳରେ ସ୍ୱାଧୀନ ଭାରତରେ ପଦ୍ମଭୂଷଣ, ଡକ୍ଟରେଟ, ଉତ୍କଳଗୁରୁ ପ୍ରଭୃତି ବହୁ ଉପାଧିରେ ତାଙ୍କୁ ସମ୍ମାନିତ କରାଯାଇଥିଲା। କିନ୍ତୁ ସେଥିପ୍ରତି ସେ କୌଣସି ଗୁରୁତ୍ୱ ଦେଉ ନଥିଲେ କିମ୍ବା ତାଙ୍କ ନାମ ସହିତ ସେ ସବୁ ଯୋଡ଼ାଯିବା ସେ ପସନ୍ଦ କରୁ ନଥିଲେ। ଶିକ୍ଷକ ଅବସ୍ଥାରେ ଛାତ୍ରମାନଙ୍କ ଦ୍ୱାରା ସଂବୋଧିତ ପଣ୍ଡିତ ଉପାଧି ହିଁ କେବଳ ତାଙ୍କ ନାମ ସହିତ ସଂଯୋଗ ହୋଇଯାଇଥିଲା।

ତାଙ୍କ ଜୀବନସାରା ପ୍ରତ୍ୟେକ କ୍ଷେତ୍ରରେ ତାଙ୍କୁ ପ୍ରତିଷ୍ଠିତ ରକ୍ଷଣଶୀଳ ମହାରଥୀମାନଙ୍କ ସଂଗେ ସଂଗ୍ରାମ ଚଳାଇବାକୁ ପଡ଼ିଥିଲା। ସେ ବହୁଭାବରେ ସେମାନଙ୍କ ଆକ୍ରମଣର ଶରବ୍ୟ ହୋଇଥିଲେ, କିନ୍ତୁ ସେ ତାଙ୍କ ସାଧନା ପଥରେ ଅଟଳ ରହି ଶେଷରେ ଯଶସ୍ୱୀ ହେଉଥିଲେ। ସେତେବେଳେ ଯେଉଁମାନେ ସେହି ପଥଦ୍ରଷ୍ଟାଙ୍କର ଦୃଢ଼ ବିରୋଧ କରୁଥିଲେ ପରେ ନୀଳକଣ୍ଠଙ୍କ ପନ୍ଥା ଓ କାର୍ଯ୍ୟର ସୁଫଳ ଫଳିବା ପରେ ତାଙ୍କର ଗୁଣ ଝୁରି ହେଉଛନ୍ତି। ରାଜନୀତି ଓ ଅନ୍ୟ କ୍ଷେତ୍ରରେ ତାଙ୍କୁ ତୀବ୍ର ବିରୋଧ କରିଥିବା ଓଡ଼ିଶାର ଜଣେ ପ୍ରତିଷ୍ଠିତ ବ୍ୟକ୍ତି ସେଦିନ ନୀଳକଣ୍ଠଙ୍କ ଏକ ଶ୍ରାଦ୍ଧ ସଭାରେ କହିଥିଲେ ନୀଳକଣ୍ଠ ଥିଲେ ପଥଦ୍ରଷ୍ଟା ସେ ଅମଡ଼ା ବାଟରେ ବାଟ ଫିଟାଇବା ଲୋକ ଏବଂ ଅନ୍ୟର ଉଦ୍ଧାର ପାଇଁ ଆଖିମୁଦି ବଢ଼ିଲା ନଈକୁ ପ୍ରଥମେ ଡେଇଁ ପଡ଼ିବା ଭଳି ସାହସୀ ପୁରୁଷ। ଆମେ ଶଗଡ଼ ଗୁଳାରେ ଚାଲିବା ଲୋକ, ତେଣୁ ତାଙ୍କୁ ସେତେବେଳେ ବୁଝି ନପାରି ତାଙ୍କର କାର୍ଯ୍ୟକୁ ବିରୋଧ କରିବା ଆମ ପକ୍ଷରେ ସ୍ୱାଭାବିକ ଥିଲା।"

ନୀଳକଣ୍ଠଙ୍କ ତିରୋଧାନ ପରେ ଛତ୍ରେ ଛତ୍ରେ ତାଙ୍କ ଅଭାବ ଅନୁଭୂତ ହୋଇଥିଲା ଓ ତାଙ୍କର ସ୍ମୃତିରକ୍ଷା ଓ ଆଦର୍ଶ ଅନୁଧ୍ୟାନ ପାଇଁ ଦେଶ ବ୍ୟଗ୍ର ହୋଇଉଠିଥିଲା।

ଦେଶର ବହୁ ସ୍ଥାନରେ ତାଙ୍କର ଜୟନ୍ତୀ ଓ ଶ୍ରାଦ୍ଧସଭା ପାଳନ କରାଯାଇ ତାଙ୍କର ଗୁଣ କୀର୍ତ୍ତନ କରାଯାଇଥିଲା। ସତ୍ୟବାଦୀ ସ୍କୁଲର ପୁରାତନ ଛାତ୍ର ଉତ୍କଳ ବିଶ୍ୱବିଦ୍ୟାଳୟର ପୂର୍ବତନ କୁଳପତି ଡକ୍ଟର ସଦାଶିବ ମିଶ୍ରଙ୍କ ସଭାପତିତ୍ୱରେ ଗଠିତ ଜୟନ୍ତୀ କମିଟି ନୀଳକଣ୍ଠଙ୍କ ଜୟନ୍ତୀ ଓ ଶ୍ରାଦ୍ଧଦିବସ ଲୋକଙ୍କୁ ଜଣାଇବା ସଂଗେ ସଂଗେ ୧୯୪୮ ଅଗଷ୍ଟ ତାରିଖଠାରୁ ଏକବର୍ଷ ତାଙ୍କର ଶତବାର୍ଷିକୀ ପାଳନ କରିବା ପାଇଁ ଆହ୍ୱାନ ଦେଇଥିଲେ।

ଜୟନ୍ତୀ ଜ୍ୟୋତି ନୀଳକଣ୍ଠଙ୍କ ଶ୍ରୀରାମଚନ୍ଦ୍ରପୁର ବାସଭବନରୁ ଶୋଭାଯାତ୍ରାରେ ବାହାରି ସତ୍ୟବାଦୀ ପରିକ୍ରମା କରି ପଞ୍ଚସଖା ସମାଧି ପୀଠକୁ ଆସିଥିଲା। ସେଠାରେ ବିରାଟ ସାଧାରଣ ସଭାରେ ଶ୍ରଦ୍ଧାଞ୍ଜଳି ଅର୍ପଣ କରାଯିବା ପରେ ଦେଶସାରା ବିଭିନ୍ନ ସ୍କୁଲ କଲେଜ ପ୍ରଭୃତିକୁ ନିଆଯାଇ ସବୁଆଡ଼େ ଶତବାର୍ଷିକ ପାଳନ କରାଯାଇଥିଲା।

ଶତବାର୍ଷିକୀ ପାଳନ କରି ଓଡ଼ିଶା ସରକାର ଭୁବନେଶ୍ୱରରେ ଏକ ସ୍ଥାନକୁ ନୀଳକଣ୍ଠ ନଗର ନାମରେ ନାମିତ କରିଥିଲେ। ଓଡ଼ିଶାରେ ବଙ୍ଗଳା ସରକାରଙ୍କ ପୃଷ୍ଠପୋଷକତାରେ କଲିକତା ମହାନଗରୀରେ ବିଖ୍ୟାତ ପ୍ରବୋଧ ମଲ୍ଲିକ ପାର୍କରେ ନେତାଜୀ ଓ ଗୋପବନ୍ଧୁଙ୍କ ମୂର୍ତ୍ତି ନିକଟରେ ତାଙ୍କ ପ୍ରତିମୂର୍ତ୍ତି ସ୍ଥାପନ କରାଯାଇଥିଲା। କଲିକତା ବିଶ୍ୱବିଦ୍ୟାଳୟ ଓଡ଼ିଆ ବିଭାଗର ପ୍ରତିଷ୍ଠାତା ଥିବାରୁ ସେହି ବିଭାଗର ଅଧ୍ୟାପକ ଆସନକୁ ସମ୍ମାନିତ ନୀଳକଣ୍ଠ ଆସନ ରୂପରେ ନାମିତ କରାଯାଇଛି। ସେ ସିନେଟ ଭବନରେ ଓ କଲିକତାର ମହାଜାତି ସଦନରେ ନୀଳକଣ୍ଠଙ୍କ ପ୍ରତିକୃତି ଉନ୍ମୋଚନ କରାଯାଇଛି। କଲିକତାରେ ତାଙ୍କ ନାମରେ ଏକ ସରଣୀ ନାମିତ ହେବାର ପ୍ରସ୍ତାବ ମଧ୍ୟ କରାଯାଇଛି।

ଓଡ଼ିଶାରେ ଓ ବାହାରେ ତାଙ୍କ ନାମରେ ନାନା ଅନୁଷ୍ଠାନ ନାମିତ ହୋଇଛି ଓ ହେଉଛି ଓ ବହୁସ୍ଥାନରେ ପ୍ରତିକୃତି ଓ ପ୍ରତିମୂର୍ତ୍ତି ସ୍ଥାପନା କରାଯାଇଛି ଓ ଯାଉଛି। ପାଠାଗାର ବିଜ୍ଞାନର ପ୍ରତିଷ୍ଠାତା ଭାବରେ ସମ୍ମାନ ଦେଖାଇ ଭୁବନେଶ୍ୱରର ପାଠାଗାର ବିଜ୍ଞାନ କଲେଜ ତାଙ୍କ ନାମରେ ନାମିତ ହୋଇଛି। ଉତ୍କଳ ବିଶ୍ୱବିଦ୍ୟାଳୟ ସ୍ଥାପନାର ଆଦି ଉଦ୍ୟୋକ୍ତା ଭାବରେ ତାଙ୍କ ସମ୍ବନ୍ଧରେ ଗବେଷଣା ପାଇଁ ଏକ ବୃତ୍ତି ଖଞ୍ଜାଯାଇଥିଲା ଓ ସେହି ବିଶ୍ୱବିଦ୍ୟାଳୟ ପରିସର ଭିତରେ ତାଙ୍କର ପ୍ରତିମୂର୍ତ୍ତି ସ୍ଥାପନାର ବ୍ୟବସ୍ଥା ହେଉଛି। ବିଭିନ୍ନ ବିଶ୍ୱବିଦ୍ୟାଳୟରେ ତାଙ୍କ ସମ୍ବନ୍ଧରେ ଗବେଷଣା ଚଳାଇ ବହୁଛାତ୍ର Phd, Dilt ପ୍ରଭୃତି ଉଚ୍ଚ ଉପାଧି ପାଇଲେଣି। ତାଙ୍କ କାର୍ଯ୍ୟାବଳୀର ବିଭିନ୍ନ ଦିଗ ଆଲୋଚନା ହୋଇ ବହୁ ପୁସ୍ତକ ପ୍ରକାଶିତ ହେଲାଣି। ତାଙ୍କର ବହୁମୁଖୀ ପ୍ରତିଭା ଏ ଦେଶର ଭାବୀ ବଂଶଧରମାନଙ୍କୁ କାଳେ କାଳେ ପଥ ପ୍ରଦର୍ଶନ କରୁଥିବ ଓ ତାଙ୍କ ପବିତ୍ର ସ୍ମୃତି ଜାଗ୍ରତ ରହି ସବୁକାଳେ ଯୁବସଂପ୍ରଦାୟକୁ ପ୍ରେରଣା ଦେଉଥିବ।

*

www.ingramcontent.com/pod-product-compliance
Lightning Source LLC
Chambersburg PA
CBHW060555080526
44585CB00013B/574
* 9 7 8 1 6 4 5 6 0 1 8 8 3 *